Peter Amann

Basilikata mit Matera

AF642758

„La Basilicata esiste.“

Rocco Papaleo, Basilicata Coast to Coast

„… und alle sind stolz darauf, dem fremden Reisenden,
der vielleicht ein unbekannter Gott ist,
am freundlichsten und offensten zu begegnen.“

Carlo Levi, Christus kam nur bis Eboli

Impressum

Peter Amann
Reise Know-How Basilikata

erschienen im Reise Know-How Verlag Peter Rump GmbH,
Osnabrücker Str. 79, 33649 Bielefeld

1. Auflage 2019

ISBN 978-3-8317-3222-7

Gestaltung und Bearbeitung
Umschlag: G. Pawlak, P. Rump (Layout);
M. Luck (Realisierung)
Inhalt: G. Pawlak (Layout); M. Luck (Realisierung)
Fotonachweis: der Autor (pa), M. Salvadori (ms),
CAI Castrovíllari (cai), River Tribe (rt), G. Formiglio (gf)
Kartografie: Th. Buri, der Verlag
Lektorat: M. Luck

Druck und Bindung
Himmer GmbH, Augsburg

Bildlegende Umschlag und Vorspann
(alle Bilder vom Autor)
Titelbild: Matera, Kathedrale
Vordere Umschlagklappe: Costa dei Cedri, Kalabrien
S. 1: Costa di Maratea, Ristorante Cala del Citro
S. 2/3: Piccole Dolomiti Lucane
Umschlag hinten: Avigliano, Wine-Bar Vai … o'vini
Hintere Umschlagklappe: Campagna bei Venosa

Basili19-054 pa

Wir freuen uns über Kritik, Kommentare und Verbesserungsvorschläge, gern auch per E-Mail an info@reise-know-how.de.

Alle Informationen in diesem Buch sind vom Autor mit größter Sorgfalt gesammelt und vom Lektorat des Verlages gewissenhaft bearbeitet und überprüft worden.

Da inhaltliche und sachliche Fehler nicht ausgeschlossen werden können, erklärt der Verlag, dass alle Angaben im Sinne der Produkthaftung ohne Garantie erfolgen und dass Verlag wie Autor keinerlei Verantwortung und Haftung für inhaltliche und sachliche Fehler übernehmen.

Die Nennung von Firmen und ihren Produkten und ihre Reihenfolge sind als Beispiel ohne Wertung gegenüber anderen anzusehen. Qualitäts- und Quantitätsangaben sind rein subjektive Einschätzungen des Autors und dienen keinesfalls der Bewerbung von Firmen oder Produkten.

Peter Amann

BASILIKATA MIT MATERA

Vorwort

Im Süden Italiens liegt versteckt eine Region, so klein, dass sie bei der Wettervorhersage meist übergangen wird. Südöstlich von **Kampanien,** südwestlich von **Apulien** und nördlich von **Kalabrien** nimmt die Basilikata eine Fläche von knapp 10.000 km² ein, ein Siebtel der Fläche Bayerns, mit dem das alte Lukanien den Kult des Maibaums teilt. **Basilikata, Lukanien?** Eine Region, die kaum jemand kennt, aber eine mit zwei Namen?

Nur die wenigsten hatten früher eine genaue Vorstellung von diesem zauberhaften Landstrich, es sei denn durch die Lektüre von *Carlo Levis* Erfolgsroman „Christus kam nur bis Eboli“. Die autobiografischen Schilderungen des in den 1930er Jahren nach Lukanien – so hieß die Region damals noch – verbannten Antifaschisten haben Leser weltweit mit einem von erschreckender Armut geprägten Süditalien bekannt gemacht. Das Bild von dem völlig zurückgebliebenen Lukanien, das sich in den Köpfen der Menschen festsetzte, versperrte lange Zeit den Blick auf eine neue Realität.

Die Sassi von **Matera,** in den 1950er Jahren noch als „nationaler Schandfleck“ verschrien und auf staatlichen Druck evakuiert, haben seither eine erstaunliche Karriere zurückgelegt, nicht nur als Filmkulisse, sondern seit 1993 als UNESCO-Weltkulturerbe und **2019** als Teil der **Kulturhauptstadt Europas.** Einige fürchten die Folgen des Massentourismus, andere hoffen, dass hier neue Formen eines **nachhaltigen Tourismus** entstehen, die den Blick auch auf den Rest der entdeckenswerten Region lenken. Die Basilikata besitzt **Reichtümer,** die der wirtschaftlich weiter entwickelte Norden längst verloren hat: eine weitgehend intakte Natur, trotz einiger Bausünden immer noch traumhafte Küsten, Kulturschätze aus mehreren Jahrtausenden, genuine landwirtschaftliche Produkte und eine abwechslungsreiche Regionalküche, Weine, die von sich reden machen, lebendiges Brauchtum und die natürliche Gastfreundschaft seiner Menschen. Schon Kaiser *Friedrich II.* ging im waldreichen Gebiet des erloschenen Vulkans Vúlture auf Sommerfrische, heute ist es *Francis Ford Coppola* in Bernalda.

Basili19-056 pa

Zusammen mit den Liparischen Inseln ist die Basilikata eines meiner Lieblingsreiseziele, nicht leicht zu erreichen, aber ist man einmal da, möchte man so schnell nicht wieder fort. „Matera 2019“ wird viele Touristen anziehen, darunter hoffentlich auch Reisende, die **Zeit, Neugierde und Respekt** mitbringen. Vielleicht sollte man sich die Methoden des Paesologen *Franco Arminio* zu eigen machen, Erfinder und Prophet eben dieser Disziplin, einer praktischen Wissenschaft, die in erster Linie die Aufmerksamkeit für die kleinen Dinge schärft. Lassen Sie sich ohne Bedingungen ein auf die Reise, folgen Sie nicht jedem der Ratschläge in diesem naturgemäß höchst unvollständigen Reiseführer, und entdecken Sie ihre eigene Basilikata!

„Das Geheimnis des Glückes ist die Neugier“, verrät *Norman Douglas,* Autor der „Reisen in Süditalien“. In diesem Sinne – *buon viaggio!*

Peter Amann
München, im Frühjahr 2019

◁ Rapolla – Blaskapelle übt in der Garage

Inhalt

Vorwort 4
Verzeichnis der Exkurse 8
Verzeichnis der Wanderungen 9
Verzeichnis der Karten 9
Die Regionen im Überblick 10
Hinweise zur Benutzung 13
Das Beste auf einen Blick 14
Reiserouten und Touren 16
Basilikata: Zu jeder Zeit 22
Fünf Orte zum Staunen 24
Fünf Orte mit Weitblick 25
Fünf Orte zum Wandern 26
Fünf Orte des Buon Gusto 27
Fünf Orte zum Bleiben 28
Fünfmal Feste feiern 29

1 Potenza, Melfi und Monte Vúlture 30

Potenza 34
Castello Lagopésole und Avigliano 45
San Fele 49
Muro Lucano 52
Rionero in Vúlture und Barile 54
Laghi di Monticchio 58
Melfi 61

2 Venosa, Via Appia und Valle del Brádano 76

Venosa 80
Acerenza 95
Cancellara 98
Váglio Basilicata 99
Tricárico 101
Grassano und Gróttole 107
Irsina 108
Migliónico 111

3 Piccole Dolomiti Lucane 116

Castelmezzano 120
Pietrapertosa 126
Accettura 132

4 Matera, Murgia Materana und Montescaglioso 136

Matera 139
Montescaglioso 171

5 Ionische Küste und Hinterland 178

Metaponto und Lido di Metaponto 183
Bernalda 190
Pisticci 193
Craco Vecchia 197
Ferrandina, Montalbano Jonico 199
Policoro und Lido di Policoro 200
Tursi 204
Aliano 209
Colobraro 214
Valsinni 217
Rotondella 220

6 Appennino Lucano und Alta Valle dell'Agri 222

Torre di Satriano und Satriano di Lucania 226
Sasso di Castalda und Brienza 229
Mársico Nuovo und Mársicovétere 233
Viggiano 237
Grumentum und Grumento Nova 241
Moliterno 246

7 Costa di Maratea und Valle del Noce 248

Maratea 251
Trécchina 271

Rivello 273
Lagonegro 276

8 Pollino Lucano 284

Rotonda 288
Viggianello 291
San Severino Lucano 298
Francavilla in Sinni 304
Latronico 305
Terranova di Pollino 309

9 Pollino Calabro, Monti di Orsomarso und Costa dei Cedri (Kalabrien) 314

Cívita/Çifti 317
Cerchiara di Calabria 322
Morano Cálabro 323
Laino Borgo und Laino Castello 326
Papasídero 328
Práia a Mare und San Nicola Arcella 329
Aieta 333
Tórtora 334

10 Praktische Reisetipps A–Z 336

Anreise 338
Bekleidung 342
Cannabis 342
Diplomatische Vertretungen 342
Einkaufen 343
Elektrizität 343
Essen und Trinken 344
Feste und Feiertage 348
Geld 349
Gesundheit 352
Haustiere 353
Informationen 353
Kinder unterwegs 355
Kriminalität und Sicherheit 356
Landkarten und Stadtpläne 356
LGBT+ 356
Notrufe 357
Öffnungszeiten, Eintrittsgelder 357
Post 357
Rauchen 358
Reisedokumente 358
Reisende mit Handicap 358
Reisen in der Basilikata 358
Reisewetter und Reisezeit 362
Sport und Strände 363
Sprache 364
Tabacchi 365
Telefon 365
Trinkgeld 365
Unterkunft 366
Versicherungen 369
Wandern und Radfahren 369
Zeitungen 370
Zoll 371

11 Land und Leute 372

Geografie und Geologie 374
Klima 376
Flora 377
Fauna 379
Natur- und Umweltschutz 381
Wirtschaft und Politik 383
Geschichte 385
Kunst und Kultur 394
Küche und Wein 403

12 Anhang 408

Sprachhilfe Italienisch 410
Glossar 414
Lesen 416
Hören 422
Register 425
Der Autor & Freunde 432

Exkurse

Potenza, Melfi und Monte Vúlture
Aglianico mit Brief und Siegel 55
San Donato di Ripacàndida – das lukanische Assisi 56
Das „Falkenbuch" Friedrichs II. 68
Grenzüberschreitungen auf den Spuren Friedrichs II. 72

Venosa, Via Appia und Valle del Brádano
Horaz, oder vom Nutzen des Mäzenatentums 82
Mohn im Weizen / von *Paolo Rumiz* 88
Via Appia – alle Straßen kommen aus Rom 106

Piccole Dolomiti Lucane
Bühne frei für Briganten 126
Wenn Bäume Hochzeit feiern 134

Matera, Murgia Materana und Montescaglioso
Matera 2019 – und 2029? 140
Ein Triumph für die Madonna 148
Carlo Levi und die Sassi von Matera / von *Carlo Levi* 152

Ionische Küste und Hinterland
Go west! 184
Pythagoras, Beruf Philosoph 186
Eine Reise durch die Basilikata im Frühjahr 1847 198
Das traurige Geschick der Isabella di Morra 218

Appennino Lucano und Alta Valle dell'Agri
131 Rumita, oder ein Wald, der geht 228
Ein Tropfen in den heißen Tank – Texas in Süditalien 238
Brot und Spiele 244

Costa di Maratea und Valle del Noce
Garum, das Maggi der Antike 258
Der Cilento, ein Teil Lukaniens 278

Pollino Lucano
Parco Nazionale del Pollino – ein Nationalpark mit vielen Gesichtern 292
Ein Bergfest / von *Norman Douglas* 302

Pollino Calabro, Monti di Orsomarso und Costa dei Cedri (Kalabrien)
Die goldenen Äpfel 318
Vallje – Heldentänze der Arbëresh / von *E. Pisarra* und *P. Amann* 320
Mamma, li turchi! 330

Land und Leute
Lukanien oder Basilikata? Und wo liegt Italien? 378
Enotrer, Bruttier und Lukaner 386
Italien, Räuberland? 392
Christus kam nur bis Eboli, oder die Geburt eines Klischees 396
Die Tarantolati di Tricárico / von *Andreas Pehl* 400
La Lucanica – Wurst mit langer Tradition / von *C. Schinharl* und *P. Amann* 402
Birra lucana 405
Ein Bild von einem Rind / von *Andreas Pehl* 406

Hinweis

Die **Internet- und E-Mail-Adressen** in diesem Buch können – bedingt durch den Zeilenumbruch – so getrennt werden, dass ein Trennstrich erscheint, der nicht zur Adresse gehören muss!

Viele der im Buch genannten Einrichtungen sind auf **Facebook** präsent – entsprechend steht dann bei den Kontaktdaten **fb.**

Wanderungen

Belvedere di Malvento	296
Belvedere Paschiere	123
Bosco Magnano	304
Bosco Pantano di Policoro	203, 204
Cascate di San Fele	51
Grande Porta del Pollino	313
Madonna del Sirino	283
Monte Arioso	232
Monte Coccovello	269
Monte Cóppolo	219
Monte La Cróccia	135
Monte Pollino	297
Monte S. Biágio	255
Monte Serra	296
Monte Volturino	236
Monte Vúlture	61
Murgia Materana (Matera)	170, 177
Percorso delle sette Pietre	124
Raganello-Schlucht	321
Secca di Castrocucco	270
Serra di Crispo	20
Serra Pollino	272

Basili19-057 pa

Karten

Basilikata	**Umschlag vorn**
Regionen im Überblick	**10**
Reiserouten und Touren	**17, 18, 21**
Potenza, Melfi und Monte Vúlture	**32**
Potenza	36
Potenza – Centro storico	38
Melfi	64
Venosa, Via Appia und Valle del Brádano	**78**
Venosa	84
Piccole Dolomiti Lucane	**118**
Matera, Murgia Materana und Montescaglioso	**138**
Matera	142
Matera Sassi	Umschlag hinten
Ionische Küste und Hinterland	**180**
Appennino Lucano und Alta Valle dell'Agri	**224**
Parco Archeologico di Grumentum	243
Costa di Maratea und Valle del Noce	**250**
Costa di Maratea	252
Maratea	256
Pollino Lucano	**286**
Pollino Calabro, Monti di Orsomarso und Costa dei Cedri (Kalabrien)	**316**

[<] Monte Crivo – alpinistische Rinder goutieren die Ausblicke über der Costa di Maratea

Die Regionen im Überblick

1 Potenza, Melfi und Monte Vúlture | 30

Potenza (S. 34), das ist lebendiger Alltag in einer süditalienischen Provinzmetropole mit kulinarischer Note. Kein Wunder, auf den Hängen des nahen **Monte Vúlture** (S. 61) reift der Aglianico für einen der besten Rotweine Italiens heran. Kaiser *Friedrich II.* verbrachte seine Sommerfrische hier im grünen Norden Lukaniens. Die Kastelle in **Melfi** (S. 61) und **Lagopésole** (S. 45) entführen in die Welt des Mittelalters, Erfrischung versprechen die Kaskaden bei San Fele.

2 Venosa, Via Appia und Valle del Brádano | 76

Als Geburtsstadt des römischen Dichters *Horaz* präsentiert sich **Venosa** (S. 80) als Freiluftmuseum der römischen Antike. Die mittelalterliche Abbazia della SS. Trinità und die Chiesa incompiuta zählen zu den kunsthistorischen Highlights der Region. Von einer hoher Hügelkuppe beherrscht die gewaltige Basilika von **Acerenza** (S. 95) die endlosen Weizenebenen der Murgia Potentina, die sich nach Apulien fortsetzen. Nicht minder beeindruckend ist die Bellavista von **Irsina** (S. 108). Der antiken Via Appia folgend gelangt man über **Trícarico** (S. 101) und **Migliónico** (S. 111) nach Matera.

3 Piccole Dolomiti Lucane | 116

Zu Fuß und mit dem Mountainbike lassen sich die ausgedehnten Eichenmischwälder des Parco Naturale di Gallípoli Cognato durchstreifen, bizarr zerklüftete Sandsteinfelsen in den Piccole Dolomiti Lucane bieten sich als natürliche Klettergärten an, und neuerdings kann man hier sogar fliegen – am Seil über die tiefste Schlucht hinweg. In den schönen Bergorten **Pietrapertosa** (S. 126), **Castelmezzano** (S. 120) oder **Accettura** (S. 132) leben uralte Baumkulte fort.

4 Matera, Murgia Materana und Montescaglioso | 136

Matera (S. 139), die berühmte „Stadt der Sassi", ist 2019 die Kulturhauptstadt Europas. Schon seit 1993 zählt die einzigartige Höhlenstadt zum UNESCO-Weltkulturerbe. Früher Elend, heute wahrer Luxus: Wohnen (auf Zeit) in einer Grotte. Der Parco della Murgia fasziniert mit seinen Talschluchten und freskengeschmückten Höhlenkirchen aus byzantinischer Zeit. Und **Montescaglioso** (S. 171) hat viel mehr zu bieten als nur himmelweite Blicke.

5 Ionische Küste und Hinterland | 178

In **Metaponto** (S. 183) und **Policoro** (S. 200) ist die Magna Graecia immer noch greifbar. Endlose Dünenstrände säumen das Ionische Meer, über das in der Antike die Griechen kamen. Eine filmreife Fahrt durchs Hinterland führt zu den Ruinen von **Craco** (S. 197) und durch eine fast unwirkliche Mondlandschaft nach **Aliano** (S. 209), den Verbannungsort von *Carlo Levi*. Auf den Spuren der Dichterin *Isabella di Morra* lernt man **Valsinni** (S. 217) kennen. Langsam wird auch die Sarazenenstadt **Tursi** (S. 204) entdeckt, die nahe gelegene Abtei von S. Maria d'Anglona hingegen fehlt in keinem Kunstreiseführer.

6 Appennino Lucano und Alta Valle dell'Agri | 222

Die römischen Ruinen von **Grumentum** (S. 241) gelten als größte Sehenswürdigkeit im grünen Agrital, dem „Texas der Basilikata". Die bewaldeten Gebirgszüge werden im Parco Nazionale del Appennino Lucano geschützt, während im Tal Erdöl gefördert wird. Auf dem 1725 m hohen **Monte Viggiano** (S. 238) residiert im Sommer die Königin der Basilikata: Das Marienheiligtum ist am ersten Maisonntag das Ziel Tausender Pilger. Und in **Sasso di Castalda** (S. 229) reichen Hängebrücken fast bis zum Mond.

Basili19-058 pa

7 Costa di Maratea und Valle del Noce | 248

Mit 25 spektakulären Küstenkilometern öffnet sich die Basilikata auf den Golf von Policastro. Von der Bauwut der Tourismusindustrie weitgehend verschont geblieben ist **Maratea** (S. 251), ein Ferienparadies am blitzsauberen Meer. Die Küstengebirge drängen sich für Wanderungen mit schönen Aussichten geradezu auf. In **Lagonegro** (S. 276) soll *Mona Lisa* begraben liegen, deren Lächeln *Leonardo da Vinci* unsterblich gemacht hat. Völlig zu Unrecht rauscht an **Rivello** (S. 273) der Verkehr vorbei, dabei wurde der gesamte Ort zum Nationaldenkmal erklärt.

8 Pollino Lucano | 284

Der Pollino ist der **landschaftliche Höhepunkt des süditalienischen Apennins.** In Lukanien zeigt sich das eindrucksvolle Massiv, Herzstück des Parco Nazionale del Pollino, von seiner sanften Seite. Die Möglichkeiten, in allen Höhenlagen zu wandern und kulinarische Gipfel zu erstürmen, sind schier unbegrenzt. Anheimelnde Bergorte wie **Rotonda** (S. 288), **Viggianello** (S. 291), **San Severino Lucano** (S. 298) oder **Terranova di Pollino** (S. 309) laden zum längeren Verweilen ein.

Grotta del Romito – Auerochse, 10.000 Jahre alt, quicklebendig

9 Pollino Calabro, Monti di Orsomarso und Costa dei Cedri | 314

Natur pur bietet der Parco Nazionale del Pollino auch in **Kalabrien.** Die unberührte Flusslandschaft des Lao zählt zu den schönsten Wildwasserrevieren europaweit. Kunstfreunde kommen in **Morano Cálabro** (S. 323) auf ihren Geschmack, und in der **Grotta del Romito** (S. 328) steht man Aug' in Aug' mit einem steinzeitlichen Auerochsen. In **Cívita** (S. 317) ist albanisches Brauchtum lebendig, auch kulinarisch. Thermalbaden wie die Griechen der Antike? Die Nymphengrotte in **Cerchiara di Calabria** (S. 322) ist der richtige Platz dafür. Selbst an der verbauten Costa dei Cedri werden Strandgourmets dank ein paar guter Locations noch fündig.

Hinweise zur Benutzung

Nicht verpassen!

In jedem Kapitel sind **(touristische) Highlights** hervorgehoben – man erkennt sie an der **gelben Hinterlegung.**

Mit dem **Schmetterling** werden Unterkunfts- und Gastro-Betriebe hervorgehoben, die sich durch Anbau und Verwendung lokaler **Bio-Produkte,** durch ihre **baubiologische Ausrichtung** und die Pflege regionaler Küche auszeichnen und/oder sich anderweitig für einen ethisch korrekten und **nachhaltigen Tourismus** einsetzen.

MEIN TIPP: **Besonders gute und/oder außergewöhnliche Unterkünfte, Restaurants und sonstige Empfehlungen des Autors** sind als Tipp gekennzeichnet.

Der **Kinder-Tipp** steht für Angebote, bei denen vor allem kleine Gäste und ihre Familien auf ihre Kosten kommen.

4 Die **Ziffern** in den farbigen Kästchen bei den **praktischen Informationen zu den Orten** verweisen auf den jeweiligen Legendeneintrag im entsprechenden Stadtplan.

Updates nach Redaktionsschluss: Auf der Produktseite dieses Reiseführers im Internetshop des Verlages finden sich zusätzliche Informationen und wichtige Änderungen.

Preiskategorien

Übernachten: Durchschnittliche Preise für ein **Doppelzimmer mit Bad/Dusche und Frühstück** (DZ/F). I.d.R. kosten Einzelzimmer (EZ/F) 60–70% des Doppelzimmerpreises:

① bis 50 €
② 50–100 €
③ 100–180 €
④ ab 180 €

Gastronomie: Durchschnittliche Kosten für eine Mahlzeit bestehend aus **Antipasto, Primo und Secondo** im Restaurant bzw. einer **Pizza,** jeweils ohne Getränke:

① bis 20 €
② 20–35 €
③ 35–60 €
④ ab 60 €

… und noch ein Wort zu diesem Buch

Als grüner Faden ziehen sich die Beschreibungen vieler **Wanderungen** (siehe S. 9) durch das Buch – zu Fuß (und beim Essen und Trinken) lernt man ein Land und seine Menschen oft am besten kennen!

Am Ende der Ortsbeschreibungen finden sich jeweils aktuell recherchierte **praktische Reisetipps** zu Infostellen, Verkehrsverbindungen, Festen, Veranstaltungen, Badegelegenheiten, Sport- und Wandermöglichkeiten. Die besprochenen **Unterkünfte** wurden persönlich ausgewählt und decken ein möglichst breites Spektrum ab. Familiengeführten Hotels, Bed & Breakfast und Agriturismo-Betrieben wurde der Vorzug gegeben. Eine Vorliebe des Autors und seiner Freunde für den Reichtum der süditalienischen Küche spiegelt sich in der großen Auswahl der empfohlenen **Restaurants,** Trattorien, Pizzerien, Caffès und Weinkellereien wieder.

In diesem Buch sind viele **GPS-Daten** angegeben. Die Angabe erfolgt in Dezimalgrad Nord und Süd; gibt man die Zahlen ein, findet Google den gewünschten Punkt.

Das Beste auf einen Blick

Hier werden keine „Geheimtipps" genannt, sondern eine **Liste persönlicher Reisevorschläge von A bis Z.**

- **Abtauchen:** Mit Maske und Schnorchel an der Costa di Maratea.
- **Adrenalin:** Den Puls beschleunigen der Engelsflug in den Dolomiti Lucane, der Adlerflug in San Costantino Albanese, das Balancieren auf dem Ponte alla Luna in Sasso di Castaldo (und bald über eine noch längere Hängebrücke in Castel Saraceno), Gleitschirmflüge an der Costa di Maratea oder Costa dei Cedri und Wildwasser-Rafting auf dem Lao.
- **Begegnungen:** In diesem Reiseführer sind viele Namen genannt, Namen von Menschen, denen ich im Laufe der Jahre immer wieder begegnet bin. Viele wurden zu Freunden. Sie freuen sich auf neue Begegnungen.
- **Bier:** Auch in Lukanien schießen Mikro-Brauereien wie „Pilse" aus dem Boden, und in Francavilla sul Sinni wird sogar Hopfen angebaut.
- **Blicke:** Vom Castello Lagopésole auf den Krater des Monte Vúlture, von Acerenza über die Murgia bis Apulien, von Castelmezzano und Pietrapertosa auf die Dolomiti Lucane, von der Murgia Timone auf Matera, aus Aliano auf die Calanchi, vom Christo di Maratea auf den Golf von Policastro, vom Monte Pollino in die Ferne, mit *M. C. Escher* auf Morano Cálabro und von Cívita in die Raganello-Schlucht.
- **Botanisches:** Die Panzerkiefern *(Pinus leucodermis)*, Wahrzeichen des Parco Nazionale del Pollino – die eindrucksvollsten Exemplare stehen auf der Serra di Crispo.
- **Essen:** Gut bis sehr gut in fast allen der in diesem Reiseführer genannten weit über 200 (!) kulinarischen Empfehlungen.
- **Fortbewegung:** Am besten mit dem eigenen Auto. So lassen sich abgelegene Agriturismi, verschwiegene Strände und die schönsten Wandergebiete gut erreichen. Die Basilikata lädt auch zum Radwandern ein. Die Geduld, mit Zügen und öffentlichen Bussen zu reisen, wird durch nette Kontakte mit Einheimischen belohnt. Und wer im Winter wieder kommt, lernt den Pollino und Appennino Lucano auf Schneeschuhen kennen.
- **Fresken:** In der Kirche S. Donato in Ripacàndida, in der Wallfahrtskirche S. Maria d'Anglona bei Tursi und in Tursi in der Krypta der Chiesa di S. Maria Maggiore alla Rabatana, in den Felskapellen bei Melfi und Montescaglioso und am eindrucksvollsten in der Cripta del Peccato Originale bei Matera.
- **Gefrorenes:** Gelato und Granita bei den Vizi degli Angeli in Matera, in der Bar Azimut und bei Mivà in Bernalda, im Crigel in Viggiano, bei Emilio in Maratea Porto, im Nives am Lago Sirino.
- **Hören:** Mit kritischer Distanz zu den Texten die kalabresischen Canti della Malavita, Dudelsackmusik auf Bergfesten und Blaskapellen zu allen Heiligenprozessionen. Jazz, Reggae und World Music auf Festivals.
- **Kastelle:** Auf den Spuren von Kaiser *Friedrich II.* Lagopésole, Melfi und auf einem Abstecher nach Apulien das einzigartige Castel del Monte. Übernachten im Castello di Praia bei Práia a Mare (Kalabrien).
- **Kirchen:** Sehr viele! Nicht verpassen sollte man die Kathedrale von Acerenza, die Felskirchen von Matera, die einsam in der Nähe von Tursi gelegene Chiesa S. Maria d'Anglona und das einzigartige „Bilderbuch" von San Donato in Ripacándida.
- **Kurios:** Das (unbekannte) Grab der *Mona Lisa* in Lagonegro und ein Ort, den man früher nicht

beim Namen nannte, sondern nur als „quel paese" bezeichnete – kleiner Tipp: „Jener Ort" erhebt sich gegenüber von Valsinni.

Lesen: Unbedingt *Homers* „Odyssee" und die ebenso kluge wie anregende Rekonstruktion der abenteuerlichen Reise durch den Historiker *Armin Wolf.* Immer wieder *Norman Douglas, Carlo Levi* und *Paolo Rumiz. Michael Mente* ist eine neue Stimme.

Radfahren: Auf verkehrsarmen Straßen und mit guter Gangschaltung überall in der Basilikata.

Rafting: Auf dem Fiume Lao im Norden Kalabriens.

Ruinen: Sehenswert jene von Venosa und des Santuario della dea Mefitis bei Váglio Basilicata, als Klassiker gelten der Hera-Tempel von Metapont sowie das römische Grumentum. Der Ort Cracco ist eine Komplettruine und außerordentlich fotogen.

Schatzkammern: Das Museo Archeologico in Melfi, gut bestückt sind auch die Museen von Venosa, Metaponto und Policoro.

Schlafen: Unvergesslich – in einem der als B&B, Ostello oder Hotel charmant umgebauten Höhlenhäuser der Sassi-Stadt Matera aufzuwachen. Ansonsten die Empfehlungen in diesem Buch ausprobieren.

Skifahren: Mit Langlauf- und Tourenski oder Schneeschuhen im Pollino oder Apennino Lucano, lifteln im Apennino Lucano.

Städte: Matera, keine Frage. Bilderbuchschön sind auch Melfi, Venosa und Morano Cálabro (Kalabrien). Italienischen Alltag bietet die Hauptstadt Potenza.

Strände: Herrliche Sandstrände am Ionischen Meer, reizvolle Felsküste mit Kiesbuchten bei Maratea und weitere tolle Strände am Golf von Policastro in Kalabrien und im Cilento.

Tanzen: Im Sommer an der frischen Luft im Clubbino del Cancarieddru (San Nicola Arcella) oder zur Tarantella auf einem der traditionellen Bergfeste im Pollino.

Thermen: Fango und Nymphen bei Cerchiara di Calabria.

UNESCO-Weltkulturerbe: Die Sassi von Matera, das Castel del Monte (Apulien), die Kartause von Padula und der Nationalpark Cilento (beide in Kampanien).

Verlassen: Die Geisterstädte Craco und Laino Castello (Kalabrien).

Wandern: In den Dolomiti Lucane, in der Gravina von Matera, an der Costa di Maratea, durch den Bosco Pantano di Policoro, im Parco Nazionale del Pollino und im Parco Nazionale del Appennino Lucano.

Wein: Vulkanisch – Aglianico aus Barile oder Rionero in Vúlture.

Zeitgenössische Kunst: In Matera im Parco Sculture La Palomba oder im MUSA, die Installationen von ArtePollino.

Zeitvertreib: Abendliche *passegiata* auf jedem Corso.

Zusehen: Dem Flug der Rötelfalken *(Falco naumanni)* in den Sassi von Matera und helle Mondnächte in den Calanchi von Aliano.

Basili19-060 pa

Reiserouten und Touren

Auch wenn die Basilikata eine kleine Region ist, reichen zwei Wochen niemals aus, um sie in Gänze kennenzulernen. Und schon gar nicht, wenn man ein paar Seitensprünge nach Apulien, Kalabrien oder in das südliche Kampanien unternimmt. Also ganz entspannt nach der Devise **„Weniger ist mehr“** vorgehen!

Für den Besuch von **Matera** braucht man kein eigenes Fahrzeug, in der Stadt der Sassi selbst ist man zu Fuß am besten unterwegs, und auch der Parco Murgia will **zu Fuß** oder **mit dem Rad** erkundet werden. Profi-Räder gibt es vor Ort zum Leihen. Mit **Linienbussen** lassen sich einige der sehenswerten Städtchen der Umgebung gut erreichen, z.B. Montescaglioso. Entschleunigt über Land geht es mit den **Zügen** der Ferrovie Appulo Lucane, z.B. auf der landschaftlich herrlichen Strecke von Matera nach Potenza. Flott und praktisch ist die Zugverbindung von Bari nach Matera.

Die Basilikata durchzieht ein Netz wenig befahrener **Provinzstraßen,** die zwar nicht immer perfekt in Schuss oder gut ausgeschildert sind, auch Tankstellen sind abseits stärker frequentierter Schnellstraßen nicht so dicht gesät, dafür aber sind grandiose Landschaftserlebnisse, Entdeckungen, die nicht im Reiseführer stehen, und überraschende Begegnungen unterwegs fast immer garantiert. Autofahrer, Motorradfahrer, aber auch Radfahrer mit guter Gangschaltung werden an den schönen Kurven ihre Freude haben. Die Basilikata hat vielen Filmen die Kulissen geliefert, vielleicht sollte man also einfach losfahren und sein eigenes Drehbuch schreiben. Auf Instagram lädt das Fremdenverkehrsamt der Region Basilikata mit dem **Hashtag #basilicatabellascoperta** zur Entdeckung ein. Worauf warten?

Wer gern im Meer schwimmt oder in klare Bergflüsse springt, wer das Wandern liebt, der wird in der Basilikata sein **Landschaftsglück** erleben. Ob im Appennino Lucano, dem Pollino, den Wäldern des Vúlture, am Ionischen Meer oder an der Costa di Maratea – die schönsten Naturschauplätze sind oft nur mit dem eigenen Fahrzeug zu erreichen.

Tour 1 – Basilicata coast to coast mit dem Auto (oder Motorrad)

- **Länge:** ca. 300 km
- **Dauer:** 5–7 Tage
- **Reisezeit:** Mai bis Juli, Sept. bis Nov.

Im Jahr 2010 kam der Film „Basilicata coast to coast“ in die Kinos. In diesem humorvollen Roadmovie macht sich eine Gruppe befreundeter Musiker auf, um auf einem Festival in **Scanzano Jonico** aufzutreten. Zu Fuß. Von der Costa di Maratea am Thyrrhenischen Meer wollen sie bis nach Scanzano Jonico gehen, auf der SS 653 hätten sie diese Distanz in wenigen Stunden zurücklegen können.

Und jetzt in Gegenrichtung, den Soundtrack als Gute-Laune-Musik mit dabei: Zum guten Start ein Sprung ins Ionische Meer am Lido von **Metaponto.** Vor 2600 Jahren schoben sich hier die Kiele der griechischen Schiffe auf den

Dünensand. Wer tiefer in die Welt der Magna Graecia eintauchen möchte, besucht das Archäologische Museum von Metaponto.

Landeinwärts lockt **Bernalda,** so schön, dass man hier gern auch die Nacht verbringt. Der Regisseur *Francis Ford Coppola* hat im Geburtsort seines Vaters neue Wurzeln geschlagen.

Endlich Landstraßen: Wir fahren nach **Craco,** großes Kino. Die verlassene Geisterstadt ist wirklich jeden Umweg wert! Jetzt könnte man über San Mauro Forte ins Herz der Dolomiti Lucane fahren, dort wandern, köstlich speisen, übernachten und die Fahrt durch das Nationalparkgebiet des Appennino Lucano über Viggiano und Lagonegro – mit Zwischenübernachtung(en) – Richtung Costa di Maratea fortsetzen. Oder man stößt weiter ins Herz der Calanchi vor – die Erosionslandschaft zwischen den Flüssen Sinni und Basento liefert selten erlebte Impressionen.

Vorbei an Montalbano Jonico steuern wir **Tursi** an – vorher vielleicht noch ein Abstecher zur Chiesa S. Maria d'Anglona? Der Palazzo dei Poeti im ehemaligen Araberquartier ist ein Logis für Feinschmecker. Weil es hier so schön ist, könnte man auch länger bleiben und **Aliano** am nächsten Tag einen Besuch abstatten.

Die Reise setzt sich fort in einen hoch gelegenen Bergort, den bis vor wenigen Jahren niemand beim Namen zu nennen wagte: **Colobraro.** Von den Ruinen des Kastells blickt man zurück über die Calanchi auf den Golf von Tarent, während im Süden bereits die Pollino-Berge Gipfelglück versprechen. Gegenüber von Colobraro und jenseits des Fiume Sinni erhebt sich in ähnlicher Lage **Valsinni** mit dem Castello di Isabella Morra. Parallel zum Sarmento, einem Seitenzufluss des Sinni, erreichen wir von hier auf schöner Strecke **Terranova di Pollino,** ein Mekka des Buon Gusto und Ausgangspunkt toller Bergtouren (siehe Tour 3).

Zu Fuß, aber auch auf den wenig befahrenen Bergstraßen unterwegs, ist der Parco Nazionale del Pollino großes Landschaftskino. Über Mezzana und **Viggianello** geht es nach **Rotonda.** Sicher kein Zufall, dass ein Hotel hier den Namen „Borgo Ospitale" trägt. Von Rotonda lassen sich weitere Pollino-Exkursionen zu Wasser (Rafting!) und zu Lande unternehmen.

Vorbei an Castelluccio und Lauria führt uns die Route nach **Trécchina.** An der Piazza del Popolo wetteifern ein Dutzend Bars, Pasticcerie und Gelaterie

um die Gunst der Schleckermäuler. Aber das nahe **Maratea** und die Costa locken! In schwungvollen Kurven erreichen wir Maratea Borgo, das Gran Finale erwartet uns jedoch zu Füßen des Cristo Redentore. Und genau hier hatte – mit grandiosem Blick auf den Golf von Policastro – auch der Film „Basilicata coast to coast" seinen Anfang genommen. Gern stimmen wir *Rocco Papaleo* zu: „Si, la Basilicata esiste … esiste".

Tour 2 – mit dem Rad rund um Matera

- **Länge:** ca. 120 km (ohne Abstecher)
- **Kumulierte Höhenmeter:** ca. 1900 m
- **Dauer:** 2 Tage
- **Reisezeit:** Mai bis Juli, Sept. bis Nov.
- **Leihräder:** *Ferula Viaggi,* Matera (siehe dort)

In zwei Tagen lässt sich eine schöne Radrunde um Matera drehen, verbunden mit einem kurzen Seitensprung nach Apulien. Dabei lernt man das **Hügelland des Val Brádano und hübsche Orte** wie Montescaglioso, Migliónico und Grottole kennen. Die Route beginnt und endet in Matera und folgt überwiegend **wenig befahrenen Nebenstraßen.** Einzig in der Peripherie von Matera ist verstärkt auf den Verkehr zu achten. *Ferula Viaggi* in Matera verleiht nicht nur professionelle MTBs oder E-Bikes, sondern liefert auch eine sehr gute Routenbeschreibung inkl. GPS-Track mit. Der Gratis-Matera-Stadtplan der APT zeigt auf der Rückseite eine detaillierte Umgebungskarte.

Start ist an der **Piazza Matteotti,** ganz in der Nähe liegt auch das Büro von *Ferula Viaggi.* Den FAL-Bahnhof im Rücken geht es die Via Don Minzoni bergab, links in die Via Lucana und weiter auf der Via XX Settembre. Über die Via Nazionale verlassen wir nach Nordwesten die Stadt und erreichen mit einem Rechtsschwung die SS 7 „Via Appia".

Dieser folgen wir nach Osten in Richtung Laterza/Taranto. Am Km 588,100 der SS 7 zweigt eine kurze Stichstraße zum **Belvedere di Murgia Timone** ab. Wer den Blick über die Schlucht der Gravina auf die Sassi von Matera noch nicht gesehen hat, sollte hier abbiegen und wird es nicht bereuen. Eine Stärkung kann man sich im Besucherzentrum des Parco Murgia im Jazzo Gattini gönnen.

Zurück auf der SS 7 setzen wir wenige Kilometer die Fahrt in Richtung Laterza fort, um rechts auf die SP 5 nach **Ginosa**

(Apulien) abzubiegen. Wie Laterza und Matera ist auch Ginosa eine eindrucksvolle Schluchtenstadt.

Zurück in der Region Basilikata kann man es erst einmal laufen lassen, dann aber folgt der steile Anstieg nach Montescaglioso. Zeit, die Calanchi-Landschaft und die Blicke zur Küste in sich aufzunehmen. **Montescaglioso** schreit nach Rast, ein Glück, dass es hier gute Unterkünfte und noch bessere Verpflegungsmöglichkeiten gibt. Und die Abtei sollte man auf keinen Fall versäumen!

Mit der Abfahrt von Montescaglioso zurück in Richtung Matera beginnt der neue Tag mit Schwung. Nach wenigen Kilometern biegen wir an der Kreuzung links Richtung Migliónico ab und schwingen durch weite Weizenfelder sanft auf und ab. Auch **Migliónico** ist ein Städtchen hoch oben auf dem Berg, die schöne Aussicht will mit Muskelkraft erkauft werden. Von Migliónico könnte man auf kürzerer Strecke nach Matera zurückkehren oder auf der SP ex SS 7 weiter bis **Gróttole** fahren. Die Straße folgt dem Verlauf der antiken Via Appia (siehe Exkurs „Via Appia – alle Straßen kommen aus Rom"), diesmal über einen lang gezogenen Grat, zu beiden Seiten mit weiten Blicken in die Täler von Brádano und Basento.

Ca. 2 km hinter Gróttole verlassen wir die SP ex SS 7 nach rechts in Richtung San Antuono. Nach einem Anstieg fällt die Straße ab; im Tal halten wir uns an der T-Kreuzung rechts in Richtung Matera. Nach weiteren 12 km geht es am Kreisverkehr links und über eine Brücke über den Brádano. Nach einem weiteren Kilometer biegen wir rechts in die SP Fondo Valle Bradano ein, die parallel zum 1957 aufgestauten See nach Westen führt. Zahlreiche Wasservögel finden hier Rast- und Nistplätze. Schilder weisen zur Diga di San Giuliano. Der **Lago di San Giuliano** ist heute ein vom WWF betreutes Naturschutzgebiet. Kurz vor dem Staudamm setzt sich die Straße links Richtung Matera fort. In der Nähe befindet sich die Cripta del Peccato Originale.

Jetzt, wo wir uns **Matera** nähern, nimmt der Verkehr zu. Auf der Via La Martella erreichen wir die Stadt und folgen der Ausschilderung „Centro" bis auf die Via Dante Alighieri und hier nach rechts zurück zum Ausgangspunkt nahe der Stazione Centrale Matera FAL.

Basili19-061 pa

☒ Auch eine Radtour rund um Matera lässt die Sassi-Stadt selbst nicht außer Acht

Tour 3 – zu Fuß auf die Serra di Crispo (2053 m)

■ **Charakter:** Mittelschwere Bergtour auf einen aussichtsreichen Berggrat mit den wohl eindrucksvollsten Panzerkiefern des Pollino. Im Winter kann man die Tour mit Schneeschuhen gehen!
■ **Länge/Höhe:** 13 km, 700 m Auf- und Abstieg
■ **Dauer:** 3½ Std. für den Aufstieg, 3 Std. für den Abstieg
■ **Ausrüstung:** Bergschuhe, Windschutz, Trinkwasser und Picknick
■ **Karte:** Parco Nazionale del Pollino „Cuore del Parco, 1:20.000", Blatt NE
■ **Markierung:** rot-weiße CAI-Zeichen, Schilder mit Distanzangaben
■ **Start-/Endpunkt:** Picknickplatz Lago Duglia ca. 6 km südwestlich der Casa del Conte

Der Journalist und Bergführer *Giorgio Braschi* ist ein Pionier des Bergtourismus im Pollino. Auf ihn geht der treffliche Name **„Giardino degli Dei"** (Göttergarten) für den umwerfend schönen Kalkfelsgrat mit seinen majestätischen, Wind und Wetter trotzenden Panzerkiefern *(Pinus leucodermis)* zurück. Die Serra di Crispo ist in einem Halbtages- oder Tagesausflug gut von Terranova di Pollino (siehe dort) aus zu erreichen.

Die im Jahr 2000 aufgelegte **Wanderkarte** „Carta Escursionistica del Pollino Lucano, 1:50.000" von *Giorgio Braschi,* die es in den Fremdenverkehrsämtern z.T. noch gratis gibt, ist nach wie vor ein zuverlässiger Begleiter. Die Markierung der Wege im Gelände folgt inzwischen jedoch der Nummerierung der offiziellen Nationalpark-Karte, die vor Ort zu erwerben ist.

Der **Lago Duglia** (1367 m) genannte Wiesengrund im Südwesten von Terranova di Pollino verwandelt sich nach der Schneeschmelze vorübergehend in einen kleinen See. Im Schatten von Erlen steht ein steingemauertes Haus mit Grillplatz und Picknicktischen.

Am östlichen Rand der Lichtung beginnt der als „950" bezeichnete, rot-weiß markierte Weg in Richtung Piani di Pollino. Der deutliche Pfad steigt im angenehmen Schatten des artenreichen Laubmischwaldes stetig an, zur Linken ein kleines Tälchen. Unterwegs wird der Bachlauf gequert, kurz danach führt der Weg an einer gefassten Quelle vorbei. Hohe Buchen bestimmen nun das Bild. Dann öffnet sich eine Lichtung mit dem **Lago Fondo,** den wir gegen den Uhrzeigersinn umschreiten. Darüber erheben sich die Felswände der Timpa del Castello und der Serra di Crispo.

Der Weg setzt sich oberhalb des Sees über eine Lichtung fort und tritt dann wieder in den Buchenschatten, zur Linken erneut von einem Wasserlauf begleitet. Es geht links vorbei an einer **Wellblechhütte.** Der Weg führt in offeneres Gelände, der Baumbewuchs geht zurück und die Landschaft nimmt alpine Züge an. Zur Linken ragen die Felsen der **Pietra Castello** heraus, talseitig blickt man über Terranova di Pollino hinweg ins Val Sarmento.

An einer **Kreuzung** (ca. 1 Std. ab Start) zweigt rechts der mit „951" bezeichnete Weg zum 3 km entfernten Piano di Jannace ab – auf dieser längeren Variante ließe sich die Serra di Crispo von Westen besteigen. Wir setzen unseren Weg auf dem ebenen Abschnitt links fort. Anfang des 20. Jh. betrieb hier die Firma *Rueping* eine Schmalspurbahn zum Abtransport des eingeschlagenen Holzes. Nach weiteren 15 Min. zweigt der „ 950" zu den Hochflächen des Pollino an der **Y-Gabelung** rechts ab (links führt der auf der Karte als „952“ bezeichnete Weg auf der ehemaligen Bahntrasse im weiten Bogen zum Rifugio Segheria an der Straße hinab, wo früher das Sägewerk stand).

Im Buchentannenwald geht es weiter bergauf, rot-weiße Farbzeichen weisen die Richtung. Der Weg tritt nach ca. 15 Min. ins Freie und quert einen feuchten Wiesengrund, den **Piano dei Moranesi.** Dann steigt der Weg im Buchenwald über Blockschutt weiter an. Einen nicht bezeichneten Abzweig (auf der Karte „950 A“) lassen wir links liegen und folgen den roten Farbmarkierungen bergauf. Einige Minuten später ist linker Hand der bezeichnete, kurze Abstecher zur Quelle des Raganello (siehe Cívita im Kapitel „Pollino Calabro, Monti di Orsomarso und Costa dei Cedri“) angezeigt. Wir setzen den Anstieg durch kleine Waldflecken und über Almwiesen fort, bis der Weg schließlich durch einen Sattel führt.

Zwischen Serra delle Ciavole und Serretta della Porticella öffnet die **Grande Porta del Pollino** den Zugang zu den weiten Hochflächen des Pollino, den **Piani del Pollino,** Weidegebiete seit der Urzeit. Im Südwesten bzw. Süden erheben sich die höchsten Gipfel des Massivs, der Monte Pollino (2248 m) und die Serra Dolcedorme (2267 m). Wir folgen der von Steinen gesäumten Wegspur über das karstige Wiesenplateau nach rechts und die Gehrichtung beibehaltend weiter durch einen kleinen Buchenwald. An der bezeichneten Kreuzung biegen wir rechts ab – von links führt der „IPV4“ vom Piano di Jannace heran. In kleinen Serpentinen zieht sich der Pfad über Almfluren bis hinauf zum Felsgrat mit den Panzerkiefern – mit der Gratlinie erreichen wir den **Gipfel der Serra di Crispo** (2053 m). Die Aussicht nach allen Seiten hin ist fantastisch! Aber auch an den Baumriesen kann man sich kaum sattsehen.

Als **Rückweg** wählen wir die Aufstiegsroute, können jedoch als kleine Variante über den Grat der **Serretta della Porticella** zur Porta del Pollino absteigen. Wenn Zeit, Kondition und Wetter mitspielen, kann man vor dem Abstieg zurück zum Lago Duglia nach Belieben über die Hochfläche streifen.

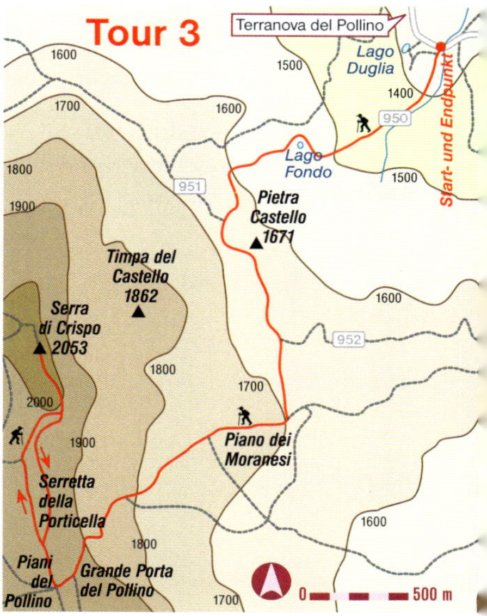

Schneeschuhwandern im Appeninno Lucano und Pollino
Januar/Februar

Passion Christi in Barile
März/April (Karfreitag)

Wandern im Appennino Lucano und Pollino
Mai bis Juli

JAN | FEB | MÄR | APR | MAI | JUN

Karneval – Umzüge mit Tiermasken in Aliano und Tricárico, zukunftsweisend ist der Carneval di Satriano
Januar bis März

Madonna Nera – am ersten Maisonntag wird die „Königin Lukaniens" in ihr Bergheiligtum gebracht

Baumhochzeit – in vielen Bergorten leben uralte Baumkulte fort, so in Accettura und Rotonda
Juni/Juli

JUL	AUG	SEP	OKT	NOV	DEZ
Madonna della Bruna – Fest der Patronin von Matera am 2. Juli	**Festivalzeit** – nicht verpassen: Metaponto Beach Festival, Lucania Film Festival, Pollino Music Festival und La Luna e i Calanchi	**Wandern** im Appennino Lucano und Pollino September bis November			Matera, Tursi oder Rionero in Vúlture verwandeln sich in **Weihnachts-krippen**
Baden am Meer und in den Flüssen	**Hauptferien-zeit** – die Italiener machen Urlaub, die Temperaturen sind hoch, die Preise auch	**Baden** am Meer und in den Flüssen			

Fünf Orte zum Staunen

Basili19-062 pa

Kaiser Friedrich II. in der Grotte | 66

Rendezvous mit dem großen Stauferkaiser: Im grünen Norden Lukaniens ging *Friedrich II.* auf Sommerfrische. Als letzte seiner Residenzen ließ er hier das Kastell von Lagopésole mit Blick auf den Monte Vúlture errichten. Die überraschendste Begegnung aber findet in der Felskirche S. Margherita bei Melfi statt: Kaiser *Friedrich II.* tritt einem im Gewand eines Falkners entgegen.

Basili19-063 pa

Bunte Bibel in Ripacàndida | 56

Von außen eher unscheinbar, erweist sich das **Santuario di San Donato in Ripacàndida** beim Betreten als ein wahres Bilderbuch. Über und über sind Wände und Gewölbe mit farbenfrohen Fresken bemalt. In aller Detailfreude werden Heiligenlegenden, das Leben Jesu und die Schöpfungsgeschichte erzählt. Wer würde nicht am liebsten sofort in einen der saftig-roten Paradiesäpfel beißen wollen?

Basili19-064 pa

Chiesa incompiuta in Venosa | 89

Die größte Basilika der Basilikata wurde nie vollendet. 1135 wurde mit dem Bau begonnen, das Ende der Normannenherrschaft brachte die ambitionierten Arbeiten zum Stillstand. Aufmerksamen Besuchern wird es nicht entgehen, dass das Baumaterial der Incompiuta zum Teil antiken Ursprungs ist. Das römische Amphitheater in unmittelbarer Nähe diente als Steinbruch, aber auch römische Grabsteine wurden hier vermauert.

Basili19-065 pa

Sassi di Matera | 139, 149, 153

Süditaliens schönstes Labyrinth: Die Sassi di Matera – in den 1950er Jahren in Italien noch als „nationale Schande" verschrien – zählen heute zum Weltkulturerbe der UNESCO. Die ersten Siedlungsspuren in der unsterblichen Höhlenstadt reichen in die Steinzeit zurück. Bei Streifzügen durch verwinkelte Treppengassen öffnen sich immer neue Perspektiven, die nicht nur Fotografen erfreuen.

Basili19-066 pa

Museo Archeologico di Metaponto | 185

Auf den ersten Blick hat, bis auf einige Grundmauern und Säulenreste, nur Weniges aus der glanzvollen Epoche der **griechischen Antike** die Zeiten überdauert. Umso reicher bestückt sind die Vitrinen der archäologischen Museen, in Metapont z.B. ist Goldschmuck zu bewundern, der heute noch Begehrlichkeiten bei Bulgari & Co. erwecken würde. Keramiken, Geschmeide, Waffen und Werkzeuge zeigen auch die Museen in Policoro und Melfi.

Fünf Orte mit Weitblick

Basili19-086 pa

Irsina | 108

Weitblick bewies die Regione Basilicata, als sie die Umgebung von Irsina unter **Landschaftsschutz** stellte. Während andernorts Windräder die Hügelkämme krönen, versperrt von der Belvedere-Piazza in Irsina nichts den Blick, der bis in die Murgia Alta Apuliens reicht. Zu den Augenweiden zählt aber auch die einzige erhaltene Statue des Renaissancekünstlers *Andrea Mantegna* im Dom.

Basili19-087 pa

Belvedere di Murgia Timone | 141

Den besten Blick auf die **Sassi von Matera** genießt man über die Gravina-Schlucht hinweg vom Belvedere der Murgia Timone. Zum Sonnenuntergang finden sich die Verliebten ein. Einsamer geht es am frühen Morgen zu, wenn die Stadt in ein honigfarbenes Licht getaucht ist. Wandert man an leeren Felshöhlen vorbei, kann man sich in die Anfänge Materas in der Steinzeit zurückversetzen.

Basili19-088 pa

Castello di Valsinni | 217

Ein weiter Blick war früher überlebenswichtig, das hatten die Langobarden und Normannen schnell erkannt. Mitte des 16. Jh. hielt **Isabella di Morra** von den Burgzinnen in Valsinni Ausschau nach ihrem Geliebten. Die Geschichte ging tragisch aus. Wer weitere Horizonte sucht, fährt ins nahe Rotondella. Nicht umsonst trägt der auf einer 576 m hohen Bergkuppe gelegene Ort den Beinamen *balcone dello Ionio.*

Basili19-089 pa

Torre di Satriano | 226

Sehen und gesehen werden: Weithin sichtbar erhebt sich im Südwesten von Potenza der normannische Festungsturm auf der 939 m hohen Anhöhe. Von dieser einzigartigen Position, die Täler von Agri, Basento, Melandro und Noce bestens im Blick, konnten die seit der Bronzezeit bestehenden Verkehrsrouten zwischen Tyrrhenischem, Ionischem und Adriatischem Meer kontrolliert werden.

Basili19-090 pa

Cristo Redentore von Maratea | 255

Es mag zwar höhere Christus-Statuen auf der Welt geben, aber nur wenige, die über eine solche Aussicht gebieten wie der aus hellem Beton errichtete Christus von Maratea. Die Figur des Erlösers wendet ihr Gesicht ins Landesinnere, und trotzdem wirkt es, als ob seine Arme sich über dem Meer ausbreiten. Von hier oben genießt man **himmelweite Blicke** über die Costa di Maratea und den Golf von Policastro.

Fünf Orte zum Wandern

Basili19-091 pa

Die Kaskaden von San Fele | 51

Auch ohne Zipline oder schwindelerregende Hängebrücken ist San Fele attraktiv für Naturliebhaber. Es ist das Verdienst der jungen Associazione U Uattënniérë, die **alten Maultierwege** wieder freigelegt zu haben, die hinab ins Tal des Torrente Bradanello führen, dessen fröhlich fließendes Wasser früher Walkmühlen antrieb und heute mit Kaskaden und Gumpen Wanderer erfrischt.

Basili19-092 pa

Himmelsleitern in Castelmezzano | 121

Der „Engelsflug" in den Piccole Dolomiti Lucane wird stark beworben, eine Zipline über die Schlucht zwischen Castelmezzano und Pietrapertosa. Weniger Adrenalin, aber mehr Dopamin schüttet ein Streifzug zwischen den bizarr geformten Sandsteinfelsen aus. Von dem Kastell in Castelmezzano haben sich nur wenige Mauerreste erhalten. Geblieben sind **in den Fels geschlagene Stufen.**

Basili19-093 pa

Monte Volturino | 236

Der mit **1835 m** aussichtsreichste Gipfel des Appennino Lucano lässt sich fast mühelos erklimmen. Auch der Ausgangspunkt am Piano Imperatore ist von Mársicovétere aus auf schöner Strecke schnell erreicht. Am 15. August zu Mariä Himmelfahrt kommen hier Hunderte Pilger zusammen, um das Fest der Madonna dell'Assunta zu feiern. Bereits im Aufstieg zum Monte Volturino genießt man Blicke über weite Teile der Basilikata bis nach Apulien und Kalabrien.

Basili19-094 pa

Monte Coccovello | 269

Endlose Blicke über die Costa di Maratea und den Golf von Policastro bietet der Cristo Redentore in Maratea ganz ohne Schweißvergießen. Wer weite Ausblicke, aber auch die Bergeinsamkeit schätzt, den wird diese einfache Wanderung auf den **1505 m** hohen Monte Coccovello in Hinterland von Sapri glücklich machen. Bei klarem Wetter sind sogar die Liparischen Inseln zu sehen.

Basili19-095 pa

Grande Porta del Pollino | 313

Aus Terranova di Pollino führt ein **alter Herdenweg** durch den Sattel der Grande Porta del Pollino auf die weiten Hochflächen des Pollino-Massivs. Hier hat man die Qual der Wahl: Die großen Pollino-Gipfel, wie der Monte Pollino oder die Serra Dolcedorme, erheben sich hier im Umkreis. Sehr reizvoll ist der Aufstieg zur Serra di Crispo mit ihren mächtigen Panzerkiefern, die seit Jahrhunderten Wind und Wetter trotzen.

Fünf Orte des Buon Gusto

La Birroteca in Potenza | 43

Basili19-096 pa

Es sind weniger die schmackhaften Käse- und Wursteller, die zum Bier gereicht werden, als die Fülle der lukanischen Craft-Biere im Ausschank, die diese Kneipe in einem ehemaligen Textilgeschäft so anziehend machen. Und es läuft der Plattenspieler! Damit vereint *Alessandro Nortano* seine beiden großen Passionen für **Bier und Rockmusik** an einem Ort.

L'Incanto in Venosa | 92

Basili19-097 pa

Das edel gestylte **Gourmet-Ristorante** liegt an der Route der Fernweidewege, die seit alters her die Bergweiden des Apennin mit den Küstenebenen Apuliens verbanden. Auf diesen *tratturi* wanderten nicht nur die Viehherden, sondern reisten Religionen, Kunststile, Sprachen, Rezepte und nicht zuletzt Kücheningredienzen. Dieser kulinarischen Leitlinie folgen *Pompeo Limongiello* und *Angela Frino.*

Al Becco della Civetta in Castelmezzano | 123

Basili19-098 pa

Speisend reisen: *Antonietta Santoro* ist eine unermüdliche Erforscherin lukanischer Küchentraditionen, Geschichte geht für sie durch den Magen. Auch wenn sie sich nicht scheut, avantgardistische Methoden auszuprobieren, so ist sie sich doch treu geblieben: Die Verwendung lokaler Bauernprodukte und ihre sorgfältige Zubereitung bleiben die Basis ihrer Küchenkunst, und das zu fairen Preisen, wie der Guide Michelin bestätigt.

La Cala del Citro | 262

Basili19-099 pa

Gaumenfreuden garantiert: Im Sommer 2018 hat dieses Restaurant eröffnet, und *Dario Giacomantoio* wird noch von sich reden machen. Die Kochkunst hat er von der Pieke auf an der Costa di Maratea erlernt und in Gourmetrestaurants Italiens, Londons und der Malediven perfektioniert. Augenfreude bereiten nicht nur die fantasievoll angerichteten Teller, sondern auch das Küstenpanorama.

Terranova di Pollino | 311

Basili19-100 pa

Es ist nicht einfach, sich im Pollino auf nur einen Gourmet-Tipp zu beschränken, so zählt z.B. ein Besuch bei Da Peppe in Rotonda zu den großen Gaumenfreuden. Geradezu ein Mekka des *Buon Gusto* ist das hübsche Terranova di Pollino. Unbedingt einkehren sollte man hier in *Federico Valicentis* **Luna Rossa** (s. Abb.) und im **Picchio Nero** von *Giuseppe Golia.* Beide Küchenchefs bieten eine Territorialküche, die alle Grenzen sprengt.

Basili19-027 pa

Fünf Orte zum Bleiben

Hotel Orazio in Venosa | 90

Zentraler lässt es sich kaum wohnen in Venosa, als im **Palazzo del Baliaggio,** dem früheren Verwaltungssitz der Malteserritter. Die Zimmer des Hotel Orazio sind keineswegs luxuriös, aber sehr einladend. Man wacht mit Vogelgezwitscher auf, das Frühstück wird in einem freskengeschmückten Saal gereicht. Mit dem Fahrrad lassen sich das nette Städtchen und die Umgebung entspannt erkunden.

Basili19-101 pa

La Casa di Penelope & Cirene in Pietrapertosa | 128

Das **hübsche Haus,** dessen Fassade dutzendfach die Zahl „32" schmückt, liegt am verkehrsfreien Corso des Centro storico. *Teresa Colucci,* diplomierte Mathematikerin, ist die Pionierin der B&B-Bewegung in der Basilikata, eine vollendete Gastgeberin und unerschöpfliche Quelle guter Tipps. Interessierte Gäste begleitet sie auf individuellen Entdecker- und Genussreisen durch ihre Region.

Basili19-079 pa

Luxus-Höhlen in Matera | 160

In einer Höhle zu schlafen, kann **archaische Glücksgefühle** auslösen. Sollte die Urlaubskasse für den Aufenthalt in den luxuriösen Grotte della Cívita nicht ausreichend gefüllt sein, bleiben als – ebenfalls nicht ganz billige – Alternativen immer noch die Rock-Stars A Corte di San Pietro, Sassi Hotel oder die Locanda di San Martino – in Letzterer kann man sogar in einer Felszisterne schwimmen!

Basili19-102 pa

La Voce del Fiume in Brienza | 232

Die achtsame Restaurierung einer **Gruppe alter Stadthäuser** zu Füßen des mittelalterlichen Borgo von Brienza schenkt kultivierten Reisenden ein sehr gemütliches Zuhause auf Zeit. Das sanfte Rauschen des Flusses begleitet den erholsamen Schlaf, mit schöner Aussicht wird das reichhaltige Frühstück auf der Veranda serviert. Die gratis zur Verfügung stehenden E-Bikes und die guten Tipps der zuvorkommenden Gastgeberin bereichern jeden Urlaub.

Basili19-103 pa

Le Chiane in Cersuta di Maratea | 261

Drei zauberhafte Zimmer in einem herrlichen Garten, der nicht nur das ganze Jahr über blüht und schattige wie sonnige Liegeplätze mit Meerblick bietet, sondern auch Agrumen, Obst und Kräuter als Zutaten für das feine Frühstücksbuffet und die hausgemachten Liköre liefert. Vor allem aber ist die herzliche Gastfreundschaft der Besitzer *Mariella* und *Vincenzo* hervorzuheben, die für ihre Gäste gute Tipps ohne Ende haben!

Fünfmal Feste feiern

Maggio di Accetura | 134

In der Basilikata sind uralte Baumkulte lebendig geblieben, indem sie Eingang in den christlichen Festkalender fanden. Dazu zählen die **Baumhochzeiten** im Pollino und den Piccole Dolomiti Lucane. Die eindrucksvollste kann man in Accettura erleben. Die Festlichkeiten beginnen zu Christi Himmelfahrt und finden am Pfingstsonntag zu ihrem Höhepunkt.

Basili19-216 ms

Madonna della Bruna in Matera | 148

Das **Fest der Stadtpatronin** von Matera ist in Süditalien eines der eindrucksvollsten seiner Art. Gefeiert wird am 2. Juli vom Morgengrauen bis in die späte Nacht. In aller Herrgottsfrüh setzt sich der erste Umzug in Bewegung, Finale furioso ist am Abend die *stracciata,* bei der der Festwagen förmlich auseinandergerissen wird. Um Mitternacht wird ein grandioses Feuerwerk entzündet.

Basili19-105 pa

Metaponto Beach Festival | 189

Mitte August steigt vor der imposanten Kulisse des Castello a Mare (Castello Torremare) in Metaponto **eines der coolsten Musikfestivals** Lukaniens. Fast immer ist mit „Krikka Reggae", der angesagten Reggae- und Ska-Band aus dem nahen Bernalda, zu rechnen, aber auch „Sud Sound System" aus Apulien oder die „Ragnatello Folk Band" sind hier zu Hause. Für Kinder gibt es ein Zirkusprogramm.

Basili19-106 pa

La Luna e i Calanchi in Aliano | 214

Aliano ist ein Ort mit knapp 1000 Einwohnern, eine Insel inmitten der Calanchi. Nach Aliano war 1935/36 der Arzt, Schriftsteller und Maler *Carlo Levi* verbannt worden, ans Ende der damaligen Welt. Aliano ist für *Franco Arminio* die Bühne des zauberhaften Festivals La Luna e i Calanchi, das zum Mitmachen anregt und besser noch als Matera 2019 die Zukunft der Basilikata beschwört – eine zugleich **poetische und politische Aktion.**

Basili19-107 gf

Carnevale di Satriano | 228

Waldmensch für einen Tag: Die Basilikata hütet eine Reihe von sehens- und erlebenswerten Karnevalstraditionen, in denen uralte heidnische Riten lebendig geblieben sind, wie z.B. die Umzüge mit Tiermasken in Tricárico oder Aliano. Der Carnevale di Satriano hingegen hat in den letzten Jahren einen erstaunlichen und sehr zeitgemäßen Bedeutungswandel mitgemacht und lädt vor allem zum Mitmachen ein.

Basili19-108 pa

Überblick | 32
Avigliano | 45
Barile | 54
Castello Lagopésole | 45
Laghi di Monticchio | 58
Melfi | 61
Muro Lucano | 52
Potenza | 34
Rionero in Vúlture | 54
San Fele | 49

1 Potenza, Melfi und Monte Vúlture

Die sanfte Hügellandschaft im Nordwesten der Basilikata überragt der 1326 m hohe Monte Vúlture. An den Hängen des erloschenen Vulkans gedeiht einer der besten Rotweine Italiens. Schon Kaiser Friedrich II. verbrachte hier seine Sommerfrische.

Muro Lucano, ein malerisches Festungsstädtchen im Westen der Region

ÜBERBLICK

Potenza, das ist der lebendige Alltag einer süditalienischen Provinzmetropole mit kulinarischen Überraschungen. Kein Wunder, reift doch auf den Hängen des nahen Monte Vúlture der Aglianico für einen der besten Rotweine Italiens heran. Den Kegel des erloschenen Vulkans füllen zwei zauberhafte Seen. Die eindrucksvollen Kastelle von Melfi und Lagopésole entführen in die Welt des Mittelalters. Mitte des 19. Jh. suchten Briganten Zuflucht in den Wäldern des Vúlture, heute laden markierte Wege zu Wanderungen ein, Erfrischung bieten die Kaskaden von San Fele.

Mit seiner charakteristischen Silhouette überragt der 1326 m hohe **Monte Vúlture** die sanfte Hügellandschaft im Nordwesten der Basilikata. Seit über 500.000 Jahren gilt der einzige Vulkan östlich des Apennins als erloschen. Der nach Westen hin aufgebrochene Rand der Caldera umschließt zwei zauberhafte Seen. In den beiden, nur durch eine schmale Landzunge voneinander getrennten **Laghi di Monticchio** spiegeln sich die bewaldeten Kraterwände und die weißen Mauern einer mittelalterlichen Benediktinerabtei. Der römische Dichter Horaz hat das Naturidyll besungen, **Kaiser Friedrich II.** ging hier häufig zur Jagd, und Mitte des 19. Jh. fanden Briganten Zuflucht in den dichten Wäldern. Markierte Wege im Naturschutzgebiet laden heute zu ausgedehnten Wanderungen ein.

Die ersten Menschheitsspuren reichen hier bis in die Vorgeschichte zurück. Am südwestlichen Ortsrand von **Atella** tauchen Sedimentreste eines pleistozänen Sees auf und bieten Einblicke in Jagdtechniken altsteinzeitlicher Menschen, die vor 650.000 bis 550.000 Jahren Elefanten und Bisons in den Uferschlamm trieben, um sie dort zu erlegen. Bei **Tuppo dei Sassi** wurden 9000 Jahre alte Felszeichnungen entdeckt. Vor Ankunft der Römer siedelten Daunier, Samniten und Lukaner auf den fruchtbaren Landstrichen rund um den Vulkan. Die großen Flusstäler von Ofanto, Sele und Bradano ermöglichten früh Handelsverbindungen in Richtung Adria, an den Golf von Salerno oder in den Süden zum Ionischen Meer. Das bestens bestückte Archäologische Museum in Melfi öffnet einen faszinierenden Blick in die Antike.

Mitte des 11. Jh. erhoben die Normannen das alte **Melfi** zur Hauptstadt ihres Herzogtums Apulien, und auch Kaiser *Friedrich II.* hielt sich während der Sommermonate gerne im grünen Norden Lukaniens auf. Dem großen Staufer kann man in Gestalt eines Falkners in der nahen **Grottenkirche Santa Margherita** begegnen. Sein letztes und größtes Kastell ließ er in **Lagopésole** errichten. Geschichtsträchtige Orte in der Umgebung warten mit einer Fülle wenig bekannter Kunstschätze auf. Südlich von Melfi sind im früheren Bischofssitz **Rapolla** die Kathedrale aus dem 13. Jh. sowie die Kirche S. Lucia aus dem 10./11. Jh. besonders sehenswert. Östlich von Rionero in Vúlture lockt **Ripacàndida** mit einer wahren Augenweide. Die von außen völlig unscheinbare Kirche S. Donato birgt im Inneren einen überwältigend schönen **Freskenzyklus** aus dem frühen 16. Jh. (siehe Exkurs „San Donato di Ripacàndida – das lukanische Assisi"). Der deutsche Ethnologe *Thomas Hauschild* hat im Ort auf faszinierende Weise den magischen Praktiken der katholischen Kirche nachgespürt (siehe „Lesen" im Anhang). Malerisch liegt die romanische Wallfahrtskirche **S. Maria di Pierno** im Weiler Pierno am Fuße des gleichnamigen Berges. Die Kirche zählt zu den interessanteren Zeugnissen normannischer Architektur in der Basilikata. Das nahe **San Fele** lockt mit seinen Kaskaden und erfrischenden Gumpen erholungssuchende Wanderer an. Geradezu malerisch ist auch das Festungsstädtchen **Muro Lucano,** das darüber hinaus mit einem absolut sehenswerten archäologischen Museum aufwartet.

NICHT VERPASSEN!

- **Festa Madonna del Carmine:** am 16. Juli feiert ganz Avigliano | 47
- **San Fele:** Wandern am Wasserfall | 51
- **Cantine del Notaio:** Aglianico mit Brief und Siegel | 55
- **San Donato di Ripacàndida:** das lukanische Assisi | 56
- **Museo Archeologico in Melfi:** antike Schatzkammer in der Stauferburg | 65
- **Chiesa rupestre di S. Margherita:** Überraschende Begegnung mit Kaiser Friedrich II. | 66

Diese Tipps sind gelb hinterlegt.

Kulinarische Pilger finden ihren Weg nach **Rionero in Vúlture** und **Barile.** In Tuffgewölben reift hier der Aglianico del Vúlture in Eichenfässern heran, einer der besten Rotweine Italiens (siehe Exkurs „Aglianico mit Brief und Siegel"). Olivenöl von ausgesuchter Qualität wird um Rapolla, Ripacàndida und Barile produziert. In Melfi wird im Oktober zu Ehren der Speisekastanie ein Fest abgehalten. Die zahlreichen Mineralwasserquellen am Vúlture sind ein Geschenk des Vulkans. Würziger Pecorino-Käse kommt aus San Fele und **Filiano.** Bei dieser gastronomischen Potenz ist es eigentlich kein Wunder, dass auch die Küche der nahe gelegenen Regionalhauptstadt so einiges zu bieten hat.

Basili19-005 pa

Potenza

Die **Hauptstadt der Region Basilikata** erhebt sich auf einem 820 m hohen Bergrücken über dem nördlichen Basento-Tal. Wiederholte Male von Erdbeben zerstört, entstand Potenza jedes Mal aufs Neue aus den Trümmern. Auch die Schäden des verheerenden Bebens vom 23. November 1980 sind größtenteils beseitigt und erdbebensichere Hochhäuser umgeben die auf dem Bergplateau gelegene Altstadt. Mehrere **Rolltreppen** verbinden den Centro storico mit den tiefer gelegenen modernen Stadtvierteln. Seit Ende des 19. Jh. hat sich die Einwohnerzahl Potenzas mehr als verdreifacht. Gegenwärtig leben in der Stadt etwa **67.000 Menschen,** ein Zehntel der lukanischen Gesamtbevölkerung, viele angelockt von den Verdienstmöglichkeiten in Provinz- und Regionalverwaltung. Seit Mitte der 1980er Jahre wird an der **Università degli Studi della Basilicata** unterrichtet, ein modernes Industrie- und Gewerbegebiet breitet sich an der Superstrada SS 407 aus.

Potenza bietet seinen Besuchern den lebendigen Alltag einer süditalienischen Provinzmetropole. Im Centro storico lädt die von edlen Geschäften und Bars gesäumte **Via Pretoria** zur *passegiata* ein, und in zahlreichen Lokalen kann man hervorragend essen.

◁ Via Pretoria, 2000 Jahre alte Shopping-Meile

Geschichte

Die durch archäologische Funde im Bereich der Kathedrale **seit dem 4. Jh. v.Chr.** nachgewiesene Siedlung erhielt um 250 v.Chr. starken Zulauf nach der Zerstörung der bei Váglio Basilicata gelegenen lukanischen Hauptstadt durch die Römer. Zum Municipium erhoben, entwickelte sich **Potentia** zu einer einflussreichen Stadt, musste jedoch gegen Ende der römischen Kaiserzeit seine führende Rolle an Grumentum abtreten. Seit dem 5. Jh. zählte Potenza mit Acerenza und Venosa zu den **wichtigsten Bischofssitzen** im Norden der Region. *Gerardo della Porta,* Bischof von 1111–1119 und kurz nach seinem Tod heiliggesprochen, ist Schutzpatron der Stadt.

Nach Ende der staufischen Herrschaft verlor Potenza in den Auseinandersetzungen zwischen Anjous und Aragonesen seinen Status als reichsfreie Stadt. Mitte des 17. Jh. an den Erhebungen gegen die Spanier beteiligt, stand das liberale Potenza 1799 auf Seiten der in Neapel ausgerufenen Republik und wurde 1806 von Napoleon zum **politischen Verwaltungszentrum** der Basilikata bestimmt. Lokalhistoriker erinnern gerne daran, dass sich die Stadt als erste Ita-

Museo Archeologico Nazionale „Dinu Adamesteanu" – zeigt das in Rossano di Vaglio gefundene Bronzelief Taras, den mythischen Gründer von Tarent?

Basili19-004 pa

Potenza

0 200 m

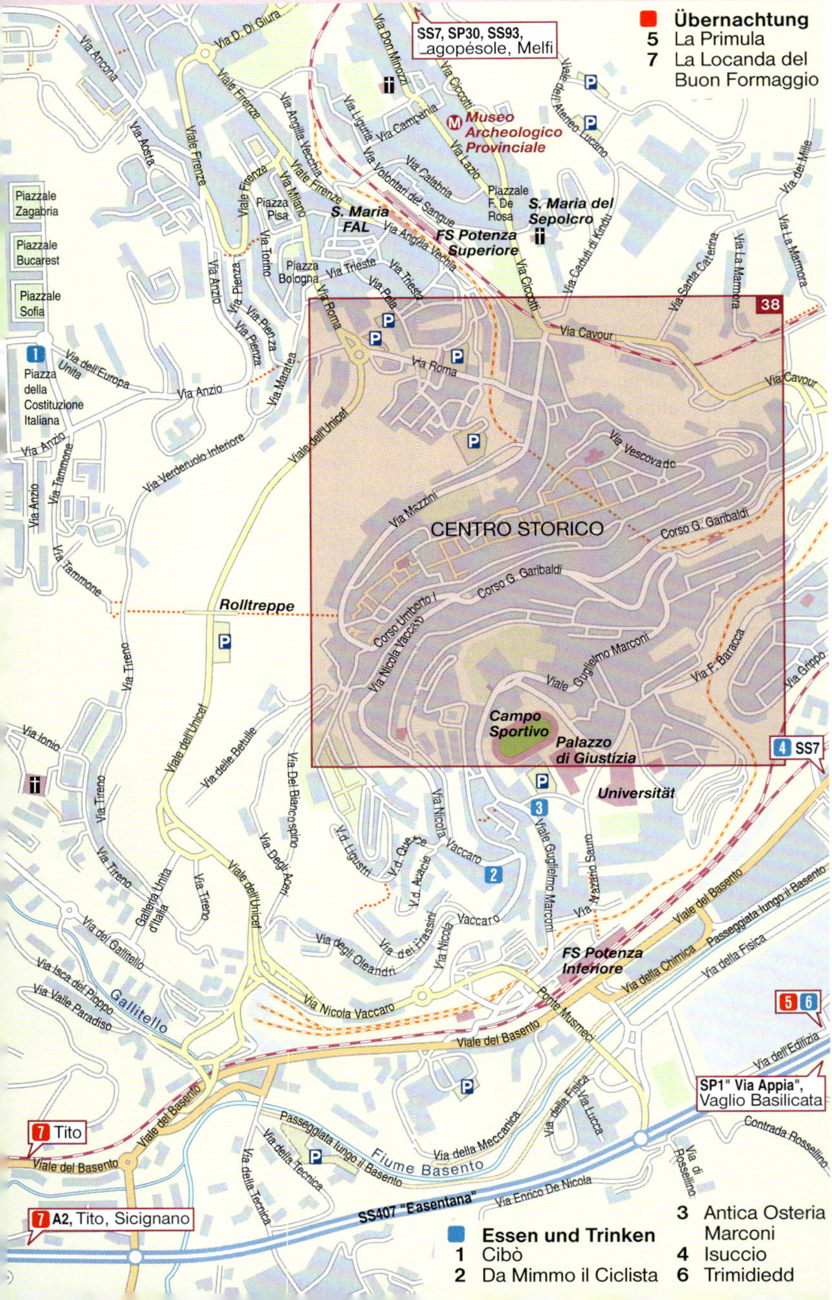

liens gegen die Bourbonenherrschaft auflehnte. Nach dem Beben von 1857 und der 1860 erfolgten italienischen Reichseinigung wurde ein umfangreiches Bauprogramm gestartet, das heute das Bild der Altstadt maßgeblich prägt.

Besichtigung

Oberhalb des Sportstadiums/Justizpalastes führen Rolltreppen und Aufzüge ins **Centro storico.** Die **Piazza Pagano** bereitet hier mit den klassizistischen Fassaden des **Pallazo del Governo** und **Teatro Stabile** einen stilgerechten Empfang. Baubeginn für das entzückende Logentheater war das Jahr 1857. Adel und Großbürgertum hatten das notwendige Geld beigesteuert. Nach Fertigstellung sollte das Bauwerk der Stadtverwaltung übergeben werden. Doch das Erdbeben im selben Jahr führte zu einem Baustopp und erst 1881 konnte das Theater, das 400 Sitzplätze bietet, mit Aufführung der Traviata eingeweiht werden. Alle weiteren Beben hat das Bauwerk glücklicherweise fast unbeschadet überstanden. Das Deckenbild zeigt die Apotheose des *Pythagoras* (siehe Exkurs „Pythagoras, Beruf Philosoph"), der Bühnenboden aus Rottanne – aus demselben Holz werden in Viggiano Violinen und Harfen gebaut – ist original erhalten und sorgt für die ausgezeichnete Akustik.

Frei vom Autoverkehr folgt die **Via Pretoria** in ihrem schnurgeraden Verlauf dem römischen Decumanus. Versace & Co. laden zum Schaufensterbummel ein, profanere Einkaufswünsche befriedigt das Kaufhaus UPIM. Im Vorbeigehen kann man einen Blick auf die eine oder andere Kirche werfen und sich einen Caffè oder ein Gelato gönnen. Oder eine Gassosa. Seit 1926 füllt die Familie *Avena* in Potenza ihre kohlensäurearme Zitronenlimonade ab. Früher half sie sauer gewordenen Wein trinkbar zu halten, heute ist sie ein Kultgetränk mit Nostalgiefaktor. Abends füllen sich Corso und die seitlich abzweigenden Gassen mit studentischem Leben.

Basili19-003 pa

☐ Kreislauftraining – Treppen und Rolltreppen verbinden die hoch gelegene Altstadt mit den neueren Stadtvierteln

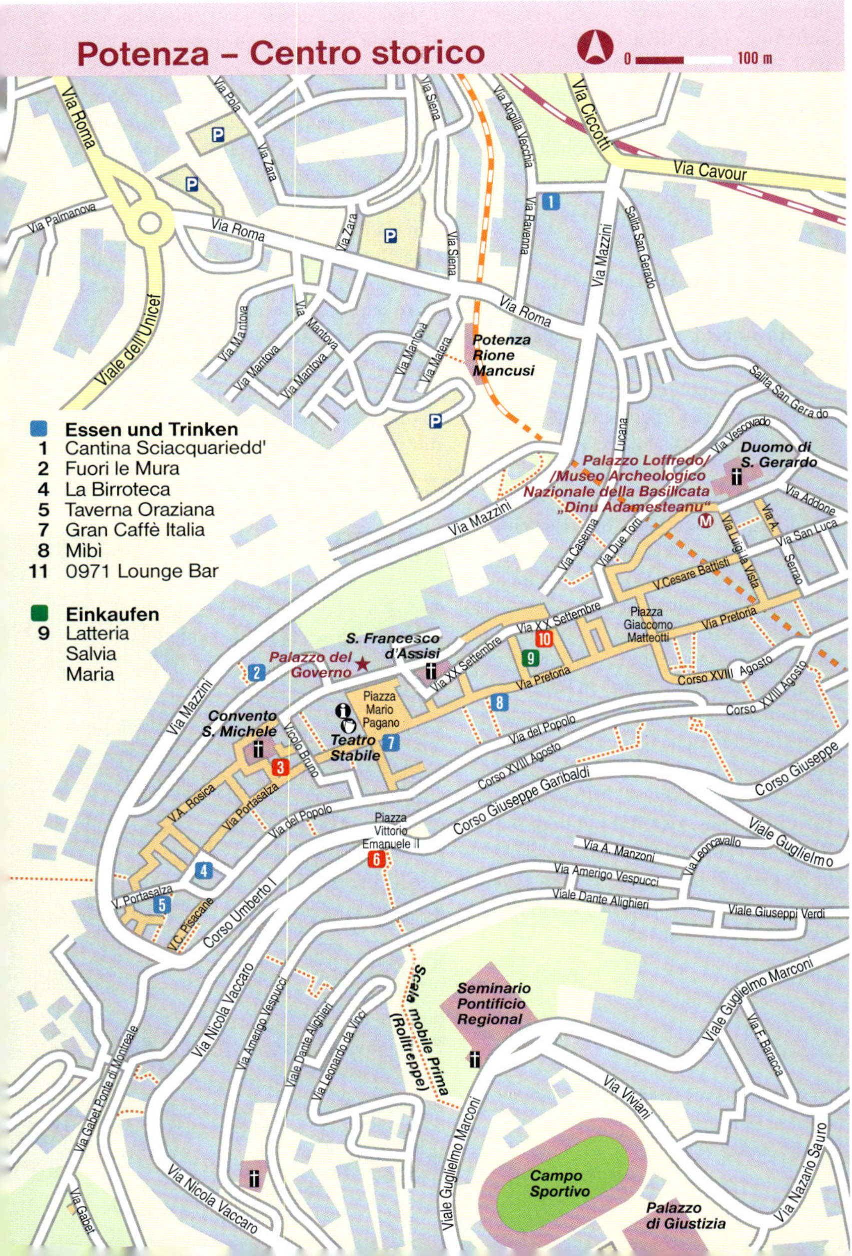
Potenza – Centro storico
0 100 m
Essen und Trinken
1 Cantina Sciacquariedd'
2 Fuori le Mura
4 La Birroteca
5 Taverna Oraziana
7 Gran Caffè Italia
8 Mibì
11 0971 Lounge Bar
Einkaufen
9 Latteria Salvia Maria
Via Roma
Via Pola
Via Zara
Via Siena
Via Angilla Vecchia
Via Ciccotti
Via Cavour
Via Palmanova
Via Ravenna
Via Mazzini
Salita San Gerado
Viale dell'Unicef
Via Mantova
Via Matera
Potenza Rione Mancusi
Salita San Gerardo
Via Vescovado
Duomo di S. Gerardo
Lucana
Palazzo Loffredo/ /Museo Archeologico Nazionale della Basilicata „Dinu Adamesteanu“
Via Addone
Via San Luca
Via A. Serrao
Via Luigi la Vista
Via Caserma
Via Due Torri
V.Cesare Battisti
Piazza Giaccomo Matteotti
Via Pretoria
Via XX Settembre
S. Francesco d'Assisi
Palazzo del Governo
Corso XVIII Agosto
Corso
Piazza Mario Pagano
Teatro Stabile
Convento S. Michele
Vicolo Bruno
Via del Popolo
Corso Giuseppe
Corso Giuseppe Garibaldi
V.A. Rosica
Via Portasalza
Piazza Vittorio Emanuele II
Viale Guglielmo
Via A. Manzoni
Via Leoncavallo
Via Amerigo Vespucci
Viale Dante Alighieri
Viale Giuseppi Verdi
V. Portasalza
V.C. Pisacane
Corso Umberto I
Via Nicola Vaccaro
Via Amerigo Vespucci
Viale Dante Alighieri
Via Leonardo da Vinci
Scala mobile Prima (Rolitreppe)
Seminario Pontificio Regional
Viale Guglielmo Marconi
Via F. Baracca
Via Viviani
Via Gabet Ponte di Montreale
Via Gabet
Campo Sportivo
Palazzo di Giustizia
Via Nazario Sauro

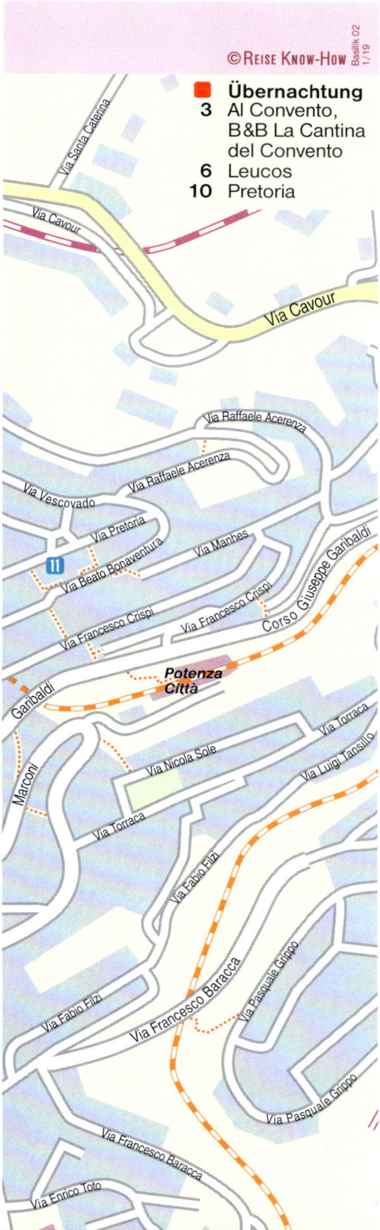

Leicht zurückversetzt von der Piazza Pagano liegt die 1274 erstmalig erwähnte **Chiesa S. Francesco d'Assisi** mit einem eindrucksvollen Portal aus dem 15. Jh. Ein besonderer Blickfang sind die holzgeschnitzten Kassettentüren, mit pflanzlichen Ornamenten, Heiligen, Dämonen und Musikanten dekoriert. In der Kirche wird die byzantinische Ikone der Madonna del Terremoto (dt. „Madonna des Erdbebens") verehrt. Auf der nördlichen Seite des Corso erhebt sich die Chiesa S. Michele Arcangelo aus dem 12. Jh.

Der **Duomo di S. Gerardo** am östlichen Altstadtrand ist dem Schutzpatron Potenzas geweiht. Ende des 18. Jh. wurde er in klassizistischem Stil neu errichtet. Die gewaltige Vierungskuppel hat *Mario Prajer* in den 1930er Jahren ausgemalt. Restaurierungsarbeiten im Apsisbereich brachten Reste des mittelalterlichen Vorgängerbaus zum Vorschein. In einer Seitenkapelle ruhen die Reliquien des hl. Gerardo.

Im **Palazzo Loffredo** (16./17. Jh.), der als einer der wenigen Adelspaläste Potenzas die zahllosen Erdbeben heil überdauert hat, lädt das außerordentlich gut bestückte **Museo Archeologico Nazionale della Basilicata „Dinu Adamesteanu"** zur spannenden Zeitreise durch die Basilikata. Eisenzeitliche (9. bis 8. Jh. v.Chr.) Grab- und Siedlungsfunde von der Costa Ionica dokumentieren die Kultur der einheimischen Enotrer. Ab dem 7. Jh. v.Chr. erfolgte an der Küste der Zuzug griechischer Siedler und in Folge die Hellenisierung der Enotrer und Peuketier im Hinterland. Das Vordringen der Lukaner Ende des 5. Jh. v.Chr. aus dem zentralen Apennin bis in die fruchtbaren Küstenebenen führte zu einer radikalen Kräfteverschiebung in Süditalien. In Kampanien gerieten Städte wie Cuma oder Poseidonia (Paestum) unter die Kontrolle des kriegerischen Hirtenvolkes. Ein rarer Fund aus dieser Zeit ist die außergewöhnlich gut erhaltene Holztür mit Bronzebeschlägen eines Adelspalastes in Torre di Satriano (siehe Kapitel „Appennino Lucano und Alta Valle dell'Agri"). Das Museum rekonstruiert das zentrale lukanische Heiligtum bei Rossano di Váglio (siehe „Váglio Basilicata"). Wertvolle Ex-Voto lassen den antiken Kult wieder lebendig werden. Das versilberte Bronzerelief einer auf einem Delfin reitenden Nereide ist eines der Schaustücke. Ende des 4. Jh. v.Chr. gerieten weite Teile Lukaniens unter römischen Einfluss. Während die Kolonien von Venusia und Grumentum militärische Kontrolle ausübten, bestimmten bis ins 3. Jh. die Villen römischer Senatoren und reicher Landbesitzer die territoriale Organisation.

■ **Museo Archeologico Nazionale,** Via A. Serrao, Tel. 097 12 17 19, www.musei.basilicata.beniculturali.it, fb. Mo 14–20 Uhr, Di bis So 9–20 Uhr. Eintritt 2,50/1,25 €.

Im nördlich des Centro storico gelegenen Vorort S. Maria, zu erreichen über Treppen oder mit der kostenpflichtigen Scala mobile Via Armellini, erhebt sich an der Ausfallstraße Richtung Melfi die **Chiesa S. Maria del Sepolcro,** hervorgegangen aus einem im 13. Jh. von Tempelrittern errichteten Oratorium. Im Inneren birgt der prachtvolle Barockaltar des Heiligen Sakraments eine Reliquie

Basili19-002 pa

mit dem Blute Christi. Das nahe gelegene **Archäologische Museum der Provinz** ist in einem modernen Bau untergebracht. Besonders interessant sind hier die Ausgrabungsfunde aus lukanischer Zeit. Von den Tempeln des griechischen Metapont stammen die Bruchstücke farbiger Terrakottafriese. Sehenswert ist auch der Tempietto di Garguso aus dem 5. Jh. v.Chr., eine aus Alabaster gefertigte Votivgabe in der Form eines Tempels.

■ **Museo Archeologico Provinciale,** Via Lazio 7, Tel. 09 71 44 48 33, www.provincia.potenza.it. Di bis Sa 9–13 und 16–19 Uhr. Eintritt frei.

Information

■ **APT**

Siehe Stichwort „Informationen" in „Praktische Reisetipps A–Z".

■ **IAT del Comune di Potenza**

Kommunales Info-Büro im Gebäude des **Teatro Stabile,** in das man bei Gelegenheit gleich einen Blick werfen kann. Tägl. 8–19 Uhr.
Piazza Mario Pagano, Tel. 09 71 27 48 64, www.comune.potenza.it

Übernachten

3 Al Convento② (Plan S. 38)

MEIN TIPP: Direkt gegenüber der Chiesa di S. Michele haben *Antonella* und *Piero De Angelis* in einem historischen Gebäude, das zeitweise die älteste Trattoria Potenzas beherbergte, ein kleines und feines B&B eingerichtet. Bestens ausgestattete, ruhige Zimmer. Gutes Frühstück. Es ist wohl am einfachsten, das Auto am Fuße der Altstadt zu parken, um von dort mit den Rolltreppen *(Scala mobile)* ins Zentrum hochzufahren. Zu empfehlen ist auch das nahe **3 B&B La Cantina del Convento**②, ein mit Gusto komfortabel ausgebauter alter Weinkeller, der als Dependance dient. 7 Zi.
Largo S. Michele Arcangelo 21,
Mobil 34 83 30 76 93, 32 98 16 95 79,
www.alconventopotenza.it

5 La Primula③ (Plan S. 36)

Das familiär geführte, gepflegte 4-Sterne-Haus in der Peripherie wird von Geschäftsleuten gerne aufgesucht. Ruhige und komfortable Zimmer, ein wirklich empfehlenswertes Restaurant, ein reichhaltiges Frühstücksbuffet sowie ein sicherer Parkplatz sind gute Argumente, ebenso der Pool. 1,5 km südlich der SS 407, ab der Ausfahrt „Bucaletto" ausgeschildert. 46 Zi.
Località Bucaletto 61/62A,
Tel. 097 15 83 10, www.albergolaprimula.it

6 Leucos② (Plan S. 38)

MEIN TIPP: *Sergio* und *Mariangela* betreiben ihr farbenfrohes, künstlerisch angehauchtes und vor allem komfortables B&B im 1. Stock eines mehrstöckigen Apartmentblocks aus den 1960er Jahren an der tagsüber verkehrsbelebten, ansonsten für Autofahrer und Fußgänger gleichermaßen strategisch gelegenen Piazza direkt unterhalb der Altstadt. Es gibt zwei sichere Stellplätze für Autos bzw. Motorräder und ansonsten Parkausweise für Gratisparkplätze am Altstadtrand. Reichhaltiges Frühstück und gute Ausgehtipps. 4 Zi.
Piazza Vittorio Emanuele II. 14, Tel. 097 11 93 13 15,
Mobil 33 92 64 56 32, www.myleucos.com

10 Pretoria②-③ (Plan S. 38)

Kleines Stadthotel im Zentrum. Die komfortablen Zimmer werden in erster Linie von Geschäftsleuten gebucht, aber auch zur Erkundung der Stadt ist das Pretoria eine gute Adresse. Gäste speisen auf Wunsch in nahe gelegenen Ristoranti zu vergünstigten Konditionen (gute Tipps von der Rezeption!).

◁ Kleiner Lebensmittelmarkt an der Via XX Settembre

Gratis-Parkhaus in der Nähe, Autofahrer sollten vorher anrufen – die Altstadt ist als ZTL verkehrsberuhigt. 15 Zi.
Via XX Settembre 4, Tel. 097 13 71 00, www.pretoriahotel.it

Essen und Trinken

3 Antica Osteria Marconi②-③ (Plan S. 36)
Das in kulinarischen Führern zu Recht gelobte Lokal ist eine Oase der Gastlichkeit im Schatten des modernen Palazzo di Giustizia. Angenehmes Ambiente, traditionelle lukanische Küche auf höchstem Niveau – am Herd zaubert seit Jahren *Peppe Misuriello.* Büroleute schätzen die preiswerten Mittags-Menüs! Im Sommer stehen Tische im hübschen Innenhof. So abends und Mo geschl.
Viale Marconi 233/235, Tel. 097 15 69 00, fb

1 Cantina Sciacquariedd'② (Plan S. 38)
Die Brüder *Vanni* und *Nicolas Lottino* haben rund um den Globus kulinarische Erfahrung gesammelt, bevor sie nach Potenza zurückkehrten, um gemeinsam dieses nette Lokal nördlich unterhalb der Altstadt auf der Höhe des Parco Comunale Villa Santa Maria zu betreiben. Die Speiseauswahl ist traditionell, die Zubereitung erfolgt auf hohem Niveau, die Karte wechselt häufig. Naturweine aus eigener Produktion. Aus der Altstadt über Treppen bzw. die gebührenpflichtige Scala mobile Via Armellini zu erreichen. Mo bis Sa 18.30–0.30 Uhr.
Via Angilla Vecchia 11, Mobil 39 22 27 90 70, 39 24 44 98 42, www.sciacquariedd.it

1 Cibò②-③ (Plan S. 36)
Junges Lokal im Shabby-Style in einem modernen Stadtviertel westlich der Altstadt (über die Rolltreppe aus der Altstadt gut zu erreichen). Das kulinarische Angebot wechselt mit der Tageszeit. Beste lukanische Food-Produkte in Bio- und Slow-Food-Qualität zum Kaufen oder fertig zubereitet vom Tresen auf die Hand. Natürlich kann man sich auch am Tisch verwöhnen lassen. Mo bis Sa 6.30– 24 Uhr, So 8–20 Uhr.
Piazza della Costituzione 44/45, Tel. 097 13 56 88, Mobil 34 01 36 35 47, fb

2 Da Mimmo il Ciclista①-② (Plan S. 36)
Seit etlichen Jahren unter neuer Adresse direkt gegenüber der alten. Der Trattoria-Charme wurde gegen ein geräumigeres Ristorante eingetauscht. Nach wie vor gewinnt *Mimmo Carlucci,* ein ehemaliger Radprofi, mit kompromisslos guter potentinischer Küche die Herzen seiner Gäste. Ein Pasta-Klassiker sind die *orechiette con le rape;* dicke Gemüsesuppen ersetzen ein ganzes Mahl. Wem die von den Potentinern hoch geschätzten Innereien zu deftig sind, wählt Pizza. So mittags und Mo geschl.
Via Nicola Vaccaro 210/212, Tel. 097 15 48 40, Mobil 33 88 53 44 43

2 Fuori le Mura② (Plan S. 38)
Das geräumige Altstadt-Ristorante ist ein Fixpunkt der Potentiner. Traditionelle Küche, die Pasta handgemacht. Lecker sind frittiertes Gemüse oder Käse, zum Secondo Fleischgerichte. Mi und Fr gibt es frischen Fisch – vom Grill, jeden Abend Pizza aus dem Holzofen. Auch die Dolci sind hausgemacht! Mo Ruhetag.
Via IV Novembre 34, Tel. 097 12 54 09, Mobil 34 91 01 74 97

4 Isuccio② (Plan S. 36)
Fernfahrer und Feinschmecker schätzen das grundehrliche Angebot von *Angelo Mastroverti* (im Saal) und seiner Frau *Rocchina* (in der Küche). Guter Käse und lokale Wurstwaren als Antipasto, frische Pasta und Fleisch-Secondi vom Grill, dazu eine solide Auswahl lukanischer Weine. Im Winter auch Stockfisch, Fisch gibt es ansonsten nur Mi und Fr. Im Osten der Stadt, nahe der östlichen Auf-/Abfahrt der SS 407 „Basentana". So Ruhetag.
GPS: 40.642672, 15.828318
Via Appia 198, Tel. 097 15 90 29, Mobil 33 56 54 82 67

5 Taverna Oraziana② (Plan S. 38)
Sympathischer Anachronismus am südwestlichen Altstadtrand zwei Schritte von der Via Portasalza. Das Dekor des im Souterrain gelegenen Lokals ist auf anrührende Art altbacken und suggeriert, dass

hier keiner Mode hinterher gerannt wird. Die von Einheimischen frequentierte und wegen der kräftigen *cucina potentina* geschätzte Taverna steht seit 1932 unter Leitung der Familie *Somma,* im Saal *Rocco* und dessen Bruder *Antonello* in der Küche. Pasta wird Tag für Tag frisch von Hand gemacht, Fleisch für das Ragù nicht durch den Fleischwolf gedreht, sondern so, wie es die Tradition verlangt, mit dem Messer fein geschnitten (siehe Exkurs „La Lucanica – Wurst mit langer Tradition"). Nicht-Karnivoren sei der in der Pfanne gebratene Pecorino di Moliterno mit Honig empfohlen. Aglianico kommt in Krügen offen auf den Tisch, aber es gibt auch ein paar gute Flaschen zu hochanständigen Preisen. So Ruhetag.
Via O. Flacco 2, Tel. 09 71 27 32 33,
Mobil 33 97 86 30 81, tavernaoraziana@tiscali.it

6 Trimidiedd② (Plan S. 36)
Die älteste (seit 1920!) und wohl beste Trattoria Potenzas ist nach dem Erdbeben 1980 vom Centro storico in die Peripherie gezogen, um den anfänglich in Baracken untergebrachten Stammgästen nahe zu sein. Und hier ist sie seither geblieben, schnell zu erreichen von der SS 407 „Basentana". Die Gäste erwartet im modernen Ambiente ein bestens bestücktes Antipasti-Buffet. Zu den satt und glücklich machenden Primi zählen hausgemachte Pasta mit Kichererbsen oder Bohnen, ein Klassiker ist *baccalà* (Stockfisch). So abends und Mo geschl.
GPS: 40.638424, 15.836043
Contrada Bucaletto, Tel. 097 15 57 46,
Mobil 33 56 29 04 63

Caffès, Bars und Eisdielen

11 0971 Lounge Bar (Plan S. 38)
Hier kommt man gerne auf ein Glas Wein oder einen Cocktail vorbei, zumal dazu für kleines Geld köstliche Aperitifs serviert werden – bis spät in die Nacht. Tische auch im Freien.
Via Pretoria 310–312, Tel. 097 13 61 01

7 Gran Caffè Italia (Plan S. 38)
Das erste Caffè am Platz. Es gibt auch leckere Kleinigkeiten zum Sattwerden.
Piazza Mario Pagano, Tel. 09 71 33 09 67

4 La Birroteca (Plan S. 38)
MEIN TIPP: Das ehemalige Textilgeschäft am südwestlichen Altstadtrand ist 2018 als grundsympathische Bierkneipe wiederauferstanden. Hier läuft noch ein Plattenspieler! Damit vereint *Alessandro Nortano* seine beiden großen Passionen für Craft-Biere und Rockmusik – zeitweise moderierte er im Radio eine Rocksendung – an einem Ort. Der studierte Erziehungswissenschaftler kennt die lukanischen Bierbrauer und erzählt spannend von ihren Persönlichkeiten, die sich im Stil ihrer Biere widerspiegeln. Überhaupt ist er als Bruder eines Lokalhistorikers ein fröhlich sprudelnder Quell des Wissens und steckt mit seinem Enthusiasmus an. Zum Bier werden Wurst- und Käseteller gereicht. Mo bis Sa 19.30–2 Uhr nachts.
Via Portasalza 38, Mobil 33 33 28 14 61, fb

Basili19-001 pa

La Birroteca – gute Laune garantiert!

8 Mìbì (Plan S. 38)
Eis vom Feinsten! Auch als Pasticceria nicht zu verachten.
Via Pretoria 170, Tel. 097 11 94 17 06,
Mobil 32 08 19 44 26, fb

Einkaufen

9 Latteria Salvia Maria (Plan S. 38)
Feinkostladen mit toller Auswahl, hier kann man sich auch leckere Panini machen lassen. Fungiert zugleich als Laden einer Käserei in dem wenige Kilometer westlich gelegenen Ort Tito, an die das verkehrsgünstig gelegene und auch sonst empfehlenswerte **Landhotel 7 La Locanda del Buon Formaggio**② (Plan S. 36, Via Sandro Pertini 39, Tel. 09 71 48 57 71, www.lalocandadelbuonformaggio.it; 11 Zi.) angeschlossen ist. Mo bis Sa 8.30–14.30 Uhr.
Vicolo dei Picernesi 17 (zwischen Via XX Settembre und Largo Tommaso Pedio), Tel. 097 13 46 20, www.latteriasalvia.it

An- und Weiterreise

Auto: A3 Ausfahrt „Sicignano-Potenza", SS 407 „Basentana". SS 93 und Superstrada Potenza – Foggia ins Vúlture-Gebiet. Der Centro storico ist als ZTL verkehrsberuhigt.
Parken: Auto am Viale G. Marconi in der Nähe des *Campo Sportivo* (Sportplatz) abstellen und mit der *Scala mobile Prima* (Rolltreppe) in die Altstadt hochfahren. In der Via Zara westlich des FS-Bahnhofs. B&Bs und Hotels halten für ihre Gäste i.d.R. Parkausweise für die Altstadt bereit. In Potenza Superiore wurden Camperstellplätze eingerichtet.
Rolltreppen: Mehrere Rolltreppen (s.o.) verbinden die modernen Stadtviertel mit dem hoch gelegenen Centro storico. Gebührenpflichtig ist lediglich die Rolltreppe, die vom nördlich der Altstadt gelegenen Parkhaus an der Via Armelli zur Via Due Torri hoch führt. Potenza besitzt nach Tokio das zweitlängste Rolltreppensystem der Welt! Die Rolltreppen *(Scale mobile)* sind tägl. von 7–23 Uhr in Betrieb, im Sommer auch länger.
www.comune.potenza.it
Bus: Autolinee Liscio (Tel. 097 15 46 73, www.autolineeliscio.it) nach Matera, SITA (www.sitasudtrasporti.it) in die meisten Orte der Provinz und Fernverbindungen nach Salerno und Neapel. Bus-Terminal am Ospedale S. Carlo im Norden der Stadt. Flixbus (www.flixbus.it) aus Neapel und Salerno und weiter nach Matera.
Bahn: Der FS-Bhf. Potenza Superiore im Norden der Stadt bedient die Strecke Potenza – Foggia, der FS-Bahnhof Potenza Inferiore im Süden der Stadt zusätzlich Napoli – Táranto. Die Ferrovie Appulo-Lucane (www.ferrovieappulolucane.it) in der Nähe des FS-Bahnhofs Potenza Superiore bieten Zugverbindungen über Matera bis Bari/Apulien.

Fest

Höhepunkt des potentinischen Festkalenders ist das **Kirchweihfest S. Gerardo** am 29./30. Mai. In diesen Tagen erinnert der historische Kostümumzug **Sfilata dei Turchi** an das rettende Eingreifen des Schutzpatrons während eines Sarazenenüberfalls.

Theater

Teatro Stabile
Das Theater hat durchgängig Saison! Theaterstücke und Konzerte stehen auf dem ambitionierten Programm.
Piazza Mario Pagano, Tel. 09 71 27 30 36,
www.teatriunitidibasilicata.com

> Lagopésole mit Kastell
und dem Monte Vúlture im Hintergrund

Castello Lagopésole und Avigliano

In weiträumiger (…) karger Landschaft hoch, beherrschend, ungeheuer einsam gelegen, gehört Castel Lagopésole zu den beeindruckendsten Burgen, die ich kenne: großartig, doch auch unheimlich, beängstigend.

Eckart Peterich, Italien III.

Aus großer Entfernung kündigt sich auf halber Strecke zwischen Potenza und Melfi das imposante **Castello Lagopésole** an, das von einer 829 m hohen Anhöhe die Landschaft beherrscht. Der Name bezieht sich auf den als *lacus pensilis* bezeichneten Rest eines pleistozänen Sees am Fuße des Berges, der in der Neuzeit trockengelegt wurde, um Ackerland zu gewinnen. Vorbei an den Häusern des gleichnamigen Ortes führt eine Serpentinenstraße über die südliche Bergflanke zur Burg hinauf.

Die Anhöhe erlaubte in der Antike die Kontrolle der **Via Herculea,** die als Abzweig der **Via Appia** von Venusia (Venosa) über Potentia (Potenza) nach Grumentum führte. Der Berg behielt seine strategische Bedeutung, denn die mittelalterlichen Verkehrswege und die italienischen Staatsstraßen folgten den römischen Heerstraßen. Eine erste urkundliche Erwähnung eines Kastells stammt aus normannischer Zeit. 1242 verfügte **Kaiser Friedrich II.** dessen Ausbau zum befestigten Jagdschloss und verbrachte

Basili19-007 pa

Basili19-006 pa

hier mehrere Sommer (siehe Exkurs „Grenzüberschreitungen auf den Spuren Friedrichs II."). Auch *Friedrichs* Sohn und Nachfolger *Manfred* hielt sich mit seiner Familie häufig zur Jagd in Lagopésole auf. Gegen seinen Widersacher **Karl I. von Anjou** verlor *Manfred* am 26. Februar 1266 bei Benevent eine entscheidende Schlacht und das Leben. Noch im selben Jahr ließ *Karl* die Sommerresidenz des angiovinischen Hofes nach Lagopésole verlegen und *Manfreds* Witwe *Helena* hier bis zu ihrem Tode einkerkern. Nach 1280 verloren die *Anjous* das Interesse an Lagopésole, das mit Melfi in den Feudalbesitz der *Caracciolos* gelangte. 1531 vermachte Kaiser *Karl V.* das Lehen Admiral *Andrea Doria,* dessen Nachfahren das Kastell 1969 dem italienischen Staat übereigneten. Erwähnenswert bleibt, dass der **Brigant Carmine Crocco,** in seinem vergeblichen Versuch, den Bourbonen auf den neapolitanischen Thron zurückzuhelfen, 1861 die Burg besetzte.

Das **Kastell,** aus dem rötlich verwitternden lokalen Sandstein erbaut, bildet einen wuchtigen Quader, dessen Türme nur wenig über das Mauerwerk herausragen. Durch ein spitzbogiges Tor betritt man den großen Innenhof. In einem zweiten, durch eine Mauer abgetrennten (und nicht immer zugänglichen) Hof erhebt sich der **Bergfried** mit Figurenkon-

⌃ Prozession zu Ehren der Madonna del Carmine

solen; hier sind auch Reste der Thermenanlage zu sehen. Gegenüber vom Eingang liegt die **Burgkapelle** mit einem schön verzierten Portal, das an Baudekorationen im Castel del Monte erinnert (mit dem Auto in zwei Stunden von hier aus zu erreichen). Aus den ehemaligen Stallungen gelangt man in den **Salone dell'Imperatrice** im 1. Stock des Nordflügels. Durch elegant gewölbte Fenster öffnet sich der Blick auf den Monte Vúlture. Eine ansprechend gestaltete Ausstellung gewährt hier Einblick in das höfische Leben des 13. Jh. Zu *Friedrichs* Zeiten verfügte das Kastell über eine Therme und Toiletten mit fließendem Wasser. Ein Steinbruch aus staufischer Zeit diente der angiovinischen Hofhaltung später als Abfallgrube, für Archäologen ein gefundenes Fressen. Außer Knochen und zerbrochenem Geschirr, die eine detaillierte Rekonstruktion der Speisegewohnheiten erlaubten, wurde im Abfall auch ein Löwenkopf aus Marmor gefunden. Das bearbeitete Bruchstück eines antiken Sarkophags ist nur eines von vielen Stücken aus der reichen Antikensammlung *Friedrichs II.* Eine weitere Ausstellung thematisiert die Jagd mit Falken. Im multimedialen **Museo Narrante** treten Zeitgenossen des Staufenkaisers auf, nur „erzählen" sie bislang lediglich auf Italienisch. Das im Sommer im Hof zur Aufführung gebrachte Multivisionsspektakel muss man nicht unbedingt erlebt haben. Das ebenfalls im Kastell untergebrachte **Museum der Emigration** hält die Erinnerung an die Auswanderungen der Lukaner v.a. Ende des 19. und Anfang des 20. Jh. lebendig – ein Thema, dass bis heute nichts an Aktualität eingebüßt hat.

■ **Castello Lagopésole,** Tel. 097 18 60 83, Mobil 33 87 15 52 11, www.castellodilagopesole.com. Mai bis Sept. tägl. 9.30–13 und 16–19 Uhr, Okt. bis April tägl. 9.30–13 und 15–17 Uhr. Eintritt 2 €, mit Führung 3 €, Multimedia-Ausstellung 5/2,50 €, Multivisionsshow 5/2,50 €.

■ **Museo dell'Emigrazione Lucana,** Mobil 36 66 67 49 71, www.museoemigrazionelucana.it, fb. Di bis So 9.30–13.40 Uhr. Eintritt 3 €.

Lagopésole gehört zur Gemeinde **Avigliano** (800 m, 11.400 Ew.). Einmal im Jahr ist das freundliche Städtchen das Ziel Aberhunderter Pilger, wenn am 16. Juli die **Festa Madonna del Carmine** gefeiert wird. Nach dem morgendlichen Gottesdienst wird das verehrte, über und über mit Gold behängte Bildnis in einer langen Prozession durch die Straßen des

Ortes und anschließend über Feldwege auf den 9 km entfernten Monte Carmine getragen, wo es zum Schutze der Hirten und Herden bis Mitte September in der Wallfahrtskapelle verbleibt.

Information

Pro Loco Castel Lagopésole
Ausführliche Infos, auch zu Unterkünften und Restaurants, auf dem Weg zum Kastell. Tägl. 9.30–13 und 16–19 Uhr.
Piazza Federico II. 22, Tel. 097 18 62 51,
Mobil 33 38 66 39 01, www.prolocolagopesole.it

Pro Loco di Avigliano
Corso Gianturco 42, Mobil 33 43 34 81 20,
www.prolocoavigliano.it

Übernachten

La Dimora di Bianca Lancia②
Lina und *Franco* betreiben ein einladendes B&B zu Füßen des Kastells in den restaurierten ehemaligen fürstlichen Stallungen der Doria. Nicht verwunderlich, dass ein Reiterhof angeschlossen ist. 7 Zi.
Via Orto Botanico – Lagopésole,
Mobil 32 86 81 17 43, 34 00 65 97 64,
www.ladimoradibiancalancia.com

Essen und Trinken

Agriclub Cavallino②
Enzo Ottaviano betreibt auf seinem Reiterhof ein rustikales Lokal mit wunderbarem Blick auf den Monte Vúlture. Hier gibt es hausgemachte Pasta, Fleisch vom Grill und zum Verdauen selbst gebrannte Grappa. Im nahen Meccadinardo, einem Ortsteil von Filiano, hält *Enzo* einige einfache Gästezimmer bereit. Man wird mit großer Herzlichkeit empfangen und pro forma Mitglied eines Agri-Clubs. Abzweig von der SS 93 ca. 3,5 km nördlich von Lagopésole in Richtung Rionero in Vúlture, dann noch ca. 1 km. 4 Zi. Mo Ruhetag.
GPS: 40.86194, 15.87222
Contrada Gianturco – Filiano, Mobil 38 91 88 17 65,
agriclubcavallino@gmail.com, fb

Al Borgo②
Der junge Küchenchef *Rocco Rossa,* Jahrgang 1992, ist das beste Beispiel eines Rückemigranten, der mit Mut und Fantasie an eine Existenz in der Basilikata glaubt. Das Kochen hat er in Florenz und Mailand gelernt, seine wahre Liebe gehörte jedoch immer den ausgezeichneten Grundprodukten seiner Heimat. Also ist er zurückgekehrt und hat mit Hilfe seiner Familie diese moderne Osteria am nördlichen Ortsrand von Avigliano eröffnet. Die Pasta ist selbstverständlich hausgemacht, köstlich wird hier das Fleisch des Maialino Nero Lucano zubereitet, aber auch Stockfisch zählt zu den Spezialitäten. Kinder werden mit größter Zuvorkommenheit bedacht. Im Saal berät *Signor Giuseppe, Roccos* Vater. Auf der Weinkarte ist die Basilikata gut vertreten, der Blick reicht jedoch über den regionalen Gläserrand hinaus. Auch Craft-Biere. So abends und Mo geschl.
Borgo Coviello – Avigliano, Tel. 097 18 18 45,
Mobil 33 39 54 55 30, www.osteriaalborgo.com

Pietra del Sale②
Auf einem ehemaligen Jagdsitz der Fürsten *Doria Pamphili* betreiben die Brüder *Samela* Landwirtschaft und ein Ristorante, in dem die eigenen Produkte frisch verarbeitet werden, darunter schwarze Schweine aus eigener Aufzucht und selbst produzierter Käse, der gerne in Kombination mit Honig serviert wird. In der Cantina beste Aglianico-Weine mit fairem Aufschlag. Bei der Anfahrt herrliche Blicke aufs Castello Lagopésole, das wenige Kilometer weiter nördlich liegt. Anfahrt: von Lagopésole auf der SP 50 nach Frusci, das Lokal liegt ausgeschildert hinter dem Weiler. Mo und So abends geschl.
GPS: 40.77202, 15.73314
Contrada Frusci – Avigliano,
Tel. 097 18 70 63, Mobil 34 83 36 91 55,
www.pietradelsale.it

■ **Terra Satis Winebar**①-②
Pfiffige Landküche in geschmackvoll restauriertem Landhaus ca. 2 km südöstlich des Kastells. Man kann auch nur auf einen Drink vorbeischauen und die Aussicht genießen. Gayfriendly! Di Ruhetag. Nov. geschl.
GPS: 40.795540, 15.743515
Località Lagopésole, Km 102,400 der SP ex SS 193, Mobil 34 76 10 00 75, fb

An- und Weiterreise

■ **Auto:** SS 93, Superstrada Potenza – Foggia.
■ **Bus:** SITA (www.sitasudtrasporti.it) aus Potenza, Rionero in Vúlture, Melfi und Venosa.

Fest/Veranstaltung

■ **Festa Madonna del Carmine,** s.o.
www.madonnacarmine.altervista.org
■ **Il Mondo di Federico II.**
Auf der Erfolgsschiene des Brigantenspektakels bei Brindisi Montagna (siehe Exkurs „Bühne frei für Briganten") wurde im Kastell von Lagopésole ein virtuelles Museum eingerichtet. Im Sommer finden Freiluftaufführungen im Innenhof des Kastells statt.
www.allacortedifederico.com

Wandern: Costa Castello

Als Rest der ausgedehnten Wälder, die das Castello Lagopésole einst umgaben, bedecken noch 224 ha **Eichenmischwald** den nordwestlichen Abhang des Burgberges. Ein kurzer Naturlehrpfad führt zu einer Tränke in den Wald.

San Fele

Die Häuser des hübschen, den meisten Reisenden noch bis vor wenigen Jahren unbekannten Dorfes **San Fele** (920 m, 2960 Ew.) breiten sich im Sattel zwischen Monte Torretta (1026 m) und Monte Castello (937 m) aus. Das einst von Kaiser *Otto I.* Ende des 10. Jh. errichtete und von Kaiser *Friedrich II.* erweiterte **Kastell** liegt heute in Trümmern. Hier saß zeitweise *Heinrich VII.,* der Sohn *Friedrichs II.,* in Kerkerhaft; er hatte es gewagt, sich gegen seinen Vater aufzulehnen. 1435 wurde das Kastell zerstört. Ein gewaltiger Erdrutsch 1968 und das Beben 1980 besorgten den Rest. Die Steine des Kastells fanden u.a. Wiederverwendung beim Bau des **Rione Costa,** dessen Häuser sich mit weitem Blick auf den Monte Vúlture an den Südosthang des Monte Castello schmiegen.

Im Westen des Ortes formt der **Torrente Bradanello,** der im Appeninno Lucano entspringt, eine Serie von **Kaskaden.** Wo noch bis vor einigen Jahrzehnten Walkmühlen – im lokalen Dialekt *uattënniérë* – in Betrieb waren, laden heute die alten **Maultierwege als Wanderwege** zu kürzeren und längeren Spaziergängen ein und die Gumpen im Sommer zu einem erfrischenden Bad. Es ist das Verdienst der **Associazione U Uattënniérë** (s.u.), diese Wege wieder zugänglich gemacht und San Fele bekannt gemacht zu haben, ein Ort, der ganz ohne die Attraktion spektakulärer Hängebrücken oder rasanter Ziplines auskommt. Ein Ort ganz nach dem Geschmack des Paesologen *Franco Arminio,* der in Aliano (siehe Kapitel „Ionische Küste und Hinterland") das Festival della Paesologia ins Leben gerufen hat. Die **Paesologie** ist eine von *Arminio* begründete „Wissenschaft" im Niemandsland zwischen Völkerkunde, Poesie und Geografie, die sich ohne vorgefassten Plan und Ziel auf den Weg macht, kleine Orte (ital. *paese*) zu besuchen, zu betrachten und mit Bewohnern ins Gespräch zu treten.

Wenige Kilometer östlich von San Fele liegt zu Füßen des Monte Pierno der gleichnamige Weiler, der sich um die normannische **Wallfahrtskirche S. Maria di Pierno** entwickelt hat. Der Bauernmarkt, der bis heute an jedem 12. August auf dem Kirchenvorplatz abgehalten wird, war früher von überregionaler Bedeutung. Das Fest der Madonna wird am 15. August gefeiert und der Altar zu dieser Gelegenheit mit Aberhunderten Lilien geschmückt.

Basil19-008 pa

Information

Associazione U Uattënniérë
Das Büro ist nur selten besetzt, aber auf Anruf bemühen sich die engagierten Mitglieder des Vereins Gästen den Aufenthalt in San Fele so angenehm und interessant wie möglich zu machen.
Corso Umberto I., Mobil 34 75 18 73 98
(Michele Sperduto), www.cascatedisanfele.it, fb

Übernachten

La Costa del Sole②
MEIN TIPP: Costa del Sole ist der Name des sonnenbeschienenen Altstadtviertels am Südosthang des Monte Castello. Die Häuser wurden aus den Steinen der von Kaiser *Otto II.* errichteten Burg erbaut. Hier hat *Alfredo Carlucci* mehrere Häuser mit Gusto restauriert und mit jeglichem Komfort versehen. Sie alle verfügen über bestens ausgestattete Küchen, Bäder, eine Waschmaschine und prima Betten. Hier kann man es mit Ausblick auf den Monte Vúlture ein Weilchen aushalten. *Alfredos* Büro am südöstlichen Ortseingang dient als Anlaufstelle und Rezeption. 8 Ferienhäuser mit 2 bis 8 Betten.
Corso Vittorio Emanuele II. 33, Tel. 097 69 42 68, Mobil 34 79 45 01 67, www.lacostadelsole.it, fb

◁ Cascate di San Fele

Essen und Trinken

Alimentari Cefala Rosaria

Hier gibt es gute Panini als Wegzehrung für die Wanderung. Tägl. 8–13 und 17–20 Uhr, So und Do nur vormittags.
Piazza Garibaldi, Tel. 097 69 43 11

La Locanda del Bosco②

Seit Anfang der 1970er Jahre betreibt die Familie *Zaccagnino* ihr bei Einheimischen beliebtes Ausflugslokal am Santuario S. Maria di Pierno. Alte Schwarz-Weiß-Fotos an den Wänden halten die Erinnerung an den vergangenen Alltag der Bauern und Holzfäller wach, zeigen das einst rege Treiben auf dem Augustmarkt und die heute noch stattfindende Prozession am 15. August. Die Pasta ist hausgemacht, Pilze stammen aus den umliegenden Wäldern, das Fleisch lokaler Rinder und Schweine wird lecker auf dem Grill zubereitet. Abends gibt es auch Pizza. Im Ausschank offener Wein und ein paar gute Flaschen vom nahen Vúlture. Mo Ruhetag.
GPS: 40.79293, 15.60509
Località Santuario di Pierno, Tel. 097 69 82 26,
Mobil 33 83 44 16 47

Cafè Blues Tipicamente

Mehr als nur eine Bar: In den Sommermonaten wird für hungrige Wanderer auch köstlich gekocht, ansonsten gibt es Pizza vom Blech. Hier liegt das Info-Material der Associazione U Uattënniérë (s.o.) aus. Mo Ruhetag.
Corso Umberto I. 40, Tel. 097 69 40 04,
Mobil 34 60 79 74 55, fb

Wandern: Cascate di San Fele

Alte Maultierwege laden in der Schlucht des **Torrente Bradanello** westlich des Ortes zu kürzeren und längeren Wanderungen ein. Die **Associazione U Uattënniérë** (s.o.) hat eine Wanderkarte entworfen, die im Ort gratis ausliegt.

Der **kürzeste und einfachste Weg** hinab in die Schlucht und zu den Wasserfällen beginnt am südwestlichen Ortsrand unterhalb des Corso Umberto I. in der Nähe des **Cafè Blues Tipicamente** (s.o.). Eine kurze Stichstraße führt bis auf einen **Wendeplatz** (GPS: 40.815226, 15.538084) mit einer gefassten Quelle und einem WC. Hier kann man parken und folgt dem breit angelegen Wanderweg zu Fuß bergab. Bereits nach wenigen Minuten läuft man über die hohe Kaskade **U Vërtónë** hinweg. In ca. 20 Min. ist der Talgrund mit weiteren Wasserfällen und Badegumpen erreicht. Am schönsten ist die Kaskade der Verliebten, **I Nnammuruàtë.**

Die nahe **Piazza Nocicchio** (GPS: 40. 819303, 15.538293) am westlichen Altstadtrand ist Ausgangspunkt einer ca. 6 km langen **Rundwanderung.** Es ist möglich, mit dem Auto vorzufahren, es macht aber mehr Spaß, durch den Centro storico zu Fuß bis hierher zu laufen. Eine anfangs betonierte Straße führt steil bergab aus dem Ort, rechts vorbei an der Kläranlage und quert anschließend über eine steingemauerte Bogenbrücke. Im folgenden Wegverlauf, bei dem sich Pfade und Wegspuren auf Weideflächen und im Wald abwechseln, wird man von roten Farbmarkierungen geleitet – ein bisschen Orientierungsgeschick und eine handliche Gartenschere helfen. Unterwegs bieten sich schöne Blicke zurück auf den Ort. Nach einer guten Stunde ist der Talgrund mit der **Kaskade I Nnammuruàtë** erreicht. Von hier geht es auf dem breit angelegten Wanderweg, vorbei an weiteren Wasserfällen, wieder hoch zum Ort (siehe die kürzere Wanderung oben).

Muro Lucano

Von San Fele führt die landschaftlich reizvolle SP ex SS 381 über den 1119 m hoch gelegenen **Passo delle Crocelle** nach Muro Lucano, wahrscheinlich die schönste Annäherung an diesen sehenswerten Bergort. Die Blicke zurück auf Monte Pierno und Monte Vúlture werden gegen das Bergpanorama des Appennino Lucano eingetauscht.

Das Bergstädtchen **Muro Lucano** (600 m, 5300 Ew.), seit römischer Zeit an der Via Appia gelegen (siehe Exkurs „Via Appia – alle Straßen kommen aus Rom"), blickt auf eine antike Vergangenheit zurück bzw. hinab: Im Tal breitete sich einst das lukanische **Numistrum** aus, 210 v.Chr. Schauplatz einer Schlacht zwischen dem punischen Feldherren *Hannibal* und den Legionen des römischen Konsuls *Marcellus*. Nach dem endgültigen Sieg über *Hannibal* wurde Numistrum römisch und bestand bis Ende des 5. Jh. fort. Als das Römische Reich sich auflöste, suchten die Menschen in den Wirren der Völkerwanderung und des Byzantinisch-Gotischen Krieges Zuflucht in den umliegenden Bergen und Wäldern. Ab dem 9. Jh. entstand im Schutze eines langobardischen Festungsturms, der im Laufe der Zeit zum Kastell erweitert wurde, der von Mauern umgebene neue Ort Muro mit dem ältesten Viertel Pianello. Der 1918 eingeweihte **Ponte del Pianello** führt über eine tiefe Schlucht und verbindet die Altstadt mit dem jüngeren Ortsteil Capodigiano im Osten. Von der Altstadtseite verläuft der **Sentiero delle Ripe,** ein reizvoller Stufenweg, zu Ruinen von Wassermühlen und einer mittelalterlichen Bogenbrücke ins Tal.

Vor Erkundung des **Rione Pianello** sollte man das Auto parken, um zu Fuß aufzubrechen. Enge Gassen steigen zwischen bescheidenen Häusern zu Kathedrale und Kastell auf. Nicht nur um Luft zu schnappen, kann man unterwegs innehalten und dabei den Blick auf den Boden lenken. Auf den Treppen der Via Seminario bilden Flusskiesel bunte Muster. Es sind Gedichte in Stein, inspiriert von einer Reiseerzählung *Carlo Levis* mit dem Titel *Le parole sono pietre* („Die Wörter sind Steine"). Das in den Jahren 2003 bis 2012 entstandene Kunstwerk weist zugleich auf das **Archäologische Museum** in den Räumen des ehemaligen Bischofsseminars. Ausgestellt sind Grabfunde der Peuketier und Lukaner. Eindrucksvoll zeugen römische Mosaikböden von dem Wohlstand dieser Gegend zur Kaiserzeit.

■ **Museo Archeologico Nazionale di Muro Lucano,** Via Seminario 6, Tel. 097 67 17 78, www.musei.basilicata.beniculturali.it. Mitte März bis Okt. Mo 14.30–16.30 Uhr, Di 9–13 und 14.30–16.30 Uhr, Mi bis Fr 9–13 Uhr und So 10.30–12.30 und 17.30–20 Uhr, Nov. bis Mitte März So geschl. Eintritt frei.

Das **Kastell** befindet sich heute in privater Hand, ist auf Anfrage jedoch zu besuchen. Hinter diesen Mauern fand im Jahr 1382 *Johanna I. von Anjou,* Königin von Neapel, ihren Tod. Sie war eine der eindrücklichsten Herrschergestalten des Mittelalters und konnte sich als Frau lange Zeit durchsetzen. Zuletzt allerdings hatte sie auf das falsche Pferd gesetzt und während des abendländischen Schismas den Gegenpapst *Clemens VII.* unterstützt. Papst *Urban VI.* erklärte sie zur Häretikerin und für abgesetzt. Die Krone Neapels ging an *Johannas* angeheirateten Neffen *Karl von Durazzo.* Auch wenn der Anlass eigentlich tragisch ist, lebt (fast) jedes Jahr die Erinnerung an *Johanna I. von Anjou* in einem farbenfrohen Historienspiel mit Reitern, Fahnenschwenkern und einer jedes Jahr neu gewählten „Königin" wieder auf.

Knapp 20 km südöstlich von Muro Lucano liegt am Ortsrand von Baragiano der **Archeoparco del Basileus,** der nicht vollends überzeugende Versuch, die Zeit der Peuketier und Lukaner wieder aufleben zu lassen (v.a. ist es fast unmöglich, vor Ort jemanden zu erreichen). Im Zentrum der spielerischen Inszenierung steht das hier entdeckte Grab eines peuketischen Kriegerfürsten (5. Jh. v.Chr.). Die reichen Grabbeigaben, Waffen und wertvolle Keramikgefäße, sind im Original im Museum von Melfi zu sehen. In der Zwischenzeit wurden neue Gräber entdeckt und z.T. ausgegraben.

Archeoparco del Basileus, Località Toppo S. Antonio, Via Santissima Concezione, Tel. 09 71 99 70 71 (Comune di Baragiano), www.archeoparco.it, fb. Der Park öffnet i.d.R. auf Anfrage im Sommer Mo bis Fr 10–14 und 15–20 Uhr. Eintritt 5 €.

Le parole sono pietre – „Die Wörter sind Steine": Pflasterpoesie in der Via Seminario

Basili19-009 pa

Übernachten

■ **Villa Arzilla**②
Gabriella und *Sergio* haben eine aufgelassene *Scuola rurale* aus den 1960er Jahren, die in der Nachbarschaft landwirtschaftlicher Betriebe und inmitten schönster Hügellandschaft ca. 10 km südwestlich von Muro Lucano liegt, in eine einladende Ferienresidenz verwandelt. Die Apartments wurden bestens ausgestattet und für Selbstversorger eingerichtet. *Gabriella* und *Sergio* sind auf jede erdenkliche Art und Weise bemüht, ihren Gästen den Aufenthalt so angenehm und interessant wie möglich zu machen. 3 Ap.
GPS: 40.728177, 15.447868
Contrada Raitiello, Mobil 33 38 63 36 02, www.villa-arzilla.it

Rionero in Vúlture und Barile

Die beiden Weinstädte an den östlichen Abhängen des erloschenen Vulkans sind als Heimat des seit 2010 mit dem höchsten DOCG-Prädikat versehenen **Aglianico del Vúlture** berühmt. In Rionero in Vúlture wie in Barile siedelten im 16. Jh. Albaner, die vor den Türken nach Italien geflohen waren. In **Barile** (600 m, 2700 Ew.) ist der albanische Einfluss noch heute lebendig.

Rionero in Vúlture (656 m, 13.160 Ew.), dessen Altstadt zwischen zwei Hügeln eingebettet liegt, ist ein lebendiges Handels- und Landwirtschaftszentrum. Die Einnahmen aus dem Weinanbau kommen der Pflege des Ortsbildes zugute. Am 5. Juni 1830 kam hier als *Carmine Donatello* der berühmt-berüchtigte **Brigant Crocco** zur Welt. Seine vielfach aufgelegte Autobiografie verfasste *Crocco* im Gefängnis, in dem er sich fast 40 Jahre von 1867 bis zu seinem Tod 1905 befand (siehe Exkurs „Bühne frei für Briganten"). Das Original-Manuskript wird stolz in der Gemeindebibliothek verwahrt, im **Palazzo Fortunato,** dem Geburtshaus von *Giustino Fortunato* (1848–1932). Der Sozialwissenschaftler gilt als einer der bedeutendsten „Meridionalisten". Als Politiker konnte er sich allerdings mit seinen Vorschlägen, durch eine die Kleinbauern favorisierende Steuerpolitik die wirtschaftliche Unterentwicklung Süditaliens zu bekämpfen, nicht durchsetzen. Die restaurierten Gemäuer des alten Bourbonen-Kerkers beherbergen ein modernes Dokumentationszentrum des *Brigantaggio.* Der Innenhof verwandelt sich im Sommer in ein Freiluft-Kino.

■ **Biblioteca „Giustino Fortunato",** Via G. Garibaldi, Tel. 09 72 72 92 61. Mo bis Fr 9–13 Uhr, Di und Do auch 15.30–17.30 Uhr.
■ **Ex-Carcere Borbonico – Museo Multimediale del Brigantaggio Postunitario,** Largo Mazzini, Info c/o Pro Loco (s.u.). Fr 18–20 Uhr, Sa/So 11–13 und 18–20 Uhr. Eintritt frei.

Information

■ **Pro Loco & Presidio Turistico**
Von Juni bis Okt. regelmäßig geöffnet, sonst nur abends. Nahe Palazzo Giustino Fortunato.
Via Garibaldi 31, Tel. 09 72 72 42 84, 09 72 08 25 74, Mobil 34 72 11 51 66 *(Cristian Strazza)*, www.prolocorionero.org
■ **Pro Loco di Barile**
Corso V. Emanuele 28, Tel. 09 72 77 07 71, www.prolocobarile.it

Aglianico mit Brief und Siegel

Gerardo Giuratrabocchettis Großvater war Notar, die Pflege der familieneigenen Weinberge war seine Leidenschaft. Notar war auch *Gerardos* Vater. Er selbst brach mit der einen Familientradition, um andererseits die Passion des Großvaters gleichen Namens fortzuführen, studierte Agrarwissenschaften und gründete 1998 die **Cantine del Notaio.** Von Anfang an galt sein Bestreben, das Zusammenspiel zwischen Aglianico, den vulkanischen Böden des Vúlture und unterschiedlichen Mikroklimata auszuloten, um schließlich in akkurater Kellerarbeit die Potenz dieser roten Rebsorte freizusetzen. Die Böden des Vúlture sind reich an Mineralien, und die porösen Schichten können selbst im Sommer in der Tiefe noch Wasser halten. Bauern beschrieben das Phänomen als *il tufo che allata* („Tuff, der Milch gibt"). Den starken Temperaturschwankungen während der Vegetationszeit – heiße Tage, kühle Nächte – verdankt der Aglianico seinen Aromenreichtum.

Wie die meisten Rebsorten Süditaliens ist auch der Aglianico **vor über 2500 Jahren von den Griechen eingeführt** worden. Seinen Namen leiten einige davon ab: *Hellenicon,* der Griechenwein. *Hannibals* Truppen diente er als Medizin, der römische Dichter *Horaz* hat ihn besungen, und Kaiser *Friedrich II.* schätzte den purpurroten Kraftprotz auf seiner Tafel. Heute führt man den Namen eher auf die griechische Bezeichnung *aglukos,* d.h. bitter, zurück. Tatsächlich zeichnet sich Aglianico durch besonders hohen Tanningehalt aus, dem er nicht zuletzt sein hohes Reifepotenzial verdankt.

Bei allem Traditionsbewusstsein hat *Gerardo Giuratrabocchetti* **mit einer Reihe überkommener Gewohnheiten gebrochen.** Wurde früher der Aglianico am Vúlture generell erst nach dem 1. November gelesen und war das Ergebnis ein starker, überreifer Wein, der sich vor allem für den Verschnitt eignete, beginnt die Lese jetzt bereits Ende August. Der Ertrag ist geringer und auch der Alkoholgehalt, denn die Weine werden durchgegoren. Mit 14–14,5% bleiben sie dennoch recht kräftig!

Die Cantine del Notaio verfügen über insgesamt **27 ha Rebflächen,** verteilt auf fünf Kommunen in unterschiedlicher Höhenlage und Exposition. Auch die Bodenbeschaffenheit wechselt. Der Anbau folgt biologischen und bio-dynamischen Prinzipien, aber nicht aus Marketinggründen – auf den Etiketten fehlt z.B. jeder Hinweis –, sondern aus Überzeugung. Die Ergebnisse sprechen für sich. Damit sind auch die Grundlagen für gute Kellerarbeit gelegt, und unermüdlich wird dabei die Palette der Weine erweitert. Die Spitzenetiketten tragen Namen wie „L'Atto" oder „Il Sigillo" – eine Verbeugung vor dem Vater. Aglianico mit Brief und Siegel eben.

Die **moderne Kellerei** liegt mit weitem Landschaftsblick an der Landstraße in Richtung Ripacàndida, während die Weine am Altstadtrand von Rionero in **historischen Felskellern** reifen, die hier einst Franziskanermönche um das Jahr 1600 in den Tuff geschlagen hatten. Hier sind Führungen und Verkostungen möglich (Via Roma 159, Tel. 09 72 72 36 89, Mobil 33 56 84 24 83, www.cantinedelnotaio.it; tägl. 9–13 und 17–20 Uhr).

Basili19-011 pa

San Donato di Ripacàndida – das lukanische Assisi

Am östlichen Ortseingang von Ripacàndida erhebt sich das **Santuario di San Donato,** eine von außen unscheinbare, weiß verputzte Klosterkirche, innen aber eine **Explosion farbenfroher Fresken** (i.d.R. tägl. 8–20 Uhr zugänglich, ansonsten nebenan im Kindergarten bei den Klarissinnen klingeln; www.sandonatoripacandida.net).

Die bauliche und künstlerische Umgestaltung der bereits im 12. Jh. beurkundeten Kirche gehen auf die Inbesitznahme durch den Franziskanerorden Ende des 15./Anfang des 16. Jh. zurück. Der reiche Stil zeigt deutlich Einflüsse spätgotischer neapolitanischer Malschulen in der Nachfolge von *Giotto.* Das dritte und zweite Kreuzgratgewölbe – vom Altar zum Eingang hin betrachtet – schmücken 34 Szenen des **Genesiszyklus.** Die an Details reiche Erzählung bewegt sich dabei im Uhrzeigersinn. Die Darstellungen halten sich nah am Bibeltext und lassen sich leicht zuordnen. Gottvater wird bei der Erschaffung der Welt als Architekt gezeigt. Er hält einen Zirkel in der Hand. Besonders szenenreich sind der Sündenfall im Paradies und die Geschichte von Noah dargestellt. Dem Turmbau zu Babel sind zwei Bilder gewidmet. Deutlich erhält man ganz nebenbei Einblicke in Arbeitsabläufe und Techniken auf einer spätmittelalterlichen Baustelle. Das Gewölbe am Eingang empfängt mit Bildberichten der Evangelien, während Heilige und Eremiten die Seitenwände und Pilaster zieren. Eindrucksvoll der hl. Franz von Assisi, wie er seine Stigmata empfängt.

Das Santuario di San Donato, in Partnerschaft der weltberühmten Basilica di San Francesco aus Assisi verbunden, wurde von der UNESCO als **„Monument des Friedens“** ausgezeichnet. Hübsch ist auch der ehemalige Klostergarten der Franziskaner nebenan, heute ein öffentlicher Stadtpark.

Basili19-013 pa

Übernachten/Essen und Trinken

Birrificio del Vúlture②
Nicht nur Aglianico: Am westlichen Ortsrand von Rionero betreiben *Ersilia D'Amico* und *Donatello Pietragalla* im Erdgeschoss eines gesichtslosen Wohnhauses ihre prämierte Mikro-Bierbrauerei cum Bistro. Do bis So von 18 Uhr bis Mitternacht.
GPS: 40.92629, 15.56689
Via Monticchio 43,
Tel. 09 72 47 01 39, Mobil 33 97 52 32 26,
www.birrificiodelvulture.it, fb

Grand Hotel Garden②-③
Modernes Hotel-Ristorante 1,5 km nördlich von Barile oberhalb der SS 93. Das nach baubiologischen Kriterien errichtete Haus und etwa die Hälfte der geräumigen, komfortablen Zimmer genießen einen herrlichen Blick in Richtung Venosa. Das Restaurant greift auf lokale Produkte zurück. Benutzung des großen Pools, des Tennisplatzes und des Wellnesszentrums mit Sauna inkl.! Sicherer Parkplatz. 46 Zi.
GPS: 40.95902, 15.67716
Località Giardino, Km 75,800 der SS 93 – Barile,
Tel. 09 72 76.15 33, Mobil 34 66 23 06 94,
www.grandhotelgarden.com

La Pergola②
Die Familie *Spadola* führt ihr ausgezeichnetes Restaurant seit 1950, inzwischen in dritter Generation! Das kulinarische Angebot bleibt lokalen Traditionen verpflichtet, die Antipasti sind umwerfend, die Weinkarte listet die besten Etiketten der Region. Das Hotel stammt aus den 1980er Jahren und wurde 2002 vollständig renoviert. Komfortable Zimmer, etwas uninspiriert möbliert. In der Garage können Motorräder sicher parken. 43 Zi.
Via Luigi La Vista 27/31 – Rionero in Vúlture,
Tel. 09 72 72 11 79,
www.hotelristorantelapergola.it

Tenuta Le Querce③
Das 53 ha große Landgut wenige Kilometer östlich außerhalb von Barile, das einst zum Besitz von *Gius-*

Basili19-012 pa

☑ Barile – albanisch geprägt und wie Rionero dem Wein verschrieben

tino Fortunato gehörte, ist heute ein mustergültiger Weinbaubetrieb. Die neuen Besitzer setzen Zeichen. *Valentina* und *Leonardo Pietrafesa* – Architekten – pendeln zwischen London und Barile. In der ultramodernen Kellerei werden vorzügliche Aglianico-Weine produziert. Das Restaurant hat sich der engagierten Beratung von *Antonietta Santoro* aus Castelmezzano (siehe Kapitel „Piccole Dolomiti Lucane") versichert und serviert Spezialitäten der in Barile früher häufiger noch gepflegten *cucina arberèshe*. Das Restaurant öffnet allerdings nur für kleine Gruppen ab 6 Personen (max. 25 Pers.) bei rechtzeitiger Vorbestellung. Es ist auch möglich, in einem luxuriösen Guest House zu nächtigen. Ebenfalls nach Anmeldung sind von Mo bis Fr 10–17 Uhr Besuche im Weinberg und im Weinkeller, verbunden mit einer Degustation, möglich. So Ruhetag.
GPS: 40.940093, 15.708834
Contrada Le Querce (SP 8 del Vúlture) – Barile,
Mobil 33 94 75 33 43, www.tenutalequerce.it

Einkaufen

An den Hängen des Vúlture gedeihen die besten Aglianico-Reben der Basilikata. Eine der besten Kellereien in Rionero sind zweifelsfrei die **Cantine del Notaio** (siehe Exkurs „Aglianico mit Brief und Siegel"). In Barile überzeugen *Nunzia Calabreses* mit ihrer **Cantina Basilico** (Via delle Cantine 34, Tel. 09 72 77 10 33). Ein Spitzenreiter ist die **Azienda Vinicola Paternoster** (Via Nazionale 23, www.paternostervini.it). Längst hat sich die junge **Elena Fucci** einen großen Namen gemacht (Contrada Solagna del Titolo, www.elenafuccivini.com).

An- und Weiterreise

- **Auto:** SS 93, Superstrada Potenza – Foggia. Gute Parkmöglichkeiten an der Piazza XX. Settembre nahe des Pallazzo Giustino Fortunato.
- **Bus:** SITA (www.sitasudtrasporti.it) aus Potenza, Melfi und Venosa.
- **Bahn:** Der FS-Bhf. Rionero in Vúlture liegt an der Linie Potenza – Foggia.

Fest

- Über hundert Menschen in aufwendig gestalteten Kostümen führen am **Karfreitag** in Barile die Passion Christi auf.

Laghi di Monticchio

[>] Laghi di Monticchio – Vulkanseen von Wald umgeben

Außer an Sommerwochenenden liegt eine zauberhafte Stille über den beiden fischreichen Seen, die den zentralen Eruptivkrater des Vúlture fast zur Gänze ausfüllen. Nur durch eine schmale Landzunge voneinander getrennt, werden sie schlicht als **Lago Piccolo** und **Lago Grande** bezeichnet. Auf der Oberfläche des kleineren Sees spiegeln sich neben dem artenreichen Laubmischwald, der sich die Kraterwände hochzieht, und dem felsigen Gipfel des Monte Vúlture die strahlend weißen Mauern der **Abbazia di San Michele.** Griechisch-orthodoxe Eremiten bezogen im 10. Jh. Felsgrotten über dem See. Vermutlich war der Ort bereits in der Antike heilig. Der Fund einer Frauenstatuette aus dem

4. Jh. v.Chr. legt den Gedanken nahe, dass es sich um einen Fruchtbarkeitskult handelte. Im 11. Jh. bauten Benediktiner die Einsiedelei zum Kloster aus, das 1059 von Papst *Nikolaus II.* geweiht wurde. Die Normannen verehrten den schwertschwingenden Erzengel Michael wie einen Nationalheiligen und zählten zu den Förderern der Abtei. 1608 wurde sie den Kapuzinern übergeben, die hier bis zur Säkularisierung im Jahre 1866 blieben. Seit dem Jahr 2000 leben wieder Mönche hier. In seiner äußeren Gestalt geht der Bau auf das 18. Jh. zurück, umschließt jedoch im Inneren die zur Kirche ausgebaute Michaelsgrotte mit byzantinischen Fresken aus der Mitte des 11. Jh. Aus den Fenstern des Vorraums genießt man einen herrlichen Blick auf den See. In den Räumen der Abtei befindet sich auch ein kleines **Naturkundemuseum,** u.a. mit Informationen zu dem hier endemischen Nachtfalter *Acanthobrahmea europea*. Von März bis November öffnet in der Grotta niviera eine rustikale Bar.

■ **Abbazia di San Michele,** Zona Laghi, Tel. 09 72 23 81 40, www.badiasanmichele.it. Tägl. 9–20 Uhr. Eintritt frei.

■ **Museo di storia naturale del Vúlture,** Tel. 09 72 73 10 28, www.museodelvulture.it. Mitte April bis Nov. Di bis So 9–13 Uhr, Di, Sa und So auch 14.30–17.30 Uhr, im Winter Mo und So geschl. Eintritt 3/1 €.

Auf dem Isthmus zwischen den beiden Seen hatten Basilianermönche im 10. Jh. eine Kirche errichtet, die Benediktiner im 11. und 13. Jh. zum Kloster ausbauten. Nach seiner Zerstörung durch ein Erdbeben im Jahr 1456 blieb **Sant'Ippolito** verlassen.

Basili19-014 pa

Kaiser *Friedrich II.* hielt sich häufig zur Jagd in den Wäldern von Monticchio auf. Nördlich der Seen erhebt sich im Wald die **Petre della Scimmia.** Möglicherweise hielt der Stauferkaiser am „Affenfelsen" die Berberaffen seiner exotischen Menagerie. Die Entdeckung eines in Europa nur hier vorkommenden Nachtfalters aus der Gattung *Brahmea* führte 1971 zur Einrichtung des ersten Insektenschutzgebietes in Italien.

Die Laghi di Monticchio sind das **ideale Ziel für Erholungssuchende.** In den ausgedehnten Wäldern kann man auf Forstwegen und -straßen stundenlang zu Fuß, mit dem Mountainbike oder auf Pferden unterwegs sein.

Information

- Siehe auch bei **Rionero in Vúlture.**
- **www.ilvulture.it**

Übernachten/Essen und Trinken

Borgo Villa Maria②

Mein Tipp: *Signora Concetta* und ihre Tochter *Maria* empfangen ihre Gäste mit größter Herzlichkeit! Das in kurzer Gehdistanz zum See gelegene, ruhig und von Wald umgebene Hotel ist etwas in die Jahre gekommen. Die Zimmer sind geräumig und sauber, das Restaurant serviert lukanische Spezialitäten und ist sehr zu empfehlen. Kleiner Pool und Tennisplatz. Faire Preise! 30 Zi., 2 Ap.
GPS: 40.93562, 15.60849
Laghi di Monticchio – Km 10,500 der SS 167,
Tel. 09 72 73 13 02, Mobil 34 73 40 32 05,
www.borgovillamaria.com

Il Casale dell'Acqua Rossa②

Wenige Kilometer östlich der Seen gelegene, komplett modernisierte Masseria, die auch einige sehr ordentliche, geräumige Gästezimmer bietet. Das im Umkreis beliebte Restaurant der Familie *Telesca* bietet beste Territorialküche, viele Zutaten auch aus eigener Landwirtschaft. Anfahrt: von Melfi kommend von der SS 167 Richtung Sgarroni abbiegen und nach ca. 500 m rechter Hand. 10 Zi. Mo Ruhetag.
GPS: 40.94154, 15.56872
Monticchio Bagni – Km 14,700 der SS 167,
Tel. 09 72 73 10 72, Mobil 34 56 27 07 08,
www.casaleacquarossa.it

Villa delle Rose②

Die ehemalige Sommerresidenz eines reichen Landbesitzers aus Potenza haben *Incoronata Traficante* und Familie mit Liebe und Respekt in einen charmanten Agriturismo verwandelt. Die geräumigen, heizbaren Zimmer sind bestens ausgestattet und bieten auch Familien ausreichend Platz. Zum Frühstück gibt es auch Käse und Würste; Joghurt, Ricotta und Marmeladen sind hausgemacht. Das ausgezeichnete (!) Restaurant öffnet nur auf Vorbestellung, allerdings auch schon für wenige Personen, und natürlich für Übernachtungsgäste. Ein friedlicher Ort, von dem man weite Landschaftsblicke genießt. Auf dem Weg zu den Laghi di Monticchio unterhalb der SS 167 gelegen, in einer Rechtskurve kurz vor dem Abzweig Richtung Sgarroni. Oberhalb der Villa beginnt ein schöner Waldwanderweg zu den Seen. 6 Zi.
GPS: 40.92044, 15.60410
Località Masseria della Croce –
Km 7,000 der SS 167,
Tel. 09 72 08 10 24, Mobil 32 90 79 27 03,
www.villadellerose.basilicata.it

Camping

Parco Naturale Europa①

Schön gelegener Platz mit altem Baumbestand am größeren der beiden Seen. Rustikale Sanitäreinrichtungen, Picknicktische im Baumschatten. An Wochenenden viele italienische Tagesausflügler. Bootsfahrten auf dem See. März bis Okt.

GPS: 40.926341, 15.607394
Via Lago Grande 28,
Tel. 09 72 73 10 08, 09 72 71 62 87,
Mobil 34 93 68 23 48, 34 56 27 07 08,
www.campingeuropa.net

Wandern: Monte Vúlture

Die APT Potenza schlägt in ihrem Gratis-Büchlein **„Streifzüge im Gebiet des Vúlture“** auch einige Wanderungen vor, die auf der eingehefteten Karte im Maßstab 1:50.000 verzeichnet sind (auch auf www.vulture.it). Am (ehem.) Agriturismo S. Michele führt ein bezeichneter Weg im Buchenwald bis zur Fontana dei Faggi. Eine abwechslungsreiche Rundwanderung von ca. 4 Std. ergibt sich, wenn man von hier aus den auf der Karte als N° 10, 7 und 9 bezeichneten Wegabschnitten folgt. Unterwegs genießt man weite Ausblicke über das Ofanto-Tal und Melfi. Inzwischen kursieren weitere Gratis-Karten mit eingezeichneten Wanderungen und MTB-Touren.

Oberhalb der Abbazia di S. Michele führt ein kurzer Waldspaziergang zu einem wunderschönen **Aussichtspunkt** über dem See und zu einer **Höhle,** die dem Briganten *Crocco* als Versteck gedient haben soll (siehe Exkurse „Italien, Räuberland?“ und „Bühne frei für Briganten“).

Melfi

Der noch von seiner Mauer umgebene Altstadtkern und das majestätische Kastell von Melfi beherrschen von einem 530 m hohen Nebenkrater des Monte Vúlture die umgebende Landschaft. Im Mittelalter schrieb die heute nur knapp 18.000 Einwohner zählende Stadt Weltgeschichte. Den **besten Überblick** bietet die Anhöhe mit dem Convento dei Cappuccini im Osten der Altstadt, auf einem Fußweg von der neuen Rathauspiazza schnell zu erreichen. Der belebte und hervorragend instand gesetzte **Centro storico** lässt sich am besten zu Fuß erkunden. In und außerhalb der Stadt sind überraschende Begegnungen mit Kaiser *Friedrich II.* möglich. Von der anstrengenden Zeitreise kann man sich in einem der typischen Lokale bei kräftiger melfeser Küche stärken.

Geschichte

Obschon seit der Antike von Dauniern, Lukanern und Römern durchgehend besiedelt, schlug die große Stunde Melfis erst im **Mittelalter.** Seit dem 8. Jh. Zankapfel zwischen Langobarden und Byzantinern, besetzte der oströmische Katapan *Boiannes* 1018 die Stadt und baute sie zur Festung aus. 1040 eroberten normannische Söldner Melfi für den langobardischen Herzog. Nach der Entscheidungsschlacht 1053 bei Civitate, mit der sie ihre Herrschaft über Süditalien endgültig besiegelten, **machten die Normannen Melfi zu ihrer Hauptstadt.** Papst *Nikolaus II.* bestätigte auf dem ers-

Basili19-018 pa

ten Konzil von Melfi 1059, dem bis ins 13. Jh. fünf weitere folgen sollten, **Robert Guiscard** als Herzog von Apulien und Kalabrien – Byzanz sollte kirchlich und politisch aus Süditalien verdrängt werden – und belehnte ihn zusätzlich mit der Insel Sizilien, die allerdings noch in der Hand der Muslime war. Auf demselben Konzil wurde auch die kanonische Verpflichtung der katholischen Priester zur Ehelosigkeit erlassen.

Kaiser Friedrich II. erwählte sich Melfi als Sommerresidenz (siehe Exkurs „Grenzüberschreitungen auf den Spuren Friedrichs II.“). Während des Hoftags 1231 ließ er die „Constitutiones regni utriusque Siciliae“, kurz **Konstitutionen von Melfi,** verabschieden. Am Vorbild des *Corpus iuris civilis* des Kaisers *Justinian* orientiert, wurden normannische Gesetze und Gewohnheitsrechte im Reich zur ersten kodifizierten Rechtsordnung des Mittelalters zusammengefasst. Viele der 219 Einzelgesetze behielten ihre Rechtsgültigkeit bis zur italienischen Reichseinigung 1861.

Seine Staufertreue musste Melfi unter den *Anjous* mit dem politischen und wirtschaftlichen **Niedergang** bezahlen. Als Lehen wurde die Stadt an verschiedene Feudalherren weitergereicht. Die Zerstörung Melfis im Französisch-Spanischen Krieg 1528 durch die Truppen des Generals *Lautrec* überlebten von ursprünglich 30.000 Einwohnern lediglich 6000. Nur der Zuzug albanischer Flüchtlinge bewahrte die Stadt vor dem Absinken in die völlige Bedeutungslosigkeit. Weitere Schicksalsschläge ereilten die

Über Melfi thront das majestätische Kastell

leidgeprüfte Stadt in Gestalt verheerender **Erdbeben,** das letzte große im Jahr 1930. Nach den glücklicherweise nur leichten Schäden durch das Erdbeben 1980 flossen die Gelder, die zur Altstadtsanierung eingesetzt wurden. Einen entscheidenden wirtschaftlichen Impuls setzte Anfang der 1990er Jahre der Bau des ultramodernen **FIAT-Werks** weit außerhalb im Norden der Stadt, heute eine der produktivsten Automobilfabriken der Welt; jedes Jahr laufen hier 400.000 Fahrzeuge vom Band.

Besichtigung

Standesgemäß betritt man die Altstadt von Melfi durch die **Porta Venosina,** ein spitzbogiges Stadttor aus der Zeit *Friedrichs II.,* das als einziges das Erdbeben von 1851 heil überstanden hat. Die beiden Rundtürme wurden Mitte des 15. Jh. unter dem Feudalherren *Giovanni II. Caracciolo* angefügt, dessen Wappentier, der Basilisk, rechts vom Tor zu sehen ist.

Von Adelspalästen gesäumt zieht sich der Corso Garibaldi, vormals Strada del Vescovado, bis zur Kathedrale hoch. Unterwegs lohnt der Blick auf die im Liberty-Stil eingerichtete 10 **Farmacia Carlucci** mit der Hausnummer 58 gegenüber der Chiesa S. Maria La Nova mit einem gotischen Portal aus dem 13. Jh. Östlich des Corso liegt der **Quartiere Chiuchiari,** in dem sich 1528 Albaner niedergelassen hatten.

Kurz vor der Kathedrale findet sich der **Palazzo del Vescovado.** Das schlichte Äußere des auf das 11. Jh. zurückgehenden und im 18. Jh. neu gestalteten Bischofspalastes trügt. Aus einem Innenhof mit Brunnen führt eine breite Treppe in den opulent ausgestatteten Piano nobile, der im Rahmen von Führungen zugänglich ist.

■ **Museo Diocesano,** Largo Duomo, Tel. 09 72 23 84 29, 09 72 23 86 04, Mobil 33 95 35 20 09, 33 95 34 14 36. Nov. bis März Mi bis Mo 10–12.30 und 16–18 Uhr, April bis Okt. 10–12.30 und 17–20 Uhr. Eintritt 2,50/1,25 €.

Robert Guiscard legte in Anwesenheit von Papst *Nikolaus II.* 1059 den Grundstein für die **Kathedrale,** deren Bau unter *Roger II.* fortgeführt und unter *Wilhelm I.* 1155 vollendet wurde. Nach dem Erdbeben von 1694 wurde die Kirche Anfang des 18. Jh. in einem ansprechenden Barock neu gestaltet, erst der *restauro* nach dem Erdbeben 1930 hat im Inneren Teile des romanischen Baus wieder sichtbar gemacht. Weitaus besser hat der mächtige **Campanile** den Erdstößen widerstanden. Eine Inschrift besagt, dass er im Jahr 1153 vom Baumeister *Noslo von Remerio* im Auftrag König *Rogers II.* vollendet worden ist. Eine Legende berichtet wiederum, dass König *Roger* unter dem Turm Gold hat vergraben lassen, damit der Turm, so er einstürzen sollte, in gleicher Gestalt neu aufgerichtet werden könnte. Im Mauerwerk sind zahlreiche antike Spolien eingelassen, die Biforien und Gesimse in den oberen Geschossen werden von schwarz-weiß gemusterten Steinbändern gerahmt. Aus schwarzem Lavastein und hellem Kalkstein sind auch der Löwe und der Greif im obersten Geschoss eingelegt.

Die Via Vittorio Emanuele führt vom Dom auf die Piazza Umberto I. (Piazza Municipio), seit dem 11. Jh. das Zentrum städtischen Lebens. Im Innenhof des **Palazzo del Governo,** wo sich auch das Büro des Fremdenverkehrsvereins Pro Loco befindet, steht eine Büste von *Friedrich II.* Die Replik einer mittelalterlichen Skulptur ist ein Geschenk der Bundesrepublik Deutschland an die Stadt Melfi. Nach einer kurzen Erfrischung kann man den Anstieg zum Kastell beginnen. Ein kleiner Schlenker führt an der **Chiesa di S. Lorenzo** vorbei, mit ihrem oktogonalen Grundriss ein Unikum in Süditalien. Zum ersten Mal wird die Kirche 1120 erwähnt, ihre achteckige Anlage stammt möglicherweise erst aus dem 13. Jh. Natürlich drängt sich die Frage auf, ob *Friedrich II.* etwas mit dem Bau zu tun hat.

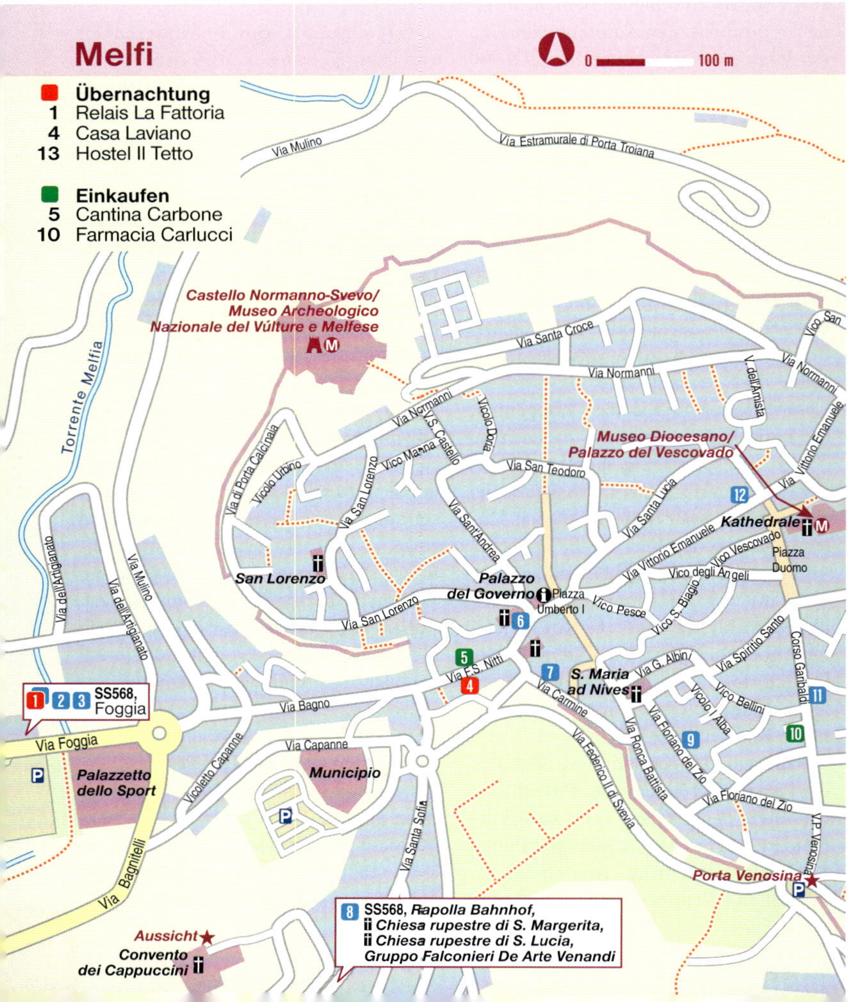

Über der Altstadt erhebt sich auf einem Hügel, ringsum frei stehend, das wehrhafte **Kastell,** Zeuge bedeutendster Ereignisse. Der massige, von mehreren Türmen flankierte Bau, ursprünglich von den Normannen errichtet, wurde unter *Friedrich II.* und den *Anjous* erweitert. Den *Caracciolo* und *Doria* diente die Burg als Residenz, bis sie 1954 in den Besitz des italienischen Staates gelangte.

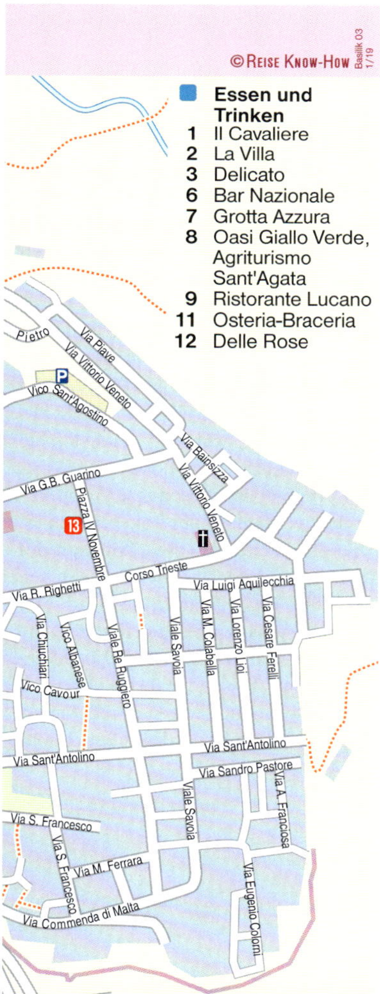

Ein Prunkstück des **Archäologischen Museums** ist der im EG zur Schau gestellte Marmorsarkophag aus dem 2. Jh. n.Chr., der wohl aus einer der besten Werkstätten Kleinasiens stammt und von Brindisi offensichtlich auf dem Landweg nach Rom gebracht werden sollte. Er wurde 1856 an der Via Appia zwischen Lavello und Rapolla ausgegraben. Die liegende junge Frau auf dem Deckel stellt die Verstorbene dar. Schwerpunkt der überwältigend reichen Sammlung im 1. und 2. Stockwerk sind Ausgrabungsfunde des Vúlture-Melfese. Als Schnittpunkt daunischer, samnitischer und lukanischer Kultur war das Gebiet etruskischen und später auch griechischen Einflüssen ausgesetzt. In großen Vitrinen präsentieren sich daunische Gräber mit ihrer kompletten Ausstattung. Besonders schön sind die Keramiken mit feinen geometrischen Verzierungen. Auf einigen Gefäßen sieht man Strichfiguren beim Abhalten der Trauerfeierlichkeiten. Ähnliche Gefäße sind auch im Archäologischen Museum von Venosa ausgestellt. Aufmerksamkeit verdient im 1. Stock ein kleines Tongefäß aus Ripacàndida (4. Jh. v.Chr.), ein seltenes Dokument für die Übernahme der pythagoräischen Seelenwanderungslehre durch die Lukaner. Eine stilisierte Figur steht, bereit zur himmlischen Reise, mit einem erhobenen Bein auf der Erdsphäre, umgeben von den sieben damals bekannten Planeten (siehe Exkurs „Pythagoras, Beruf Philosoph").

Vom Kastell genießt man einen wunderbaren Blick über die Altstadtdächer, die vom Campanile der Kathedrale überragt werden. Geplant ist in der Torre di Marcangione, einem gut erhaltenen Festungsturm aus der Zeit Kaiser *Friedrichs II.*, Funde und Dokumente des Mittelalters zu präsentieren.

Castello Normanno-Svevo/Museo Archeologico Nazionale del Vúlture e Melfese, Via Castello, Tel. 09 72 23 87 26. Mo 14–20 Uhr, Di bis So 9–20 Uhr. Eintritt 2,50/1,25 € bzw. Sammelticket mit Venosa 4/2 €.

Absolut sehenswert sind **zwei Felskirchen außerhalb der Stadt,** die nur nach Voranmeldung bei der Pro Loco (s.o.) im Rahmen einer Führung zu besuchen sind. Für die geringen Umstände wird man in beiden Fällen durch die außergewöhnliche Ausmalung reich entschädigt. Die **Chiesa rupestre di S. Lucia** birgt den ältesten bislang bekannten **Bilderzyklus mit der Vita der Heiligen,** die unter Kaiser *Diokletian* im 3. Jh. in Syrakus ihr Martyrium erlitten haben soll. Die glatte Felswand hinter dem Altar wurde, wie auf der Widmungsinschrift zu entziffern ist, 1292 ausgemalt. Am linken Bildrand ist klein die kniende Stifterfigur zu erkennen. Die eine Hälfte der Wand nehmen die großen Darstellungen der thronenden Muttergottes und der hl. Lucia ein. Auf der linken Bildhälfte werden Leben und Tod der Heiligen in mehreren Szenen erzählt: *Lucia* begleitet ihre kranke Mutter an das Grab der hl. Agatha; die hl. Agatha heilt die Mutter und verkündet Lucia ihr Martyrium, die daraufhin ihren Besitz an die Armen verschenkt und auf die Ehe verzichtet; der zurückgewiesene Verlobte zeigt sie vor Gericht als Christin an, worauf sie zum Bordelldienst genötigt werden soll; selbst mehrere Ochsen können sie in ihrer (moralischen) Standhaftigkeit nicht verrücken, und als auch der Versuch, sie zu verbrennen, scheitert, wird *Lucia* durch einen Schwertstich in den Hals getötet.

Direkt unterhalb der Ausfallstraße SS 303 Richtung Rapolla in der Nähe des Friedhofs liegt die **Chiesa rupestre di S. Margherita.** Die vollständig in den Tuff gegrabene Kirche mit einem schönen Kreuzgratgewölbe wurde von Basilianermönchen angelegt. Beim Betreten des im 13. Jh. nahezu vollständig ausgemalten Raumes überwältigt die Fülle bunter Bilder. Die Altarwand an der Stirnseite schmückt ein Fresko der hl. Margarete von Antiochien, der die Kirche geweiht ist. Sie wird flankiert von den Aposteln Petrus und Paulus. Letzterer hält ein Buch in der Hand, Hinweis auf die von ihm verfassten Paulusbriefe. In der Wölbung ist in byzantinischer Manier *Christus Pantokrator* auf dem Thron dargestellt. In der Linken hält er das aufgeschlagene Evangelium mit den Worten „EGO SUM LUX MUNDI – QUI SEQUITUR ME“, während seine Rechte zum griechisch-orthodoxen Segensgestus erhoben ist. Besondere Aufmerksamkeit verdient in der linken Seitenkapelle die Darstellung des **„Triumph des Todes“,** ein Motiv, das seine literarischen Vorbilder im Orient findet und hier möglicherweise zum ersten Mal Eingang in die europäische Kunstgeschichte gefunden hat. Auf dem Fresko begegnen zwei (ursprünglich waren es möglicherweise drei) Skelette, in deren Bauchhöh-

Fresken in der Chiesa rupestre di S. Margherita

len sich die Würmer tummeln, drei lebendigen Menschen in hermelinbesetzten Falknermänteln (siehe Exkurs „Das Falkenbuch Friedrichs II."). Das Bild ist als Aufforderung an die Lebenden zu verstehen, ein gottgefälliges Leben zu führen. Die Botschaft der Toten könnte lauten: „Was ihr seid, das waren wir; was wir sind, das werdet ihr." Solche Darstellungen wurden besonders ab dem 15. Jh. populär. Dem neapolitanischen Naturwissenschaftler *Lello Capaldo*, der in der Grotte ursprünglich nicht die Fresken, sondern Flechten und Moose studierte, gelang mit überzeugenden Argumenten eine weiterreichende Deutung: So erkannte er in dem Herren mit dem schütteren roten Haar, der auf seinem linken Arm einen Falken hält, Kaiser *Friedrich II.*, in der blauäugigen Dame (früher immer als Mann angesehen) *Friedrichs* dritte Ehefrau *Isabella von England* und in dem blonden Knaben seinen Sohn *Konrad IV.* Faszinierend!

Chiesa rupestre di S. Margherita, unterhalb der SS 303 ausgeschildert. Kontakt c/o Pro Loco di Melfi (s.u.). April bis Sept. 10, 11.30, 16 und 17.30 Uhr, Okt. bis März 10, 11.30 und 15.30 Uhr. Eintritt 8 €. www.distrettohabitatrupestre.it

Information

Pro Loco „Federico II."
und Presidio Turistico

Tommaso Bufano (Mobil 33 56 39 36 75) sowie seine ebenso motivierten Kollegen *Lina Moscaritolo* (Mobil 33 97 33 23 09) und *Michelangelo Levita* (Mobil 33 97 10 16 87) halten die Schlüssel zu den

Basili19-019 pa

Basili19-017 pa

Das „Falkenbuch" Friedrichs II.

Friedrich II. bezeichnete sich selbst als „Erforscher und Liebhaber der Weisheit". Er versammelte einige der größten Gelehrten seiner Zeit um sich und pflegte eine intensive Korrespondenz mit arabischen Wissenschaftlern. Zahlreiche arabische und hebräische Schriften wurden an seinem Hof ins Lateinische übersetzt, darunter auch mehrere Handbücher zur Falkenjagd. *Friedrich II.* war nicht nur ein leidenschaftlicher Falkenjäger, mit dem gleichen Eifer suchte er auch das Verhalten der Vögel zu studieren. Nirgendwo zeigt sich die Gabe des großen Staufers deutlicher, **praktische Tätigkeit mit theoretischem Forschen und Fragen** zu **verbinden.** In mehr als drei Jahrzehnten kompilierte er nicht nur vorhandenes Wissen, sondern gelangte durch eigene Anschauung und Experimente zu völlig neuen Erkenntnissen. In der Einleitung des von ihm verfassten Buches **De arte venandi cum avibus** („Von der Kunst, mit Vögeln zu jagen") legt er seine empirische Methode dar. „Unsere Absicht ist aber in diesem Buch über die Falknerei, das, was da ist, auch so zu zeigen, wie es ist, und als zuverlässige Kunst darzustellen; denn bisher fehlte es dabei sowohl an der Wissenschaft wie an der Kunst. (…) Beim Schreiben sind Wir auch, wenn es erforderlich war, dem *Aristoteles* gefolgt; in manchen Dingen scheint er jedoch, wie Wir aus Erfahrung lernten, besonders bezüglich der Natur bestimmter Vögel, von der Wahrheit abzuweichen. Deshalb folgen Wir dem Fürsten der Philosophen nicht in allem;

denn selten oder niemals hat er die Jagd mit Vögeln ausgeübt. Wir aber haben sie immer geliebt und immer betrieben."

500 Jahre vor *Carl von Linné* benutzte *Friedrich II.* bereits eine **binomische Nomenklatur,** um die Arten zu differenzieren, seine ornithologischen Beobachtungen blieben bis zu den Arbeiten des Verhaltensforschers *Konrad Lorenz* unübertroffen.

Friedrichs Werk ist in **zwei Teile** gegliedert. In einem ersten Abschnitt beschreibt er 80 Vogelarten, die mit Raubvögeln gejagt werden können. Der zweite Teil handelt von den unterschiedlichen Jagdfalken, ihrer Pflege und Abrichtung. Für *Friedrich II.* bestand die Kunst der Falkenjagd darin, Raubvögel, die freiesten und wildesten Tiere, durch die Überlegenheit menschlichen Geistes zu zähmen. Für ihn war die Kunst, mit Vögeln zu jagen, *nobilior et dignior,* adliger und würdiger, als die anderen Jagdarten. Viele seiner hohen Staatsbeamten ließ *Friedrich II.* durch die anspruchsvolle Schule der Falknerei gehen.

Friedrichs **Originalmanuskript** „Von der Kunst, mit Vögeln zu jagen" **ging 1248 in der Schlacht von Parma verloren.** In der Schlacht von Benevent 1266, bei der *Friedrichs* Sohn *Manfred* sein Leben verlor, fiel den Franzosen dessen Exemplar in die Hände. Heute befindet sich diese zwischen 1258 und 1266 angefertigte, mit wunderbaren Miniaturen bebilderte Ausgabe in der Biblioteca Apostolica Vaticana. Eine französische Abschrift besorgte um 1308 der französische Edelmann *Jean Dampierre.* Sie wird in Paris in der Bibliothèque National bewahrt.

■ **Gruppo Falconieri De Arte Venandi,** GPS: 40.991059, 15.642687, Contrada Maddalena, Mobil 33 83 01 78 14, www.deartevenandi.it, Mo bis Fr 15.30–17 Uhr. Eine Gruppe von Freiwilligen hält die Falknerkunst lebendig.

schönsten Felskirchen der Umgebung bereit. An dieser Stelle sei auch dem langjährigen Einsatz des früheren Präsidenten *Franco Cacciatore* gedankt. Unregelmäßige Öffnungszeiten, meist jedoch Mo bis Sa 16–20 Uhr. Besuch der Felskirchen nach Absprache fast jederzeit möglich.
Piazza Umberto I. 14 (Palazzo della Corte),
Tel. 09 72 23 97 51, www.prolocomelfi.it

■ **www.melfi.it**

Übernachten

4 Casa Laviano②
Mein Tipp: Entzückendes Logis am unteren Altstadtrand in einem Stadthaus des frühen 20. Jh. direkt gegenüber der Cantine Carbone (s.u.). Elegante und komfortable Zimmer, freundlicher Empfang durch *Adriano Rega.* Nette Aufenthaltsräume und Terrasse mit Blick auf Stadt und Park. Parkmöglichkeiten in der Nähe, Bahnhof zu Fuß erreichbar. 3 Zi.
Via F. Saverio Nitti 43, Tel. 09 72 25 00 39,
Mobil 32 89 86 63 45, www.casalaviano.it

13 Hostel Il Tetto②
Ein Teil des erzbischöflichen Seminars wurde zur Herberge ausgebaut. Geräumige, saubere, etwas nüchtern möblierte Zimmer mit 2–4 Betten, einige auch behindertengerecht. Das Restaurant serviert anständige Fixmenüs zu fairen Preisen. Spärliches Frühstück. Absolut ruhig und zentral gelegen. Parkplatz im Hof. 26 Zi.
Piazza IV. Novembre, Tel. 09 72 23 68 37,
www.hosteliltetto.com

1 Relais La Fattoria③
Moderner Hotelkomplex auf einem Hügel wenige Kilometer nördlich von Melfi. Dem Restaurant **1 Il Cavaliere**③ eilt ein guter Ruf voraus – umwerfend gemütlich ist es nicht. Pool und Tennisplatz. 112 Zi.
Località Cavallerizza – SS 658 Ausfahrt Melfi Nord,
Tel. 097 22 47 76, www.relaislafattoria.it

Essen und Trinken

8 Agriturismo Sant'Agata②
Beliebtes Ausflugsrestaurant der Familie *Castalda* oberhalb der Landstraße, die von Melfi nach Rapolla führt. Alleine von den köstlichen Antipasti kann man schon satt werden. Fast alle Zutaten aus eigener biologischer Landwirtschaft, abends Pizza. Von den Terrassen genießt man einen schönen Blick auf Melfi. Mo Ruhetag.
GPS: 40.98158, 15.65907
Contrada Toppo Sant'Agata (SS 303 Km 89,600), Tel. 09 72 23 82 94, Mobil 33 14 12 36 41, www.agriturismo-santagata.it

12 Delle Rose①-②
Altstadt-Ristorante mit begrüntem Innenhof. Gute lokale Küche mit selbst gemachter Pasta und Fleisch vom Grill, köstliche Focacce, abends auch Holzofenpizza. Do Ruhetag.
Via Vittorio Emanuele 29, Tel. 097 22 16 82
www.ristorantedellerosemelfi.com

7 Grotta Azzura②-③
MEIN TIPP: Alteingeführtes Ristorante unter junger, engagierter Leitung von *Mino Carbone*. Eine der besten Küchen der Stadt – Stockfisch ist einer der Protagonisten. Beachtlicher Weinkeller. So abends geschl.
Via Carmine 13, Tel. 09 72 23 81 34, Mobil 33 18 45 67 46, www.ristorantegrottazzurra.it

2 La Villa②-③
Elegantes Agriturismo-Ristorante, vom Guide Michelin 2019 für sein ausgezeichnetes Preis-Leistungs-Verhältnis prämiert. Ein engagiertes Team sorgt dafür, dass beste *cucina melfese* auf den Tisch und die besten Vúlture-Tropfen zum Ausschank kommen. Die hohe Qualität der Speisen wird bis zu den köstlichen Desserts durchgehalten. Knapp 5 km nordwestlich außerhalb von Melfi auf Höhe des Centro Commerciale Arcobaleno. Mo Ruhetag.
GPS: 41.011264, 15.624459
Contrada Cavalerizza (SS 103), Tel. 09 72 23 60 08, fb

8 Oasi Giallo Verde①-②
Donato Galella hält an der Platanenallee, die vom Bahnhof ins Centro storico führt, lokale Spezialitäten zu günstigen Preisen bereit. V.a. mittags gut besucht! So Ruhetag.
Via G. D'Annunzio 23, Tel. 097 22 34 14

11 Osteria-Braceria②
Auf Höhe der Piazza S. Alfonso di Liguori, auf der tagsüber ein kleiner Obst- und Gemüsemarkt stattfindet, liegt die Metzgerei der Familie *Rauseo*, die auf dem eigenen landwirtschaftlichen Betrieb Rinder züchtet und Käse macht. Mittags und abends kann man an einfachen Holztischen köstlich zubereitetes Fleisch vom Holzkohlengrill verzehren. Auch Cacciocavallo-Käse schmeckt köstlich vom Grill! Dazu Wein oder Bier. So Ruhetag.
Corso Garibaldi 25, Tel. 09 72 08 20 80

9 Ristorante Lucano①-②
MEIN TIPP: *Vincenzo Lamorte* und *Marianna Locuratolo* führen diese Trattoria, die *Vincenzos* Mutter bereits 1967 eröffnet hat. Jeden Morgen gehen die beiden in den Gemüsegarten, zu Bauern ihres Vertrauens oder auf den Markt. Das Angebot schlägt sich im Tagesmenü nieder. Dann wird als erstes das Ragù auf den Herd gestellt, damit es ein paar Stunden leise vor sich hin köcheln kann. Die Pasta ist hausgemacht, eine lokale Köstlichkeit sind die mit Ricotta und Zimt gefüllten Ravioli in frischem Tomatensugo. Außerdem wird hier das *agnello a cuturiddu* (im Tontopf geschmortes Lamm), eine Winter-Spezialität der melfeser Küche, besonders lecker zubereitet. Hauseigener Aglianico. Mi abends geschl.
Strada Floriano del Zio 29, Tel. 09 72 23 73 91, Mobil 33 97 87 49 88

Pasticcerie und Eisdiele

6 Bar Nazionale
Antonio De Pietra macht nicht nur einen guten Kaffee, sondern vor allem köstliches Eis und Granita. Absolut erfrischend eine Kugel *gelato al limone* in einem Glas Mineralwasser genossen. Tägl. 4.30–13 und 15–20 (21) Uhr.
Via Nitti 2 (Piazza Umberto I.), Tel. 09 72 23 74 34

3 Delicato
Nomen est omen: Delikates Kastanien-Gebäck und glutenfreie Leckereien. Mo Ruhetag.
Via Foggia 11, Tel. 0972238350

Einkaufen

5 Cantina Carbone
Die Kellerei der Geschwister *Luca* und *Sara Carbone* liegt zentrumsnah unterhalb der Piazza Umberto I. Die Eltern hatten seit den 1970er Jahren Wein angebaut – aus Spaß. 2005 haben die Kinder den Betrieb professionalisiert und *Sergio Paternoster* als Enologen gewinnen können. Die unfiltrierten, eleganten Weine reifen in historischen Tuffkellern aus dem Jahr 1100 heran. Entdeckt wurden die Keller zufällig unter dem Wohnhaus der Familie, als der Verkaufsraum erweitert werden sollte. Weinverkostungen sind auf Anfrage möglich. Besucher bekommen einen *pastrano* umgehängt, einen schwarzen Filzmantel, wie sie früher die Schäfer trugen, die auch im kühlen Felskeller wunderbar ihren Dienst verrichten.
Via Nitti 48, Tel. 09 72 23 78 66,
Mobil 34 82 33 89 00, 32 82 81 43 44 *(Luca)*,
www.carbonevini.it

10 Farmacia Carlucci
Auch wenn man keine Kopfschmerzen hat, in der Liberty-Apotheke von *Dott. Camillo Carlucci* muss man einfach ein Aspirin erstehen! Mo bis Fr 8.30–13 und 16.30–20 Uhr.
Corso Garibaldi 58, Tel. 09 72 23 82 12

An- und Weiterreise

■ **Auto:** SS 658, Superstrada Potenza – Foggia.
■ **Parken:** Es empfiehlt sich, die Parkplätze unterhalb der Altstadt anzusteuern, etwa den Largo Abele Mancini oder den Platz vor dem Municipio Nuovo (Rathaus). Von hier kann man auch auf der Via Crucis in wenigen Minuten die Anhöhe mit der Chiesa dei Cappuccini erklimmen – hier bietet sich der beste Blick auf die Stadt!
■ **Bus:** SITA (www.sitasudtrasporti.it) nach Potenza und Venosa. Autolinee Moretti (Tel. 097 22 45 90, www.autolineemoretti.it) über Rionero in Vúlture nach Monticchio Laghi. Busbahnhof an der Piazza Mancini.
■ **Bahn:** FS-Bhf. Melfi.

Feste

■ Jedes Jahr zu Pfingsten wird die **Festa dello Spirito Santo** in Erinnerung an ein historisches Ereignis gefeiert: Nach der Zerstörung der Stadt im Jahr 1528 durch französische Truppen flüchteten die wenigen Überlebenden zur Osterzeit in die Wälder, um am Pfingstsonntag desselben Jahres, in Begleitung eines spanischen Heeres, in ihre Stadt zurückzukehren.
■ Wenn am vorletzten Oktoberwochenende die **Sagra della Varola** stattfindet, zieht der Duft gerösteter Kastanien durch die Altstadtgassen.

Der Campanile der Kathedrale

Basili19-016 pa

Grenzüberschreitungen auf den Spuren Friedrichs II.

Das Interesse am Stauferkaiser *Friedrich II.* muss nicht an der Grenze zur **Region Apulien** Halt machen. Aus Melfi z.B. lässt sich **Lucera, die „Sarazenenstadt" Friedrichs II.,** auf der Schnellstraße rasch erreichen. Reizvoller noch ist die Fahrt über Landstraßen durch die sanfte Hügellandschaft des Subapennino Dauno über Tróia. Lucera liegt nordwestlich von Foggia auf einem flach ansteigenden Plateau, das sich zur anderen Seite hin mit einer gewaltigen Festungsanlage steil über den Tavoliere erhebt. Die in sich geschlossene, fast vollständig aus Backsteinen erbaute Altstadt verbreitet viel süditalienisches Flair. Die strategische Lage nutzten bereits die Daunier, Verbündete Roms im Kampf gegen Samniter und *Hannibal.* 314 v.Chr. wurde Lucera zur **ersten römischen Kolonie auf apulischem Boden.** In augustäischer Zeit schmückten zahlreiche Tempel, Thermen und ein Amphitheater die aufblühende Stadt. Unter Kaiser *Konstantin d. Großen* Hauptstadt Apuliens und zeitweise wichtiger Vorposten der Langobarden, ergriffen erneut Byzantiner und schließlich Normannen Besitz von Lucera, das inmitten einer fruchtbaren Landschaft den wichtigsten militärischen Vorposten im Norden Apuliens bildete. Gute Gründe auch für *Friedrich II.,* zwischen 1224 und 1246 hier in der Nähe seiner Residenzstadt Foggia Tausende aus Sizilien deportierte **Sarazenen** anzusiedeln. Eine der politischen Groß-

Basili19-015 pa

leistungen des Staufers war, die zwangsumgesiedelten Sarazenen zu seinen ergebensten Gefolgsleuten zu machen. „Die waffenfähigen Männer bildeten ein Elitekorps der kaiserlichen Truppen. Die Stadt umfasste auch ein Arsenal, Waffenfabriken, man stellte hier schöne Webereien und Möbel her, züchtete arabische Pferde und Kamele. Hier pflegte man auch die wilden Tiere, die der Kaiser so sehr liebte, richtete Leoparden zur Jagd ab. *Friedrichs* Feinde behaupteten immer wieder, der „Sultan von Lucera" habe sich einen von Eunuchen bewachten Harem gehalten. In dem Schloss befanden sich mehrere Moscheen, und, von den Sarazenen bewacht, der Schatz des Kaisers und seine Münze, in der eine der schönsten Goldmünzen des Mittelalters, die Augustales, geprägt wurden." *(Eckart Peterich)* Noch in der Schlacht 1266 bei Benevent folgten unzählige Muslime *Manfred* in den Tod. Luceria Saracenorum konnte erst nach heftigem Widerstand von *Karl I. v. Anjou* erobert werden. 1300 löschte *Karl II. v. Anjou* die gesamte muslimische Bevölkerung aus und benannte die Stadt in Città di S. Maria um. Der Name setzte sich allerdings nicht durch. Bis 1806 blieb Lucera unter seiner angestammten Bezeichnung Verwaltungshauptstadt der Capitanata und des Molise.

Nördlich von Lucera erinnern ein paar Mauerreste auf einem einsamen Hügel an den Sterbeort *Friedrichs II.*, **Castel Fiorentino.**

Castel del Monte – ein rätselhaftes Vermächtnis des Stauferkaisers Friedrich II.

50 km Luftlinie östlich von Melfi liegt **Castel del Monte,** die „Krone Apuliens" *(Ferdinand Gregorovius)*. Weithin sichtbar thront das schönste und rätselhafteste Stauferkastell auf einer 540 m hohen Anhöhe über der baumlosen Murgia. Sicher ist, dass die Landschaft zu Zeiten des Bauherren *Friedrich II.* bewaldet war, während der wahre Bestimmungszweck des majestätischen Achtecks im Dunkeln bleibt. Honiggelb leuchtet das aus hellem Murgia-Kalk erbaute Schloss jedes Jahr zigtausend Besuchern entgegen. Es ist schwer, sich der Faszination dieses einzigartigen Bauwerks zu entziehen.

Unzählige Deutungen wurden angestellt, die Verwandtschaft zur Aachener Pfalzkapelle *Karls d. Großen,* zur Grabeskirche und zum Felsendom Jerusalems herausgestellt, die Zahlenmystik bemüht. Die häufig postulierten astronomischen Bezüge hinsichtlich Lage und Ausrichtung des Castel del Monte können nach jüngsten Vermessungen jedoch nicht mehr ernsthaft aufrechterhalten werden. *Wolfgang Stürner* hat sicher Recht, wenn er in dem Bau die Persönlichkeit des Kaisers wiedererkennt und dessen ausgeprägte Vorliebe für **äußerste architektonische Klarheit, Einfachheit und Harmonie des Ganzen.** Die aufwendige Ausstattung mit Bädern und Toiletten und das Fehlen von Verteidigungsanlagen sprechen für eine rein private Nutzung im engen Kreis von Vertrauten und Gelehrten. Das abgedunkelte Geschoss in einem der Türme könnte der Aufzucht von Jagdfalken gedient haben, so wie *Friedrich II.* es in seinem Buch „De arte venandi cum avibus" beschrieb (siehe Exkurs „Das Falkenbuch Friedrichs II.").

Die **gesicherten historischen Notizen** sind dürftig. In einem Schreiben vom 29. Januar 1240 wies *Friedrich II.* den Justitiar der Capitanata an, Baumaterial für den Bau eines Kastells bei der heute nicht mehr existierenden Benediktinerkirche S. Maria de Monte bereitzustellen. Im „Statutum de reparatione castrorum" (1241–46), einem Verzeichnis aller friederizianischen Kastelle, wird der Bau noch einmal erwähnt. Ob der Stauferkaiser sich je in seinem Kastell aufgehalten hat, ist unbekannt. Sicher hingegen ist, dass *Karl I. von Anjou* die Söhne *Manfreds* und Enkel *Friedrichs II.* im Kastell einkerkern ließ. Im 14. Jh. diente es den *Anjou* zur Ausrichtung prachtvoller Hochzeitsfeste. 1495 hielt sich *Ferdinand v. Aragon* im Schloss auf, das erst seit Mitte des 15. Jh. als Castel del Monte bezeugt ist. Im Jahr 1656 flüchteten die *Carafa,* die Feudalherren Ándrias, vor der Pest für ein halbes Jahr ins Schloss, danach verfiel es, wurde ausgeplündert und diente Hirten und Briganten als Unterstand. 1876 kaufte es der italienische Staat und ließ es 1928 restaurieren. Seit 1996 steht das Castel del Monte auf der **UNESCO-Liste des Weltkulturerbes** und ziert seit Einführung des Euro die Rückseite der italienischen 1-Cent-Münze.

Reizvoll ist auch ein Ausflug nach **Gioia del Colle** ca. 30 km nordöstlich von Matera. Mitten in der Altstadt erhebt sich eines der am besten erhaltenen Stauferkastelle Apuliens. *Friedrich II.* ließ es nach seiner Rückkehr aus dem Heiligen Land 1230 an Stelle einer früheren byzantinisch-normannischen Burg errichten. Wiederholt soll er sich hier mit seiner Lieblingsgefährtin *Bianca Lancia* aufgehalten haben, Mutter des gemeinsamen Sohnes *Manfred.* Nach außen stolz und abweisend, öffnet sich die klassische Vierflügelanlage mit zwei Ecktürmen auf einen zauberhaften Innenhof. Die Rekonstruktionen zu Beginn des 20. Jh. mögen mit einiger Freiheit durchgeführt worden sein, verfehlen jedoch ihre ästhetische Wirkung nicht.

Übernachten/Essen und Trinken

Antichi Sapori②-③
Rechtzeitig kommen oder vorbestellen, denn *Pietro Zitos* urgemütliche Trattoria füllt sich schnell mit Feinschmeckern und Fernfahrern. Die Küche zählt zu den besten der Region, tradi-

tionelle Gerichte bestimmen die Speisekarte. Bei den Antipasti und Primi regiert Gemüse, danach ist *grigliata mista* angesagt. Himmlische *dolci!* Vom offenen Hausvino bis zu den besten Etiketten der Region lässt die Weinauswahl keine Wünsche offen. *Pietro* beweist Kreativität und Erdverbundenheit auch durch die Steinteller, auf denen ausgewählte Gerichte serviert werden. Vielleicht sollte man erwähnen, dass ein nahe gelegener, fast 2 ha großer Gemüsegarten das eigentliche Herzstück dieses Ausnahmeristorante ist. Dort wird fast alles erzeugt, was in der Küche Verwendung findet; im August wird der Jahresbedarf an Tomatensugo im Rahmen eines großen Festes eingekocht. In dem ruhigen, ca. 20 km nordwestlich des Castel del Monte gelegenen Borgo bietet *Pietro Zito* seinen Gästen im B&B La Controra auch zwei äußerst komfortable Zimmer zur Siesta und zur Übernachtung an. Sa abends, So sowie in der ersten Julihälfte und Mitte Aug. geschl.

Piazza Sant'Isidoro 10 – Montegrosso,
Tel. 08 83 56 95 29, Mobil 32 83 22 80 78,
www.pietrozito.it

Il Pino Grande – Masseria Citulo②

Die ausgezeichnete Küche, die sich den Slow-Food-Prinzipien verschrieben hat, verwendet außer selbst angebautem Bio-Gemüse das Fleisch und den Käse lokaler Erzeuger sowie Wildkräuter und Wildgemüse. Engagierte Mitarbeiter sind *Sofia Molfeta,* eine aus Griechenland stammende Landschaftsgärtnerin, sowie der aus Bari kommende Küchenchef *Alessandro Giuliani,* dem es gelingt, auch ohne Fisch und Meeresfrüchte verführerisch gute Gerichte zu zaubern. Das Restaurant, dessen Konzept mit „Ristorante in (di) campagna" beschrieben werden könnte, öffnet täglich à la carte auch für Gäste, die nicht auf dem Hof übernachten. Ein Schwerpunkt sind vegetarische und vegane Gerichte. Einfache, gemütliche Zimmer, nicht alle mit eigenem Bad. Für Familien oder Freunde werden Zimmer zusammengelegt. Der Familienvater, ein Historiker, spricht gut deutsch. Sohn *Nicola* stellt Gästen gerne sein Teleskop zur Verfügung und organisiert interessante Tagesausflüge zu Fuß, mit dem Rad oder per Boot entlang der Küste. Mit Blick auf Kastell und Murgia wenige Kilometer südwestlich des Castel del Monte gelegen. Ein schöner Spaziergang führt direkt zur Käserei von *Valerio Tarantini.* 7 Zi.

GPS: 41.05795, 16.24229
Località Citulo – Castel del Monte,
Km 20.900 der SP 234 (ex SS 170),
Tel. 08 83 56 98 64, Mobil 33 87 13 74 43,
www.ilpinogrande.it

Mezza Pagnotta – Cucina etnobotanica①-②

Von Weinbergen, Mandel- und Olivenhainen umgeben, thront Ruvo di Puglia, ein ausgesprochen freundliches Landstädtchen, auf einem sanften Hügelrücken im Bareser Hinterland ca. 20 km nordöstlich des Castel del Monte. In der Altstadt wenige Schritte vom Palazzo Jatta versteckt sich das „Noma" Apuliens (und der nahen Basilikata). Scherz beiseite, das Sammeln von Wildkräutern und -gemüse war einst in Apulien eine Notwendigkeit und ist immer noch Tradition. Der Naturtisch der Murgia ist mit *cicorielle, marasciuli, finochietto, cardi* und *lampascioni* – um nur einige zu nennen – reich gedeckt. *Giovanni Montaruli* konnte damit als Tagelöhner und Landarbeiter den Speisezettel seiner Familie bereichern. Dieses alte Wissen hat er an seine Söhne *Francesco* und *Vincenzo* weitergegeben, und damit liegen sie voll im Trend. *Foraging* heißt die Formel heute. Das Menü wechselt täglich mit dem Angebot auf dem freien Feld, bei der Zubereitung sind der Fantasie kaum Grenzen gesetzt. Naturweine im Ausschank. So abends und Di geschl.

Via Rosario 11 – Ruvo di Puglia,
Mobil 34 79 99 64 75, fb

Peter Amann: *Apulien – mit Gargano und Salento.* Reise Know-How Verlag

Überblick | 78
Acerenza | 95
Cancellara | 98
Grassano | 107
Gróttole | 107
Irsina | 108
Migliónico | 111
Tricárico | 101
Váglio Basilicata | 99
Venosa | 80

Basili19-037 pa

2 Venosa, Via Appia und Valle del Brádano

Im Nordosten der Basilikata lädt die Via Appia zur Zeitreise ein. Es gibt viel zu entdecken: etwa die alte Hauptstadt der Lukaner, das zauberhafte Venosa oder das aussichtsreiche Irsina. Und noch mehr zu genießen!

< Gróttole: Santuario di Sant'Antonio

Venosa, Via Appia und Valle del Brádano

ÜBERBLICK

Das antike Venusium ist die Geburtsstadt des römischen Dichters Horaz. Heute präsentiert sich das sympathische Venosa als Freiluftmuseum der römischen Antike. Von einer hohen Hügelkuppe beherrscht die gewaltige Basilika von Acerenza die endlosen Weizenebenen der Murgia Potentina, die sich bis nach Apulien fortsetzen. Über dem Valle del Brádano erhebt sich nicht minder eindrucksvoll die ehemalige Bischofsstadt Irsina. Der aussichtsreichen Via Appia folgend gelangt man nach Matera. Unterwegs liegen in der Nähe von Váglio Basilicata bedeutende Ausgrabungen aus lukanischer Zeit.

Wenige Kilometer südlich von Venosa wurden einige der ältesten Menschheitsspuren Süditaliens entdeckt. Knochenfunde und Steinwerkzeuge im **Parco Paleolitico Notarchirico** erzählen von altsteinzeitlichen Jägern, die hier vor über 500.000 Jahren Nashörner und Elefanten jagten. Im Altertum zählte der Nordosten der Basilikata zum Siedlungsgebiet der Lukaner, auf deren Spuren man bei **Váglio Basilicata,** Tricárico und südlich des Basento in den Dolomiti Lucane (siehe Kapitel „Piccole Dolomiti Lucane“) stoßen kann. Im 3. Jh. v.Chr. dehnte Rom seinen Herrschaftsbereich nach Lukanien aus und schuf sich mit **Venosa** eine erste Machtbasis. Die Stadt ist nicht nur ein Freiluftmuseum der römischen Antike, die Abbazia della Santissima Trinità zählt mit der Kathedrale von **Acerenza** zu den eindrucksvollsten mittelalterlichen Sakralbauten im Mezzogiorno.

Die Ebene der **Murgia**, die sich bis nach Apulien (siehe Exkurs „Grenzüberschreitungen auf den Spuren Friedrichs II.“) zieht, ist seit Römertagen eine Kornkammer Italiens. Im Mittelalter besaßen die Orden der Johanniter und Templer hier riesige Güter, und **Kaiser Friedrich II.** ließ staatliche Großbetriebe anlegen. Das Kastell von **Monteserico** diente dem *magister masarium Apuliae* dabei als Amtssitz. Latifundienwirtschaft prägt die Landschaft auch noch nach der letzten, in den 1950er Jahren erfolgten Landreform.

Wenig befahrene Provinzstraßen laden zu **Radtouren** ein. Für Abkühlung unterwegs sorgen die Wälder bei Forenza und die Quelle nördlich von Banzi, die von *Horaz* besungene *fons bandusiae.* Erst vereinzelt, in den letzten Jahren verstärkt drehen sich auf den Hügelkämmen Windräder zur Stromgewinnung.

Auf der Kammlinie zwischen den Tälern von Basento und Brádano folgt die SP ex SS 7 (abschnittsweise in SP 1 umbenannt) dem Verlauf der antiken **Via Appia,** die bis Ende der 1970er Jahre die wichtigste Verbindung zwischen Potenza und Matera blieb. Mit dem Bau der SS 407 verlagerte sich der Fernverkehr auf die Schnellstraße im Basento-Tal, und die Via Appia lädt wieder zur entspannten Landpartie ein, vorbei an historischen Orten mit viel Belvedere wie **Váglio Basilicata, Trícarico, Grassano, Gròttole** oder **Migliónico.** Einen Abstecher lohnt unbedingt auch das hübsche Hügelstädtchen **Irsina** im Norden von Grassano, das sich in den letzten Jahren zum beliebten Refugium Stille suchender Ausländer entwickelt hat. Die gepflegte Kulturlandschaft um den Ort genießt einen besonderen Schutzstatus und ist in weitem Radius völlig frei von Windrädern!

Im Norden der Region geht die Landschaft nahtlos in die apulische Murgia über. Hier erhebt sich weithin sichtbar das weltberühmte **Castel del Monte** (siehe Exkurs „Grenzüberschreitungen auf den Spuren Friedrichs II.“).

NICHT VERPASSEN!

- **Die Chiesa incompiuta von Venosa:** gigantisches Puzzlespiel aus Stein | 89
- **Kathedrale von Acerenza:** monumentales Gotteshaus mit Fernsicht | 95
- **Serra di Váglio:** lukanisches Heiligtum zeitlos schön | 99
- **Carnevale di Tricárico:** tierisch toller Fasching | 105
- **Via Appia:** Zeitreise auf der berühmtesten Straße der Antike | 106

Diese Tipps sind gelb hinterlegt.

Venosa

Carpe diem – genieße den Tag.
Quintus Horatius Flaccus

Der **Geburtsort des römischen Dichters Horaz** erstreckt sich östlich des bewaldeten Monte Vúlture auf einem flachen Bergrücken, den ringsum ausgedehnte Weizenebenen umgeben. Zählte Venosa in der Antike zeitweise zu den 18 bedeutendsten Städten des römischen Italien, tritt einem heute das geradezu verschlafene Landstädtchen (415 m, 11.800 Ew.) mit einem gepflegten und einladenden Centro storico entgegen. Die **Abbazia della Santissima Trinità** und die **Chiesa incompiuta** zählen zu den kunsthistorischen Highlights Süditaliens.

Geschichte

Vorläufer des heutigen Venosa war ein befestigter Ort der Samniter, den die Römer 291 v.Chr. gewaltsam einnahmen,

Das Kastell von Venosa

um anschließend 20.000 Kolonisten anzusiedeln. **Venusia** übte die Kontrolle über die neu eroberten römischen Gebiete aus. Als 190 v.Chr. die Verlängerung der **Via Appia** von Benevent bis zu ihrem Endpunkt in Brundisium (Brindisi) an Venusia vorbeigeführt wurde, setzte der große Aufschwung ein. 89 v.Chr. erstritt sich die Stadt im Bundesgenossenkrieg das Bürgerrecht. Das Amphitheater, der Aquädukt und die Thermen aus dem 1./2. Jh. n.Chr. zeugen von hohem Lebensstandard, allerdings blieb die Entscheidung Kaiser *Trajans* 114 n.Chr., eine Variante der Via Appia unter Umgehung Lukaniens direkt nach Apulien zu führen, nicht ohne negative Auswirkungen auf das Wirtschaftsleben der Stadt. Trotzdem florierte der Handel, der im Wesentlichen in den Händen der Juden lag, bis in die Spätantike. Ende des 4. und Anfang des 5. Jh. n.Chr. war Venosa zeitweise die Hauptstadt der Provinzen Apulien und Kalabrien. Bis zum 11. Jh. musste die Stadt zahlreiche Eroberungen über sich ergehen lassen, erst mit Ankunft der **Normannen** ging es ab 1042 wieder aufwärts. Graf *Drogo* machte Venosa zu seiner Residenz und bestimmte die **Abteikirche der hl. Dreifaltigkeit** zur Grablege der *Hauteville*. Auch **Kaiser Friedrich II.** schätzte den Aufenthalt in Venosa; im Sommer 1232 brachte *Bianca Lancia* hier den gemeinsamen Sohn *Manfred* zur Welt. Auch nach dessen Tod hielt die Stadt den Staufern die Treue und musste dafür nach dem Sieg *Karls I. v. Anjou* zur Strafe Kriegsinvaliden aufnehmen. Mitte des 15. Jh. gelangte die Stadt durch Mitgift unter die Herrschaft von **Pirro del Balzo.** Ende des 15. Jh. übertrugen die Aragonesen den Titel der Prinzen von Venosa auf die *Gesualdo.* Am Hof von Venosa erblühte im 16. und 17. Jh. das Geistesleben. Ansonsten bestimmten ökonomische Krisen die Feudalzeit, immer wieder kam es zu Bauernaufständen. Im 19. Jh. beteiligte sich die Stadt an den italienischen Freiheitsbewegungen.

Basili19-021 pa

Besichtigung

Römische Antike begegnet einem in Venosa auf Schritt und Tritt. Zahlreiche Spolien finden sich in Palazzi und Kirchen vermauert, und überall auf den Plätzen tummeln sich die Löwen aus der

Horaz, oder vom Nutzen des Mäzenatentums

Der spätere *poeta laureatus* (dt. lorbeergekrönter Dichter, heute einem Nationaldichter vergleichbar) **Quintus Horatius Flaccus** kam 65 v.Chr. in Venusia zur Welt. Sein Vater war ein wohlhabender Steuereinnehmer und ermöglichte ihm eine solide Ausbildung in Rom und Athen, wo der junge *Horaz* sich auf die Seite der Cäsarenmörder schlug und als Militärtribun unter *Brutus* 42 v.Chr. bei Philippi kämpfte. Später nutzte er eine Generalamnestie, um nach Rom zurückzukehren. Da er enteignet worden war, musste er sein Leben als **Schreiber im Staatsdienst** fristen. Nebenher betätigte er sich als Dichter. Sein Stern stieg, nachdem *Vergil* ihn in den Kreis des Patriziers *Maecenas* einführte. Der politische Weggefährte *Octavians* (des späteren *Augustus*) ging als sprichwörtlich großzügiger Förderer der schönen Künste in die Geschichte ein. *Horaz* schenkte er ein Landgut in den Sabiner Bergen. Befreit von materiellen Sorgen, entfaltete sich der Dichter zum **führenden Lyriker und Satiriker augustäischer Zeit.** Zahlreiche Zitate aus seinen lebensbejahenden Oden gingen in den allgemeinen Sprachgebrauch ein. Mit *Nunc est bibendum* („Jetzt heißt es trinken") stieß *Horaz* auf den Tod der *Kleopatra* an. Die Widersacherin des *Augustus* hatte sich nach der verlorenen Seeschlacht von Aktium 31 v.Chr. das Leben genommen. Wenige Monate nach dem Tod seines Freundes und Gönners *Maecenas* starb am 27. November des Jahres 8 v.Chr. *Horaz,* dessen Motto *ridentem dicere verum* lautete, mit Lachen die Wahrheit zu sagen. Er wurde am Esquilin im Garten des *Maecenas* beigesetzt. Seine Werke haben sich vollständig erhalten und werden heute noch auf der ganzen Welt gelesen.

Arena. Zwei dieser Raubtiere aus Stein, die ehemals die Fassade des römischen Amphitheaters schmückten, flankieren die **Fontana Angoina** an der Piazza Umberto I. (Piazza Castello). Wo früher Händler ihre Waren im Schatten der Arkaden ausbreiteten, genießen heute Pensionisten beim Kartenspiel und abends die Jeunesse bei Bier und Pizza den Blick auf das **Castello,** eine mächtige Vierflügelanlage mit Rundtürmen.

Nachdem *Pirro del Balzo* Mitte des 15. Jh. die Herrschaft über Venosa angetreten hatte, machte er sich entschlossen an den Wiederaufbau der durch Erdbeben und Kriege in Mitleidenschaft gezogenen Stadt. Anstelle der Kathedrale am westlichen Ortsrand ließ er von 1460 bis 1470 das Kastell errichten, nicht ohne sich vorher verpflichtet zu haben, für den Bau einer neuen Kathedrale Sorge zu tragen. Um mit der Fortentwicklung der Feuerwaffen Schritt zu halten, wurde das Kastell Mitte des 16. Jh. um Bastionen ergänzt. Ab Ende des 16. Jh. nutzten die *Gesualdo* das Kastell als ihre Residenz. **Carlo Gesualdo, Prinz von Venosa** (1566–1613), ging als Doppelmörder seiner Frau *Maria d'Avalos* und ihres Liebhabers sowie als Komponist genialer Madrigale in die Geschichte ein (siehe „Hören" im Anhang). Zwei Römerlöwen bewachen die steinerne Brücke, die über den Burggraben ins Kastell führt. Aus dem Hof gelangt man über eine Freitreppe auf die Loggia, die einen weiten Blick in die Landschaft gewährt. Im 1. Stock ist die Kommunalbibliothek untergebracht, und einige der im 17. Jh. mit allegorischen Motiven ausgemalten Gemächer dienen der Stadt als Repräsentationsräume. Im Untergeschoss befindet sich das **Archäologische Nationalmu-**

seum. Die gefällig präsentierten Exponate spannen einen zeitlichen Bogen von der Prähistorie bis ins Mittelalter. Ein schönes Stück ist der Askos von Catarinella aus dem 3. Jh. v.Chr. Auf dem Weinkrug sind mit feinem Pinselstrich die Teilnehmer eines Begräbniszuges dargestellt. Aus Banzi stammen die neun Marmorscheiben eines römischen *templum.* Auf diesen ursprünglich im Boden eingelassenen Scheiben standen die Auguren und Magistraten, um vor wichtigen Entscheidungen die Auspizien vorzunehmen, d.h. aus dem Flug der Vögel göttliche Vorzeichen abzuleiten (Modell des *templum* im Archäologischen Museum Melfi, siehe dort). Schaustück der Sammlung ist der **Diadoumenos.** Der Athletenkopf, eine römische Marmorkopie aus dem 2. Jh. n.Chr., war 1956 in Venosa entdeckt und gleich darauf gestohlen worden. Über dunkle Kanäle vom Paul Getty Museum/Malibu erworben, kehrte der Jüngling erst 2007 zurück. Weitere interessante Funde stammen aus jüdischen und christlichen Katakomben der Spätantike (s.u.). Sehenswert sind auch die beiden Chorschranken des Meisters *Palmerius* aus dem 13. Jh., der das Eingangsportal der SS. Trinità gestaltet hat.

Museo Archeologico Nazionale, Piazza Umberto I. (Piazza Castello), Tel. 097 23 60 95. Mi bis Mo 9–20 Uhr, Di 14–20 Uhr, im Sommer länger. Eintritt 2,50/1,25 € (inkl. archäologische Zone), Sammelticket mit Museo Archeologico Melfi 4/2 €.

Von der Piazza Umberto I. ziehen sich die **Via V. Emanuele II.** und **Via F. Frusci** in gerader Linie durch den Centro storico und folgen dabei der römischen Hauptstraße. Auf einem gemütlichen Spaziergang und mit einem Blick auf die Sehenswürdigkeiten unterwegs erreicht man am östlichen Ortsrand die Abbazia della SS. Trinità.

An Stelle des römischen Forums öffnet sich heute die **Piazza Orazio** mit einem Bronzedenkmal des Dichters. Leicht zurückversetzt von der Piazza Orazio steht der **Palazzo Rapallo,** Sitz einer im örtlichen Kulturleben engagierten **Kunstgalerie.**

Porta Coeli, Largo Dinardo 1, Tel. 097 23 64 34, Mobil 34 85 92 97 89, www.portacoeli.it, fb

Basili19-022 pa

Horaz, berühmter Sohn der Stadt

Zurück am Corso erinnert der Largo Baliaggio an die Johanniter- und späteren Malteserritter, die vom Ende des 13. Jh. bis Anfang des 19. Jh. in Venosa residierten. Der **Palazzo del Baliaggio,** ihr früherer Verwaltungssitz (Ballei), beherbergt heute ein freundliches Hotel (s.u.). In einer Querstraße befindet sich die **Fontana di Messer Oto** von 1313, über die ein antiker Löwe Wache hält. Kathedrale und Rathaus stehen sich an der **Piazza Municipio** gegenüber. Auf dem Weg in sein Büro kommt der Bürgermeister von Venosa auf der Treppe des **Palazzo Calvino** an einer Liste seiner Amtsvorgänger vorbei. Auf der Kopie einer antiken Marmortafel finden sich die römischen Magistraten von 34–28 v.Chr. eingemeißelt. Als Bauherr der **Ex-Kathedrale Sant'Andrea** – erst 1976 verlor Venosa die Bischofswürde – trat 1470 *Pirro del Balzo* auf, der an Stelle der alten Kathedrale das Kastell hatte errichten lassen. An die Einlösung seines herzöglichen Versprechens, eine neue Kathedrale zu stiften, musste er durch die Androhung der Exkommunikation erinnert werden. Im Kampanile, mit dessen Bau erst 1589 begonnen wurde, sind zahlreiche römische Inschriften und Sarkophage vermauert. Das spätgotische Innere der Kathedrale weist ein wunderschönes Apsisgewölbe auf, und auch das Portal der Sakramentskapelle verdient Aufmerksamkeit. In der Krypta befindet sich das **Grabmal der Maria Donata Orsini,** der 1485 im Ruch der Heiligkeit verstorbenen Gemahlin des *Pirro del Balzo.* In einer südlich gelegenen Seitengasse liegt das Geburtshaus des *Horaz,* so will es zumindest die humanistische Tradition. Tatsächlich handelt es sich bei der **Casa Orazio** um die Therme eines

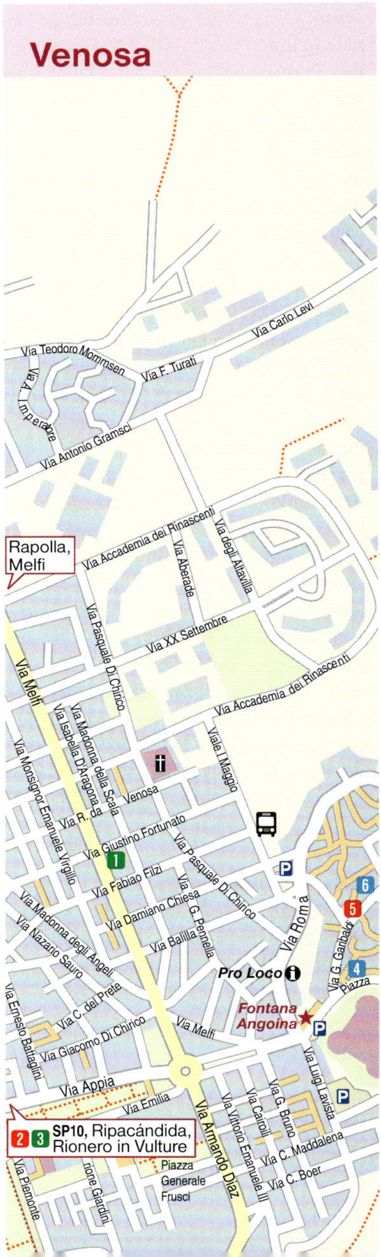

Übersichtskarte S. 78

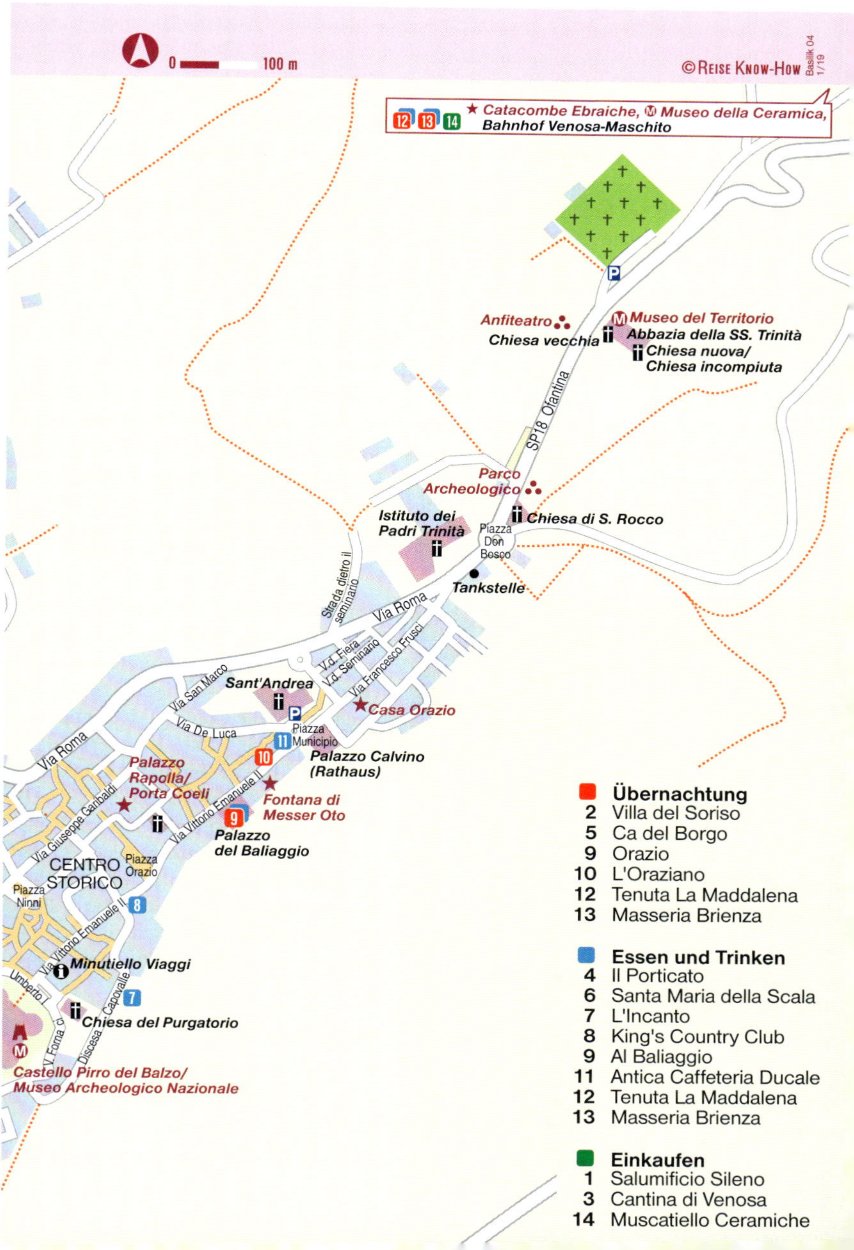

römischen *domus.* Am östlichen Ortsrand liegt an der Piazza Don Bosco das **Istituto dei Padri Trinità** im ehemaligen Augustinerkonvent aus dem 13. Jh., errichtet über dem ersten Kastell Venosas, in dem Kaiser *Friedrich II.* zeitweise den Kronschatz verwahren ließ.

Außerhalb des bebauten Ortes liegen die **archäologische Zone** und die **Abbazia della SS. Trinità.** Zu dem mittelalterlichen Abteikomplex gehören die Chiesa vecchia (alte Kirche), der Abtspalast und die Chiesa nuova oder Chiesa incompiuta, ein nie vollendeter gigantischer Erweiterungsbau.

Es empfiehlt sich, die Besichtigung mit dem Besuch der **Chiesa vecchia** zu beginnen. Bereits in frühchristlicher Zeit war an dieser Stelle über dem heidnischen Tempel der Göttin Imene, Beschützerin der Brautleute, eine Kirche errichtet worden. Mitte des 11. Jh. initiierte Graf *Drogo* den Bau der jetzigen Kirche, die er als Familiengrablege seines Geschlechts vorsah. In Anwesenheit von Papst *Nikolaus II.* und **Robert Guiscard,** der seinem 1051 verstorbenen Halbbruder *Drogo* in der Herrschaft nachgefolgt war, wurden die Abteikirche 1059 geweiht und die sterblichen Überreste von *Drogo, Wilhelm Eisenarm* und *Humfred* zur letzten Ruhe gebettet. 1066 zogen 100 Benediktinermönche aus der Normandie ins Kloster, das die Normannenherrscher großzügig unterstützten. 1085 wurde auch *Robert Guiscard* in der Kirche beigesetzt. Das einzige **Grabmal der Hauteville,** das die Wirren der Zeit unbeschadet überstanden hat, ist das seiner ersten Gemahlin *Alberada.*

Vor der Kirche erstreckt sich eine tiefe Vorhalle, rechts davon erhebt sich der Abtspalast. Das 1287 von dem Steinmetzmeister *Palmerius* gestaltete **Kirchenportal** zeigt arabische Einflüsse. Rechts steht die **Colonna dell'amicizia,** eine römische Säule, die vermutlich noch vom **Imene-Tempel** stammt. Der Überlieferung nach ist Paaren, die sich an den Händen haltend zwischen Säule und Wand durchzwängen, ewige Freundschaft und den Frauen Fruchtbarkeit gewiss – ein wunderbares Beispiel, wie Volksfrömmigkeit und Tradition Geschichte ohne das Zutun professo-

Basili19-023 pa

Mittelalterliche Fresken zieren die Wände der Chiesa vecchia

Römische Löwen wachen über die Fontana Angoina

raler Gelehrsamkeit lebendig halten. Der englische Spötter *Norman Douglas*, der Anfang des 20. Jh. die Kirche besuchte, merkte an, dass in seinem Land ein Pfeiler mit der gegenteiligen Wirkung bei Frauen weitaus beliebter wäre. Die 1987 abgeschlossenen Restaurationsarbeiten haben im Inneren der Basilika Reste der Vorgängerbauten ans Tageslicht gebracht, darunter einen schönen Mosaikboden aus dem 5. Jh. Bei gelegentlichen Führungen durch den zuständigen Priester *Fra Donato* ist es auch möglich, einen Blick auf die Form der Glocke zu werfen, die an Ort und Stelle gegossen worden war. Das **Grab der Alberada** im linken Seitenschiff erinnert in seiner klassischen Schlichtheit an antike Grabmonumente. Die Wände zieren zum Teil schöne Fresken aus dem 13. bis 15. Jh. Durch Lichtöffnungen in der Apsis fällt der Blick auf die Mauern der Chiesa incompiuta, die den Bau der Abteikirche noch um das Doppelte hätten verlängern sollen – erwartet wurden große Pilgerströme.

Aus der Vorhalle führt eine elegante Treppenloggia in den 1. Stock, die ehemalige Foresteria (Gästeunterkunft) der Kirche. Das noch im Aufbau begriffene **Museo del Territorio** zeigt ein Modell der Kirche und skulptierte Steinfragmente.

■ **Abbazia della SS. Trinità,** tägl. 9–12 und 15–17 (18) Uhr. So 9.30–10.15 Messe. Eintritt frei.
■ **Museo del Territorio,** Mo bis Sa 9.30–12 und 16–18.30 Uhr. Eintritt frei.

Basili19-025 pa

Mohn im Weizen

von *Paolo Rumiz*

5 km von Venosa entfernt wird unsere zweitausendjährige Straße zu einer Reihe alter Telefonmasten in einer von nicht mehr erkennbaren Prellsteinen gesäumten Regenrinne, der Weg ist mittlerweile von Gestrüpp überwuchert. Das Bild dieser letzten Metamorphose hat etwas Grandioses, unsere Gefühle dabei sind kaum zu beschreiben. Links ein Tuffsteinfelsen in einem Meer aus Weizen, in dem blutroter Mohn blüht. Rechts ein brachliegendes Feld und mittendrin eine wunderbare Ruine aus Beton römischer Machart. Durch all das marschieren wir bei heftigem Wind, der Weizen steht uns bis zum Gürtel, *Vinicio* und *Marco* parlieren über Christus. Ihnen zufolge ist er nur deshalb nur bis Eboli gekommen, weil die Zigeuner, die unvergleichlichen Viehhändler, ausgerechnet hier ihr Hauptquartier hatten und ihm das Maultier stahlen.

Lange Schatten über dem Colle della Maddalena. **Jüdische Katakomben,** 4. bis 9. Jh. n.Chr., ein sehr freundlicher Beamter des Denkmalamts sperrt sie uns nach Vereinbarung auf. Am Eingang ein großer Feigenbaum, der jüdische Baum schlechthin. Wer hat ihn hier gepflanzt? Die Katakomben eine einzige Überraschung. Ein klimatisierter, perfekt instand gehaltener Keller.

Basili19-026 pa

Ein Labyrinth aus sieben, ausschließlich von Hand gegrabenen Stollen. Wieder ein ignoriertes Schatzkästlein.

Wie viele Juden gab es in Venosa? Tausende, der Anzahl der Gräber (mindestens 3500) nach zu schließen, die übereinandergeschachtelt sind wie Stockbetten. Eine blühende Gemeinde, ein Beweis, dass die Stadt sogar im Hochmittelalter ein strategisch wichtiger Punkt und die Appia noch ein wichtiger Handelsweg zwischen Latium und Apulien war, mit Verzweigungen in den ganzen Mittelmeerraum. Doch etwas ist unklar. In der Literatur gibt es keinen einzigen Hinweis auf die Existenz derart vieler Juden. Auch die Steine von Venosa sagen nichts. Die Juden haben hier nur Gräber und Grabinschriften hinterlassen. Fast eine Underground-Community. Eine spurlos verschwundene Parallelwelt.

Vor den Toren Venosas kapitulieren wir vor der Bar I Briganti und ihrer schattigen Terrasse, wir ziehen unsere Schuhe aus und bestellen beim Schrei „Carpe diem" einen Imbiss mit Bier, Pizzen, gegrillten Paprikaschoten und Horaz-Zitaten. Zwischen den einzelnen Gängen erzählt uns *Rocco,* der 21-jährige Sohn des Besitzers – gelbe Krawatte über violettem Hemd –, dass er gern hier leben würde, denn die Stadt sei schön und es gäbe viele Kulturschätze – der Ruhm des Dichters, der Fremde anlockt, Wein und gutes Brot, den „Certamen Horatianum", den Übersetzungswettbewerb für Latinisten aus ganz Europa –, doch die Politik verdamme den Süden zu einer ewigen Rolle an der Peripherie.

■ **Paolo Rumiz:** *Via Appia. Auf der Suche nach einer verlorenen Straße.* Aus dem Italienischen von *Karin Fleischanderl.* Folio Verlag, Wien, Bozen, 2019

Übersichtskarte S. 78, Stadtplan S. 84

Die **Chiesa incompiuta (Unvollendete)** erreicht man durch den Parco Archeologico, dessen Zugang im Rücken der Chiesa di S. Rocco liegt. Auf dem Weg zur Incompiuta passiert man die Grundmauern römischer Patrizierhäuser und eine kaiserzeitliche Therme. Unterwegs sind auch die Reste der ersten Bischofskirche von Venosa zu sehen. In der Mitte der kleeblattförmigen Apsis befindet sich ein sechseckiges Taufbecken.

Die Längsmauern der SS. Trinità setzen sich in der **Chiesa nuova** fort, mit deren Bau die Benediktiner um 1130 begannen. Sie hatten vor, eine einzige, riesige Basilika zu schaffen. Nachdem die Wände der Längsseiten, der Querschiffe und der Apsis standen, stockten Ende des 12. Jh. die Bauarbeiten. Vermutlich war mit dem Niedergang der Normannenherrschaft zugleich die Geldquelle versiegt. 1297 übertrug Papst *Bonifaz VIII.* die Abtei dem Ritterorden der Johanniter (Malteser), die den Bau aber ebensowenig vollendeten. Heute wird die Abbazia della SS. Trinità vom Orden der Trinitarier betreut, der 1198 gegründet wurde, um Christen aus muslimischer Gefangenschaft freizukaufen.

Durch ein 1300 geschaffenes Seitenportal in der Südwand betritt man die grandiose **Ruine der Unvollendeten Kirche.** Der Grundriss mit Umgangschor zeigt französischen Einfluss und gleicht darin der Kathedrale von Acerenza. Ein Bündelpfeiler, der nie ein Gewölbe außer dem Himmel getragen hat, ragt in die Luft. Aufmerksamen Betrachtern wird es nicht entgehen, dass das Baumaterial der Incompiuta antiken Ursprungs ist. Blöcke des Amphitheaters, aber auch römische und jüdische Grabsteine wurden hier vermauert. Es ist kaum möglich, sich der Faszination dieser Stätte zu entziehen.

Basili19-024 pa

Das **Amphitheater** aus julisch-claudischer Kaiserzeit (siehe Exkurs „Brot und Spiele"), das ursprünglich 10.000 Zuschauer fasste und ab dem frühen Mittelalter als Steinbruch Baumaterial für zahlreiche Kirchen und Paläste lieferte, liegt auf der gegenüberliegenden Straßenseite und ist nur durch den Zaun zu erahnen.

Parco Archeologico di Venosa, Info c/o Museo Archeologico Nazionale (s.o.). Mi bis Mo 9 Uhr bis 1 Std. vor Sonnenuntergang. Eintritt 2,50/1,25 € (inkl. Museo Archeologico), Sammelticket mit Museo Archeologico Melfi 4/2 €.

Der ambitionierte Bau der Chiesa nuova blieb unvollendet, Bündelpfeiler ragen in den Himmel

Am Kreuzungspunkt der **Via Appia** und Via Erculia gelegen, blieb Venosa bis in die Spätantike ein wichtiges Handelszentrum. Hebräische, griechische und lateinische Inschriften aus dem 3. bis 4. Jh. n.Chr. in den 1842 entdeckten **Katakomben** bezeugen eine florierende jüdische Gemeinde. Die in den vulkanischen Tuff getriebenen Grabstollen an der Straße Richtung Cerignola sind nach aufwendigem *restauro* zugänglich und auf Anfrage zu besuchen.

■ **Catacombe Ebraiche,** Località La Maddalena (SP 18), GPS: 40.977939, 15.839357. Info c/o Museo Archeologico Nazionale (s.o.). Immer wieder wegen Restaurierung geschl. Eintritt nach rechtzeitiger Voranmeldung im Museum 2,50/1,25 € (inkl. Museo Archeologico).

Information

■ **Pro Loco Venusia & Presidio Turistico**
Mo bis Sa 9–12.30 und 16.30–19.30 Uhr.
Via Roma 24, Tel. 097 23 69 58, fb

■ **Minutiello Viaggi**
Enza Minutiello gibt freundlich und kompetent Auskunft zu Venosa und organisiert mehrtägige Ausflüge in die Umgebung. Ihre Schwester *Maria* begleitet (auch auf Deutsch) durch die Stadt.
Via Vittorio Emanuele II. 12, Tel. 097 23 25 69,
Mobil 33 39 15 95 47 *(Maria),*
33 39 97 46 22 *(Enza),* www.minutielloviaggi.com

■ **www.borghipiubelliditalia.it,** Venosa ist neben Acerenza und Irsina z.Z. einer von sieben Orten der Basilikata, die als *Borghi più belli d'Italia* („Die schönsten Orte Italiens") ausgezeichnet sind.

▷ Hotel Orazio – Dino Lacolla und seine Frau Gloria heißen ihre Gäste willkommen

Übernachten

5 Ca del Borgo②
Ania und *Roberto* leben in Turin. Im Altstadthaus von *Robertos* Großmutter haben die beiden zwei hübsche, modern gestylte Gästezimmer eingerichtet, die sich eine Küche und eine Lounge teilen. Die Gäste werden bei ihrer Ankunft von einer Nachbarin empfangen. Das Haus öffnet sich mit einem Zahlencode, den man nach Anmeldung zugeschickt bekommt. Mit dem Auto kann man auf der Via Garibaldi von Osten kommend vorfahren und mit Glück auch in der Nähe einen Parkplatz finden. 2 Zi.
Via Marcello 4 (Via Garibaldi),
Mobil 32 72 58 12 96, 33 83 83 21 75,
cadelborgo@hotmail.com

10 L'Oraziano②
Maria Teresa und *Francesco Castelgrande* heißen Gäste im EG ihres Hauses aus dem 16. Jh. herzlich willkommen. Die beiden Zimmer teilen sich ein Bad, das gute Frühstück wird im Kaminzimmer serviert. Auf Wunsch wird für die Gäste zu Abend gekocht. Faire Preise! Parkplätze in der Nähe. 2 Zi.
Via Vittorio Emanuele II. 131,
Tel. 09 72 32 33 33, Mobil 33 82 36 26 08,
www.bboraziano.com

9 Orazio②
MEIN TIPP: *Dino Lacolla,* dessen Frau *Gloria* und Familie führen ihr charmantes und zentral gelegenes Hotel in den Räumen eines alten Familienpalazzo. Einige der gepflegten Zimmer gehen nach hinten auf die Campagna, hier wacht man mit Vogelgezwitscher auf. Auch schöne Einzelzimmer! Die Bäder wurden kürzlich komplett saniert. Der Piano nobile ist im pompejianischen Stil des 19. Jh. ausgemalt, eine Terrasse lädt zum Verweilen ein. Gutes Frühstücksbuffet. Im EG öffnet, nicht nur für Gäste des Hauses, das feine Restaurant **9 Al Baliaggio** (s.u.). Räder können sicher im Hof geparkt werden. *Dino* hält für seine Gäste auch einige Räder bereit, und Freunde eines Radclubs begleiten auf Anfrage auf reizvollen Touren durch die nähere und weitere Umgebung. Hier bleibt man gerne länger! 12 Zi.

Corso Vittorio Emanuele II. 142, Tel. 097 23 11 35, Mobil 33 38 92 78 19, www.hotelorazio.it

2 Villa del Sorriso ②

Anständiges Business-Hotel in der Neustadt gegenüber vom Campo sportivo, von Osten kommend kurz nach der Cantina di Venosa. Geräumige, bestens ausgestattete Zimmer, im Stil etwas möbelhausplüschig. Das Restaurant bietet lokale Spezialitäten, ein *pizzaiolo* schürt den Holzofen ein. 25 Zi. Via Appia 135, Tel. 09 72 37 42 31, www.hoteldelsorriso.com

Turismo rurale

12 Tenuta La Maddalena ②-③

Das gepflegte Landgut mit gutem **12 Ristorante** (s.u.) liegt von eigenen Weinfeldern und Obsthainen umgeben an der Straße Richtung Cerignola, ca. 1 km nordöstlich der Trinità. Die Zimmer in den ehemaligen Stallungen sind geräumig, komfortabel und nett eingerichtet. Etwas kleiner, aber ebenfalls hübsch sind die beiden Zimmer im ehemaligen Futtersilo. Pool. 7 Zi.

GPS: 40.972601, 15.831341
Contrada La Maddalena (Km 1,000 der SP 18), Tel. 097 23 27 35, Mobil 39 21 11 33 72, www.lagala.it

Essen und Trinken

9 Al Baliaggio ②-③

Feines Ristorante in den Räumen eines historischen Palazzo, ehemals Sitz der Malteserritter und heute als **9 Hotel Orazio** (s.o.) eine gastliche Bleibe. Im Sommer stehen Tische im Hof. Für die gute lukanische Küche bürgt seit Jahren Küchenchef *Angelo Fiorisi*. Köstlich sind die Antipasti, die in kleinen Portionen Teller für Teller serviert und erklärt werden, wie z.B. *cazzmbirt* – in Olivenöl erhitzte Peperoni mit Knoblauch und rohen Tomaten. Die ehemaligen Weinkeller dienen im Winter standesgemäß als Wine-Bar. Mo und So abends geschl.
Corso Vittorio Emanuele II. 142, Tel. 097 23 50 81, Mobil 32 89 53 38 14, fb

Basili19-027 pa

4 Il Porticato②

Unprätentiöse, sympathische Holzofen-Pizzeria am Ende der Arkaden. Im Sommer stehen die Tische mit Blick aufs Kastell im Freien. In den 1980er Jahren hat *Carmine Leo* als *pizzaiolo* in Stuttgart gearbeitet. Gelegentlich wird er von Sohn *Rocco* unterstützt, der am Konservatorium Jazz-Saxophon studiert hat. Mi Ruhetag.

Piazza Umberto I. 16, Mobil 32 81 02 80 94

8 King's Country Club②

Es muss nicht immer Aglianico sein! *Rocco Carlone*, von seinen Freunden *Rocco u'Re* gerufen, ist stolzer Besitzer eines knallgelben Fiat-Cabriolets und seine Bierkneipe im Westernstil eine Institution in Venosa. Es gibt wenig, was er zum Thema Craft-Bier nicht weiß, und das Angebot in seinen Kühlschränken ist absolut überzeugend. Zum Bier werden leckere Kleinigkeiten gereicht, und in guter Gesellschaft lässt sich ein wunderbarer Abend verbringen. I.d.R. ab 20 Uhr. Mo Ruhetag (nicht immer).

Via Vittorio Emanuele II. 72, Mobil 33 91 65 33 88, fb

7 L'Incanto②-③

Mein Tipp: Ambitioniertes, edel gestyltes Gourmet-Ristorante im Gassengewirr der Altstadt. Zwanzig Jahre lang haben *Pompeo Limongiello* und *Angela Frino* ihr Restaurant gleichen Namens in der nahen Irpinia, dem südöstlichsten Winkel der Nachbarregion Kampanien, betrieben. Auch am neuen Wirkungsort orientieren sich die beiden, darin gefolgt von Tochter *Najia*, an den Fernweidewegen, die seit dem Altertum die Bergweiden des Apennins mit den Küstenebenen Apuliens verbinden, als kulinarischer Leitlinie. Entlang dieser sog. *tratturi* wander(te)n nicht nur die Viehherden, sondern reisten Kunststile, Sprachen, Rezepte und nicht zuletzt Kücheningredienzien. Die Zubereitung bester Territorialprodukte aus Kampanien, der Basilikata und Apulien erfolgt mit großer Meisterschaft, Respekt und Kreativität. *Pompeo* hat im Lauf der Jahre einen Kreis engagierter Bauern, Viehzüchter, Winzer und Olivenölproduzenten um sich versammelt, die ihn täglich frisch beliefern. Die Speisekarte erfreut mit

Basili19-028 pa

pfiffigen Degustationsmenüs, die ein leichtes Mittagsmahl oder einen Antipasti-Reigen einschließen. Gut beraten von *Angela* kann man sich Wein glasweise kredenzen lassen, auch offener Wein zu mehr als volksnahen Preisen ist im Angebot. Überhaupt ist das Qualitäts-Preis-Verhältnis sehr erfreulich. Bei etwas größerem Hunger sollte man sich das *maialino con vicotto di fichi e mela,* ein stundenlang in Feigen- und Apfelsirup gebackenes Spanferkel, nicht entgehen lassen! Unnötig zu erwähnen, dass auch die Desserts mit Einfallsreichtum punkten. Nur wenige Tische, einige auf einer kleinen Sommerterrasse. So abends und Mo geschl.
Vico Baresa (Gravatone), Tel. 097 23 60 82, www.ristorantelincanto.it

6 Santa Maria della Scala②
Das nette Altstadt-Ristorante an der Piazza Ninni betreibt *Augusto Cella* mit seiner Tochter *Valentina.* Hausgemachte Pasta und reduzierte Gemüsecremes sind Spezialitäten des Hauses. Lamm, Würste und das Fleisch von Podolica-Rindern kommen vom Grill. So abends und Mo geschl.
Via Garibaldi 59, Tel. 097 23 53 31

12 Tenuta La Maddalena②
Im edlen 12 Landgut (s.o.) bekommt man gut und reichlich zu essen. Käse, Würste, Olivenöl und ein prämierter Aglianico DOC stammen aus eigener Produktion. Mo Ruhetag.

Agriturismo-Trattoria bei Forenza

13 Masseria Brienza②
Mein Tipp: Alles – Käse, Gemüse, Pasta, Fleisch und Obst –, was die Brüder *Antonio* und *Salvatore Brienza* auf den Tisch bringen, stammt aus eigener Produktion und schmeckt absolut köstlich! Das östlich von Forenza gelegene Restaurant öffnet bei recht-

Basili19-029 pa

◁ King's Country Club – „König" Rocco weiß einfach alles über Bier

▽ Jung und Alt treffen sich unter den Arkaden am Kastell

zeitiger Anfrage auch nur für wenige Gäste. Wer über Nacht bleiben möchte, findet zwei ruhige, ordentliche 13 Zimmer vor.
GPS: 40.861623, 15.881306
Contrada Porcile – Forenza,
Tel. 09 71 77 38 78, Mobil 34 53 40 70 93, fb

Caffès und Bars

■ Ein halbes Dutzend Bars und Caffès verteilt sich **an der Kastell-Piazza** im Schatten der Arkaden, Treff von Jung und Alt.

11 Antica Caffeteria Ducale
Traditions-Caffè und Eisdiele am Duomo. Mi Ruhetag. Sept. geschl.
Piazza Municipio 2, Tel. 097 23 71 00

Einkaufen

3 Cantina di Venosa
MEIN TIPP: Die DOC-Weine der Genossenschaft überzeugen durch bestes Preis-Leistungs-Verhältnis. Auf telefonische Anfrage Führungen in der Kellerei möglich. Mo bis Fr 8–13 und 15.30–18 Uhr.
Contrada Vignali (Via Appia),
Tel. 097 23 67 02, www.cantinadivenosa.it

14 Muscatiello Ceramiche
Wer Geduld und Neugierde mitbrachte, konnte von *Giovanni Muscatiello* einiges lernen. Er reproduzierte meisterhaft antike und renaissancezeitliche Keramiken. Mit diesem Talent hätte er auch als Kunstfälscher Karriere machen können, beriet jedoch lieber Archäologen. Seine Hinterlassenschaft ist das **Museo della Ceramica.** Sohn *Donato* entwickelt hingegen einen freien, künstlerischen Stil. Er bietet Keramikkurse an und bringt antike Techniken bei. Werkstatt gegenüber der Stazione FS Venosa-Maschito. Mo bis Sa 9–13 und 14–20 Uhr.
Km 3 der SP Ofantina, Tel. 097 23 26 29,
Mobil 32 03 72 75 69, fb

1 Salumificio Sileno
Cornelia Schinharl ist bei ihren kulinarischen Recherchen (siehe Exkurs „La Lucanica – Wurst mit langer Tradition“) in der Nähe des Kastells auf den Salumificio von *Tonino Sileno* gestoßen. Original lukanische Würste im Naturdarm, für den Transport nach Hause auch in Vakuumfolie verpackt. Mo bis Sa 8–13 und 16–20 Uhr.
Via Melfi 102, Tel. 097 23 15 80,
www.salumisileno.it

An- und Weiterreise

■ **Auto:** Venosa ist von der Schnellstraße Potenza – Foggia aus gut zu erreichen.
■ **Parken:** Es gibt Parkmöglichkeiten am Kastell und einen großen Parkplatz an der archäologischen Zone. Parkplätze in der Altstadt sind knapp.
■ **Bus:** SITA (www.sitasudtrasporti.it) und Liscio (www.autolineeliscio.it) fahren u.a. nach Melfi, Potenza und Rionero in Vúlture. Busbahnhof am Viale Primo Maggio westlich der Altstadt.
■ **Bahn:** Der FS-Bhf. Venosa-Maschito liegt 3,5 km östlich der Stadt. Es halten hier nur wenige Züge Richtung Bari und Foggia.

Festival, Veranstaltung

■ Seit 1986 richtet Venosa jeden Mai den **Certamen horatianum** aus, einen Übersetzerwettbewerb aus dem Lateinischen.
■ Anfang September werden Castello und Centro storico zur Bühne für das **Aglianica Wine Festival** mit Degustationen und Konzerten.

Acerenza

Die Annäherung erfolgt langsam über gewundene, kaum befahrene Provinzstraßen. Von Weitem schon ist der Ort zu sehen. Die ältesten Menschheitsspuren auf der **833 m hohen Hügelkuppe** zwischen Fiume Brádano und einem seiner Seitenzuflüsse stammen aus der Jungsteinzeit. 318 v.Chr. eroberten die Römer das italische Acheruntia, später erkannten auch Goten, Langobarden und Byzantiner den strategischen Wert der Lage. Mitte des 11. Jh. fiel Acerenza in die Hand der Normannen und erlebte seine größte Blüte. Aus dieser Epoche stammt die Kathedrale, die sich mit markanter Silhouette aus großer Entfernung ankündigt. Das monumentale Gotteshaus ist eine der großen Sehenswürdigkeiten der Basilikata.

Acerenza liegt heute **weitab von wichtigen Verkehrsverbindungen** und hat daher, aus Sicht der Besucher, viel von seinem alten Charme bewahrt. Einschließlich der neuen Viertel am Fuße des Berges zählt die Stadt 2500 Einwohner. Von Süden führt eine Serpentinenstraße ins Altstadtzentrum. Das Auto lässt man am besten stehen. Die **Kathedrale** ist nicht zu verfehlen, da sie den höchsten Punkt der Stadt einnimmt. An gleicher Stelle erhoben sich in der Antike ein Herkulestempel und später eine frühchristliche Basilika. In der Außenfassade finden sich römische Reliefs vermauert. Das Bistum von Acerenza ist eines der ältesten und angesehensten der Basilikata. Einer Legende nach hat der hl. Petrus auf seinem Weg nach Rom hier gepredigt und den ersten Bischof eingesetzt. Papst *Nikolaus II.* erhob 1059 auf dem Konzil von Melfi Bischof *Godanus* in den Rang des Erzbischofs, und dank großzügiger finanzieller Zuwendungen des **Robert Guiscard** wurde daraufhin mit dem Bau einer neuen Kathedrale begonnen. Wichtige Impulse setzte **Erzbischof Arnald** (1066–1101), vormals Abt von Cluny, der mit den fortschrittlichen Ideen der französischen Architektur seiner Zeit vertraut war. 1080, im Jahr der „Auffindung“ des hl. Canio, konnte die Kathedrale der hl. Muttergottes und dem hl. Canio geweiht werden. Durch das romanische **Hauptportal** betritt man den gewaltigen Innenraum, dessen Schlichtheit ein Ergebnis des letzten *restauro* ist. Nach Entfernung des barocken Stucks spannt sich über dem Hauptschiff wieder ein offener Holzdachstuhl. Der **romanische Chorumgang** findet seine Vorbilder in den französischen Kathedralen. Den Kapellen wurde ihr barocker Prunk belassen, an den Wänden sind z.T. auch ältere Freskenreste zu erkennen. Als Schmuckkästlein entpuppt sich die Krypta, die als Familiengruft der Herzöge *Ferillo* 1524 nach dem Vorbild der S. Gennaro-Krypta im Dom von Neapel gestaltet wurde. Um in den vollen Genuss der Renaissance-Pracht zu kommen, muss man eine Münze für den Lichtautomaten bereithalten.

Cattedrale, Largo Duomo 5, Tel. 09 71 74 15 11. Tägl. 9–12.30 und 16–19 (19.30) Uhr.

Die Besichtigung der Kathedrale wäre unvollständig ohne einen **Rundgang von außen.** Dann erst erhält man einen echten Eindruck von den gewaltigen Apsiden. Von einem **Belvedere** reicht der weite Blick über endlose Weizenfelder bis nach Apulien mit den Städten Gravina und Altamura am Horizont.

Am unteren Altstadtrand empfängt das **Diozesanmuseum** mit einer kleinen archäologischen Abteilung. Das bekannteste Exponat – etwas verloren im Innenhof aufgestellt – ist eine Kalksteinbüste des **römischen Kaisers Julian Apostata** (331–363), der von der Kirche als „Der Abtrünnige" bezeichnet wird. Erfolglos hatte er versucht, das Christentum zugunsten der römisch-griechischen Religion wieder zurückzudrängen. Kann es sein, dass die Kaiserbüste ursprünglich im antiken Tempel aufgestellt war?

- **Museo Diocesano,** Largo Seminario, Tel. 09 71 74 12 99, 09 72 74 92 21. Mo bis Fr 9.30–12.30 Uhr, Sa 9.30–12.30 und 16–18.30 Uhr, So 10.30–13.30 und 16–18.30 Uhr. Eintritt z.Z. frei.

Information

- **Pro Loco Acerenza & Presidio Turistico**
Das Info-Material liegt außen aus. Di bis So 10–13 und 16–18 Uhr.
Via Umberto I. 3, Mobil 32 94 23 34 65, www.prolocoacerenza.it, fb

Acerenza – ein Bild von einer Stadt

Basili19-030 pa

■ **www.borghipiubelliditalia.it,** Acerenza zählt zu den „Borghi più belli d'Italia", den schönsten Städtchen Italiens.

Übernachten/Essen und Trinken

■ **Al Duomo**①-②
In der alten Präfektur hinter dem Dom gibt es im Gewölbesaal im 1. Stock gute Nudelgerichte, Holzofenpizza und Focacce. Lokale Küchentraditionen werden hoch gehalten. In der Bar im EG im ehemaligen Kerker auch leckere Kleinigkeiten aus der eigenen Bäckerei und Gelato. Es werden Privatzimmer im Ort vermittelt. Di Ruhetag.
Largo Glinni 13, Tel. 09 71 74 14 02,
Mobil 328 97 55 15,
www.ristorantealduomoacerenza.it

■ **Palazzo Gala**②-③
Elegantes Restaurant in den ehemaligen Wirtschaftsräumen des gleichnamigen Palazzo gegenüber des Museo Diocesano. Abends auch Pizza. Am unteren Altstadtrand. Mo Ruhetag.
Largo Consigliere Gala, Tel. 09 71 74 16 16,
www.palazzogala.com

An- und Weiterreise

■ **Auto:** Auf landschaftlich reizvollen Provinzstraßen zu erreichen. Parkplatz an der Via Vittorio Emanuele III. am unteren Altstadtrand.
■ **Bus:** SITA (www.sitasudtrasporti.it) zum Bahnhof Acerenza Scalo, nach Cancellara und Potenza.
■ **Bahn:** In Acerenza Scalo halten Züge der Ferrovie Appulo-Lucane (www.ferrovieappulolucane.it).

Cancellara

Cancellara (1300 Ew.), auf halbem Weg zwischen Acerenza und Váglio Basilicata gelegen, lädt unbedingt zum Besuch ein, auch wenn man den hübschen Ort in einem Reiseführer meist vergebens suchen würde. Wahrscheinlich gibt es hier zu wenige „Sehenswürdigkeiten", dabei ist die intakte mittelalterliche Altstadt auf der Spitze des 680 m hohen Hügels Sehenswürdigkeit genug. In der Kirche des **Ex-Convento dell'Annunziata** am Eingang der Altstadt sind unzählige Heiligenstatuen aufgestellt, darunter auch die Vuglia, deren Fest auf den 14. Juli fällt. Nicht nur fromme Schauer löst die Betrachtung der Mumie des S. Clemente aus, die wie Schneewittchen in einem Glassarg ruht.

Basili19-031 pa

Um das normannische, in staufischer Zeit erweiterte **Kastell** rankt sich eine Legende. 100 Räume soll es geben, von denen aber nur 99 zugänglich sind. In dem hundertsten Zimmer, der *stanza introvabile,* wird ein Schatz vermutet: eine Ente mit zwölf Küken aus purem Gold.

Übernachten/Essen und Trinken

BioAgriSalute②
Gabriella und *Mariano Ianniello* bieten ihren Gästen einen besonders herzlichen Empfang auf ihrem Agriturismo, der ca. 1 km südlich des Ortes an der SP 10 liegt. Die Familie *Ianniello* betreibt auf 70 ha biologische Landwirtschaft, weitere 70 ha Wälder dienen als Weiden. Hoch zu Ross lassen sich kürzere und längere Ausritte unternehmen, z.B. bis zu den Ausgrabungen auf der Serra di Váglio. Aufzucht eigener Schweine der lokalen Rasse *maiale nero,* die im Winter geschlachtet und zu köstlicher Salami verarbeitet werden. Das gute Hofrestaurant öffnet nur auf Vorbestellung. Ein prima Ort auch zum Übernachten. 3 Zi.
GPS: 40.72587, 15.92288
Contrada Carpine, Tel. 09 71 94 20 05,
Mobil 34 85 25 97 86 *(Gabriella),* 32 88 94 67 18 *(Mariano),* www.bioagrisalute.it

La Rosa del Barone②
Die Familie *Genzano,* die ihre nette Osteria krisenbedingt schließen musste und inzwischen als eine Art „Gastro-Club" (s.u.) betreibt, hat im angrenzenden Gebäude an der Hauptstraße, die zum Kastell hochführt, ein einfaches B&B aufgemacht. Saubere, geräumige Mansardenzimmer, die Einrichtung italienisch schlicht. 3 Zi.
Via Vittorio Emanuele III. 29,
Tel. 09 71 94 23 79, Mobil 34 63 50 11 02

‹ Pensionisten in Cancellara

■ **Pane, storia, fantasia**②
Die ehemalige Bar-Osteria der Familie *Genzano* wird von Sohn *Francesco* jetzt als Club betrieben, d.h. die Gäste werden zu Mitgliedern, wodurch sich bestimmte gesetzliche Bestimmungen umschiffen lassen. Mamma und Sohn stehen am Herd, es gibt hausgemachte Pasta und Bratwurst vom Grill. Dazu Bier oder Wein. Weiterhin wird im Winter Salami in kleinen Mengen hergestellt.
Via Garibaldi, Mobil 39 28 84 98 33

An- und Weiterreise

■ **Auto:** Cancellara liegt an der Provinzstraße zwischen Acerenza und Váglio Basilicata.
■ **Bus:** SITA (www.sitasudtrasporti.it) nach Acerenza und Potenza.

Feste

■ Am Festtag des S. Biagio *(Blasius von Sebaste)* findet auch die **Sagra del Salame** statt. Kenner behaupten, die Salami aus Cancellara sei die beste der Basilikata – und damit Italiens!
■ Am 14. Juli wird die kleine Statue der **Vuglia** (von ital. *figlia,* Tochter) in einer nächtlichen Prozession durch die Straßen des Ortes getragen, während auf den Plätzen Feuer brennen. Dabei „besucht" die kleine Madonna auch die Vergine del Carmine in der Chiesa Madre. An Ständen gibt es reichlich zu essen und zu trinken. (In seinen Ursprüngen geht das Fest auf den lukanischen **Fruchtbarkeitskult der Göttin Mefitis** zurück, deren wichtigstes Heiligtum im nahen Váglio Basilicata besucht werden kann.) Am 16. Juli wird die **Madonna del Carmine** in einer Prozession durch den Ort geführt.
■ Die **Festa di S. Rocco** fiel früher auf den 16. September, da aber viele Cancellaresi in Norditalien oder Deutschland leben und nur noch für den Sommer zurückkehren, wurde das Fest ganz pragmatisch auf den 15. und 16. August gelegt.

Váglio Basilicata

Der kleine Borgo wird 1268 anlässlich seiner Zerstörung durch Truppen der *Anjous* zum ersten Mal erwähnt. Keimzelle des heute ca. 2000 Einwohner zählenden Váglio Basilicata ist ein Kastell aus normannischer Zeit. Für sich wäre der Ort kaum eine Reise wert, gäbe es nicht in der näheren Umgebung **zwei der bedeutendsten archäologischen Stätten aus lukanischer Zeit.**

Das **multimediale Museum** stellt archäologische Funde in einen größeren Zusammenhang und erlaubt virtuelle Einblicke ins Alltagsleben der Lukaner. Hier lässt sich auch der Besuch der archäologischen Zonen vereinbaren.

■ **Museo delle Antiche Genti di Lucania,** Via Dinu Adamesteanu 1, Tel. 09 71 48 78 71. Mo bis Sa 8.30–13.30 und 15–19 Uhr, So 10–13 und 16–19 Uhr. Eintritt frei.

Auf dem 1095 m hohen Monte Serra San Bernardo wird seit den 1950er Jahren in der Località **Serra di Váglio** die Anfang des 3. Jh. v.Chr. durch die Römer zerstörte **Hauptstadt der Lukaner** ausgegraben. Aus dem Ort folgt man der ausgeschilderten Straße ca. 4 km auf die im Westen gelegene Anhöhe. Bei einem Rundgang (Besucher bekommen meist eine kundige Begleitung an die Seite gestellt) durch das weitläufige Gelände erschließt sich die strategische Lage des Hochplateaus, welche die Kontrolle der umliegenden Täler und der Verkehrswege von der ionischen Küste ins Landesinnere und weiter an die tyrrhenische Küste erlaubte. Die ältesten Funde stammen aus der späten Bronzezeit, erste Siedlungsspuren in Form von Rundhütten aus dem 8. Jh. v.Chr. Ab Ende des 6. Jh. v.Chr. ist der griechische Einfluss sichtbar. Die entlang einer geraden, gepflasterten Straße aufgereihten Häuser wurden rechteckig gemauert und mit Terrakottaplatten verziert. Die Lukaner umgaben ihre Siedlung Mitte des 4. Jh. v.Chr. mit einer 2,5 km langen Mauer, deren Basis heute fast zur Gänze ausgegraben ist. Auf der Anhöhe haben die Archäologen ein **lukanisches Haus** dieser Zeit in originaler Bauweise rekonstruiert. Trockenmauern aus Lehm und Stroh erheben sich auf einem Fundament aus Stein, ein ziegelgedeckter Holzdachstuhl bildet den Abschluss. Die **Casa dei pithoi** weist zwei Räume auf, der eine diente der Aufbewahrung von Lebensmitteln, wie an den hier aufgestellten *pithoi*, großen Vorratsgefäßen aus Ton, zu erkennen ist. In dem anderen Raum wurden eine Feuerstelle und ein Webstuhl aufgebaut. Neben Ackerbau bildeten Viehzucht und die Verarbeitung von Milch und Wolle die Lebensgrundlage. Um frühere Epochen kenntlich zu machen, wurden innerhalb des Hauses zum Teil ältere Siedlungsschichten freigelegt. Ein Großteil der Ausgrabungsfunde ist im Archäologischen Museum von Potenza ausgestellt. Der Besuch der Serra di Váglio ist auch landschaftlich ein Genuss. Ein Picknickplatz an einer frischen Quelle lädt zur Rast ein.

■ **Serra di Váglio,** Località Serra, GPS: 40.675131, 15.895617, Tel. 09 71 48 78 71 (c/o Museo delle Antiche Genti della Lucania) bzw. Mobil 32 09 48 95 56 *(Filomena Catalano)*. Juni bis Mitte Sept. tägl. 10–13 und 15–19 Uhr, ansonsten auf Anfrage und in Begleitung eines Kustoden. Eintritt frei.

Während die lukanische Siedlung auf der Serra di Váglio von den Römern zerstört wurde und die Überlebenden nach Potentia flüchteten, bestand das einige Kilometer weiter im Nordosten gelegene **lukanische Heiligtum der Göttin Mefitis** bis ins 1. Jh. n.Chr. Die Ausgrabungszone im **Bosco di Rossano** ist aus Váglio ausgeschildert. Von der SP 10 Richtung Cancellara zweigt die Straße ab und führt mit Blick auf Váglio und die Felsformationen der Dolomiti Lucane unterwegs am **Kirchlein der Madonna di Rossano** vorbei. Die archäologische Zone liegt wenige Kilometer entfernt in der Nähe eines Bauernhofes. Auch heute noch haftet dem von Eschen umgebenen Platz etwas Heiliges an. Fünf Jahrhunderte lang wurde an der Quelle und dem Kreuzungspunkt wichtiger Fernweidewege die lukanische Fruchtbarkeitsgöttin Mefitis verehrt. Das Wasser fließt heute noch. Das Heiligtum stand in direktem Bezug zum politisch-militärischen Zentrum der Lukaner auf der Serra di Váglio und zu anderen befestigten Siedlungen der Umgebung. Treppenstufen führen auf einen gepflasterten Platz, ursprünglich von Säulenhallen und Gebäuden umgeben. In der Mitte des Platzes sind noch die Fundamente des monumentalen Altars zu sehen. Zahlreiche Votivgaben, die hier ausgegraben wurden, werden im Archäologischen Museum in Potenza ausgestellt. Der alte Kult lebt in christlichem Gewand in der Verehrung der Madonna di Rossano fort.

■ **Santuario della dea Mefitis,** Parco del Santuario di Rossano, GPS: 40.69132, 15.94767. Info c/o Museo delle antiche genti di Lucania, Tel. 09 71 48 78 71. Öffnungszeiten wie Serra di Váglio (s.o.). Eintritt frei.

Information

■ **Pro Loco & Presidio Turistico**
Piazza Tamburrino 1, Tel. 097 15 90 51,
www.ilpercorsodivaglio.it, fb

■ **www.comune.vagliobasilicata.pz.it**

Übernachten/Essen und Trinken

■ **La Dimora dei Cavalieri**②
MEIN TIPP: *Maddalena* und *Angelo Ricciuti* betreiben gemeinsam den Agriturismo mit ihrem Vater *Canio.* Am Rand eines Eichenwaldes liegen die sorgfältig restaurierten Steinhäuser an einer kaum befahrenen Landstraße im Nordosten Váglios. Eine Schotterstraße führt über die Serra di Váglio, vorbei an den Ausgrabungen der lukanischen Stadt, in den Ort. Das ausgezeichnete Restaurant öffnet auf Vorbestellung auch für Gäste, die hier nicht übernachten. Der Agriturismo ist von Potenza kommend auf der Straße Richtung Cancellara zu erreichen. 7 Zi. Mo Ruhetag.
GPS: 40.6846, 15.8868
Contrada Tataseppe, Mobil 34 03 74 57 30,
www.dimoracavalieri.it

An- und Weiterreise

■ **Auto:** SP ex SS 7, SP 10.

■ **Bus:** SITA (www.sitasudtrasporti.it) fährt nach Potenza.

☒ Seit dem 4. Jh. v.Chr. verbindet die Via Appia Rom mit dem Süden Italiens

Tricárico

Tricárico (698 m, 5200 Ew.) kündet sich von Weitem durch die Torre Normanna an, einen mächtigen Rundturm im Südosten der Altstadt. Das hübsche mittelalterliche Städtchen liegt 698 m hoch in einem Sattel zwischen den Tälern des Basento und des Bilioso, eines Seitenzuflusses des Brádano. Der **im 9. Jh. von Langobarden gegründete Ort** befand sich mehrere Jahrzehnte lang in der Hand der Sarazenen, bevor er von Byzantinern und schließlich den Normannen eingenommen wurde. Zahlreiche Adelsgeschlechter, die sich bis 1860 im Besitz der Stadt abwechselten, haben ihre Zeichen hinterlassen. Im 17. Jh. erleb-

Basili19-032 pa

Basili19-042 pa

te Tricárico seine größte kulturelle Blüte: Die ersten Bücher der Basilikata gingen in der Typografie von *Giovan Giacomo Carlino* in Druck, und **Pietro Antonio Ferro** begründete eine einflussreiche Malschule. Auf seine fantastischen Fresken stößt man in vielen Kirchen des Ortes und der Umgebung. Im 20. Jh. machte sich Tricárico für die Agrarreform stark und wählte **Rocco Scotellaro** zum ersten Bürgermeister der Nachkriegszeit. *Carlo Levi* hat dem Sozialisten und Dichter in seinem monumentalen, in Matera ausgestellten Gemälde „Lucania“ ein Denkmal gesetzt. Den Ortsnamen trägt seit Jahren die Folk-Band gleichen Namens (siehe Exkurs „Die Tarantolati di Tricárico“) in die Welt hinaus.

⌃ Convento di S. Maria della Carmine – Fresko von Pietro Antonio Ferro

Die zentral gelegene **Piazza Garibaldi** ist ein guter Ausgangspunkt für die Erkundung des Centro storico. Zu Fuß, versteht sich! Folgt man der Via Scotellaro nach Süden, kann man sich unterwegs bei der Pro Loco mit Informationen eindecken. Vorbei an Adelspalästen erreicht man am südöstlichen Altstadtrand den **Convento di Santa Chiara,** der 1333 aus dem Kastell hervorgegangen ist. Einzig die imposante **Torre Normanna** erinnert noch an die frühere militärische Bedeutung. Im Widerspruch zu seinem Namen stammt der Turm in seiner heutigen Gestalt aus der Anjou-Zeit. Im Kloster leben nach wie vor Klarissen in strenger Klausur. Einst zählte es zu den reichsten Klöstern Süditaliens, die „Mitgift“ der aus den besten Familien stammenden Nonnen muss beträchtlich gewesen sein. Wenn nicht gerade eine Messe gefeiert wird, ist es möglich, einen Blick in die 1611 von *Pietro Antonio Ferro* ausgemalte **Cappella del Crocefisso** zu werfen. Das Selbstbewusstsein der Klosterschwestern war so groß, dass sie in die jeweils von ihnen in Auftrag gegebenen Fresken ihre Namen verewigen ließen.

Cappella del Crocefisso, Mobil 33 85 95 14 61 *(Carmela Santoro Fioravante)*. I.d.R. tägl. 9–18 Uhr (im Sommer bis 19.30 Uhr). Eintritt frei.

Zurück an der Piazza Garibaldi, kann man dem Corso Vittorio Emanuele folgen, um bereits nach wenigen Schritten dem **Palazzo Ducale** einen Besuch abzustatten. Eine interessante Ausstellung zeigt archäologische Funde der Umgebung und veranschaulicht damit die Bedeutung der Täler als antike Kommunikationswege zwischen den beiden Meeren. Von der Loggia öffnet sich ein schöner Blick auf Valle Brádano und Irsina.

Una via di transito dallo ionio al tirreno, Palazzo Ducale, Tel. 08 35 72 62 68. Mo bis Fr 8–13.30 Uhr, Sa und So auf Anfrage. Eintritt frei.

Der Corso führt vorbei am **Palazzo Griptoleo** und im Rücken der Chiesa Madre auf die hübsche Piazza Monsignore Delle Nocche vor dem **Palazzo Vescovile.** Ein besonderer Blickfang ist der **Arco di Re Ladislao** zur Rechten. Putten, Greife und geflügelte Drachen zieren den Bogendurchgang aus dem 16. Jh. Trotz zahlreicher Umbauten sind die mittelalterlichen Ursprünge der **Chiesa Madre** zu erkennen. Mittelalterlich zeigen sich auch die **Rioni Saracena** und **Rabatana**. Das enge Gassengewirr erinnert an eine nordafrikanische Kasbah. Viele der Häuser sind verlassen, und der erste romantische Eindruck weicht der traurigen Erkenntnis, dass die Lebensumstände hier wohl doch nicht mehr zeitgemäß sind. Durch das Vallone Cacarone führt ein Pfad zum **Convento di S. Maria della Carmine** im Westen außerhalb der Stadt. *Pietro Antonio Ferro* malte die Klosterkirche in den Jahren von 1612 bis 1616 aus.

Einige Kilometer westlich von Tricàrico erstrecken sich ausgedehnte **Eichenwälder,** besonders wochenends ein beliebtes Ausflugsziel mit Picknickplätzen und angelegten Wanderwegen. Am **Piano della Civitá** werden seit einigen Jahren die Reste einer lukanisch-römischen Stadt ausgegraben. Im Bosco di Fonti ist seit dem 13. Jh. das **Santuario della Madonna di Fonti** an jedem ersten Sonntag im Mai das Ziel zahlreicher Pilger.

Information

Pro Loco und Presidio Turistico
Mo bis Fr 10–12 und 16–18 Uhr.
Via Rocco Scotellaro, Mobil 39 31 09 08 08 *(Rocco)*, 32 73 62 91 38 *(Ciccio)*, www.prolocotricarico.it, fb

www.comune.tricarico.mt.it

Übernachten

Gianmaria②
Vincenzo und *Angelica* heißen ihre Gäste in einer Neubauvilla mit Garten und herrlichem Blick auf die Stadt willkommen. Die beiden engagieren sich in der Pro Loco (s.o.) und versorgen ihre Gäste nicht nur mit einem feinen Frühstück, sondern auch mit vielen guten Ausflugstipps. Sicher können sie auch verraten, wo *Paolo Infantino,* ein mehrfach prämierter *pizzaiolo,* seine neue Pizzeria eröffnet hat. Im Süden des Centro storico. 4 Zi.

GPS: 40.614157, 16.143395
Via Fratelli Cervi 1 (Via Appia), Mobil 32 08 14 15 96, 33 95 81 49 49, www.gianmariabb.com

■ **Ostello Santuario di Fonti**①-②
Das alte Pilgerhospiz aus dem 17. Jh. wurde vor Jahren restauriert und um einen modernen Anbau ergänzt. Gästen stehen kleine Schlafsäle und zwei Zimmer zur Verfügung. Waldwege laden zu Spaziergängen ein. 8 Schlafsäle, 2 Zi. Über den Winter geschl., Di Ruhetag.
Contrada Fonti, Tel. 083 51 82 15 34,
Mobil 32 93 43 22 71 *(Mariano)*,
www.ostellodifonti.it

Essen und Trinken

An der Piazza Garibaldi gibt es außer einigen Bars und gut sortierten Alimentari die **Metzgerei Dicosmo,** die feinen Käse und Wurstwaren anbietet.

■ **Calciano**① (Street Food)
Von Weitem lockt der Duft frisch gebackenen Brotes und knuspriger Blechpizza, leckere Sattmacher sind zwei Spezialitäten des Ortes: mit Zwiebeln, Oliven und Sardellen gefüllte Calzone oder Focaccia mit Olivenöl, Salz, Oregano, süßen oder scharfen Peperoni. An Wochenenden füllen sich die Auslagen mit süßem Gebäck (Panettone!), und auch das Halbgefrorene ist eine Sünde wert.
Viale Regina Margherita 40/A,
Tel. 08 35 72 35 50, Mobil 38 94 77 06 21

■ **Il Ristoro della Civita**②
Das rustikale Ausflugslokal von *Rosa Pacella* und ihrer Familie liegt ca. 10 km westlich von Tricárico direkt an der SP ex SS 7 am Abzweig zum Santuario della Madonna di Fonti. Dem üppigen Reigen leckerer Antipasti folgen – so man noch Hunger verspürt – hausgemachte Ravioli mit Pilzen und Fleisch vom Grill. Offener Wein. Di Ruhetag.
GPS: 40.64039, 16.06048
Località Tre Cancelli 35, Tel. 08 35 72 44 31,
Mobil 34 97 12 34 86

■ **Salumificio Carbone**①-② (Street Food)
Nicht nur gibt es hier beste luftgetrocknete Würste vom lokalen *suino nero* (schwarzes Schwein), Muti-

Die Torre Normanna ist das weithin sichtbare Wahrzeichen von Tricárico

Basili19-033 pa

ge können auch frisch gegrillte Innereien vom Lamm oder Zicklein im Brot verzehren. Mo vormittags geschl.
Viale R. Margherita, Tel. 08 35 72 80 09, www.salumificiocarbone.it

■ **Tre Cancelli**②
Rustikales Restaurant im Bosco di Fonti oberhalb des Ristoro della Cività (s.o.), beliebt v.a. bei den Einheimischen, die sich hier wochenends zum Tanzen treffen. Die köstlichen Antipasti könn(t)en ein ganzes Mahl ersetzen, am besten man teilt sich erst einmal einen Teller am Tisch. Als Primo kann man zwischen Bohnen- und Pilzsuppen oder hausgemachter Pasta wählen, zum Secondo gibt es Fleisch vom Grill, abends auch Holzofenpizza. Mo Ruhetag, im Winter nur an den Wochenenden geöffnet.
Località Tre Cancelli, Tel. 08 35 72 62 95

An- und Weiterreise

■ **Auto:** Die alte SS 7 trägt hier inzwischen die Bezeichnung SP 1 „Appia". Parkplätze an der Torre Normanna und am Viale Regina Margerita in der Nähe der zentralen Piazza Garibaldi.

■ **Bus:** SITA (www.sitasudtrasporti.it) fährt nach Potenza.

Fest/Veranstaltung

■ Der **Carnevale di Tricárico** beginnt am 17. Januar mit einem farbenfrohen Umzug und endet mit einem weiteren Umzug am Sonntag vor Aschermittwoch. Am 17. Januar wird zugleich **Sant'Antonio Abate** gefeiert, der als Beschützer der Viehherden verehrt wird. Die Leute verkleiden sich mit bunten bzw. schwarzen Bändern, die von den Kopfbedeckungen lang herunterhängen, als Kühe bzw. Stiere. Mit der Maskerade wird die Transhumanz dargestellt, und wenn während der Prozession die Stiere die Kühe „bespringen", so handelt es sich um Reminiszenzen alter Fruchtbarkeitskulte.

■ Am 16. Juli wird die **Madonna del Carmine** in einer feierlichen Prozession aus ihrem Konvent in die Chiesa Madre geleitet.

Via Appia – alle Straßen kommen aus Rom

Die berühmteste Straße der Antike ließ der Censor **Appius Claudius Caecus** 312 v.Chr. anlegen. In ihrem ersten, 218 km langen Abschnitt führte die Via Appia von Rom nach Capua. Im 3. Jh. v.Chr. wurde sie bis zur Hafenstadt Brindisi verlängert und verband damit über eine Distanz von 550 km die Hauptstadt des römischen Imperiums mit dem Süden der Apenninenhalbinsel. Die vom Dichter *Statius* als **„Königin der Straßen"** besungene Via Appia hatte großen Anteil daran, dass sich Rom als Führungsmacht in Italien etablieren konnte. Zunächst konnten die römischen Legionen schnell die Krisengebiete erreichen, langfristig wurden Handel und Kommunikation gefördert. Mit dem Bau der ersten gepflasterten römischen Fernstraße hatte *Appius Claudius Caecus* den Startschuss für ein **Straßenbauprogramm grandiosen Ausmaßes** gegeben. Da in erster Linie das Militär die Arbeiten ausführte, hielten sich die Kosten in Grenzen. Ein Straßenkilometer schlug mit 6000 Sesterzen zu Buche, umgerechnet etwa 9000 Euro.

Basili19-034 pa

Zur späten Kaiserzeit war das **Straßennetz im Römischen Reich** auf eine **Länge von 400.000 km** angewachsen. Meilensteine gaben Entfernungen an, manche Reisende waren sogar mit einem *itinerar* (Straßenkarte) unterwegs. *Augustus* hatte ein perfektes Postsystem ins Leben gerufen, den *cursus publicus*. Entlang der Straßen gab es in regelmäßigen Abständen *mutationes* (Pferdewechselstationen), wo oft auch ein *mulomedicus* (Tierarzt) seinen Dienst versah. Postlaufzeiten von 60 km pro Tag gehörten zur Norm, Eilpost wurde innerhalb von 24 Stunden bis zu 240 km weit befördert. Solche Leistungen blieben in Europa bis ins 18. Jh. unerreicht!

Die **Pax Augusta,** die von der Zeitenwende bis zur Mitte des 3. Jh. n.Chr. andauerte, war eine **frühe Blütezeit des Tourismus.** Mit einem Pass und einer Währung war es möglich, von Britannien bis an den Euphrat und von der Donau bis an den Nil zu reisen. Wer keine Gastfreunde hatte, fand in zahlreichen *mansiones* (Übernachtungsstationen) gegen bare Münze Kost, Logis und Unterhaltung. In einer seiner selbstironischen Satiren schildert *Horaz* die Erlebnisse einer 14-tägigen Reise, die er 37 v.Chr. auf der Via Appia unternommen hatte. „Tränen freilich kostete uns der Rauch; denn im Kamin schwelte feuchtes, grünbelaubtes Reisig. Hier war ich Tor genug, bis zur mitternächtlichen Stunde auf eine wortbrüchige Schöne zu warten. Der Schlaf entrückte mich der Liebessehnsucht, aber Träume mit wüsten Gesichtern befleckten mir Hemd und den Leib." Er schließt den launigen Bericht mit den Worten: „Brindisi macht den Schluss des langen Gedichtes und Weges." Mehr als 2000 Jahre nach *Horaz* machte sich auch der italienische Reiseschriftsteller *Paolo Rumiz* auf den Weg und beschritt die Via Appia in Gesellschaft seiner Gefährten zu Fuß von Rom bis Brindisi (siehe Exkurs „Mohn im Weizen").

Grassano und Gróttole

Wie alle Orte hierzulande, liegt Grassano als weißer Fleck auf dem Gipfel eines hohen, kahlen Hügels, wie ein kleines erträumtes Jerusalem in der Einsamkeit einer Wüste. Ich ging gern zu der windumwehten Kirche oberhalb des Ortes hinauf, von wo das Auge nach allen Richtungen einen unendlich weiten Horizont umfassen kann (...). Man steht wie mitten in einem Meer weißlicher, eintöniger und baumloser Erde: in der Ferne auf Hügelkuppen weiße Ortschaften, Irsina, Craco, Montalbano, Salandra, Pisticci, Grottole, Ferrandina.

Carlo Levi,
Christus kam nur bis Eboli

Der großartige Ausblick, den *Levi* in seinen Erinnerungen festhielt, bietet sich vom Vorplatz der an höchster Stelle des Städtchens gelegenen **Chiesa S. Giovanni Battista.** Der Turiner Arzt, Maler und Antifaschist, der 1935 in die Basilikata verbannt wurde, musste sich erst in **Grassano** (576 m, 5270 Ew.) und später in Aliano aufhalten, das er in seinem Buch als Gagliano beschreibt. Um in den Genuss des Panoramas zu kommen, kann man *Levi* beim Wort nehmen und zu Fuß hochgehen, oder man schafft es mit Fahrgeschick durch die engen Altstadtgassen im Auto bis hinauf; mit etwas Glück findet man unterhalb der Kirche sogar einen freien Parkplatz.

Mit viel Belvedere wartet auch **Gróttole** (482 m, 2300 Ew.) auf, das auf einem Bergkamm zwischen Brádano und Basento liegt. Der Ort hat antike Ursprünge. Der Name lässt sich vom lateinischen *criptulae* ableiten und bezieht sich auf die in historischer Zeit bewohnten Felsgrotten in der näheren Umgebung. Auch das Töpferhandwerk geht auf alte Traditionen zurück. Über der Altstadt erhebt sich die barocke **Chiesa caduta;** ihre Kuppel wurde nie fertiggestellt. Sehenswert ist am östlichen Ortsrand direkt an der Via Appia die **Chiesa di S. Rocco.** Nach der Pest von 1655 wurde die Kirche dem hl. Rochus geweiht, vorher hieß sie S. Maria della Grotta. Hinter dem Altar ist immer noch eine Felsgrotte zu sehen. Das Altarbild von *Pietro Antonio Ferro* zeigt die sieben Werke der Barmherzigkeit. Sehr schön ist auch die geschnitzte Kanzel.

Information

Pro Loco & Presidio Turistico
Grassano, Via Meridionale 87, Tel. 08 35 52 76 99; Grottole, Piazza Vittoria 1, www.prolocogrottole.it

www.comune.grassano.mt.it

www.comune.grottole.mt.it

Agriturismo

Bufalara②
Die von *Hilde Leone* und ihrer aus Berlin stammenden Mutter *Hedda Seeliger* betriebene Masseria liegt einsam auf einer aussichtsreichen Anhöhe einige Kilometer nördlich von Gróttole. Die Anfahrt vom westlichen Ortsrand ist in Richtung Santuario Sant'Antonio ausgeschildert (aus dem Tal, in dem die SP 8 Matera – Grassano verläuft, ca. 3,5 km bergauf und dann 700 m Schotterstraße). Das Haupthaus mit seinen Türmchen sieht alt aus, stammt aber aus den 1960er Jahren. Der älteste Teil

Basili19-035 pa

des Anwesens ist ein ehemaliger Stall aus dem 17. Jh., heute ein weitläufiger Salon mit Kamin und einer bemerkenswerten Sammlung volkskundlicher Objekte und Antiquitäten. Die gemütlichen Zimmer bzw. Apartments sind bestens ausgestattet und verfügen z.T. über Küche und funktionierenden Kamin. Auf Wunsch Abendessen. *Hilde* züchtet Trakehner, Reitstunden und Ausritte sind möglich. Ein schöner (Wander-)Ausflug führt auf das Hochplateau mit dem restaurierten Santuario Sant'Antonio und himmelweitem Ausblick. 7 Zi.
GPS: 40.658403, 16.358233
Località Bufalara – Gróttole, Mobil 34 71 45 69 85, 33 89 61 77 14, www.bufalara.net

Wonder Grottole②
Ein soziales Kunstprojekt, das neugierige Menschen in Kooperation mit Airbnb dazu einlädt, Zeit in Grottole zu verbringen, mit den Menschen vor Ort zusammenzuarbeiten und Ideen für die Neubelebung der halb verlassenen Altstadt mit 300 Einwohnern und 600 leer stehenden Häusern zu entwickeln.
www.wondergrottole.it, fb

Sant'Eufemia ist die Schutzpatronin von Irsina

An- und Weiterreise

- **Auto:** SP 1 „Appia" (ex SS 7).
- **Bus:** Grassani (www.grassani.it) Richtung Potenza und Matera.

Irsina

Die Hügelkämme im Norden der Basilikata sind überzogen von Windrädern, aus ästhetischer Sicht eine nicht nur erfreuliche Entwicklung, doch scheinbar unaufhaltbar, solange Windstrom für die Bauern oft mehr Einnahmen generiert als die mühselige Landwirtschaft. Eine augenfällige Ausnahme bildet die Umgebung von Irsina, von der Region Basilikata vor Jahren weiträumig unter **Landschaftsschutz** gestellt. Das Bergstädtchen **Irsina** (548 m, 5025 Ew.) selbst ist ebenfalls eine Augenweide. So ist es kein Wunder, dass gerade hier in den letzten

Jahren Deutsche, Holländer, Engländer und sogar Neuseeländer Altstadthäuser als Ferienimmobilien erworben haben.

Noch bis 1895 hieß das Städtchen Montepeloso, eine Vorgängersiedlung namens Irtium war 988 von Sarazenen zerstört worden. Die ältesten Siedlungsspuren reichen – wie häufig in Lukanien – bis in die Antike zurück. Durch die **Porta Sant'Eufemia** betritt man die Altstadt und damit die weite **Piazza Garibaldi,** die nach Westen den Blick über das Valle del Brádano in Richtung Apulien freigibt. Zur anderen Seite öffnet sich die schmale Piazza XX Settembre mit der **Chiesa di Santa Maria Assunta.** Der Kampanile der ehemaligen Kathedrale verweist noch auf die Ursprünge im Mittelalter, der Kirchenbau stammt vom Ende des 18. Jh. Die größte Attraktion ist eine polychrome lebensgroße Marmorstatue der Stadtpatronin Sant' Eufemia, die einzige noch existierende Skulptur aus der Hand des oberitalienischen Renaissancekünstlers **Andrea Mantegna** (1431–1506), das wollen jüngste Forschungen ergeben haben. *Mantegnas* Malerei ist von der Auseinandersetzung mit Werken der Bildhauerei, insbesondere des toskanischen Bildhauers *Donatello,* beeinflusst. Fakt ist, dass die Figur zusammen mit einer Armreliquie der Heiligen und einer Madonnenstatue des Bildhauers *Nicolò Pizolo,* einem Mitarbeiter *Donatellos,* im Jahr 1454 von *Roberto de Mabilia* der Kirche überlassen worden war. Der großzügige Stifter war gebürtig aus Irsina und Rektor einer Kirche in Padua gewesen, an deren Ausstattung *Mantegna* mitgewirkt hatte. Unbeleckt von jedweder kunstgeschichtlicher Bildung haben übrigens die Frauen, die sich seit jeher jeden Tag zum Beten des Rosenkranzes trafen, das verehrte Bild als Madonna di Mantegna angerufen, als ob „Madonna di Mantegna" ein Eigenname wäre. In der romanischen Krypta lassen sich Spuren der Templer entdecken. Zur Zeit der Sommersonnwende im Juni fällt das Licht mittags auf eine Rose der Templer.

Ein weiterer Kunstschatz verbirgt sich in der Krypta der Klosterkirche des ehemaligen Franziskanerkonvents, ein Freskenzyklus des späten 14. Jh. in perfektem Erhaltungszustand. Die **Cripta di San Francesco** kann im Rahmen einer Führung besichtigt werden oder wenn die Kirche nach der Messe geöffnet bleibt.

■ **Cripta di San Francesco,** Führungen durch die **Coop. Arenacea** (s.u.) möglich.

☑ Nur noch ein Turm zeugt vom mittelalterlichen Kastell

Basili19-036 pa

Im ehemaligen Franziskanerkonvent ist die **archäologische Sammlung** des lokalen Historikers und Schriftstellers *Michele Janora* (1867–1910) zu bewundern. Prunkstück ist ein bemalter Kelchkrater aus dem 4. Jh. v.Chr, der den Kampf zwischen *Bellerophontes* und der Chimära zeigt, ein Abenteuer, von dem *Homer* in der „Ilias" berichtet. Hier hat auch die **Cooperativa Arenacea** (s.u.) ihren Sitz.

- **Museo Civico Janora,** Piazza San Francesco 8, Tel. 08 35 51 83 30, Mobil 33 94 58 95 26, www.irsina-arte.com. Di bis Sa 10–12.30 und 17–20 Uhr, So 17.30–20 Uhr. Eintritt 2,50/1,25 €

Information

- **Cooperativa Arenacea**
Der engagierte Kulturverein um *Antonio Coletta* besteht seit 2005, kümmert sich um das Museo Civico Janora (s.o.), bietet Ortsführungen an und veranstaltet seit Jahren mit großem Erfolg internationale Koch- und Malkurse. Hier liegt auch der Grund, warum im Laufe der Jahre zahlreiche Ausländer in Irsina Altstadthäuser erworben haben.
Piazza San Francesco 8, Tel. 08 35 51 83 30,
Mobil 33 94 58 95 26, www.irsina-arte.com
- **www.borghipiubelliditalia.it**
- **www.comune.irsina.mt.it**

▷ Castello di Malconsiglio – Schauplatz einer Verschwörung

Essen und Trinken

- **Bar Commercio**
Der Inbegriff einer süditalienischen Bar. Seit 1952 in der Straßenkurve, wo sich die SP 96 in Richtung Matera und Bari fortsetzt. Angesagter ist das **Caffè Ducale** an der Piazza Garibaldi.
Via delle Puglie 8
- **Fuoco di Vino**②
Einladendes, junges Lokal vor dem Altstadttor. *Pietro Demuro* hat es zusammen mit einigen Freunden eröffnet. Er ist Züchter des *suino nero lucano.* Neben vorzüglicher Pasta wird daher v.a. das vorzügliche Fleisch dieser halbwild lebenden lokalen Schweinerasse serviert – zubereitet auf dem Grill. Anfang Okt. geschl., Mi Ruhetag.
Corso Giacomo Matteotti 7,
Tel. 08 35 51 88 89, Mobil 38 92 13 69 23
- **La Bottega del Gusto**
Ein leckeres Panino belegen lassen, eine Flasche Wein dazu und vom Belvedere aus die Aussicht ins Tal genießen!
Piazza Garibaldi 15, Mobil 33 12 24 10 47
- **Nugent**②
Ausgedehnte Hartweizenfelder umgeben Irsina. Ehrensache, dass hier nur beste, hausgemachte Pasta auf den Tisch kommt. Köstlich auch die Antipasti und das gegrillte Fleisch. Die Küche zeigt deutliche Anklänge auch an das nahe Apulien. Offener Wein und Craft-Biere. Im Sommer stehen die Tische im Innenhof des Palazzo Nugent. Di Ruhetag.
Piazza Garibaldi 6, Tel. 08 35 62 81 80,
Mobil 32 87 76 85 91, 33 83 74 17 80

An- und Weiterreise

- **Auto:** SP 96, am schnellsten aus dem Brádano-Tal von der Schnellstraße SS 655 „Bradanica" zu erreichen. Parken am Corso Matteotti vor der Altstadt.
- **Bus:** SITA (www.sitasudtrasporti.it) nach Potenza oder Matera.

Feste

Whakapapa Film Festival
In der Maori-Sprache beschreibt der Begriff *Whakapapa* die zwischen allen Menschen und zwischen Menschen und allen belebten und unbelebten Dingen bestehende Verbindung. Der neuseeländische Maori-Künstler *Joseph Ricket* hat das Festival 2018 ins Leben gerufen. In Zusammenarbeit mit italienischen Künstlern werden Dokumentar- und Kurzfilme gezeigt. Die übergeordneten Themen sind Biodiversität, Rituale, Umwelt, Menschenrechte, nachhaltige Entwicklungsmöglichkeiten und Integration. Auch Konzerte. Anfang Juli.
Mobil 33 81 26 32 94, 33 32 03 12 15, www.whakapapa-filmfest.com

Festa di San Rocco, am 15. Aug. wird die ganze Nacht hindurch gefeiert. Die Menschen versammeln sich um Altäre, die überall in der Altstadt errichtet werden, tanzen, trinken und essen.

Migliónico

Seit der Antike besiedelt, wurde die zwischen Brádano und Basento gelegene Anhöhe im Mittelalter von Byzantinern, Langobarden und Normannen befestigt. Das alles beherrschende Castello del Malconsiglio ist das Wahrzeichen der Stadt (461 m, 2500 Ew.). Das **Stadtwappen** zeigt einen Ritter über **sieben M,** die für *Milo magnus miles munivit millionicum magnis muris* stehen. Der Legende nach soll *Milo,* Olympiasieger und Feldherr der antiken griechischen Stadt Kroton, Migliónico als Erster mit mächtigen Mauern umgeben haben.

Mit seinen weiß verputzten Häusern wirkt Migliónico äußerst einladend, in

Basili19-040 pa

Andalusien wäre es als „weißes Dorf" ein bekanntes Touristenziel. Um die **Piazza Mercato** und die **Piazza del Popolo,** dem klassischen Treffpunkt älterer Herren, reihen sich Bäcker, Bank, Metzger, Marktstand, Friseur, Tabacchi und die Bar, eben alles, was das Leben in einer Kleinstadt erst lebenswert macht. Besucher finden einen Stadtplan aus Keramik an der Wand. Nach dem Erdbeben 1980 wurden viele der historischen Gebäude restauriert, die **Chiesa di S. Francesco** hat bei dieser Gelegenheit ihre schlichte Bruchsteinfassade zurückerhalten.

Die größte Sehenswürdigkeit des Ortes ist das **Castello del Malconsiglio.** Schlecht beraten waren die Barone, die sich auf Einladung der *Sanseverino* hier am 1. Oktober 1485 trafen, um den Aufstand gegen *Ferdinand (Ferrante) I. von Aragón* zu proben. Die Verschwörung, an der auch *Pirro del Balzo,* Herzog von Venosa, teilnahm, endete mit der Hinrichtung aller Beteiligten. Im Piano nobile wird ein Treffen des Königs mit seinen verräterischen Baronen, auf deren Forderungen er scheinbar eingeht, multimedial nachgespielt. Besucher sind eingeladen, an der Tafel mit Platz zu nehmen. Auf Wunsch wird die Unterhaltung auch in englischer Sprache abgespielt. Das im Ursprung normannische Kastell, eine imposante, von Türmen flankierte Vierflügelanlage, präsentiert sich von außen weitgehend intakt. Im 17. Jh. diente die Burg den Baronen *Revetera di Salandra* als Residenz, aus dieser Zeit stammt auch die schöne Loggia im pittoresken Innenhof. Profaner war

die Nutzung im 20. Jh.: Mitte der 1980er Jahre wurden die letzten Sozialwohnungen geräumt. Mit dem Rückbau tauchten im Inneren des Kastells manche Überraschungen auf, so entdeckte man unter dem Boden der ehemaligen Stallungen Getreidespeicher aus dem 10. Jh. v.Chr. In einigen Räumen kamen stuckierte Wandnischen zum Vorschein, die arabischen Einfluss zeigen, und die Sala della Stella prunkt mit einem sternförmigen Gewölbe. Der Innenhof ist tagsüber jederzeit frei zugänglich, und von den Terrassen genießt man weite Blicke über die Landschaft und die Altstadtdächer von Migliónico. Die Innenräume sowie das Historienspektakel können nur im Rahmen einer Führung erlebt werden.

Castello del Malconsiglio, Piazza Castello, Tel. 08 35 55 90 05 (Comune di Miglionico), www.castellomalconsiglio.it. Besuche i.d.R. Sa und So 10–13 und 16–19 Uhr bzw. nach Absprache mit der Pro Loco (s.u.). Eintritt 5 €.

Von der Piazza del Popolo kündigt sich die **Chiesa Madre** durch einen romanischen Campanile an. Durch ein gotisches Portal betritt man den barock ausgestalteten Kirchenraum, der dank des unermüdlichen Einsatzes von *Don Mario Spinello,* des früheren Priesters, mit einer beachtlichen Fülle an Kunstwerken prunkt. Zwar ist es verständlich, wenn die Behörden wertvolle Statuen und Gemälde am liebsten sicher in Museen verwahrt wissen wollen – allzu häufig wurden unbewachte Kirchen ausgeraubt –, doch verlieren die sakralen Gegenstände eben auch ihre Seele, wenn sie aus dem Zusammenhang, für den sie geschaffen wurden, entfernt werden. Pezzo forte ist ein **Polyptichon** des venezianischen Malers *Giovan Battista Cima da Conegliano* von 1499, das in der zweiten Seitenkapelle rechter Hand hinter Glas zu bewundern ist. Hinter dem Altar stehen an der Apsiswand die **Grabmäler** fünf byzantinischer Bischöfe, an ihrem Segensgestus als solche zu erkennen. Vom 9. Jh. bis 1534 fand der Gottesdienst in Miglionico gemäß orthodoxem Ritus statt. Über den Bischofsgräbern hängt eine „Himmelfahrt" von *Tintoretto.*

Don Marios Nachfolger hält auch die Schlüssel zur **Chiesa delle Grazie,** die der Kriegsherr *Ettore Fieramosca* Anfang des 16. Jh. von *Sodoma* (1477–1549) ausgestalten ließ. *Sodoma* stand eigentlich beim Vatikan unter Vertrag, und wenn er auswärts malte, um seine knappe Kasse aufzubessern, so signierte er nicht mit seinem Namen, sondern malte sich als kleine Maus, die von einem Kater, dem Papst, ins Visier genommen wird. So auch in diesem Fall. Mit *Ettore Fieramosca* verbindet sich die Erinnerung an die **Disfida di Barletta.** Im Krieg zwischen Franzosen und Spaniern um den Besitz Süditaliens trafen am 13. Februar 1503 im apulischen Barletta 13 französische und 13 italienische Ritter im Zweikampf aufeinander. Die mit den Spaniern verbündeten Italiener unter der Anführung des *Fieramosca* entschieden das Duell für sich, und *Fieramosca* erhielt von *Ferdinand d. Katholischen* als Dank Miglionico zum Lehen.

[<] Chiesa Madre: Das verehrte Kruzifix aus dem 17. Jh. ist ein Meisterwerk des sizilianischen Holzschnitzers Fra Umile di Petralia

Basili19-041 pa

Der Fiume Brádano im Norden der Stadt ist 1957 zu einem künstlichen See aufgestaut worden. Seit 1976 stehen 1000 ha Wasserfläche und die Ufer als **Oasi di S. Giuliano** unter Naturschutz. Zahlreiche Wasservögel finden hier Rast- und Nistplätze. In der Masseria Zagarella hat der World Wildlife Fund ein Besucherzentrum eingerichtet.

■ **Riserva Naturale di San Giuliano – Centro Visite,** Abzweig Richtung „Diga San Giuliano" Km 560 der SS 7 bis Matera – Ferrandina, Mobil 32 87 33 82 68, www.wwf.it/oasi/basilicata/lago_di_san_giuliano.

⌃ La Dispensa del Barone – Zukunft durch Tradition

> Migliónico hat zwei Schutzpatrone: den hl. Petrus und den hl. Antonius

Information

■ **Pro Loco di Migliónico**
Piazza Castello, Mobil 32 88 45 48 95, www.prolocomiglionico.it, fb

■ **www.miglionicoweb.it**

Übernachten

■ **L'Assiolo**②
Dem Agriturismo von *Marisa Iacobone* und *Franco Peragine* mangelt es vielleicht an architektonischem Charme, doch wird dieser Umstand mehr als ausgeglichen durch gastliche Aufnahme und gute Landküche. Einfache, geräumige Zimmer mit guten Betten, Air Condition und Veranda. In absolut ruhiger Lage südlich des Lago di S. Giuliano. Anfahrt vom Km 560 der SS 7 und knapp 3 km auf ausgeschilderter Schotterstraße. 10 Zi.
GPS: 40.596771, 16.527621
Località San Giuliano, Tel. 08 35 55 96 78, Mobil 33 32 73 29 75, www.agriturismolassiolo.it

Ex-Stazione di Migliónico②
MEIN TIPP: *Teresa Colucci,* die in Pietrapertosa das B&B La Casa di Penelope & Cirene (dort Kontakt aufnehmen, siehe Kapitel „Piccole Dolimiti Lucane") führt, und ihr Bruder *Giuseppe* haben den alten Bahnhof von Migliónico erworben, behutsam restauriert und hier ein sehr besonderes B&B eingerichtet. Empfehlenswert für Gäste, die ein paar erholsame Tage in der Nähe von Matera auf dem Land verbringen möchten. 3 Zi. März bis Anfang Nov.

Essen und Trinken

Hosteria del Malconsiglio②
Schräg unterhalb des Castello führen *Giulio* und *Attilio Vesia* ihre kleine Trattoria, die sich auf die Veredelung traditioneller Gerichte der Arme-Leute-Küche spezialisiert hat. Nicht versäumen sollte man als Nachtisch das Feigeneis! Direkt über dem Lokal die **Pasticceria Tritto** unter gleicher Leitung und mit Zugang von der Via Pietro Silvilia 61. Hier gibt es mittags auch salzige Kleinigkeiten auf die Hand. Köstlich die Schokoladen aus eigener Produktion! I.d.R. abends, mittags auf Vorbestellung. Mo und Di Ruhetage.
Via Estramurale Castello 32,
Tel. 08 35 55 99 41, Mobil 34 76 70 72 58,
www.hosteriadelmalconsiglio.it, fb

Einkaufen

La Dispensa del Barone
Migliónico war früher für die Produktion seiner Feigen bekannt. Vor wenigen Jahren haben *Orazio Amati* und *Anna Maria Borro* mit **Magnifucus** die erste professionelle Feigenmanufaktur Lukaniens gegründet, ein positives Beispiel dafür, wie junge Süditaliener gegen den Trend Arbeitsplätze schaffen. Im Laden, den *Orazios* Schwester *Alessandra* – eine studierte Ökonomin – betreibt, werden außer getrockneten Feigen, *decotto di fichi* (Sirup eingekochter Feigen, der wie Honig zu verwenden ist) und *magnificottini* (getrocknete Feigen in *decotto*), weitere lokale Spezialitäten angeboten, wie z.B. Pistazien und Hartweizen-Pasta aus dem nahen Stigliano.
Via Pietro Sivilia 10,
Mobil 38 89 39 53 31, 33 87 68 38 68,
www.ladispensadelbarone.it, www.magnificus.it

An- und Weiterreise

Auto: SS 7 „Appia".
Parken: Mehrere Parkplätze am Altstadtrand, auch unterhalb des Castello.
Bus: Grassani (www.grassani.it) Richtung Potenza und Matera.

Fest

Vom 28. bis 30. Juni werden die Patrone **S. Pietro Apostolo** und **S. Antonio di Padova** gefeiert. Dabei ziehen Ochsen den Triumphkarren mit den Statuen der Heiligen.

Basil19-038 pa

Überblick | 118
Accettura | 132
Castelmezzano | 120
Pietrapertosa | 126

Basili19-052 pa

3 Piccole Dolomiti Lucane

Aus ausgedehnten Eichenwäldern erheben sich fantastische Felsformationen, Klettergärten der Natur. Zip-Lines überspannen tiefe Schluchten, während verkehrsarme Landstraßen zu Radpartien einladen. Auch kulinarisch haben die Piccole Dolomiti Lucane einiges zu bieten!

< Symboltiere Lukaniens:
Podolica-Rinder weiden frei in den Wäldern

Piccole Dolomiti Lucane

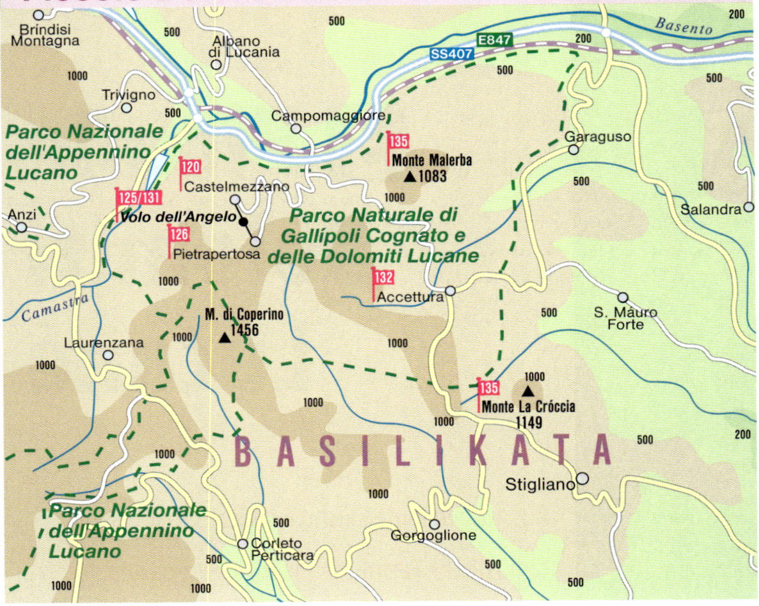

NICHT VERPASSEN!

- **Castelum medianum in Castelmezzano:** besser als Fliegen | 121, 123
- **Volo dell'Angelo:** für die einen Adrenalinkick, für die anderen Nepp | 125, 131
- **Maibaum lukanisch:** Baumhochzeit in Accettura | 134
- **Monte La Cróccia:** leichte Wanderung, große Landschaft | 135

Diese Tipps sind gelb hinterlegt.

ÜBERBLICK

Markierte Wanderwege und Mountainbike-Routen führen durch die ausgedehnten Eichenmischwälder des Parco Naturale di Gallípoli Cognato e delle Dolomiti Lucane. Die bizarr zerklüfteten Sandsteinfelsen der Piccole Dolomiti Lucane bieten sich als natürlicher Klettergarten an, und neuerdings kann man hier sogar fliegen – am Seil über die tiefsten Schluchten hinweg. In den hübschen Orten Pietrapertosa, Castelmezzano oder Accetura findet man gastliche Aufnahme. Uralte Baumkulte sind hier bis auf den heutigen Tag lebendig geblieben.

Der **antike Name Lukanien** leitet sich möglicherweise vom ursprünglichen Waldreichtum der Region (lat. *lucus* für Wald) ab oder bezieht sich auf das Volk der Lyker, die aus Kleinasien eingewanderten Vorfahren der Lukaner. Für beide Annahmen liefert der im Zentrum der Basilikata gelegene **Parco Naturale di Gallípoli Cognato e delle Dolomiti Lucane** anschauliche Belege. Auf einer Fläche von 27.000 ha stehen schönste Eichenmischwälder unter Schutz, und auf dem **Monte La Cróccia** wurden eindrucksvolle Reste einer lukanischen Festung aus dem 6. bis 4. Jh. v.Chr. ausgegraben. Forst- und Parkverwaltung teilen sich die restaurierten Gebäude einer am Fuße des Monte La Cróccia nördlich von Accettura im Wald gelegenen mittelalterlichen Abtei. Den Naturpark lernt man am besten zu Fuß oder vom Fahrradsattel aus kennen. Mit der Anlage markierter Wanderwege und Mountainbike-Routen wurden dafür beste Bedingungen geschaffen.

Auch **kulinarisch** kommt man in den Dolomiti Lucane nicht zu kurz. Die Wälder liefern Pilze und Wild im Überfluss, und auf Lichtungen weiden **Podolica-Rinder** (siehe Exkurs „Ein Bild von einem Rind"), deren Milch zu schmackhaftem Käse verarbeitet wird.

Die natürliche **Gastlichkeit,** mit der man als Reisender in der Basilikata begrüßt wird, erfährt in den Dolomiti Lucane auch in professioneller Hinsicht eine Steigerung. Engagierte Gastwirte garantieren für einladende Unterkünfte. Sind die eigenen Betten voll, wird man neidlos weiterempfohlen.

Den Beinamen „Dolomiten" verdankt der Park mesozoischen Sandsteinformationen, die, von Wind und Wetter zu bizarrer Gestalt geformt, aus den Wäldern aufragen. Die Bergorte **Castelmezzano** und **Pietrapertosa** sind mit diesen Felsen buchstäblich verwachsen. Seit 2007 spannen sich zwei Stahlseile zwischen den beiden Orten und laden zum **Volo dell'Angelo** („Engelsflug") ein. Das mittelalterliche **Accettura** steht im Zeichen eines uralten Baumkultes, zu dessen tieferem Verständnis Reisende aus Bayern beste Voraussetzungen mitbringen.

Basili19-053 pa

Einsame Landstraße in den Piccole Dolomiti Lucane

Castelmezzano

Nur durch eine tiefe Schlucht von seinem Nachbarort Pietrapertosa getrennt, lehnt **Castelmezzano** (750 m) am bizarr zerklüfteten Hauptkamm der Piccole Dolomiti Lucane. Aus welcher Richtung man den hübschen Bergort auch erreicht, der fantastische Anblick entschädigt für die **kurvenreiche Anfahrt.** Langobarden errichteten hier eine Burg, Anfang des 9. Jh. setzten sich zeitweise Sarazenen fest. Ihnen folgten Normannen, Staufer, Anjous und Spanier. Die knapp 800 Einwohner von Castelmezzano setzen ihre Hoffnungen heute auf friedliche Touristen, die zwar kaum Kunsthistorisches, dafür aber Kulinarisches und eine grandiose Landschaft erwartet.

Am Ortseingang lohnt ein kurzer Blick in die hübsche **Chiesa Madre** mit einer bemalten Holzmadonna aus dem 14. Jh. Jüngere Restaurierungen haben an der Außenwand ein Templer-Kreuz freigelegt. Das Templersymbol, zwei Reiter vereint auf einem Pferd, ziert auch das Wappen der Kommune. Die **Piazza Caizzo** öffnet sich mit einem atemberaubenden Panorama auf den östlichen Ortsteil und die dahinter aufragenden Felsfinger. Steile Gassen verlaufen zwischen den bescheidenen, zum Teil mit den charakteristischen Sandsteinplatten gedeckten Häusern und münden außerhalb des Ortes in bezeichnete Wanderwege. Das Umherstreifen zwischen den Felsen macht nicht nur Kindern Spaß. Eine entsprechende Ausrüstung vorausgesetzt, bieten sich Kletterkünstlern einige markierte Routen an. Von dem östlich

Basili19-044 pa

des Ortes gelegenen **Castelum medianum** sind kaum noch Mauerreste zu erkennen. In den Fels geschlagene Stufen führen wie eine Himmelsleiter zu einem ehemaligen Ausguck hoch. Das Kastell lag in der Mitte zwischen den Festungen von Pietrapertosa und Albano di Lucania, daher sein Name.

Inzwischen wird Castelmezzano vor allem in Zusammenhang mit dem **„Engelsflug“** beworben: Zwei Drahtseile spannen sich zwischen Castelmezzano und dem Nachbarort Pietrapertosa, an denen man, sicher verpackt, mit Hochgeschwindigkeit durch die Lüfte fliegt.

Information

Pro Loco „Le Dolomiti Lucane“
Mai bis Okt. tägl. 9–13.30 und 14–18 Uhr.
Piazza Giovanni Paternò, Mobil 34 81 60 80 43

www.borghipiubelliditalia.it, Castelmezzano ist z.Z. einer von sieben Orten der Basilikata, die als *Borghi più belli d'Italia* („Die schönsten Dörfer Italiens“) ausgezeichnet sind.

Übernachten

Il Borgo Ducale②
Der nur zu Fuß zu erreichende Feinkostladen **Madauro** (s.u.) an der „Hauptstraße“ des Borgo dient als Rezeption, hier wird auch das Frühstück serviert. Die Gäste haben die Auswahl zwischen mehreren hübsch restaurierten, komfortabel ausgestatteten Altstadthäusern, die ebenfalls nur zu Fuß erreichbar sind. Am Ortseingang parken. 7 Zi. April bis Nov.
Via Roma 75, Mobil 38 80 77 86 83 (Rezeption), 34 67 46 19 08 *(Vincenzo)*, 34 71 21 71 03 *(Domenico)*, www.castelmezzanobb.it, fb

La Locanda di Castromediano②
Tonino und *Antonietta* führen direkt über ihrem vorzüglichen **Ristorante Al Becco della Civetta** (s.u.) dieses einladende Hotel (über die schlecht beleuchteten Flure muss man hinwegsehen). Der Neubau fügt sich harmonisch in das alte Ortsbild ein. Geräumige, komfortable Zimmer mit Holzparkett und schmiedeeisernen Möbeln. Die meisten Zimmer mit Balkon und herrlichen Landschaftsblicken. Aussichtsterrasse, auf der im Sommer auch das feine Frühstück serviert wird. Autos können in der Nähe am Ortseingang parken. 24 Zi. Jan. und Febr. manchmal geschl.
Via Michele Volini 50/A, Tel. 09 71 98 62 49, www.beccodellacivetta.it

Basili19-045 pa

▷ Stairway to heaven am Castelum Medianum

◁ Castelmezzano ist wirklich bilderbuchschön

Basili19-043 pa

■ **Mirutt②**

Flitterwochentauglich: Stylish restauriertes Altstadthaus am östlichen Ortsrand direkt unter den schönen Sandsteinfomationen, im lokalen Dialekt *Mirutt* genannt. Außergewöhnlich ist die Mini-Spa, die maximal zwei Personen Platz bietet und – gegen einen stolzen Aufpreis von 120 € – zu reservieren ist. Sollte *Teresa Diano* nicht vor Ort sein, kümmert sich ihre Familie oder ein Nachbar um den Empfang der Gäste. 1 Zi. Mai bis Mitte Nov.
Vico 1° Castello 8, Mobil 39 23 05 11 13, fb

Agriturismi

■ **Grotta dell'Eremita①-②**

Als Restaurant auf jeden Fall zu empfehlen (s.u.), die Zimmer in neu aufgebauten Steinhäusern haben ordentlichen Standard, das Mobiliar erscheint etwas zusammengewürfelt. Von der SS 407 Ausfahrt „Albano di Lucania", Zufahrt nach ca. 4 km in Richtung Castelmezzano. 20 Zi.
GPS: 40.56281, 16.04571
Contrada Calcescia 1, Tel. 09 71 98 63 14,
Mobil 34 71 66 49 25, 33 56 87 48 45,
www.grottadelleremita.com, fb

■ **La Foresteria di San Leo②**

Mein Tipp: Lohnt die längere Anfahrt! Das ehemalige Benediktinerkloster aus dem 14. Jh. wurde nach liebevollem *restauro* von der Familie *Guarini-Allegretti* als kinderfreundlicher Agriturismo eröffnet. 200 ha Grund umgeben das Anwesen im Tal des Camastra. Herrliche Blicke auf die Dolomiti Lucane und den Ort Albano di Lucania. Einladende, mit antiken Möbeln geschmackvoll ausgestattete Zimmer, top Betten und Bäder. Ein Apartment mit eigener Küche ist behindertengerecht ausgestattet. Ausgezeichnete Küche mit Zutaten aus eigener Landwirtschaft. Obstbäume und kleine Gemüsegärten auch direkt ums Haus. Es werden mehrtägige Kochkurse angeboten, die zugleich Erzählungen vergangenen Alltagslebens sind. Schöner Pool. Tochter *Andriana* hat Tourismus studiert. Von der Ausfahrt an der SS 407 „Albano di Lucania" ca. 11 km, auf z.T. schlecht asphaltierter Straße ausgeschildert. Auch Ausfahrt „Trivigno" möglich. 5 Zi., 2 Ap. April bis Nov.
GPS: 40.551557, 15.983043
Contrada San Leo 11 – Trivigno,
Mobil 33 56 45 24 87,
www.laforesteriadisanleo.com

Essen und Trinken

Al Becco della Civetta②
Mein Tipp: *Antonietta Santoros* urige Trattoria hat sich längst zum feinen Ristorante gewandelt. Vom Guide Michelin wurde es 2019 für sein vorteilhaftes Preis-Leistungs-Verhältnis ausgezeichnet. Der *piatto del viandante,* ein schnelles Gericht für den überraschend auftauchenden Gast, ist eine Erinnerung an alte Zeiten. Auf einem Teller werden *salsiccia e uova fritte con puparul crusch'* serviert, auf Deutsch Bratwurst mit Spiegelei und knusprig gebratenem Paprika. *Antonietta* bleibt nie stehen. Zuletzt hat sie mit Niedergarmethoden experimentiert, bot dem **Ristorante La Lopa** in Matera (siehe dort) und der **Tenuta Le Querce** in Barile (siehe dort) ihre kulinarische Beratung. *Hildegard von Bingen* folgend interpretiert sie Nahrung als Heilmittel und forscht auch in diesem Kontext unentwegt nach alten lukanischen Rezepten. In einem jedoch bleibt sie sich treu: Lokale Bauernprodukte und ihre sorgfältige Verarbeitung bilden die Basis ihrer Gerichte. In der Küche hat sich *Antonietta* der Mitarbeit von *Antonio,* eines jungen Anthropologen aus Grassano, versichert. Beachtliche Weinauswahl! Dass *Antonietta* im selben Haus die Locanda di Castromediano führt (s.o.), gibt einem Gelegenheit, hier öfters einzukehren. Sollte man zu Mittag speisen wollen, empfiehlt es sich, vorher anzurufen. Di Ruhetag.
Vico 1° Maglietta 7, Tel. 09 71 98 62 49,
Mobil 39 26 96 81 64, www.beccodellacivetta.it

■ **Grotta del Eremita①-②**
Die Trattoria des gleichnamigen Agriturismo (s.o.) bietet solide *cucina lucana*. Fleisch aus eigener Aufzucht. Am Wochenende abends auch Pizza. Mo Ruhetag.

■ **Madauro①**
Feinkostladen mit lukanischen Spezialitäten und Bar ohne Alkoholausschank, in der den Gästen des Borgo Ducale (s.o.) das Frühstück serviert wird. Ende Mai bis Sept. tägl., sonst nur an Wochenenden.
Via Roma 75, Mobil 34 67 46 19 08,
34 71 21 71 03, www.madauro.com

■ **Peperusko②**
Laden, Bar und junge Trattoria. Die Gemüse- und Bohnensuppen begeistern auch die Einheimischen.
Vico Parella 1, Mobil 33 93 21 96 84,
www.peperusko.it

An- und Weiterreise

■ **Auto:** SS 407 Ausfahrt „Albano di Lucania", dann ca. 12 km und Durchfahrt durch neuen Tunnel. Gute Parkmöglichkeiten am Ortseingang auf der Piazza G. Paternò.

■ **Bus:** SITA (www.sitasudtrasporti.it) nach Potenza, Savitour (www.savitour.it) nach Policoro.

Fest

■ Am Sonntag, der der **Festa di Sant'Antonio** am 13. Sept. vorangeht, wird der **Maggio** (siehe Exkurs „Wenn Bäume Hochzeit feiern") gefällt, am 12. Sept. in den Ort gebracht und aufgestellt.

Wandern/Klettern

Belvedere Paschiere – Cappella dell'Annunziata

Ein einfacher schöner Rundweg beginnt im Ort an der **Piazza Caiazo.** Die Chiesa Madre im Rücken, genießt man einen herrlichen Blick über die Talschlucht hinweg auf den ältesten Ortsteil und die pittoresk aufragenden Felsformationen, auf denen sich im Mittelalter das Kastell erhob. Entlang der Via Roma weisen Schilder zum **Castellum Medianum**

☐ Al Becco della Civetta – Antonietta Santoro (li.) lüftet lukanische Küchengeheimnisse

(auf den Felswänden sind Kletterrouten angelegt). Vorher kann man bereits auf Höhe des **Palazzo Ducale,** wo die Tickets für den Volo (s.u.) verkauft werden, auf Treppenwegen links zur gepflasterten Via Paschiere aufsteigen. Eine Öffnung im hohen Gitterzaun, der den Ort vor Steinschlag schützt, mündet in einen lang gezogenen Stufenweg, der bis zum Grat aufsteigt. Hier stößt man auf einen breit angelegten, querenden Weg, der sich nach rechts mit grandiosen Ausblicken bis zum **Belvedere Paschiere** fortsetzt, dem Startpunkt für den **Volo dell'Angelo** (s.u.).

Anschließend folgt man der Kammlinie auf dem bekannten Weg zurück und setzt ihn, vorbei an der Einmündung des Aufstiegsweges, noch ein Stück fort, bis man auf eine **Kreuzung** trifft; nach rechts zweigt ein Weg in Richtung Belvedere Aia Trinità ab. Wir biegen scharf links auf den abfallenden Pflasterweg ab. In sanften Schwüngen und mit schönen Blicken über die Dächer von Pietrapertosa auf Castelmezzano erreichen wir die **Cappella dell'Annunziata.** Unterhalb der Kirche vorbei folgen wir der gepflasterten Via Paschiere und biegen erst auf Höhe einer Parkbucht talseitig auf den breiten Stufenweg, der in wenigen Minuten zurück zum Ausgangspunkt führt.

Percorso delle Sette Pietre

Vor ein paar Jahren wurde der **schöne alte Maultierweg,** der über das Tal des Torrente Caperrino hinweg die Orte Castelmezzano und Pietrapertosa verbindet, als „Kunst-Installation" neu belebt. Für manche ist die hochsubventionierte Intervention eine „akustische Umweltverschmutzung" – als ob eine schöne Landschaft nicht bereits Attraktion genug wäre!

Vom Parkplatz am südlichen Ortsrand von **Castelmezzano** folgt man ein kurzes Stück dem Verlauf der SP 13, bereits mit Blick über die Schlucht auf Pietrapertosa. Nach ein paar Kurven auf der kaum befahrenen Straße verlassen wir die SP 13 in einer Linkskurve und behalten die Gehrichtung bei; auf Höhe des **Friedhofes** beginnt talseitig der beschilderte Percorso delle Sette Pietre (GPS: 40.524615, 16.046312). Bis hierher kann man auch mit dem Auto fahren.

Ein **breiter Stufenweg** führt durch lichten Wald in knapp 15 Min. bis zum Fluss hinab; hier kann man die Füße im Wasser abkühlen (oder sich dieses Vergnügen für den Rückweg aufsparen). Es geht flussaufwärts ein kurzes Stück weiter, erst über eine mittelalterliche **Bogenbrücke** und dann bergauf. Kurz nach der Brücke zweigt links der Zustieg zur **Via Ferrata** (angelegter Klettersteig, Kletterausrüstung ist vorgeschrieben) ab. Unterwegs kommt man an einer gefassten Quelle mit einer Viehtränke und dem alten Waschplatz des Ortes vorbei. Nach einem weiteren kurzen Anstieg erreicht man die **Piazza Valenzano** (GPS: 40. 518084, 16.061249) am unteren Ortsrand von **Pietrapertosa.** Hier kann man nach Belieben durch den hübschen Ort streifen, um anschließend auf dem bekannten Weg nach Castelmezzano zurückzukehren.

[>] Die Umgebung von Castelmezzano lädt zu Wanderungen ein

Radfahren

Die kaum befahrenen Provinzstraßen eignen sich ideal zum Radfahren, Voraussetzung ist eine gute Gangschaltung. **Routenbeschreibungen/Karte:** „Guida e Carta Escursionistica Parco Naturale di Gallipoli Cognato e delle Dolomiti Lucane, 1:50.000".

Volo dell'Angelo

Seit 2007 spannen sich **zwei deutlich über 1000 m lange Stahlseile** zwischen Castelmezzano und Pietrapertosa. Seither kann man die 400 m tiefe Schlucht im Fluge überbrücken. Verschnürt wie eine *soppressata* (luftgetrocknete Salami) werden die Passagiere auf die **70 Sekunden lange Luftreise** geschickt. Für viele ein toller Adrenalinkick, für andere nicht gerade das Musterbeispiel für einen nachhaltigen Tourismus. Doch der „Engelsflug" hat Schule gemacht, in der Basilikata und im angrenzenden Cilento gibt es inzwischen eine Reihe ähnlicher Angebote. Saison ist von Mai bis Mitte November, wobei nur im August täglich Flüge stattfinden (Kalender siehe Website, auf der man die Flüge auch online buchen kann). Mindestalter 16 Jahre, Gewicht zwischen 35 und 120 kg, max. erreichte Geschwindigkeit 120 km/h. Es sind auch Paarflüge möglich, vorausgesetzt die beiden Personen wiegen zusammen nicht mehr als 150 kg und der Gewichtsunterschied zwischen ihnen beträgt weniger als 40 kg. In diesem Fall kann ein Erwachsener auch ein Kind ab

Basili19-046 pa

Bühne frei für Briganten

Die Wälder Süditaliens waren bis ins 19. Jh. hinein **Schlupfwinkel der Briganten** (siehe Exkurs „Italien, Räuberland?"). Das **multimediale Spektakel „La storia bandita",** das auf einer riesigen Freiluftbühne bei Brindisi Montagna in Szene gesetzt wird, basiert auf der **Autobiografie des „Brigantenkönigs" Carmine Crocco** und bemüht sich um eine Korrektur der von vielen Vorurteilen beladenen Geschichte.

Von **Anfang August bis Mitte September** heißt es jedes Wochenende Bühne frei für über 400 Schauspieler und Komparsen. Es handelt sich um ein Volkstheater im wahren Wortsinn, denn von einigen Berufsschauspielern abgesehen kommen die meisten Laiendarsteller aus den umliegenden Orten. Mit der Brigantensaga wird zugleich ein Stück neu gewonnener süditalienischer Identität gefeiert. Sandsteinfelsen, auf denen das Kastell von Brindisi Montagna steht, liefern dem lukanischen „Bad Segeberg" eine grandiose Naturkulisse.

Auch außerhalb der Spielzeiten lohnt sich der kurze Abstecher von der SS 407 „Basentana" in den **Parco storico, rurale e ambientale – La Grancia.** Welchen Zwecken die ehemalige Abtei S. Demetrio nach Abschluss der Restaurierung dienen soll, ist noch ungewiss. Ein großzügig angelegter Picknickplatz lädt jetzt schon im Waldschatten zur Rast ein, und eine Gruppe von Falknern führt interessierten Besuchern die Flugkünste abgerichteter Raubvögel vor.

■ **Parco storico, rurale e ambientale – La Grancia,** SS 407 Ausfahrt „Foresta Grancia" – Brindisi Montagna, Tel. 800 59 82 52, Mobil 34 76 88 01 48, www.parcograncia.it.

12 Jahren begleiten. Die Flüge (jeweils hin und zurück) kosten 35–45 € und für Paare 65–75 €.

Aus dem Ort fährt ein **Shuttle-Bus bis zur Cappella dell'Annunziata,** die auf Treppenwegen auch zu Fuß erreichbar ist. Anschließend geht es für alle zu Fuß auf einem aussichtsreichen Weg über den Kamm bis zum Startpunkt am **Belvedere Paschiere.** Wer auf den teuren Adrenalinstoß verzichten mag, wird an dem aussichtsreichen Spaziergang trotzdem Vergnügen finden. Die Flieger erwartet auf der gegenüberliegenden Seite ein Shuttle-Bus nach Pietrapertosa (siehe auch dort unter „Information").

■ **Infos & Tickets:** Palazzo Ducale, Tel. 09 71 98 60 42, Mobil 33 19 34 04 56, www.volodellangelo.com.

Pietrapertosa

In ähnlich spektakulärer Lage wie Castelmezzano schmiegt sich **Pietrapertosa** (1088 m, 1000 Ew.), die **höchstgelegene Gemeinde der Basilikata,** an den Hauptkamm der Piccole Dolomiti Lucane. Es bedarf nur wenig Fantasie, um in den verwitterten Sandsteinformationen die sonderbarsten Gestalten zu erkennen. Einem der Felsen, der von Natur aus eine Höhlung aufweist, verdankt der Ort seinen Namen: **Pertuso** ist die Dialektbezeichnung für Loch. Vom 5. bis 4. Jh. v.Chr. diente die leicht zu befestigende Felsgruppe hoch über dem Basento-Tal den an der Küste siedelnden Griechen als vorgeschobener Wachposten. Wie Castelmezzano und Tricárico stand auch Pietrapertosa im 9. Jh. jahrzehntelang unter sarazenischer Herrschaft, woran heute noch der Name des ältesten Stadtviertels Rabatana erinnert. Normannen bauten im 11. Jh. die Festung weiter aus.

Wie alle Bergorte der Basilikata ist auch Pietrapertosa von der **Emigration** betroffen. Heute gibt es noch knapp 1000 Einwohner im Ort, viele leben inzwischen im Ausland und kehren nur zu den Festen zurück. Mit Einrichtung des Naturparks verband sich die Hoffnung auf den Tourismus. In Erwartung der Besucher wurden die Straßen und Gassen der Altstadt frisch gepflastert, die Häuser verputzt und an den wenigen, aber durchaus sehenswerten Monumenten erklärende Tafeln angebracht. Pietrapertosa macht einen recht einladenden Eindruck, und wer Ruhe, Gastfreundschaft, eine gute Küche und großartige Landschaft liebt, ist hier goldrichtig. Der stark beworbene **Volo dell'Angelo** (s.o.) lockt im Sommer zweifelsohne viele Besucher an, ob damit jedoch der einst erwartete nachhaltige Tourismus gefördert wird, bleibt fraglich.

Die schmale **Altstadt** zieht sich zu beiden Seiten der Via Garibaldi am Fuße der Costa di San Martino entlang. Am nördlichen Ende des Centro storico biegt von der Piazza Garibaldi links eine Gasse zur **Hauptkirche S. Giacomo** ab. Das Gotteshaus aus dem 15. Jh. steht auf den Resten einer langobardischen Festung. Im Inneren befindet sich ein schön geschnitztes Chorgestühl, ähnlich jenem in der Klosterkirche S. Francesco. Unter

Esel und Maultiere leisten in den engen Gassen immer noch nützliche Dienste

Basili19-047 pa

Basili19-048 pa

Keine Generationenkonflikte in Pietrapertosa

dem romanischen Campanile führt der Weg auf eine kleine Terrasse mit herrlichem Blick über das Tal nach Castelmezzano. Zurück auf der Piazza Garibaldi, kann man durch die **mittelalterliche Rabatana** bis zu den **Ruinen des Kastells** aufsteigen. Bei der „Erstürmung" macht sich gutes Schuhwerk bezahlt! Der Toreingang und ein Turm des **Castello Normanno** haben sich gut erhalten. Im Inneren der Burg sind Wohnräume, Ställe und Magazine aus dem Fels geschlagen, Felsstufen führen zu Ausgucksposten. Wie nicht anders zu erwarten, bietet sich von hier oben ein grandioses Panorama. Statt auf dem gleichen Weg in den Ort zurückzukehren, kann man nach Verlassen der Burg einen Linksbogen einschlagen und gelangt so nach einem kurzen Spaziergang zwischen Felsen und mit Blicken auf Castelmezzano wieder zur Piazza Garibaldi.

Am südwestlichen Ortsrand liegt das ehemalige **Kloster S. Francesco.** Ende des 15. Jh. erbaut, ist es ein schönes Beispiel ländlicher Renaissance. Im Inneren der Kirche sind Fresken lokaler Meister aus dem 17. Jh., reich geschmückte Altäre und ein holzgeschnitztes Chorgestühl zu bewundern.

Lohnend ist auch ein Ausflug zu den beiden ländlichen Gemeinden **Abetina** und **Casieri** im Valle Rossa, am besten mit dem Mountainbike zu erreichen.

Information

Presidio Turistico & Pro Loco
Info-Kiosk am Ortseingang. Hier liegen Info-Material und Wanderkarten des Parco Gallipoli Cognato e delle Dolomiti Lucane aus, und bis hierher fahren die Shuttle-Busse des Volo dell'Angelo. Juni bis Mitte Sept. tägl. 9.30–13.30 und 15.30–19.30 Uhr, April bis Anfang Nov. nur Sa und So.
Via della Stazione, Mobil 32 08 33 78 01,
www.prolocopietrapertosa.it

www.borghipiubelliditalia.it, Pietrapertosa ist z.Z. einer von sieben Orten der Basilikata, die als *Borghi più belli d'Italia* („Die schönsten Dörfer Italiens") ausgezeichnet sind.

Übernachten

La Casa di Penelope & Cirene②
MEIN TIPP: Die schönste Altstadtbleibe von Pietrapertosa! Das hübsche Haus, dessen Fassade dutzendfach die Zahl „32" schmückt, liegt am verkehrsfreien (!) Corso des Centro storico. Urgemütliche Zimmer, ausgezeichnete Betten, opulentes Früh-

stück – hier bleibt man gerne länger. *Teresa Colucci,* diplomierte Mathematikerin, ist die Pionierin der B&B-Bewegung in der Basilikata, eine vollendete Gastgeberin und unerschöpfliche Quelle guter Tipps. *Teresas* Haus ist auch eine beliebte Adresse für Radreisende. Wer vor Ort ein paar Runden drehen möchte – es gibt zwei Gäste-MTBs. Die ehemalige Dependance im alten Weinkeller mit kleiner Terrasse bietet sich ideal für Familien mit Kindern an. Gäste, die ihren Urlaub in der Umgebung von Matera fortsetzen möchten, können sich für ein paar Tage im alten Bahnhof von Migliònico (siehe dort) einmieten, den *Teresa* und ihr Bruder *Giuseppe* gekauft und in ein charmantes B&B verwandelt haben. **Viaggio con te** ist eine neue pfiffige Reiseidee von *Teresa:* Interessierten Gästen bietet sie individuell zugeschnittene Package-Touren bestehend aus Übernachtungen in ihrem B&B, von ihr begleiteten Autoausflügen auf wenig frequentierten Landstraßen und ausgefallene Abendessen an. März bis Anfang Nov. 5 Zi.
Via Giuseppe Garibaldi 32, Tel. 09 71 98 30 13,
Mobil 33 83 13 21 96, 34 57 71 39 19,
http://viaggioconte.basilicata.it, fb

Il Frantoio①-②

Nicola Perticara, als Sohn lukanischer Emigranten in Winterthur geboren, hat sein Schweizerdeutsch nicht verlernt, seit seine Familie 1983 zurückgekehrt ist, um die alte Ölmühle am Altstadtrand zur Pension auszubauen. Einfache, saubere Zimmer. Nebenan hält *Nicola* ein etwas uninspiriert eingerichtetes 1-Zimmer-Apartment mit Kochzeile für längere Aufenthalte bereit. Garage für Motor- und Fahrräder. Gutes Restaurant (s.u.). 12 Zi.
Via M. Torraca 15/17, Tel. 09 71 98 31 90,
Mobil 3484145314, alb.frantoio@tiscali.it

Vecchia Posta②

Mitten im Ort vermietet *Marianna Ferri* zwei nette Wohnungen im ehemaligen Postgebäude, die eine mit zwei, die andere mit sechs Betten – jeweils mit Küche. 2 Ap.
Via Nazionale 2, Mobil 33 55 40 59 58,
marianna.ferri@gmail.com

Agriturismo/Camper-Stellplatz

Taddeo „Sapori del Parco"②

Biologisch bewirtschafteter Hof, etwas außerhalb von Pietrapertosa im idyllischen Valle Rossa gelegen. *Annarita Vernucci* hat den Agriturismo von ihren Eltern übernommen und kümmert sich gemeinsam mit ihrem Bruder *Giuseppe* um die Gäste. Geräumige, beheizbare Zimmer mit schlichten Holzmöbeln und guten Betten. Lukanische Küche mit Zutaten aus eigener Produktion. Am Wochenende kommen oft italienische Familien zum Essen, dann geht es laut und gesellig zu. Direkt vom Agriturismo aus kann man zu schönen Mountainbike-Touren starten. Ausgeschildeter Abzweig an der SP 13 wenige Kilometer vor dem Ort, Zufahrt auf 2,5 km schlecht asphaltierter Straße. 8 Zi.
GPS: 40.515382, 16.079048
Contrada Battaglia, Tel. 09 71 98 30 06,
09 71 98 30 85 (priv.), Mobil 33 34 27 15 58,
34 74 13 53 98, 33 34 87 11 04,
www.agriturismotaddeo.blogspot.it

Essen und Trinken

Il Frantoio②

Restaurant der gleichnamigen Pension (s.o.). Kräftige lukanische Küche, die ausschließlich lokale Zutaten verwendet. An Wochenenden bäckt *Nicolas* Sohn *Antonio* am Abend leckere Pizza. Gute Weinauswahl. Di Ruhetag.

La Locanda di Pietra②

Mein Tipp: Gute lokale Küche im Ortszentrum, auf der Panoramaterrasse speist man abends bei Kerzenlicht. Der Padrone *Gino Colucci* und sein Neffe *Enzo* sind Pilzzüchter. Von Juni bis Aug. Di bis Mo, sonst nur an Wochenenden. Ostern bis Nov.
Via Garibaldi 58,
Tel. 09 71 98 31 81, Mobil 36 83 86 58 63,
www.lalocandadipietra.com, fb

La Casa di Caccia②

Luigi Padula und seine Töchter betreiben in einem ehemaligen Jagdhaus eine vor allem bei Einheimi-

schen beliebte rustikale Trattoria. Die saisonale Küche verwendet frisches Gemüse, Pilze, Wild und das Fleisch im Wald weidender Podolica-Rinder sowie Lämmer aus eigener Aufzucht. Am schnellsten zu erreichen von der SS 407 Ausfahrt „Campomaggiore", danach sind es nur wenige 100 m auf der SP 13 in Richtung Pietrapertosa. Übernachtungsgästen stehen sechs Zimmer zur Verfügung. Di Ruhetag.
GPS: 40.540209, 16.077837
Contrada Visciglietta – Pietrapertosa,
Tel. 09 71 98 31 01, Mobil 34 92 83 78 45,
www.lacasadicaccia.it

Le Rocce②
Rustikales Lokal nahe der Klosterkirche S. Francesco. Leckere Antipasti, hausgemachte Pasta und Fleisch vom Grill. Mo Ruhetag.
Via Roma 107, Tel. 09 71 98 32 60

Nuova Cavuoti① (Street Food)
Traditionell gebackenes Hartweizenbrot in allen Größen und Formen sowie köstliche Pizza, am besten vielleicht die einfache mit Tomaten und Käse. Darüber hinaus bäckt *Antonio Cavouti* salziges und süßes Gebäck, darunter lokale Festtagsspezialitäten, die z.T. frittiert und mit Honig genossen werden. So und Do nachmittags geschl.
Via Sant'Angelo 43A/B,
Mobil 33 35 01 62 40,
www.lanuovacavuotisrl.it

Rosticceria-Pasticceria Da Antò & Anna①-② (Street Food)
Für wenige Euro wird man hier satt. Blitzsauberes Ladenlokal unterhalb des Altstadt-Corso mit ein paar Barhockern. Limonade, Bier oder Wasser greift man sich aus dem Kühlschrank. *Anna* und ihr Sohn backen köstliche, mit Gemüse oder Käse gefüllte Calzoni, die Pizza kommt frisch vom Blech.
Via Nazionale 8, Tel. 09 71 98 35 28,
Mobil 33 98 78 62 59, fb

Bar

Da Nino
Beliebter Treff am Altstadtrand. *Nino Stasis* Tochter *Tonia* betreibt oberhalb der Bar ihr **B&B Le Scalelle** (Tel. 097 11 83 08 72, Mobil 34 76 65 71 04). Do Ruhetag.
Via M. Torraca 47, Mobil 33 98 71 25 34

Basili19-049 pa

An- und Weiterreise

■ **Auto:** SS 407 Ausfahrt „Campomaggiore", 11 km auf der SP 13. Parkplätze am Eingang der Altstadt.
■ **Bus:** Renna (www.fratellirenna.it) über Policoro nach Nova Siri bzw. nach Potenza.

Fest/Veranstaltung

■ Am Wochenende nach dem 13. Juni wird zur **Festa di Sant'Antonio** ein **Maggio** aufgestellt (siehe Exkurs „Wenn Bäume Hochzeit feiern").
■ Der Stadtpatron **S. Giacomo** wird am 25. Juli gefeiert.

Wandern/Klettern

Direkt vom nördlichen Ortsrand in Pietrapertosa führt ein kurzer Weg, der auch Kindern viel Spaß macht, mit herrlichen Ausblicken auf den Kamm der **Costa di San Martino.** Zwischen den Felsen kann man bis zum Castello aufsteigen. Zu Beginn des Weges ist in der schräg aufsteigenden Felswand eine 63 m lange Kletterroute angelegt.

Deutlich anspruchsvoller ist der angelegte Klettersteig **Via Ferrata Marcinosa,** der sich über eine Länge von knapp 900 m mit einem Höhenunterschied von ca. 280 m hinzieht. Unterwegs sind zwei Hängebrücken *(ponti tibetani)* zu überwinden. Der Zustieg erfolgt über den Percorso delle Sette Pietre (s.u.) und liegt oberhalb der Brücke auf der Seite von Pietrapertosa.

Ein **alter Wirtschaftsweg** verbindet Castelmezzano mit Pietrapertosa und quert über eine mittelalterliche Bogenbrücke die Schlucht des Torrente Caperrino. Mit nicht unbeträchtlichem finanziellen Aufwand wurde hier der künstlerisch-literarische Parcours **Percorso delle Sette Pietre** installiert, eine die schönen Landschaftseindrücke eher beeinträchtigende Klanginstallation, inspiriert von der Geschichtensammlung „Vito ballava con le streghe" des Journalisten *Mimmo Sammartino* (siehe „Lesen" im Anhang). Der Einstieg des Weges befindet sich an der **Piazza Valenzano** (GPS: 40.518084, 16.061249) am unteren Ortsrand. Der Weg ist im Abschnitt zu Castelmezzano beschrieben (s.o.).

Radfahren

Die kaum befahrenen Provinzstraßen der Umgebung und die Forstwege im **Bosco di Montepiano** eignen sich ideal zum Radfahren (gute Gangschaltung vorausgesetzt!). Die als „MB 3" und „MB 4" bezeichneten Routen führen auf Schotterwegen durch das Valle Rossa. **Routenbeschreibungen/Karte:** Guida e Carta Escursionistica Parco Naturale di Gallipoli Cognato e delle Dolomiti Lucane, 1:50.000.

Volo dell'Angelo

Mit Tempo 120 **an Stahlseilen über die Schlucht „fliegen"** – siehe dazu bei Castelmezzano. Start in Pietrapertosa ist am nördlichen Ortsende unterhalb der Kastellruine.

■ **Infos & Tickets:** Tel. 09 71 98 31 10, Mobil 34 77 92 23 41, www.volodellangelo.com.

☒ Volo dell'Angelo – Anschnallen bitte!

Accettura

Von ausgedehnten Wäldern umgeben, erhebt sich **Accettura** (1820 Ew.) auf einer 799 m hohen Hügelkuppe. Im Laufe der Zeit hatten sich hier die Bewohner im Umkreis gelegener und durch Erdbeben zerstörter Ortschaften angesiedelt. Zum ersten Mal wird Accettura im 10. Jh. als byzantinischer Bischofssitz erwähnt. Im ältesten Stadtviertel Scarrone ist die barocke **Chiesa dell'Annunziata** am Campanile in ihrem mittelalterlichen Ursprung zu erkennen, zahlreiche Palazzi schmücken sich mit Portalen aus dem 17. bis 18. Jh. Zu Pfingsten ist Accettura das Ziel Aberhunderter Besucher, wenn hier im christlichen Gewand ein uralter Baum- und Fruchtbarkeitskult gefeiert wird (siehe Exkurs „Wenn Bäume Hochzeit feiern"). Das ganze Jahr über lässt sich das Spektakel in Gestalt großer Wandmalereien im Ort oder beim Besuch des Dokumentationszentrums **Museo dei Culti Arborei** erleben.

■ **Museo dei Culti Arborei,** Via del Maggio. Mo bis Sa 10–12 und 17–20 Uhr. Eintritt frei.

Einige Kilometer nördlich von Accettura liegt im **Bosco di Gallípoli** eine ehemalige **Abtei,** die um 1100 vom hl. Guglielmo da Vercelli errichtet wurde. Der Beichtvater von Normannenkönig *Roger II.* hatte einen eigenen Orden und zahlreiche Klöster in Süditalien gegründet. Heute werden die restaurierten Gebäude in der Località Palazzo von der Park- und Forstverwaltung genutzt. Es gibt ein Besucherzentrum und einen Botanischen Garten. Auf dem Gipfel des nahe gelegenen **Monte La Cróccia** wurden die Reste eines lukanischen Oppidums aus dem 6. bis 4. Jh. v.Chr. ausgegraben. 1149 m hoch gelegen, **beherrschte die Festung das Basento-Tal** und diente Serra di Váglio als vorgeschobener Verteidigungsposten (siehe vorheriges Kapitel „Venosa, Via Appia und Valle del Brádano").

Information

■ **Centro di Educazione Ambientale – Cooperativa Nuova Atlandide**
Info-Kiosk unterhalb der Park- und Forstverwaltung an der Provinzstraße, die von der SS 407 nach Accettura führt. Die Cooperativa Nuova Atlandide bietet Infos zum Parco Naturale, geführte Ausflüge, betreibt einen Imbiss und Waldklettergarten. Auch MTB-Verleih und Camper-Stellplätze (10 €/Tag). Nov. und März tägl. 10–19 Uhr, April bis Okt. tägl. 8–20 Uhr.
GPS: 40.533064, 16.117432
Località Palazzo – Accettura, Mobil 34 70 95 79 67, www.nuovaatlantide.com, http://lucaniaoutdoorpark.it/

■ **Parco Regionale Gallipoli Cognato e Piccole Dolomiti Lucane**
Wanderkarte gratis (solange Vorrat reicht); Wanderkarte, Wanderbeschreibungen und Naturparkführer im Gratis-Download von der offiziellen Website. Infos auch durch die Cooperativa Nuova Atlandide (s.o). Mo bis Fr 9–14 Uhr.
Località Palazzo – Accettura, Tel. 08 35 67 50 15, www.parcogallipolicognato.it

■ **Pro Loco und Presidio Turistico**
Via Roma 13, Tel. 08 35 67 52 92, www.prolocoaccettura.it, fb

■ **www.ilmaggiodiaccettura.it,** alles Wichtige über den Baumkult in Accettura.

Übernachten

■ Locanda Pezzolla①-②
Einfache, nette und vor allem ruhig gelegene Pension im Ortszentrum. Alle Zimmer mit Bad, die Betten leider nur so lala. Die dazugehörige Trattoria ist sehr zu empfehlen (s.u.). 4 Zi.
Via Roma 21, Tel. 08 35 67 50 08,
Mobil 33 56 73 12 41, www.ristorantepezzolla.it

■ San Giuliano②
Einfaches Hotel und gutes Restaurant in der Ortsmitte. Das benachbarte **Hotel Cróccia** mit weiteren acht Zimmern dient als Dependance. 17 Zi.
Piazza P. Cartoscelli 7, Tel. 08 35 67 57 47,
www.hotelristorantesangiuliano.it

Essen und Trinken

■ Ristorante di Fiore②
Großes Ausflugslokal im Wald, an der Straße Richtung Pietrapertosa. Beste lukanische Küche, hausgemachte Pasta, Pilze sowie leckere Käsesorten und Salami aus eigener Herstellung. Mo Ruhetag.
Contrada Montepiano, Tel. 08 35 67 54 17,
www.ristorantedifiore.it

Locanda Pezzolla②
Slow Food verbeugt sich: Die liebenswerte *Signora Isabella Romano* betreibt ihre Trattoria seit 1960 und die gleichnamige Pension (s.o.) direkt nebenan auch schon seit mehr als 30 Jahren. Längst steht Sohn *Mario* am Herd. Er hat weder internationale Küchenerfahrung, noch hat er berühmten Kollegen über die Schultern geschaut, sondern nur seiner Mutter. Aus der offenen Küche duftet es verführerisch. Die *salumi* (Wurstwaren) sind ebenso hausgemacht wie die Pasta, die hier mit frischen Pilzen oder *salsiccia* serviert wird. Ein Gaumenöffner ist auch das Meerrettich-Omelett. Köstlicher Käse, Lamm und Wild vom Grill. Wein und Liköre aus eigener Produktion. Im Winterhalbjahr wird der Kamin angezündet. Fr Ruhetag.

An- und Weiterreise

■ Auto: SS 407 Ausfahrt „Campomaggiore", Provinzstraße nach Accettura. Von Accettura führt eine Provinzstraße durch den Bosco di Montepiano nach Pietrapertosa.

■ Bus: SITA (www.sitasudtrasporti.it) fährt nach Potenza.

Fest

■ Maggio di Accetura
Anlässlich der **Festa di San Giuliano,** Ortspatron von Accetura, wird ein Maibaum aufgestellt. Der eindrucksvollste Part des Festes fällt auf den Sonntag nach Pfingsten (siehe Exkurs „Wenn Bäume Hochzeit feiern"). www.ilmaggiodiaccettura.it

Wandern/Radfahren

Südlich von Accettura lädt der **Bosco di Gallípoli** zu kurzen, wenn auch sehr schönen Wanderungen ein (s.u.). Einen größeren Radius ermöglicht ein Fahrrad bzw. Mountainbike. Die Provinzstraßen sind wenig befahren. Nördlich von Accettura ist der Oliveto Lucano ein schönes Ziel, im Westen lockt Pietrapertosa, im Süden die hübschen, teilweise winzigen Bergorte Cirigliano, Gorgoglione und Guárdia Perticara. **Routenbeschreibungen/Karte:** Guida e Carta Escursionistica Parco Naturale di Gallipoli Cognato e delle Dolomiti Lucane, 1:50.000, bzw. unter dem Stichwort „Itinerari del Parco" auf der offiziellen Website des Naturparks (s.o.). Gute Routentipps finden sich auch in der APT-Publikation „Radreisen in der Basilikata" (siehe „Lesen" im Anhang).

Wenn Bäume Hochzeit feiern

Mai m (12. Jh.). Mhd. „mei(g)e, ahd. „meio". Entlehnt aus lat. „Maius", das nach dem „Jupiter Maius", dem Wachstum bringenden Gott, benannt ist.
Kluge, Ethymologisches Wörterbuch

Es ist nicht auszuschließen, dass oberbayerische Bürgermeister nach der Lektüre dieser Zeilen Accettura eine Städtepartnerschaft anbieten. In vielen Bergorten der Basilikata haben uralte Baumkulte überlebt, der **Maggio di Accettura** zählt zu den eindrucksvollsten. Der Stamm einer mächtigen Eiche wird mit einer Stechpalme „vermählt" und auf der Piazza aufgerichtet, wo er bis zum nächsten Jahr für Fruchtbarkeit und gute Ernten sorgen soll. Seit dem 18. Jh. ist in Accettura der ursprünglich heidnische Kult in den christlichen Festkalender eingebunden und wird zeitgleich mit dem Fest des Schutzpatrons S. Giuliano gefeiert. In den Tagen vor Pfingsten kehren die Emigranten in ihren Heimatort zurück, und auch aus der Umgebung finden sich zahlreiche Besucher ein.

Zur Vorbereitung des Festes wird an Christi Himmelfahrt im **Bosco di Montepiano** die größte und schönste Zerreiche *(Quercus cerris)* gefällt. Der Stamm wird von Ästen und Rinde befreit und am Pfingstsonntag von bis zu 40 Ochsenpaaren und von einer Menschentraube begleitet in den Ort gezogen. Am selben Tag fällen junge Männer im **Bosco di Gallípoli** eine Stechpalme *(Ilex aquifolium)* und tragen sie ebenfalls nach Accettura. Die Prozessionen begleitet Tarantella-Musik; der Wein fließt reichlich, und es wird ordentlich gegessen. Am Abend begegnen sich die beiden Festzüge unter großem Applaus am Ortseingang.

Der nächste Tag dient weiteren Vorbereitungen. Mit Holznägeln werden **der Eichenstamm als „Mann" mit der immergrünen Stechpalme als „Frau" vermählt.** Am Dienstag schließ-

Basili19-104 ms

lich beginnt die **Festa di S. Giuliano** mit der Prozession der *cinte*. Die *cinte* sind zentnerschwere, aufwendig verzierte Kerzengebinde, die von Frauen auf dem Kopf getragen werden. Dieser Brauch ist in vielen Orten Lukaniens und Kalabriens anzutreffen. Die Prozession führt durch die Straßen des Ortes und gelangt schließlich auf den Largo San Vito, wo unter der Aufsicht des Stadtpatrons der bändergeschmückte Maggio mit Muskelkraft und Geschick aufgerichtet wird. Am Nachmittag findet ein Wettschießen auf die Blechmarken statt, die in den Zweigen der Stechpalme hängen. Als Preise winken Schinken, Salami und Käse sowie lebendes Geflügel. Die Mutigsten klettern anschließend auf dem glatten Stamm bis zur Spitze hoch. In der Nacht endet das Fest mit einem großen Feuerwerk. Zu Fronleichnam wird der Maggio wieder gefällt.

In ähnlicher Weise wird der Maggio auch in **Castelmezzano** (11./12. Sept.), **Pietrapertosa** (13./14. Juni), **Pollino in Viggianello** (Ostern, Ende Aug. und Mitte Sept.) und in **Rotonda** (8. bis 13. Juni) gefeiert.

Festlich begangene Baumkulte kennt auch die Nachbarregion Kalabrien. Meditativ-suggestive Bilder dazu liefert der Film **„Le Quattro Volte"** (dt. „Vier Leben", 2010) des Regisseurs *Michelangelo Frammartino*. Ohne Worte beschreibt er den Kreislauf des Lebens im kalabrischen Bergort Alessandria del Carretto. Teile des Zyklus sind die letzten Lebenswochen eines Hirten, das Fällen einer Weißtanne und ihre Aufstellung als Maggio. Die Vorstellung, jeder Mensch trage vier Leben in sich, geht übrigens auf *Pythagoras* (siehe Exkurs „Pythagoras, Beruf Philosoph") zurück.

[<] Der Transport des gewaltigen Eichenstammes ist ein eindrucksvolles Spektakel

Monte Malerba (1083 m)

Ausgangspunkt dieser zweistündigen Wanderung ist die Parkverwaltung in der **Località Palazzo.** Auf Höhe einer eisenhaltigen Quelle (830 m) beginnt der Weg im Wald aufzusteigen. Nach etwa 20 Min. führt aus dem Sattel ein Abstecher nach rechts auf die **Tempa Castello** (993 m) zu den Ruinen des mittelalterlichen Gallípoli. Zurück auf dem Hauptweg, setzt man den Anstieg bis auf den Gipfel fort. Vom **Monte Malerba** bietet sich ein wunderschönes Panorama. Auf dem gleichen Weg zurück.

Monte La Cróccia (1149 m)

Folgt man von der Parkverwaltung in der **Località Palazzo** der Provinzstraße Richtung Oliveto Lucano, erreicht man nach knapp 4 km einen gemauerten **Info-Kiosk** der Forstverwaltung mit einer Picknickzone *(Area attrezzata)*. Hier beginnt die kurze Wanderung (20 Min., einfach) auf den Gipfel des **Monte La Cróccia.** Durch wunderschönen Laubmischwald und vorbei an den **Pietre della Mola,** einer Gruppe großer Sandsteinfelsen – möglicherweise ein prähistorischer Kultort –, und vorbei an Festungsmauern aus lukanischer Zeit, erreicht man das Gipfelplateau. Von dieser hohen Warte dominierten die Lukaner das mittlere Basento-Tal. Vom Aussichtsturm lassen sich bei klarer Sicht fast ganz Lukanien und Apulien von Tarent bis hin zum Monte Gargano überblicken.

Überblick | 138

Matera | 139

Montescaglioso | 171

Basili19-067 pa

4 Matera, Murgia Materana und Montescaglioso

Die Sassi von Matera – eine seit der Steinzeit bewohnte Höhlenstadt und in den 1950er Jahren als „nationaler Schandfleck" verschrien – haben eine steile Karriere zurückgelegt, nicht nur als Filmkulisse, sondern seit 1993 als UNESCO-Weltkulturerbe und 2019 schließlich als Kulturhauptstadt Europas.

< Matera – aus Stein gewachsen

Matera, Murgia Materana und Montescaglioso

NICHT VERPASSEN!

- **Belvedere Murgia Timone:** Blicke schweifen lassen | 141
- **Festa Maria SS. della Bruna:** am 2. Juli feiert Matera seine Patronin | 148
- **Sassi di Matera:** einfach laufen lassen | 149, 153
- **Cripta del Peccato Originale:** verführerisch schöne Freskenbilder | 158
- **Murgia Materana:** zu Fuß entdecken | 170, 177

Diese Tipps sind gelb hinterlegt.

ÜBERBLICK

Matera, die berühmte „Stadt der Sassi“, steht seit 1993 auf der Liste des UNESCO-Weltkulturerbes, 2019 ist sie die Kulturhauptstadt Europas! Die Auswahl an charmanten Hotels, Pensionen und Restaurants lässt kaum Wünsche übrig, die schönen Sandstrände am Ionischen Meer sind nur eine Autostunde entfernt. Von Matera lässt sich der Parco della Murgia mit seinen faszinierenden Talschluchten und Höhlenkirchen aus byzantinischer Zeit zu Fuß erkunden. Weit- und Einblicke bietet auch die auf einem aussichtsreichen Hügel gelegene Klosterstadt Montescaglioso.

Im Südosten der Basilikata nimmt die Landschaft Züge an, wie sie auch für weite Teile Apuliens prägend sind. Die **Murgia Materana** gehört zu einem vor Jahrmillionen aus dem Meer aufgetauchten Kalktafelland. Weitgehend baumlos, ist die Hochebene eine der Kornkammern Italiens und wirkt nur auf den ersten Blick eintönig. Überraschend öffnen sich plötzlich bis zu 200 m tiefe **Talschluchten,** die **Gravine,** auf deren Grund häufig nur ein Bach fließt. Seit der Altsteinzeit zogen Menschen als Sammler und Jäger über die Murge und fanden Zuflucht in natürlichen Karsthöhlen. Auf der **Murgia Timone** östlich von Matera sind die **Reste jungsteinzeitlicher Siedlungen** zu sehen.

Ausgelöst durch das Vordringen des Islam und den Bildersturm erreichten ab dem 7. Jh. immer neue Wellen christlich-orientalischer Mönche Süditalien. In dem weichen Kalkstein der Murge fanden sie ideale Bedingungen, um Höhlen zu Einsiedeleien, Kirchen und Klöstern auszubauen. Über 150 dieser größtenteils mit Fresken ausgeschmückten **chiese rupestri** (Felskirchen) finden sich in der Umgebung von Matera. Der **Parco della Murgia Materana** sucht dieses einzigartige Landschafts- und Kulturensemble zu bewahren.

Nicht nur die Mönche lebten in Höhlen, **ganze Städte entstanden im Fels,** etwa Gravina in Puglia und Laterza im nahen Apulien. Die größte und faszinierendste Höhlenstadt sind jedoch zweifelsohne die **Sassi von Matera,** seit 1993 auf der Liste des UNESCO-Weltkulturerbes. Etwas zu Unrecht steht das nahe **Montescaglioso** im Schatten der Steine-Stadt.

Matera

Ich hatte in dem Führer gelesen, dass es eine malerische Stadt ist, die einen Besuch verdient, dass es dort ein Museum antiker Kunst und merkwürdige Höhlenwohnungen gibt.

Carlo Levi,
Christus kam nur bis Eboli

In der berühmten **„Stadt der Sassi“** kann man sich mehrere Tage aufhalten, ohne sich auch nur eine Minute zu langweilen, zumal es auch in der näheren Umgebung vieles zu entdecken gibt. In die Sassi (Steine), in den 1950er Jahren

☐ B&B Sax Barisano – herzlich willkommen in Matera!

Basili19-068 pa

Matera 2019 – und 2029?

Eine Stadt an Italiens südlicher Peripherie ist 2019 die Kulturhauptstadt Europas. Die Kandidatur hat bereits im Vorfeld viel positive Energie (und auch Kritik) freigesetzt und vor allem junge Menschen begeistert. Es überrascht nicht, dass die Zahl der Übernachtungen in der Höhlenstadt, die seit 1993 zum UNESCO-Weltkulturerbe zählt, sich in den letzten zehn Jahren mehr als verdoppelt hat. Wird **„Matera 2019"** in der Lage sein, den eigenen Ansprüchen zu genügen? Besucher sollen zu „temporären Bürgern" werden und in Kontakt zu den einheimischen Bewohnern treten. Mit dem Erwerb des **„Passaporto per Matera 2019"** für lediglich **19 €** (!) ist nicht nur der Eintritt zu allen Veranstaltungen und Ausstellungen eingeschlossen, sondern es sind auch einige „Bürgerpflichten" damit verbunden. Dazu gehört u.a. die Mitnahme eines Gegenstandes in die Stadt, der die eigene Position in Europa beschreibt und Teil der Abschlussausstellung wird.

Fünf große Themen bestimmen das Jahr: **Futuro Remoto** untersucht das Verhältnis des Menschen zum (Welt-)Raum, **Riflessioni e Connessioni** lädt ein, das Tempo des 21. Jh. zu verlangsamen, **Utopie e Distopie** testet neue Entwicklungsmodelle für den Süden, **Radici e Percorsi** stellt Mobilität und Migration in den Mittelpunkt, und **Continuità e Rotture** sucht nach der Identität der Stadt als solcher.

Paolo Verri ist Leiter der Stiftung Matera 2019. Und wo sieht er Matera im Jahr **2029?** Als eine in Europa und der Welt vernetzte Stadt, die den Kindern von heute viele Chancen eröffnet.

■ **www.matera-basilicata2019.it**

Basili19-069 pa

noch als „nationaler Schandfleck" verschrien und auf staatlichen Druck evakuiert, kehrt neues Leben zurück, seit die Höhlenstadt 1993 zum **UNESCO-Weltkulturerbe** erklärt wurde. Inwieweit das Megaevent **„Matera 2019"**, die Ernennung Materas zur **Kulturhauptstadt Europas** 2019, langfristig positive Folgen für die nachhaltige und intelligente Entwicklung des Tourismus in der Stadt und der gesamten Region zur Folge haben wird, bleibt abzuwarten. Charmante (Höhlen-)Hotels, unzählige B&Bs und Airbnb-Unterkünfte haben aufgemacht und manifestieren den Wandel, der die Stadt erfasst hat. Davon unberührt ziehen vom Frühjahr bis zum Herbst Rötelfalken *(Falco naumanni)* ihre flinken Kreise in den Himmel über Matera.

Eine erste Annäherung an **Matera** (401 m, 60.400 Ew.) kann von der SS 7 „Appia" erfolgen, die nördlich der Stadt verläuft. Eine bezeichnete Stichstraße zweigt zum Belvedere an der **Murgia Timone** ab, von wo sich ein grandioses Schauspiel auf die Altstadt jenseits der Gravina bietet. Diese einzigartige Kulisse zieht allabendlich die Schaulustigen und Verliebten zum Sonnenuntergangsspektakel an und begeisterte bereits Regisseure wie *Pier Paolo Pasolini* und *Francesco Rosi,* die Oscar-Preisträger *Giuseppe Tornatore* und *Mel Gibson* und nicht zuletzt Regisseur *Garth Davis.*

Geschichte

Seit der Altsteinzeit fanden umherziehende Jäger Zuflucht in den Karstgrotten der Murge. Der Geländesporn, auf dem sich die Cívita mit der Kathedrale erhebt, ist seit der Jungsteinzeit besiedelt. Matera ist somit sicherlich **eine der ältesten Städte der Welt.** In der Antike war der Ort von eher geringer Bedeutung. Vom 6. bis zum 9. Jh. gehörte Matera zum langobardischen Herzogtum von Benevent und stand im 9. Jh. zeitweise unter Kontrolle des Emirats von Bari. 867 „befreite" Kaiser *Ludwig II.* die Stadt von den Muslimen, die sie 937 und noch einmal 994 zurückeroberten und dabei zerstörten. Zu Beginn des 11. Jh. **blühte Matera unter byzantinischer Herrschaft auf.** Griechisch-orthodoxe Mönchsgemeinschaften bestanden be-

Basili19-070 pa

[>] Die Cripta del Peccato originale birgt einen außergewöhnlichen Freskenzyklus

[<] Blaskapellen aus ganz Europa haben am 19. Januar 2019 Matera den Marsch geblasen

Matera

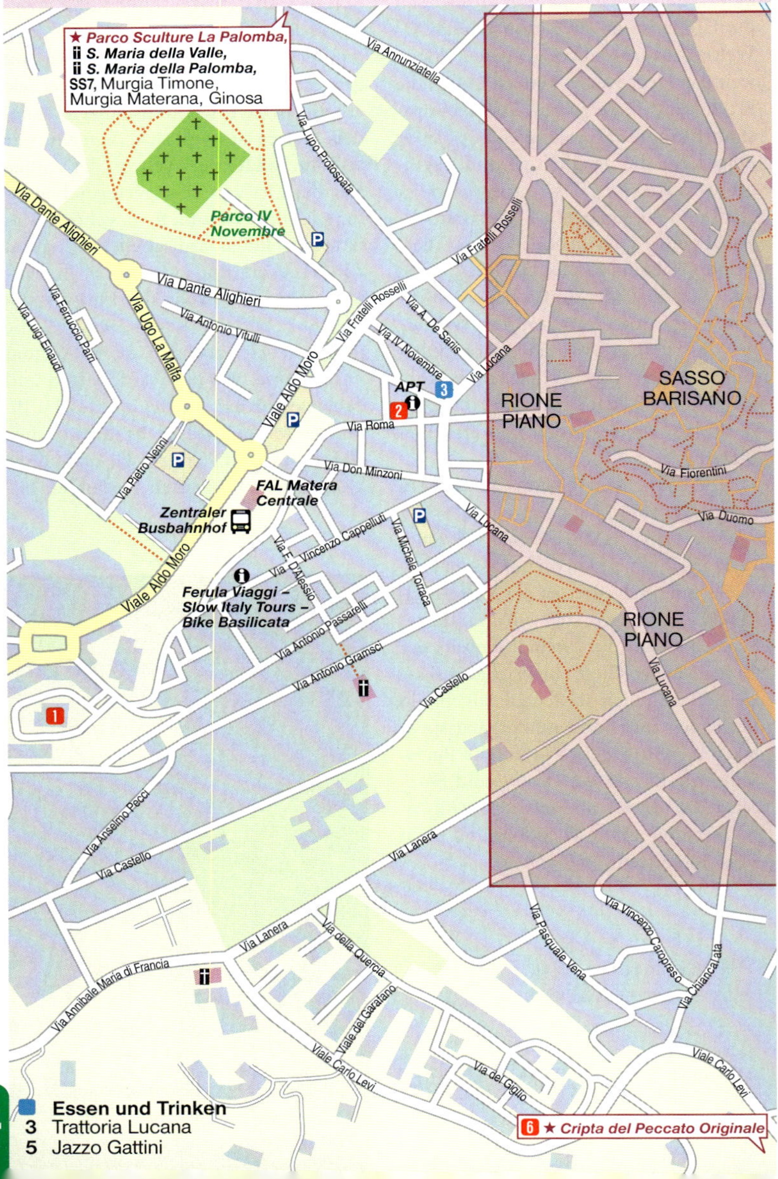

4

■ **Essen und Trinken**
3 Trattoria Lucana
5 Jazzo Gattini

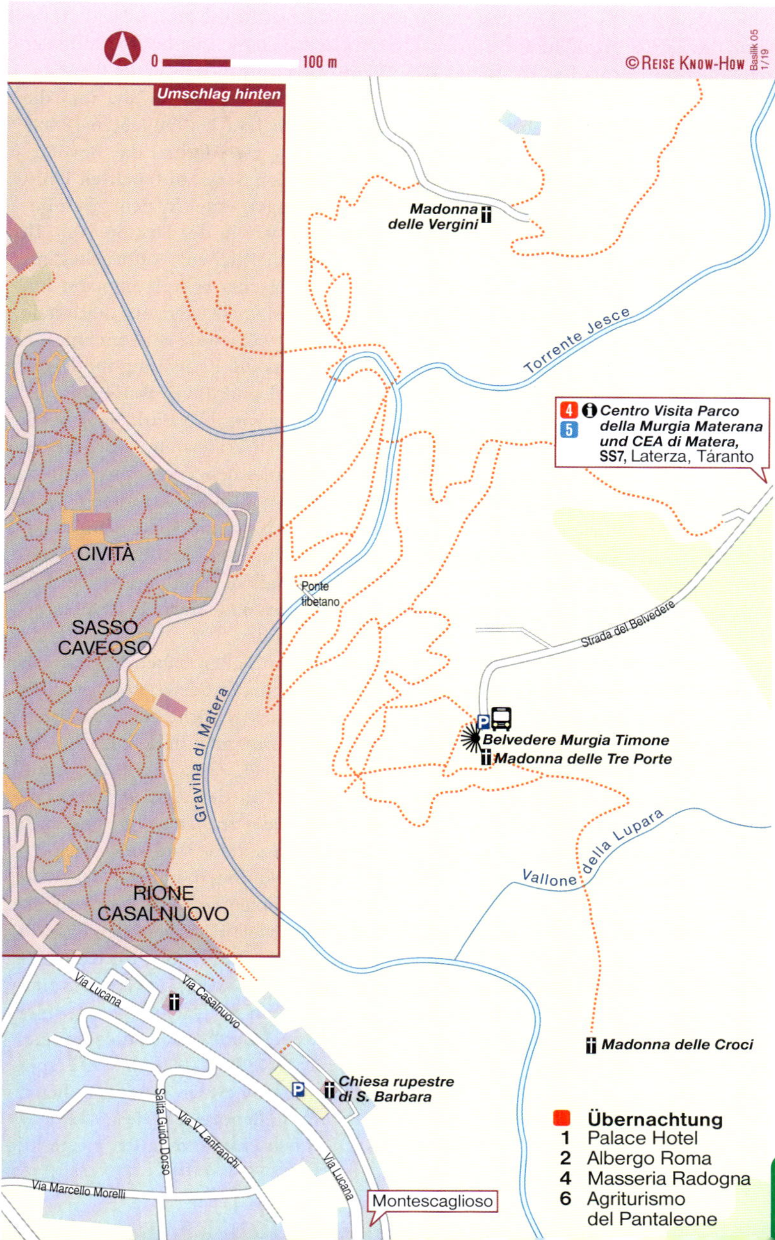
0
100 m
©Reise Know-How
Basilik 05 1/19
Umschlag hinten
Madonna delle Vergini
Torrente Jesce
4 5 Centro Visita Parco della Murgia Materana und CEA di Matera, SS7, Laterza, Táranto
CIVITÀ
SASSO CAVEOSO
Ponte tibetano
Strada del Belvedere
Gravina di Matera
Belvedere Murgia Timone
Madonna delle Tre Porte
Vallone della Lupara
RIONE CASALNUOVO
Via Lucana
Via Casalnuovo
Madonna delle Croci
Chiesa rupestre di S. Barbara
Salita Guido Dorso
Via V. Lanfranchi
Via Lucana
Via Marcello Morelli
Montescaglioso
Übernachtung
1 Palace Hotel
2 Albergo Roma
4 Masseria Radogna
6 Agriturismo del Pantaleone

reits seit dem 8. Jh. in der Umgebung. Mitte des 11. Jh. ergriffen die Normannen Besitz von der Stadt und statteten sie mit weitreichenden Privilegien aus. In dieser Zeit wuchs Matera über die Mauern der **Cívita** hinaus, und es begann die verstärkte Besiedlung der beiden seitlich gelegenen Talmulden. In die Felshänge über der **Gravina di Matera** wurden im **Sasso Barisano** und im **Sasso Caveoso** Behausungen, Werkstätten, Ställe und Kirchen direkt in den weichen Kalkstein geschlagen. Das Material, das beim Ausschachten der Grotten anfiel, wurde verwendet, um vor die Höhlen weitere Räume aufzumauern.

Giancarlo Tramontano erwarb im Jahr 1497 die Stadt für die Summe von 25.000 Dukaten aus dem aragonesischen Kronbesitz. An seinem Lehen konnte sich der neu gebackene Graf jedoch nicht allzu lange erfreuen. Als Tyrann verhasst, wurde er bei einem Volksaufstand 1514 ermordet. Im Besitz der Familie *Orsini* gehörte die Stadt bis Mitte des 17. Jh. zu Apulien. **1663 wurde Matera Hauptstadt der Basilikata.** In der Folge setzte die rege Bautätigkeit auf dem **Piano** ein. Barocke Kirchen wuchsen in den Himmel, und auch der Adel und das reiche Bürgertum ließen neue Palazzi auf der Hochebene errichten. **In den Sassi blieben die Armen zurück,** Bauern, Hirten und Tagelöhner. 1806 verlor Matera die Hauptstadtfunktion an das zentral gelegene Potenza. Als die Stadt **im Faschismus** 1927 zur **Provinzhauptstadt** erhoben wurde, konzentrierte sich die Bautätigkeit ausschließlich auf den Piano. Mit der starken Bevölkerungszunahme – die Emigration war unter *Mussolini* verboten – verschlechterten sich die Lebensbedingungen in den Sassi dramatisch. Der als Antifaschist in den 1930er Jahren nach Lukanien verbannte Künstler **Carlo Levi** legte die Finger auf die Wunde (siehe Exkurs „Carlo Levi und die Sassi von Matera“). 1950 lebten 18.000 Menschen – zwei Drittel der Bevölkerung – in den **Sassi,** in **feuchten Höhlenwohnungen** unter hygienischen Bedingungen wie in der Dritten Welt. In der wirtschaftlichen Aufbruchsstimmung der Nachkriegszeit empfand Italien die Sassi von Matera als **„nationale Schande“.** 1952 wurde ein Sondergesetz erlassen, das die Errichtung moderner Wohnviertel und die **Evakuierung** der Bevölkerung vorsah. Natürlich regte sich zunächst auch Widerstand, doch hatten die Stadtplaner den Versuch unternommen, in den **Modellsiedlungen** Serra Venerdì, La Nera und Spine Bianche das soziale Gefüge der Sassi nachzubilden. Der außerhalb der Stadt als Musterdorf geplante **Borgo La Martella** ist heute eine Schlafstadt.

In einigen Fällen haben **Soziologen** das aus Not in den Sassi besonders dicht geknüpfte menschliche Netz idealisiert und die Anonymität in den Trabantenstädten beklagt. Tatsache ist, dass kaum jemand, der in den Sassi gelebt hatte, dorthin wieder zurück wollte, und auch die neuen Stadtteile sind keineswegs zu Ghettos verkommen. In Folge der staatlich verordneten Umsiedlungsmaßnahme gingen viele Häuser in den Sassi in kommunalen Besitz über. Im Laufe der Zeit wurde eine Reihe von Gesetzen zum Wiederaufbau der Altstadt verabschiedet, und **viel Geld floss in die Gravina.** Seit die UNESCO Matera 1993 zum Weltkulturerbe erklärt hat, explodieren die Immobilienpreise. Diese Tendenz wurde noch einmal deutlich verstärkt, seit klar war, dass **Matera 2019** Kulturhauptstadt Europas ist. *Mel Gibsons* umstrittener Film „Die Passion Christi" hatte Matera vor allem in angelsächsischen Ländern sehr populär gemacht. Doch sind es nicht nur Vermögende und Lebenskünstler aus Norditalien und dem Ausland, die sich ein schickes Höhlenloft gesichert haben, auch die Häuser im Kommunalbesitz werden Zug um Zug saniert, modernen Ansprüchen angepasst und zu günstigen Konditionen langfristig an junge Materaner vermietet. Einige haben den Traum vom Leben in den Sassi inzwischen wieder aufgegeben – auch wegen des **zunehmenden Tourismus.** Statt Wohnungen haben B&Bs, Airbnb, Pubs, Trattorien und Boutiquen in den Sassi Konjunktur.

Besichtigung

Rione Piano

Matera ist eine Stadt mit zwei Gesichtern. Die Sassi in der Gravina im Osten umschließt seit Ende des 17. Jh. auf der Hochebene in einem Halbbogen der Rione Piano. Von der **Piazzetta Pascoli** bietet sich ein erster spektakulärer Blick auf den darunterliegenden Sasso Caveoso. Die lang gezogene Piazza schließt die Barockfassade des **Palazzo Lanfranchi** ab, von 1668–1672 als Priesterseminar errichtet. Heute werden die Räume als **Gemäldegalerie** genutzt. Hier sind auch

☐ Borgo La Martella – (magerer) Ersatz für die gewachsene Struktur der Sassi

Basili19-071 pa

einige der ausdrucksstarken Gemälde des Autors von „Christus kam nur bis Eboli“ (siehe Exkurs „Carlo Levi und die Sassi von Matera“) ausgestellt. Das Panoramabild „Lucania ‘61“ mit den beeindruckenden Maßen 3,20 x 18,50 m ist eine Auftragsarbeit für die 100-Jahrfeier Italiens 1961 in Turin. Zur Vorbereitung kehrte *Carlo Levi* in Begleitung seines Freundes *Mario Carbone* nach Aliano zurück, dessen SW-Fotos an der Wand gegenüber ausgestellt sind. *Levi* verwendete einige der Motive für seine Komposition, in deren Mittelpunkt der Poet, Sozialpolitiker und zeitweilige Bürgermeister von Tricárico *Rocco Scotellaro* (1923–1953) steht. Ausgestellt sind auch Altarbilder und abgenommene Fresken aus Felskirchen sowie Werke des Designers und Fotografen *Mario Cresci.*

■ **Museo Nazionale d'Arte Medievale e Moderna,** Piazzetta Giovanni Pascoli 1, Tel. 08 35 25 62 62. Do bis Di 9–20 Uhr, Mi 11–20 Uhr. Eintritt 3/ 1,50 €.

Die Piazza setzt sich in der von Kirchen und Palästen gesäumten **Via Ridola** fort. Der ehemalige Klarissenkonvent beherbergt seit 1910 die umfangreiche, heute modern präsentierte Sammlung des Amateurarchäologen *Domenico Ridola* (1841–1932). Wichtige Funde der letzten Jahre stammen von **Ausgrabungen in der Abtei von Montescaglioso.** Steinzeitliche und griechisch-antike Fundstellen sind anschaulich in Szene gesetzt.

■ **Museo Archeologico Nazionale Domenico Ridola,** Via Ridola 24, Tel. 08 35 31 00 58. Mo 14–20 Uhr, Di bis So 9–20 Uhr. Eintritt 2,50/1,25 €.

Basili19-072 pa

Auf der gleichen Straßenseite lässt der makabre Fassadenschmuck der **Chiesa del Purgatorio** keine Frage offen, welchem Kult die Kirche geweiht ist. Die Fassade der ursprünglich aus dem 13. Jh. stammenden **Kirche S. Francesco di Assisi** an der gleichnamigen Piazza ist ein prachtvolles Beispiel für den Lecceser Barock. Etwas unglücklich ist die Nachbarschaft moderner Bankgebäude. In der Kirche führen aus einer Seitenkapelle Stufen zu der **Grottenkirche SS. Pietro e Paolo** hinab. Ein Fresko erinnert an den Besuch von Papst *Urban II.* im Jahre 1092 in Matera.

Das Herz des Rione Piano schlägt auf der 1880 angelegten Piazza Vittorio Emanuele, heute **Piazza Vittorio Veneto.** Dem Platz musste der Fondaco di Mezzo weichen. Reste des alten Marktes und großer Zisternen wurden durch Ausgrabungen in der Platzmitte zum Teil wieder freigelegt und sind zu besichtigen. Der 1991 in 15 m Tiefe wieder entdeckte **Palombaro Lungo** sammelte das Regenwasser der umliegenden Anhöhen und war mit einem Fassungsvermögen von 3000 m³ die größte Zisterne der Stadt. Das weitreichende System der Wasserversorgung in den Sassi war übrigens einer der ausschlaggebenden Gründe für die Einschreibung Materas in die Liste des UNESCO-Weltkulturerbes.

■ **Palombaro Lungo,** Piazza Vittorio Veneto. Tägl. 10–13.30 und 15.30–18 Uhr. Eintritt 3 €.

[<] Fußballspielplatz vor der Chiesa S. Giovanni Battista – Matera ist glücklicherweise kein Museum

Auf der verkehrsfreien Piazza begegnen sich Alt- und Neustadt. Von hier öffnet sich der Blick auf den Sasso Barisano und die Kathedrale. Vorbei an der **Chiesa S. Domenico,** einem schlichten romanischen Bau, der im Inneren barock ausgestattet ist, führt die Via S. Biagio zur **Chiesa S. Giovanni Battista.** Das 1233 errichtete Gotteshaus besticht durch ein Portal aus dem 13. Jh., vor allem aber durch den seit 1926 vom barocken Putz entkleideten Innenraum. Im mystischen Dunkel entfalten sich kräftige Kreuzgratgewölbe, von Pfeilern mit 37 reich ornamentierten Kapitellen gestützt.

Auf einer Anhöhe über dem Piano erhebt sich das **Castello Tramontano,** Anfang des 16. Jh. nach dem Vorbild des neapolitanischen Castel Nuovo errichtet. Die Zwingburg blieb unvollendet, nachdem der als Tyrann verhasste Bauherr *Giancarlo Tramontano* im Jahr 1514 einem Mordanschlag zum Opfer fiel. Unvollendet scheinen auch die Restaurationsarbeiten zu bleiben, die sich seit 2008 hinziehen. Dafür wurde der Park dem Publikum geöffnet. Im Sommer finden hier Freiluftaufführungen statt.

Cívita

Wie ein Schiff schiebt sich die Cívita in das Häusermeer der Sassi. Sie ist von der Piazza Vittorio Veneto über die alte Ladenstraße Via delle Becchiere oder über die Piazza S. Francesco zu erreichen. Unterwegs stößt man auf die **Piazza del Sedile,** die außerhalb der mittelalterlichen Stadtmauer den Treffpunkt zwischen Cívita und den Sassi bildete. Unter einem Bogen neben dem Palazzo del Sedile führt ein Treppenweg hinab in den Sasso Caveoso, auf der gegenüberliegenden Seite der Piazza geht es in den Sasso

Ein Triumph für die Madonna

Das **Fest der Stadtpatronin** von Matera ist in Süditalien eines der eindrucksvollsten seiner Art. Papst *Urban VI.*, vormaliger Erzbischof von Matera, hatte die **Festa Maria SS. della Bruna** im Jahre 1389 ins Leben gerufen, und seither wird sie **alljährlich am 2. Juli** gefeiert. Die Legende berichtet von einem Bauern, der abends auf seinem Weg zurück in die Stadt eine Frau mit ihrem Kind ein Stück weit auf seinem Karren mitgenommen hatte. Kurz vor dem Stadttor ließ er sie absteigen, um ihr und auch sich selbst üble Nachrede zu ersparen, erbot sich aber, dem Erzbischof einen Brief von ihr zu überbringen. Darin kündigte niemand Geringeres als die Muttergottes ihren Besuch in Matera an. Der Erzbischof machte sich auf, begleitet vom Klerus, städtischen Honoratioren und dem Volk, ihr einen gebührenden Empfang zu bereiten. Oh Wunder, der schlichte Bauernkarren hatte sich in der Zwischenzeit in einen Festwagen verwandelt, und darauf thronte das heute noch in der Kathedrale verehrte Bildnis der Muttergottes. Die Madonna hielt ihren festlichen Einzug in Matera, und vor der Kathedrale beschrieb ihr Wagen drei Runden, als Zeichen dafür, dass sie sich in Matera niederlassen wollte.

Die Madonna hält Einzug in der Stadt

Das Fest beginnt in aller Herrgottsfrühe, wenn die Prozession der *pastori* (Hirten) die Kathedrale verlässt. Begleitet von Trommeln, Flöten und obligaten Böllern, bewegt sich der Zug durch die engen Gassen. Zu dieser Stunde sind außer einigen *fedeli* (Gläubigen) vor allem Jugendliche auf den Beinen, die die Nacht durchgemacht haben. Doch nach und nach stoßen immer mehr Menschen dazu. Schließlich sind es Aberhunderte, die die Madonna auf der langen Strecke unten um die Sassi und zurück zur Kathedrale begleiten. Immer wieder stockt der Zug, wenn Ketten von Knallkörpern explodieren. Während am Vormittag in der Kathedrale

Basili19-073 pa

die heilige Messe gefeiert wird, ertönt auf der festlich geschmückten Piazza Vittorio Veneto Blasmusik. Mittags wird das Bildnis der Maria SS. della Bruna in einer Prozession von der Kathedrale in die Kirche der Annunziata begleitet. Am Nachmittag sammeln sich vor der Kathedrale Reiter, prachtvoll anzusehen in ihren gold glänzenden Brustpanzern und mit wehenden Umhängen. Sie begleiten den Klerus zur Annunziata, von wo sich am frühen Abend der Triumphwagen der Madonna, wiederum angeführt von den Reitern, auf den Weg zur Kathedrale macht. Eine riesige Menschenmenge säumt die Straßen Via XX. Settembre, Via del Corso und Via del Duomo. Auf der Piazza Duomo dreht der Triumphwagen drei Runden und bewegt sich zurück zur Piazza Vittorio Veneto, den er jedoch nur selten heil erreicht.

Finale furioso

Denn jetzt beginnt der **wüste Teil des Festes,** die **stracciata,** deren Ursprung niemand so recht erklären kann. Der Wagen wird von allen Seiten attackiert und förmlich auseinandergerissen. Die Mutigen, die sich in das Schlachtgetümmel geworfen haben, präsentieren das eine oder andere blaue Auge genauso stolz wie die erbeuteten Teile des Karrens, die Segen bringen sollen. Nach der Aufregung wird es Zeit, sich an einem der Straßenstände für das Finale zu stärken, wenn um Mitternacht von der Murgia Timone ein grandioses **Feuerwerk** gezündet wird.

[<] Nach der „stracciata" bleibt nicht viel übrig vom Triumphwagen der Madonna

Barisano hinab. Früher hatten die Silberschmiede hier ihre Werkstätten. Im **Palazzo del Sedile** trafen sich bis 1944 die Stadträte, heute beherbergt er das Musikkonservatorium.

Vorbei am Palazzo Bronzini führt von der Piazza Sedile die Via Duomo zwischen hohen Mauern auf die **Piazza Duomo.** Nachdem der Sitz des Erzbischofs 1203 von Accerenza nach Matera verlegt worden war, wurde der Grundstein zum Bau der **Kathedrale** gelegt, die 1270 geweiht wurde. Aus lokalem Kalkstein errichtet, erhebt sich der elegante Bau mit dem 52 m hohen Campanile als ein Musterbeispiel apulischer Romanik. In der von zahlreichen Statuen bevölkerten Westfassade öffnet sich die gewaltige Fensterrose. Das Hauptportal flankieren die hl. Petrus und Paulus. Den dreischiffigen, bis auf die Säulen barock ausgestalteten Innenraum betritt man durch ein Seitenportal. Im rechten Seitenschiff wurde in der Nähe des Haupteingangs ein Fresko mit Szenen des Jüngsten Gerichts als einziger Rest der mittelalterlichen Bemalung freigelegt. Gegenüber, in der ersten Kapelle des linken Seitenschiffes, wird in einem Silberrahmen das von der Wand gelöste byzantinische Fresko der **Madonna della Bruna** verehrt. Ihr ist der Dom geweiht (siehe Exkurs „Ein Triumph für die Madonna"). Auf der linken Seite folgen sehenswerte Kapellen, in der letzten steht eine eindrucksvolle Krippe aus Stein.

Sasso Barisano

Vor der Domfassade öffnet sich eine Balustrade mit Blick auf den Sasso Barisano, zu dem die breiten Treppen der Via San Nicola del Sole hinabführen. Es ist zugleich der schnellste Weg, um die **Ca-**

sa Ortega zu erreichen. Der spanische Künstler **José Garcia Ortega** (1921–1990), ein Gegner der Franco-Diktatur, verbrachte einige Jahre in Spanien im Gefängnis und lebte ab den 1950er Jahren im Exil in Frankreich und Italien. Zu Beginn der 1970er Jahre hielt er sich in Matera auf. Fasziniert von der Pappmaché-Technik, die bei der Konstruktion des Festkarrens der Madonna della Bruna (siehe Exkurs „Ein Triumph für die Madonna") heute noch zur Anwendung kommt, entwickelte er einen neuen Stil. Diese farbintensiven Reliefbilder kann man heute in seinem damaligen, inzwischen restaurierten Wohnhaus bewundern, zusammen mit Keramiken des lokalen Künstlers *Giuseppe Mitaronda.* In den 1980er Jahren kaufte sich *Ortega* ein Haus in Bosco, einem winzigen Ort im südlichsten Cilento am Golf von Policastro. Hier fühlte er sich an seine spanischen Heimat erinnert.

Die **Orientierung im steinernen Labyrinth** wird durch den überall aufgestellten Plan „I percorsi nei sassi" mit dem beruhigenden roten Punkt SIETE QUI („Sie befinden sich hier") erleichtert. Aber keine Angst, es kann sogar Spaß machen, sich ein bisschen zu verirren.

Einige der **Felskirchen,** wie San Pietro Barisano, Madonna de Idris, S. Giovanni in Monterrone oder Santa Lucia alle Malve, können auch mit einem Sammelticket besucht werden.

■ **Oltre l'Arte,** Mobil 32 79 80 37 76, 34 59 39 16 59, www.oltrelartematera.it. I.d.R. April bis Okt. tägl. 10–19 Uhr, Nov. bis März 10–16 Uhr. Eintritt 3/2 € für 1 Kirche, 5/3,50 € für 2 Kirchen, 6/4,50 € für 3 Kirchen.

■ **Casa Ortega,** Via San Nicole del Sole, Mobil 36 69 35 77 68, www.casaortega.it. April und Mai Sa und So 15–18 Uhr, von Di bis Fr nur nach vorheriger Anmeldung für kleine Gruppen, Juni bis Aug. Di bis So 16–20 Uhr, Sept. bis März Di bis So 10–14 Uhr bzw. am Nachmittag nach vorheriger Anmeldung. Eintritt 5/3,50 €.

Im Sasso Barisano laufen alle Treppenwege im Tal in der **Via Fiorentini** zusammen, der von Palazzi des 17. und 18. Jh. gesäumten Hauptachse. Einige dieser spanisch anmutenden Mini-Paläste dienen als B&B oder Hotel, andere suchen die Erinnerung an alte Handwerksberufe lebendig zu erhalten. Mehrere Gebäude wurden von einer privaten Initiative zum **Museo Laboratorio della Civiltà Contadina** verbunden

■ **Museo Laboratorio della Civiltà Contadina,** Via S. Giovanni Vecchio 60, Tel. 08 35 34 40 57, Mobil 32 86 11 34 54, 32 71 47 04 40, www.museolaboratorio.it. Tägl. 9–13 und 16–19 Uhr. Eintritt 3 €.

Die **Grottenkirche S. Pietro Barisano** war bis zum 18. Jh. Pfarrkirche des Viertels. 1755 wurde ihr die schlichte Barockfassade vorgeblendet. Im Inneren verraten starke Pfeiler und ein romanisches Taufbecken ihren Ursprung aus dem 12./13. Jh. Unterirdische Gewölbe mit ausgehauenen Körpernischen dienten der Mumifizierung verstorbener Kleriker.

Die Via S. Antonio Abate führt um den Sporn der Cívita, die Via Madonna della Virtù setzt sich am Rand der Gravina in Richtung Sasso Caveoso fort. Rechter Hand öffnet sich die mit Säulen, Apsiden und Altartisch im 11. Jh. vollständig aus dem Fels gehauene **Kirche Madonna della Virtù.** Die direkt oberhalb gelegene **Grottenkirche S. Nicola dei Greci** schmücken schöne Fresken aus dem 12. bis 14. Jh. Von Mitte Juni bis Mitte Oktober bieten die beiden Felskirchen und der in den Stein geschlagene Weinkeller Wechselausstellungen zeitgenössischer Kunst einen äußerst spannenden Raum. Seit 1959, als das Leben in den Sassi und mit ihm alle Werte zu Ende zu gehen drohten, ist hier der **Kulturverein La Scaletta** aktiv.

Complesso Rupestre Madonna della Virtù e San Nicola dei Greci, Via Madonna delle Virtù, Mobil 37 74 44 88 85, www.caveheritage.it, www.lascaletta.net. März Mo bis Fr 10–13.30 Uhr, Sa, So zusätzl. 15–17.30 Uhr, April und Mai tägl. 10–13.30 und 15–18 Uhr, Juni bis Sept. tägl. 10–20 Uhr, Okt. tägl. 10–13.30 und 15–18 Uhr, Nov. bis Febr. tägl. 10–13.30 Uhr. Eintritt 5/3,50 €.

Die **Via Madonna della Virtù** verläuft parallel zur Gravina di Matera. An der Piazza Pistola auf Höhe des Ex Convento Santa Lucia alla Cívita – hier soll ein weiteres Besucherzentrum des Parco della Murgia Materana öffnen – führt ein alter *tratturo* (Wirtschaftsweg) in die Gravina hinab (siehe „Wandern").

Kurz vor der Piazza San Pietro Caveoso führen Treppenstufen hoch zum **Palazzo Pomarici** aus dem 18. Jh., Heimat des außergewöhnlich bestückten **Museo della Scultura Contemporanea Matera (MUSMA).** Die in freskengeschmückten Sälen und in Fels geschlagenen Grottenräumen ausgestellten Werke moderner

☐ Via San Potito – in den Sassi angebrachte Stadtpläne helfen bei der Orientierung

Basili19-074 pa

Carlo Levi und die Sassi von Matera

Die **eindringliche Schilderung der Sassi und der damals dort herrschenden hygienischen Zustände** in den 1945 publizierten Erinnerungen von *Carlo Levi* trug maßgeblich dazu bei, dass die Felswohnungen Anfang der 1950er Jahre geräumt und ihre Bewohner in moderne Behausungen umquartiert wurden. Der zitierte Bericht stammt aus dem Munde von *Levis* Schwester, einer praktizierenden Ärztin (*Carlo Levi,* **Christus kam nur bis Eboli,** Europa Verlag, Hamburg, 2003, S. 92 ff.).

„Die Türen standen wegen der Hitze offen, und ich sah in das Innere der Höhlen, die Licht und Luft nur durch die Türe empfangen. Einige besitzen nicht einmal eine solche; man steigt von oben durch Falltüren und über Treppchen hinein. In diesen schwarzen Löchern mit Wänden aus Erde sah ich Betten, elenden Hausrat und hingeworfene Lumpen. Auf dem Boden lagen Hunde, Schafe, Ziegen und Schweine. Im Allgemeinen verfügt jede Familie nur über eine solche Höhle, und darin schlafen alle zusammen, Männer, Frauen, Kinder und die Tiere. So leben zwanzigtausend Menschen. Kinder gab es unzählige. In der Hitze, im Staub, fliegenumschwärmt tauchten sie von allen Seiten auf, entweder ganz nackt oder mit ein paar Lumpen bekleidet. Ich habe noch nie ein solches Bild des Elends erblickt, und dabei bin ich doch in meinem Beruf gewöhnt, täglich sehr viele arme, kranke und schlecht gepflegte Kinder zu sehen. (…) Die mageren Weiber; mit unterernährten,

Basili19-075 pa

schmutzigen Säuglingen an den welken Brüsten, grüßten mich freundlich und trostlos; es wirkte auf mich, als wäre ich in der blendenden Sonne in eine von der Pest heimgesuchte Stadt geraten. Ich stieg immer weiter bis zum Grund der Schlucht hinab, auf die Kirche zu, und eine große Menge von Kindern lief in einer Entfernung von ein paar Schritten hinter mir her und wuchs immer mehr an. Sie riefen etwas, aber ich konnte nicht erfassen, was sie in ihrem unverständlichen Dialekt forderten. Ich stieg weiter hinunter, und sie kamen mir immer nach und hörten nicht auf zu rufen. Ich dachte, sie wollten ein Almosen, und blieb stehen, und da erst unterschied ich ihre Worte, die sie ihm Chor schrien: „Fräulein, gib mir Chinin!" Ich verteilte das bisschen Kleingeld, das ich bei mir hatte, damit sie sich Bonbons kauften, aber das wollten sie gar nicht, sie baten weiter inständig um Chinin. Inzwischen waren wir auf dem Grund der Schlucht bei Santa Maria de Idris, einer schönen Barockkirche, angelangt, und als ich aufblickte, sah ich endlich ganz Matera wie eine schräge Mauer. Von hier wirkte es fast wie eine richtige Stadt. Die Fassaden der Höhlen, die wie weiße, nebeneinander stehende Häuser aussahen, schienen mich mit den Türlöchern wie schwarze Augen anzusehen. So ist es wirklich eine sehr schöne, malerische und eindrucksvolle Stadt."

< Sasso Barisano – (Höhlen-)Häuser gruppieren sich um Innenhöfe und bilden die sogenannten vicinati

und zeitgenössischer Künstler ermöglichen nicht zuletzt einen inspirierenden Blick auf Vergangenheit, Gegenwart und Zukunft der steinalten und dennoch zeitlosen Stadt. Die vom Mailänder Verleger und Sammler *Scheiwiller* gestiftete **Biblioteca Vanni Scheiwiller** ist eine Fundgrube für kunstaffine Leser.

■ **MUSMA – Palazzo Pomarici,** Via S. Giacomo, Mobil 36 69 35 77 68, www.musma.it. April bis Sept. 10–14 und 16–20 Uhr, Okt. bis März 10–18 Uhr, Mo geschl. Eintritt 5/3,50 €.

Oberhalb des MUSMA – Palazzo Pomarici unterhält der **FAI,** eine gemeinnützige Stiftung für Denkmalpflege und Naturschutz, eine multimediale Ausstellung in einem elegant restaurierten Adelspalast. Auf die Wände wird das **Video „I Sassi invisibili"** projiziert, Einladung zu einer virtuellen Zeitreise und ideale Vorbereitung für einen Rundgang durch die analoge Realität.

■ **Casa Noha,** Recinto Cavone 9, Tel. 08 35 33 54 52, www.casanoha.it. April bis Okt. 9–18 Uhr, Nov. bis März 10–16.30 Uhr, jeweils Mi bis So, Febr. geschl. Eintritt 4/2 €.

Sasso Caveoso

Zurück auf der Via Madonna delle Virtù, sieht man die sich auf einem Felsvorsprung über der Gravina erhebende **Kirche S. Pietro Caveoso,** die im 17. Jh. auf den Resten eines älteren Vorgängerbaus als eine der wenigen Kirchen nicht in den Fels gegraben, sondern aufgemauert wurde. Ihr Inneres ist reich geschmückt.

Wenige Schritte von der Piazza S. Pietro Caveoso bietet die **Casa Grotta** interessante Einblicke in den vergangenen Lebensalltag der Sassi-Bewohner. Die **ty-**

pische Höhlenbehausung war bis ins Jahr 1956 bewohnt und ist immer noch vollständig eingerichtet. Hinzu denken muss man sich das Gedränge und den Geruch. Elf Menschen, ein Esel, ein Schwein und Federvieh teilten sich den Platz. Am Ende der Grotte lagen der Stall und die Mistgrube, der fermentierende Mist diente als Zentralheizung. Die Menschen benutzten den *cantero,* einen hohen Tontopf, als Toilette. Fließend Wasser gab es nicht, Regenwasser musste in einer Zisterne unter dem Boden aufgefangen werden. Das wichtigste Möbelstück ist ein großes Bett, auf dem die Eltern und die jüngsten Kinder schliefen. Die kleinen Kinder schliefen in der aufgezogenen obersten Schublade der Kommode, und auf die Kommode legte sich der ältere Nachwuchs zum Schlafen. Die Mahlzeiten wurden gemeinsam an einem kleinen Tisch aus der großen Schüssel eingenommen. Der Webstuhl befand sich selten im Besitz ärmerer Leute. Er wurde nur gemietet, um die Aussteuer darauf zu weben.

■ **Casa Grotta,** Vicinato di Vico Solitario 11, Tel. 08 35 31 01 18, www.casagrotta.it. Tägl. 9.30 Uhr bis zum Einbruch der Dunkelheit. Eintritt 3/2 €.

Am Ende des Vico Solitario liegt die **Grottenkirche S. Lucia alle Malve.** Vom 9. bis Ende des 13. Jh. wurde sie von Basilianermönchen, später von Benediktinerinnen genutzt. Eines der drei in den Fels geschlagenen Kirchenschiffe diente noch bis vor einigen Jahren als Kultraum, während die anderen beiden zuletzt als Wohnung und Stall genutzt wurden. Kräftige Pfeiler stützen die Decke, in der konzentrische Kreise Kuppeln andeuten. Ein Teil der Fresken aus dem 12. bis 14. Jh. konnte durch die Restauration gerettet werden. Wunderschön ist eine stillende Muttergottes.

Basili19-076 pa

[>] Der Monterrone erhebt sich aus dem Sasso Caveoso; auf ihm thront die Chiesa S. Maria de Idris

Der Rione Malve wird von einem Felsen („Monterrone") überragt. Treppenstufen führen zur **Kirche S. Maria de Idris** hoch. Der Name, eine Verschleifung des griechischen *odojitria,* meint die Muttergottes in ihrer Eigenschaft als „Wegbegleiterin". Nach dem Einsturz des Grottengewölbes wurde die Kirche im 15. Jh. zur Hälfte neu aufgemauert. Ein Felsgang führt weiter in die **Kapelle S. Giovanni in Monterrone** mit schönen Fresken, die bis ins 12. Jh. datieren.

Interessante Einblicke in die frühere öffentliche Wasserversorgung der Sassi mit Aquädukten und Zisternen bietet die Kulturinitiative „Sassi, Santi e Secoli".

Die **Chiesa del Purgatorio vecchio** bildet den Eingang zur Unterwelt.

La Raccolta delle Acque, Via Purgatorio Vecchio 12/13 (Via Buozzi), Mobil 34 06 65 91 07 *(Giovanni Festa),* www.laraccoltadelleacquematera.it. Nov. bis März tägl. 10–13 und ab Jan. auch 15–18 Uhr, April bis Okt. tägl. 10–13 und 15–19 Uhr.

Der **Vicinato delle Malve** ist ein typisches Beispiel für mehrere Höhlenwohnungen, die sich um einen gemeinsam genutzten Innenhof mit Zisterne gruppierten. Einen gemeinsamen Hof teilen sich auch die vier Felskirchen des vom 14. bis zum 15. Jh. angelegten **Convicinio di Sant'Antonio.** Von der Terrasse genießt man einen besonders schönen Blick auf den Sasso Caveoso.

Auf dem Weg über die Via Buozzi zurück zur Piazza Pascoli lohnt der Abstecher in das südlich gelegene Viertel **Casalnuovo.** Vorbei an ehemaligen Weinkeltern erreicht man einen Belvedere über der Gravina. Hier führen Treppenstufen zur **Chiesa rupestre di S. Barbara,** dem vielleicht schönsten Beispiel einer byzantinischen Grottenkirche in Matera. Vorbilder solcher Kirchen finden sich in Kappadokien. Die wunderschön bemalte Ikonostase ist aus einem Stück aus dem Fels gehauen. Auf mehreren Fresken ist die hl. Barbara mit dem Turm als Attribut zu sehen. Die Felskirche ist z.Z. noch *in restauro,* soll aber ab 2019 zur Besichtigung freigegeben werden. Nicht minder faszinierend ist im Rione Casalnuovo eine komplett in den Fels geschlagene **Ölmühle,** deren älteste Räume auf das 15./16. Jh. datieren. Die Mühle war bis ins 19. Jh. in Betrieb, wurde laufend erweitert und technisch modernisiert. Zum Schluss dienten die Felsräume als Weinkeller. Jahrelange Ausgrabungen und eine vorbildliche Restaurierung haben die alte Mühle, komplett mit Mahlsteinen, Pressen und Becken für das gepresste Öl, wieder zum Vorschein gebracht. Im einzigartigen Ambiente des **Matera Olive Oil Museum (MOOM)** können Besucher seit 2016 den kompletten Zyklus der Olivenölproduktion nachvollziehen. Am Schluss wird eine Öldegustation angeboten.

MOOM, Via Casalnuovo 3, Mobil 38 07 01 50 42 *(Marco Montemurro),* www.moom.bio. Über ein Online-Formular muss man sich 3 Tage vorher anmelden! Eintritt 5/4 €.

Murgia Materana

Zu einem Besuch von Matera gehört der Abstecher auf das **Hochplateau im Osten der Gravina,** das von der SS 7 in Richtung Laterza (Apulien) zu erreichen ist. An Wochenenden verkehren auch Linienbusse aus der Stadt. Wer kein eigenes Fahrzeug besitzt und sollte der *ponte tibetano* geschlossen sein, kann man für den Ausflug die Dienste eines Führers in Anspruch nehmen.

Kurz nach dem Abzweig von der SS 99 folgt, leicht zu übersehen, die **Kirche S. Maria della Valle,** die größte und eine der ältesten Grottenkirchen von Matera. Die gotische Fassade mit eleganten Blendbögen wurde um 1303 von *Leorio di Táranto* gestaltet.

Fährt man weiter in Richtung Westen, kommt man an den *tufare* vorbei, den großartigen **Steinbrüchen,** die das Material für die Kathedrale und die Bauten auf dem Piano geliefert haben. Der Bildhauer *Antonio Paradiso* nutzt einen der aufgelassenen Steinbrüche als **Freiluftmuseum** für seine künstlerischen Arbeiten. Ausgestellt sind auch Werke von *Mauro Staccioli, Hidetoshi Nagasawa* und weiteren zeitgenössischen Künstlern. Ein faszinierender Raum!

Parco Sculture La Palomba, Km 580,100 der SS 7, Mobil 32 89 71 61 35 *(Antonio)*, 33 98 66 31 96. Frei zugänglich, Spende erwünscht.

Von der SS 7 zweigen unterwegs immer wieder Stichstraßen ab, die zum Rand der Gravina und zu weiteren Grottenkirchen führen, wie zum Beispiel das **Santuario S. Maria della Palomba.** Ein besonders schöner Blick auf die Sassi von Matera bietet sich von der **Chiesa Madonna delle Vergine.**

Die Zufahrt zum **Belvedere auf der Murgia Timone** am Km 583,100 der SS 7 ist angezeigt. Unterwegs kommt man am **Jazzo Gattini** vorbei, **Besucherzentrum des Parco della Murgia Materana** (siehe „Wandern"). Auf dem flachen Hügel nördlich der Masseria ist der **Verteidigungsgraben eines jungsteinzeitlichen Dorfes** zu erkennen, Reste einer der ältesten menschlichen Ansiedlungen in Europa. An der Geländekante der Gravina liegen einige sehenswerte Grottenkirchen. Vom Belvedere aus sind es nur knapp 150 m bis zur **Madonna delle Tre Porte,** einst eine der schönsten Felskirchen des Materano. Leider sind viele der Fresken aus dem 12. bis 17. Jh. zerstört worden. Im Süden – jenseits des Vallone della Lupara – liegt einsam die **Madonna delle Croci** mit einem wunderschönen Apsisfresko aus dem 12. Jh., das eine thronende Muttergottes zeigt (siehe „Wandern").

☐ Felskirche Madonna delle Croci

Basili19-077 pa

Cripta del Peccato Originale

Den **ältesten und bemerkenswertesten Freskenzyklus** birgt eine erst 1963 wiederentdeckte Felskirche in der Gravina di Picciano wenige Kilometer südlich von Matera (SS 7 Richtung Migliónico und kurz vor der Brücke über den Fiume Bradano rechts Richtung Cantina Dragrone). Ein alter Bauer konnte sich erinnern, als junger Hirte mit seinen Schafen in der Felsgrotte Zuflucht gefunden zu haben, die der vielen Bilder wegen **Grotta dei Cento Santi** („Grotte der hundert Heiligen") genannt wurde. Nach aufwendigem *restauro* der Öffentlichkeit zugänglich, strahlen die Fresken (Ende 8. bis Anfang 9. Jh.) im ursprünglichen Glanz. Sie gelten als Meisterwerke der berühmten benediktischen Malschule des langobardischen Herzogtums Benevent (Kampanien). Auf der Rückwand breitet sich ein prachtvoller Genesiszyklus aus. Die einzelnen Szenen verbindet ein Meer mohnroter Blumen. Auf der linken Seite ist die Scheidung von Finsternis und Licht bzw. von Gut und Böse dargestellt, symbolisiert durch eine männliche Figur mit verschränkten Armen und eine Frau mit weit geöffneten Armen. Die rechte Seite des Freskos zeigt die Erschaffung *Adams* und *Evas*, die Versuchung durch die Schlange und den **Sündenfall** (ital. *peccato originale*). An dieser Stelle kann man sich auch Gedanken darüber machen, warum auf den meisten bekannten Darstellungen *Eva Adam* mit einem Apfel verführt, die beiden aber nach ihrem Rauswurf aus dem Paradies Feigen- und keine Apfelblätter tragen, um ihre Scham zu verhüllen … Dieses Bild zeigt den Feigenbaum ohne Zensur. Die Feige ist ein uraltes Fruchtbarkeitssymbol. Mündet die Erkenntnis der beiden nicht zuletzt in die Entdeckung der eigenen Sexualität? In der linken Grottenwand öffnen sich drei Apsisnischen. Die erste zeigt neben dem hl. Johannes das apostolische Brüderpaar hl. Petrus und hl. Andreas als Symbolträger von West- und Ostkirche. Die mittlere Nische nimmt eine kaiserlich gekrönte Madonna mit Kind ein. In der letzten Nische schließlich sind die drei Erzengel *Gabriel*, *Michael* und *Raphael* zu sehen.

■ **Cripta del Peccato Originale,** SP Fondo Valle del Bradano sulla SS 7 Appia, Contrada Petrapenta – Masseria Dragone, GPS: 40.618611, 16.557006. Besuch nur nach vorheriger Anmeldung auf der Website, Führungen c/o Coop. Synchronos, Mobil 32 03 34 53 23, www.criptadelpeccatooriginale.it. Nov. bis Febr. Di bis So 9, 10.30, 12 und 15 Uhr, im März und Okt. zusätzl. 16.30 Uhr und April bis Sept. auch 18 Uhr. Eintritt 10/8 €.

Grotten und Canyons

Matera ist der Star, aber auch im nahen **Apulien** gibt es tiefe Talschluchten und faszinierende Höhlenstädte wie Gravina in Puglia, Laterza, Ginosa, Castellaneta, Móttola oder Massafra. Und es gibt als kulinarische Besonderheit die *fornelli*, Metzgereien mit einem Ofen. Jeder sucht sich sein Lieblingsstück in der Theke aus, am Spieß wandert es in den eichenholzbefeuerten Ofen und wird langsam gegart. Erst zum Schluss rückt der Spieß an die Glut. Dadurch ist das Fleisch außen knusprig und bleibt innen saftig. Dazu ein Stück Brot und ein Glas Wein. *Salute Puglia!*

■ **Amann, Peter:** *Apulien – mit Gargano und Salento.* Reise Know-How Verlag

Information

APT Regione Basilicata
Etwas abseits gelegen auf dem Piano, 2019 öffnet eine weitere Infostelle im EG des Palazzo dell'Annunziata an der Piazza Vittorio Veneto. Tägl. 9–18.30 (21) Uhr.
Via De Viti De Marco 9, Tel. 08 35 33 19 83, www.aptbasilicata.it, www.basilicataturistica.it

Centro Visita Parco della Murgia Materana und CEA di Matera
Besucherzentrum jenseits der Gravina im Jazzo Gattini mit netter Bar (s.u.). April bis Okt. tägl. 9.30–13 und 16–18.30 Uhr, Nov. bis März 9–13.30 Uhr. Abzweig am Km 583.100 der SS 7 in Richtung Laterza.
Contrada Murgia Timone, Tel. 08 35 33 22 62, Mobil 38 88 92 54 07, 32 77 33 30 16, www.ceamatera.it

Ente Parco della Murgia Materana
Verwaltung des Parco Murgia, im selben Gebäude hat auch der **Kulturverein La Scaletta** seinen Sitz. Ein Besucherzentrum im Ex-Convento Santa Lucia alla Cívita an der Via Madonna della Virtù ist in Planung. Mo bis Fr 8–14 Uhr, Di und Do auch 15.30–18.30 Uhr.
Via Sette Dolori 10, Tel. 08 35 33 61 66, www.parcomurgia.it

Pro Loco Matera
Das Fremdenverkehrsbüro öffnet Mo, Mi und Fr.
Via Lucana 184, Tel. 08 35 33 55 08, Mobil 32 89 33 35 48, 32 91 95 46 67, www.prolocomatera2019.it

Websites & Apps

www.comune.matera.it/vivere-matera-turismo, offizielle Website der Stadtverwaltung.

www.matera-basilicata2019.it, offizielle Website der Initiative „Matera 2019 – Capitale Europea della Cultura".

www.isassidimatera.com, sehr informative Website von *Uccio Acquansanta,* einem offiziellen Sassi-Führer.

www.sassiland.com, Veranstaltungstipps und Termine.

www.sassiweb.it, seit 1998 online und immer auf dem neuesten Stand!

Il Parco accessibile, etwas lahme App zum Parco della Murgia Materana.

ioapt, offizielle App der APT Basilicata.

Matè, private Reise-App, die einen gedruckten Reiseführer jedoch kaum ersetzen dürfte.

Sassi-Führungen

Auf einem **professionell** geführten Rundgang sieht man oft mehr. Hingegen sollte man auf die Dienste der manchmal aufdringlich auftretenden selbst ernannten Führer freundlich verzichten.

Slow Italy Tours – Ferula Viaggi
Die zuverlässige Agentur kümmert sich um alle touristischen Belange und fungiert zugleich als Info-Point des Pollino-Nationalparks. *Michele Capiello* organisiert zusammen mit Schwester *Dora* (spricht Deutsch) und Frau *Flavia* Sassi-Führungen und Wanderungen im Parco della Murgia Materana. *Michele* ist aus dem kulturellen Leben der Sassi-Stadt nicht fortzudenken, seit Jahren ist er einer der Mitorganisatoren des Musikfestivals Gezziamoci.
Via Cappelluti 34, Tel. 08 35 33 65 72, Mobil 32 84 56 16 52, www.materaturismo.it, www.ferulaviaggi.it, www.bikebasilicata.it

Nuovi Amici dei Sassi
Seit Anfang der 1990er Jahre bieten die „Sassi-Freunde" ihre fachkundige Begleitung an.
Piazza del Sedile 20, Tel. 08 35 33 10 11, Mobil 33 84 78 63 54, www.amicisassiguide.it

Oltre l'Arte
Die seit 2008 bestehende Kooperative verkauft vor Ort Tickets zum Besuch folgender Felskirchen: S. Lucia alle Malve, Madonna de Idris, S. Giovanni in Monterrone und S. Pietro Barisano. Darüber hinaus werden Sassi-Führungen angeboten und Audioguides zum Besuch der Kathedrale verliehen.
Via Lanera 11, Mobil 32 79 80 37 76, 34 59 39 16 59, 36 62 23 05 17, www.oltrelartematera.it

Basili19-078 pa

⌃ Auch schicke Hotels wie das Corte di San Pietro sahen zunächst so aus

Übernachten (Plan Umschlag hinten)

In den letzten Jahren – auch im Hinblick auf das Megaevent „Matera 2019" – sind in der Stadt Aberhunderte Lizenzen für die Eröffnung von B&Bs und Ferienwohnungen erteilt worden, auch das Angebot von Airbnb füllt mehrere Bildschirmseiten. Sogenannte Superhosts stellen ihren Gästen ihre Ortskenntnis zur Verfügung und bieten Entdeckungstouren an.

28 Albergo Italia②-③
Das von der Besitzerin *Rosalia Giura Longo* aufmerksam geführte, etwas ältere Hotel gegenüber der Chiesa del Purgatorio überblickt den Sasso Caveoso. Die Zimmer des alten Palazzo sind unterschiedlich möbliert, einige mit toller Aussicht auf die Sassi (kleiner Aufpreis). Im Sommer und an Wochenenden sind die Zimmer zur Straße hin laut. Man kann zum Gepäckausladen vorfahren. 46 Zi.
Via Ridola 5, Tel. 08 35 33 35 61,
www.albergoitalia.com

2 Albergo Roma② (Plan S. 142)
Einfaches, empfehlenswertes Traditionshotel in Gehdistanz zum Bahnhof und zur Piazza Vittorio Veneto. Zimmer und Bäder sind sauber, die Betten in Ordnung. Frühstück gibt es in der nächsten Bar. Im 1. Stock gelegen. 9 Zi.
Via Roma 62, Tel. 08 35 33 39 12,
www.albergoroma-matera.it

29 Casa Diva②
MEIN TIPP: Eine wunderbare Bleibe wenige Schritte von der Piazza San Francesco mit schönen Blicken in den Sasso Caveoso! Bilder und Gegenstände in den äußerst komfortabel ausgestatteten Zimmern halten die Erinnerung an Bewohner Materas wach, z.B. in der Stanza dell'Amore an die stadtbekannte Prostituierte *Elisa*. „Ritratti di gente vera, vissuti a Matera", so lautet das Motto von *Francesca Divella* und *Claudio Amendolasine*. Opulentes Frühstück, auf Wunsch auch vegan und glutenfrei. 8 Zi.
Vico Giumella 3, Tel. 08 35 24 03 54,
Mobil 39 13 14 92 57, www.casadiva.eu

34 Corte San Pietro③
MEIN TIPP: Leben wie im *vicinato*: Gästezimmer gruppieren sich um einen Innenhof. *Fernando* und *Marisa Ponte* haben beim Restaurieren der Höhlenwohnungen ein besonders geschicktes Händchen bewiesen. Ihre schicke Bleibe nennen sie humorvoll und nicht ganz unzutreffend „Stalle a cinque stelle" (Fünf-Sterne-Ställe). Tatsächlich können Gäste zwischen den drei klassischen Architekturtypen der Sassi auf Zeit wählen. Neben *camere in grotte*, komplett in den Fels geschlagenen Behausungen, gibt es noch die *camere palaziate* – halb Höhle, halb mit dem frei gehauenen Material konstruierte, davor gesetzte Räume – und *camere costruite*. *Fernando* und *Marisa* sind Pioniere, 1986 haben sie ihr erstes Haus in den Sassi gekauft. Im Lauf der Zeit haben

sie eine Reihe pfiffiger und eleganter Baulösungen entwickelt. Die Arbeiten dauern an, eine Spa ist im Bau. Die freigelegten Wasserzisternen dienen z.T. als Ausstellungsräume. Feines Frühstück! 13 Zi.
Via B. Buozzi 97 bis, Tel. 08 35 31 08 13,
Mobil 33 56 46 79 79, www.cortesanpietro.it

10 Hotel in Pietra②-④
Boutique-Hotel im Sasso Barisano. Komfortable Zimmer mit modernen Holzmöbeln, entworfen von der aus Brasilien stammenden Besitzerin *Anna Cristina Bergamini.* Wine-Bar. Übernachtungspreis inkl. Garagenplatz in Gehdistanz (Anfahrtsbeschreibung auf der Website). Wie auch das benachbarte Sassi Hotel (s.u.) zu Fuß am besten über die Via San Rocco von der gleichnamigen Piazza aus zu erreichen. *Roberto Cristallo, Anna Christinas* Mann, ist begeisterter Motorradfahrer und kann in dieser Hinsicht viele gute Tipps geben! 7 Zi., 2 Suiten.
Via San Giovanni Vecchio 22,
Tel. 08 35 34 40 40, www.hotelinpietra.it

35 La Casa di Lucio – Hotel Relais③-④
Elegante, komfortable und unterschiedlich große Apartments in restaurierten Gebäuden im Sasso Caveoso. Man kann bis in die Nähe mit dem Auto vorfahren und Gepäck ausladen. *Anna Calia* und *Lucio* halten ihre Rezeption ganzjährig geöffnet. Den beiden gehören auch das nahe Hotel Sant'Angelo (s.u.) und das Ristorante Regia Corte, das die lokale Arme-Leute-Küche adelt. 7 Suiten.
Via S. Pietro Caveoso 66,
Tel. 08 35 31 27 98, www.lacasadilucio.it

15 Le Monacelle①-③
MEIN TIPP: Der ehemalige Konvent hinter dem Dom wurde mit Gusto restauriert und steht seit Jahren als Hotel Gästen offen. Geräumige, blitzsaubere und geschmackvoll möblierte Zimmer. Terrasse mit großartiger Aussicht (direkt über dem unvergleichlich teureren Sextantio – Le Grotte della Cività, s.u.), auf der man gerne die Abende verbringt. Nette Bar, auf Wunsch wird für kleine Gruppen auch gekocht. Im selben Gebäude auch das preisgünstige **15 Ostello Le Monacelle** mit zwei schönen Gruppenschlafräumen. 10 Zi., 3 Suiten.
Via Riscatto 9/10, Tel. 08 35 34 40 97,
Mobil 33 98 44 99 36 *(Marcello),*
www.lemonacelle.com

7 Locanda di San Martino – Hotel e Termae nei Sassi di Matera②-③
MEIN TIPP: Das feine Hotel wurde 2003 von *Dorothy Zinn,* einer amerikanischen Anthropologin, und ihrem aus Matera stammenden Mann *Antonio Panetta* eröffnet. Es handelt sich um einen Vicinato, der die entweihte namensgebende Chiesa di San Martino umgibt. Die edel restaurierten Felswohnungen sind gut durchlüftet und mit Klimaanlage ausgestattet, die Betten prima. Von den Balkonen Blicke in den Sasso Barisano. Absolut grandios sind der Pool und das Schwitzbad in den ehemaligen in den Fels geschlagenen Zisternen! Wunderbares Frühstück! Das Ganze zu erfreulichen Preisen! Gegen Aufpreis Garage in der Nähe, Anfahrtsskizze auf der Website. An der Rezeption wird deutsch gesprochen. 33 Zi., 5 Suiten, 2 Ap.
Via Fiorentini 71, Tel. 08 35 25 66 00,
www.locandadisanmartino.it

1 Palace Hotel③ (Plan S. 142)
Besitzergeführtes Business-Hotel in modernem Geschäftsviertel 10 Gehminuten von der Piazza V. Veneto, Bahn- und Busbahnhof nahebei. Großer Parkplatz, daher ideal für Autofahrer. 55 Zi., 10 Suiten.
Piazza M. Bianco 12, Tel. 08 35 33 05 98,
www.palacehotel-matera.it

16 Palazzo Viceconte③-④
Der Adels-Palazzo wenige Schritte von der Piazza Duomo bietet seinen Gästen eine geradezu verschwenderische Raumfülle, gegen einen fairen Aufpreis sogar Parkplätze im Innenhof (Anfahrt über Via delle Beccherie und Via Duomo). Der Piano nobile beherbergt die große Gemäldesammlung der aktuellen Besitzer, weitaus interessanter als die Caravaggio-Epigonen sind jedoch die Werke des Fotografen *Pino Settanni* (1949–2001). Der absolute Clou ist die riesige Dachterrasse mit weiten Blicken über Sassi, Gravina und Murgia. 7 Zi., 7 Suiten.
Via San Potito 7, Tel. 08 35 33 06 99,
08 35 33 96 21, www.palazzoviceconte.it

31 Sant'Angelo – Luxury Resort③-④
Edel restaurierter Gebäudekomplex im Sasso Caveoso. Geräumige Zimmer und Suiten in ehemaligen Höhlenwohnungen mit großartiger Aussicht. Die Möblierung ist vornehm zurückhaltend, sanitäre Anlagen und Komfort entsprechen den fünf Sternen. Angenehmes Raumklima. Mit dem Auto kann man zum Gepäckausladen unterhalb des Hotels halten. 23 Zi. bzw. Suiten
Piazza San Pietro Caveoso – Rione Pianelle,
Tel. 08 35 31 40 10, www.hotelsantangelosassi.it

9 Hotel Sassi②-③
Mein Tipp: Das ausgesprochen charmante Haus inmitten des Sasso Barisano steht unter der aufmerksamen Leitung des Besitzers *Pier Giorgio Padula*, es handelt sich um das erste in den Sassi eröffnete Hotel. Die individuell gestalteten Zimmer sind teilweise ins Gestein geschlagen, andere nehmen die Räume eines Palazzo aus dem 18. Jh. ein. Geschmackvolle Möblierung, gute Betten, Heizung und Klimaanlage. Sehr nett auch die Einzelzimmer. Frühstücksraum in einem alten Grottenhaus. Herrliche Terrassen mit Blick auf die Sassi und den Dom. Vertrags-Garage auf dem Piano gegen fairen Aufpreis. 35 Zi.
Via San Giovanni Vecchio 89,
Tel. 08 35 33 10 09, Mobil 33 11 94 00 56,
www.hotelsassi.it

17 Sextantio Albergo Diffuso – Le Grotte della Cívita③-④
Wahrer Luxus! Das ambitionierte Grottenhotel von *Daniele Kilghren* wurde 2009 nach zehnjährigem Vorlauf eröffnet und ist Teil eines groß angelegten Projekts, das die Wiederbelebung einer Reihe von verlassenen italienischen Bergorten vorsieht (das erste erfolgreiche Beispiel war S. Stefano di Sessanio in den Abruzzen). Konsequenter als in den anderen Höhlenhotels in Matera erfolgte hier die Restaurierung. Ultramoderne Technik versieht fast unsichtbar ihren Dienst, so sorgen z.B. Fußbodenhei-

Basili19-079 pa

zungen für ein wohliges Raumklima. Die riesigen Räume zeigen respektvoll die Spuren früherer Benutzung, sei es als Steinbruch, Lagerraum, Stall, Wohnung oder Kirche. Insgesamt stehen 18 sehr unterschiedliche Grotten in den Varianten Classic, Superior, Suite zur Auswahl. Allen gemein ist die zurückhaltende Möblierung, theatralische Lichtführung und exquisite Badezimmerausstattung. Die warmen Höhlenbehausungen fühlen sich an wie ein gemütlich geschnittenes Kleid auf nackter Haut. Frühstück wird in einer ehemaligen Felskirche serviert. Hier werden auf Wunsch auch Degustationen organisiert. Im Sasso Caveoso zu Füßen der Kathedrale mit freiem Blick auf die Gravina gelegen. Man kann zum Gepäckausladen vorfahren und das Auto anschließend in einer Garage außerhalb der Sassi gegen Gebühr parken lassen.
Via Cívita 28, Tel. 08 35 33 27 44,
Mobil 34 75 21 65 92,
http://legrottedellacivita.sextantio.it

Bed & Breakfast/Apartments

14 Capriotti②
Livio Capriotti betreibt sein nettes B&B zwei Schritte vom Domplatz entfernt. Zwei der Zimmer auch mit kleiner Küche, alle mit separatem Eingang. 3 Zi.
Piazza Duomo, Tel. 08 35 33 39 97,
Mobil 32 96 19 37 57,
www.capriotti-bed-breakfast.it

18 Casa Lamanna②
Das B&B der Familie *Zaccaro* liegt nahe der Kathedrale, aus den beheizbaren Gewölbezimmern bieten sich schöne Blicke auf die Gravina. Bei gutem Wetter wird das Frühstück (auf Wunsch auch glutenfrei) auf der Panorama-Veranda serviert. Küchenbenutzung ca. 5 €/Tag. Der spanische Künstler *José Ortega* lebte zeitweise in diesem Haus. Die Besitzer empfehlen bewachte Parkplätze z.B. an der Via Lucana und holen ihre Gäste auf Wunsch auch ab. 2 Zi. März bis Dez.
Via San Potito 43, Tel. 08 35 33 45 78,
Mobil 34 71 68 60 37,
www.bed-breakfast-casalamanna.it

11 Fra i Sassi Residence②
Das von *Domenico Armenta* zusammen mit seiner Frau *Anna Di Pede* betriebene B&B liegt auf der Sonnenseite des Sasso Barisano. Hier dürfen sich auch Familien mit Kindern wohlfühlen. Es ist genügend Platz vorhanden, sogar für Spielsachen ist gesorgt. Tochter *Maria-Cristina* ist Architektin und hat bei allem respektvollen Umgang mit vorgefundenen (Grotten-)Räumen pfiffige Designideen umgesetzt. Eines der Zimmer ist mit eigener Küche ausgestattet. Von der großen Terrasse genießt man den Blick auf den Dom. 5 Zi.
Via D'Addozio 102,
Tel. 08 35 33 60 20, Mobil 32 86 14 75 26,
www.fraisassiresidence.com

12 Sax Barisano②
MEIN TIPP: *Aldo* und *Rosa Montemurro* betreiben in ihrem kleinen Palazzo im Sasso Barisano ein nettes B&B. In den freundlichen Zimmern zusätzliche Betten, sodass man auch mit Kindern übernachten kann. *Aldos* Vater war Verleger, es gibt daher eine gut bestückte Hausbibliothek. Zum B&B gehören auch ein einladendes Café mit Ristorante (s.u.) und die Kunstgalerie Sax Art. Man kann mit dem Auto zum Gepäckausladen vorfahren. 2 Ap. mit Küche und Waschmaschine.
Via Fiorentini 247, Tel. 08 35 33 16 87,
Mobil 33 58 07 56 69, www.saxbarisano.it

Camper-Stellplätze (Plan S. 142)

6 Stellplätze für Camper am Parcheggio Via Lucana/Ecke Via Vena und wenige Kilometer südlich der Sassi beim **Agriturismo del Pantaleone** – dort auch Zeltmöglichkeiten (Contrada Chiancalata 27, am Kreisverkehr Abzweig von der Via Carlo Levi, GPS: 40.652897, 16.607709, Tel. 08 35 33 52 39, Mobil 39 33 32 11 76, www.agriturismopantaleonematera.it).

☒ Übernachten in der Luxusgrotte:
Sextantio Albergo Diffuso – Le Grotte della Cività

4 Camper-Service bietet auch die zum Parco della Murgia Materana gehörende **Masseria Radogna** (Nähe Jazzo Gattini) auf der Murgia Materana, Abzweig am Km 583,100 der SS 7 in Richtung Laterza, GPS: 40.670897, 16.631631, Mobil 32 02 63 65 28 – sicher die landschaftlich schönste Option!

Essen und Trinken (Plan Umschlag hinten)

20 Baccanti②-③
MEIN TIPP: *Sergios* modern-minimalistisches Lokal in einer ehemaligen Höhlenwohnung im Sasso Caveoso kann als prototypisch für das neue Matera gelten: Identitätsfindung durch Traditionsbewahrung und Hinwendung zur Moderne. Respektvoll, aber ohne Scheuklappen auch die Interpretation der traditionellen Küche. Ausgezeichnete Weinauswahl. Außerdem finden einige, hier gäbe es das beste Brot Materas! So abends und Mo geschl.
Via Sant'Angelo 58/61,
Tel. 083 53 33 37 04, Mobil 32 05 66 35 33,
www.baccantiristorante.it

1 Baccus②
Carlo Pozzuoli hat sein einladendes Ristorante unterhalb des Monastero di Sant'Agostino verlegt. Der Gastraum in einer Grotte ist schlicht und elegant, die Speisekarte übersichtlich, die nach lokaler Tradition pfiffig zubereiteten Gerichte sind köstlich, die Preise fair. Im Sommer stehen die Tische im Freien. Di Ruhetag.
Via Santa Cesarea 34 (Ecke Via D'Addozio),
Tel. 08 35 33 01 24, Mobil 33 96 33 77 13,
www.ristorantebaccus.it

25 Birrificio79①-②
Vier Freunde – *Domenico, Vito, Eustachio* und *Gianfranco* – teilen einen landwirtschaftlichen Background und die Begeisterung am Bierbrauen. 2014 haben sie ihr lässiges Lokal eröffnet und jahrelang als Nomaden in Mikro-Brauereien ihrer Kollegen den Sud angesetzt – seit 2019 besitzen sie ein eigenes Brauhaus in Matera. Aus den Hähnen fließt würziges Weizen, Dry Stout oder IPA. Die Küche ist „glocal", d.h. die Bio-Zutaten sind lokal, die Zubereitung international. Tische auf der kleinen Piazza, gelegentlich Konzerte oder Lesungen in Zusammenarbeit mit der Libreria dell'Arco (s.u.). Mo Ruhetag. Di bis So abends, Do bis So auch mittags.
Via delle Beccherie 56, Mobil 34 87 76 76 87,
32 83 58 73 69 *(Domenico)*, fb

30 Dimora Ulmo④
Nico Andrisani (Kunstsammler), *Michele Castelli* (Küchenchef) und *Francesco Russo* (Sommelier) haben sich beim Essen kennengelernt. Aus dieser Begegnung entstand die Idee, gemeinsam ein Restaurant zu betreiben. Das Ergebnis überzeugt auf hohem Niveau. Ein Palazzo nahe der Piazza del Sedile bietet den edlen Rahmen, zeitgenössische Kunst kontrastiert die Innendekoration im Stil des 19. Jh., die Terrasse schenkt weite Blicke über den Sasso Caveoso, die Küche ist experimentell, ohne ihre lukanischen Wurzeln zu verraten, und der Weinkeller kann selbst Connaisseurs noch überraschen. *Michele Castelli* und *Virginia Caravita* haben eine Zeit lang mit *Massimo Bottura* gearbeitet, einem der kreativsten Köche weltweit. Es gibt nicht mehr als 25 Plätze, der Service ist ausgesprochen individuell. Di ganztägig, Mi mittags geschl.
Via Pennino 28, Tel. 083 51 65 03 98,
www.dimoraulmo.it

27 Fior di Cucuzza – Birreria con cucina vegetariana①-②
Danilo Viggionis „Zucchiniblüte" ist ein farbenfrohes vegetarisches Lokal – lecker, locker, ohne Allüren. Die Zutaten kommen frisch von lokalen Bauern und familiären Kleinbetrieben der näheren Umgebung, Wein wird auch glasweise ausgeschenkt, Craft-Bier kommt aus dem Fass, gefiltertes Leitungswasser in Glasflaschen auf den Tisch. Do Ruhetag.
Via Rocco Scotellaro 1, Tel. 08 35 68 07 59

Gelateria I Vizi degli Angeli – eine Sünde wert!

4 Da Mario①-②

Restaurant im ehemaligen Getreidespeicher eines Palazzo am Piano. Gute Primi, Fisch und Fleisch vom Holzkohlengrill. Bereits mittags gibt es eine ordentliche Pizza. Offener Wein. Mensa-Atmosphäre mit Kunst-Touch. So Ruhetag.
Via XX Settembre 14, Tel. 08 35 33 64 91, www.ristorantepizeriadamario.net

23 La Gatta Buia②

Coole Wine-Bar cum Ristorante im ehemaligen Knast, die Piazza del Sedile um die Ecke. Beste Weinauswahl, das ist klar! Aber es gibt auch süditalienische Craft-Biere. Erfreulich sind die modern verstandenen lukanischen Gerichte, die Zutaten allesamt aus dem Umkreis von Matera. Das ofengebackene Lamm wird mit Wildzicchorien serviert. Als Spezialität des Hauses hatte ich Patron *Stefano Tricarico* Wasser und Brot (Ex-Gefängnis!) vorgeschlagen – ob meine Anregung Anklang findet? Im Winter Do Ruhetag.
Via Margherita 90/92 (Via delle Beccherie), Tel. 08 35 35 65 10, www.lagattabuia.eu

41 La Lopa②

Antonella Passione – nomen est omen – heißt die im Kulturleben der Stadt seit Jahren engagierte Besitzerin dieses 2018 eröffneten Restaurants in den bis in 18 m Tiefe reichenden, in den Fels geschlagenen Räumen eines ehemaligen Kloster-Weinkellers. *Lopa* heißt ein wie ein Anker gestalteter Haken, mit dem man in einen Brunnen gefallene Gegenstände wieder herausfischt. *Lopa* ist aber auch als Metapher zu verstehen: vergessene Dinge wieder ans Tageslicht bringen. Für die Küche zeichnet *Antonietta Santoro* aus Castelmezzana (siehe Kapitel „Piccole Dolomiti Lucane") verantwortlich, keine Unbekannte. Sie hat die alten Rezepte Materas ausgegraben und die Küchenmannschaft ausgebildet. Pasta wird jeden Tag frisch gemacht, und eine der wichtigsten Zutaten, neben Saisongemüse und Hülsenfrüchten, ist das berühmte Brot von Matera. La Lopa ist auch

Basili19-080 pa

ein Kino: Im untersten Raum laufen Ausschnitte von Spielfilmen, die in Matera gedreht wurden, sowie interessante Dokus. Mo Ruhetag.
Via Bruno Buozzi 13,
Tel. 083 51 65 13 70, www.lalopa.com

13 Oi Marì①-②
Seit 2018 präsentiert sich die beliebte Pizzeria an der Hauptstraße des Sasso Barisano (gegenüber vom Sax Caffè) in neuem Look: Die Räume der weitläufigen *Casa grotta* sind hell ausgeleuchtet, das Mobiliar modern. Die Speisekarte wurde erweitert, nach wie vor wird jedoch der Holzofen angefeuert. Bei gutem Wetter Tische auch im Freien. Sa und So auch mittags.
Via Fiorentini 66, Tel. 08 35 34 61 21,
Mobil 33 94 08 66 80, 32 99 37 09 97,
www.oimari.it

3 Osteria Malatesta①-②
Food & Revolution: lässige Atmosphäre, politisch links. Gutes Essen, guter Wein, gute Preise. Dazu Konzerte und Ausstellungen. Mi Ruhetag.
Via San Biagio 45, Mobil 33 12 88 72 42, fb

8 Osteria Pico②
Enza Leone verwendet für ihre raffiniert-lukanische Küche nur allerbeste Zutaten. Bei ihr zu speisen, entspricht einer kulinarischen Grand Tour durch die Basilikata. Lange Zeit war sie die Seele des Ristorante Lucanerie, das es nicht mehr gibt. Zusammen mit ihrem Mann *Enzo Pica* hat sie ihr eigenes Grotten-Restaurant im Herz des Sasso Barisano eröffnet. Inzwischen steht hier der Sohn am Herd und *Enza* ist zurück auf dem Piano, wo sie mit Erfolg ihr neues Ristorante **5 Pico al Piano**② (Via XX Settembre 21, Tel. 08 35 25 64 15, www.picoalpiano.it) eröffnet hat. Beide So abends und Mo geschl.
Via Fiorentini 42, Tel. 08 35 24 04 24,
Mobil 34 88 25 14 82, www.osteriapico.it

36 Shibuya – Piccola Cucina②
MEIN TIPP: Stimmung & Akustik im Tonnengewölbe: *Damiano Fragasso* hat zwar seinen Plattenladen aufgegeben, nicht aber den Gusto für guten Sound verloren. Die ausgefallene Cocktail-Bar ist geblieben, neu ist das Angebot an raffinierten Tellergerichten – Fisch, Fleisch oder Gemüse. Im Ausschank beste lukanische Weine oder Tee und Kaffee. Shibuya ist der Name einer der 23 Stadtbezirke Tokios und ein beliebtes Ausgehviertel. Vom Vormittag bis spät abends. Mo Ruhetag.
Vico Purgatorio 12 (Via Ridola),
Tel. 083 51 85 44 47, Mobil 34 09 57 93 42, fb

3 Trattoria Lucana② (Plan S. 142)
Überzeugt mit guter Qualität, v.a. die Einheimischen! Die schlichten Holztische stehen in zwei großen Gewölben, an den Wänden Schwarz-Weiß-Fotos (ein paar jüngere zeigen u.a. *Mel Gibson* am Herd). Die Küche hält, was das Ambiente verspricht: frische lokale Gerichte, z.B. *sfoglia alla lucana,* eine Auberginen-Lasagne. So Ruhetag.
Via Lucana 48, Tel. 08 35 33 61 17,
www.trattorialucana.it

19 Vitantonio Lombardo③-④
MEIN TIPP: Seit 2019 strahlt wieder ein Michelin-Stern über Lukanien! Gewonnen hat ihn *Vitantonio Lombardo,* Jahrgang 1979. Wie viele Lukaner emigrierte *Vitantonio* in das benachbarte Kampanien, wo er in der Locanda Severino in Caggiano 2011 zum ersten Mal einen Stern bekam und später verteidigte. Zurück in der heimatlichen Basilikata ist er nun Herr am eigenen Herd, hier möchte er seine Geschichte fortschreiben. Auf drei Wegen führt er seine Gäste zum kulinarischen Glück: Mat.era folgt lokalen Traditionen, Mat.eria erkundet das Territorium, und mit den Initialen VL firmiert er seine ureigenen Kreationen. Di und Mi mittags geschl.
Via Madonna della Virtù 13/14,
Tel. 08 35 33 54 75, www.vlristorante.it

Snacks, Caffès und Bars

39 I Vizi degli Angeli
Eisdiele, farbenfroh und köstlich! *Leonardo De Angelis* wird nicht müde, neue Geschmacksrichtungen zu erfinden, und verwendet dabei einige der traditionellsten lukanischen Zutaten in Bio-Qualität. Mi Ruhetag.
Via Ridola 36, Mobil 33 88 51 53 45,
www.ivizidegliangeli.it

5 **Jazzo Gattini** (Plan S. 142)
Im Besucherzentrum des Parco della Murgia Materana unterhält *Paolo Montagna,* offizieller Führer des Naturparks, eine nette Bar. Mittags gibt es auch warme Gerichte, v.a. Suppen. Die *Crapiata* z.B. ist so alt wie die Sassi und wurde wohl schon von den Römern verspeist. In den Eintopf aus allen möglichen Hülsenfrüchten kam nach der Entdeckung Amerikas noch die Kartoffel. Die *Crapiata* ist in Matera aber auch Kult, Dank und ein soziales Ereignis. Murgia-Produkte wie Honig oder Wildgemüse in Olivenöl stehen zum Verkauf. April bis Okt. tägl. 9.30–18.30 Uhr, Nov. bis März tägl. 9.30–16.30 Uhr.
GPS: 40.672069, 16.628780
Murgia Timone, Mobil 38 88 92 54 07

40 **La Latteria**
Emanuele Rizzis Feinkostladen bietet eine beachtliche Auswahl an Käse, Wurst, *sott'olii,* Olivenöl, Wein und Brot. Man kann sich ein köstliches Panino machen lassen, um es auf der nahen Piazzetta Pascoli mit Sassi-Blick zu verzehren, oder man lässt sich am Tisch mit einem kompletten Menü verwöhnen. Zwei Schritte von der Via Ridola und dem Palazzo Lanfranchi. Di abends geschl.
Via Duni 2, Tel. 08 35 31 20 58,
Mobil 32 84 62 67 42, www.lalatteriamatera.it

22 **L'Arturo Enogastronomia**
Mein Tipp: In *Arturo Fabianos* kleinem Delikatessenladen treffen sich die Studenten und Lehrer des nahen Musikkonservatoriums. An kleinen Tischen genießt man auch im Freien auf der Piazza die gebotenen Köstlichkeiten – Focacce, Salate, Gemüse- und Bohnensuppen – zu einem Glas Wein oder einer Flasche kühlem Craft-Bier. Kein Ruhetag.
Piazza del Sedile 15,
Mobil 33 93 90 70 68, www.larturo.com

26 **Lounge Caffè**
Cooler Ableger des traditionellen Caffè Schiuma (bekannt für gutes Gelato!). Auf drei Geschossen verteilen sich Pasticceria, Cocktail-Bar und Restaurant. Von früh bis spät.
Via del Corso 60, Tel. 08 35 33 35 94,
www.loungecaffe.it

38 **Mosto – Osteria della Birra**
Immer mehr entwickelt sich die Via Ridola zur beliebten Laufmeile. *Graziano Raffaeles* Lokal, dessen Bruder schräg gegenüber die Familientradition im Ristorante **37** **Falco Grillaio** fortführt, empfiehlt sich einem jüngeren Publikum: Bier vom Fass und dazu kleine Leckereien. Di Ruhetag.
Via Domenico Ridola 18, Tel. 08 35 33 27 33

33 **Panecotto**
Cooler Konzeptstore in alten Gewölben und Sassi-Höhlen, der Matera und die Basilikata durch exzellente Produkte wie z.B. das Pane di Matera DOP bekannt machen möchte. Am Tresen und an den Tischen werden Käse und Wurst, Bruschette, *sott'olii,* Salate, aber auch kräftige Suppen gereicht. Di bis So 11.30–16 und 19–22 Uhr.
Vico B. Buozzi 10, Tel. 08 35 33 13 25,
Mobil 38 89 25 17 78, www.panecotto.it

12 **Sax Caffè – Cucina lucana**
Urgemütliches Caffè, im Sommer auch Tische im Hof. Vom Frühstück über den Mittagssnack bis zu leckeren Kleinigkeiten zum Wein: Salate, lokaler Käse, Würste und Bruschette. Inzwischen wurde das Angebot um ein kleines & feines Restaurant ergänzt: *Piera Parisi* kocht lukanisch, fantasievoll und v.a. lecker. Sehr sympathisch ist auch das B&B Sax Baritano nebenan (s.o.)! So Ruhetag.
Via Fiorentini 247, Tel. 08 35 33 16 87

6 **Terrazza dell'Annunziata**
Auf der Dachterrasse, von der aus früher Klausurschwestern den Blick auf die zentrale Piazza und den Sasso Barisano mit dem Dom genießen konnten, stehen heute die Tische des Cafés. Im Sommer am Wochenende Jazzkonzerte. Mo Ruhetag.
Piazza Vittorio Veneto, Tel. 08 35 33 65 25

Einkaufen

21 **Elisa & Janna** (Plan Umschlag hinten)
Starker Schmuck aus Recycling-Material.
Piazza del Sedile 23, Tel. 083 51 65 25 95,
Mobil 33 38 32 86 88, www.elisajanna.com

24 Libreria dell'Arco (Plan Umschlag hinten)
Die bestens sortierte Buchhandlung von *Giovanni Moliterni* bleibt auch nach ihrem Umzug ein kultureller Fixpunkt von Matera. Unterstützt wird er inzwischen von *Nicola Tamburrino*. Buchvorstellungen finden oft im Birrificio 79 (s.o.) um die Ecke statt. Mo bis Sa 9.30–13.30 und 16.30–20.30 Uhr, im Sommer bis spät abends.
Via delle Beccherie 55, Tel. 08 35 31 11 11, www.libreriadellarco.it

An- und Weiterreise

Auto: Von Potenza bzw. von der ionischen Küste kommend auf der SS 407 und weiter auf der SS 7. Aus Bari über Altamura auf der SS 99.

Parken: Gebührenpflichtige Parkplätze am Altstadtrand sind ausgeschildert, z.B. in der Via Scotellaro nahe der Piazza del Sedile. In blau markierten Parkzonen Ticket am Automaten ziehen. Nahe der zentralen Piazza Vittorio Veneto liegt die private Garage Autoservizi Damasco, Recinto XX. Settembre 12, Tel. 08 35 33 46 05, www.autoservizidamasco.com. Vom Parking Via Saragat in der Via Francesco Saragat pendelt die städtische Buslinie Linea Sassi regelmäßig in die Sassi. Immer noch in fußläufiger Distanz zur Altstadt liegen die Parkplätze am FAL-Bahnhof in der Via Matteotti/Piazza della Visitazione. Parkmöglichkeiten südlich des Sasso Caveoso an der Via Casalnuovo.

Bus: SITA (www.sitasudtrasporti.it) in die meisten Orte der Provinz und Fernbusse aus Salerno und Neapel (www.flixbus.it, www.miccolis-spa.it). Ferrovie Appulo-Lucane (www.ferrovieappulolucane.it) nach Bari und auf der SS 175 entlang der Gravina nach Montescaglioso. Busterminal an der Piazza Matteotti, hier halten auch die Flughafenbusse. Die Firma Miccolis (www.miccolis-spa.it) betreibt Überlandbusse und Stadtbusse, die Linea Sassi z.B. verbindet den Piano mit den Sassi.

Taxi: Das Familienunternehmen Chiffi (Tel. 08 35 26 12 99, Mobil 33 32 68 51 73, 330 68 68 88, www.taximatera.it) bietet außer Taxifahrten in der Stadt auch Transfers vom/zum Flughafen Bari an.

Bahn: Ferrovie Appulo-Lucane (www.ferrovieappulolucane.it), u.a. nach Bari (Apulien). 2019 eröffnet das futuristische Bahnhofsgebäude des Architekten *Stefano Boeri*. In 30 km Entfernung von Matera befindet sich der FS-Bahnhof Ferrandina – Scalo Matera; hier halten Schnellzüge auf der Strecke Salerno – Táranto, v.a. werktags Busanschluss nach Matera. In Kombination mit den schnellen Italo-Zügen gibt es Busse aus Neapel bzw. Salerno über Potenza nach Matera.

Flug: Der Flughafen Bari „Karol Wojtyla" (www.aeroportidipuglia.it) liegt ca. 50 km östlich von Matera. Taxi-Shuttle (www.shuttlematera.com) bzw. Linienbusse (www.miccolis-spa.it) zwischen Flughafen und Matera.

Matera ist gay

Die Zeiten, als Matera in Italien noch als „nationale Schande" betrachtet und empfunden wurde, sind in mehr als einer Hinsicht Vergangenheit. Die Ernennung 1993 zum UNESCO-Weltkulturerbe, viel mehr aber noch die erfolgreiche Kandidatur 2015 zur Kulturhauptstadt Europas 2019 haben neues Leben und neue Ideen in die Stadt der Steine gebracht. Dynamisch und fröhlich zeigt sich auch die Gay Community. Die **Associazione RiSvolta** hat das Netzwerk **MateraFriendly** ins Leben gerufen: Unterkünfte, Restaurants, Pubs, Cocktail Bars, Strandlokale, Geschäfte und Kulturinitiativen, die für eine offene Gesellschaft eintreten.

https://risvoltamatera.wordpress.com/materafriendly/

[>] Birrificio79 – hier kommt in Matera gebrautes Bier zum Ausschank

Feste/Festivals

■ **Festa della Transumanza,** Anfang Juni feiern der Parco Murgia und die CEA (siehe „Information") den Almauftrieb der Podolica-Rinder (siehe Exkurs „Ein Bild von einem Rind") auf der Murgia Timone mit Wanderungen, Tanz und Hirtenessen. www.parcomurgia.it, www.ceamatera.it

■ Am 2. Juli wird die Stadtpatronin **Madonna della Bruna** gefeiert (siehe Exkurs „Ein Triumph für die Madonna"). www.festadellabruna.it

■ **Parco Murgia Film – Cinema, Musiche e Degustazioni sotto le Stelle,** von Mitte Juli bis Ende August beherbergt der Jazzo Gattini auf der Murgia Timone dieses wunderbare Filmfestival unter freiem Himmel. Das Motto lautet „Il Gusto del Cinema Mediterraneo". www.parcomurgiafilm.it

■ **Ragnatela Folk Fest,** im August (manchmal auch im Juli) geben sich auf der Piazzetta San Giovanni die tollsten Folkbands aus der Basilikata, Apulien und Kalabrien ein Stelldichein. www.ragnatelafolkfest.it

■ **Matera Baloon Festival,** Anfang Oktober färbt sich der Himmel über Matera bunt. Von der Murgia Timone steigen Heißluftballons auf. www.materabaloonfestiva.it

Nachtleben (Plan Umschlag hinten)

■ Seitdem wieder Leben in die Sassi eingekehrt ist, haben hier zahllose Bars und Clubs aufgemacht. Angesagt ist die Disco-Bar 32 **Kiev Cafè** (Piazza San Pietro Caveoso, Mobil 33 93 36 44 75, www.kievmatera.com) im Sasso Caveoso. Eine der Top-Locations ist die 2012 eröffnete 2 **Casa Cava** (Via San Pietro Barisano 47, Mobil 34 56 15 87 22, www.casacava.it) auf Höhe der Chiesa S. Pietro Barisano: Die riesigen Kavernen mit fantastischer Akustik (!) fassen eine Bühne für Konzerte und ein Theater mit 150 Sitzplätzen; Di bis So 10–13 Uhr, April bis Sept. zusätzl. 15–18 Uhr bzw. zu Veranstaltungen.

■ Der **Onyx Jazz Club** organisiert unter dem Motto „Gezziamoci" Jazz- und Folkkonzerte.

Basili19-081 pa

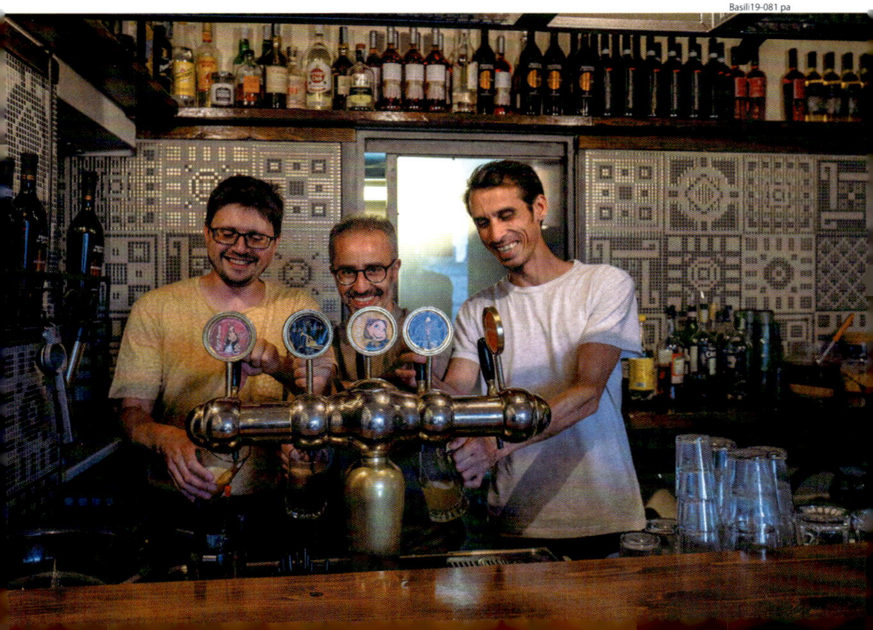

Via Cavalieri di V. Veneto 20,
Mobil 33 14 71 15 89, www.onyxjazzclub.it

Das **Musikkonservatorium** veranstaltet Konzerte und ein Festival.
Piazza del Sedile 2, www.conservatoriomatera.it

Wandern: Murgia Materana

Von Matera zieht sich ein 6000 ha großes Natur- und Kulturschutzgebiet entlang der Gravina bis Montescaglioso. Ein **Besucherzentrum** befindet sich im **Jazzo Gattini** auf der Murgia Timone (siehe „Information"). Hier erhält man Info- und Kartenmaterial! Auf der Murgia Timone hat die Parkverwaltung einige (mehr oder weniger gut) markierte Wanderwege angelegt. Es mag sein, dass in Zukunft auch ein Eintritt für den Besuch des Naturparks erhoben wird.

Man kann direkt aus der Stadt in die Gravina di Matera absteigen. Von der **Piazzetta Pistola** führt auf Höhe des Ex-Convento Santa Lucia alla Cívita – hier ist in Zukunft ein weiteres Besucherzentrum des Parco della Murgia Materana geplant – ein alter *tratturo* (Wirtschaftsweg, hier als „Sentiero CAI 406" markiert) in die Schlucht hinab. Der Fluss wird in seinem Oberlauf verunreinigt und riecht vor allem in den Sommermonaten streng, die Parkverwaltung erscheint in dieser Sache machtlos; die Durchquerung des Wasserlaufs ist daher kein Vergnügen. Abhilfe schafft inzwischen eine Hängebrücke *(ponte tibetano)*. Auf der gegenüberliegenden Talseite

Montescaglioso – Stadt auf der Höhe

Basili19-082 pa

steigt der Pfad zum **Belvedere di Murgia Timone** auf.

Die Wanderung lässt sich vom Belvedere aus, vorbei an der **Felskirche Madonna delle Tre Porte,** mit einem Abstecher zur einsam jenseits des Vallone della Lupara gelegenen **Felskirche Madonna delle Croci** (GPS: 40.659132, 16.620511) verlängern („Sentiero CAI 408"). Anschließend geht es ein kurzes Stück auf bekanntem Weg zurück. Folgt man auf deutlichem Pfad dem Taleinschnitt aufwärts, erreicht man eine breite Piste, die nach links zum **Jazzo Gattini** führt; ab hier kann man auf der Straße oder einem Pfad zum Belvedere Murgia Timone zurückkehren.

Im Süden Materas bieten sich von der SS 175 mehrere Zugänge ins Gelände des Naturparks. Ein kurzes Stück nördlich der **Masseria Parco dei Monaci** (aus Matera bzw. Montescaglioso auch mit Linienbussen der FAL zu erreichen) gelangt man vorbei an der Masseria Passarelli auf der stillgelegten Bahnstrecke in ca. 30 Min. zur **Grottenkirche Christo La Selva,** die sich über mehrere Stockwerke erstreckt. Die Bauern der Umgebung verehren hier ein nicht von Menschenhand geschaffenes Fresko der Muttergottes. Zurück an der Masseria Passarelli, kann man nach Überquerung der Gravina über eine Brücke parallel zum Trockental Vitisciulo bis zum **Villaggio Saraceno** aufsteigen. Mehr als 60 ausgehauene Grotten bilden eine kleine Ansiedlung, darunter auch das Juwel der **Grottenkirche S. Luca.**

■ **Trekking Falco Naumanni,** Zusammenschluss naturbegeisterter Freunde und Alpenvereinsmitglieder. Organisiert werden Wanderungen in der gesamten Basilikata, dabei ist die Murgia Materana häufig Ziel der Ausflüge. Programm auf der Website. Vico Lombardi 3 (Sasso Barisano, nahe der Via delle Beccherie), Mobil 33 31 16 66 51 *(Donato),* www.falconaumanni.it, fb

Radfahren

■ **Bike Basilicata – Ferula Viaggi**
Die zuverlässige Agentur kümmert sich seit Jahren um alle touristischen Belange und fungiert zugleich als Info-Point des Pollino-Nationalparks. Neben den organisierten und maßgeschneiderten Radtouren um Matera, in der Basilikata und in Apulien kann man sich Profi-Trekkingräder oder E-Bikes tages- und wochenweise ausleihen (20–25 €/Tag, 80–170 €/Woche). Routenempfehlungen gibt es gratis dazu. Ein lohnender Radausflug führt z.B. nach Montescaglioso (siehe im Vorspann Tour 2).
Via Cappelluti 34, Tel. 08 35 33 65 72, www.bikebasilicata.it

Montescaglioso

Das knapp 10.000 Einwohner zählende Städtchen (352 m), das von einem Höhenzug die Murge Materana mit der **Gravina di Matera** und das Tal des **Fiume Brádano** beherrscht, kann seine Ursprünge bis ins 10. Jh. v.Chr. zurückverfolgen. In der Regierungszeit des römischen Kaisers *Alexander Severus* (222–235 n.Chr.) existierte hier bereits eine Stadt namens Cívitas Severiana, die im Mittelalter den Namen Mons caveosus annahm. Die Normannen befestigten den Ort im 11. Jh. und statteten die bereits existierende Benediktinerabtei mit weitreichenden Privilegien aus, die 1222 von Kaiser *Friedrich II.* bestätigt wurden.

Über mehrere Jahrhunderte hinweg blieb die **Abbazia di S. Michele Arcangelo** das religiöse, wirtschaftliche und administrative Zentrum eines Territoriums, das sich von Matera bis Lecce und Táranto in Apulien erstreckte. Im Mittelalter unterhielt die Abtei eine florierende Fälscherwerkstatt – nicht alle der im Skriptorium angefertigten Stiftungs- und Besitzurkunden, juristisch notwendige Belege für den immensen Land- und Immobilienbesitz des Klosters, gelten heute noch als echt. Im 15. Jh. gehörte Montescaglioso zum Feudalbesitz des *Pirro del Balzo,* Herzog von Venosa. Nachdem 1784 die Benediktiner Montescaglioso verlassen und ihr Kloster nach Lecce verlegt hatten, setzte der Verfall der Abtei ein. Seit einigen Jahren sind umfangreiche Restaurierungen im Gange, und inzwischen hat im ehemaligen Refektorium das schicke **Josafat Cafè** eröffnet.

Die **hübsche Altstadt** kommt einem mit ihren weiß gekalkten Häusern spanisch vor. Auf der Piazza Roma steht ein Obelisk mit der Statue des Stadtpatrons S. Rocco auf der Spitze. Der Corso della Repubblica zieht sich durch den ältesten Teil der Stadt bis zur Benediktinerabtei. Abends bevölkern vorwiegend ältere Herren den von Palazzi, Kirchen und Bars gesäumten Straßenzug, während sich die *gioventù* in der Neustadt trifft. Unterwegs locken Gassen zu seitlichen Abstechern, etwa zu der spätbarocken

Basili19-083 pa

Chiesa Madre. Einige der Altargemälde werden dem bedeutenden Barockmaler *Mattia Preti* zugeschrieben.

Im Norden der Altstadt öffnet sich die **Piazza del Popolo** mit der grandiosen Fassade der ehemaligen **Benediktinerabtei.** Die Kirche wurde im Jahr 1099 geweiht, verdankt aber wie ein Großteil des Klosters ihre heutige Gestalt den Umbaumaßnahmen in späteren Jahrhunderten. Die beiden Kreuzgänge, einer schöner als der andere, schmücken wunderschöne Kapitelle. Im zweiten Kreuzgang steht ein Brunnen mit dem Relief des Erzengels *Michael.* Ein Teil der 365 mit Fresken ausgeschmückten Räume ist zu besichtigen und wird für kulturelle Veranstaltungen genutzt. Im Rahmen einer Führung können neben den Kreuzgängen auch archäologische Ausgrabungen, der Kapitelsaal, das Refektorium und die mit Fresken ausgeschmückte **Bibliothek** besichtigt werden. Auch wenn die Bücher verschwunden sind, lässt sich hier noch einiges lernen. Über die eine Längsseite zieht sich ein Fries mit den kirchlich anerkannten Kardinaltugenden. Auf der gegenüberliegenden Fensterseite ist eine weitere Tugend abgebildet, Prudentia. In der Klugheit oder Vernunft sahen antike Denker wie *Platon* die Voraussetzung für jedwede Tugend. Auf demselben Fries führt der ägyptisch-griechische Gott Harpokrates seinen rechten Zeigefinger zum Mund und heischt mit seiner linken Hand um Aufmerksamkeit. Zwischen der Vernunft und dem „Herrn des Schweigens" sind die antiken Philosophen *Pythagoras* (siehe Exkurs „Pythagoras: Beruf Philosoph") und *Aristoteles* zu sehen. Mit anderen Worten: Die Mönche von Montescaglioso studierten nicht nur die kanonischen Schriften der Bibel, sondern auch Texte antiker Denker. Nur sollte dieses Wissen den Raum nicht unzensiert verlassen.

Von der wirtschaftlichen Bedeutung des Klosters zeugt der immense, in den Fels geschlagene Weinkeller. In den Räumen der Abtei ist auch das **Museo della Civiltà Contadina,** ein Volkskundemuseum, untergebracht. Für interessierte Besucher wird die nahe gelegene **Chiesa S. Maria in Platea** aufgeschlossen, die auf die normannische Zeit zurückgeht und im Inneren einen Freskenzyklus aus dem Jahr 1626 birgt.

■ **Abbazia di S. Michele Arcangelo,** Mobil 33 48 36 00 98. Di bis So 10–13 und 15–17 Uhr, im Sommer länger und auch Mo vormittags. Eintritt frei, mit Führung 5/3 €.

Tritt man von der Piazza del Popolo durch die **Porta S. Angelo,** öffnet sich mit einem Mal der weite Blick über die von Weizenfeldern überzogene Murgia auf Matera. Anstatt auf demselben Weg zurückzugehen, kann man nach rechts außen an der Mauer entlanglaufen.

Im Umland von Montescaglioso sind befestigte Masserien zu entdecken, von denen einige bereits in normannischer Zeit errichtet wurden. Nördlich von Montescaglioso liegt die **Masseria Parco dei Monaci** am westlichen Ufer der Gravina di Matera an einer Furt. Das Gebäude soll nach seiner Restaurierung als eines der Besucherzentren des Parco della Murgia Materana dienen. Wenige

◁ In der Abbazia di S. Michele Arcangelo treffen sich Studenten aus aller Welt

Kilometer südlich wurde die ehemalige Schule im verlassenen **Borgo Pianelle** aus den 1950er Jahren zum Besucherzentrum ausgebaut. Von der Ex SS 175 Richtung Metaponto zweigt eine Straße zur **Grancìa di S. Maria del Vetrano** ab, der reichsten Masseria im ehemaligen Besitz der Benediktiner. Im Süden von Montescaglioso erstreckt sich auf einer Fläche von 700 ha das Naturschutzgebiet Difesa San Biagio mit mediterraner Macchia und den Resten einer bronzezeitlichen Siedlung.

Information

Infopoint Turistico – Centro di Educazione Ambientale (CEA) di Montescaglioso
Bestens organisiertes Info-Büro im Durchgang zur Abbazia S. Michele Arcangelo. Führungen in der Abtei und begleitete Wanderungen im Parco della Murgia. Die engagierten Mitglieder des CEA, *Angelo Lo Spinuso* und *Franco Caputo,* sind u.a. aktiv in der Umwelterziehung von Kindern. Öffnungszeiten wie Abbazia (s.o.).
Tel. 08 35 20 10 16, Mobil 33 48 36 00 98, fb

Pro Loco und Presidio Turistico
Am Hauptcorso. Im Sommer tägl. 10–12 und 17–19 Uhr, im Winter nur abends.
Piazza S. Giovanni Battista 16,
Tel. 08 35 20 06 30, Mobil 32 88 40 79 04,
www.prolocomontescaglioso.it

www.comune.montescaglioso.mt.it

Übernachten

Il Borgo Ritrovato②
Anna-Giovanna Locantore und *Giuseppe Menzella,* inzwischen unterstützt durch ihre Töchter, haben im nahe der zentralen Piazza Roma, direkt unterhalb der Chiesa San Rocco, gelegenen Borgo Andrisani ein besonderes Hotel geschaffen. In der zweiten Hälfte des 19. Jh. hatte der lokale Unternehmer *Nicola Andrisani,* nach dem auch das Kino benannt ist, hier eine Plansiedlung anlegen lassen, die finanziell benachteiligten Menschen Wohn- und Arbeitsraum bieten sollte. In einigen der alten, sorgfältig restaurierten Wirtschaftsgebäuden und ehemaligen Werkstätten haben gemütliche Zimmer und Apartments mit Küche Raum gefunden. Parkett- bzw. alte Cottoböden, modern designte Holzmöbel, beste Betten, funktionierende Kamine und top Bäder in Murgia-Farben sind einige der Ausstattungsmerkmale. Gutes Frühstück. Das **Ristorante Il Trappeto** in den hohen Gewölben einer alten Olivenmühle führt ebenfalls Tradition und Moderne gekonnt zusammen und öffnet auf Anfrage für Gruppen. Parkmöglichkeiten im Borgo. 10 Zi.
Via Nicola Andrisani 25, Tel. 08 35 20 70 77,
Mobil 32 83 67 82 20, www.ilborgoritrovato.com

Agriturismi

Foresteria dell'Abbazia②
Antonio Lorusso hat das ehemalige Gästehaus des Klosters in Gestalt eines schicken B&B wiederbelebt. Von der Veranda genießt man den stillen Blick über die Dächer der Stadt, Gäste erhalten einen Parkausweis gratis. 3 Zi. I.d.R. März bis Okt.
Piazza Cavalieri di Vittorio Veneto
(Piazza del Popolo), Mobil 33 12 38 89 29,
www.foresteriabbazia.com

L'Orto di Lucania②
Mein Tipp: Ein ruhiger Ort, ideal für Familien mit Kindern! Die Masseria Dogana der Familie *Spada* liegt westlich von Montescaglioso im weit gespannten Brádano-Tal und ist von Weizenfeldern, Olivenhainen und Gemüsegärten umgeben. Gäste finden in geräumigen und komfortablen ehemaligen

Il Borgo Ritrovato – Anna-Giovanna Locantore und Giuseppe Menzella empfangen ihre Gäste mit großer Herzlichkeit

Landarbeiterhäuschen Unterkunft. Außer einem Schlafzimmer gibt es hier ein Wohnzimmer mit Schlafsofa und eine Küche, also Platz genug für eine ganze Familie. Riesiger Pool, Fahrräder zum Ausleihen. Das Restaurant serviert lukanische Spezialitäten mit Zutaten aus eigener Produktion. Auch Hofverkauf. Im Sommer Mindestaufenthalt 1 Woche. 8 Ap. mit bis zu sechs Betten, 1 Zi.
GPS: 40.56538, 16.61034
Contrada Dogana (Km 13.200 der SS 175),
Mobil 33 39 80 07 30, 33 39 80 25 92,
www.ortodilucania.it

Oasi Rupestre – Masseria Alessio②

Den Agriturismo in einer befestigten Masseria bewirtschaften *Vito Fumarulo* und *Marilena Cariero* gemeinsam mit ihren Söhnen. Das Anwesen liegt in schöner Landschaft nördlich von Montescaglioso und in der Nähe der Gravina di Matera an der Ex SS 175, die Richtung Ginosa (Apulien) führt. Im alten Stallgewölbe befindet sich das Restaurant, das an Wochenenden auch für Gäste, die hier nicht übernachten, öffnet. Die Zutaten der kräftigen Bauernküche stammen aus eigener Produktion, besonders lecker sind die Antipasti. Einfache, geräumige Zimmer in hohen Gewölben, eines mit Küche. 7 Zi.
GPS: 40.57124, 16.68875
Contrada Murge, Tel. 08 35 20 86 88,
Mobil 36 62 48 54 21 *(Simone)*,
www.oasirupestre.it

Olivara②

Roberto Disabatos Agriturismo liegt südöstlich von Montescaglioso, ca. 5 km außerhalb des Ortes an der Provinzstraße Richtung Metaponto. Die Zimmer im alten Hauptgebäude sind schön, etwas schlichter jene in den ehemaligen Stallungen. Im Restaurant wird reichlich aufgetischt, das wissen v.a. die Einheimischen zu schätzen. Reitpferde, Pool. 5 Zi.
GPS: 40.517577, 16.704856
Contrada Mattamone, Tel. 08 35 20 10 40,
Mobil 33 35 88 17 63, www.olivara.it

Basili19-084 pa

Basili19-085 pa

Essen und Trinken

Bar Italia

Die Bar von *Paolo D'Aquino* ist bekannt für exzellentes Zitroneneis! Sollte geschlossen sein, kann man sein Glück auch in den Bars an der Piazza Roma um die Ecke versuchen. Mo Ruhetag.
Corso Repubblica 9

Focacceria del Corso① (Street Food)

Ofenfrische Pizza, mit Gemüse und Käse gefüllte Focacce heiß auf die Hand. 18–1 Uhr nachts, Mi nur vormittags. Di Ruhetag.
Corso della Repubblica 13, Tel. 08 35 20 82 81

Giuseppe Pietromatera, Patron der Locanda dell'Abate

Josafat Cafè②

Seinen Namen verdankt das schicke Café in den historischen Räumen der Abbazia di S. Michele Arcangelo dem Grafitto, das ein gewisser *Fra Josafat* im Weinkeller der Abtei hinterließ. Die Auswahl ist groß: Wein, Craft-Bier, Cocktails, und satt wird man auch. Die besten lokalen kulinarischen Produkte, darunter die Feigen von Migliónico, stehen hier auch zum Verkauf. Nicht zuletzt finden Konzerte statt. Mo bis Fr 8.30–14 und 16–21 Uhr, Sa und So 8.30–24 Uhr.
Piazza Papa Giovanni Paolo II,
Mobil 36 63 39 02 27 *(Vito Bosco)*, fb

Locanda dell'Abate③

Mein Tipp: Etwas versteckt zwischen Abbazia und Chiesa Madre gelegen, lockt *Giuseppe Pietromateras* elegante Locanda mit dem Versprechen auf eine exquisite Küche. Es ist der ideale Ort für sinnesfreudige Menschen, die offen für Überraschungen sind. Der *tonno rosso con lampascioni* z.B. ist ein Gedicht mit zarter Bitternote. Als Fotograf betrieb *Giuseppe* lange Jahre ein SW-Labor, seine Passion galt jedoch immer schon dem Essen. Den Auslöser, sein eigenes Restaurant zu eröffnen, gab weniger das Aussterben der analogen Fotografie, sondern der Film „Babettes Fest". Das ist *Giuseppes* Motto, er möchte Menschen durch seine Kochkunst glücklich machen. Es gelingt ihm gut. Als Sommelier weiß er ausgewählt gute, nie banale Tropfen zu kredenzen. Mo Ruhetag. Nur abends.
Largo Monterrone 18,
Mobil 35 00 90 67 30, fb

Macceleria Equina di Vito Locantore①

Kein Ort für Veganer: *Vitos* Großvater schlachtete als Wandermetzger noch direkt in den Masserien, Pferdefleisch gilt in der Basilikata, genauso wie in Apulien, als Delikatesse. Sein Lieblingsstück wählt man sich in der bestens bestückten Vitrine aus, im Holzofen wird es auf den Punkt gegrillt. Dazu Wein oder Bier aus der Flasche. Im Südosten der Altstadt, wenige Gehminuten von der Piazza Roma. So geschl.
Via M. Venezia 51, Mobil 33 86 35 42 84,
33 88 14 90 16 *(Vito)*

■ **Panetteria San Rocco**① (Street Food)
Wie in der Focacceria del Corso (s.o.) gibt es auch hier frisches Gebäck, mit dem jede Hungerattacke mit kleinem Geld aufs Köstlichste bekämpft werden kann. Für einen Kaffee kann man ja anschließend ins **Caffè Letterario** auf die Straßenseite gegenüber wechseln. Di bis So 5–14 und 17.30–21 Uhr. Corso della Repubblica 56, Tel. 08 35 20 81 58, fb

An- und Weiterreise

■ **Auto:** Von Matera bzw. Metaponto auf der Ex SS 175. Gebührenpflichtiger Parkplatz auf der Piazza Giovanni Paolo II. im Rücken der Abtei.

■ **Bus:** Ferrovie Appulo-Lucane (www.ferrovieappulolucane.it) auf der Ex SS 175 entlang der Gravina nach Matera. SITA (www.sitasudtrasporti.it) nach Bernalda und Policoro.

Feste/Veranstaltungen/Nachtleben

■ Am **Faschingsdienstag** reitet der dicke *Carnevalone* auf seinem Esel durch die Stadt.

■ Sehenswert auch die **Karfreitagsprozession** der Bruderschaften in ihren weißen Kapuzenumhängen, die die *misteri* (holzgeschnitzte Leidensstationen Christi) durch die Altstadtgassen tragen.

■ Am 20. August wird der Stadtpatron **S. Rocco** gefeiert: Seine Statue wird von sieben prächtigen Rössern durch den Ort gezogen.

■ Die Kreuzgänge der Abtei öffnen an Sommerabenden für das **Festival Gezziamoci,** das auch in Matera stattfindet.

■ Mit dem **Cine-Teatro Andrisani** besitzt Montescaglioso eines der besten Kinos der Provinz.
Via Bellini 6, www.cineteatroandrisani.it

Baden und Strände

■ Die passablen Strände am **Lido di Metaponto** (siehe dort) sind ca. 30 km entfernt.

Wandern/Radfahren: Murgia Materana

Offiziell als **Parco Archeologico Storico Naturale delle Chiese Rupestri del Materano** bezeichnet, zieht sich das 6000 ha große Natur- und Kulturschutzgebiet entlang der Gravina di Matera von Matera bis Montescaglioso. Die Parkverwaltung hat ihren Sitz in Matera, dort und in der Abbazia di S. Michele Arcangelo in Montescaglioso (s.o.) erhält man Info- und Kartenmaterial!

Wenige Kilometer nördlich von Montescaglioso liegt an der Ex SS 175 die Ex-Stazione di Montescaglioso und in unmittelbarer Nähe das auf Anfrage geöffnete Besucherzentrum im **Borgo Pianelle** (GPS: 40.586532, 16.665746). Auf der ehemaligen Bahntrasse wurde eine Radpiste angelegt, die nach Norden in Richtung Masseria Parco dei Monaci führt. Auf der gegenüberliegenden Talseite setzt sich die Piste fort, um vorbei an Casino Venusio und Casino Irene zum Ausgangspunkt zurückzukehren. Zur besseren Orientierung empfiehlt es sich, einen GPS-Track zu laden. Tipps und gute Leihräder gibt es bei Ferula Viaggia (siehe dort) in Matera.

Die **Grottenkirche Madonna della Murgia** (Madonna della Loe), vom Borgo Pianelle aus betrachtet auf der gegenüberliegenden Talseite gelegen, ist am ersten Maisonntag das Ziel zahlreicher Pilger.

Überblick | 180

Aliano | 209

Bernalda | 190

Colobraro | 214

Craco Vecchia | 197

Ferrandina | 199

Metaponto und Lido di Metaponto | 183

Montalbano Jonico | 199

Pisticci | 193

Policoro und Lido di Policoro | 200

Rotondella | 220

Tursi | 204

Valsinni | 217

Basili19-124 pa

5 Ionische Küste und Hinterland

„Go West", hieß es für die Griechen der Antike. An der ionischen Küste angekommen, erbauten die Auswanderer prachtvolle Städte. Die Reisenden von heute locken goldsandene Strände und Entdeckungen im Hinterland, etwa des literarischen Aliano oder verwunschenen Colobraro.

< Craco Vecchia – filmreife Ruinenstadt

Ionische Küste und Hinterland

©Reise Know-How 0 5 km Basilik K5 1/19

NICHT VERPASSEN!

- **Craco Vecchio:** hübsche Geisterstadt als Filmset | 197
- **Bosco Pantano di Policoro:** Naturbadestrand mit Wald | 203
- **Die Rabatana von Tursi:** ein Highlight, das nicht im Kunstreiseführer steht | 206
- **S. Maria d'Anglona:** ein Highlight, das in jedem Kunstreiseführer steht | 207
- **Carlo Levi und Aliano:** Ortsbesichtigung am besten mit „Christus kam nur bis Eboli" im Gepäck | 209

Diese Tipps sind gelb hinterlegt.

ÜBERBLICK

Der untergegangenen Magna Graecia kann man in den Ausgrabungen von Metaponto und Policoro nachspüren, die raffinierte antike Kultur in den Museen entdecken. Die Strände am Ionischen Meer laden zum Baden und Sandburgenbauen ein. An der Mündung des Sinni steht der letzte Rest eines tropisch anmutenden mediterranen Küstenwaldes unter Schutz. Eine Fahrt durchs Hinterland führt durch bizarre Erosionsgebiete. Sehenswerte Orte sind das literarische Aliano, das aussichtsreiche Rotondella, das hübsche Valsinni, das verwunschene Colobraro und die faszinierende Sarazenenstadt Tursi.

Knapp **40 km** misst der **Küstenanteil** der Region Basilikata am Ionischen Meer. Noch bis Anfang des 20. Jh. war die Ebene von Metaponto ein malariaverseuchtes Sumpfgebiet. Die antiken Städte der **Magna Graecia** waren versunken, und die Menschen hatten seit Jahrhunderten in Orten auf den Hügeln des Landesinneren Zuflucht gefunden, als im Faschismus die ersten Versuche einer Trockenlegung unternommen wurden. Die *bonifica,* eine **Urbarmachung** im großen Stil, wurde nach der **Bodenreform der 1950er Jahre** in Angriff genommen. Heute zählt die Küstenebene von Metaponto, wie bereits im Altertum, zu den landwirtschaftlich produktivsten Gebieten Italiens. So ist die Basilikata inzwischen der führende Erdbeerproduzent Italiens. An der Mündung des Sinni steht der **Bosco Pantano di Policoro** als letzter Rest einst ausgedehnter Küstenwälder unter Schutz.

Das saubere Meer und die **feinen Sandstrände** haben die Region ins Blickfeld der Tourismusmanager gerückt. Auch wenn die neu entstandenen Badeorte häufig betonierte Tristesse verbreiten, sind die Strände glücklicherweise meist unverbaut. Fast unberührt sind die **Dünenstrände von Metaponto** im Bereich der Flussmündungen von Brádano und Basento, die inzwischen ebenfalls Schutzstatus genießen. In der Küstenebene bei Pisticci ist der Ausbau der sogenannten Pista Mattei zu einem Passagierflughafen geplant.

Tankstelle an der SS 598 im Valle dell'Agri

Basili19-146 pa

Basili19-126 pa

Auf dem Territorium der heutigen Basilikata gründeten **Griechen** vom 7. Jh. v.Chr. an die Städte Metapontion, Siris und Heraclea. Im Vergleich mit Paestum oder den antiken Stätten Siziliens mag der Besuch der Ausgrabungen enttäuschen, doch die **Museen von Metaponto und Policoro** bergen wertvolle Kunstschätze. Faszinierende Landschaftserlebnisse bieten Fahrten ins nahe Hinterland. Die Erosion hat hier die tonhaltigen Meeresablagerungen der Urzeit zu bizarrer Gestalt geformt und dabei wahre Mondlandschaften entstehen lassen. Seit Jahren soll das Gebiet im **Parco Regionale dei Calanchi e degli Ulivi** unter Naturschutz gestellt werden, eine Realität ist bereits die **Riserva Regionale dei Calanchi di Montalbano Jonico** im Valle dell'Agri. Inmitten dieser faszinierenden Erosionslandschaft liegen auch die Orte **Tursi** und **Aliano,** Letzterer berühmt geworden als Verbannungsort des Künstlers und Schriftstellers *Carlo Levi* (siehe Exkurs „Christus kam nur bis Eboli, oder die Geburt eines Klischees").

⌃ Tavole Palatine: Früher hielt man die Kapitelle des antiken Hera-Tempels für Rittertafeln

› Museo Archeologico – Dame mit Sonnenschirm

Metaponto und Lido di Metaponto

In dem von Enotrern kontrollierten Gebiet gründeten Achäer auf Einladung von Sybaris in der zweiten Hälfte des 7. Jh. v.Chr. zwischen den Mündungen von Brádano und Basento die Stadt **Metapontion** als Vorposten gegen das mächtige Taras (Tarent). Die Stadt erlebte zwischen dem 6. und 4. Jh. v.Chr. ihre wirtschaftliche und kulturelle Blüte als einer der wichtigsten Getreidehäfen an der ionischen Küste. Die antiken Münzbilder zeigen Ähren oder den Kopf der Demeter. Ende der 1950er Jahre entdeckten Luftbildarchäologen hier zum ersten Mal die planmäßige Fluraufteilung einer griechischen Polis. Als Pionier dieser neuen Methode und Leiter der *Aerofototeca* sollte der ursprünglich aus Rumänien stammende Archäologe **Dinu Adamesteanu** (1913–2004) die Erforschung der antiken Vergangenheit der Basilikata zu seiner Lebensaufgabe machen. Auf seine Initiative geht auch die Einrichtung der archäologischen Museen Metaponto, Policoro und Melfi in direkter Nachbarschaft der Ausgrabungszonen zurück.

Die rasterförmige Anlage der Stadt setzte sich in der *chora,* dem **landwirtschaftlich genutzten Umland,** fort. Hunderte von regelmäßig angelegten Parzellen von 26 ha Größe umgaben die Stadt im weiten Umkreis, Kanäle sorgten für die Entwässerung. Mindestens 70 landwirtschaftliche Betriebe, die meisten am Rand des Hochplateaus gelegen, wurden gezählt.

Metapontion taktierte mit wechselnden Bündnissen. Mitte des 6. Jh. beteiligte es sich mit Sybaris und Kroton an der Zerstörung der Handelskonkurrentin Siris (Policoro). 510 v.Chr. gelangte **Pythagoras** mit seinen Anhängern aus Kroton nach Metapontion. Seine Schule bestand zwei Jahrhunderte über seinen Tod hinaus (siehe Exkurs „Pythagoras, Beruf Philosoph“). Im 5. Jh. v.Chr. kam die Stadt in den Einflussbereich Tarents; die verbündeten Städte suchten sich gemeinsam gegen die Lukaner zur Wehr zu setzen. 280/279 v.Chr. geriet Metapontion in den Strudel der Pyrrhos-Kriege, schlug sich auf die Seite Roms, wechselte jedoch im 2. Punischen Krieg zur Partei **Hannibals** über. Diese unglückliche

Basili19-125 pa

Go west!

Die Mythen des *Herakles* und Epen, die von den Irrfahrten der hellenischen Helden nach ihrem Sieg über Troja berichten, erinnern an die ersten Kontakte der griechischen Welt mit den Küsten Unteritaliens und Siziliens. Bronzezeitliche Funde belegen die frühen Handelskontakte mit der Ägäis, aber erst ab dem 8. Jh. v.Chr. setzte eine massive **griechische Einwanderung,** verbunden mit der Gründung selbstständiger *poleis* (Stadtstaaten) an den Küsten, ein. Vor allem Städte, die eine lange Schifffahrtstradition besaßen, wie Megara oder Korinth, beteiligten sich an der Siedlungsbewegung. Über die Gründe kann man nur mutmaßen. Überbevölkerung und knappes Ackerland mögen der Anlass gewesen sein, einen Teil der Bevölkerung dazu zu ermutigen, sich eine neue Heimat zu suchen. Zu den Auswanderern zählten **verarmte Bauern,** die **jüngsten Söhne kinderreicher Familien** und **politisch Unzufriedene,** die zum Verlassen der Heimat gezwungen wurden oder auf eigenen Wunsch fortgingen. Aus der Schicht der *aristoi* (Vornehmen) wurde ein *oikistai* als Anführer gewählt. In Delphi holten sich die künftigen Koloniegründer Rat. Dazu mussten sie noch nicht einmal das Orakel befragen, denn hier trafen sich Reisende aus aller Welt und tauschten ihre Erfahrungen aus. Als idealer Siedlungsplatz galt ein lang gestreckter, zwischen zwei schiffbaren Flussmündungen in Meeresnähe gelegener Hügel – Metapontion erfüllte diese Bedingungen bis aufs i-Tüpfelchen.

Unteritalien und Sizilien erwiesen sich für die Griechen als **Land der unbegrenzten Möglichkeiten,** wie Amerika für die Emigranten des 19. und 20. Jh. Die einheimischen Völker wurden häufig ins Hinterland zurückgedrängt, wenn sie sich nicht mit den Griechen vermischten. Den hervorragenden Handelsmöglichkeiten, fruchtbaren Ackerflächen und einem wald- und rohstoffreichen Hinterland verdankten die jungen Griechenstädte ihren raschen Aufstieg zu Reichtum und Macht. Konkurrierende Handelsinteressen und Neid waren aber auch Anlass für Konflikte, und nicht selten lagen die Poleis miteinander im Krieg. Das Ende der **Megale Hellas** (lat. **Magna Graecia**) kam schleichend, durch Angriffe italischer Völker, die Expansionspolitik der syrakusanischen Tyrannen, den Feldzug des *Pyrrhos* und schließlich durch das siegreiche Vordringen der Römer im Zuge der punischen Kriege.

Basili19-127 pa

Entscheidung führte zur militärischen Besetzung durch die Römer. Im 3. Jh. v.Chr. setzte dann der unaufhaltsame **Niedergang** ein. Das Ackerland wurde in Weideflächen umgewandelt, während die Küstenebene allmählich versumpfte. Von der Zerstörung und Plünderung durch **Spartakus** 71/70 v.Chr. sollte sich Metaponto nie mehr erholen. Als **Cicero** zwei Jahrzehnte später als Tourist erschien, konnte ihm von dem Haus des *Pythagoras* nur noch die Ruine gezeigt werden.

In der Spätantike geriet auch der Name der Stadt in Vergessenheit. An Stelle des antiken, längst verlandeten Hafens wurde in normannischer Zeit das Castello Torre di Mare errichtet; das Baumaterial lieferten die Ruinen der verlassenen Stadt. **Torre di Mare** hieß auch die bescheidene Ansiedlung, die wegen der Malaria Ende des 17. Jh. endgültig aufgegeben wurde. Eine systematische Erforschung des antiken Metapont begann erst in den 1950er Jahren. Zur gleichen Zeit wurde die Reißbrettstadt **Metaponto Borgo** (4 m, 1000 Ew.) im Zuge der Bonifica angelegt und der Verwaltung von **Bernalda** unterstellt. Der in 2,5 km Entfernung gelegene **Lido di Metaponto** hat sich in den letzten Jahren zu einem beliebten und im Sommer stark besuchten Badeort entwickelt. Die Mündungsgebiete der Flüsse Brádana und Basento sowie die angrenzenden Dünenstrände stehen unter Naturschutz – hier finden sich die schönsten Naturbadestellen.

☒ Keine Angst vor Kulturclash – Collage von Felipe C. Risco

Besichtigung

Die eindrucksvollsten Reste des antiken **Metapontion** liegen wenige Schritte von der SS 106, kurz bevor diese den Fiume Brádano und damit die Grenze zu Apulien überquert. Am südlichen Ufer des Flusses stehen auf einer niedrigen Anhöhe noch insgesamt 15 der ursprünglich 32 dorischen **Säulen eines Hera-Tempels.** Das zwischen 540 und 530 v.Chr. außerhalb der Stadt angelegte Heiligtum war ein wichtiger Treffpunkt der ländlichen Bevölkerung. Im Volksmund sind die Säulen des Tempels, denen noch die entsprechenden Teile des Architravs aufliegen, als **Tavole Palatine** bekannt. Die Vorstellung, die Paladine *Karls d. Großen* hätten an diesen Tischen Platz genommen, geht möglicherweise auf den historisch verbürgten Aufenthalt von Kaiser *Otto II.* im Jahr 982 zurück. Ausgrabungen in der Nähe haben Reste eines neolithischen Dorfes und eines Handelsplatzes aus mykenischer Zeit zum Vorschein gebracht. Der Besuch des Tempels ist jederzeit möglich und gratis. Im ehemaligen Antiquarium gibt es ein WC.

Auf dem Weg nach **Metaponto Borgo** kommt man in der Contrada Crucinia an den **griechischen Nekropolen** vorbei. Die hier gefundenen Grabbeigaben sind im modernen **Archäologischen Museum** am Ortsrand zu sehen. Eine besondere Augenfreude sind die vielgliedrigen Ketten, Armreife, Broschen und goldenen Ohrgehänge, von denen einige heute noch bei Cartier & Co. Höchstpreise erzielen würden, während andere Schmuckstücke eher in die Kategorie Ethno-Schick fielen. Die damals angesagten Damenfrisuren kann man am Beispiel einiger Terrakotta-Büsten

Pythagoras, Beruf Philosoph

„Die Seele ist unsterblich und wechselt den Ort, indem sie von einer Art Lebewesen in eine andere übergeht."

Pythagoras

Nach einer Serie von Inkarnationen (siehe Zitat!) und ausgedehnten Bildungsreisen gelangte *Pythagoras* aus Samos um 532 v.Chr. nach Kroton. Auf die Frage, was er sei, antwortete der Gelehrte, ein Philosoph (Liebhaber der Weisheit), und erfand einen neuen Berufsstand. Er rief einen **Geheimbund** ins Leben, den der neapolitanische Schriftsteller *Luciano de Crescenzo* ironisch P1 taufte (P2 ist der Name der 1981 verbotenen Geheimloge *Luciano Gellis,* die den italienischen Staat kriminell unterwandert hatte – *Silvio Berlusconi* hatte die Mitgliedsnummer 1816).

Die Anhänger des *Pythagoras* lebten in einer **Gütergemeinschaft,** durch die intellektuelle Beschäftigung mit *mathemata* (Lerngegenstände) wie Arithmetik, Geometrie, Astronomie und Musik suchten sie göttliche Erkenntnis. Dabei entdeckte *Pythagoras* auch das ganzzahlige Verhältnis zwischen den Saitenlängen einer Lyra und den musikalischen Intervallen. Diese Gesetzmäßigkeit beschrieb er als **Harmonie** und gelangte zur Überzeugung, dass das Wesen aller Dinge die Zahl sei und Schönheit auf **mathematischer Ordnung** beruhe. Der berühmte Satz „Im rechtwinkligen Dreieck ist das Quadrat über der Hypothenuse gleich der Summe der Quadrate über den beiden Katheten", der *Pythagoras* zugeschrieben wird, war allerdings bereits um 1800 v.Chr. den Babyloniern bekannt. *Pythagoras'* Idee von einem Zentralfeuer, um das sich die Himmelskörper in kreisförmigen Umlaufbahnen bewegen, prägte das kosmologische Denken bis in die Renaissance.

studieren. Einige der Vitrinen stellen Funde in einen thematischen Zusammenhang, wie etwa „Göttliche Verführer und Betrüger", „Brautwerbung", „Hochzeit" oder „Spiele und Sport". Zu den Jagdwaffen zählen auch Bleigewichte eines Wurfnetzes zum Fangen von Bären. Die ausgestellten Fundstücke aus Metapontion und Umgebung spannen einen zeitlichen Bogen, der von der Bronzezeit bis in die römische Epoche reicht. Es war bereits die Idee von *Dinu Adamesteanu,* des ersten Direktors des Museums, parallel zu den Antiken zeitgenössische Kunst auszustellen.

■ **Museo Archeologico Nazionale di Metaponto,** Via Aristea 21, Tel. 08 35 74 53 27. Di bis So 9–20 Uhr, Mo 14–20 Uhr. Eintritt 2,50/1,25 €.

Der **archäologische Park** ist vom Museum aus auf einer Stichstraße zu erreichen. Auf dem Gelände wurde im Wesentlichen der ursprünglich von einer Mauer umgebene **heilige Bezirk des Temenos** mit den Grundmauern einiger Tempel freigelegt. Die sichtbaren Mauerzüge sind sehr niedrig und es bedarf einiger Fantasie, sich die Gebäude vorzustellen. Eine hohe Plattform bietet einen besseren Überblick.

Die einzelnen Tempel werden auf Schautafeln mit Buchstaben bezeichnet. Zur Veranschaulichung wurden auch einige rekonstruierte ionische Kapitelle des **Artemis-Tempels** aufgestellt. Es handelt sich um eines der wenigen Bauwerke dieser Stilrichtung in der Magna Graecia. In dem mit A bezeichneten großen dorischen Ringhallentempel wurde Apollon Lykeinos verehrt, dem auf der **Agorà** auch eine große Bronzestatue geweiht war. Der Platz des öffentlichen Lebens schloss sich südöstlich an den Tempelbezirk an und wurde zur einen Seite von dem in der zweiten Hälfte des 4. Jh. v.Chr. errichteten **Theater** abgeschlossen, von dem heute nur noch sieben Sitzreihen zu sehen sind. Im Osten schlossen sich Wohn- und Handwerkerviertel an. Im **kerameikos** waren seit der Mitte des 6. Jh. v.Chr. Töpfer am Werk. Mehrere Keramikbrennöfen konnten hier ausgegraben werden. Ein schiffbarer Kanal verband die Stadt mit dem Meer.

■ **Parco Archeologico di Metaponto,** GPS 40. 38196, 16.82515. April bis Sept. 14 Uhr bis 1 Std. vor Sonnenuntergang, Okt. bis März 8–14 Uhr, Mo geschl. Eintritt frei.

In Bahnhofsnähe trotzt das normannische **Castello Torre di Mare** dem Zahn der Zeit. Die Burg und die ebenfalls in normannischer Zeit errichtete Chiesa della Trinità erheben sich an Stelle des antiken Hafens. Eine Kulturinitiative veranstaltet im Hof des Kastells Jazzkonzerte, Theater- und Filmvorführungen, im August steigt hier das **Metaponto Beach Festival.**

Nach so viel Historie bieten die flach abfallenden **Dünenstrände am Lido di Metaponto** eine willkommene Erfrischung. Als weniger attraktiv erweist sich die moderne Strandsiedlung.

Information

■ **Pro Loco & Presidio Turistico**
Touristenbüro an der großen Piazza in der Nähe des Museo Archeologico. Mo bis Sa 9–14 Uhr, Di und Do auch 15–18 Uhr.
Piazza Giovanni XXIII.,
Tel. 08 35 74 56 06, Mobil 33 15 93 92 79,
www.prolocodimetaponto.it
■ **www.visitmetapontobernalda.it**

Übernachten

Am Lido di Metaponto gibt es mehrere Campingplätze und einige strandnahe Hotels der Zwei- und Drei-Sterne-Kategorie, die meisten jedoch ohne Charme und nur von Juni bis Sept. geöffnet. Als Alternative sind die Agriturismi in Meeresnähe bzw. in Bernalda oder Montescaglioso zu empfehlen, in Bernalda und Montescaglioso auch Hotels.

Basili19-128 pa

□ Pythagoras ist in der Basilikata präsent (hier z.B. in der Abbazia di S. Michele Arcangelo in Montescaglioso)

Basili19-130 pa

Hotel

■ Palatinum②

Die Familie *Colucci,* die über viele Jahre in der Contrada Torre Mare ihr v.a. bei Einheimischen beliebtes Agriturismo-Ristorante La Masseria betrieben hat (und hoffentlich wieder eröffnet), führt auch dieses einfache, verkehrsgünstig gelegene und v.a. ganzjährig geöffnet Drei-Sterne Hotel mit gutem Restaurant an der SS 106 südlich der Tavole Palatine. Shuttle zum eigenen Lido an den Strand. 28 Zi.
GPS: 40.394829, 16.800927
Km 449,300 der SS 106 – Metaponto,
Tel. 08 35 74 52 06, www.hotelpalatinum.com, fb

Camping

■ Julia①

Der Platz ist etwas einfacher ausgestattet als der direkt benachbarte Riva dei Greci (s.u.), aber recht nett und verfügt ebenfalls über einen kleinen Laden, eine Pizzeria und Bar. Ende Mai bis Mitte Sept.
GPS: 40.37551, 016.83922
Strada Turistica Archeologica Santa Palagina,
Tel. 08 35 74 18 42, Mobil 33 83 38 94 56,
www.metaponto.it

■ Riva dei Greci①

Schattiger Platz mit Bungalows und Stellplätzen 500 m vom Strand. Den Gästen stehen Sonnenschirme und Liegestühle zur Verfügung, Segeljollen können ausgeliehen werden. Bar, Supermarkt, Sportplatz. Freundlicher Padrone. Juni bis Mitte Sept.
GPS: 40.37453, 016.83857
Strada Turistica Archeologica Santa Palagina,
Tel. 08 35 74 18 18, Mobil 33 82 07 87 39,
www.rivadeigreci.it

Essen und Trinken

■ Lido Marinella②

MEIN TIPP: Vorbei an den Campingplätzen Julia und Riva dei Greci, die letzten Kilometer auf einer Staubstraße, erreicht man die beiden einsam gelegenen Lidi Dom Pablo und Marinella an einem endlosen Dünenstrand. Mein Favorit ist hier der entspannte Lido Marinella. Die Strandbar serviert neben den üblichen Alkoholika frische Fruchtsäfte und Obstsalate, das lässige Strand-Ristorante feine Pasta mit Muscheln, Meeresfrüchten oder einfach nur

Tomatensugo und frisch gegrillten Fisch. Juni bis Mitte Sept.
GPS: 40.38366, 16.85598
Contrada Marinella, Mobil 33 32 24 71 31, 33 57 60 24 80, 34 50 32 95 57, www.lidomarinella.it, fb

An- und Weiterreise

Auto: SS 106, SS 175 nach Metaponto und Lido di Metaponto.
Bus: SITA (www.sitasudtrasporti.it) aus Matera über Bernalda zur Stazione FS Metaponto bzw. aus Matera über Stazione FS Metaponto nach Metaponto Lido. Mo bis Sa Shuttle-Busse vom Flughafen Bari, Grassani e Garofalo (www.grassaniegarofalo.it).
Bahn: Der FS-Bhf. Metaponto liegt ca. 2 km vom Lido und 300 m vom Archäologischen Museum bzw. den Ausgrabungen entfernt.

Festival

Metaponto Beach Festival
Vor der imposanten Kulisse des Castello Torre a Mare (Castello Torremare) steigt im August eines der coolsten Musikfestivals Lukaniens. *Krikka Reggae, Ragnatello Folk Band* und *Cola Pesce & Infedele Orchestra* sind hier zu Hause.
www.metapontobeach.it, fb

Strände und Baden

Der lange Sandstrand am **Lido di Metaponto** ist durchaus passabel. Seit Jahren darf er sich der Blauen Flagge rühmen. Man kann aber auch zur Strada Turistica Archeologica Santa Palagina fahren, hier parken und zwischen den beiden oben erwähnten Campingplätzen durch die Pineta bis ans Meer gehen. Guter Wind für Segler und Surfer!

Lido Marinella
Wenige Kilometer nordöstlich der Campingplätze, auf Höhe der Lidi Dom Pablo und Marinella (siehe „Essen und Trinken"), erstreckt sich im Mündungsbereich des Fiume Brádano ein kilometerlanger, naturgeschützter Dünenstrand. Bis auf die wenigen Liegestühle der beiden Lidi bleibt unendlich viel freier Platz. Gratis-Parkplatz.
Lido Punta dell'Eughe
Sympathisches Strandbad im Süden von Lido di Metaponto, Segelclub und Yogakurse. Gay friendly.
GPS: 40.354003, 16.831358
Strada per la Masseria, Mobil 34 99 54 96 02, www.puntadelleughe.com

Basili19-129 pa

‹ Lido Marinella – Paradies am Dünenstrand

› Strandproviant vom Melonenverkäufer

Bernalda

Das **sympathische Städtchen** (12.500 Ew., dazu zählt auch die Küstensiedlung Metaponto), auf einem Bergsporn 126 m hoch am Nordufer des Basento gelegen, geht auf eine Gründung des *Bernardino di Bernaudo* zurück. Im Jahr 1470 ließ der Sekretär König *Alfons' II.* die Bewohner von Camarda, das weiter unten im Tal ständig der Doppelgefahr von Malaria und Sarazenenüberfällen ausgesetzt war, in die neu angelegte Stadt seines Namens übersiedeln. **Weiß gekalkte Häuser** säumen die sich rechtwinklig schneidenden Gassen. Im Süden des Ortes öffnet sich eine Piazza mit weitem Blick über das Basento-Tal, flankiert vom **Kastell** und der Pfarrkirche S. Bernardino di Siena. Der **Palazzo Ferri** am Corso Italia beherbergt eine Ausstellung moderner Kunst, unter anderem mit Lithografien von *Carlo Levi*.

Im neueren Teil der Stadt wird der Corso Umberto I. von Jugendstilfassaden gesäumt. Der ehemalige Convento di S. Antonio an der Piazza Plebiscito dient seit dem 19. Jh. als Rathaus, im Kreuzgang werden im Sommer Konzerte abgehalten. Mit Stolz wird im Ort daran erinnert, dass der Großvater des Filmregisseurs und Oscar-Preisträgers **Francis Ford Coppola** (u.a. „Der Pate") Anfang des 20. Jh. aus Bernalda in die USA auswanderte. Der Enkel schlägt Wurzeln im Land seiner Vorväter – der Großvater *Agostino* verklärte den Ort in seinen Erinnerungen als „Bernardabella" – und hat im Palazzo Margherita am Corso Umberto I. eine exklusive Bleibe eröffnet (s.u.).

Information

■ **Pro Loco & Presidio Turistico**
Corso Italia 42, Tel. 08 35 54 85 16, www.prolocobernalda.it

■ **www.comune.bernalda.matera.it**

Übernachten

■ **Giardino Giamperduto**②-③
Mein Tipp: Die wunderschöne, von den Besitzern *Natasa* (spricht gut deutsch) und *Francesco Montemurro* liebevoll geführte Hotelanlage liegt inmitten eines großen Gartens mit weitem Landschaftsblick am östlichen Ortsrand. Das Zentrum ist zu Fuß schnell erreicht, Gäste können sich auch Räder ausleihen. Die hellen und gemütlichen Zimmer bieten jeden Komfort, zwei lassen sich zu einem großen Apartment verbinden. Gutes Frühstück. Schöner Pool. 12 Zi.
Via Giamperduto, Tel. 08 35 54 24 62, Mobil 36 66 17 10 93, www.giamperduto.com

■ **I Pitagorici**②
Ordentliche Apartments mit Küche in einer Querstraße des Corso Umberto I., angeschlossen an das gleichnamige Restaurant, das auch prima Pizza serviert. Die Gäste erhalten einen Bon, den man zum italienischen Frühstück im Caffè Azimut (s.u.) einlösen kann. 8 Ap.
Via Verdi 32, Tel. 08 35 54 82 61, Mobil 38 89 21 59 78, 33 35 77 24 33

■ **La Corte**②
Nach liebevollem *restauro* einer Hofanlage zwei Schritte vom Corso Umberto I. (im Rücken des Caffè Azimut, s.u.) hat 2007 das familiengeführte Hotel aufgemacht. Die ziegelgewölbten Zimmer nehmen den Platz ehemaliger Stallungen ein. Gutes Restaurant. Parkplatz vor dem Haus. 13 Zi.

> Nach dem Kochkurs wird geschlemmt im Palazzo Margherita

Via Matteotti 4 (Ecke Via Anacreonte), Tel. 083 55 45 09, Mobil 33 96 67 00 87, 33 34 47 21 20, www.lacortehotel.net

Palazzo Margherita④

Residieren wie der Pate: Der amerikanische Regisseur und Filmproduzent *Francis Ford Coppola,* dessen Großvater *Agostino* 1904 aus Bernalda in die USA auswanderte (der in Bernalda lebende Schauspieler *Michele Russo* und vorgeblich Cousin *F. F. Coppolas,* hat dazu den Dokumentarfilm „I fischio di famiglia" gedreht), hat im Ort seiner Vorfahren einen herrschaftlichen Palazzo am Corso Umberto I. erworben, der nach aufwendiger Restaurierung 2012 als luxuriöses Hotel eröffnet hat. Neun Suiten, die Wände mit Fresken reich geschmückt, und ein wunderschöner italienischer Garten werden die zahlungskräftigen Gäste sicher entzücken. Dito das hauseigene Kino. Eine Besonderheit ist auch die offene Küche, in der Gäste an Kochkursen teilnehmen und anschließend gemeinsam speisen können. Sie sollen sich fühlen wie zu Besuch bei einer italienischen Großfamilie. Dabei wird großer Wert auf lokale Produkte gelegt, Frauen des Ortes bringen Gästen ihre traditionellen Rezepte bei, Profiköche helfen mit. Gelegentlich residieren *F. F. Coppola* und seine Tochter *Sofia* im Haus. 9 Suiten, DZ/F ab 380 € inkl. Kochkurs.

Corso Umberto I. 64, Tel. 08 35 54 90 60, www.palazzomargherita.com

Agriturismo

Relais Masseria Cardillo③

Die Masseria der Brüder *Graziadei* liegt von 300 ha Oliven und Wein umgeben auf einem Hügel über dem Nordufer des Basento. Die schmucken Gebäude aus dem 18. Jh. wurden aufwendig restauriert, die geräumigen Quartiere mit jeglichem Komfort ausgestattet. Tennisplatz, Pool und Reitpferde sowie 18-Loch-Golfanlage in 3 km Entfernung. Das ausgezeichnete Restaurant serviert lukanische Küche vom Feinsten, die frischen Zutaten, so wie auch der exzellente Wein, stammen vom Hof. Dieser Luxus

Basili19-131 pa

macht sich im Preis bemerkbar, wobei das Preis-Leistungs-Verhältnis absolut stimmt. Von der Küste kommend ist die Zufahrt von der SS 407 kurz hinter dem Abzweig nach Matera ausgeschildert. Das Meer liegt 5 km, Bernalda 6 km entfernt. 10 Zi.
GPS: 40.393458, 16.756568
Località Cardillo – Km 97,500 der SS 407 „Basentana", Tel. 08 35 74 89 92,
Mobil 33 93 84 06 00, 33 34 72 15 25,
www.masseriacardillo.it

Essen und Trinken

Alle Porte②-③
Das familiäre Ausflugslokal an der Piazza S. Bernardino in der Nähe des Kastells besticht durch solide lukanische Küche und eine großartige Aussicht (wird mit in Rechnung gestellt). Pasta, Fleisch-, Fischgerichte und Pizza. Ruhetag.
Via Redi 1, Tel. 08 35 54 36 66,
www.ristorantealleporte.it

Equineria – Rosticceria Da Mimmo①-②
Pferdemetzgerei cum Trattoria. Die einen machen einen weiten Bogen darum (weil sie Pferdefleisch nie verspeisen würden), die anderen schwören darauf. Kenner kommen immer wieder und wählen sich ihr Lieblingsstück aus und lassen es sich auf den Punkt grillen. Es gibt auch tolle Gemüsegerichte! Guter Hauswein. Nur abends. So Ruhetag.
Via Albini 5 (Ecke Via Gramsci),
Mobil 33 91 92 45 43

Al Vecchio Frantoio②
Mein Tipp: Das Restaurant von *Gianni Lacanfora,* dessen Sohn *Massimiliano* nebenan eine fantastische Eisdiele eröffnet hat, nimmt zwei große Tonnengewölbe einer alten Ölmühle im Palazzo Margherita (s.o.) ein. Antipasti aus dem Meer oder vom Land, die Pasta hausgemacht, die Fischrisotti vom Feinsten. Fisch oder Meeresfrüchte werden mit Gemüse serviert, das Lammragout mit gekochtem

Caffè Azimut – ein guter Tipp!

Basili19-132 pa

Hartweizen. Auch Vegetarier werden hier glücklich, nur muss man auf sein Essen etwas warten – alles wird frisch zubereitet. Abends auch Holzofenpizza. Mo Ruhetag.
Corso Umberto I. 70, Tel. 08 35 54 30 33, info@alvecchiofrantoio.eu

■ **La Locandiera**②-③
MEIN TIPP: In dem ebenso gemütlichen wie unprätentiösen Slow-Food-Ristorante am Hauptcorso kocht *Signora Maria Galotta* wie eine Mamma; die Gäste sind in erster Linie Einheimische. Sohn *Francesco Russo* hat in den letzten Jahren eine Cantina aufgebaut, die sich sehen und v.a. auch trinken lassen kann! 2019 vom Guide Michelin für das gute Preis-Leistungs-Verhältnis ausgezeichnet! Im Winter Di Ruhetag.
Corso Umberto I. 194 (Ecke Via Massimo D'Azeglio), Tel. 08 35 54 32 41, Mobil 33 87 20 23 91, www.trattorialalocandiera.it

Caffès, Bars und Eisdielen

■ **Azimut**
MEIN TIPP: In dem sympathischen Caffè von *Pietro Natale* verkehrt ein ebenso nettes Publikum. Die Stimmung ist locker, aus den Boxen dringt ein lässiger Sound. Cocktails, frisch aufgebrühter Tee und Kleinigkeiten zum Essen, sehr lecker auch die hausgemachten Dolci. Der Clou im Sommer ist frische Zitronengranita. Zum Ausschank kommt auch das vor Ort gebraute naturtrübe Jazz-Beer. Von früh bis spät. Mi Ruhetag.
Corso Umberto I. 111, Tel. 08 35 54 80 30, Mobil 3921651627, www.azimutcafe.it

■ **Cinecittà Bar**
Die schicke Film-Bar mit Juke-Box im **Hotel Palazzo Margherita** (s.o.) öffnet sich zum Corso. Die Qualität ist top, die Preise erschwinglich. Neben Kaffee, Cocktails und Wein – natürlich fehlen auch die Kalifornien-Weine *Francis Ford Coppolas* nicht – gibt es leckere Kleinigkeiten und frisch gebackene, sehr leckere Pizza zum Sattwerden. Mi Ruhetag.
Corso Umberto I. 64, Tel. 08 35 54 90 60, www.palazzomargherita.com

■ **Essenza**
Entspannte Wine-Bar. Zu einem guten Glas werden kleine Köstlichkeiten gereicht, ideal auch für einen schnellen Snack. Gelegentlich Jazz-Konzerte. Di Ruhetag.
Corso Umberto I. 90, Mobil 32 97 41 77 49, www.enotecaessenza.it

■ **Mivà – Cioccolateria artigianale**
Massimiliano Lacanfora ist ein Magier. Den bitteren Kakaobohnen gewinnt er ungeahnte Noten ab, im Winterhalbjahr in Gestalt von Schokolade und Pralinen, im Sommer in Form von Eis. *Sofia Coppola* hat er ein Safran-Rosenwasser gewidmet. Im **Palazzo Margherita** (s.o.). Mo Ruhetag.
Corso Umberto I 68, Mobil 33 38 51 89 99, www.mivacioccolateria.com

An- und Weiterreise

■ **Auto:** SS 407.
■ **Bus:** SITA (www.sitasudtrasporti.it) nach Matera und zur Stazione FS Metaponto, mit Umsteigen weiter nach Metaponto Lido. Eine weitere Linie verbindet Bernalda mit Montescaglioso und Policoro.
■ **Bahn:** FS-Bhf. Bernalda unterhalb des Ortes an der Linie Potenza – Táranto.

Pisticci

Weithin sichtbar breiten sich die weißen Häuser von Pisticci in einem Bergsattel über den Tälern von Basento und Cavone aus. Die **Lehmhänge** sind von *calanchi* (Runsen) tief zerfurcht, Erdrutsche haben ihre Wunden hinterlassen. Die knapp 18.000 Einwohner der Gemeinde verteilen sich auf die 364 m hoch gelegene Altstadt, die Industrieansiedlung Pisticci Scalo und Marconia, eine Ende der

1930er Jahre im Faschismus errichtete Agrarstadt. Das Traditionsunternehmen **Amaro Lucano** in Pisticci Scalo stellt seit 1894 einen Magenbitter her, der heute weltweit vermarktet wird. Eine viel ältere Tradition hat das **Keramikhandwerk.** Archäologische Funde belegen den hohen Stand der einheimischen Töpfer und Vasenmaler seit dem 7. Jh. v.Chr. Griechische Einflüsse wurden begierig aufgenommen. Rotfigurige Vasen des sogenannten „Malers von Pisticci“ vom Ende des 5. Jh. v.Chr. sind in den archäologischen Museen von Metaponto und Matera zu bewundern.

Im 3. Jh. v.Chr. wurde der Ort aufgegeben und blieb lange Zeit verlassen, bis sich im 5. Jh. auf dem Hügel **basilianische Mönche** niederließen. Mitte des 11. Jh. gelangte Pisticci unter normannische Herrschaft. Der Feudalherr *Rodolfo Maccabeo* überließ den Besitz der Basilianer den Benediktinern und stiftete den Bau der Kirche S. Maria del Casale. Das einschneidendste Ereignis in der Geschichte von Pisticci war im buchstäblichen Wortsinn der **Erdrutsch vom 9. Februar 1688,** der die Hälfte der Stadt ins Tal riss und 400 Menschenleben forderte. Da die Chiesa Madre die Katastrophe unbeschadet überstand, widersetzte sich ein Großteil der Bevölkerung dem Vorschlag, den Ort ins Tal zu verlegen. Am zerstörten Hang entstand der **Rione Dirupo** (Absturz), der heute mit seinen regelmäßig angelegten, weiß getünchten *casedde* die Hauptattraktion des Ortes ist. Nach dem Erdrutsch von 1976 wurden die Bewohner des Rione Croci nach Marconia umgesiedelt.

Man landet unweigerlich früher oder später auf der **Piazza Plebiscito** mit der modernen Ziegelkirche, die dem Stadtpatron S. Rocco geweiht ist, dessen Fest mit großem Pomp vom 15. bis 17. August gefeiert wird. Hier kann man das Auto stehen lassen und zu Fuß in wenigen Minuten in den ältesten Ortsteil **Terravecchia** aufsteigen. An der Chiesa Madre, den SS. Pietro e Paolo geweiht, erinnert nur noch der Campanile mit schönen Biforien an die mittelalterlichen Ursprünge. Auf den Resten des romanischen Vorgängerbaus wurde die Kirche Mitte des 16. Jh. neu errichtet. Von hier oben genießt man einen weiten Blick auf den sich unterhalb ausbreitenden Rione Dirupo und die *calanchi.* Das alte Normannenkastell musste im Faschismus einem Wasserturm weichen.

Von der Provinzstraße Pisticci – Lido San Basílio, die über ein sanft abfallendes Plateau zum Meer führt, zweigt kurz hinter dem Ort links die Zufahrt zu der 1087 errichteten **Kirche S. Maria del Casale** ab. In der schlichten Fassade öffnet sich ein wunderschönes Portal aus dem 14. Jh. Kurz vor der SS 106 zweigt rechts eine Stichstraße zum **Castello di S. Basílio** ab. Der imposante Bau geht auf eine Basilianergründung des 5. Jh. zurück. Über dem Portal sind die Wappen der Benediktiner von Montescaglioso, der Kartäuser von Padula und der Adelsfamilie *Berlingieri,* in deren Privatbesitz sich das herrschaftliche Anwesen heute befindet, eingemeißelt.

⊡ Torre Fiore – vom Bollwerk zur Türkenabwehr zum Chic Retreat

Information

Pro Loco di Pisticci & Presidio Turistico
Das Info-Büro liegt im Rione Dirupo an der Piazza, die im Sommer zur Bühne von Theateraufführungen und Konzerten wird. Sollte geschlossen sein, hält auch *Beniamino Laurenzana* das Info-Material in seinem Restaurant L'Incontro (s.u.) bereit.
Piazza La Salsa, Mobil 32 00 81 64 60

www.comune.pisticci.mt.it

Übernachten

Torre Fiore③-④
MEIN TIPP: Umgeben von ehemaligen Wirtschaftsgebäuden erhebt sich die im 16. Jh. befestigte Masseria am Rande einer schönen Schlucht östlich von Pisticci. Ursprünglich zur Türkenabwehr errichtet, empfängt sie seit 2010 als Chic Retreat in friedvoller Absicht eine anspruchsvolle Klientel. Tatsächlich hatte die Besitzerfamilie *Giannone* die Ruine ursprünglich in der Absicht wieder aufgebaut, sie als privates Feriendomizil zu nützen. Einer der Söhne ist Architekt, die Tochter Innenarchitektin. Einladendes Ambiente mit einer fröhlichen Mischung aus antiquarischen Objekten und modernem Design. Eleganter Infinity-Pool, Shuttle zum Strand. Das vom jungen Küchenchef *Nicola Stella* mit Verve geführte **Ristorante Patio della Torre** öffnet auf Vorbestellung auch für externe Gäste. 13 Zi. Ostern bis Mitte Okt.
GPS: 40.367708, 16.605192
Contrada Terranova, Tel. 08 35 58 02 39, www.hoteltorrefiore.com

Villa del Sole②
Moderne B&B-Villa im Grünen in der Nähe des Campo sportivo ca. 4 km östlich des Zentrums. Apartments mit 2 bis 4 Betten. Mountainbikes für die Gäste. *Beniamimo Laurenzana* führt im Ort das Ristorante L'Incontro (s.u.) und ist mit vielen guten Ratschlägen behilflich. 3 Ap.
Contrada S. Gaetano, Tel. 08 35 58 24 67, Mobil 33 32 21 12 50, www.casevacanzematera.it

Basili19-133 pa

Agriturismi/Country House

I Caselli②

Mein Tipp: *Manuela* und *Giuseppe Blotti* (spricht englisch) haben ihr kleines Bauernhaus in ein nettes Country House verwandelt. Das von Orangen und Weizenfeldern umgebene Anwesen liegt absolut ruhig mitten in den Feldern ca. 1,5 km landeinwärts von der SS 106 an der Provinzstraße Pisticci – Lido San Basílio. Von Pisticci kommend biegt die geschotterte Zufahrt links ab. Anrufen! 2 Ap.
GPS: 40.325965, 16.726480
Contrada S. Basílio, Tel. 08 35 47 02 06,
Mobil 330 33 17 31, www.icaselli.it

Masseria Macchia – Relais San Pio & Marina③

Fährt man von Metaponto auf der SS 106 ca. 3 km in Richtung Policoro, zweigt auf Höhe des Porto degli Argonauti meerseitig die Stichstraße zur Masseria von *Maria* und *Francesco Panetta* ab – Ausfahrt „San Teodoro". Auf 200 ha werden Agrumen und Gemüse produziert. Geräumige, freundliche Zimmer bzw. Apartments mit eigener Küche in renovierten Wirtschaftsgebäuden. Service wie im Hotel, es gibt auch einen Fitness- und Relaxbereich mit Türkischem Bad und Pools. Mountainbikes stehen zur Verfügung, mit denen man auf einer Privatstraße den 2 km entfernten schönen Sandstrand erreichen kann. Das gute Restaurant öffnet nur im Sommer. Im Sommer mind. 1 Woche. 20 Zi., 10 Ap. Mai bis Mitte Sept.
GPS: 40.350236, 16.795896
Contrada Macchia – Marina di Pisticci,
Tel. 08 04 96 50 76, www.masseriamacchia.it

San Teodoro Nuovo – Tenuta Visconti③

Das zauberhaft schöne Anwesen der *Marchesa Visconti di Modrone,* eine befestigte Masseria aus dem 18. Jh., liegt von 150 ha biologisch bewirtschafteten Agrumen- und Olivenhainen, Wein- und Gemüsefeldern umgeben auf halbem Weg zwischen Pisticci und der Küste. Vielleicht kein Zufall, der zweite Vorname der herzlichen Gastgeberin lautet *Xenia* (= die Gastfreundliche). Die geräumigen und mit jeglichem Komfort ausgestatteten Gästezimmer sind teils in alten Ställen mit hohen Gewölben oder in ehemaligen Wirtschaftsräumen untergebracht. Ein Apartment liegt im Piano nobile des Herrenhauses. Das Restaurant serviert beste lokale Küche mit frischen Zutaten aus eigener Produktion. Aperitifs können im Kaminzimmer eingenommen werden. Ein kleiner Pool sorgt für Erfrischung. Gäste des Hauses erhalten im Golf Club di Metaponto Vergünstigungen. An der SS 106 ist der Agriturismo am Km 442 ausgeschildert (Ausfahrt „San Teodoro"), von der Provinzstraße Pisticci – Lido San Basílio auf Höhe des Castello di S. Basílio abbiegen. 9 Ap.
GPS: 40.347320, 16.730910
Località Marconia,
Tel. 08 35 47 00 42, Mobil 33 85 69 81 16,
www.santeodoronuovo.com

Essen und Trinken

Il Calanco②

Modernes Agriturismo-Ristorante unten im Tal westlich von Pisticci. Auf 150 ha Land produziert die Familie *Ianuzziello* Getreide und Futtergetreide für die eigene Viehzucht. Die Küche ist vorzüglich – alleine von den köstlichen Antipasti wird man satt. Übernachtungsgästen stehen ein paar ordentliche Zimmer zur Verfügung. Kein Ruhetag, es empfiehlt sich jedoch vorher anzurufen.
GPS: 40.392696, 16.525702
Contrada S. Lucia (SP ex SS 176), Tel. 08 35 46 21 91,
Mobil 34 02 80 11 34, www.ilcalanco.it

L'Incontro②

Hübsches Lokal wenige Schritte von der Piazza Plebiscito oberhalb des Rione Dirupo in einem alten Ziegelgewölbe. Der Padrone *Beniamino Laurenzana* hält nicht nur die *cucina pisticcese* hoch, er ist auch sehr stolz auf seinen Ort und kann seinen Gästen viel erzählen. Es werden hausgemachte Nudeln, Gemüseaufläufe, frischer Fisch und typische Dolci serviert. Exzellenter Käse, pikante Salami und eine gute Auswahl lokaler Weine runden das kulinarische Angebot ab. Abends gibt es auch Pizza, köstlich mit

peperoni cruschi! Beniamino vermietet drei Gästeapartments im Grünen (s.o.). Mittags und abends. Mo Ruhetag, Anfang Sept. geschl.
Via Risorgimento 2/4, Tel. 08 35 58 24 67, Mobil 33 32 21 12 50, www.ristlincontro.it

An- und Weiterreise

■ **Flug:** Die Aviosuperficie Enrico Matte bei Pisticci Scalo soll zum Passagierflughafen ausgebaut werden. www.basilicata-airport.eu
■ **Auto:** Am schnellsten über die SS 407 und die SS 176 zu erreichen. Richtung Craco zweigt von der SS 176 die SS 103 ab.
■ **Bus:** SITA (www.sitasudtrasporti.it) nach Pisticci Scalo (mit Umsteigen weiter nach Matera und Potenza), über Cracco nach Stigliano bzw. Accettura.
■ **Bahn:** Der FS-Bhf. Pisticci in Pisticci Scalo liegt an der Linie Potenza – Táranto. SITA-Busse fahren in den Ort.

Veranstaltung

■ Das internationale **Lucania Film Festival** verwandelt Plätze, Treppen und Höfe von Pisticci zu Vorführsälen an frischer Luft. Anfang bis Mitte August. www.lucaniafilmfestival.it

Strände und Baden

Die feinsandigen Strände an der **Marina di Pisticci** wurden zwischenzeitlich auch vom Club Med entdeckt. Die wunderschöne *spiaggia* ist außerhalb des Sommers meist menschenleer, in den Sommermonaten jedoch stark besucht. Eine gute Adresse ist der **Lido Natura Beach Club,** GPS 40.313382, 16.795781, Contrada Torremare, Località 48, www.lidonatura.it.

Craco Vecchia

Von Pisticci ist es nur ein kurzer Abstecher nach Craco. Nach einer Serie heftiger Erdrutsche musste der seit dem Mittelalter bewohnte Ort 1975 aufgegeben werden. Wiederholt diente er als **Filmset,** so etwa für „Christo si è fermato a Eboli" (*Francesco Rosi,* 1979), „The Passion of Christ" (*Mel Gibson,* 2004) oder den James-Bond-Streifen „Quantum of Solace" (*Marc Forster,* 2008). Wegen der Einsturzgefahr war das Betreten der **Geisterstadt** lange Zeit verboten, und es blieb nur der Blick von außen. Von den Naturgewalten unbeeindruckt, trotzt vom höchsten Felsen der **normannische Wehrturm** den Zeiten. Inzwischen wurde mit nicht geringem Aufwand ein Parcours eingerichtet, und in Begleitung von Führern können Besucher in kleinen Gruppen (und mit aufgesetztem Schutzhelm) in ca. 1 Stunde den pittoresken Ort besichtigen. Das Bild vervollständigt sich (unvorteilhaft), wenn man 7 km östlich das neue **Craco Peschiera** besucht.

■ **Parco Museale Scenografico di Craco,** Craco Vecchia, Mobil 32 94 78 14 95 *(Vincenzo),* 32 94 78 14 95 (*Saverio,* spricht englisch), www.cracomuseum.eu. Tägl. 9.30 Uhr bis zur Dämmerung, Eintritt 10 €; Craco by Night für Mini-Gruppen ab 5 Personen zu 20 €/Pers. Eine Foto- oder gar Dreherlaubnis schlägt mit viel Geld zu Buche! Die fotogene Ruinenstadt lässt sich auch von außerhalb des Zaunes ablichten.
■ **Medioteca Comunale,** Via S. Angelo, Craco Vecchia, Mobil 34 05 79 36 82 *(Pasquale),* www.comune.craco.mt.it. Hier gibt es Infos zu Craco Vecchia und die Craco Card zum Besuch der Ruinenstadt.

Eine Reise durch die Basilikata im Frühjahr 1847

Heute fast vergessen, war der Jurist, Romanautor und Literaturkritiker **Cesare Malpica** (1804–1852) einer der produktivsten Journalisten Neapels seiner Zeit. Sein Interesse galt nicht zuletzt den abgelegenen Provinzen des Regno delle Due Sicilie. 1844 machte er sich auf, die Abruzzen kennenzulernen, 1845 reiste er nach Kalabrien und 1847 wählte er sich die Basilikata zum Ziel. „Ma perché andare in Basilicata?" – „Warum in die Basilikata reisen?", fragten ihn die Freunde. „Vi troverete fra monti aridi o tra paeselli abitati da barbari" – „Ihr werdet Euch zwischen wüsten Bergen und armseligen, von Barbaren bevölkerten Ortschaften wiederfinden", so ihre Befürchtung.

Malpica ließ sich nicht abhalten, statt wüster und karger Landstriche beschrieb er zauberhafte Wälder und fruchtbare Böden, statt auf dumme Barbaren traf er in den Städten auf aufgeklärte, politisch aktive Zeitgenossen. Er beschrieb aber auch ein System, das die Tagelöhner und Landarbeiter ausbeutete, nicht unähnlich dem in der heutigen Presse angeklagten **Caporalato,** das in Süditalien nach wie vor virulent ist, nur dass die Leidtragenden heute Osteuropäer und Immigranten aus Afrika sind. Die positiven Eindrücke überwogen. *Malpica* hoffte, andere mögen besser als er die Schönheiten, Geschichte und Bräuche dieses seiner Meinung nach *più bel paese d'Italia* beschreiben.

Bevor er Ferrandina erreichte, war *Malpica* zu Gast bei *Francesco Arcieri* in San Mauro Forte. Ein Nachfahre des Barons, *Pietro Bitonti,* hält die Erinnerung an *Malpicas* Reise in der multimedialen Ausstellung **„In Viaggio in Basilicata"** im **Palazzo Arcieri Bitonti** lebendig. Im Frühjahr finden Ausstellungen zeitgenössischer Kunst statt, im Sommer Konzerte.

■ **Palazzo Arcieri Bitonti,** Piazza Caduti della Patria, San Mauro Forte, Mobil 34 61 09 95 08, www.inviaggioinbasilicata.it, fb. Besuche nach vorheriger Anmeldung Fr, Sa und So, Eintritt 2 €, Führung c/o Ass. Orozzonte Lucania 30 € für 1 bis 30 Personen.

■ **www.cesaremalpica.wordpress.com**

Basili19-134 pa

Ferrandina

Ferrandina (497 m, 8700 Ew.), das sich inmitten ausgedehnter Olivenhaine auf einem Bergrücken am westlichen Ufer des Basento erhebt, verdankt seine Gründung der Initiative *Friedrichs von Aragon,* der die Bewohner des durch einen Erdrutsch zerstörten Uggiano im Jahre 1490 hierher umsiedeln ließ. Daran erinnert das Stadtwappen mit dem Spruch: „Fridericus Ferrantis Filius Ferrandinam Fabricare Fecit". Begünstigt durch Privilegien entfaltete sich das städtische Leben, und zahlreiche Orden errichteten ihre Konvente im Schutze der Mauer. Gründete sich der wirtschaftliche **Wohlstand** der Stadt in der Vergangenheit in erster Linie auf die Produktion von Stoffen und Olivenöl, verdankt sie den Methangasvorkommen in der Umgebung ihre Entwicklung zum modernen Industriestandort.

Die **Altstadt** mit ihrer zeitlosen Reihenhausarchitektur wird auf Fremdenverkehrsprospekten häufig abgebildet. Eine ähnliche Bauweise zeigen auch die Häuser im Rione Dirupo in Pisticci. Auf der zentralen Piazza Plebiscito stehen sich der Palazzo Comunale und die imposante **Chiesa Madre S. Maria della Croce** gegenüber. Innen sind an den Chorwänden die vergoldeten Holzstatuen des Stadtgründers *Friedrich von Aragon* und seiner Gemahlin *Isabella* angebracht.

☒ Ferrandina – Reihenhäuser einmal anders

Im Westen Ferrandinas liegen auf einem Bergkegel die Ruinen des von Erdbeben und einem Erdrutsch zerstörten **Uggiano,** ein surrealer, wunderschöner Ort.

Essen und Trinken

■ **Rosso di Sera**②
In einer von der Piazza De Gasperi abzweigenden Gasse serviert *Domenico Epifania* solide Land- und Meeresküche, im Winterhalbjahr sind dicke Suppen köstliche Sattmacher. Pasta ist immer zu empfehlen, lecker auch das Fleisch vom Grill. Mo Ruhetag. Via Dante Alighieri 6, Tel. 08 35 75 74 26, Mobil 32 03 59 82 11

An- und Weiterreise

■ **Auto:** SS 407.
■ **Bus:** SITA zum Bhf. Ferrandina.
■ **Bahn:** Der FS-Bhf. Ferrandina liegt an der Linie Potenza – Táranto.

Montalbano Jonico

Von einem 292 m hohen Hügel beherrscht **Montalbano Jonico** (7200 Ew.) das untere Agri-Tal. *Melchior von Montalbano,* einem der bedeutendsten Bildhauer und Architekten des ausgehenden 13. Jh., werden u.a. die Portale der Chiesa di S. Gianuario in Mársico Nuovo, der Kathedrale von Rapolla und der Wallfahrtskirche S. Maria d'Anglona bei Tursi zugeschrieben. Er firmierte seine Werke mit einem Affen, der mit einem Kaninchen kopulierte.

Tiefe Erosionsfurchen im Lehm prägen die umgebende Landschaft, eine Folge früherer Entwaldung. Für Geologen und Paläontologen öffnet sich damit ein faszinierendes Zeitfenster ins Pleistozän. Es führen immer noch einige der **alten Maultierwege,** sogenannte *apiett'*, aus dem Ort, die früher die bewässerten **Orangenkulturen** im Tal erreichten. Der Anbau der Agrumen geht in Lukanien auf das 10. Jh. zurück, als Araber nicht nur als Seeräuber die Küsten unsicher machten, sondern sich zeitweise ansiedelten, wie z.B. in Tursi. Im 18./19. Jh. exportierte Montalbano Agrumen der Sorte *arance staccia* bis Genua. Heute sucht Slow Food die kommerziell unbedeutend gewordene Frucht vor dem Verschwinden zu retten. Seit 2011 steht diese faszinierende Natur- und Kulturlandschaft als **Riserva Regionale dei Calanchi di Montalbano Jonico** unter Schutz.

Information

Centro di Educazione Ambientale „I Calanchi"
Die lokale Sektion des italienischen Umweltschutzverbandes Legambiente hat sich für die Schaffung des Calanchi-Naturparks eingesetzt und betreibt in der Ortsmitte das Zentrum für Umweltbildung. Geführte Touren, Wanderbeschreibungen auch online. Mo bis Fr 16–19 Uhr.
Via Roma 63, Mobil 32 86 22 31 29 *(Maurizio Rosito)*, www.ceacalanchi.com, fb

[>] Im Sommer blühen Dünentrichternarzissen am Strand

Essen und Trinken

Duenovedue①-②
Moderne Trattoria im Centro storico, die einzige mit Blick auf die Calanchi. Der Name des Lokals bezieht sich auf die Meereshöhe des Ortes. *Margherita Giannizzi* und *Emilio Malvasi* verwenden in ihrer Küche ausschließlich lokale Produkte, die Speisen entspringen dem Kanon der *cucina lucana* und werden frisch interpretiert, ein Klassiker auch hier Bohnenpüree mit Zichorien. Nur abends. Di Ruhetag.
Via Leonardo Da Vinci 1, Mobil 33 37 09 44 37, 33 31 59 65 28, www.duenovedue.it, fb

Policoro und Lido di Policoro

Der Wald von Policoro zieht sich am Ionischen Meer hin; (...) Zwielicht herrscht in diesem Labyrinth schlanker Laubbäume. Auch gibt es dichtes Unterholz, und ich maß eine alte Mastix-Pistazie – in Italien ein Strauch – , die drei Meter Umfang hatte. Aber der ganz ungewöhnliche Anblick in diesem Wald ist die Fülle rankenden Weines, der an den Stämmen hinaufklettert, von einem Baumwipfel zum andern sich schwingt und nur noch gerade die schwächsten Lichtfäden durch seinen dichten Baldachin hindurch lässt. Policoro hat die wirre Schönheit eines tropischen Sumpfes.

Norman Douglas,
Reisen in Süditalien

Den ersten Hinweis auf die lange Siedlungsgeschichte der 17.000-Einwohner-Stadt, die sich seit der Agrarreform 1950 zu einem lebendigen, wenn auch architektonisch wenig ansprechenden Wirtschaftszentrum entwickelt hat, gibt das **Castello di Policoro** am nördlichen Ortsrand. Der Hügel, auf dem der Baronalspalast steht, war die Akropolis des antiken Heraclea und davor des beinahe spurlos verschwundenen Siris. Allerälteste Siedlungsspuren reichen in die Jungsteinzeit zurück. Das **Wirtschaftsleben** der Gegenwart wird vom Badetourismus, einem nachhaltig konzipierten Jachthafen mit Fünf-Sterne-Hotel und der Landwirtschaft bestimmt. Neben Zitrusfrüchten und Gemüse aller Art sind es vor allem Erdbeeren, die in Feinschmeckerkreisen den guten Ruf von Policoro begründen.

Von **Siris** berichtete der antike Historiker *Strabon*, es sei von Trojanern gegründet worden. Andere Quellen sprechen von Ioniern aus Kolophon, die um 700 v.Chr. eine Stadt an der Mündung des Siris (Sinni) anlegten. Siris unterhielt anfänglich gute Beziehungen zu Sybaris und entwickelte sich dank der Ausfuhr landwirtschaftlicher Produkte und hochwertiger Keramik zu einer **führenden Wirtschaftsmacht.** Mit Pyxus (Policastro Bussentino, im Cilento am Golf von Policastro) hatte es einen direkten Zugang zum Tyrrhenischen Meer. Als die achäischen Städte Sybaris, Kroton und Metapontion ihre ökonomische Vormachtstellung bedroht sahen, verbündeten sie sich gegen Siris, das sie Mitte des 6. Jh. v.Chr. besetzten und schließlich zerstörten.

Mehr als hundert Jahre später gründete Taras (Tarent) 433 v.Chr. an gleicher Stelle **Herakleia** und dehnte seine Einflusssphäre nach Süden aus. Mitte des 4. Jh. v.Chr. stand Herakleia an der Spit-

Basili19-135 pa

ze der **Italiotischen Liga,** einem Bündnis griechischer Städte im Kampf gegen die Lukaner. Nachdem Neapolis (Neapel) sich 326 v.Chr. dem Schutz der römischen Republik unterstellt hatte, folgten auch andere griechische Städte, darunter Kroton, Lokroi und Reghion, dem Beispiel und gingen Rom um Beistand gegen die einheimischen Stämme an. Um das Gleichgewicht der Kräfte zu wahren, entschloss sich Taras, König *Pyrrhos von Epirus* zum Eingreifen auf Seiten der Italiotischen Liga zu bewegen. 280 v.Chr. kam es vor Herakleia zur Schlacht zwischen **Pyrrhos** und dem Heer der Römer, die sich hier zum ersten Mal **Kriegselefanten** gegenüber sahen. *Pyrrhos* errang den ersten seiner Pyrrhos-Siege, das heißt er siegte unter großen Verlusten, und da er vom Nachschub abgeschnitten war, verlor er schließlich die letzte und entscheidende Schlacht bei Malventum, das die Römer später in Beneventum (Benevento) umbenannten. Nach dem Fall von Taras 272 v.Chr. befand sich ganz Süditalien unter römischer Vorherrschaft. Herakleia hatte sich rechtzeitig auf die Seite der Sieger geschlagen und konnte somit seine Autonomie bewahren. Trotzdem setzte in der Kaiserzeit der allmähliche **Niedergang** ein. Im Gegensatz zu Metapontion wurde der Ort jedoch nie völlig aufgegeben und erlebte in byzantinischer Zeit als **Polychorion** (Altes Dorf) ein kurzes Aufblühen. Durch die fortschreitende **Versumpfung** wurden weite Flächen unbewohnbar. Jesuiten, die sich auf dem Hügel von Policoro niedergelassen hatten, stießen im 18. Jh. beim Bau ihres Klosters auf archäologische Überreste. Eine systematische Erforschung begann aber erst in den 1950er Jahren.

Das **Archäologische Nationalmuseum** am nördlichen Stadtrand markiert den Eingang zum Grabungsgelände. Das 1969 eröffnete Museum zeigt sich seit 2002 mit einer vollständig überarbeiteten und laufend erweiterten Ausstellung. Alltags-, Wirtschafts- und Kultleben von Siris, Herakleia sowie enotrischen und lukanischen Vorgängersiedlungen werden anschaulich dargestellt. Die beiden Griechenstädte waren für ihre Keramik bekannt, wunderschöne Beispiele stehen in den Vitrinen. Die großartig bemalten rotfigurigen Vasen dienten als wertvolle Grabbeigaben. Ausgestellt sind auch Matritzen, Formen für die Massenherstellung von Keramikfriesen und Figurinen. Aus der Bronzezeit, der Epoche, in der der erste intensive Austausch mit der griechischen Welt erfolgte und an die Epen und Legenden erinnern, stammen die reich ausgestatteten Gräber der Enotrer. In Vitrinen liegen über und über mit Schmuck bedeckte Skelette. Die fast ausnahmslos herausragenden Exponate sind oft von Fotos der Fundorte und in einigen Fällen von 3-D-Computeranimationen begleitet, Erklärungen erfolgen auch auf Englisch.

Durch den **archäologischen Park** zieht sich die *plateia,* eine der gepflasterten Hauptstraßen, von der *stenopoi* (Nebenstraßen) im rechten Winkel abzweigen. Im Wesentlichen wurden hier bislang die Grundmauern von Wohngebäuden und Keramik-Werkstätten freigelegt. Einige Häuser zeigen Reste rot-weißer Ziegelmosaike mit Mäandermustern und Tierdarstellungen. Am östlichen Ende des Akropolishügels erhebt sich das **Castello di Policoro,** in dessen Mauern Teile der antiken Befestigungsanlage zu sehen sind.

■ **Museo Archeologico Nazionale della Sirtide e Parco Archeologico di Herakleia,** Via Colombo 8, Tel. 08 35 97 21 54, www.basilicata.beniculturali.it. Mi bis Mo 9–20 Uhr, Di 14–20 Uhr. Eintritt 2,50/1,25 €.

Der **Lido di Policoro** verfügt zwar über einen schönen Strand, ist aber baulich wenig einladend. Etwas weiter im Süden liegt an einem noch schöneren Strandabschnitt die Naturoase **Bosco Pantano di Policoro** an der Sinni-Mündung. Der Restbestand eines der äußerst selten gewordenen mediterranen Küstenwälder erstreckt sich auf über 500 ha zu beiden Seiten des Flusses: Eschen, Weißpappeln und Schwarzerlen, dazwischen immergrüne Macchia. Der Wald ist das Rückzugsgebiet unzähliger Wasservogelarten, mit etwas Glück kann man auch Flussotter beobachten. Der **World Wildlife Fund** unterhält ein Info-Zentrum am nördlichen Ufer. Der Besuch des Gebietes ist auf angelegten Pfaden alleine oder mit Führer möglich. Am breiten Sandstrand können **Meeresschildkröten** *(Caretta caretta)* in geschützten Bereichen ihre Eier deponieren; im Mai 2002 wurde hier zum ersten Mal seit Urzeiten wieder eine **Mönchsrobbe** gesichtet. Die Gesamtpopulation des vom Aussterben bedrohten Meeressäugers wird im Mittelmeer auf 300 Exemplare geschätzt. Der WWF organisiert im Sommer Jugendcamps, auf rechtzeitige Anfrage gibt es auch einfache Gästeunterkünfte.

■ **Oasi WWF del Bosco Pantano,** Località Idrovora, GPS: 40.172778, 16.702394, Tel. 083 51 82 51 57, Mobil 34 07 28 79 94, www.oasiwwfpolicoro.net. Bürozeiten i.d.R. Mo bis Sa 9–13 und 16–19 Uhr, doch auch am So ist immer jemand da. Ganzjährig geöffnet. Eintritt frei.

Übernachten

Gesichtslose Apartmentanlagen, in denen im Sommer überwiegend italienische Familien ihre Ferien verbringen, ziehen sich bis zum Lido di Policoro.

■ **Heraclea Hotel Residence**②-③
Moderner und gepflegter Hotelkomplex in 500 m Entfernung zum Strand. Diverse Sportangebote. Eines der wenigen Hotels am Meer, das ganzjährig geöffnet ist! 74 Zi.
Via Lido, Tel. 08 35 91 01 44, Mobil 36 67 20 27 42, www.hotelheraclea.com

■ **Oro Hotel**②
Vier-Sterne-Haus direkt gegenüber vom Heraclea Hotel Residence (s.o.). Aufmerksamer Service. Nett eingerichtete Zimmer mit Top-Betten. Pool. Ebenfalls ganzjährig geöffnet! 69 Zi.
Via Lido, Tel. 08 35 91 01 90, www.orohotel.it

Essen und Trinken

■ **Al Chiosco da Tonino**①
Frischer Fisch und Salate am Strandkiosk. Von früh bis abends. April bis Sept.
Via S. Giusto, Località Torre Mozza – Policoro Lido, Mobil 33 38 63 91 95

■ **Attenti al Luppolo**①-②
Gourmet-Hamburger, lecker belegte Panini und Käseteller begleiten eine überzeugende Auswahl nicht nur italienischer Craft-Biere aus der Flasche und vom Fass. Mi Ruhetag.
Via Alcide De Gasperi 53, Mobil 32 84 28 21 86, www.attentialluppolo.com

■ **Altro Impero**①-②
Frische Meeresküche und feine *cucina lucana.* Bei gutem Wetter wird im grünen Innenhof aufgedeckt. In der Nähe des Spitals. So Ruhetag. Ende Aug./Anfang Sept. geschl.
Via Salerno 82, Tel. 08 35 97 16 54, Mobil 34 06 23 16 38

Hostaria al Buco①

Winzige Trattoria mit ein paar sehr schlichten Fremdenzimmern nahe des Archäologischen Museums. Der sympathische Padrone *Mimmo* serviert grundsolide Fisch- und Bauernküche, Gemüse und Wein stammen aus der eigenen Landwirtschaft. Kein Ruhetag.

Via Napoli 16, Tel. 08 35 97 23 73,
Mobil 33 31 92 03 36

Il Casalino②

Rosa Labattaglia hat ihr hübsches Ristorante in einem Wirtschaftsflügel des Castello Berlingieri erst 2017 eröffnet und sich mit ihrer essenziellen *cucina lucana* schnell in die Herzen und Mägen ihrer zufriedenen Gäste gekocht. Di Ruhetag, Okt. und Nov. geschl.

Via Cristoforo Colombo 5, Mobil 38 02 17 84 91,
www.ilcasalinopolicoro.it

Invidia②

Super Pizza, gutes Bier, gut besucht. Nur abends.
Via Caltanissetta 17, Mobil 38 84 72 98 72

Sfizi del Palato②-③

Ein Paradies für Karnivoren, in dem auch Vegetarier nicht zu kurz kommen: Aus einer bestens sortierten Theke sucht man sich sein Fleischstück aus, das dann perfekt gegrillt und manchmal einfach nur mit grobem Meersalz serviert wird. Dazu eine gute Auswahl an lokalem Käse und frischem Gemüse. Im Ausschank Wein und Craft-Biere, zum Abschluss Schokolade, Rum und Zigarren. Mo Ruhetag.

Via Siris 156, Tel. 08 35 97 26 19,
www.sfizidelpalato.com

An- und Weiterreise

Auto: SS 106.

Bus: SITA (www.sitasudtrasporti.it) über Metaponto nach Matera, nach Nova Siri und Rotondella. Busse der Linie Senise – Táranto halten ebenfalls in Policoro.

Bahn: FS-Bhf. Tursi-Policoro nahe der SS 106 an der Linie Catazaro Lido – Táranto.

Strände und Baden

Über den Stränden von Policoro weht als Zeichen bester Wasserqualität die Blaue Flagge. Der schönste Strandabschnitt liegt im Süden des Ortes an der **Mündung des Sinni,** dort, wo auch der Bosco Pantano di Policoro steht.

Wandern/Kanufahren: Bosco Pantano di Policoro

Den **einzigartigen Küstenwald** kann man das ganze Jahr über auf angelegten Pfaden entweder alleine oder in Begleitung kundiger Führer besuchen. Im Winter, wenn der Wald überflutet ist, kann man sich die notwendigen Gummistiefel im WWF-Besucherzentrum ausborgen (s.o.). Es ist möglich, sich Kajaks auszuleihen um damit den Fiume Sinni zu erkunden. Auch Segelausflüge.

Tursi

So scheußlich die Neubauviertel von Tursi sind, so faszinierend ist der **Centro storico** mit der mittelalterlichen **Rabatana.** Zu Unrecht ist Tursi wenig bekannt, selbst in Kunstreiseführern suchte man den Ort früher vergebens.

Die **Ursprünge** von Tursi sind ungewiss, wenn auch die ältesten Siedlungsspuren auf die Antike verweisen. Im 4. oder 5. Jh. errichteten Goten eine Burg, die zur Keimzelle des Ortes wurde. Stark befestigt, stand Tursi **im 9. Jh. unter sarazenischer Herrschaft.** Von 847 bis 871 war Bari ein Emirat, und auch über einigen Orten im Landesinneren wehte damals die grüne Fahne des Propheten. Dabei handelte es sich nicht nur um Militäransiedlungen, sondern auch um Städte mit blühendem Wirtschaftsleben. In Tricárico, Pietrapertosa und Tursi leitet sich die Bezeichnung Rabatana für die Altstädte vom arabischen *rabat* her. Im 10. Jh. wurde das byzantinische Tursikon (Tursi) Bistum und bei der Aufteilung der süditalienischen Verwaltungsbezirke zur Hauptstadt des Thema Lukania erhoben. Das Thema Kalabria stand damals unter Verwaltung des heutigen Reggio di Calabria, während das Thema Langobardia, das Apulien entspricht, von Bari aus regiert wurde. Nach dem Fall von Anglona übernahm Tursi auch dessen Bischofssitz. Mit 11.000 Einwohnern war Tursi (210 m) im 16. Jh. die bevölkerungsreichste Stadt der Basilikata, heute zählt es nur noch knapp 5000 Einwohner. Der **Niedergang** begann Ende des 17. Jh. mit der Pest, die Tausende Todesopfer forderte. Mit der Ende des 19. Jh. einsetzenden Emigration entvölkerte sich die Altstadt. Lange Zeit dem Verfall preisgegeben, soll die Rabatana, dem Beispiel der Sassi von Matera folgend, saniert und mit neuen Ideen und Leben erfüllt werden.

Byzantinische Fresken schmücken die Wallfahrtskirche S. Maria d'Anglona, gelegen zwischen Policoro und Tursi

Basili19-136 pa

Basili19-137 pa

Besichtigung

Von den baulichen Monstrositäten der Nachkriegszeit im Tal des Canale Pescogrosso sollten sich Besucher nicht abschrecken lassen. Auf einem schmalen Grat zieht sich die Altstadt von hier bis in 243 m Höhe. Aus der Unterstadt kann man, vorbei an der barocken **Kathedrale SS. Annunziata,** über die steile Via Duca degli Abruzzi, im Volksmund *a pitrizzi* genannt, zu Fuß zur Rabatana aufsteigen. Es ist aber auch möglich, mit dem Auto in einem weiten Bogen hochzufahren und von unterwegs ein paar schöne Blicke auf die Rabatana zu werfen. Eine steile Zufahrt erfolgt von Osten, vorbei am ehemaligen **Convento di S. Francesco.** Eine andere Straße führt durch die Pineta am westlichen Ortsrand und vorbei am **Convento di S. Rocco.**

Oberhalb der Kastellruine lässt man das Auto stehen und macht sich auf, die **Rabatana** zu Fuß zu erkunden. Noch bis vor wenigen Jahrzehnten waren die von den Emigranten verlassenen Häuser intakt, und auch das Erdbeben 1980 hatte kaum Schäden hinterlassen. Doch dann fielen Antiquitätenhändler aus Neapel und Tarent wie die Aasgeier über die Rabatana her. Einige Häuser sind inzwischen mustergültig restauriert, und auch für die Straßenbeleuchtung wurde gesorgt. Trotzdem werden sich die Arbeiten wohl noch auf Jahre hinziehen.

Rosa verputzt strahlt die **Chiesa di S. Maria Maggiore alla Rabatana** in neuem Glanz. Sie wurde im 11. Jh. über einer älteren Höhlenkirche errichtet, die heute als Krypta dient. Die außergewöhnlichen Fresken der Krypta stammen aus dem 16. Jh. Zu sehen sind Propheten, Sybillen und Heilige. Beachtenswert ist auch die steinerne Krippe, ein Meisterwerk von *Altobello Persio.*

■ **S. Maria Maggiore,** tägl. 10–12 und 16–18 Uhr, an Sonn- und Feiertagen wird um 9 Uhr die Messe gefeiert.

Die Rabatana war immer auch ein zentrales Thema des in Tursi geborenen Dialektdichters **Albino Piero** (1916–1995), der wiederholt für den Literaturnobelpreis vorgeschlagen wurde. Er bezeichnete die Rabatana in einem seiner Gedichte als *borgo incantato,* als „verzaubertes" Dorf.

⌃ Die Rabatana von Tursi stammt aus arabischer Zeit

S. Maria d'Anglona

Auf halber Stecke zwischen Policoro und Tursi erhebt sich auf einem Höhenzug zwischen den Flüssen Agri und Sinni **eine der ältesten Marienwallfahrtskirchen der Basilikata.** Die Fahrt auf den aussichtsreichen Hügel führt durch eine von *calanchi* (Runsen) gezeichnete Landschaft. Einzig die Kirche S. Maria d'Anglona erinnert heute noch an den byzantinischen Ort Anglona, der seinerseits auf den Trümmern des 410 von Goten zerstörten griechischen Pandosia errichtet worden war. Der Grundstein zur Basilika wurde vermutlich um 1080 gelegt, Mitte des 12. Jh. entstand die kleine Seitenkapelle, und im 13. Jh. wurde die Kirche um ein Querschiff und einen neuen Chor erweitert. Von den ursprünglich zwei Türmen der Westfassade steht noch einer. Die Vorhalle aus der Mitte des 12. Jh. ist mit Reliefs reich verziert. In der Mitte ist das Lamm Gottes zu erkennen und seitlich die Evangelistensymbole. Auf dem darunterliegenden Bogen reihen sich Heilige, Engel und Fabelwesen. Es handelt sich dabei um Arbeiten des *Melchiorre di Montalbano,* der in Anglona als Kleriker wirkte. Im Inneren empfängt die Kirche den Besucher mit einer klaren romanischen Architektur und einem **Freskenzyklus,** der zu den besten Beispielen byzantinisch geprägter Malerei in Süditalien gehört. Vollständig erhalten ist der Genesis-Zyklus aus dem 12./13. Jh. im rechten Mittelschiff.

Von außen kann man an der Apsis Terrakotta-Ziegel mit fantastischen Tiermotiven entdecken. Ein toller Platz auch für ein Picknick!

■ **S. Maria d'Anglona,** Tel. 08 35 81 00 02. Okt. bis März tägl. 8–12.30 und 15.30–18.30 Uhr, April bis Sept. 8–12.30 und 15–20 Uhr.
GPS: 40.244022, 16.557048

Information

■ **Pro Loco & Presidio Turistico**
Via Santi Quaranta,
Mobil 39 35 07 50 38 *(Maria Pia Gentile),*
33 36 40 16 29 *(Francesco Ottomano),*
www.presepeviventetursi.it

■ **www.comune.tursi.mt.it**

Übernachten/Essen und Trinken

■ **I Percorsi Sensoriali**①-②
Filippo Popia, dessen Brüder das Hotel-Ristorante Palazzo dei Poeti (s.u.) betreiben, hat unterhalb dieses rustikal-lässige Lokal eröffnet, das auch als Piano Bar fungiert – wenn der Padrone sich ans Klavier setzt. Zu essen gibt es *Pinsa,* nicht zu verwechseln mit Pizza. Es handelt sich zwar ebenfalls um einen im Ofen gebackenen Hefeteig, er wird jedoch erst zum Schluss mit allerlei Köstlichkeiten belegt. Dazu wird süffiges Craft-Bier ausgeschenkt – oder Wein. Mitte Mai bis Ende Sept.
Vico Solferino 24, Mobil 34 08 70 64 72

■ **Palazzo dei Poeti**②-③
MEIN TIPP: *Vincenzo* und *Paolo Popia* führen seit 2005 in der Rabatana den Palazzo Canonico aus dem frühen 17. Jh. als edles Hotel. Jedes der komfortablen, mit Arte-povera-Möbeln und guten Betten eingerichteten Zimmer ist einem lukanischen Poeten gewidmet. Die tolle Terrasse ist besonders abends ein romantisches Plätzchen! Im Restaurant des Hotels tritt *Paolo Popia* als Maître auf. Der Küchenchef kocht raffiniert und mit lokaler Erdung, die Namen der Gerichte klingen wie Gedichte und sie schmecken auch so! Großer Weinkeller. Mo Ru-

hetag. Nov. geschl. Parkplatz am Eingang der Rabatana nahebei. Vom Ende der Via Roma der Ausschilderung „Convento S. Rocco, Pineta" folgen. 14 Zi.
Via Manzoni – Borgo Rabatana,
Tel. 08 35 53 26 31, 08 35 53 23 25,
Mobil 33 37 54 43 62 *(Paolo)*,
www.palazzodeipoeti.it

The Orangery Luxury Retreat③

Mein Tipp: Für *Martine Greslon-Collins* ist es eine Lovestory. Ihren Gästen gibt sie einen Korb. Aber der Reihe nach. Im Jahr 2006 kam *Martine* zum ersten Mal in die Basilikata, Liebe auf den ersten Blick. Ein Jahr später gab sie ihren Job als Food-Caterer und ihre Wohnung in England auf und siedelte endgültig nach Tursi über. Hier empfängt sie Gäste in zwei außerordentlich liebevoll restaurierten Apartments – und zur Begrüßung gibt es den eingangs erwähnten Korb gefüllt mit Köstlichkeiten. Wer seine kulinarischen Erfahrungen vertiefen möchte, begleitet *Martine* zum Markt und bereitet gemeinsam das Mittag- oder Abendessen zu. Das größere der beiden Apartments, „The Mandarin", liegt im Rabatana-Viertel; über den Convento di San Francesco hinweg erblickt man das Meer. Eines der beiden „Schlafzimmer" besitzt kein Dach, sodass man unter dem Sternenhimmel schlafen kann. I.d.R. Mai bis Nov., „The Bergamot" ist auch beheizbar und steht ganzjährig zur Verfügung.
Via Silvio Pellico 7 – Borgo Rabatana,
Mobil 34 25 75 87 23,
www.theorangeryretreat.com

Pasticceria

Ragone

Dolci-Verführungen in der Unterstadt. *Giampiero Ragone* ist ein Meister seines Faches und verwandelt Ricotta, Pistazien von Stigliano, Mandeln, die Orangen von Tursi oder Feigen in delikate Kleinkunstwerke. Di Ruhetag.
Via Roma 260/A, Tel. 08 35 53 36 66

Basili19-138 pa

An- und Weiterreise

Auto: Zufahrt über Provinzstraßen von der SS 598 bzw. SS 653 „Sinnica". Vom Ende der Via Roma führt eine Straße in Richtung Pineta und endet auf einem großen Parkplatz oberhalb der Rabatana.

Bus: Grassani e Garofalo (www.grassaniegarofalo.it) z.B. nach Matera, Policoro oder Valsinni. Liscio (www.autolineeliscio.it) zum FS-Bhf. Tursi-Policoro und nach Policoro.

Bahn: Der FS-Bhf. Tursi-Policoro liegt an der Linie Catazaro Lido – Táranto.

Fest/Veranstaltung

Madonna d'Anglona, am 8. Sept. Eine Woche vorher, am 2. Sept., wird vor der Kirche ein großer Markt abgehalten.

Aliano

Die idyllische Ländlichkeit, die ich bei meiner Ankunft zu sehen geglaubt hatte, war nicht mehr vorhanden; auf allen Seiten sah man nichts als weiße Lehmabstürze, an denen die Häuser hingen, als schwebten sie in der Luft; und ringsum noch mehr weißer, baum- und rasenloser Lehm, vom Wasser durchfurcht mit Löchern, Kugeln und gefährlich aussehenden Hängen wie eine Mondlandschaft.

Carlo Levi,
Christus kam nur bis Eboli

☐ Tiefe Erosionsfurchen im lehmigen Boden, die sog. Calanchi, prägen das Küstenhinterland

Der Arzt, Schriftsteller und Maler **Carlo Levi** (1902–75), 1935/36 von den Faschisten in dieses gottverlassene Nest verbannt, hat **Aliano** (555 m, 1040 Ew.), das er in seinen 1945 erstmalig publizierten Erinnerungen „Gagliano" nannte, zu einem Schauplatz der Weltliteratur gemacht (siehe Exkurs „Christus kam nur bis Eboli, oder die Geburt eines Klischees"). Das Buch sollte man unbedingt gelesen oder seine großartige Verfilmung durch *Francesco Rosi* gesehen haben, bevor man sich auf den Weg nach Aliano macht. Zwei kurvenreiche Straßen führen aus dem Sáuro- bzw. Agri-Tal über kahle, tief zerfurchte Hügel in den Ort. Auch die Moderne hat Aliano inzwischen erreicht, wenn auf den ersten Blick auch nur in Gestalt einer gesichtslosen Peripherie.

Terrakotta-Tafeln mit Zitaten aus *Levis* **„Christo si è fermato a Eboli"** legen literarische Spuren durch den Ort. *Don Pierino Dilengi,* Dorfpfarrer und Vorsitzender des Fremdenverkehrsvereins, ist ein rühriger Nachlassverwalter des geistigen Erbes von *Carlo Levi,* der nach seinem Tod in Rom wunschgemäß auf dem Dorffriedhof von Aliano beigesetzt wurde. Der Friedhof war für *Levi,* der in der Zeit seiner Verbannung den Ort nur in seltenen Ausnahmefällen verlassen durfte, der äußerste Punkt auf seinem beschränkten Radius. „Von hier aus hatte man einen weiteren und weniger trostlosen Blick als von irgendeinem anderen Punkt. Man übersah Gagliano nicht ganz, da es wie eine lange Schlange versteckt ist; aber die rotgelben Dächer des oberen Teils waren sichtbar zwischen dem grauen Laub der Oliven, das windbewegt, im Gegensatz zur allgemeinen Starre, wie etwas Lebendiges wirkte."

Mehrere **Museen,** der Initiative *Don Pierinos* zu verdanken, pflegen die Erinnerungen an *Carlo Levi.* In der alten Ölmühle unterhalb des Hauses, in dem *Levi* die Zeit seiner Verbannung verbrachte, ist eine volkskundliche Sammlung untergebracht. Das jüngste der Museen stellt Werke des US-amerikanischen Malers **Paul Russotto** (1914–2014) aus, dessen Mutter aus Aliano stammte. Den originellsten Kunstbeitrag hat jedoch das neapolitanische Writer-Duo **Cyop & Kaf** (www.cyopekaf.org) im Sommer 2016 hinterlassen: Bei Streifzügen durch den Ort muss man genau hinsehen, um zwischen Mauerritzen, auf alten Holztüren und manchmal auf dem Steinpflaster ihre poetischen Figuren zu entdecken – eine artistische Schnitzeljagd, die auch Kindern viel Freude bereiten wird.

Basil19-215 pa

MuA – Musei Aliano, www.museialiano.it. Für den Besuch der Museen meldet man sich im **Parco Letterario „Carlo Levi"** an (s.u.). Die Museen öffnen Di bis So 11.30–16.30 Uhr, im Sommer bis 17.30 Uhr. Eintritt 5/3 €, inkl. Führung und um einen Rundgang durch Aliano ergänzt 7/5 €.

Im **Palazzo Caporale** in der Via Collina, der ehemaligen Carabinieri-Kaserne, hat das **Museo storico Carlo Levi** Einzug gehalten (ausgleichende Gerechtigkeit!). Zeitdokumente rekonstruieren das Leben und Werk des politischen Kämpfers, Malers und Schriftstellers.

Gegenüber, ebenfalls in der Via Collina, liegt etwas erhöht die **Casa Carlo Levi,** das Haus, in dem *Levi* die Zeit von Oktober 1935 bis Mai 1936 verbrachte, malte und die Eindrücke sammelte, die er Jahre später in seinem Erinnerungsbuch verarbeitete. Er beschrieb das Haus mit den folgenden Worten: „Das Haus, in das ich endlich ein paar Tage darauf, nach der Abreise der konfinierten Pisaner, einzog, (…) war eigentlich das einzige zivilisierte Haus des Ortes. Er (der frühere Pfarrer) hatte es sich neben der alten Kirche, der Madonna degli Angeli, errichten lassen, und nun, da die Kirche in den Abgrund gestürzt war, stand es als letztes Haus am Rand des Abgrundes. Es bestand aus drei hintereinander liegenden Räumen. (…) Das Schlafzimmer hatte einen kleinen Balkon, von dem ein Treppchen an der Seitenwand des Hauses auf die Terrasse führte, die das ganze Hausdach einnahm; von hier wanderte

◁ Zum Schutz gegen den bösen Blick erhielten die Häuser von Aliano zwei kleine Fenster, die wie Augen aussehen

der Blick zu den fernsten Horizonten. (…) Und vor allem hatte der epikureische Geschmack des Priesters meine Wohnung mit einem unschätzbaren Gut versehen. Es gab dort ein Klosett, ohne Wasser natürlich, aber ein richtiges Klosett mit Porzellansitz. Es war das einzige in Gagliano, und vermutlich hätte ich auf hundert Kilometer Entfernung kein anderes gefunden.“ Aus EU-Mitteln wurden der sich über viele Jahre hinziehende *restauro* und eine Multimedia-Installation finanziert. Besonders hübsch ist die nicht angeschlossene Kloschüssel – nicht das Original!

Im Untergeschoss des Hauses sind in der ehemaligen Ölmühle im **Museo Civiltà Contadina** volkskundliche Gegenstände ausgestellt, die das von *Levi* so eindringlich beschriebene Alltagsleben der Bauern dokumentieren. Der weite Landschaftsblick ist nach wie vor unübertroffen!

Der **Palazzo De Franchi** nahe der Piazza Garibaldi beherbergt die **Pinacoteca Carlo Levi** mit Original-Lithografien und einigen der Gemälde, die *Carlo Levi* in der Zeit seiner Verbannung in Aliano gemalt hat. SW-Fotos berichten aus dem Leben *Levis.*

Einen der von *Levi* in seinen Gemälden festgehaltenen Blicke erlebt man, wenn man auf der Via Stella, an der Chiesa Madre vorbei, bis an den **Belvedere** tritt. Hier öffnet sich das *panorama calanchistico!*

☒ Der Weg nach Aliano lohnt trotz aller Hindernisse

Basili19-139 pa

Information

■ **Comune di Aliano – Parco Letterario „Carlo Levi"**
Hier gibt es die Tickets für die Museumsbesuche, und es können Führungen vereinbart werden. Mo bis So 10.30–12.30 und 15.30–18 Uhr, im Sommer Mo bis So 10.30–12.30 und 16.30–19.30 Uhr.
Via Martiri d'Ungheria 1, Tel. 08 35 56 85 29, www.parcolevi.it, www.museialiano.it

■ **Loco di Aliano & Presidio Turistico**
Präsident der Pro Loco ist der rührige Oberhirte *Don Pierino Dilenge.*
Via Stella 65, Tel. 08 35 56 80 74,
Mobil 32 99 63 66 64 *(Don Pierino),* www.aliano.it

■ **www.aliano.it**

■ **www.comune.aliano.mt.it**

Übernachten

■ **Don Pierino** und die **Pro Loco** kümmern sich auch um die Vermittlung von Privatunterkünften im Ort. Seit Längerem schon ist ein sogenanntes Albergo diffuso mit Zimmern und Apartments in restaurierten Altstadthäusern geplant.

■ Auch *Luigi Giordano,* der Wirt der **Taverna La Contadina Sisina** (s.u.), hält für Übernachtungsgäste Zimmer bereit.

■ **La Casa dell'Americano**②
MEIN TIPP: In der Zeit seiner Verbannung ging *Carlo Levi* tagtäglich am sogenannten Haus des Amerikaners vorbei, welches nahe der Piazza San Luigi Gonzaga und wenige Schritte vom Belvedere liegt. *Luigi Martelli,* der zwei Jahrzehnte in New York gearbeitet hatte, konnte sich von seinen Ersparnissen Anfang der 1930er Jahre diesen kleinen Stadtpalazzo im Liberty-Stil leisten, eines der ersten Häuser mit elektrischem Licht im Ort. *Alberto Garambone* hat im Haus seiner Vorfahren, von denen er noch zahlreiche weitere Emigrationsgeschichten zu berichten weiß, exakt 80 Jahre nach der Fertigstellung 2013 ein charmantes B&B eröffnet. Eine schöne Terrasse und ein kleiner Garten laden zum stillen Rückzug ein. Den Gästen steht eine Küche zur Verfügung. Im EG ist das kleine Restaurant La Locanda con gli Occhi (s.u.) eingerichtet, in dem eine Familie aus dem Ort beste lokale Küche auftischt. 2 Zi. März bis Anfang Nov.
Via Martiri d'Ungheria 6, Mobil 33 96 40 32 77, 32 97 22 34 67, www.casadellamericano.it

Hotel in Stigliano

■ **Antico Pastificio Sarubbi**②
Aus der Restaurierung einer Getreidemühle aus den 1950er Jahren hervorgegangen, sind die stylischen Zimmer alle in einem anderen Farbton gehalten. Gutes Restaurant. Stigliano, bekannt für seine exzellente Hartweizenpasta, liegt knapp 20 km nördlich von Aliano. 11 Zi.
Via Roma 107, Tel. 08 35 56 56 63, www.anticopastificiosarubbi.it

Agriturismo bei Guárdia Perticara

■ **Difesa d'Ischia**②
Die Masseria der Familie *Fornabaio,* ein massiver, ursprünglich im 16. Jh. errichteter Steinbau, liegt 15 km westlich von Aliano im Tal des Torrente Sáuro, kurz hinter dem Abzweig nach Guárdia Perticara. Auf 190 ha wird Getreide-, Oliven-, Gemüseanbau und Schafzucht betrieben, an frischen Zutaten herrscht in der Küche kein Mangel. Käse, Würste, Öl und Wein stammen von der eigenen Azienda. Das empfehlenswerte Restaurant öffnet auch für Gäste, die hier nicht übernachten. Geräumige, freundliche Zimmer. Pool. Das 750 m hoch gelegene Städtchen Guárdia Perticara ist einen Abstecher wert! *Francesco Rosi* drehte hier einige Szenen von „Christo si è fermato a Eboli". 9 Zi. Mo Ruhetag.
GPS: 40.351373, 16.060289
Contrada Difesa d'Ischia – Guárdia Perticara, Tel. 09 71 96 52 48, Mobil 33 32 65 04 73, www.agriturismodifesadischia.it

▷ Taverna La Contadina Sisina – Teresas Mutter mit einem Foto aus den 1960ern

Essen und Trinken

Bar Centrale –
Taverna La Contadina Sisina①
Hier hält das Schild „Sali e Tabacchi" noch, was es verspricht. In der Bar im EG stehen Salzschachteln einvernehmlich neben Zigaretten zum Verkauf. Im 1. Stock werden in erfrischend schlichtem Ambiente lokale Spezialitäten aufgetischt. Ein Klassiker sind die hausgemachten ricottagefüllten Ravioli mit Sugo. Wenn es kalt ist, wärmt ein Holzfeuer im Kamin, bei gutem Wetter stehen Tische im Freien. Um die Gäste kümmern sich im Saal der freundliche *Luigi Giordano* und in der Küche seine Frau *Teresa* „Sisina". Mi Ruhetag.
Via Roma 13, Tel. 08 35 56 82 39,
Mobil 32 70 46 72 63 *(Teresa)*

La Locanda con gli Occhi②
Einfach gut: *Rosaria Ciancia* und *Vincenzo Lombardi* servieren in ihrer hübschen Trattoria in der Casa dell'Americano (s.o.) beste lukanische Küche zu fairen Preisen. Namensgebend ist das nahe Haus, das *Carlo Levi* wegen seiner auffälligen Fensteröffnungen als „Haus mit Augen" beschrieb. Mo Ruhetag.
Via Martiri d'Ungheria 6 (Piazza Garibaldi),
Mobil 329 72 34 67 *(Vincenzo)*,
32 98 77 34 03 *(Rosaria)*

Panificio Villone Giuseppe
Frisches Holzofenbrot und doppelt lang gebackene *friselle* (als Mitbringsel).
Via Roma 1 (Vico I. Stella),
Tel. 08 35 56 81 70, www.villone.it

An- und Weiterreise

Auto: Von der SS 598 bzw. SS „Saurica" führen kurvenreiche Provinzstraßen nach Aliano hoch.

Bus: SITA (www.sitasudtrasporti.it) nach Stigliano und mit Umsteigen nach Matera bzw. Gorgoglione und mit Umsteigen nach Guárdia Perticara und Policoro.

Basili19-141 pa

Feste

- Im **Karneval** finden am Faschingsdienstag traditionelle Umzüge mit dämonischen Masken aus Pappmaché und Ton statt.
- Am 21. Juni wird der Ortsheilige **S. Luigi Gonzaga** mit einer Prozession gefeiert.
- **La Luna e i Calanchi – Festa della Paesologia**

Mein Tipp: In Aliano und in der Mondlandschaft der Calanchi, wo sich Raum und Zeit aufzulösen scheinen, fand der Journalist, Poet und Paesologe *Franco Arminio* (siehe „Lesen") die idealen Orte, um dieses außergewöhnliche Festival zu etablieren. Auf den Straßen und Plätzen, auf dem Friedhof, in den Bars und Museen und in den Calanchi wird gelesen, Utopie gedacht, getanzt, gewandert, Filme werden gezeigt, Theater und Konzerte aufgeführt, es wird zum Mitmachen bei Improvisationstheater und Street Art eingeladen. In der zweiten Augusthälfte. www.lalunaeicalanchi.it

Wandern: Die Calanchi von Aliano

Die **Ölmühle Frantoio dei Calanchi** (GPS: 40.286364, 16.244320) einige Kilometer südlich von Aliano an der SP Aliano – Alianello ist ein guter Ausgangspunkt, um zu Fuß zur Erkundung der bizarren Erosionslandschaft aufzubrechen. Nach Osten zweigt eine asphaltierte Straße ab, die mitten durch die Calanchi zur Masseria Calvello führt. Nach allen Richtungen zweigen Feldwege ab. Eine Reihe von Wandervorschlägen und GPX-Files bzw. KMZ-Files im Gratis-Download findet man auf der Website des Parco Letterario „Carlo Levi", www.parcolevi.it/le-attivita/camminare-tra-i-calanchi-di-aliano/.

Colobraro

Der Begriff für Schlangen (lat. *coluber*, Natter) gab **Colobraro** (630 m, 1200 Ew.), das sich vis-à-vis von Valsinni **hoch über dem Sinni-Tal** erhebt, den Namen, einen Namen, den jedoch kaum jemand aussprach. Noch bis vor einigen Jahren war von dem pittoresken Ort nur unter der Umschreibung **„quel paese"** die Rede, von „jenem Dorf". Unnötig zu erwähnen, dass Colobraro früher auch in keinem Reiseführer auftauchte. Die namentliche Erwähnung des Ortes hätte Unglück gebracht, so die weit verbreitete Überzeugung. Bis Bürgermeister *Andrea Bernardo* den **Fluch in einen Segen** verkehrte und 2010 ein fröhliches **Festival** ins Leben rief, bei dem diese weit verbreiteten Vorurteile selbstironisch auf die Schippe genommen werden und trotzdem die interessanten Aspekte von Magie, Ritus und Hexerei, die in Lukanien einst weit verbreitet waren, beleuchtet werden.

Volkskundliche Themen behandelt auch die von historischen SW-Fotos begleitete Ausstellung im **Palazzo delle Esposizione** am nördlichen Ortsrand. Der faschistische Bau aus dem Jahr 1936 diente vormals als Spital, Rathaus und Schule. Hier wird u.a. an die Besuche des neapolitanischen Anthropologen und Religionswissenschaftlers **Ernesto de Martino** (1908–1965) erinnert, der in den 1950er Jahren magische Riten in Süditalien studierte und dokumentierte. Es heißt, *de Martino* hätte in Colobraro Pech gehabt. Ein Dudelsackspieler, den er interviewen wollte, kam kurz vorher unter die Räder eines Lastwagens und starb. Während *de Martino* und sein Team am Begräbniszug teilnahmen, fiel einer der Kollegen von der Treppe und brach sich das Bein, ein anderer erkrankte an einem unerklärlichen Fieber und einem Dritten entzündeten sich die Streichhölzer von selbst in der Hosentasche. *Martinos* Buch „Sud e Magia" wurde zum Klassiker (siehe „Lesen").

Museo della Civiltà Contadina, Viale Vittorio Emanuele 29, Tel. 08 35 84 15 65. So, Di und Sa Vormittag geschl., ansonsten 9.30–12.30 und 16–19 Uhr. Eintritt frei.

Colobraro ging aus einer Klostersiedlung orthodoxer Basilianer hervor, der Grundstein der Pfarrkirche wurde bereits im 12. Jh. gelegt. Am höchsten Punkt des Ortes erheben sich die jederzeit frei zugänglichen Reste des Kastells. Von hier genießt man **himmelweite Blicke,** die den sanft geschwungenen Küstenverlauf des Mar Ionio, die zerfurchte Mondlandschaft der Calanchi, das Tal des Sinni und den Pollino einschließen.

Im unteren Ortsteil wartet der **Franziskanerkonvent** darauf, zu einem Zentrum der Magie ausgebaut zu werden.

Colobraro erhebt sich mit Weitblick über das Sinni-Tal

Basili19-142 pa

Basili19-143 pa

Information

Info Point Turistico

Der **Palazzo delle Esposizione** (s.o.) am oberen Ortsrand beherbergt die Bibliothek, ein Museum und das Tourismusbüro. Im Ort verstreut stehen Info-Tafeln, deren englische Textversionen über einen QR-Code auf Mobilgeräten lesbar sind.
www.colobraro.gov.it, www.colobraro.eu, fb

Übernachten/Essen und Trinken

Alla Corte del Mangia②

Gute Pizza und traditionelle *cucina lucana* mit Traumblick auf die Küste und das Pollino-Massiv. Einen knappen Kilometer nordöstlich außerhalb an der SP 154. Mo Ruhetag.
GPS: 40.195136, 16.426134
Contrada Pardo 1, Tel. 08 35 84 15 25,
Mobil 34 72 26 41 24

Antica Masseria Lucana②

Von Mandel- und Olivenhainen umgeben, liegt die Masseria mit weitem Landschaftsblick wenige Kilometer nordöstlich des Ortes an der SP 154, der östlichen Zufahrtstraße von der SS 653. Übernachtungsgästen stehen freundliche Apartments zur Verfügung, auch Gäste, die nicht in der Masseria übernachten, können auf Vorbestellung in der **Taverne Le Querce** lukanisch speisen. 6 Ap. Mitte Juni bis Mitte Sept.
GPS: 40.20075, 016.44301
Località Ceracupa 2, Tel. 08 35 84 16 11,
Mobil 33 98 79 81 85, 32 90 67 56 21,
www.anticamasserialucana.it

Piccola Dimora della Magia②

Mein Tipp: Das hübsch restaurierte Haus im Rione Vignicella liegt nahe vom Municipio und Franziskanerkonvent. Hier wuchs *Maria Mazziottas* Vater auf. Bis zu vier Personen finden heute ein komfortables Zuhause auf Zeit, in der Küche kann der Kamin entzündet werden. *Maria* hat(te) großen Anteil an der

Realisierung und Ausgestaltung des magischen Festivals (s.u.) und kann ihren Gästen vieles über magische Praktiken im alten Lukanien erzählen. Darüber hinaus recherchiert sie unermüdlich die besten Ausflugstipps in der nahen und weiteren Umgebung. Mit eigenem Schlüssel ist man autonom, das opulente Frühstück wird jeden Tag frisch serviert. Rechtzeitig anrufen! Die Gäste werden dann von *Maria* selbst, ihrem Sohn *Vincenzo* oder *Marias* Mutter in Empfang genommen.
Via Caduti in Guerra 1, Mobil 34 02 22 32 13 *(Maria)*, 360 92 42 45 *(Vincenzo)*, mdmazziotta@gmail.com

An- und Weiterreise

■ **Auto:** Steile (!) Zufahrtsstraßen von der SS 653.
■ **Bus:** Grassani e Garofalo (www.grassaniegarofalo.it) aus Matera, Policoro und Tursi. Nur wenige Verbindungen am Tag.

Feste

■ **Festa di San Nicola**
Zeitgleich mit Craco feiert Colobraro am 22. Mai seinen Patron S. Nicola. Die Statue des Heiligen wird durch die Gassen des Ortes getragen.
■ **Sogno di una notte a … Quel Paese!**
Den August hindurch zieht jeden Di und Fr von 18–22 Uhr stündlich ein Straßentheater durch den Ort, das außer einigen professionellen Schauspielern vor allem von den Bewohnern Colobraros getragen wird, die in vielen Szenen Liebeszauber, Verwünschungen, Beschwörungen, Heilungen und andere magische Rituale aufleben lassen. Zur Begrüßung erhalten die Besucher, die sich inzwischen zahlreich einfinden, ein Schutzamulett – sicher ist sicher. Am Ende werden lokale Spezialitäten serviert.

☒ Über Valsinni thront das Kastell

Valsinni

Ein Kastell wie aus dem Bilderbuch beherrscht vom steilen Fels das hübsche Städtchen (250 m, 1650 Ew.) auf einem der nördlichen Ausläufer des Pollino-Massivs über dem **Valle del Sinni.** Langobarden errichteten den Ort zur Kontrolle des im Mittelalter noch schiffbaren Flusses, Normannen bauten das Kastell aus. Die Stadt selbst war nie ummauert, die Außenwände der Häuser und die engen Tordurchgänge, die sogenannten *gafi*, waren Schutz genug. Vom Touring Club Italiano bekam der Ort die Auszeichnung „Bandiera Arancione" verliehen. Mitte des 16. Jh., als Valsinni noch Favale hieß, war das **Kastell** Schauplatz einer tragischen Dichterliebe (siehe Exkurs „Das traurige Geschick der Isabella di Morra"). In den verschwiegenen Gassen der Altstadt, auf dem Kastell und in den Hügeln der Umgebung kann man heute noch den Spuren der **Isabella di Morra** folgen.

■ **Castello,** Mobil 33 83 22 54 07 *(Rosario Mauro)*, besser vorher anrufen! Tägl. 9.30–13 und 15.30–19 Uhr. Eintritt 2 €.

Im Süden des Ortes erhebt sich der **Monte Cóppolo** (890 m). Auf dem Berg finden sich die **Ruinen der antiken Stadt Lagaria,** deren Gründer der Legende nach *Epeíos,* der Erbauer des trojanischen Pferdes, gewesen sein soll. Der Monte Cóppolo ist Teil des Parco Nazionale del Pollino und lädt zu schönen Wanderungen ein.

Das traurige Geschick der Isabella di Morra

D'un alto monte onde si scorge il mare
miro sovente, io, tua figlia Isabella,
s'alcun legno spalmato in quello apare
che di te, padre a me doni novella …
Isabella di Morra, Canzoniere 1552

Die tragische Geschichte der *Isabella di Morra* (1516?–1545) spielt **Mitte des 16. Jh.** vor dem Hintergrund des Spanisch-Französischen Krieges, der zwischen König *Franz I.* und Kaiser *Karl V.* in Italien blutig tobte. Nach dem Sieg der Spanier flüchtete der Baron *Giovan Michele Morra,* der die Sache der Franzosen unterstützt hatte, 1528 nach Frankreich. Auf seiner Burg in Favale ließ er Frau und sieben seiner acht Kinder zurück, darunter die drittgeborene *Isabella.* In der Literatur der antiken Klassiker und von *Petrarca* geschult, **fand Isabella Zuflucht in der Poesie,** während sie in dem weltabgeschiedenen Nest vergebens auf die Rückkehr ihres Vaters wartete. Dann erschien ein Lichtblick in Gestalt von *Diego Sandoval de Castro.* Der spanische Edelmann und Dichter, Vater dreier Kinder, war Burgherr im nahen Bollita (Nova Siri). Zwischen den beiden entspann sich ein zarter Briefverkehr. Ob es sich um mehr als nur die platonische Beziehung zweier Seelenverwandter handelte, ist heute nicht mehr in Erfahrung zu bringen. Als *Isabellas* Brüder von der Sache Wind bekamen, reagierten sie ohne langes Zögern. Sie ergriffen *Isabellas* Hauslehrer, der sich als *postillon d'amour* betätigt hatte, und töteten ihn und ihre Schwester. Nachdem sie im Jahr darauf *Diego Sandoval* in einem Hinterhalt ums Leben gebracht und somit die „Familienehre" wiederhergestellt hatten, flüchteten sie nach Frankreich.

Die spanischen Magistraten fanden in den Papieren der ermordeten *Isabella* **zehn Sonette und drei Canzoni,** die den „Canzoniere" bildeten, der 1552 postum in Druck ging und bald Triumphe feierte. Anders als in der Hofdichtung ihrer Zeit, beschrieb *Isabella* in intensiven Versen ihre persönlichsten Gefühle. Der Philosoph *Benedetto Croce* (1866–1952) gilt als ihr Wiederentdecker. Für die Schriftstellerin *Dacia Maraini* ist die Geschichte *Isabellas* mehr als eine tragische *storia d'amore,* vielmehr ist sie die Suche einer Frau nach Freiheit. Sie widmete der Dichterin ein Drama, das 1999 in Valsinni uraufgeführt wurde.

Basil19-144 pa

[<] Blick vom Kastell über Ort und Tal auf Colobraro

Information

Parco dei Crisciuni
Infos und Prospekte der APT Basilicata.

Pro Loco di Valsinni und Centro Visite Parco Letterario „Isabella Morra"
Informationsbüro am Ortseingang. Führungen im Ort, in der Burg und auf Wanderungen. Tägl. 10–12.30 und 17–19.30 Uhr.
Piazza Carmine 20, Tel. 08 35 81 70 51,
Mobil 34 95 07 26 37 *(Carmen)*, www.parcomorra.it

www.comune.valsinni.mt.it

Übernachten/Essen und Trinken

Parco dei Crisciuni Villaggio Camping①-②
Natur-Freizeitpark in ca. 6,5 km Entfernung vom Ort am Südhang des Monte Cóppolo. Die Anlage mit gemauerten Bungalows in schöner Landschaft wird von der Cooperativa Cosmos c/o *Francesca De Felice* verwaltet. Es gibt auch Stellplätze für Zelte und Camper, dazu sanitäre Anlagen. Der Platz ist ganzjährig geöffnet, im Juli und Aug. tägl., ansonsten nur an Wochenenden. Das Ristorante serviert urige Bergküche und auch vegetarische Gerichte.
GPS: 40.144379, 16.469945
Contrada Castagna, Mobil 32 00 88 58 24,
32 96 44 64 46, fb

Beccheria del Feudo①-②
Urige Trattoria in der Nähe des Kastells. Das hier servierte und vorzüglich zubereitete Fleisch stammt aus der eigenen Metzgerei. Köstlich auch die Antipasti, die lokaltypischen Pasta-Gerichte und die Dolci, die mit Aprikosen- und Birnenmarmelade zubereitet werden. Mo Ruhetag.
Via Mentana 6, Mobil 34 09 03 65 24,
32 81 18 07 15

La Fontana del Borgo②
Bilderbuch-Trattoria zu Füßen des Kastells (bis vor einigen Jahren empfing *Modesta Abruzese* noch in einer Art Baracke am Ortseingang). Die vor allem auf Gemüse basierenden Antipasti sind reichlich und gut, Pasta wird frisch zubereitet, Fleisch und Wild werden gegrillt, die *peperoni cruschi* in Öl ausgebacken, und zum Dessert gibt es Ricotta-Crême mit Feigenmarmelade. Abends auch Pizza. Mittags und abends. Mo Ruhetag.
Via Mentana, Tel. 08 35 81 70 76,
Mobil 34 21 21 60 27, www.lafontanadelborgo.it

An- und Weiterreise

Auto: SS 653.

Bus: SITA (www.sitasudtrasporti.it), Busse der Linie Senise – Policoro – Táranto halten in Valsinni.

Veranstaltung

Estate d'Isabella, von Ende Juni bis Anfang Sept. Ausstellungen, Theaterstücke und Konzerte in Erinnerung an *Isabella di Morra*.

Wandern

Luoghi di Isabella di Morra

In der Nähe des Kastells wurden einige schöne Spazierwege angelegt, die zu Orten führen, die *Isabella di Morra* in ihren Sonetten beschrieben hat. So kann man auch vom Parkplatz unterhalb des Kastells bis zum Monte Cóppolo aufsteigen.

Monte Cóppolo (890 m)

Auf Höhe des **Rifugio M. Cóppolo** führt der auf der Karte als „02 ES" bezeichnete Weg in ca. 30 Min. bis auf die Spitze des Berges. Die Aussicht reicht bis zum Ionischen Meer. *Isabella di Morra* stand oft auf der Anhöhe, um nach dem Schiff ihres Vaters Ausschau zu halten. **Wanderkarte:** Carta Escursionistica del Pollino Lucano, 1:50.000.

Rotondella

Seine **exponierte Lage** auf einer 576 m hohen Bergkuppe hat **Rotondella** (2800 Ew.) den Beinamen *balcone dello Ionio* eingetragen. Von der Piazza della Repubblica, auf der man auch das Auto abstellen kann, bietet sich ein **grandioser Blick** über die von Erosionsfurchen gezeichnete Hügellandschaft zwischen Sinni und Brádano. Auf den Höhen sind Tursi, Pisticci, Bernalda und Montescaglioso auszumachen. Nach der Zerstörung des mittelalterlichen Rotunda Maris durch Sarazenen wurde der Ort im Jahr 1518 neu gegründet. Die Altstadt zieht sich in konzentrischen Kreisen zwischen zwei Hügelspitzen hoch.

Essen und Trinken

La Mangiatoia②

Mein Tipp: Seit 1965 am Platz und seit 2010 von Slow Food ausgezeichnet! In der nahe der Piazza della Repubblica gelegenen Trattoria kocht *Signora*

Cosima wie eine Mamma für ihre Gäste. Die Zutaten der *cucina povera* stammen aus der eigenen Landwirtschaft, Würste und Salami sind hausgemacht. Die *frizzuli,* eine Art Maccheroni, werden hier mit Bröseln statt mit Käse serviert. Eine andere Spezialität ist der *pastizz,* ein Fleischauflauf im Teigmantel; mit Gemüse gefüllt heißt das Gericht *falagone.* Fleisch und Würste werden gegrillt, zum Nachtisch gibt es selbst gebackenen Kuchen. Süffiger offener Hauswein. Im **Pub** im EG trifft sich die Jugend, das **Restaurant** im 1. Stock hat einen kleinen Balkon mit Blick auf das Valle del Sinni. *Cosimas* Sohn *Giuseppe Lippo* steht im Saal und ist Gästen mit guten (Reise-)Tipps behilflich. Mi Ruhetag.

Via Giotto 23, Tel. 08 35 50 41 37,
08 35 50 44 40 (Bar), Mobil 34 83 82 01 70,
www.lamangiatoia.net

■ **Locanda Pane e Lavoro**②

MEIN TIPP: *Pane e lavoro,* „Brot und Arbeit", lautete die Forderung der aufständischen Landarbeiter, als sie 1956 von den Großgrundbesitzern Land zur eigenen Bewirtschaftung forderten. Das Wohnhaus eines der damals verhafteten Aktivisten im Centro storico beherbergt heute die einladende Slow-Food-Locanda, die in ihrem Namen die Erinnerung an jene Jahre wach hält. Im EG empfängt eine Wine-Bar, die biologisch erzeugte Tropfen ausschenkt, begleitet von kleinen Köstlichkeiten. Das Restaurant im 1. Stock serviert gehobene *cucina lucana,* wobei *Simona Manieri* neben einer großen Produktkenntnis einen ebenso großen Respekt vor lokalen Traditionen sowie Innovationsfreude zeigt. Im Winter Mo Ruhetag.

Via Papa Giovanni XXIII, Tel. 08 35 50 40 32,
Mobil 38 03 82 72 80, www.locandapaneelavoro.it

Basili19-145 pa

An- und Weiterreise

■ **Auto:** Rotondella ist auf kurvenreichen Provinzstraßen von der SS 653 „Sinnica" bzw. von der SS 106 „Ionica" zu erreichen.

■ **Bus:** SITA (www.sitasudtrasporti.it) über Nova Siri, Policoro nach Matera.

◁ Rotondella hält Ausschau

Überblick | 224
Brienza | 229
Grumentum und Grumento Nova | 241
Mársico Nuovo und Mársicovétere | 233
Moliterno | 246
Sasso di Castalda | 229
Torre di Satriano und Satriano di Lucania | 226
Viggiano | 237

6 Appennino Lucano und Alta Valle dell'Agri

Das fruchtbare Agri-Tal ist seit Jahrtausenden Siedlungsgebiet und wichtige Verkehrsachse zwischen dem Thyrrhenischen und dem Ionischen Meer. Jenseits der Monti della Maddalena liegt der Cilento, historisch ein Teil des antiken Lukanien. Der Parco Nazionale dell'Appennino Lucano schützt die einzigartige Bergwelt.

< Historische Städte wie Mársicovétere säumen das Valle dell'Agri

Appennino Lucano und Alta Valle dell'Agri

ÜBERBLICK

Die römischen Ruinen von Grumentum gelten als größte Sehenswürdigkeit im Valle dell'Agri. Die dicht bewaldeten Gebirgszüge stehen seit 2007 im Parco Nazionale dell'Appennino Lucano unter Schutz, während unten im Tal seit den 1980er Jahren Erdöl gefördert wird. Auf dem 1725 m hohen Monte Sant'Enoc steht das bedeutendste Marienheiligtum der Basilikata, am ersten Maisonntag das Ziel vieler Pilger.

Nach einem Lauf von 136 km mündet der **Agri** bei Policoro ins Ionische Meer. In den 1950er Jahren wurde der wasserreichste Fluss der Basilikata östlich von

Grumento Nova zum **Lago di Pietra del Petrusillo** aufgestaut. Vor zwei Millionen Jahren füllte an gleicher Stelle ein natürlicher See das breite Talbecken. Hohe Gebirgszüge begleiten seinen oberen Talabschnitt. Im Norden erreicht der lukanische Apennin in Gestalt des **Monte Volturino** eine Höhe von 1836 m, im Süden erheben sich an der Grenze zu Kampanien die **Monti della Maddalena** bis 1481 m hoch, und der Monte Sirino überschreitet die 2000-Meter-Grenze. Ausgedehnte Laubmischwälder bedecken die Berghänge, Almwiesen oberhalb der Baumgrenze werden seit Jahrtausenden zur Sommerweide genutzt. 1998 wurde der Parco Nazionale Val d'Agri-Lagonegrese eingerichtet, doch vorerst nur auf dem Papier. *Parco* und *petrolio* (Erdöl) wollten nur schwer unter einen Hut passen. Unter dem neuen Namen **Parco Nazionale dell'Appennino Lucano** wurde das Gebiet 2007 endlich unter Schutz gestellt. Viel länger schon gibt es den Parco Nazionale dell'Abruzzo. Auch in den Nationalparks Cilento und Pollino, an die der Apenninen-Park grenzt, scheint die Rechnung für Natur und Mensch aufzugehen.

Seit der Bronzezeit nutzten Apenninenvölker das Valle dell'Agri als naturgegebene **Verkehrsachse,** die an der ionischen Küste siedelnden Griechen bedienten sich des Akiris als Schifffahrtsweg. Im 5. Jh. drangen kriegerische Lukaner in den Nordwesten der Basilikata ein, Ende des 4. Jh. waren es dann die Römer, die ihren Einflussbereich bis nach Süditalien ausdehnten und das neu eroberte Territorium mit den Kolonien Venusia (Venosa) und **Grumentum** sicherten und die fruchtbaren Böden unter den Pflug nahmen.

Nach **Sarazenen-Überfällen** wurde Grumentum im 11. Jh. von seinen Bewohnern aufgegeben. Die Fluchtsiedlungen in leichter zu verteidigenden Berglagen bildeten den Kern der meisten Orte des oberen Agri-Tals. Mittelalterliche Städtchen wie **Mársico Nuovo, Mársicovétere, Viggiano, Grumento Nova** und **Moliterno** lohnen den Besuch, auch wenn das verheerende Erdbeben 1857 viel alte Bausubstanz zerstört hat. Zu den jungen Attraktionen der Basilikata zählen die Hängebrücken in **Sasso di Castalda.** In **Satriano di Lucania** kann man der Geburt eines neuen Baum-Kultes beiwohnen, und das Festungsstädtchen **Brienza** im lieblichen Melandro-Tal gibt sich heute ganz friedlich.

NICHT VERPASSEN!

- **Parco Nazionale dell'Appennino Lucano:** Naturschönheit für Entdecker | 225, 235
- **Ponte alla Luna:** in Sasso di Castalda erreicht man den Mond zu Fuß | 229
- **Madonna nera von Viggiano:** triumphaler Zug am ersten Septembersonntag | 238
- **Sagra del Pecorino Canestrato di Moliterno:** eine kulinarische Käse-Leistungsschau | 246

Diese Tipps sind gelb hinterlegt.

Torre di Satriano und Satriano di Lucania

Weithin sichtbar erhebt sich einsam auf einer 939 m hohen Anhöhe die **Torre di Satriano,** ein Festungsturm aus normannischer Zeit. Die **einzigartige Position,** von der aus die Täler von Agri, Basento, Melandro und Noce und damit die seit der Bronzezeit bestehenden Verkehrsrouten zwischen Tyrrhenischem, Ionischem und Adriatischem Meer zu kontrollieren waren, wurde schon viel früher in ihrer strategischen Bedeutung erkannt. Archäologische Ausgrabungen bringen antike Spuren aus lukanischer Zeit zu Tage, vor allem aber die eindrucksvollen Reste des mittelalterlichen **Satrianum,** ab dem 11. Jh. ein Bischofssitz. Im Jahr 1420 wurde die Stadt auf Geheiß der neapolitanischen Königin *Johanna II.* dem Erdboden gleichgemacht. Ein Teil der vertriebenen Bewohner ließ sich weiter südlich nieder und gründete Pietrafixa, das heutige Satriano di Lucania. Im alten Festungsturm ist ein multimediales Museum eingerichtet, faszinierender noch ist der himmelweite Blick von der Dachterrasse.

■ **Torre di Satriano,** GPS: 40.56705, 15.63966. März bis Okt. Sa und So 10–13 Uhr, März bis Mai am Nachmittag 16–18 Uhr, Juni bis Okt. 17–19 Uhr. Eintritt 3/2 €. Führungen durch die Associazione Memorìa, Mobil 32 94 58 87 95 *(Michele),* 34 02 69 79 57 *(Marika),* 38 99 62 42 61 *(Simona),* www.torresatriano.it

Basili19-148 pa

Das Städtchen **Satriano di Lucania** (653 m, 2340 Ew.) ging aus dem mittelalterlichen Pietrafixa, später Pietrafesa, einer Nachfolgesiedlung des 1420 zerstörten Satrianum (s.o.), hervor. Mit Pietrafesa firmierte auch *Giovanni De Gregorio*, der, hier zur Welt gekommen, nach seiner Ausbildung in Neapel zum bedeutendsten Barockmaler Lukaniens aufstieg. Seine heutige Bekanntheit verdankt Satriano in erster Linie dem **Carnevale di Satriano,** der sich vor ein paar Jahren neu erfunden hat (siehe Exkurs „131 Rumita, oder ein Wald, der geht"), und den **Murales** – weit über 500 Wandmalereien überziehen die Fassaden der Häuser und verwandeln den Ort in eine Galerie unter freiem Himmel. Der **Palazzo Loreti** aus dem 18. Jh., heute Sitz der Stadtverwaltung, beherbergt außerdem das **Museo della Civiltà Contadina** und das **Museo Archeologico Satriano Antica** – theoretisch, denn die Sammlungen sind selten zugänglich.

Essen und Trinken

■ La Botte

Roccantonio Pascales geschätztes Ristorante liegt ca. 5 km nördlich außerhalb des Ortes. Ein Klassiker sind die *cavatelli*, die täglich frisch von Hand geformt werden. Je nach Jahreszeit wird die Pasta mit Schweine- oder Wildragù, Tomatensugo oder süßem Paprika und *cacioricotta* serviert. Köstlich ist auch das mit Kartoffeln und Paprika gebackene Lamm. *Baccalà* (Stockfisch) gibt es jeden Tag. Seitlich am Restaurant vorbei führt übrigens die Zufahrtsstraße zur Torre di Satriano (s.o.). Mi Ruhetag.
GPS: 40.55743, 15.64680
Contrada Passariello – Km 94,600 der SS 95,
Tel. 09 75 38 34 43, www.ristorantelabottepz.it, fb

Veranstaltung/Fest

■ Carnevale di Satriano

Siehe Exkurs „131 Rumita, oder ein Wald, der geht".
Mobil 32 95 32 00 26, 32 77 72 21 42,
www.facebook.com/carnevaledisatriano/

■ di Fiaba in Fiaba ...
Il Teatro ricomicia dai Bambini

Von Ende Juni bis Anfang August wird das **Anfiteatro Porticelle** zur Bühne eines Theater- und Zirkusfestivals für Kinder und Erwachsene. Die Clownerien versteht man über jede Sprachbarriere hinweg. Die Preise sind familienfreundlich!
Infos & Tickets c/o Compagnia Teatrale Petra,
Corso Trieste 63, Mobil 32 87 24 58 60

Basili19-149 pa

[>] Murales schmücken die Fassaden vieler Häuser

[<] Torre di Satriano – Weitblick garantiert

131 Rumita, oder ein Wald, der geht

Der **Carnevale di Satriano** kannte drei traditionelle Figuren und Masken: den *Rumit*, den *Urs* und die *Quareseme*. Die **Quareseme,** eine alte Frau in Trauerkleidung, symbolisiert die Fastenzeit. Der **Urs,** ein in Fellen gehüllter Mann, erheischt präpotent, aber stumm von den Ortsbewohnern Essen, Trinken und Geld. Er verkörperte den Emigranten, der zwar vermögend, aber entwurzelt zurückgekehrt ist und sich für etwas Besseres hält. Den Gegenentwurf stellt der **Rumit** dar, der Daheimgebliebene – arm, aber glücklich. Von Efeu überzogen tanzten zwei bis drei Rumita durch den Ort und segneten mit Stäben die Häuser. Dafür erhielten sie eine Gabe.

Während eines Workshops im Parco del Pollino erfuhr der **Regisseur Michelangelo Sammartino** („Le Quattro Volte", 2010) von der Existenz der Efeu-Maske und bat Satriano, ihm bei der Ausstattung von 100 Rumita behilflich zu sein. Er drehte seinen Film weder in Satriano noch zur Faschingszeit. Sein 28-minütiger Loop **„Alberi"** wurde 2013 auf dem Tribeca Film Festival in New York uraufgeführt. Dabei handelt es sich keineswegs um die ethnologische Dokumentation eines fast vergessenen Baumkultes (siehe auch Exkurs „Wenn Bäume Hochzeit feiern"), sondern *Sammartino* gibt den Vegetations-Masken eine neue, universelle Bedeutung. In der Morgendämmerung verlassen Männer einen einsamen Ort und ziehen in den Wald, wo sie sich über und über mit Efeu bedecken, eins werden mit der Natur. Dergestalt kehren sie in den Ort, in die Zivilisation zurück, feiern die Verschmelzung zwischen Mensch und Kosmos und tanzen auf der Piazza, bis es dunkel wird. Und ewig erneuert sich der Kreislauf.

Basili19-150 pa

Rocco Petrone und seine Freunde, die bereits seit einigen Jahren mit Engagement Kulturarbeit und Tourismus im Parco dell'Appeninno Lucano betrieben, entwickelten daraus die Idee, in Zukunft mehr Menschen und nicht nur die Einheimischen am Carnevale di Satriano zu beteiligen und **131 Rumita** laufen zu lassen, so viele wie die Region Basilikata Kommunen hat. Damit erhielt der am Samstag und Sonntag vor Faschingsdienstag stattfindende Umzug eine völlig neue Bedeutung, so wie sie bereits *Sammartino* in seinem Film gezeigt hatte. Der *Rumit* wird zum Träger eines universellen ökologischen Gedankens, der für eine neue tragfähige Verbindung zwischen Mensch und Erde eintritt. Jeder, der sich rechtzeitig bewirbt, kann zum *Rumit*, zu einem wandelnden Baum werden. Auch in anderer Hinsicht hat sich der Carnevale di Satriano zu einem **grünen, nachhaltigen Fest** entwickelt. Mülltrennung, lokales Bio-Essen und CO_2-Ausgleich sind selbstverständlich.

www.facebook.com/carnevaledisatriano/

Sasso di Castalda und Brienza

Es gibt viele Versuche der Regione Basilicata, durch sogenannte *macroattrattori* Touristen anzuziehen. Dazu zählen der Engelsflug in den Piccolo Dolomiti Lucane, der Archeoparco del Basileus bei Baragiano, Multimediashows in Stauferkastellen und Freiluftspektakel wie „La Storia Bandita" bei Brindisi Montagna oder „Lo Sbarco dei Greci" auf einem Stausee bei Senise. Einige dieser Events und Attraktionen dürfen ruhig als Flops bezeichnet werden. An Geldmangel liegt es nicht, die Zuwendungen, welche die Erdölgesellschaften an die Verwaltungen ausschütten, sprudeln fröhlich.

Eine löbliche Ausnahme ist sicher der **winzige Bergort Sasso di Castalda** (949 m, 820 Ew.) mit seinen **Hängebrücken,** hier als „ponti tibetani" bezeichnet. *Rocco Petrone,* der technische Direktor des NASA-Mondprogramms, dessen Eltern aus Sasso di Castaldo in die USA ausgewandert waren, stand Pate für den im Jahr 2017 eingeweihten **Ponte alla Luna**. Die Fußgängerbrücke, genau genommen sind es zwei und bald drei, spannt sich filigran über die Talschlucht des **Fosso Arenazzo** und ist auf einem kurzen Weg direkt aus dem Ort zu erreichen. Anders als im Falle des Engelsfluges, bei dem man wie eine Wurst verpackt an einem Stahlseil in Hochgeschwindigkeit auf die andere Talseite rauscht – für manche ein echter Adrenalinkick –, läuft man hier mit einer Seilsicherung und in Begleitung von Führern, aber ohne jegliche Hetze durch die Luft. Der Landschaftsgenuss ist groß und die Nerven werden gekitzelt. Der Parcours beginnt mit der Überschreitung der Schlucht auf einer ersten, 95 m langen Brücke, zurück geht es dann über den Ponte alla Luna, der 300 m lang ist und 100 m über dem Talgrund schwebt.

Ponte alla Luna, www.pontetibetanosassodicastalda.com. Mo bis Fr 11 und 16 Uhr, Sa und So 9.30–16.30 Uhr. Geführter Parcours über die Hängebrücken 15 €.

5 km westlich von Sasso di Castaldo am Zusammenfluss von Melandro und Agri erhebt sich von Weitem sichtbar das Kastell von **Brienza** (713 m, 4000 Ew.). Eine ursprünglich von Langobarden im

Basili19-151 pa

▷ Borgo von Brienza – seit 1980 verlassen

7. Jh. errichtete Burg gab dem Ort den Namen Burgentia. Unter den Normannen wurde sie zum Kastell ausgebaut, die *Caracciolo* erweiterten sie ab dem 15. Jh. zur Residenz. Nach dem Erdbeben 1980 wurde der **mittelalterliche Borgo** zu Füßen des **Castello Caracciolo** evakuiert. Die Kommune organisierte neuen Wohnraum und kam auf diesem Weg in den Besitz der alten Häuser. Seit Jahren sind Restaurierungsarbeiten im Gang, die dem Kastell und den wieder hergerichteten Häusern des Borgo ein neues, touristisches Leben schenken sollen. Bis es so weit ist, kann man in Begleitung eines Führers (siehe „Pro Loco") durch die verwinkelten Treppengassen streifen, um schließlich von der Höhe des Kastells den Blick in die Landschaft schweifen zu lassen.

Sasso di Castalda – Hängebrücken spannen sich über den Fosso Arenazzo

An der **Piazza del Municipio,** wo das Rathaus die Räume des ehemaligen Franziskanerkonvents mit ausgemaltem Kreuzgang einnimmt, begegnen sich Alt- und Neustadt. Ein Denkmal hält die Erinnerung an **Francesco Mario Pagano** (1748–1799), den berühmtesten Sohn der Stadt, wach. Der Jurist, Rechtsphilosoph und politisch engagierte Freimaurer sprach sich gegen die Todesstrafe und für ein neues Strafgesetzbuch im Königreich Neapel aus. Zwischenzeitlich verbannt, kehrte er 1799 nach Neapel zurück und arbeitete die Verfassung der von den Ideen der Französischen Revolution inspirierten Parthenopäischen Republik aus. Noch im selben Jahr schlugen die Bourbonen dieses kurzlebige politische Experiment nieder. Fast die gesamte geistige Elite Neapels, mehrheitlich Anhänger der freiheitlichen Ideen, wurde in der Folge zum Tode verurteilt und hingerichtet, darunter auch *Francesco Mario Pagano.*

Basili19-152 pa

Information & Nationalparkführer

Comune di Sasso di Castaldo

Im Rathaus erhält man Wanderkarten gratis – solange der Vorrat reicht.

Via Roma 2 – Sasso di Castalda, Tel. 09 75 38 50 16, www.comunedisassodicastalda.org

Ivy Tour

Mein Tipp: *Rocco Perrone* und *Emanuele Sileo,* der auch englisch spricht, betätigen sich als offizielle Führer des Parco dell'Appennino Lucano (1 Tag ca. 150 €, ½ Tag ca. 90 €). Ihre Agenda umfasst mehrtägige Trekking- und E-Bike-Touren, Themenausflüge oder Flusswanderungen. Ihr Büro in Sasso di Castaldo fungiert auch als Reiseagentur und ist zugleich eine der besten Infostellen der Gegend. *Rocco* ist außerdem einer der Mitbegründer des neuen Carnevale di Satriano (siehe Exkurs „131 Rumita, oder ein Wald, der geht").

Via Roma 74 – Sasso di Castalda,
Mobil 32 95 32 00 26 *(Rocco),*
32 86 99 17 33 *(Emanuele),* www.ivytour.it

Pro Loco Brienza Città d'arte

Piazza Unità d'Italia – Brienza,
Mobil 34 89 37 48 63 *(Eduardo Andreozzi),* fb

Übernachten

■ Casa Laurenza②
Moderne, elegante Gartenvilla am südlichen Ortsrand, der Centro storico in Gehdistanz. *Filomena* und *Nicola Laurenza* kümmern sich liebevoll um ihre Gäste. Sicherer Parkplatz. 6 Zi.
GPS: 40.482050, 15.675846
Contrada Crete 1 – Sasso di Castalda,
Mobil 33 94 26 06 93, www.casalaurenza.com

■ Guarda che Luna②
Lucia und *Giovanni* empfangen ihre Gäste in einem hübschen B&B am Altstadtrand mit Blick in den Fosso Arenazzo. Blitzsaubere, bestens ausgestattete Zimmer. 2 Zi. Nov. geschl.
Via San Nicola 18 – Sasso di Castalda,
Mobil 32 00 41 81 02, fb

■ La Voce del Fiume②-③
Mein Tipp: *Rocchina Rosetta Adobbato,* die als Anwältin in Potenza praktiziert, ist es nach fünf Jahren achtsamem *restauro* gelungen, einer Gruppe alter Häuser zu Füßen des mittelalterlichen Borgo – bis zum Erdbeben 1980 die Bleibe von insgesamt vier vielköpfigen Familien – neues Leben einzuhauchen. Ihr B&B trägt ein Umweltprädikat, und für ihr Engagement hat *Rocchina* zahlreiche Preise erhalten. Die geräumigen Zimmer bzw. Apartments, viele auch mit der Möglichkeit, darin zu kochen, sind sehr individuell geschnitten, mit alten Möbeln und Top-Bädern liebevoll ausgestattet, und alle haben Zugang zum Terrassengarten, der sich mit einer Vielzahl intimer Sitzplätze zum Tal des Torrente Pergola hinabzieht. Das sanfte Rauschen des Flusses ist die einzige „Lärmquelle". Eine Felsgrotte – Grotta dei Saperi e Sapori – lädt zur Verkostung lokaler Spezialitäten ein. Einer Legende nach beginnt hier ein geheimer Gang, der zum Castello hinauf führt. Ein kulinarischer Genuss ist das reichhaltige Frühstück, das auf einer verglasten Veranda mit schöner Aussicht serviert wird. Auf der Piazza del Sedile findet sich eigentlich immer ein Gratis-Parkplatz – von hier sind es nur wenige Schritte bis zur Unterkunft. Den Gästen stehen E-Bikes für Ausflüge in die Umgebung zur Verfügung, v.a. aber das umfangreiche Wissen der aufmerksamen Gastgeberin, die mit vielen guten Tipps den Urlaub zu bereichern weiß. Hier bleibt man oft länger als geplant. 5 Zi., 2 Suiten.
Vico del Carmine 7, Tel. 09 75 38 16 44,
Mobil 33 32 66 62 56, www.lavocedelfiume.it, fb

Wandern

Itinerario geologico-turistico

Mit oder ohne Ponte alla Luna (s.o.) lädt die **schöne Tallandschaft des Fosso Arenazzo** zu Füßen des alten Ortskerns von Sasso di Castalda zu kürzeren und längeren Spaziergängen ein. Die Erosion hat hier eine Vielzahl geologischer Schichten freigelegt, die sich über einen Zeitraum von 250 bis 100 Millionen Jahren im Meeresmilieu abgelagert haben. Unterwegs sind erklärende Tafeln aufgestellt, einen detaillierten Prospekt erhält man im Rathaus (s.o.).

Monte Arioso (1709 m)

In Sasso di Castalda (949 m) beginnt der 22 km lange **Sentiero Frassati,** der von der Cappella di San Michele (1102 m) als Rundweg bis auf den schönen Aussichtsgipfel des **Monte Arioso** (1709 m) führt. Es ist auch möglich, den Weg direkt an der **Cappella di San Michele** beginnen zu lassen, wodurch er sich auf knapp 14 km verkürzt. Im Gedenken an den sozial engagierten Bergbauingenieur *Pier Giorgio Frassati* (1901–1925), 1990 von Papst *Johannes Paul II.* selig gesprochen, hat der Italienische Alpenverein CAI seinem ehemaligen Mitglied in jeder Region Italiens einen Wanderweg gewidmet. Auf dem Frassati-Pfad zum Monte Arioso durchmisst man weite Buchenwälder, überschreitet Almwiesen, folgt den Spuren der Bauern, Hirten, Holzfäller und Schneesammler und genießt himmelweite Blicke vom Gipfel. Im Rathaus (s.o.) gibt es eine Gratis-Wanderkarte, zur Orientierung ist eine solche auch auf der Piazza aufgestellt. Infos unter www.sentierifrassati.org.

Mársico Nuovo und Mársicovétere

Basili19-153 pa

Mársico Nuovo (865 m, 4000 Ew.) erhebt sich mit herrlichen Ausblicken auf einem westlichen Ausläufer des Monte Volturino. Zur Kontrolle des Agri-Tals hatten Langobarden im 7. Jh. eine Festung angelegt. Hierher flüchtete Anfang des 11. Jh. der Bischof von Grumentum vor den Attacken der Sarazenen, 1060 wurde das Bistum endgültig nach Mársico Nuovo verlegt. Bis zur Abschaffung der Feudalherrschaft 1806 gehörte der Ort zur Provinz Salerno (Kampanien). Nach der Einheit Italiens machte die Bevölkerung gemeinsame Sache mit den Briganten, und Ende des 19. Jh. blieb für viele nur der Ausweg in die Emigration (siehe Exkurs „Italien, Räuberland?“).

Den ältesten Ortsteil bildet die **Cività** am nördlichen Ortsrand. Siedlungsspuren reichen bis ins 5. Jh. v.Chr., in vorrömische Zeit, zurück. Einer der mittelalterlichen Wehrtürme ist im **Palazzo Autilio** vermauert. Am Ende eines kleinen Gartens steht an Stelle des antiken Serapis-Tempels die dem Ortspatron geweihte **Chiesa di S. Gianuario.** Der Legende nach erlitt der Bischof von Karthago sein Martyrium im 3. Jh. auf einer Missionsreise in Lukanien. Sein Fest fällt auf den 26. August. Das romanische Portal aus dem 13. Jh. ist ein Werk von *Melchiorre di Montalbano,* der auch die Portale der Kathedrale von Rapolla und der Wallfahrtskirche S. Maria d'Anglona gestaltet hat. Auch das Portal der **Chiesa di S. Michele Arcangelo** ein kurzes Stück unterhalb der Chiesa di S. Gianuario wird seiner Werkstatt zugeschrieben.

An höchster Stelle der Altstadt erhebt sich die **Kathedrale,** ein Neubau von 1833, der die durch Erdbeben zerstörte Kirche aus dem 12. Jh. ersetzte. 1818 war die Diözese mit jenen von Muro Lucano

⌃ Romanische Steinmetzkunst an der Chiesa di S. Gianuario

Basili19-154 pa

und Potenza zusammengelegt worden. Weiter südlich, auf dem niedrigsten der Altstadthügel, hat die Nationalparkverwaltung den ehemaligen Benediktinerkonvent bezogen. Aus dem ehemaligen Klostergarten genießt man einen weiten Blick ins Agri-Tal.

Auf 1037 m Höhe drängen sich pittoresk die Häuser von **Mársicovétere** (5540 Ew.) auf den südlichen Hängen des **Monte Volturino,** der im Sommer zu Wanderungen und im Winter zum Skifahren einlädt. Der Ort entstand in römischer Zeit, als eine Gruppe von Marsern nach dem Bundesgenossenkrieg aus den Abruzzen hierher übersiedelt worden waren. Im 7. Jh. veranlasste „Altmarsico" die Gründung von Mársico Nuovo. Ein dichtes Netz unterirdischer Gänge durchzieht die Altstadt, einst ideale Verstecke und Fluchtwege auch für Briganten des 19. Jh. (siehe Exkurs „Italien, Räuberland?"). Am Corso Vittorio Emanuele kommt man an einem urigen Tabacchi und Gemischtwarenladen vorbei, welcher der Zeit zu trotzen scheint.

In der unterhalb des Ortes gelegenen **Località Baricelle** kamen Reste einer **römischen Villa** aus dem Besitz der *Brutii Praesentes,* einer einflussreichen lukanischen Familie, ans Tageslicht. Sie diente *Bruttia Crispina,* der Frau von Kaiser *Commodus* als fürstliche Residenz. Nach Abschluss der Ausgrabungsarbeiten soll sie zum Besuch freigegeben werden. Der verkehrsgünstig gelegene Ortsteil **Pedale** (d.h. am Fuße des Berges) hat sich seit 1955 unter dem Namen **Villa d'Agri** zu einem modernen Wirtschafts- und Verwaltungszentrum entwickelt.

Mársicovétere – zeitloser Gemischtwarenladen

Information

Pro Loco di Marsico Nuovo & Presidio Turistico
Piazza Municipio 17, Tel. 09 75 34 51 27

Ente Parco Nazionale dell'Appennino Lucano Val d'Agri Lagonegrese
Parkbüro im Ex-Convento delle Benedettine, im Durchgang das schicke **Caffè Waikiki** (s.u.). Hier gibt es Prospekte und in Zukunft hoffentlich auch Wanderkarten, bislang stehen einige Wanderrouten als GPS-Download von der Website zur Verfügung. Die autorisierten Nationalpark-Führer haben ihre eigene Website. Mo bis Fr 10–13 Uhr, Di und Do auch 15.30–17 Uhr.
Via A. Manzoni 1 – Mársico Nuovo,
Tel. 09 75 34 42 22,
www.parcoappenninolucano.it,
www.guideparcoappenninolucano.it

www.comunemarsiconuovo.gov.it

www.comune.marsicovetere.pz.it

Übernachten

Il Querceto②-③
Francesca Leggeri betreibt mit ihrem Mann *Tazio* den ersten als solchen zertifizierten Öko-Bio-Agriturismo der Basilikata in schönster Landschaft einige Kilometer westlich von Mársicovétere. Die alten Wirtschaftsgebäude wurden nach baubiologischen Kriterien renoviert und in farbenfrohe Gasträume und gemütliche Gästezimmer verwandelt. In diversen Räumen ist die von *Francescas* Mutter zusammengetragene Sammlung volkskundlicher Gegenstände zu bewundern. Ein großer Eichenwald, ein Apfelhain und mit Getreide, Gemüse und Bohnen bestellte Anbauflächen umgeben das still gelegene Anwesen. Die hervorragende Küche kann aus dem Vollen schöpfen. Es stehen auch makrobiotische Gerichte auf der Karte. *Francesca* und *Tazio* sind Mitglieder eines Verbundes von lokalen Bio-Erzeugern. Auf Wunsch können Besuche organisiert werden. Tolle Ausflugstipps, folgt man z.B. dem breiten Wirtschaftsweg seitlich des Agriturismo in den Wald, erreicht man zu Fuß die aussichtsreiche Anhöhe La Civita mit den Resten der Vorläufersiedlung von Mársicovétere. 5 Zi., 1 Suite.
GPS: 40.37709, 15.80162
Località Barricelle – Mársicovétere,
Tel. 097 56 93 39, Mobil 33 32 93 94 89,
www.ilquerceto.it

Vignola①-②
Giuseppe Bruno und seine Frau *Antonietta Vignola* betreiben, unterstützt von ihren Kindern, seit 1994 ihren Bio-Bauernhof cum **Trattoria** (s.u.) ein kurzes Stück außerhalb des Ortes an der Straße in Richtung Paterno. Über das Tal hinweg genießt man den Blick zurück auf Mársico Nuovo. Die Zutaten der guten Landküche stammen zum Großteil aus eigener Produktion. Angebaut werden u.a. Fagioli Sarconi DOP. Reitschule. 4 Zi., 2 Ap.
GPS: 40°41137, 15.72749
Via Capo d'Acqua 23 (Km 21 der SS 276) – Mársico Nuovo, Tel. 09 75 34 25 11,
Mobil 39 25 90 91 26, www.agriturismovignola.it

Essen und Trinken

Bar Montano – Pizzeria Jamm Ja①
Paolo Todero stammt aus Neapel und ist ein Fan des Fußballclubs Napoli. Seine Bar mit Mini-Veranda im Rücken der Kirche ist ein wichtiger Bezugspunkt im Ort. Abends gibt es auch Pizza aus dem Holzofen. Mo Ruhetag.
Corso V. Emanuele 48 – Mársicovétere,
Mobil 33 86 52 25 33

Osteria del Gallo②
Angelo D'Andrea verwöhnt seine Gäste mit traditionellen Nudel- und Gemüsegerichten, aber auch delikates Fleisch vom Grill steht auf dem Programm. Einen Teil der frischen Zutaten liefert Bruder *Andrea*, der bei Moliterno einen Agriturismo bewirtschaftet. Abends auch Pizza, im Angebot Bio-Weine und Craft-Biere. Di Ruhetag.

GPS: 40.35325, 15.82027
Via Nazionale 3 – Villa d'Agri,
Tel. 09 75 35 20 45, www.osteriadelgallo.com

Vignola②

Das Ristorante der gleichnamigen Azienda agricola, die auch Gästezimmer hat (s.o.), wird zu recht von Slow Food empfohlen. Serviert wird ein festes Menü. Im Winter Mi Ruhetag.

Waikiki

Dieses nette Caffè ermöglicht den Besuch des ehemaligen Benediktinerinnen-Konvents auch außerhalb der kurz bemessenen Öffnungszeiten des Büros des Parco Nazionale dell'Appennino Lucano (s.o.). Tische auch im Hof mit weitem Blick über das Agri-Tal, abends werden zu Cocktails lukanische Würste und Käse gereicht. Musikveranstaltungen und Tanz. Mo bis Fr 7.30–2 Uhr nachts, Sa und So 9–2 Uhr nachts.
Via A. Manzoni 1 – Mársico Nuovo,
Mobil 32 91 48 84 05

An- und Weiterreise

Auto: SS 598 „Fondovalle d'Agri", kurvenreiche Provinzstraße nach Mársicovétere.

Bus: SITA (www.sitasudtrasporti.it) von Potenza über Mársico Nuovo und Grumento Nova nach Moliterno.

Wandern/Klettern: Monte Volturino (1836 m)

Der **Parkplatz** am **Piano Imperatore** unterhalb des **Santuario Madonna dell' Assunta** (GPS: 40.406478, 15.819715) ist ein guter Ausgangspunkt, um auf den von wunderbaren Ausblicken begleiteten Gipfelsturm auf den Monte Volturino anzusetzen. **Anfahrt:** Von Mársicovétere auf der SP 141/SP 16 Richtung

Basili19-155 pa

Calvello und an der Kreuzung Tuppo delle Seti links der Ausschilderung „Santuario Madonna Assunta/M. Volturino“ bis zum Ende der Straße folgen.

Tour: Vom Parkplatz über die Wiese, links am **Santuario** (zugleich ein Rifugio) vorbei, bis zum **Grat** ansteigen. Hier bieten sich die ersten Weitblicke: Deutlich ist im Südwesten der M. Viggiano an dem Bergheiligtum der Madonna nera auszumachen, im Süden erhebt sich das Pollino-Massiv und im Westen bilden die Monte della Maddalena die Grenze zu Kampanien. Ab hier geht es auf dem rot-weiß markierten Pfad der Gratlinie folgend über steinige Wiesenflächen rechts bergauf. Zur Rechten verläuft der Waldrand, vorne links erhebt sich die Felsformation La Torre, ein Vorgipfel des Monte Volturino. Dann führt der Pfad in den Buchenwald hinein, und nach nur ca. 50 m setzt sich der Anstieg über Spitzkehren steil fort. Nach ca. 10 Min. geht es aus dem Wald über eine Wiese und dann erneut in den Wald zurück.

Schließlich tritt der Pfad aus dem Wald; nach wenigen Schritten ist ein **Sattel** erreicht. Hier lohnt der kurze Abstecher links bis auf die Felsengruppe **La Torre** (1736 m).

Zurück im Sattel, setzt sich der Weg mit der Geländekante in Richtung Gipfel fort, von Weitem bereits am Skilift zu erkennen. Über kurze Abschnitte führt der Weg im Buchenschatten. Ca. 1 Std. ab Start ist der **Gipfel** erreicht, den eine Holzstange mit Hinweistafeln markiert.

☒ Eine Tour auf den Monte Volturino schenkt himmelweite Blicke

Von hier kann man auf bekanntem Weg oder auf dem als „510A“ markierten Pfad im Buchenwald zurück zum **Piano Imperatore** absteigen.

Ca. 500 m nördlich des Piano Imperatore erhebt sich nahe zur Straße die **Pietra del Brigante,** eine auffällige Felsformation und beliebter Freeclimber-Spot mit über drei Dutzend angelegten Routen (www.lucaniaverticale.it).

Viggiano

Die schwarze Madonna ist für die Bauern weder gut noch böse: sie ist viel mehr. Sie lässt die Ernten verdorren und tötet, aber sie nährt und beschützt auch, und man muss sie anbeten. In allen Häusern ist die Madonna von Viggiano zu Häupten des Bettes mit vier Nägeln an der Wand angeheftet und wohnt mit ihren großen, blicklosen Augen im schwarzen Antlitz allen Lebensereignissen bei.

Carlo Levi,
Christus kam nur bis Eboli

Auf den **südlichen Hängen des Monte Sant'Enoc** gelegen, nimmt **Viggiano** (1023 m, 3240 Ew.) eine dominierende Position am nördlichen Ufer des Agri ein. Das mittelalterliche Kastell und zahlreiche alte Gebäude haben bei dem Erdbeben 1857 irreparable Schäden davongetragen. Ab dem 17. Jh. verbreiteten Harfenbauer und Wandermusiker den Ruhm ihres Ortes zunächst im Regno di Napoli, ab Ende des 19. Jh. auch jenseits des Atlantiks. In den Steinportalen der alten Häuser finden sich hier und da Instrumente eingemeißelt. Im 20. Jh. starb

Ein Tropfen in den heißen Tank – Texas in Süditalien

Die Basilikata verfügt über die **größten Erdöl- und Erdgasvorkommen Kontinentaleuropas.** 39 Bohrtürme stehen im Val d'Agri. Das gegenwärtig geförderte Rohöl deckt ca. 6% des nationalen Bedarfs, die Fördermenge liegt bei 90.000 Barrel pro Tag und soll auf das Doppelte gesteigert werden. Zusätzlich werden pro Tag 3,5 Millionen Kubikmeter Erdgas gewonnen. Die seit den 1980er Jahren versprochenen positiven ökonomischen Folgen für die strukturschwache Region lassen jedoch auf sich warten. Eigentlich war die Schaffung von Arbeitsplätzen und die Förderung von Infrastrukturprojekten in Aussicht gestellt worden. Die nationalen und internationalen Fördergesellschaften bezahlen bislang jedoch nur 7% Lizenzgebühren an die Region, einer der weltweit niedrigsten Gebührensätze. Und auch dieses Geld scheint nicht anzukommen, ebenso wenig wird die fundierte Kritik italienischer Umweltverbände ernst genommen.

Ab 2010 konnten die Bürger der Basilikata für ein paar Jahre direkt vom schwarzen Gold profitieren (mit Einschränkungen). Jeder volljährige Bürger mit Führerschein (!) konnte einen Antrag auf die **Carta Bonus Idrocarburi** stellen. Nach etwas Papierkrieg bekam man die chipbewehrte Plastikkarte, die jedes Jahr gemäß eines Schlüssels mit einem neuen Guthaben aufgeladen werden konnte. Abhängig von der jährlichen Erdölförderung erhielten die glücklichen Kartenbesitzer ihr Schärflein, einzulösen an der nächsten Tankstelle. Im Jahr 2012 z.B. betrug die Summe stolze 100,70 €! 2015 erfolgte die Zahlung nur zu Teilen. Das Almosen wurde inzwischen gänzlich abgeschafft. Ölkrise?

das Handwerk zwischenzeitlich aus. Petro-Euro ermöglichten inzwischen den Aufbau einer internationalen Musikschule, der **Scuola dell'Arpa Viggianese.** Alleine im Jahr 2018 erhielt Viggiano 7,6 Millionen Euro Fördermittel, Gelder, deren Verwendung jedoch nicht immer besonders transparent und sinnvoll erscheint.

12 km nordwestlich vom Ort steht auf dem 1725 m hohen Gipfel des **Monte Sant'Enoc** das **bedeutendste Marienheiligtum der Basilikata;** eine Straße führt bis auf den **Piano Bonocore,** und aus dem Tal stößt der alte Pilgerweg dazu. Weiter geht es von hier für alle in einer knappen Stunde zu Fuß hoch bis zum Heiligtum. Das im 19. Jh. errichtete **Santuario del Sacro Monte** ersetzte ein älteres Bauwerk an gleicher Stelle. Die ursprünglich in der Kathedrale von Grumentum verehrte, vom Alter schwarz gewordene Holzstatue einer thronenden Madonna mit Kind wurde im 11. Jh. vor den Sarazenen in Sicherheit gebracht und einer Legende nach im 14. Jh. auf dem Monte Sant'Enoc wieder aufgefunden. Am ersten Maisonntag gelangt die **Madonna nera** auf den Schultern starker Männer in einer Prozession auf den Berg, auf dem sie zum Schutze der Hirten bis zum ersten Septembersonntag verbleibt. Danach kehrt sie in einem Triumphzug wieder in den Ort zurück, um den Winter auf dem Hauptaltar der **Chiesa Madre** zu verbringen. Kunsthistoriker datieren die Statue auf das ausgehende 13. Jh. In der Zwischenzeit mehrfach vergoldet, ließ Papst *Leo XIII.* sie 1892 zur *Regina della Lucania* krönen.

Folgt man den Altstadtgassen von der Piazza Plebiscito in die Höhe, erreicht man das **Kastell,** von dem nur noch drei

Türme überlebt haben, vor allem aber genießt man von hier oben einen weiten Blick über das Agri-Tal. Hoch über dem Ort beherbergt eine Holzhütte im schönen Buchenwald das **Museo del Lupo,** ein Dokumentationszentrum über die Apenninen-Wölfe Lukaniens. Zu sehen sind ein paar ausgestopfte Exemplare.

Museo del Lupo, Contrada Fontana dei Pastori, Mobil 34 93 65 04 70, 34 70 81 18 82, www.acea-viggiano.it. So 10.30–16.30 Uhr, im Sommer auch am Sa (besser vorher anrufen).

Im **Centro Olio Val d'Agri** (COVA) an der SS 598 wird das im Agri-Tal geförderte **Erdöl** einer ersten Raffinierung unterzogen. Das Öl wird durch eine Pipeline zur Weiterverarbeitung nach Táranto (Apulien) geleitet. Die Fördermenge soll auf 175.000 Barrel täglich erhöht werden. Umweltschützer melden seit Langem ihre Bedenken an.

Information

Pro Loco & Presidio Turistico
Via Roma, Mobil 34 77 20 80 82, www.prolocoviggiano.it

Punto Informativo Communale
Kleine Info-Stelle gegenüber der Gran Bar. Di bis Fr 10–19 Uhr, Sa und So 10–13 und 17–20 Uhr. Corso V. Emanuele, Tel. 097 56 16 47, www.comuneviggiano.it

Über dem Centro Olio Val d'Agri wacht Grumento Nova

Basili19-156 pa

Übernachten

■ **La Dimora del Musicante**②
Nach längerem *restauro* haben *Michele Calabrese* und *Licia Gambardella* ihr schönes Haus in der Nähe der Piazza Plebiscito für Gäste geöffnet. Ende des 19. Jh. war es von *Gerado Raja,* einem der viggianeser Wandermusiker, erbaut worden, daher der Name des B&B, das zugleich auch als Kunstgalerie fungiert. 3 Zi.
Via Roma 24, Mobil 33 11 28 81 21, www.bedandbreakfastladimoradelmusicante.com

■ **Rupe**②
Restauriertes Stadthaus an der Via Garibaldi, die Zimmer modern gestylt. Als Rezeption fungiert das am Corso Marconi gelegene **Hotel dell'Arpa** direkt unterhalb. Parkplätze. 21 Zi.
Corso G. Marconi 27, Tel. 09 75 31 13 03, 09 75 31 12 97, www.difucciohotels.it

Essen und Trinken

■ **Crigel**
MEIN TIPP: *Cristiana Gargaro* hat die Eismacherkunst in Perugia gelernt und bei *Emilio* in Maratea Porto perfektioniert. Im Lokal zeigt eine Weltkarte an der Wand die historischen Stationen der „Erfindung" und Weiterentwicklung des Speiseeises. Aus Bescheidenheit hat *Cristiana* die Eröffnung ihrer eigenen Eisdiele 2015 unerwähnt gelassen. Sie verwendet ausschließlich frische lokale Zutaten, beste Milch und Sahne und das Obst der Jahreszeiten. Pistazien kommen aus Stigliano, Ehrensache. Mo geschl., im Winter nur am Wochenende geöffnet.
Piazza Plebiscito 8, Mobil 34 98 62 05 34, 32 84 29 56 40, crigel2013@pec.it

■ **Vai … o'vini**
MEIN TIPP: *Cristianas* Bruder *Giuseppe,* der 20 Jahre lang in Italiens Food-Hauptstadt Parma eine American Bar betrieben hat, ist nach Viggiano zurückgekehrt und hat schräg unterhalb der Eisdiele seiner Schwester eine wirklich einladende Bar aufgemacht, in der er meisterhaft Drinks mixt und jeden Tag eine neue Auswahl bester Weine auch gläserweise ausschenkt. Dazu werden aufgeschnittene lokale Salami und Käse serviert. Auf der kleinen Piazza stehen auch Tische im Freien. Der Name ist ein Wortspiel und zugleich ein lokaler Spruch, der übersetzt so viel heißt wie „Es kommt, wie es kommt". Di Ruhetag. Von 17 bis 1 Uhr nachts.
Piazza Plebiscito 10, giugarg68@libero.it

An- und Weiterreise

■ **Auto:** SS 598 „Fondovalle d'Agri", SS 276 bzw. SS 103.

■ **Bus:** SITA (www.sitasudtrasporti.it) von Potenza über Mársico Nuovo und Grumento Nova nach Moliterno.

Veranstaltungen

■ **Festa della Madonna Nera,** am ersten Maisonntag wird die Statue der Madonna Nera in ihre Kapelle auf dem Sacro Monte getragen, um von dort am ersten Septembersonntag feierlich wieder ins Tal zurückgebracht zu werden. In beiden Fällen wird sie von Aberhunderten Pilgern begleitet, die aus ganz Lukanien und dem benachbarten Cilento anreisen.

■ Viggiano ist Sitz einer **Harfenschule.** Es werden im Ort auch immer wieder (Harfen-)Konzerte veranstaltet, im Juli und August findet ein **Jazz Festival** statt. www.arpaviggianese.it, www.viggianoinmusica.it

[>] Grumentum lag verkehrsgünstig an der Via Herculea

Grumentum und Grumento Nova

Geschichte

Anfang des 3. Jh. v.Chr. – in die gleiche Zeit fällt die Eroberung von Venusia (Venosa) im Norden von Lukanien – befestigten die Römer einen flachen Hügelrücken am Zusammenfluss von Scìaura und Agri. Es wird vermutet, Lukaner hätten den strategisch gewählten Ort bereits vorher besiedelt. **Grumentum,** als Kolonie latinischen Rechts gegründet, erfüllte zunächst militärische Funktionen, vor allem die **Versorgung der** in Lukanien stationierten **römischen Legionen.** Die Stadt kontrollierte ein überwiegend landwirtschaftlich genutztes Territorium, das im Norden bis Potentia (Potenza) und im Südosten an das Gebiet von Taras (Tarent) reichte. Im Westen und Süden endete das Einflussgebiet an den Monti della Maddalena bzw. am Sirino-Massiv. Dank seiner verkehrsgünstigen Lage entwickelte sich Grumentum zu einem bedeutenden **Handelszentrum,** mit Anschluss über die **Via Herculea** an Via Appia und Via Popilia, die Capua mit Reghium (Reggio di Calabria) verband. Ein Abzweig der Via Herculea führte bis **Herakleia** (Policoro) an die ionische Küste (siehe auch Exkurs „Via Appia – alle Straßen kommen aus Rom"). Ob die von den Römern gewonnenen Schlachten 215 und 207 v.Chr. gegen die Karthager vor den Mauern Grumentums, von denen *Titus Livius* in seiner „Geschichte Roms" berichtet, tatsächlich stattgefunden haben, ist ungewiss. Im **Bundesgenossenkrieg 91–88 v.Chr.,** bei dem die italischen Städte sich gegen Rom erhoben, um für ihre Bürgerrechte zu kämpfen, stand Grumentum als eine der wenigen auf Seiten Roms und wurde vom Heer der Bundesgenossen vollständig zerstört. In die Regierungszeit von *Caesar* und *Augustus* fällt der **monumentale Wiederaufbau** der Stadt. Es wurden die Mauer erneuert, die Straßen neu gepflastert, Theater, Amphitheater und Forum neu gestaltet und von Moliterno ein Aquädukt herangeführt.

Eine zweite Blütezeit erlebte Grumentum Ende des 2. und Anfang des 3. Jh. n.Chr. zur Zeit der severischen Kaiser. Im Jahr 370 wurde die Stadt Bischofssitz. Mit der Völkerwanderung begann im 5. Jh. der **Niedergang,** der durch den

Basili19-157 pa

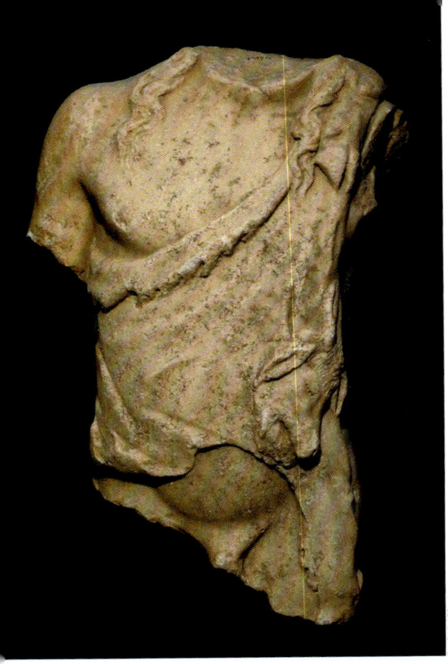

Basili19-158 pa

Verfall der öffentlichen Bauten und der Anlage von Gräbern innerhalb der Stadt auch archäologisch belegt ist. Vor der Malaria und den Sarazenen flüchteten die letzten Bewohner um das Jahr 1000 auf die umliegenden Hügel, wo sich in geschützten Lagen neue Siedlungen herausgebildet hatten.

Eine dieser Fluchtsiedlungen war Saponara, das heutige **Grumento Nova** (771 m, 1700 Ew.), das sich auf einem lang gestreckten Hügel über den Ruinen von Grumentum erhebt. 1060 ergriffen die Normannen Besitz von der Festung. *Robert von Hauteville,* Graf von Montescaglioso, wurde ihr erster Feudalherr. Bereits in staufischer Zeit gelangte die Stadt in den Besitz der Sanseverino. *Karl I. von Anjou* bestätigte 1254 den **Sanseverino** ihr Lehen, die es bis zur Abschaffung der Feudalherrschaft 1806 innehatten. Im Jahr 1846 hielt sich der deutsche Historiker *Theodor Mommsen* in Saponara auf, um die in den Gebäuden vermauerten römischen Inschriftensteine zu studieren. Eine systematische Erforschung von Grumentum begann erst im Jahr 1969, 1995 wurde das **Archäologische Nationalmuseum** in der Nähe der Ausgrabungen eröffnet. Grabungsleiter war einige Jahre lang mit großem Erfolg der Südtiroler *Hans-Jörg Thaler.*

⌃ Marmortorso einer Dionysos-Statue

Besichtigung

Die **Scavi di Grumentum** sind von der SP 103 gut ausgeschildert. Vor der eigentlichen Besichtigung der antiken Stadt empfiehlt sich der Besuch im **Archäologischen Museum,** auch weil es hier die kombinierten Eintrittskarten gibt. Der futuristische Bau steht im Süden des Ausgrabungsgeländes. Im Freien sind Reste des Aquädukts zu sehen. In der Prähistorischen Abteilung werden u.a. die im 19. Jh. gefundenen Knochen eines urzeitlichen Elefanten (*Elephans antiquus)* gezeigt, die man zunächst für die Überreste eines Kriegselefanten *Hannibals* hielt. Funde aus der Bronze- und Eisenzeit zeigen den zunehmenden Einfluss der griechischen auf die italische Kultur. Im Untergeschoss wird die Geschichte Grumentums von der römischen Gründung bis ins Mittelalter dokumentiert. Schönstes Stück der Sammlung ist ein Marmorkopf der *Livia Drusilla* (58 v.Chr. bis 29 n.Chr.), Mutter des

Kaisers *Tiberius* und Gattin des *Augustus.* Durch den Fortgang der Ausgrabungen in Grumentum, aber auch infolge der Erdölprospektion im Agri-Tal erhält der Sammlung ständig neues Material.

Museo Archeologico Nazionale dell'Alta Val d'Agri, Contrada Spineta, Tel. 097 56 50 74. Mo 14–20 Uhr, Di bis So 9–20 Uhr. Der Eintritt (2,50 €) schließt den Besuch der Ausgrabungen ein.

Vorbei am Südportal betritt man den **Archäologischen Park.** Im Gelände sind zweisprachige Tafeln aufgestellt, auf denen die einzelnen Gebäude anschaulich beschrieben werden. Dass sich bislang nur wenige Besucher hierher verirren, erhöht nur den Reiz der landschaftlich schön gelegenen Stätte. Über die Mauern des Theaters hinweg sieht man Grumento Nova auf der Anhöhe. Das **Theater** stammt aus augustäischer Zeit und wurde Anfang des 3. Jh. n.Chr. umgebaut. Im Museum steht ein rekonstruiertes Modell. Es haben sich die untersten Zuschauerränge und Teile des ursprünglich zweigeschossigen Bühnengebäudes erhalten. In der Nähe des Theaters nimmt die **Casa dei Mosaici,** am *decumanus* (Hauptstraße) gelegen, eine komplette Insula ein. Über Bleirohre wurde die luxuriöse Villa aus dem 2. Jh.

Brot und Spiele

Grabmalereien aus dem 4. Jh. v.Chr., wie sie bei Paestum gefunden wurden, deuten darauf hin, dass **Gladiatorenspiele,** ursprünglich zu Ehren Verstorbener abgehalten, lukanischen Ursprungs sein könnten. In römischer Kaiserzeit gehörten **panem et circenses,** die Grundversorgung der Bürger mit Getreide und die Organisation von Massenvergnügungen, zu den **Grundpfeilern der Innenpolitik.** In der Blütezeit des Imperiums gab es schätzungsweise alleine auf der italienischen Halbinsel 95 Amphitheater und knapp 200 im restlichen Reich. Die unterschiedlichsten Arten von *ludi (*Spiele) waren denkbar: Theaterspektakel, Wagenrennen im Circus und *munera,* Gladiatorenkämpfe im Amphitheater. Anlass für solche Spektakel konnte die Wahlkundgebung eines Politikers sein, der militärische Triumph eines Feldherren oder die Einweihung eines öffentlichen Gebäudes. Am höchsten in der Gunst des Publikums standen *munera* und *venationes,* inszenierte Jagden auf exotische Tiere, die ebenfalls im Amphitheater abgehalten wurden. Die Gladiatoren waren meist kriegsgefangene Sklaven, es konnten sich aber auch frei Geborene zum Kampf verdingen, der fast immer den Tod, selten Ruhm und Reichtum brachte. Römische Matronen der oberen Gesellschaftskreise entwickelten eine Schwäche für die rauen Kämpfer. In Pompeji wurde einer Dame bei ihrem Rendezvous in der Gladiatorenkaserne der Vesuvausbruch zum Verhängnis. Zweitausend Jahre später fanden Archäologen ihre mit kostbarem Geschmeide behängten Überreste in einem Raum mit 17 männlichen Skeletten.

n.Chr. mit fließendem Wasser versorgt. Die Mosaikböden in den Speiseräumen stammen vom Ende des 3. Jh. n.Chr. In der Stadtmitte öffnet sich auf 63 x 64 m das **Forum,** wie in jeder römischen Stadt Zentrum des politischen, religiösen, wirtschaftlichen und sozialen Lebens. Seine monumentale Gestaltung fällt in augustäische Zeit. Auf der nördlichen Seite steht vom **Capitolinum** nur noch das Podium. Der offizielle Tempel des römischen Staatskultes war der Göttertrias Jupiter, Juno und Minerva geweiht. Der kleinere Tempel gegenüber diente dem Kaiserkult. Der nahebei gefundene Marmorkopf der *Livia Drusila* könnte darauf hinweisen.

In den letzten Jahren wurden die **kaiserzeitlichen Thermen** ausgegraben. Dabei brachte die Grabungskampagne 2002 wertvolle Bodenmosaike und Torsi griechischer Skulpturen ans Tageslicht. Mauerreste am nördlichen Stadtrand werden als Teile der ersten Bischofskirche von Grumentum gedeutet.

Das **Amphitheater** (siehe Exkurs „Brot und Spiele“) lag am nordöstlichen Stadtrand, damit die zahlreichen Besucher von auswärts den Verkehr in der Stadt nicht zum Erliegen brachten. In einer ersten Phase entstand der Bau nach Gründung der Stadt aus Holz; Pfostenlöcher und zahlreiche Eisennägel deuten darauf hin. Damit ist das Amphitheater von Grumentum eines der ältesten seiner Art. Nach dem Wiederaufbau der Stadt im 1. Jh. v.Chr. wurde das Amphitheater in Stein gebaut.

■ **Parco Archeologico di Grumentum,** tägl. 9 Uhr bis 1 Std. vor Sonnenuntergang. Ticket vorher im Museum lösen, Eintritt 2,50 € (inkl. Museo Archeologico). www.grumentum.net

Die **Erdbeben** von 1850 und 1857 beraubten **Grumento Nova** beinahe vollständig seiner alten Bausubstanz. Trotzdem sind die römischen Inschriftensteine, die *Theodor Mommsen* Mitte des 19. Jh. studierte, immer noch in den Mauern zahlreicher Gebäude zu entdecken. An höchster Stelle der Stadt erhebt sich die **Chiesa Madre** – wie neue Forschungen zeigen, auf den Fundamenten eines antiken Tempels. Hinter dem Hauptaltar wird die Reliquie der *Terra mista a sangue di Christo* („Erde, vermischt mit dem Blut Christi") aufbewahrt, die der *Conte Ruggero Sanseverino* 1284 aus dem Heiligen Land mitgebracht hatte. Herrliche Ausblicke, auch auf die Ruinen von Grumentum, bietet der Belvedere im Rücken der Kirche.

Der archäologische Park liegt Grumento Nova zu Füßen

Information

www.comune.grumentonova.pz.it

Übernachten/Essen und Trinken

1 1 Parco Verde①-②
Der Agriturismo liegt wenige 100 m südlich der Ausgrabungen und wird im Sommer von den Archäologen manchmal als Basislager genutzt. Das Essen ist gut, auf Wunsch wird nach antiken römischen Rezepten gekocht. Eine Spezialität des Hauses ist der honiggesüßte Gewürzwein. Angenehm ist die ruhige Lage im Grünen, die spartanischen Zimmer sollen renoviert werden. Einladend ist der Zeltplatz im Schatten eines Eichenwäldchens mit Stromanschluss und sanitären Anlagen. 2 Zi. Mai bis Sept.
GPS: 40.28057, 15.90633
Contrada Spineta 50, Mobil 33 85 09 28 98, 33 35 72 40 74 *(Stefano)*, www.agriturismoparcoverde.it

Basili19-159 pa

Snacks und Bars

Am Corso von Grumento Nova buhlen zwei Bars um die Gunst des meist jüngeren Publikums. Die Aussicht auf die Scavi di Grumentum gibt es gratis.

- **Mary**
Zeitungsladen, Flipper, Jukebox und WLAN gratis. Mo Ruhetag.
Via Roma 44, Tel. 097 56 50 00
- **La Locanda del Sole**
Leckere Aussicht: An die Bar im Ziegelgewölbe schließt sich ein Restaurant mit Panoramafenstern an. Mittags auch nur Kleinigkeiten. Di Ruhetag.
Largo Umberto I. 12, Mobil 33 94 04 04 14, fb

An- und Weiterreise

- **Auto:** SS 598 „Fondovalle d'Agri", SP 103.
- **Bus:** SITA (www.sitasudtrasporti.it) von Potenza über Mársico Nuovo und Grumento Nova nach Moliterno.

Basili19-160 pa

Moliterno

Käsekennern ist **Moliterno** (879 m, 3900 Ew.) ein Begriff. **Guter Käse** wird in dieser Gegend seit Urzeiten produziert, und so leitet sich auch der Ortsname vom lateinischen *mulgere* für melken ab. Dabei wird der heute weit über die Grenzen der Basilikata hinaus bekannte und als IGP-Produkt geschützte **Canestrato di Moliterno** gar nicht im Ort selbst erzeugt, sondern von Ziegen- und Schafhirten der Murgia Materana und der ionischen Küstenebene. In kühl-feuchten Felskellern in Moliterno, den sogenannten *fondaci,* reift der Käse über viele Monate langsam heran und erhält dadurch erst sein unvergleichliches Aroma.

Das Wahrzeichen von Moliterno ist sein weithin sichtbares **Kastell,** Markenzeichen auch des Canestrato di Moliterno. Im Schutze des langobardischen Turms ließen sich im 10. Jh. Bewohner aus Grumentum auf der Flucht vor der Malaria und den Sarazenen hier nieder. Normannen bauten den Turm zur Burg aus, die ab dem 16. Jh. als feudale Residenz ihre heutige Gestalt annahm. Am Fuße des Kastells breitet sich der mittelalterliche Borgo aus. Das Erdbeben von 1857 hat hier relativ wenig Schaden angerichtet. In Erinnerung an die Kathedrale von Grumentum ist die barocke **Chiesa Madre** der Assunta geweiht.

[<] Canestrato di Moliterno – nur echt mit Prägestempel

Moliterno ist ein freundlicher Ort, der zwar kaum zu einem längeren Aufenthalt einlädt, aber inmitten einer **wunderschönen Landschaft** liegt. Einige Kilometer nordwestlich erstreckt sich auf 35.000 ha ein uralter Buchenwald. Kurvenreiche Strecken führen über das Sirino-Massiv an die Costa di Maratea.

Übernachten/Essen und Trinken

La Vecchia Fattoria②
Ruhig und idyllisch gelegener Agriturismo mit idealen Möglichkeiten zum Wandern und Radfahren, der Monte Sirino ist auf schöner Strecke schnell zu erreichen. Ordentliche Zimmer. Das **Restaurant** (Mo Ruhetag) verwendet selbst erzeugte Produkte. Von Moliterno auf der SP 19 Richtung Lauria, auf Höhe des Hotels Vecchio Ponte rechts abbiegen und 2 km in Richtung Monte Sirino fahren. 12 Zi.
GPS: 40.205996, 15.876241
Contrada Piano di Maglie, Tel. 097 56 73 27,
www.agriturismovecchiafattoriabasilicata.it

L'Eco del Fiume②
Bergfisch in alter Mühle: *Baccalà,* vorzüglich zubereiteter Stockfisch, ist eine der Spezialitäten von *Peppe Vitale.* Alternativ serviert er auch Forelle aus eigener Aufzucht oder Lamm vom Grill. Abends wird auch der Pizzaofen eingeheizt. Wenige Kilometer südwestlich des Ortes, Abzweig von der SP 103. Di Ruhetag.
GPS: 40.229744, 15.851711
Contrada Fiumara, Tel. 09 75 66 80 62,
www.lecodelfiume.it

Vecchio Ponte②
Das familiengeführte Haus liegt wenige Kilometer südlich von Moliterno zu Füßen des Monte Sirino im Grünen. Einladende Zimmer, gute Küche und gute Lage für Ausflüge. Anfahrt über die SP 19. 13 Zi.
GPS: 40.216961, 15.884951
Contrada Piano di Maglie, Tel. 097 56 49 69,
www.albergovecchioponte.it

Einkaufen

Mircantella
Giuseppe Cassino Mircantella ist Käseaffinateur in vierter Generation. Nicht nur erhält man in seinem blitzsauberen Geschäft am oberen Ende der zentralen Piazza besten Käse (auf Wunsch auch vakuumverpackt für den Transport nach Hause) und dazu einige feine Weine, wer Zeit und Interesse mitbringt, erfährt hier auch alles Wissenswerte über den Canestrato di Moliterno. Mo bis Sa 9–13 und 16.30–20 Uhr, Do Nachmittag geschl.
Via Petruccelli della Gattina 1,
Tel. 097 56 73 05, Mobil 32 08 58 13 62,
www.mircantella.it

An- und Weiterreise

Auto: SS 598 „Fondovalle d'Agri" oder A3 Salerno – Reggio Ausfahrt „Padula", SP 103.

Bus: SITA (www.sitasudtrasporti.it) von Potenza über Mársico Nuovo und Grumento Nova nach Moliterno. Die SITA fährt auch bis Montesano in Kampanien.

Veranstaltungen

In der ersten Augusthälfte lädt Moliterno während der **Sagra del Pecorino Canestrato di Moliterno** zur Verkostung des berühmten Käses, eine prima Gelegenheit, um sich einen Vorrat zuzulegen.
www.comune.moliterno.pz.it

Überblick | 250
Lagonegro | 276
Maratea | 251
Rivello | 273
Trécchina | 271

Basili19-109 pa

7 Costa di Maratea und Valle del Noce

Amalfiküste? Weltberühmt. Die Costa di Maratea? Nicht minder beeindruckend. Mit 25 traumhaften Küstenkilometern öffnet sich die Basilikata auf den Golf von Policastro, die Küstengebirge drängen sich für unvergessliche Panoramawanderungen geradezu auf.

< Costa di Maratea – 25 Kilometer Küstenglück

Costa di Maratea und Valle del Noce

ÜBERBLICK

Mit 25 spektakulären Küstenkilometern öffnet sich die Basilikata auf den Golf von Policastro. Das hübsche Maratea mit seinen Strandgemeinden lädt zum Baden im blitzsauberen Meer ein, die Küstengebirge drängen sich für Wanderungen mit schönen Aussichten geradezu auf. Das über 2000 m hohe Massiv des Monte Sirino, Teil des Parco Nazionale dell'Appennino Lucano, überragt das Valle del Noce. Von Maratea ist es nicht weit in den Parco Nazionale del Cilento e Vallo di Diano (Kampanien) mit hervorragenden Wander- und Bademöglichkeiten.

Von majestätischen Bergen umrahmt, zählt der **Golf von Policastro** zu den eindrucksvollsten Küstenlandschaften Italiens. Mit knapp 25 km öffnet sich die Basilikata hier zum Tyrrhenischen Meer. Markenzeichen der **Costa di Maratea** ist eine 21 Meter hohe Christus-Statue aus schneeweißem Stahlbeton: Der **Cristo Redentore** (Erlöser) erhebt sich weithin sichtbar mit ausgebreiteten Armen auf dem 624 m hohen **Monte S. Biágio.** Das hübsche Städtchen **Maratea** liegt in einem Hochtal zu seinen Füßen, während die Strandgemeinden Acquafredda, Cersuta, Fiumicello-Santavenere, Maratea Porto, Marina di Maratea und Castrocucco die Küste säumen, an der sich steile Felsklippen mit Sand- und Kiesbuchten abwechseln. Weitgehend verschont geblieben von der Bauwut der Tourismusindustrie, breitet sich zwischen den einzelnen Ansiedlungen eine üppige mediterrane Vegetation aus. Im Hochsommer exklusives Refugium italienischer Badegäste, ist die Costa di Maratea den Rest des Jahres ein wenig überlaufenes Urlaubsparadies.

Hinter den Küstenbergen breitet sich zu Füßen des bis auf 2005 m ansteigenden Sirino-Massivs überraschend grün das **Valle del Noce** aus. Mit **Lagonegro,** Némoli, Laurìa und **Trécchina** legt sich ein Kranz geschichtsträchtiger Orte um den fruchtbaren Talkessel. Das pittoreske **Rivello** wurde zum Nationaldenkmal erklärt. Wanderer zieht es im Sommer in das Naturschutzgebiet am **Monte Sirino,** Teil des 2007 eingerichteten **Parco Nazionale dell'Appennino Lucano** (siehe Kapitel „Appennino Lucano und Alta Valle dell'Agri"). Die Ufer der kleinen Gletscherseen laden Wochenendausflügler zu appetitanregenden Spaziergängen ein, nach geeigneten Ausflugslokalen, die Bergforellen servieren, müssen sie dabei nicht lange suchen. Im Winter gehen hier Skilifte in Betrieb. Pures Gipfelglück beschert auch der **Monte Cocovello,** einer der besten Aussichtsberge über dem Golf von Policastro.

Maratea

Vom Meer aus unsichtbar und damit den Blicken beutegieriger Piraten entzogen, schmiegt sich Maratea – am Rande eines weiten Tals 300 m hoch über dem Meer gelegen – seit dem 13. Jh. an den steilen Nordabhang des Monte S. Biágio. Mittelpunkt der freundlichen Altstadt ist die von Straßencaffès, Boutiquen und alteingesessenen Geschäften gesäumte **Piazza Buraglia.** Die Segnungen des Tourismus vertragen sich hier gut mit dem mediterranen Kleinstadtcharme. Seitlich zweigen Gassen ab, aus denen es oft verführerisch duftet, zum Beispiel nach frisch gebackenen *bocconotti.* Zu Fuß macht man sich auf, den **Centro storico** zu erkunden, der zwar keine he-

NICHT VERPASSEN!

- **Monte S. Biágio – Redentore:** alleine seine Position macht den Beton-Christus zum Highlight | 255
- **Fly Maratea:** noch luftiger der Ausblick im Tandem-Gleitschirm | 267
- **Monte Coccovello:** bei gutem Wetter reicht der Blick bis zu den Liparischen Inseln | 269
- **Spiaggia sotto l'Orto:** fast einsam, der Strand ist nur zu Fuß zu erreichen | 269, 270
- **Rivello:** im Centro storico bleiben Autos außen vor | 273

Diese Tipps sind gelb hinterlegt.

Costa di Maratea

Übernachtung

1 Gabbiano
3 La Casa del Gelso, Villa Cheta Elite
5 Le Chiane
6 Villa delle Meraviglie
8 Foresteria Illicini
9 Cala del Citro
12 Villaggio-Camping Maratea

Essen und Trinken

2 Da Peppe
4 Da Cesare
7 Il Giardino di Epicuro
9 Cala del Citro
10 White Horse
11 Il Mirto, La Secca

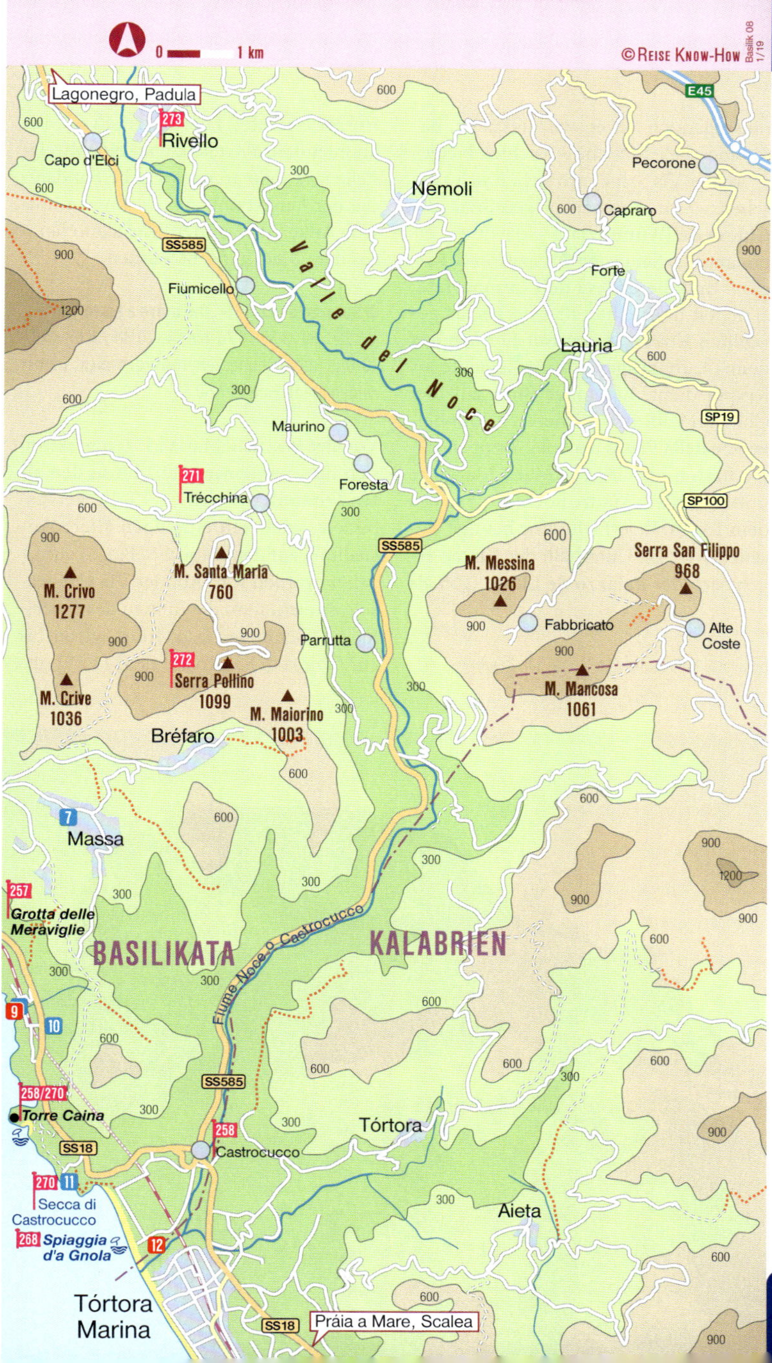
0 1 km
© Reise Know-How
Basilik 08 1/19
Lagonegro, Padula
273 Rivello
Capo d'Elci
E45
Pecorone
Némoli
Capraro
SS585
Valle del Noce
Fiumicello
Forte
Lauria
SP19
Maurino
Foresta
271 Trécchina
SP100
SS585
M. Santa Maria 760
M. Crivo 1277
M. Messina 1026
Serra San Filippo 968
Fabbricato
Alte Coste
Parrutta
272 Serra Pollino 1099
M. Crive 1036
M. Mancosa 1061
M. Maiorino 1003
Bréfaro
7
Massa
257 Grotta delle Meraviglie
BASILIKATA
Fiume Noce o Castrocucco
KALABRIEN
9
10
258/270 Torre Caina
SS585
SS18
258 Castrocucco
Tórtora
270 11 Secca di Castrocucco
268 Spiaggia d'a Gnola
12
Aieta
Tórtora Marina
SS18
Práia a Mare, Scalea

rausragenden Sehenswürdigkeiten, dafür aber viele hübsche Ansichten bietet.

An der Via San Pietro stehen sich zwei sehenswerte Kirchen gegenüber, die **Chiesa dell'Annunziata** – davor auf einer antiken Säule der Ortspatron S. Biágio – und die **Chiesa dell'Immacolata,** errichtet über einer älteren, Petrus geweihten Kirche, deren mit Fresken aus dem 14. Jh. ausgemalte Apsis heute als Krypta dient. Ein toller Blick auf den Golf von Policastro öffnet sich vom Belvedere della Pietra del Sole. Treppengassen führen zur Piazza S. Maria Maggiore mit der **Chiesa Madre** hoch; der Bau aus dem 13./14. Jh. erhielt seine heutige Gestalt im 17. Jh. Unterhalb der Kirche erhebt sich der **Palazzo de Lieto,** 1735 als Hospiz errichtet. Hier unterhält die Sopraintendenza Archeologica eine Zweigstelle und stellt archäologische Fundstücke der Umgebung aus, darunter römische Anker, die vor der Insel Santo Ianni aus dem Meer gefischt wurden.

■ **Palazzo de Lieto – „Dal mare a terra",** Via Gafaro, Tel. 09 73 87 76 76. Mo 14–20 Uhr, Di bis So 9–20 Uhr (die Öffnungszeiten werden nicht immer eingehalten). Eintritt 2,50 €.

Von der Piazza S. Maria Maggiore setzen sich die Treppenwege fort bis in den **alten Ortsteil,** der sich im 13. Jh. herausbildete, nachdem eine noch ältere Ansiedlung auf dem Monte S. Biágio aufgegeben worden war. Auf der Via Capocasale erreicht man die Ruinen des Castello, eine schmale Gasse führt weiter bis zur Chiesa di S. Vito aus dem 11./12. Jh.

Flotte Kurven auf den Monte San Biágio

Basili19-111 pa

Gut ausgeschildert führt aus Maratea Borgo eine Panoramastraße auf den 624 m hohen **Monte S. Biágio.** Nach den letzten schwungvollen Kurven – Carrera-Bahn fällt den Älteren dazu ein – endet die Straße auf einem gebührenpflichtigen Parkplatz unterhalb des **Santuario di S. Biágio.** Basilianische Mönche hatten das Heiligtum zwischen dem 6. und 7. Jh. auf den Resten eines antiken Minerva-Tempels errichtet, im 13. und 18. Jh. wurde es umgestaltet. In der prachtvoll ausgeschmückten Reggia cappella werden in einem barocken Altar die **Reliquien des Stadtpatrons** aufbewahrt, dessen Fest Anfang Mai eine ganze Woche andauert. Auf dem kurzen Fußweg zum Gipfel, mit dem 22 Meter hohen Beton-Christus nicht zu verfehlen, sieht man linker Hand die Ruinen des ältesten und längst verlassenen Ortsteils von Maratea. Der 1965 aufgestellte **Cristo Redentore** umarmt mit ausgestreckten Armen (in Wahrheit blickt er ins Landesinnere) den schönsten Ausblick, den die Costa di Maratea bieten kann. Dafür alleine lohnt sich die Fahrt bzw. die Wanderung! Das Panorama umfasst den Golf von Policastro, die Berge des Cilento und die kalabrische Costa dei Cedri mit ihren vorgelagerten Inseln. Zu Füßen liegt Porto Maratea. Der Monte San Biágio ist aus Maratea Borgo von Höhe der Piazza Padre Pio am östlichen Ortsrand auf einem schönen, in den Alpenvereinsfarben rot-weiß markierten Weg auch zu Fuß zu erreichen.

Auf dem Weg zurück zur Küste zweigt eine Stichstraße zu den bäuerlichen Streusiedlungen **Massa** und **Bréfaro** ab, ein „Geheimtipp" für Gourmets und Ruhesuchende.

Die **SS 18** verbindet mit tollen Kurven **von Nord nach Süd** die Küstenorte Acquafredda, Cersuta, Fiumicello-Santavenere, Maratea Porto, Marina di Maratea und Castrocucco. Alle Ortsteile mit eingerechnet, zählt die Gemeinde Maratea insgesamt nur etwas mehr als 5000 Einwohner.

Acquafredda breitet sich auf einer natürlichen Terrasse 90 m über dem Meer aus, ringsum von steilen Felswänden umgeben. Unten am Meer locken schöne, schwarze Kiesstrände.

Der Name von **Cersuta** verweist auf die Flaum-Eichenwälder, die das kleine Dorf umgeben. Die Kiesstrände von Cersuta werden fast nur von Einheimischen aufgesucht.

Zu Füßen des Redentore

Basili19-110 pa

Auf dem Weg weiter nach Süden fährt man unterhalb der **Torre aprezzami l'asino,** einem alten Küstenwachtturm, vorbei. Der Name erinnert daran, dass der Saumpfad an dieser Stelle früher so schmal war, dass keine zwei beladenen Esel aneinander vorbeikamen; gab es kein Vor und Zurück mehr, musste einer der beiden Esel ins Meer geworfen werden – vorher wurde geschätzt, welches der beiden Tiere weniger wert war. „Se non e vero, e ben trovato", sagt man in Italien zu solchen Geschichten – wenn es nicht wahr ist, so ist es gut erfunden.

Fiumicello liegt in einem grünen Tal, das sich auf einen breiten Kiesstrand öffnet. Mit dem Bau des **Luxushotels Santavenere** fiel Mitte der 1950er Jahre der Startschuss für die touristische Entwicklung der Costa di Maratea. Bauherr des ersten Fünf-Sterne-Hotels in Süditalien war **Stefano Rivetti di Val Cervo** (1914–1988), ein Industrieller aus Norditalien. Dieser hatte seinen wollverarbeitenden Betrieb aus Biella an den Golf von Policastro verlegt; das Ganze erwies sich als Flop. Deutlich mehr Erfolg brachten ihm hingegen seine touristischen Unternehmungen an der damals noch völlig unbekannten Küste, die an landschaftlicher Schönheit der weltbekannten Costiera Amalfitana nicht nachstand. Er lud Künstler und bedeutende Personen der Zeit in sein Hotel und legte die Weichen für eine behutsame Bauentwicklung, die bis heute der Küste ihren Charme bewahrt. Auch spendierte er die Statue des **Redentore** (s.o.), heute weithin sichtbares Wahrzeichen der Costa di Maratea. Der süditalienische, vom Bildhauer *Bruno Innocenti* geschaffene Beton-Christus ist nur um wenige Meter niedriger als jener in Rio de Janiero.

Im Hafenbecken von **Porto Maratea** spiegeln sich die pastellfarbenen Häuser. Neben luxuriösen Jachten liegen Fischerboote, in denen im Sommer Touristen Ausflugsfahrten entlang der Küste unternehmen können. Einige der faszinierenden Kalksteingrotten lassen sich

nur vom Meer aus besuchen, während die **Grotta delle Meraviglie** trockenen Fußes direkt von der SS 18 aus zu erreichen ist. Beim Bau der Küstenstraße wurde oberhalb der Cala Vecchia in den 1920er Jahren die sehenswerte Tropfsteinhöhle entdeckt.

■ **Grotta delle Meraviglie,** Km 236,900 der SS 18 (kaum Parkmöglichkeiten an der Straße!), Tel. 09 73 87 77 97 *(Mondo Maratour)*, Mobil 33 19 15 06 95 *(Pompeo Limongi)*. 10. Juni bis 30. Sept. tägl. 10.30–13 und 15.30–18.30 Uhr bzw. auf Anfrage. Eintritt 5/3 €.

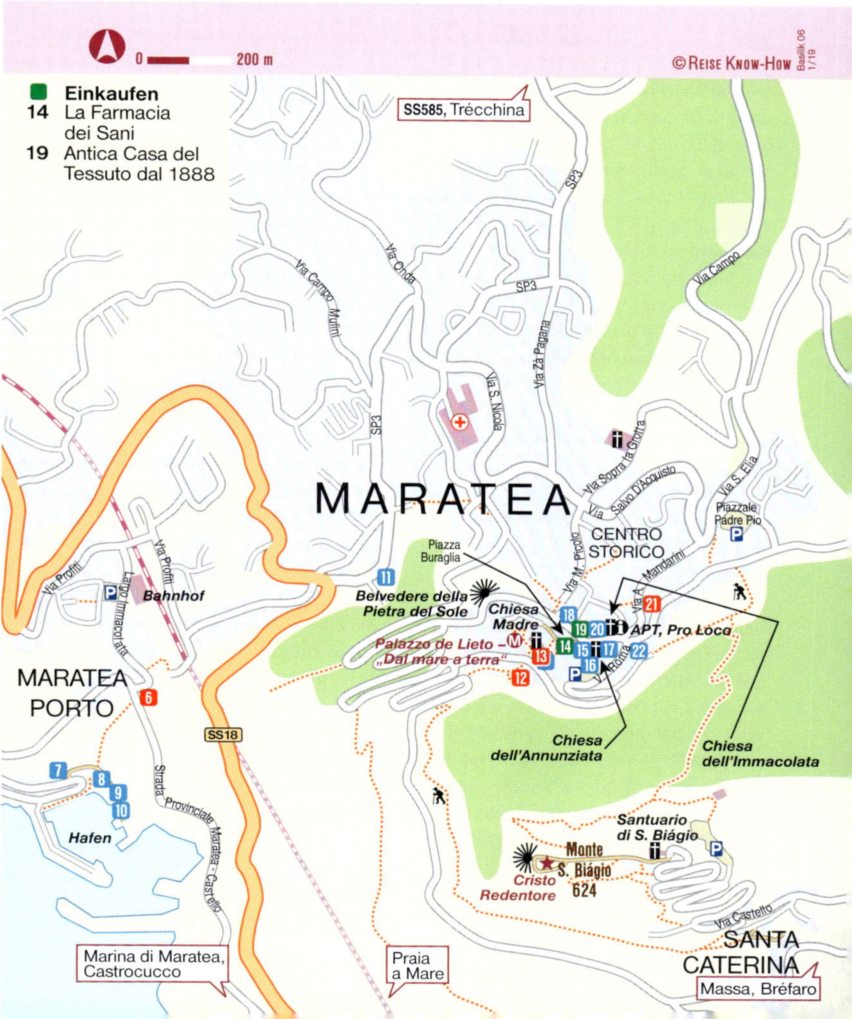

Garum, das Maggi der Antike

Kein anständiges Rezept kam im alten Rom ohne Garum aus. Und **Marcus Gavius Apicius** musste es schließlich wissen. *Apicius,* der im 1. Jh. n.Chr. zur Zeit des Kaisers *Tiberius* lebte, galt als Feinschmecker und Schöpfer ausgefallener Gerichte. Extravagant war auch sein Tod. Sagenhaft reich, gab er Unsummen für seine Gastmähler aus, und als er feststellen musste, dass er „nur" noch 10 Millionen Sesterzen besaß (eine Summe von unvorstellbarer Kaufkraft), setzte er seinem Leben mit Gift ein Ende. Von *Apicius* haben sich zwei **Kochbücher** erhalten, und in der Tat findet sich kaum ein Rezept ohne *garum* (oder *liquamen*) als Zutat. Garum wurde in der Antike **fabrikmäßig aus Sardellen oder anderen fetten Fischen hergestellt.** Die zerkleinerten Fische wurden eingesalzen und unter freiem Himmel in großen Becken einem mehrmonatigen **Fermentierungsprozess** unterzogen. Die Herstellung der populären Würzsoße ging nicht ohne **Geruchsbelästigung** einher, Archäologen behaupten, ausgegrabene Garum-Fabriken würden heute noch stinken ...

Kein Wunder also, dass in der römischen Antike die Wahl auf die kleine, der Küste von Maratea vorgelagerte **Isola di S. Ianni** als Produktionsstätte für Garum fiel. In Felsgruben wurde der Fisch fermentiert, die ölige Sauce in Amphoren abgefüllt und von hier aus verschifft. Es muss einen **regen Handel** gegeben haben, Archäologen haben unter Wasser Aberhunderte Anker gefunden, von denen einige in Maratea Borgo im Palazzo De Lieto ausgestellt sind. Garum wird übrigens heute noch im Amalfitana-Städtche Cetara unter dem Namen **Colatura** produziert.

Schöne Kiesstrände liegen bei **Marina di Maratea.** Mit **Castrocucco** und seinem kilometerlangen Sandstrand endet im Süden die Costa di Maratea. Die Secca di Castrocucco lädt hier zu einem Spaziergang ein.

Ein Besuch der Costa di Maratea wäre unvollständig ohne den **Blick vom Wasser** aus. **Bootsausflüge** werden vom Porto di Maratea aus angeboten, die schönsten Buchten und die Marina di Maratea vorgelagerte **Isola di S. Ianni** lassen sich aber auch mit eigener Muskelkraft im Kajak ansteuern. Die lokale Legende behauptet, *Odysseus* habe das kleine Eiland auf seinem Rückweg nach Ithaka besucht, archäologisch belegt ist eine Garum-Produktion aus römischer Zeit. In Felsgruben wurde Fisch fermentiert, die ölige Sauce als **Garum** (siehe Exkurs „Garum, das Maggi der Antike") in Amphoren abgefüllt und von hier aus verschifft. Da die Herstellung der in der römischen Küche über alles beliebten Würzsoße nicht ohne Geruchsbelästigung einherging, war die Wahl der Insel als Produktionsstätte nicht ungeschickt.

Vom Meer aus genießt man auch einen guten Blick auf die Küstenwachttürme (siehe Exkurs „Mamma, li turchi!"), die als Teil eines Frühwarnsystems die Bevölkerung vor nahenden Piratenschiffen warnen sollten. Die **Torre Caina,** die sich auf dem gleichnamigen Kap erhebt – sicher der imposanteste der insgesamt sieben Küstenwachttürme alleine an der Costa di Maratea –, lässt sich auch zu Fuß auf einem schönen Spaziergang von der **Secca di Castrocucco** aus erreichen.

[>] Capo La Secca –
Inseln und Halbinseln säumen die Küste

Information

APT
Sept. bis Juni Mo bis Fr 8–14 Uhr, Di und Do auch 15–17.30 Uhr; im Juli und August Mo bis Sa 8–20 Uhr, So 9–13 und 16–20 Uhr.
Piazza B. Vitolo 1 – Maratea Borgo,
Tel. 09 73 03 03 66, www.aptbasilicata.it

Pro Loco Maratea „La Perla"
Mo bis Sa 10–13 und 15–17 Uhr.
Piazza B. Vitolo 1 – Maratea Borgo,
Tel. 09 73 87 60 26, www.marateaproloco.it

www.maratea.info

www.visitmaratea.it

Übernachten

9 Cala del Citro③-④ (Karte S. 252)
Absolut ruhig gelegenes Hotel (wenn nicht gerade eine Pool-Party steigt) direkt oberhalb des gleichnamigen Ristorante (s.u.), umgeben von einem großen Landschaftspark und mit Treppenweg zu einer privaten Bucht. Freundlich eingerichtete Zimmer mit bis zu 4 Betten, schöne Aussicht aus den Zimmern N° 5 und 6. Abzweig am Km 237,900 der SS 18. Juni bis Ende Sept.
Via Rovina, Località Sette Ponti –
Marina di Maratea, Mobil 33 18 54 26 44,
www.caladelcitro.it

12 Capo Casale②-③ (Plan S. 256)
Restaurierte Gebäudegruppe in der oberen Altstadt oberhalb der Locanda delle Donne Monache (s.u.). Die geräumigen Zimmer sind freundlich eingerichtet. Von der Frühstücksterrasse und aus dem weitläufigen Garten – auch aus einigen der Zimmer – genießt man schöne Blicke auf Stadt und Meer. Ruhig gelegen, Parkplatz in der Nähe. 40 Zi. März bis Ende Okt.
Via Capo Casale 10 (Via Carlo Mazzei) –
Maratea Borgo, Tel. 09 73 87 03 10,
Mobil 33 11 57 63 70, www.hotelcapocasale.com

Basili19-112 pa

Basili19-113 pa

8 Foresteria Illicini②-③ (Karte S. 252)
Von Steineichenwald umgeben liegt das schicke B&B an einem wildromantischen Felskap direkt über dem Meer. Kiesbuchten laden zum Baden ein. Alternativ sorgt ein Pool für Erfrischung. Auf dem Gelände befindet sich ein exklusiver Lido mit Heckenseparées. Dieser schließt um 20 Uhr, d.h. man hat den Platz abends für sich allein. *Guglielmo Rivetti* hat seine Gästezimmer mit gutem Geschmack, Komfort, Heizung und Klimaanlage ausgestattet. Im Sommer öffnet das Restaurant (im Aug. nur HP!), ansonsten serviert die Bar Kleinigkeiten zum Sattwerden. Hunde sind erlaubt (nur nicht am Strand). Abzweig am Km 236,700 der SS 18. 11 Zi. Mitte Mai bis Mitte Okt.
Via Malcanale 6 – Località Illicini,
Tel. 09 73 87 90 28, 068 54 29 12 (Winter),
www.illicini.com

^ B&B Le Chiane – hier bleibt man gern länger

1 Gabbiano②-③ (Karte S. 252)
Von *Rosa Amorosa* engagiert geführtes, gepflegtes Strandhotel, die Meereswellen als einzige „Lärmquelle". Zimmer mit guten Betten und Blick aufs Meer. Auch Pool. Täglich wechselnde Menüs auf Fisch- und Gemüsebasis im Panoramarestaurant. Eine HP-Verpflichtung besteht nicht. 40 Zi. Ostern bis Ende Okt.
Via Luppa 24 – Acquafredda, Tel. 09 73 87 80 75,
www.hotelgabbianomaratea.it

4 Il Vecchio e il Mare② (Plan S. 256)
Sympathisch-unkompliziertes B&B, das Frühstück ist prima. Ein weiterer Pluspunkt: Im selben Gebäude befindet sich das Ristorante La Cambusa (s.u.). Am Km 231,700 von der SS 18 Richtung Fiumicello abbiegen und nach wenigen 100 m gleich hinter der Tankstelle rechts. 6 Zi. März bis Dez.
Via Santavenere – Fiumicello,
Mobil 34 09 71 46 23, 34 81 36 41 70

3 La Casa del Gelso② (Karte S. 252)
Nadia Oliva betreibt ihr freundliches, ruhig gelegenes B&B in einer Garten-Villa der 1970er Jahre. Die Zimmer sind bestens ausgestattet, am Morgen hilft *Nadias* Bruder *Pompeo Limongi,* einer der besten Kenner der Gegend, das Frühstück zu servieren. Selbstverständlich fallen für die Gäste bei der Gelegenheit jede Menge guter Tipps ab. *Pompeo* ist u.a. Autor einer Serie hilfreicher Wanderkarten, außerdem hält er die Tropfsteinhöhle Grotta delle Meraviglie (s.o.) für Besucher offen. Direkt vom Haus lässt sich auf einem Treppenweg die Spiaggia di Porticello erreichen, und gegenüber biegt von der SS 18 bergseitig ein schöner alter Wirtschaftsweg ab, der auf den Piano degli Zingari hochführt. Das B&B liegt unmittelbar unterhalb des Hotels Villa Cheta Elite (s.u.), teilt jedoch nicht dessen Einfahrt und Parkplatz. Am Km 224,200 der SS 18 auf Höhe der Ampel in die Via Cannonico einbiegen und der Ausschilderung folgen. 3 Zi. März bis Okt.
Via Timpone 47 – Acquafredda,
Tel. 0973 87 81 08, Mobil 33 85 23 03 90,
34 08 38 28 98, www.lacasadelgelso.it

5 Le Chiane②-③ (Karte S. 252)
Mein Tipp: *Mariella* und *Vincenzo Giacomantoio,* dessen Schwester Köchin im Ristorante Da Cesare ist (s.u.), führen am südlichen Ortsrand von Cersuta ein entzückendes B&B. Im Sommer werden sie von ihren munteren Töchtern *Illaria* und *Rosaria* unterstützt. Das Haus erhebt sich mit weitem Golf-Blick auf einer Geländeterrasse (im lokalen Dialekt *chiana*) und ist von einem opulenten Garten umgeben, der nicht nur das ganze Jahr über blüht und schattige bzw. sonnige Liegeplätze bietet, sondern auch Agrumen, Obst und Kräuter als Zutaten für Frühstücksmarmeladen und Verdauungsliköre liefert. Die blitzsauberen, beheizbaren Zimmer sind nett eingerichtet – alle haben eine Terrasse mit Meerblick! Bei kühlem Wetter wird im Wohnzimmer der Kamin eingeschürt. *Mariellas* Frühstück ist reichhaltig, abends fallen beim gemeinsamen Kochen alle Sprachbarrieren. Ans Meer sind es knapp 15 Min. zu Fuß, direkt hinter dem Haus kann man zu schönen Wanderungen aufbrechen. Gäste werden auf Wunsch vom Bahnhof abgeholt. Nicht zuletzt auch dank der guten Tipps der Gastgeber lässt sich hier eine gute Zeit verbringen. Zufahrt am Km 228,300 der SS 18. Hunde ca. 5 €/Tag. 3 Zi. März bis Nov.
GPS: 40.01234, 15.68135
Via Chianelle 69 – Cersuta,
Tel. 09 73 87 18 64, www.lechiane.com

6 Le Tre Casette②-③ (Plan S. 256)
Mein Tipp: *Valentina Pace* und *Paolo Bidello,* ein Umweltingenieur, der auch gut deutsch spricht, empfangen ihre Gäste in einem hübsch restaurierten Haus aus dem frühen 20. Jh., das von einem großen Garten umgeben hoch über der Straße liegt. Gemütliche Mansardenzimmer, zwei mit Blick auf den Porto di Maratea, eines mit Bergblick. Erfreulich sind auch der kleine Kühlschrank und der Wasserkocher. Das Frühstück wird an einer gemeinsamen Tafel serviert, ein gemütliches Kaminzimmer steht allen Gästen zur Verfügung, genauso wie der Fußballkicker auf der Terrasse. Liegestühle im Garten. Sicherer Parkplatz. 3 Zi. März bis Okt.
GPS: 39.990880, 15.710528
Via Porto 48 – Porto di Maratea,
Tel. 09 73 87 61 25, Mobil 34 63 26 62 86,
www.letrecasette.wordpress.com

13 Locanda delle Donne Monache③-④ (Plan S. 256)
Der Ex-Konvent aus dem 18. Jh. nahe der Chiesa Madre ist heute eines der Nobelhäuser an der Küste. Geführt wird es von *Antonietta Esposito* und ihren Kindern, die einer alten Hoteliersfamilie von Capri entstammt. Das erklärt auch das Gemälde von *Diefenbach* in der Rezeption. Die stilvolle Inneneinrichtung ist modern und orientalisch angehaucht. Immer wieder gibt es Ausstellungen zeitgenössischer Kunst. Der Clou sind der Pool und das **13 Ristorante Il Sacello** im ehemaligen Kreuzgang mit Blick auf die Altstadt. Das Restaurant öffnet auch für externe Gäste. Gäste-Parkplatz in der Nähe, Shuttle zum Privat-Strand. 27 Zi. März bis Okt.
Via Carlo Mazzei 4 – Maratea,
Tel. 09 73 87 61 39, www.locandamonache.com

21 Regina Elena② (Plan S. 256)
Cristiana Lammoglia führt ihr kleines B&B am östlichen Altstadtrand direkt gegenüber der Post. Die blitzsauberen, neu und ordentlich eingerichteten Zimmer befinden sich im 1. Stock, die Dachterrasse dient als Solarium. Nahebei befinden sich die Bushaltestelle und ein Gratis-Parkplatz. 3 Zi.
Via A. Mandarini 28 – Maratea Borgo,
Mobil 34 21 43 89 81,
inforeginaelena@gmail.com

3 Santavenere④ (Plan S. 256)
Das traumhafte Luxushotel, 1956 vom Grafen *Stefano Rivetti* erbaut, setzte den Anfang und zugleich die Zielrichtung der touristischen Entwicklung an der Costa di Maratea. Das lang gestreckte Anwesen liegt in einem großen Garten auf der Punta Santavenere und wird von drei Seiten vom Meer umspült. Die ebenso stilvolle wie komfortable Bleibe hat ihren Preis. 17 Zi., 15 Suiten. April bis Mitte Okt.
Via Conte Stefano Rivetti 1 – Fiumicello,
Tel. 09 73 87 69 10, www.hotelsantavenere.it

3 Villa Cheta Elite③-④ (Karte S. 252)
Mein Tipp: Edle Jugendstilvilla am südlichen Ortsrand von Acquafredda, vom Besitzerpaar *Stefania Aquadro* und *Piero Scarfò* mit Aufmerksamkeit geführt, das Personal ist freundlich und hilfsbereit. Gemütliche Zimmer im Laura-Ashley-Stil. Fast wünscht man sich, hier einen Regentag verbringen zu dürfen! Im Haus gibt viele gemütliche Räume, die zum Lesen einladen. Ausgezeichnetes Restaurant, das auf Vorbestellung auch für auswärtige Gäste öffnet. Aus dem Garten, von der Sonnenterrasse und aus einigen Zimmern Blick auf den Golf (auch die Zimmer mit Gartenblick sind nicht zu verachten). Hübscher, steinfarbener Pool mit chlorfreiem Wasser! 21 Zi. und 1 Suite. April bis Okt.
Via Nazionale (Km 225,600 der SS 18) – Acquafredda, Tel. 09 73 87 81 34, www.villacheta.it

6 Villa delle Meraviglie②-③ (Karte S. 252)
Das 2002 im Landhausstil erbaute kinderfreundliche Haus liegt inmitten eines weitläufigen Pinienhains unterhalb der SS 18, vom freundlichen Besitzerpaar *Paola* und *Michele Limongi* aufmerksam geführt. Der terrassierte Hang zieht sich mit gepflasterten Wegen bis ans Meer. Unterwegs laden viele schöne Plätzchen zum Verweilen ein. Je ein Pool für Erwachsene und Kinder, Sauna. Abzweig am Km 230 der SS 18, Zufahrt über eine Schotterstraße. 16 Zi. Mai bis Ende Sept.
Contrada Ogliastro, Tel. 09 73 87 14 53, Mobil 33 11 33 51 25 *(Paola)*, www.hotelvilladellemeraviglie.com

Ferienwohnungen

Cilento Ferien, die deutsche Agentur sucht Wohnungen vor Ort persönlich aus.
www.cilento-ferien.de/maratea/

> Cala del Citro – Freude für alle Sinne

Camping (Karte S. 252)

12 Villaggio-Camping Maratea①-②
Der einzige Campingplatz an der Costa di Maratea! Schattige Zelt-, Camperstellplätze und Bungalows in Gehdistanz zum kilometerlangen, unverbauten Sandstrand. Mini-Market, Restaurant, Pizzeria und Bar, gutes Sportangebot. Juni bis Mitte Sept.
Contrada Castrocucco 72, Tel. 09 73 87 16 80, Mobil 34 63 99 53 42, www.campingmaratea.it

Essen und Trinken

9 Cala del Citro④ (Karte S. 252)
Mein Tipp: Mit 27 Jahren hat *Dario Giacomantoio* im Sommer 2018 sein erstes eigenes Restaurant eröffnet. Und was für eins! Auf einer felsigen Landzunge mit unvergleichlichem Blick über den Golf auf die Cilento-Berge stehen ein paar Tische im Schatten von Steineichen, die bis hinab ans Ufer wachsen. Die einzige „Musik" ist das Rauschen der Wellen. Im Fall des Falles schützt eine luftige Holzpergola vor Regen. *Dario* stammt von der Costa di Maratea, hat seine Kindheit hier am Meer verbracht und das Küchenhandwerk von der Pike auf gelernt, angefangen als Tellerwäscher im Ristorante Da Cesare (s.u.). Sein weiterer Weg führte ihn durch Gourmetküchen Italiens, Londons und der Malediven – alle Lebensstationen spiegeln sich im Degustationsmenü wieder. Unterstützt wird er von seiner Familie und seiner Lebensgefährtin *Nausikaa,* einer studierten Pharmazeutin, die ausgefallene Ideen zur Bereitung der Speisen beisteuert. Die Zutaten werden z.T. wild gesammelt, so z.B. der Meerfenchel an der Felsküste direkt unterhalb des Restaurants. Die Weine sind ausschließlich lukanisch und tragen oft das Slow-Food-Siegel. Abzweig am Km 237,900 der SS 18. Mai bis Okt.
GPS: 39.963676, 15.733216
Via Rovina, Località Sette Ponti – Marina di Maratea, Mobil 331 91 44 78 74, www.caladelcitro.com

4 Da Cesare②-③ (Karte S. 252)
Mein Tipp: Das Familienrestaurant an der SS 18 zählt zu den wenigen, die auch von Einheimischen uneingeschränkt empfohlen werden (trotz gestiegener Preise). Ehrliche Fischküche mit frischen Zutaten. Unheimlich anzusehen, aber auch unheimlich lecker ist der *risotto col nero di sepia*. Auch offener Wein. Parkplatz auf der Straßenseite gegenüber. Im Winter Do Ruhetag.
Via Nazionale 52 (Km 228,100 der SS 18) – Cersuta,
Tel. 09 73 87 18 40

2 Da Peppe② (Karte S. 252)
Ristorante-Pizzeria, Bar und Tabacchi an der Zufahrt zum Hotel Gabbiano (s.o.). Das Ambiente eher mittelprächtig, aber schöne Terrasse. Anständige Fischküche, abends auch Pizza, tagsüber auf Wunsch Kleinigkeiten. Ruhetag.
Via Luppa 1 – Acquafredda,
Tel. 09 73 87 80 00, 09 73 87 83 46

2 El Sol② (Plan S. 256)
Fischgerichte zu fairen Preisen, abends auch Holzofenpizza. Im Sommer stehen die Tische im Grünen. Über die Qualität gehen die Meinungen manchmal auseinander; um fair zu sein: Im August isst man nur selten gut an der überlaufenen Costa di Maratea. April bis Okt. tägl. mittags und abends, im Winter nur am Wochenende.
Via Santavenere 151 – Fiumicello,
Tel. 09 73 87 69 28, 09 73 87 76 10 (priv.),
Mobil 33 32 05 33 75

7 Il Giardino di Epicuro② (Karte S. 252)
Mit Respekt vor lukanischen Traditionen, mit Kreativität und einem ausgeprägten Gespür für gute Produkte haben sich *Milena Burbo* und *Michele Bucchiglione* in die Empfehlungen der wichtigsten Gourmetführer gekocht. Die Bauern aus Massa liefern die frischen Zutaten, Pilze stammen aus den umliegenden Wäldern, und im Frühjahr ist wilder Fenchel eine häufig verwendete Ingredienz. Pasta, Salami, Dolci, Liköre – alles hausgemacht. Die *secondi* kommen vom Grill: Fleisch, *salsiccia* oder Käse. Nach üppigem Essen hilfreich und lecker einer der hausgemachten Liköre! Wer länger bleiben möchte, kann sich in eines der einfachen Gästea-

Basili19-114 pa

partments einmieten. I.d.R. nur abends, mittags auf Vorbestellung. Mi Ruhetag. April bis Mitte Nov. GPS: 39.984789, 15.745083
Massa di Maratea, Tel. 09 73 87 01 30,
Mobil 36 87 21 49 65, 34 86 73 26 42

5 La Cambusa – Restaurant & Wine②-③ (Plan S. 256)

Mein Tipp: In einem von außen unscheinbaren Haus der 1950er Jahre verbirgt sich eines der überraschendsten Fisch-Restaurants der Gegend. Hier kochte bereits *Glorias* Großmutter *Rosa,* die Männer der Familie *Limongi* waren und sind Fischer. 2015 wurde die junge Küchenchefin zur „Miss Chef Basilicata" gekürt. Ihre Küche ist fantasievoll, ohne ihre lukanischen Wurzeln zu verleugnen, und so überzeugend, dass das Restaurant sogar über die Wintermonate geöffnet bleibt! Die hohe Qualität wird bis zu den Dolci durchgehalten. Im Saal berät Mutter *Teresa* profund in punkto Wein. Die Atmosphäre ist entspannt, das Entrèe shabby-chic: Sitzmöbel aus den 1950er Jahren laden zum Schmökern ein. Im 1. Stock befindet sich das nette B&B Il Vecchio e il Mare (s.o.). Am Km 231,700 von der SS 18 Richtung Fiumicello abbiegen und nach wenigen 100 m gleich hinter der Tankstelle rechts. Mo mittags und Di geschl. Ferien im Nov. oder Febr.
Via Santavenere – Fiumicello, Tel. 09 73 87 33 98,
Mobil 34 09 71 46 23,
www.lacambusamaratea.com, fb

16 La Merenderia② (Plan S. 256)

Im Gassengewirr oberhalb des Corso betreiben *Nicola Manfredi* und Tochter *Johanna-Maria,* die Besitzer des Feinkostladens La Farmacia dei Sani (s.u.), diese nette Wine-Bar. Als Grundlage werden beste lukanische und kalabresische Würste und Käse aufgetischt. Juni bis Sept. tägl. abends.
Traversa dietro l'Annunziata 12 – Maratea Borgo,
Mobil 34 91 47 19 18

20 La Taverna di Zu Cicco② (Plan S. 256)

Einladendes Mini-Ristorante, romantisch versteckt in den Gassen abseits der Piazza Buraglia. Man kann einfach auf ein Glas Wein vorbeischauen und dazu köstlichen lokalen Käse und Würste oder Gemüse-Antipasti kosten, gern aber auch ein Steak vom Fleisch wild weidender Podolica-Rinder. Einfallsreiche Dolci, wie z.B. eine Pannacotta mit Tomaten und Basilikum. Als Digestiv ist der Critmum, eine Kreation des Padrone, zu empfehlen. Bei gutem Wetter stehen die Tische in der Gasse. Mai bis Sept.
Via dietro il Trappeto 32 – Maratea Borgo,
Tel. 09 73 87 32 96, Mobil 34 05 79 12 57,
www.latavernadizucicco.it

9 Laterna Rossa – Osteria del Mare③ (Plan S. 256)

Die *Tommasinis* haben mit der Einrichtung ihres Lokals guten Geschmack bewiesen. Im 1. Stock des Uferpalazzo sitzt man bei gutem Wetter auf der Veranda und erfreut sich an der Aussicht und der kreativen Meeresküche. Die ausgesucht guten Zutaten stammen aus der Basilikata, dem Cilento und Kalabrien. Exzellente Weine zu fairen Preisen, zum Abschluss gibt es den von *Paolos* Vater *Auro* erfundenen Zedratzitronen-Likör. Mittags und abends, im Winter nur mittags. Mi Ruhetag.
Piazzetta Porto Maratea – Porto Maratea,
Tel. 09 73 87 63 52, Mobil 34 76 26 14 85

1 Sapori del Mare② (Plan S. 256)

In punkto Preis und Qualität (in dieser Reihenfolge!) von Einheimischen empfohlenes Ristorante direkt unterhalb der Küstenstraße. *Bruno Giffuni* serviert in erster Linie Fisch, aber auch Fleisch- und Gemüsegerichte stehen zur Auswahl. Mo Ruhetag.
Via Santa Venera 1 (Km 231,700 der SS 18) – Fiumicello, Tel. 09 73 03 01 25, Mobil 33 35 30 67 94

11 Santa Lucia①-② (Plan S. 256)

Mein Tipp: Das rosafarbene Gebäude am Straßenrand ist und bleibt ein sympathischer Anachronismus: Ein manchmal mürrischer Padrone sorgte für gutes Essen, das Ganze für erfreulich wenig Geld. Ihm folgt der freundlicher gesonnene Sohn *Buonaventura,* alles andere ist unverändert. Zu trinken gibt es wunderbaren offenen Wein von der Cantina di Venosa und lukanisches Craft-Bier. Im blitzsauberen Gastraum wärmt im Winter der Kanonenofen. Ca. 150 m nach dem Abzweig von der SS 18 Richtung Maratea Borgo. Mo Ruhetag.

Via Ondavo 12, Tel. 09 73 87 64 00,
Mobil 33 48 20 78 47

8 Scialuppa 25② (Plan S. 256)
Pasquale Cernichiuros Familie hat jahrzehntelange Erfahrung im Restaurantgewerbe. Dieses kleine Lokal liegt in einem ruhigeren Winkel des Hafens, seitlich des Ristorante Laterna Rossa (s.o.). Die Küche ist einfach gut, mit Betonung auf „einfach" und „gut". Serviert werden Fisch, Meeresfrüchte und Gemüse, häufig in Kombination, wie z.B. *polipo e patate*. An der kleinen Theke gibt es immer ein paar klassische Ofengerichte, wie *parmigiana di melenzane* oder *ciambotta*, gebackenes Gemüse. Innen stehen nur ein paar wenige Tische, serviert wird auch im Freien unter einem Segel – auch an den Tischen des dazugehörigen **Cafè del Porto.** Man kann auch nur auf ein Glas Wein und ein paar Häppchen vorbeischauen. Im Winter Mo Ruhetag.
Porto di Maratea, Tel. 09 73 87 75 80,
Mobil 330 35 44 01

15 Taverna Rovita③ (Plan S. 256)
In edel-rustikalem Ambiente lässt sich gemütlich, gut und (etwas zu?) teuer speisen. Die *primi* sind uneingeschränkt zu empfehlen, köstlich vor allem die Risotti. Bei *Francesco Gambardella* „Ciccio" traf sich im Sommer die italienische Society. Längst hat Tochter *Mariastella* übernommen. Unterhalb des Restaurants liegt die intime Wine-Bar **15 La Cisterna – Rovita Cafè.** Nur abends. Di Ruhetag. Ostern bis Okt.
Via Rovita 13 – Maratea Borgo,
Tel. 09 73 87 65 88, Mobil 33 39 22 17 90,
www.tavernarovitamaratea.it

10 White Horse② (Karte S. 252)
Ordentliche Fischküche und prima Holzofen-Pizza (im Sommer auch mittags!) in einem größeren Ausflugs- und Familienristorante an der Durchfahrtsstraße auf Höhe von Marina di Maratea. Von der Terrasse genießt man einen schönen Blick aufs Meer. Mi Ruhetag.
Via Vallone Arenara (Km 238,600 der SS 18) – Marina di Maratea, Tel. 09 73 87 92 35,
Mobil 33 49 38 21 19, www.whitehorse.it

10 Zà Mariuccia③ (Plan S. 256)
Mit Fleiß, Kochkunst und Geschäftssinn hat *Francesca Mazzeo* ihr ursprünglich rustikales Fischerlokal mit schöner Veranda über dem Hafen zu einem der besseren (?) und teureren (!) Fisch-Restaurants der Küste gemacht. Mo Ruhetag.
Via Grotte 2 – Maratea Porto, Tel. 09 73 87 61 63,
Mobil 33 51 65 23 82, www.zamariuccia.it

Bars, Caffès und Pasticcerie

18 Caffè e Dolcezze (Plan S. 256)
Winziges Altstadt-Caffè. Guter Kaffee, köstliche Plätzchen und Liköre nach alter Familientradition. Ein paar Tische an der Straße. Kein Ruhetag!
Piazza Buraglia 19 – Maratea Borgo,
Tel. 09 73 87 70 87

7 Emilio (Plan S. 256)
Mein Tipp: Exzellente Bar-Gelateria etwas zurückversetzt über dem Hafen, ein paar schön platzierte Tische im Freien unter einem Gummibaum. *Emilio Panzardi* ist ein hochprämierter *gelataio* – zu Recht! Di Ruhetag.
Via Racia – Maratea Porto, Mobil 34 08 35 19 76, fb

11 Il Mirto (Karte S. 252)
Mein Tipp: *Giovanni Fulcos* nette Solarium-Bar liegt in unmittelbarer Nachbarschaft von La Secca (s.u.), mit der sie auch die Zufahrt von der SS 18 teilt. Die Bar serviert frische Salate, vieles stammt aus dem eigenen Garten. Eine Treppe führt ins Meer. Mitte Mai bis Ende Sept. Schattiger Parkplatz ca. 5–10 €/Tag, 2 Liegen und Sonnenschirm 15–20 €/Tag.
Località La Secca – Km 241,100 der SS 18,
Mobil 34 09 31 50 76, www.mirtomaratea.it

11 La Secca (Karte S. 252)
Das romantische Plätzchen direkt neben Il Mirto (s.o.) an einem zauberhaften Küstenabschnitt ist mit dem Auto (schattiger Parkplatz 5–10 €/Tag) oder zu Fuß vom Nordende der Spiaggia di Castrocucco zu erreichen (siehe „Wandern"). Mit Blick auf den Isolotto della Secca und den Golf lässt es sich hier gut aushalten, Liegen und Sonnenschirme stehen in respektvollem Abstand zueinander. Die Felsküste ist scharfkantig, in der kleinen Bucht gelangt

man jedoch über einen Mini-Kiesstrand ins Meer. Die Bar serviert Drinks, Pannini, frische Salate und Obst. Für längere Aufenthalte stehen hübsche Apartments in schön restaurierten alten Gebäuden zur Verfügung. 25. April bis Ende Sept. tägl. 8–19.30 Uhr. 2 Liegen mit Sonnenschirm 15–20 €/Tag.
Località La Secca – Km 241,100 der SS 18,
Tel. 09 73 87 17 19, www.lasecca.com

22 Host (Plan S. 256)
Sympathischer Stehimbiss am östlichen Altstadtrand. Aus einer mit lukanischen Produkten bestens bestückten Theke stellt *Antonio* leckere Teller zusammen: Käse, Würste und *sott'olii*. Eigener Wein. Mai bis Sept. tägl. von 12.30 Uhr bis spät nachts.
Via Cardinal Gennari 1,
Mobil 34 67 74 76 43, 346 77 46 42

9 Il Clubbino Porto (Plan S. 256)
Junger Treff. Pannini, Fleisch vom Grill, Salate, Drinks und Musik. Direkt unterhalb des Ristorante Laterna Rossa (s.o.). Ostern bis Anfang Okt. tägl. bis in die Nacht. Mo Ruhetag.
Piazzetta Porto Maratea 16 – Porto Maratea,
Mobil 32 82 82 21 59 *(Stefano Tommasino)*,
www.ilclubbinomaratea.it

17 Panza (Plan S. 256)
MEIN TIPP: Auf wenigen Quadratmetern locken unzählige süße Verführungen: *bocconotti, cassata lucana, torta caprese, pasta di mandorla* und *pasta di noci*, um nur einige zu nennen. An *Francesco* und *Enzo Panzas* Pasticceria führt kein Weg vorbei, von der Piazza Buraglia einfach der Nase nach. Im Sommer tägl. 8–13 und 16.45–24 Uhr, im Winter Di bis So 8–13 und 16.45–20.30 Uhr.
Via Angiporto Cavour 9 – Maratea Borgo,
Tel. 09 73 87 76 24

Antica Casa del Tessuto dal 1888 – ein wunderbarer Anachronismus

Basili19-115 pa

Einkaufen (Plan S. 256)

19 Antica Casa del Tessuto dal 1888
Der Stoffladen in der Altstadt von Maratea ist eine Institution, *Giuseppe Brando* und seine Schwester *Maria-Rosa* sind seine Seele. Zum Verkauf stehen traditionelle Leinen- und Hanfgewebe. Handeln macht Spaß! Die weit verzweigte Familie *Brando* unterhält noch je einen weiteren Laden in Maratea Borgo und Fiumefreddo.
Piazza Buraglia 15/17 – Maratea Borgo,
Tel. 09 73 87 65 20

14 La Farmacia dei Sani
Gut sortierter Feinkostladen wenige Schritte oberhalb der Piazza Buraglia.
Via Cavour 10 – Maratea Borgo,
Tel. 09 73 87 61 48

An- und Weiterreise

- **Auto:** A3 Ausfahrt „Lagonegro Nord-Maratea" und auf der Superstrada SS 585 durch das landschaftlich reizvolle Valle Noce auf die SS 18.
- **Bus:** Rocco (www.roccobus.it) nach Lagonegro und Práia a Mare. SITA (www.sitasudtrasporti.it) nach Lauría, Lagonegro, Potenza, Sapri und Trécchina. Der Servizio Urbano-Città di Maratea der SITA verbindet die einzelnen Ortsteile von Maratea.
- **Bahn:** Am FS-Bhf. Maratea halten Fernzüge.
- **Mietwagen:** Hotels, die APT sowie das Reisebüro *Mondo Maratour* (Via A. Mandarini 29, Maratea Borgo, Tel. 09 73 87 77 97, www.mondomaratea.it) sind bei der Vermittlung behilflich.

Feste/Nachtleben

- **S. Biágio,** der Patron von Maratea, wird vom ersten bis zum zweiten Maisonntag gefeiert. Am 29. und 30. Juli findet in Porto Maratea die **Festa della Madonna di Porto Salvo** statt, am 15. Sept. in Cersuta die **Festa della Madonna Addolorata.**
- Im Sommer gibt es in Maratea viel **Musik** zu hören: von Juli bis Sept. Ethnosound und Klassik, im August Jazz und Live-Musik bis spät in die Nacht im Caffè del Porto in Porto Maratea.

Bootsausflüge

In Maratea Porto ist es möglich, Motorboote zu mieten (ein zuverlässiger Anbieter ist **L'Approdo,** Mobil 34 08 41 54 17, 34 94 66 14 40, www.lapprodomaratea.com) oder an einer organisierten Bootsfahrt teilzunehmen: **Nautilus Escursioni** (Mobil 33 43 54 50 85, nautilusescursioni@gmail.com, fb) bieten mit einem 8,5 m langen Gozzo um 9.30 Uhr eine Küstenfahrt nach Norden, um 14.30 Uhr eine Fahrt Richtung Süden an, Dauer jeweils 3½ Std.

Sport

- **Centro Sub Maratea**
Von Mai bis Mitte Okt. organisiert *Giovanni Lagatta* Bootsausflüge, Tauchkurse und geführte Tauchgänge ab Porto Maratea.
Via S. Caterina 28, Tel. 09 73 87 00 13,
Mobil 33 88 77 78 99, csmaratea@tiscalinet.it

- **Fly Maratea**
Roberto Ugolini und seine Freunde sind zu Wasser, zu Lande und in der Luft aktiv. Außer **Gleitschirmflügen** (c/o *Domenico,* Mobil 33 84 69 89 14) an einer der schönsten Küstenlandschaften Italiens werden das ganze Jahr über **Wander**- (c/o *Raffaele,* Mobil 33 34 91 45 62) und **MTB-Touren** (c/o *Alex,* Mobil 33 87 27 70 88) angeboten. Mit **Seekajaks** (c/o *Enrico,* Mobil 33 37 95 72 86) erreicht man die verschwiegensten Badebuchten, wie z.B. die Spiaggia d'i Vranne zwischen Marina di Maratea und Porto di Maratea. Fly Maratea ist als *Associazione Sportiva* organisiert, gegen geringe Gebühr wird man Club-Mitglied. Alle wichtigen Informationen und Kontakte auf der Website www.flymaratea.it, Mobil 33 37 95 72 86.

Strände und Baden

An der **Costa di Maratea** versprechen die **Blaue Flagge** und die **Fünf Segel** der Umweltschutzorganisation Legambiente ungetrübte Badefreuden! Viele *Lidi* (Badeanstalten) spannen im Sommer ihre Sonnenschirme auf, doch bleiben immer auch frei zugängliche Strandabschnitte. Vor Castrocucco breitet sich die **Spiaggia d'a Gnola** aus, ein kilometerlanger **Sandstrand.** Einladender sind oft die blitzsauberen und selten überlaufenen **Kiesbuchten** an der Steilküste, die verstecktesten nur mit dem Boot zu erreichen. Der lange Strand von **Acquafredda** ist gut mit dem Auto zu erreichen, zu den kleinen Buchten von **Cersuta** muss man zu Fuß absteigen. Der weite Strand von **Fiumicello** ist im Sommer oft überfüllt, außerhalb der Saison aber ein Traum. Besonders schöne Strände liegen auch an der **Punta della Matrella** und in **Marina di Maratea.** Im Folgenden ein paar Favoriten:

Die **Spiaggia Grotta della Scala,** eine Sand- und Kiesbucht zwischen Felsen, liegt im Süden des lang gezogenen Kiesstrandes von Acquafredda und ist nur vom Meer oder über 200 Stufen von der SS 18 auf Höhe der Villa Nitti aus zu erreichen.

Nur mit dem Boot über das Meer oder für gute Schwimmer aus der südlich benachbarten Cala Jannita zu erreichen ist die **Spiaggia d'i Vranne,** ein verstecktes Kleinod. Am südlichen Ende der Bucht befindet sich die **Grotta di Giorgio.**

Die **Cala Jannita** oder **Spiaggia Nera** – eine lange Kiesbucht mit türkisblauem Wasser – liegt auf Höhe der Isola Santo Janni im Süden von Maratea Porto und nördlich der Punta Matrella. Zufahrt von der SS 18, das letzte Stück geht man zu Fuß.

Südlich der Punta Matrella lockt die **Spiaggia Macarro.** Der Name leitet sich aus dem Griechischen ab und bedeutet „glücklicher Mensch". Schwimmend lassen sich zwei weitere schöne Buchten erreichen, **Calavecchia** und **Illicini.** Immergrüne Eichen, die sich über die Hänge ziehen, gaben Letzterer den Namen.

Buchtipp

100 großartige Küstenkilometer, blitzsauberes Meer, silbern glänzende Olivenhügel, Macchiahänge und dichte Wälder, verkarstete Gebirge, blühende Almweiden und tiefe Schluchten – die Costa di Maratea und den nördlich benachbarten **Cilento** lernt man am besten aktiv kennen! 30 konkret beschriebene **Wandertouren,** Empfehlungen für **Radrouten, Pferdetrekking** und **Gleitschirmfliegen,** viele Tipps für **Aktivitäten am Strand und unter Wasser** sowie – um nach so viel Sport wieder zu Kräften zu kommen – die besten kulinarischen Adressen in einem handlichen Band. Außerdem haben hier ihren ersten Auftritt *Pinco & Pallina©*, zwei neugierige Kinder, die Fragen stellen, die Erwachsenen oft gar nicht erst einfallen.

- **Amann, Peter:** *Cilento aktiv – mit Costa di Maratea.* Mankau Verlag, Murnau 2019
- **www.cilento-aktiv.info**

> Die schöne Bucht zu Füßen der Torre Caina lässt sich nur mit dem Boot oder zu Fuß erreichen

Mit einem Küstenspaziergang (siehe „Wandern") ist der Besuch der **Spiaggia sotto l'Orto** zu Füßen der Torre Caina im Norden von Castrocucco verbunden.

Lido Approdo
Vom italienischen Umweltverband Legambiente ausgezeichnete Badeanstalt am kinderfreundlichen und barrierefreien Fiumicello-Strand. Juni bis Okt.
Località Fiumicello,
Mobil 32 86 02 39 11 *(Roberto Schettino)*,
www.lidolapprodofiumicello.it

Lido Le Cicale
Lido mit Umweltprädikat an der Spiaggia d'a Gnola, wo immer eine leichte Brise weht.
Località Castrocucco,
Mobil 34 96 92 30 79, 33 98 66 01 54,
www.lidolecicale.it

Wandern

■ Der **Verband Area Programma Lagonegrese Pollino** hat eine **Wanderkarte** herausgegeben, die es inkl. GPS-Tracks unter dem Stichwort „Sentieristica" auch als Download gibt. Die Wege sind im Gelände z.T. markiert.
Traversa Largo Plebiscito 12 – Lauría,
Tel. 09 73 82 39 09, www.aplagonegresepollino.it

■ Der **Parco Nazionale dell'Appennino Lucano** (siehe Kapitel „Appennino Lucano und Alta Valle dell'Agri") baut sein Wanderwegenetz laufend aus.
www.parcoappenninolucano.it

Monte Coccovello (1505 m)

Den verkarsteten Monte Coccovello im Norden von Maratea macht seine Küstennähe zu einem der **besten Aussichts-**

Basili19-116 pa

berge weit und breit, darüber hinaus ist er relativ leicht zu erklimmen. Der **Start- und Endpunkt** der Wanderung ist auf einer schmalen, schlecht asphaltierten und bei Niederschlägen steinschlaggefährdeten Straße zu erreichen, die am Km 15,100 der SP ex SS 104 auf Höhe einer Apotheke nach Süden abzweigt. Die Straße endet nach ca. 4,5 km an der Antennenanlage auf der **Serra del Tuono** (1176 m). Kurz vorher fährt man am Einstieg vorbei, kann das Auto jedoch in der engen Spitzkehre nicht abstellen. Auch der Aussicht wegen lohnt es sich, bis zu den Antennen hochzufahren, um hier zu wenden.

Die Wanderung beginnt in der eindeutig bezeichneten **Spitzkehre** (GPS: 40.048694, 15.703626); rote Farbmarkierungen und Holzschilder weisen den meist klar ausgeprägten Weg. Der in östlicher Richtung gelegene **Gipfel** wird in einem weiten Linksbogen im Uhrzeigersinn erreicht. Offene Abschnitte über verkarstete Weiden lösen sich mit schattigen Passagen im Buchenwald ab. Auf dem bekannten Weg geht es anschließend zurück. Man sollte mit mind. 4 Std. für den Ausflug rechnen und keineswegs bei Nebel oder schlechtem Wetter loslaufen! Bei klarer Sicht sind im Tyrrhenischen Meer die Liparischen Inseln auszumachen.

Secca di Castrocucco – Torre Caina

Diese einfache, einstündige (hin und zurück) Küstenwanderung, die auch Kindern Spaß macht, lässt sich ideal mit einem Bad in der Spiaggia sotto l'Orto zu Füßen der imposanten Torre Caina verbinden. Ausgangspunkt ist das Nordende der lang gezogenen **Spiaggia di Castrocucco.** Parken kann man auf Höhe der Strandbar Ritrovo, wo auch der Weg beginnt.

Vorbei an der Bar (GPS: 39.934477, 15.747807) geht es über ein paar Felsstufen hoch und links weiter auf dem schmalen, mit der Küste verlaufenden Pfad. Zur Linken blickt man über den weiten Strand von Castrocucco nach Kalabrien (siehe Kapitel „Pollino Calabro, Monti di Orsomarso und Costa dei Cedri"). Wir umrunden das kleine Felskap, vor uns die **Cala La Secca** mit dem Felseiland und einem Palazzo. Im Rücken der Strandbars Il Mirto und La Secca geht es weiter, vorbei an einem Parkplatz mit schattigen Picknickplätzen.

Der breite Weg setzt sich küstenparallel fort, zwischenzeitlich versperrt hohe Macchia den Blick aufs Meer. Die Felsen wären hier auch viel zu scharfkantig, als dass man heil ins Wasser gelangen könnte. Es öffnet sich der Blick auf den **Golf von Policastro** mit der imposanten Bergkulisse des Monte Bulghería.

Bald erreicht man die Stelle, an der meist ein oder zwei Fischerboote liegen, die hier zu Wasser gelassen werden können. Ein besserer Zugang zum Strand liegt wenige Schritte weiter vorne auf Höhe einer deutlichen Weggabelung; links zweigt ein Pfad ab. Von einem Holzgeländer begleitet und über ein paar Stufen erreicht man die **Spiaggia sotto l'Orto** (GPS: 39.942258, 15.737727), eine einsame Kiesbucht zu Füßen der **Torre Caina.** Der Küstenwachtturm aus dem 16. Jh. wurde errichtet, um Ausschau nach Piraten zu halten (siehe Exkurs „Mamma, li Turchi!").

Auf bekanntem Weg geht es zurück nach Castrocucco.

Trécchina

Trécchina (600 m, 2300 Ew.) liegt auf einem südlichen Ausläufer des 1505 m hohen **Monte Coccovello.** Eine Passstraße führt über Maratea weiter bis an die Küste. Die von Langobarden errichtete Burg wurde Ende des 10. Jh. durch die Sarazenen zerstört und in normannisch-staufischer Zeit neu errichtet. Ein Großteil der historischen Bausubstanz im Ort ist den Erdbeben von 1783 und 1854 zum Opfer gefallen. Die großzügige Gestaltung der **Piazza del Popolo** im Liberty-Stil wurde durch die Geldüberweisungen der Ende des 19. Jh. nach Amerika ausgewanderten Bürger finanziert. Beinahe ein Dutzend Cafés, Bars und Eisdielen umgeben den baumbestandenen Platz. Der fast ausgestorbene **mittelalterliche Borgo** wird von den Ruinen des Kastells beherrscht. Aus Trécchina führt eine Straße auf den 1099 m hohen Berg **Serra Pollino.** Das letzte kurze Stück bis zum **Santuario della Madonna del Soccorso** legt man zu Fuß zurück. Ein himmelweiter Blick öffnet sich auf Maratea und den Golf von Policastro.

Information

■ **Pro Loco „Alpestre"**
Via D. Pesce 29, Tel. 09 73 82 60 02
■ **www.comune.trecchina.pz.it**

Übernachten

■ **A Casa di Teresa**②
Einladendes B&B in einem gepflegten Stadt-Palazzo des frühen 20. Jh., direkt an der großen Piazza del Popolo mit ihren zahllosen Bars gelegen. Dort empfiehlt *Maria Teresa Schettini* ihren Gästen auch das Frühstück einzunehmen. 4 Zi.
Corso Umberto I. 8, Mobil 33 96 67 58 18,
www.acasaditeresa.it

■ **La Locanda del Duca**②
Modernes, ruhiges Frühstückshotel direkt neben der Chiesa Madre. Ordentliche Zimmer, größtenteils mit Balkon und Blick auf das Sirino-Massiv. Unter der gleichen aufmerksamen Leitung steht auch das ganzjährig geöffnete **Hotel La Quite** (Km 14,900 der SS 585 „Fondovalle del Noce", www.la-quite.com). 14 Zi. Ostern bis Dez.
Piazza Madre Teresa di Calcutta 1,
Tel. 09 73 82 63 36, www.lalocandadelduca.it

Basili19-117 pa

☒ Dino Pasticceria – frisch gebacken, frisch auf die Hand

Essen und Trinken

Antica Pasticceria Isabella
Herzlich willkommen zu vorzüglichem Kastanien-Gebäck an der Nordseite der Piazza del Popolo. So nachmittags und Di geschl.
Piazza Madre Teresa di Calcutta 7,
Tel. 09 73 82 60 24, Mobil 32 07 03 86 58

Lanterna Verde②
Die Familie *Ruggiero* führt ihre allseits geschätzte Trattoria in einem Hinterhof des Corso Umberto I., wenige Schritte von der Nordostecke der Piazza del Popolo, bereits in der zweiten Generation. Zu den Antipasti gibt es das ausgezeichnete Holzofenbrot von Trécchina, der gereifte Käse wird mit hausgemachten Marmeladen oder Honig serviert. Frische Nudeln mit Pilzen. Gemüse, Lammfleisch und *salsiccia* kommen vom Grill. Abends auch Holzofenpizza. Köstliche Nuss- und Kastanien-Dolci. Mo Ruhetag. Ostern bis Ende Okt.
Piazza del Popolo 43, Tel. 09 73 82 62 16,
Mobil 368 99 94 50, www.lanterna-verde.it

L'Aia dei Cappellani②
Der einladende Landgasthof liegt ca. 2 km nördlich von Trécchina an der SP 3, die zur SS 585 „Fondovalle del Noce" hinabführt. Der Name geht auf *Enzo Riccardis* Urgroßvater zurück, der in Peru und Portugal sein Glück gemacht hatte und daraufhin in Trécchina eine private Kapelle und den ersten zementierten Dreschplatz (ital. *aia*) baute – ebenfalls ein gutes Geschäft. Der ehemalige Heuschober beherbergt die Trattoria, an den Wänden erzählen alte SW-Fotos von früher. Im Sommer wird auf der Veranda mit Blick ins Grüne eingedeckt. Ausgezeichnete Landküche, fast alle Produkte aus eigenem Anbau. Übernachtungsgästen stehen 2 einfache Zi. und 1 Ap. zur Verfügung. Reiterhof. Di Ruhetag. März bis Okt.
GPS: 40.03502, 15.78194
Contrada Maurino – Via S. Marco 56,
Tel. 09 73 82 69 37, Mobil 34 06 66 80 65,
www.laiadeicappellani.com

An- und Weiterreise

Auto: A3 Ausfahrt „Lagonegro Nord". SS 585 vorbei an Lagonegro, Rivello und Trécchina an die Costa di Maratea.

Bus: SITA (www.sitasudtrasporti.it) von Lagonegro über Trécchina nach Maratea.

Einkaufen

Dino Pasticceria
MEIN TIPP: Trécchina ist bekannt für sein gutes Walnussgebäck, delikat ist es bei *Biagio Pesce* und seinem Sohn *Massimiliano* am unteren Ortsrand (kein Hinweisschild!). Hier wird alles noch per Hand gefertigt, im Holzofen gebacken und frisch verkauft, so lange der Vorrat reicht. Tägl. 9–13 u. 16–20 Uhr.
GPS: 40.02873, 15.77497
Via Beato Domenico Lentini 39, Tel. 09 73 82 61 56

Fest

Sagra della Castagna
Lange Zeit spielten Kastanien eine zentrale Rolle im Wirtschaftsleben Trécchinas. Das Holz fand vielfach Verwendung, auch in der Köhlerei, die nahrhaften Nussfrüchte waren früher das Brot der Armen. Ende Oktober wird mehrere Tage lang die Kastanie kulinarisch gefeiert. www.amicidellacastagna.it

Wandern: Serra Pollino (1099 m)

Von Trécchina führt eine Straße hoch zur Wallfahrtskirche **Madonna del Soccorso** auf der aussichtsreichen **Serra Pollino.** Die Kirche und der Gipfel, von dem fast die gesamte Kette des lukanischen und kalabrischen Apennins sowie der Golf von Policastro zu überblicken sind, lässt sich auf dem jedes Jahr am zweiten Maisonntag begangenen Pilgerweg auch zu Fuß erreichen. Von der Piazza del Popolo steigt man in ca. 15 Min. über verwinkelte Gassen zum Borgo mit den Ruinen des Kastells hinauf. Oberhalb des Borgo liegt der Aussichtspunkt **Giardino Belvedere** (537 m) mit Parkplatz. An der Geländekante setzt sich der markierte Weg fort, der ca. 4 km durch schattigen Wald führt, um kurz vor der Wallfahrtskirche ins Freie zu treten. Bis zum **Gipfel** (1099 m) sind es nur wenige Schritte. Auf demselben Weg zurück nach Trécchina absteigen. Am Ende der Tour locken an der Piazza del Popolo zahlreiche Bars mit einem kühlen Bier oder einer Kugel Kastanien-Eis als Erfrischung.

Rivello

Keine Worthülse, sondern im Gegenteil fast schon ungenügend ist das Adjektiv „malerisch" zur Beschreibung von **Rivello** (420 m, 2700 Ew.). Die drei Hügel des zum Fiume Noce abfallenden Bergrückens trugen bereits im 4. Jh. v.Chr. eine lukanische Ansiedlung. Ende des 6. Jh. errichteten Langobarden auf dem Motta genannten Hügel eine Burg. Hier fanden einige der Bewohner des von Sarazenen zerstörten Velia (Cilento) im 9. Jh. Zuflucht, daran erinnert das Stadtwappen mit dem Spruch „Iterum Velia Renovata Rivellum". Zur gleichen Zeit hatten sich auch basilianische Mönche im Ort niedergelassen. Langobarden und Byzantiner stritten sich im Mittelalter um den Besitz des strategisch wichtigen Rivello. In der **Kirche S. Nicola dei Greci** im höher gelegenen Ortsteil wurde ebenso wie in der **S. Maria del Poggio** auf dem südwestlichen Hügel bis ins Jahr 1572 am orthodoxen Ritus festgehalten. Zwischen dem 12. und 13. Jh. erreichten den Ort waldensische Glaubensflüchtlinge aus dem Piemont. Heute noch wird in Rivello, wie im benachbarten Trécchina, ein galloromanischer Dialekt gesprochen. Vom Mittelalter bis Ende des 19. Jh. waren Eisen- und Kupferschmieden aktiv. Dem wohlhabenden Rivello gelang es, sich im Jahr 1719 von der Feudalherrschaft freizukaufen.

Am Fuße der Altstadt liegt in einer Parkanlage der ehemalige **Convento S. Antonio di Padova** aus dem Jahre 1515. In der freskengeschmückten Vorhalle öffnet sich das Hauptportal mit einer schönen Holzkassettentür. Rechts davon betritt man den Kreuzgang, von dem sich nur zwei der Flügel original erhalten haben. Im Refektorium nimmt eine beeindruckende Darstellung des „Letzten Abendmals" die Stirnwand ein. Eine kleine archäologische Ausstellung ist im Obergeschoss zu sehen.

■ **Museo Civico – I Greci in Occidente-Greci e Indigeni tra Noce e Lao,** Tel. 097 44 60 04. Infos auch c/o Pro Loco (s.u.). Di bis Sa 10–13 Uhr. Eintritt frei.

Die Altstadt lässt sich nur zu Fuß erkunden. Auf der **Piazza Umberto I.** parkt man das Auto und genießt erst einmal den Blick in das Valle del Noce. Nach den Erdbebenschäden von 1998 dauern die Restaurationsarbeiten im **Centro storico** zum Teil noch an, etliche der

Häuser stehen heute leer. Byzantinischen Ursprungs sind die Kirchen S. Barbara und S. Michele dei Greci. Ein wenig beachtetes Kleinod ist die von außen sehr schlichte **Annunziata-Kapelle** am unteren Ende des Corso Garibaldi. Sollte man das Glück haben und sie offen vorfinden, kann man im Inneren byzantinische Fresken aus dem 14. Jh. bewundern. In hieratischer Haltung sind die Heiligen Johannes, Petrus und im Zentrum Nikolaus abgebildet. Der hl. Nikolaus wurde sowohl im griechischen als auch später im lateinischen Ritus als Patron Rivellos verehrt. Die schmale Apsis schmückt ein 1517 datiertes Fresko, das dem lukanischen Künstler *Antonello Palumbo* zugeschrieben wird; es zeigt Christus in der Mandorla.

Trattoria del Pelegrino – hier kehrt man gern ein

Information

Pro Loco di Rivello
Corso Garibaldi 15,
Mobil 38 03 60 99 92 *(Carmela Florenzano)*, fb
www.comune.rivello.pz.it

Übernachten

Lo Straniero②
MEIN TIPP: Drei Jahre hat *Teresa D'Ambrosio* gebraucht, um die am westlichen Altstadtrand gelegene Hausruine aus dem 18. Jh. zu neuem Leben zu erwecken. Nachdem sie jahrzehntelang in Mailand gelebt und dort ein Literarisches Café betrieben hat, ist sie mit frischen Ideen in ihre alte Heimat zurückgekehrt. Sohn *Salvatore* hat als Architekt auch die modernen Möbel entworfen. Die komfortablen Zimmer verfügen alle über einen Balkon. Gefrühstückt wird in einer gut bestückten Bibliothek. Im Haus finden Konzerte und Ausstellungen statt. Aus

Basili19-118 pa

dem terrassierten Garten am Hang genießt man den Blick ins Valle del Noce. Anfahrt im Ort gut ausgeschildert, die letzten Meter muss man gehen. Wanderrouten als Download von der Website! *Signora Teresa* hat 2015 ein weiteres schönes B&B im Zentrum von Matera (Via del Corso 17 bis, Tel. 083 51 85 53 64, 3 Zi., ganzjährig) aufgemacht. Es empfiehlt sich, ein paar Tage vorher anzurufen. 4 Zi. Ostern bis Sept.
Via Pace 67, Mobil 32 06 05 70 70,
www.beb-lostraniero.it

■ Villa Alemi②
Annamaria und *Giuseppe* haben sich entschieden, Potenza den Rücken zu kehren, um das ganze Jahr über in Rivello zu leben und hier ihr B&B zu betreiben. Ihr Haus am unteren Ende des Corso Garibaldi auf Höhe der Cappella dell'Annunziata ist schön restauriert, die Zimmer sind modern und komfortabel eingerichtet. Eine Veranda öffnet sich mit Blick auf die Berge. Gute Parkmöglichkeiten, der Altstadtkern ist zu Fuß schnell erreicht. 6 Zi.
Corso Garibaldi 70, Mobil 34 83 38 76 63,
39 21 19 14 75, www.villaalemi.it

Essen und Trinken

Coccovello②
Im Grünen gelegenes Agriturismo-Ristorante wenige Kilometer nordwestlich von Rivello. *Giovanni Megale* und seine Frau *Alice* empfangen in einem Steinhaus, hervorgegangen aus dem Ausbau eines alten Schäferunterstandes. Auf 12 ha Land wird alles erzeugt, was nachher köstlich zubereitet auf den Tellern landet. *Giovanni* betätigt sich auch als Imker, die Steinpilze sammelt er selbst. Anfahrt: von der SS 585 „Fondovalle Noce" am Km 22 Richtung Sapri abbiegen und gleich dem Schild rechts folgen. Im Winter Mo Ruhetag.
GPS: 40.088186, 15.731045
Contrada Carposcino 2,
Tel. 09 73 42 80 25, Mobil 32 92 23 93 18,
www.agriturismococcovello.it

■ Da Mimì②
Am Südufer des Lago Sirino, von Rivello aus in 20 Min. mit dem Auto zu erreichen, liegt das beliebte Terrassenrestaurant mit angeschlossener Pension (9 Zi.). Gute Bergküche und frische Forellen aus dem See, gut sortierter Weinkeller.
Via Domenico Di Lascio 7, Loc. Lago Sirino – Nemoli,
Tel. 097 34 05 86, Mobil 33 58 14 75 59,
www.ristorantemimi.com

■ Nives
MEIN TIPP: *Pietro Anania,* Patron des benachbarten Hotel-Ristorante Da Mimì (s.o.), ist ein begnadeter *gelataio!* Er verwendet ausschließlich beste saisonale Zutaten, z.B. in Kombinationen wie Birne und Pecorino! Im Winter Mo nachmittags geschl.
Via Domenico Di Lascio 2, Loc. Lago Sirino – Nemoli,
Tel. 097 34 29 42, Mobil 33 58 14 75 59, fb

■ Trattoria del Pellegrino①-②
Giovannina Pettinato und ihre Tochter *Lucia Alagia* servieren in ihrem Altstadtlokal authentische lukanische Kost. Exzellente *sopressata* (Salami) und hausgemachte Pasta, Fleisch, Würste oder Käse kommen vom Grill und Aglianico in Krügen auf den Tisch. Ein erfrischendes nichtalkoholisches Getränk ist die Gassosa aus Lauría. Nachmittags treffen sich in der Bar die alten Männer, um Karten zu spielen. Im Winter Do Ruhetag.
Corso Vittorio Emanuele II. 2 (Piazza Umberto I.),
Tel. 097 34 66 17, Mobil 33 98 80 52 72

An- und Weiterreise

■ Auto: A3 Ausfahrt „Lagonegro Nord". Die SS 585 führt vorbei an Lagonegro, Rivello und Trécchina an die Costa di Maratea. Wer Mut und ein kleines Auto besitzt, kann in Rivello bis zur Piazza Umberto I. hochfahren. Parkplätze gibt es auch schon vorher, z.B. an der Umgehungsstraße.

■ Bus: SITA (www.sitasudtrasporti.it) von Lagonegro über Rivello nach Maratea.

Lagonegro

Leonardo unternahm es auch für Francesco del Giocondo, das Bild der Monna Lisa, seiner Frau, zu malen. Monna Lisa war sehr schön, …

Giorgio Vasari,
Biografien der berühmtesten Maler, Bildhauer und Architekten, 1568

Das antike **Lacus niger,** in strategischer Position 666 m hoch auf den westlichen Abhängen des **Monte Sirino** gelegen, ist heute ein lebendiger Ort mit knapp 6000 Einwohnern. Erstmals von den Langobarden befestigt, gehörte **Lagonegro** in normannischer Zeit zur Grafschaft Lauría, gelangte dann in feudalen Besitz und konnte sich 1551 für die Summe von 14.000 Dukaten freikaufen. Aus Geldnot versteigerte die königliche Kasse 1649 zahlreiche reichsfreie Städte, so auch Lagonegro. Noch einmal musste die stolze Bürgerschaft die notwendige Summe aufbringen, um sich die Autonomie zu bewahren. Stoffmanufakturen und bis ins 20. Jh. die Fertigung von Turmuhren sorgten für Wohlstand, abzulesen auch an den Fassaden stolzer Palazzi.

Um die **Piazza Grande,** das geschäftige Zentrum des neueren Stadtteils, versammeln sich repräsentative Gebäude aus dem 18. und 19. Jh., darunter die Pfarrkirche SS. Trinità. Von der Piazza del Purgatorio gelangt man über eine lange Treppe bis zur **Porta di Ferro,** früher der einzige Zugang zu dem ursprünglich ummauerten alten Stadtkern. Auf der Spitze des Hügels stand bis 1551 der Palast des Feudalherren, der nach Erlangung der Selbstständigkeit abgetragen wurde. Daneben erhebt sich die **Chiesa di S. Nicola al Castello,** deren Ursprung auf das 9./10. Jh. zurückgeht und die im Lauf der Zeit vielfach umgestaltet wurde. Einer Überlieferung nach soll sich hier das **Grab der Mona Lisa** befinden. Fest steht, dass die schöne Frau des Handelsherren *Francesco del Giocondo,* deren Lächeln *Leonardo da Vinci* auf seinem berühmten Gemälde verewigte, im Jahre 1506 auf der Durchreise in Lagonegro verstarb und möglicherweise hier auch bestattet wurde.

Basili19-119 pa

Information

■ **www.comune.lagonegro.pz.it**

Übernachten/Essen und Trinken

■ **Midi Hotel**②
Modernes, gepflegtes Drei-Sterne-Hotel am Fuße des Sirino-Massivs. Gutes Restaurant. 100 m von der A3, Ausfahrt „Lagonegro Sud". 36 Zi.
Viale Colombo 76 – Lagonegro, Tel. 097 34 11 88, www.midihotel.it

■ **Lanificio Mango Bistrot**②
MEIN TIPP: Eine Adresse, die man eher in Berlin erwarten würde: *Armando Mango*, Bruder des verstorbenen, in Italien sehr bekannten Musikers *Pino Mango*, hat die alte Wollweberei aus dem 19. Jh., in der noch bis zum 1. Weltkrieg Uniformstoffe für das italienische Militär gefertigt wurden, in ein loftartiges, stylisches Bistro verwandelt. Die exzellente Küche ist territorial, die Weinauswahl gediegen, die

☐ Chiesa di S. Nicola al Castello – liegt hier Mona Lisa begraben?

Der Cilento, ein Teil Lukaniens

Historisch betrachtet ist der Cilento ein Teil Lukaniens, der heutigen Basilikata. Die große Halbinsel im Süden der Provinz Salerno (Region Kampanien) muss landschaftliche Vergleiche mit der weltberühmten Amalfitana nicht scheuen. Den grünen Kontrast zum türkisblauen Meer bilden Olivenhaine auf terrassierten Hügeln, die bewaldeten Gebirge sind durchzogen von tiefen Talschluchten mit kristallklaren Flüssen. In den Bergdörfern und auch in einigen der malerischen Hafenstädtchen ist die Zeit zwar nicht stehen geblieben, doch verläuft sie langsamer als anderswo. Ein Gebiet mit einer Fläche von 1810 km² steht hier als **Parco Nazionale del Cilento e Vallo di Diano** unter Schutz, nach dem Parco del Pollino der zweitgrößte Nationalpark Italiens.

Durch das lang gestreckte Hochtal des **Vallo di Diano** verläuft die Autostrada del Mediterraneo, kurz A2. Sie paust die Route der antiken römischen Via Popilia nach, die seit dem 2. Jh. v.Chr. das an der Via Appia (siehe Exkurs „Via Appia – alle Straßen kommen aus Rom") gelegenen Capua mit Rhegium (Reggio Calabria) an der Spitze des italienischen Stiefels verband. Bereits zur Bronzezeit war das Tal **wichtiges Durchzugsgebiet für Herden, Händler und Heere.** Zahlreiche Passstraßen führen heute noch über die Monte della Maddalena ins Val d'Agri in die Basilikata. Eine Reihe kulturhistorisch bedeutsamer Städte reihen sich entlang dieser Achse. Wie viele Orte des Cilento trägt auch **Atena Lucana** in seinem Namen die Erinnerung an die frühere Zugehörigkeit zu Lukanien. Von einem 635 m hohen Plateau dominiert **Teggiano** das Vallo di Diano. Zu Unrecht steht die alte Festungsstadt, reich an Zeugnissen aus zweieinhalb Jahrtausenden, im Schatten des weiter südlich gelegenen Padula. Die **Kartause von Padula,** eines der herausragendsten kirchlichen Baudenkmäler Italiens, steht seit 1998 auf der UNESCO-Liste des Weltkulturerbes. Über **Montsano sulla Marcellana** führt ebenfalls eine schöne Passstraße in die Basilikata. Die östlichste Kommune der Region Kampanien zieht die Blicke von Weitem auf sich, dabei ist der Ort auch in aller Munde, denn in Montesano wird Mineralwasser der Marke „Sant Stefano" abgefüllt. Augenfälliges „Markenzeichen" des Städtchens ist die neugotische **Chiesa di Sant'Anna,** in den 1950er Jahren im Auftrag von *Filippo Gagliardi* (1912–1968) im Andenken an seine Mutter errichtet. *Gagliardi,* unter bescheidenen Verhältnissen in Montesano aufgewachsen, war 15-jährig nach Venezuela emigriert, wo er als Bauunternehmer zu immensem Reichtum kam.

Aus dem Vallo di Diano führt die SS 517 von Buonabitacolo aus über Sanza durchs grüne Herz des Basso Cilento bis nach **Policastro Bussentino** an den Golf von Policastro. Unterwegs gibt es im hügeligen, von spektakulären Canyons durchzogenen Einzugsgebiet des Bussento viel zu sehen und zu erleben. So ist z.B. das hübsch gelegene **Caselle in Pittari** einen Abstecher wert. Der Fluss verschwindet hier in einem mächtigen Schluckloch, um bei **Morigerati** ebenso effektvoll wieder aufzutauchen.

Am **Golf von Policastro** lockt der lebendige Küstenort **Sapri** mit Promenaden, Strandbädern und zahlreichen Fischlokalen im Sommer vor allem Italiener an. Etwa auf halber Strecke zwischen Sapri und Policastro Bussentino liegt **Villammare,** ein kleines Riviera-Städtchen mit gepflegten und außerhalb der Hochsaison erstaunlich menschenleeren schönen Stränden.

▷ Costa della Masseta – wilde Küste am Golf von Policastro

Basili19-120 pa

Seit vielen Jahren schon weht hier die Blaue Flagge! Ende August treffen sich junge Filmemacher und ihr Publikum auf dem „Villammare Film Festival", das vor allem Kurzfilme zeigt.

Wenige Kilometer oberhalb der Küste nimmt **San Giovanni a Piro** einen Logenplatz zu Füßen des Monte Bulghería ein. Die Blicke auf den Golf von Policastro und die dahinter hoch aufragenden Bergketten der Basilikata und Kalabriens sind stupend. Keimzelle des heutigen, in Teilen mittelalterlich wirkenden Städtchens ist der im Osten gelegene Cenobio Basiliano. Griechisch-orthodoxe Basilianermönche hatten das Kloster Ende des 10. Jh. gegründet. Auch wenn man oft vor geschlossenen Türen steht, lohnt der Besuch. Das Kloster übte zeitweise großen wirtschaftlichen und kulturellen Einfluss bis weit nach Kalabrien aus.

Auch das heute zur Kommune San Giovanni a Piro gehörende **Bosco** an der Straße nach Roccagloriosa ging aus einer griechisch-orthodoxen Klostergründung hervor. In der Chiesa di S. Nicola wird die Messe längst nach lateinischem Ritus gefeiert. Nach den blutig niedergeschlagenen Aufständen von 1828 wurde Bosco per Dekret des Bourbonenkönigs *Francesco I.* dem Erdboden gleichgemacht und nach dem Wiederaufbau eingemeindet. An dieses blutige Ereignis erinnerte der spanische Künstler *José Garcia Ortega* (1921–1990) mit einem Majolika-Fries. *Ortega,* Schüler und Freund von *Picasso* und glühender Antifaschist, verbrachte einen großen Teil seines Lebens im europäischen Exil. Zeitweise lebte er in Matera (siehe dort) und in Bosco. Sein Wohnhaus ist heute im Privatbesitz, ein Museum zeigt Werke aus der späten Schaffensphase. Von der Piazza Ortega genießt man weite Blicke ins Umland.

Zurück an der Küste, macht das freundliche **Scario** einen recht wohlhabenden Eindruck. Edle Jugendstilvillen verraten, dass Italiener den Ort schon länger als Urlaubsdomizil schätzen. Auch als sicherer Hafen war er schon lange bekannt, wie der griechisch-antike Name *skariós* („kleine Werft") verrät. Fast fühlt man sich hier an einen Schweizer See versetzt. Außerhalb des lauten Ferienmonats August gibt sich das zauberhafte Hafenstädtchen als Inbegriff des Südens. Die Meerespromenade säumen Palmen und Oleanderbüsche, im klaren Hafenwasser spiegelt sich die barocke Chiesa dell'Immacolata zwischen bunten Booten. Strände in unmittelbarer Ortsnähe gibt es keine, dafür schließt sich im Südwesten eine spektakuläre Steilküste an. Vom Hafen kann man mit Booten den Porto degli Infreschi erreichen, verborgene Buchten – die auch zu Fuß gut zu erreichen sind – an der Costa della Masseta locken unterwegs zum Bad.

Übernachten/Essen und Trinken

MEIN TIPP: A Casa di Nonna②
Mitten in der Altstadt von Padula und mit dem Auto leicht zu erreichen: *Valentina Arienzo* hat im restaurierten Altstadthaus der Großeltern ein nettes B&B eröffnet. Das Frühstück wird auf den Zimmern, im Sommer auf einer Terrasse serviert. *Valentinas* Freund *Ivan* führt in Atena Lucana das Domus Otium (s.u.). Auf Höhe der Certosa betreibt *Valentinas* Bruder den empfehlenswerten **Agriturismo Tre Santi** (Via San Biagio, Tel. 097 57 71 22, Mobil 34 07 33 61 00, www.agriturismotresanti.it) mit vorzüglicher Küche und auch Stellplätzen für Zelte und Camper. 3 Zi.
Via Costantinopoli 7, Mobil 32 89 32 68 57, www.casadinonna.it

Domus Otium – Country House & Spa②
Das außerhalb von Atena Lucana landschaftlich schön gelegene und liebevoll errichtete Steinhaus bietet sich für einen längeren erholsamen Aufenthalt an. Das Ristorante öffnet an Wochenenden auch für externe Gäste. Die Küche ist im besten Sinne ländlich, vieles wird auf eigenem

Basili19-121 pa

Boden angebaut, z.B. alte Getreidesorten für Brot und Pasta. *Ivan Di Palma* züchtet Esel (*Mia*, die Eselin des Autors, kam hier zur Welt!), für kleine Gruppen organisiert er Tages- und Wochenwanderungen in den Monti della Maddalena, Esel tragen das Gepäck. Ein großer Spaß nicht nur für Kinder! Als erholsamer Tagesabschluss bietet sich der Besuch der hauseigenen Spa an. 6 Zi.
GPS: 40.471135, 15.563626
Contrada Tempa degli Arnici – Atena Lucana, Mobil 34 57 02 41 81, www.domusotium.it, fb

Palazzo Gallotti②
Ein „Umweg", der sich unbedingt lohnt! Von Sapri bzw. Morigerati ist Casaletto Spartano auf Kurvenstraßen „slow" zu erreichen. Im 2 km entfernten Dorf Battaglia führt der Wahl-Münchner *Roberto Simoni* im Palazzo seiner Großeltern zusammen mit Frau *Miriam* ein wunderschönes B&B – ein Paradies für Groß und Klein. Die komfortablen Zimmer sind geschmackvoll mit alten Möbeln der Familie eingerichtet, die Betten und Badezimmer top. Auf Wunsch kocht *Roberto* für die Gäste – vorzüglich, mit Zutaten frisch aus dem eigenen Garten und von lokalen Erzeugern. Direkt vor der Haustür beginnen schöne Wanderungen. 3 Zi. März und Nov. geschl.
Via Nazionale 19 – Battaglia di Casaletto Spartano,
(D-)Mobil 017 17 98 12 89,
(I-)Mobil 33 15 84 87 25,
www.palazzogallotti.com

Tenuta Terre di Bosco②-③
Gepflegtes Landhotel mit Pool im großen Garten und großartiger Aussicht auf den Golf. Das vorzügliche Restaurant öffnet auch für externe Gäste, es gibt jedoch nur max. 40 Plätze. Auf halber Strecke zwischen Bosco und Scario. Freundlicher Empfang durch die Familie *Iannaccone*, die hier auch Oliven anbaut. *Giuseppe* spricht englisch und hält tolle Tipps für seine Gäste bereit. Günstige Preise in der Nebensaison! 19 Zi. März bis Okt.
GPS: 40.070387, 15.473483
Via Aia della Serra – Bosco,
Tel. 09 74 98 02 20, Mobil 34 08 70 60 62,
www.terredibosco.it

Peter Amann: *Golf von Neapel – Kampanien, Cilento.* Reise Know-How Verlag

Basili19-122 pa

⟩ Palazzo Galotti – Blick auf Casaletto Spartano

⟨ Domus Otium – Eselin „Mia", einen Tag alt

Basili19-123 pa

Preise sehr im Rahmen. An der Bar kommen Cocktails und Craft-Biere zum Ausschank, die Getränke sind die Domäne von Sohn *Antonio,* einem ausgebildeten Sommelier. Von der Terrasse genießt man einen schönen Blick ins Tal und auf den mittelalterlichen Borgo mit der Chiesa di S. Nicola. Der Lanificio Guida wurde auf dem Gelände des mittelalterlichen Ospedale di San Giovanni errichtet, von dem noch ein Gebäudeflügel steht. *Armando* plant hier die Einrichtung von Künstlerateliers. Das Grab der *Mona Lisa* wurde nie gefunden, als Sterbeort erscheint das Hospiz hingegen plausibel. Vielleicht fiel *Mona Lisas* letzter Blick ja auf die Chiesa di S. Nicola. Abends, mittags nur auf Vorbestellung. Mo und Di geschl.
Via Sant'Anna 53, Mobil 36 61 28 29 99,
lanificiomango@libero.it, fb

Valsirino②

Uriges Berghaus im Wald. Noch uriger ist der Speisesaal mit mehreren Kaminen. Bei so viel Ambiente hält sich auch die Küche nicht zurück; meist ist man bereits von den köstlichen Antipasti satt. Wurst und Fleisch stammen von selbst aufgezogenen schwarzen lukanischen Schweinen. Die Pasta ist hausgemacht. Zum Digestiv gibt es Hagebuttenlikör. *Mario Civale* betreibt das Lokal zusammen mit Schwester *Lucia* und Frau *Giuseppina.* Anfahrt: A3 Ausfahrt „Lagonegro Sud", 4 km auf der SP 26 der Ausschilderung in die Berge folgen. Di Ruhetag.
GPS: 40.160097, 15.774908
Contrada Ceraso 4, Tel. 097 34 15 65,
Mobil 33 88 25 84 96, www.valsirino.com

⌃ Sommerfrische für die Madonna del Sirino; den Ausblick gibt's rings um die Kapelle

An- und Weiterreise

■ **Auto:** A3 Ausfahrt „Lagonegro Nord“. Die SS 585 führt vorbei an Lagonegro, Rivello und Trécchina an die Costa di Maratea.

■ **Bus:** SITA (www.sitasudtrasporti.it) von Lagonegro über Rivello, Trécchina nach Maratea.

Wandern: Madonna del Sirino (1907 m)

Die Madonna del Sirino ist eine von jenen „alpinistischen“ Marien der Basilikata, die, uralten prächristlichen Rhythmen folgend, die Sommer auf dem Berg verbringen, um die Hirten und Herden zu beschützen. Am dritten Junisonntag wird die Statue der Madonna auf dem alten **Pilgerweg** unter großer Anteilnahme auf den Berg getragen und verbleibt dort bis zum dritten Septembersonntag. Der Pilgerweg selbst birgt keine besonderen Schwierigkeiten, außer das er recht steil bergauf und auf dem Rückweg bergab führt. Erst weiter oben öffnet sich das Panorama, aber was für eines!

Anfahrt/Start: Von Lagonegro wenige Kilometer auf der SS 19 „delle Calabrie“ in Richtung Lago Sirino und nach dem Tunnel links abbiegen und der Ausschilderung „Madonna del Sirino“ folgen. Die Straße endet auf einer Lichtung unterhalb des **Santuario Madonna del Brusco** (GPS: 40.11929, 15.80185).

Wanderung: Oberhalb der **Kapelle** setzt sich die Piste in einem zunächst sanften, stetigen Anstieg fort. Esskastanien, Zerreichen und Walnussbäume werfen ihren Schatten auf den breiten Weg, der nach ca. 30 Min. an einem **Steinpodest** vorbeiführt. Hier setzen die Träger während der Prozession die Madonnen-Statue ab, ruhen sich aus und wechseln sich ab. Zwischen den Baumkronen hindurch fällt der Blick auf Lagonegro, das Valle del Noce, Trécchina und den Monte Crivo. Der Weg beginnt in Spitzkehren steiler anzusteigen, ab dieser Höhe im Schatten von Buchen und Hainbuchen. Nach einem hölzernen Podest führt der Pilgerweg an einem weiteren **steingemauerten Podest,** dieses Mal mit einem Metallkreuz, vorbei. Nach einem kurzen und eben verlaufenden Abschnitt gelangen wir an eine beschilderte **Gabelung** im Wald; nach links setzt sich der Aufstieg zur Madonna del Sirino fort. Dann führt der Weg ins Freie und steigt in lang gezogenen Serpentinen über Almwiesen das letzte Stück zum Santuario an – zum Schluss auf einer breiten Schotterpiste. Der Blick von der **Madonna del Sirino** (GPS: 40.12212, 15.82247) reicht über den gesamten Golf von Policastro und weite Teile der Basilikata. Im Nordosten erheben sich der Monte Sirino und der **Monte del Papa,** mit 2005 m der höchste Gipfel der Basilikata; nach Osten blickt man auf den Gletschersee Lago Laudemio hinab.

Auf bekanntem Weg geht es wieder zurück.

Überblick | 286

Francavilla in Sinni | 304
Latronico | 305
Rotonda | 288
San Severino Lucano | 298
Terranova di Pollino | 309
Viggianello | 291

Basili19-161 pa

8 Pollino Lucano

Der Parco del Pollino, der größte Nationalpark Italiens, erstreckt sich über die Grenze zwischen den Regionen Basilikata und Kalabrien hinweg und lädt – auch kulinarisch – zur Entdeckung auf beiden Seiten ein.

[<] Serra di Crispo – Panzerkiefern, das Symbol des Parco Nazionale del Pollino

Pollino Lucano

0 — 5 km ©Reise Know-How Basilik K8 1/19

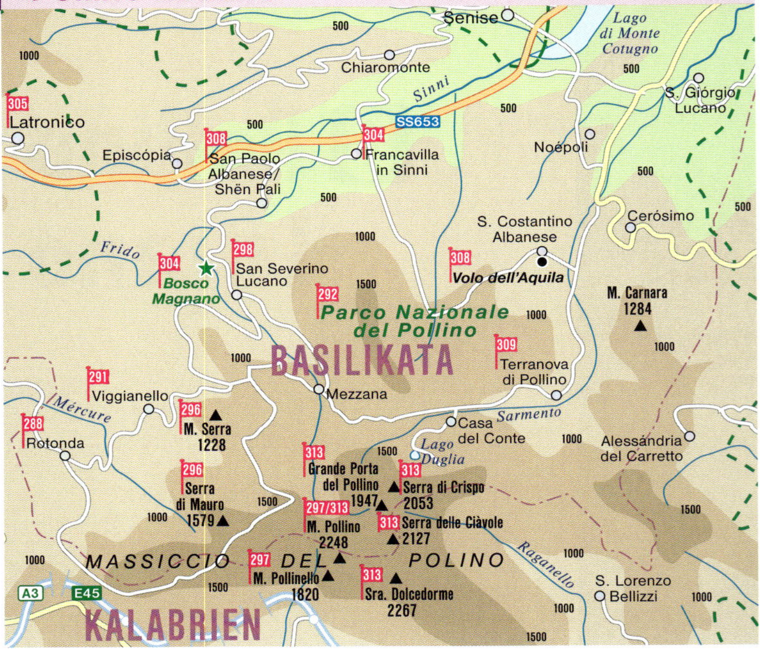

ÜBERBLICK

NICHT VERPASSEN!

- **Arte Pollino:** Künstler eröffnen neue Perspektiven | 288, 300, 306
- **Monte Pollino:** mit 2248 m Höhe das Highlight schlechthin | 297
- **Festa della Madonna del Pollino:** das wildeste Bergfest des Pollino | 303
- **Luna Rossa in Terranova di Pollino:** der „Rote Mond" geht für Feinschmecker auf | 311

Diese Tipps sind gelb hinterlegt.

Der Pollino ist der landschaftliche Höhepunkt des süditalienischen Apennins. In Lukanien zeigt sich das eindrucksvolle Massiv, Herzstück des Parco Nazionale del Pollino, von seiner sanften Seite. Die Möglichkeiten, in allen Höhenlagen zu wandern und kulinarische Gipfel zu erstürmen, sind nahezu unbegrenzt. Der größte Nationalpark Italiens reicht über die Grenzen der Region Basilikata nach Kalabrien und lohnt die Erkundung auch auf der anderen Seite.

Sanfte Hügel bei San Severino Lucano

Mit dem **Massiccio del Pollino** kommt der Apennin im Süden noch einmal groß heraus. Dabei zeigt sich das eindrucksvolle Gebirgsmassiv in der Basilikata zunächst von seiner sanften Seite. Ab dem Val Sinni steigen von Wäldern und Wiesen bedeckte Hänge allmählich zu der über 2000 m hoch aufragenden Gipfelkette an. Nach Süden endet der Pollino und mit ihm der lukanische Apennin mit einem abrupten Steilabbruch über der Piana di Síbari. In den lieblichen Tälern von Mércure, Frido und Sarmento laden **Rotonda, Viggianello, San Severino Lucano** und **Terranova di Pollino** zu angenehmen Aufenthalten ein. Von hier lässt sich der **Parco Nazionale del Pollino** zu Fuß oder vom Fahrradsattel aus erkunden. Die Möglichkeiten zum Wandern sind ideal, die Markierung der Wege schreitet voran. In jedem der Orte bieten **Bergführer** des Parco del Pollino ihre Dienste an und begleiten ihre Gäste mit Geländefahrzeugen auch in schwer zugängliche Gebiete. Fast besser noch als auf der kalabrischen Seite ist hier das Angebot an komfortablen Hotels, freundlichen Pensionen und urigen Agriturismi. Dabei konnten sich die Bergorte glücklicherweise ihre ländliche Beschaulichkeit bewahren. Die **kräftige Küche des Pollino** zählt zu den besten in Lukanien, die lufttrockneten Schinken und Würste können sich durchaus mit ihren berühmten „Verwandten" aus Norditalien oder Spanien messen. Im Winter wird die *uccisione del maiale,* das Schlachten des

Basili19-162 pa

Schweins, in vielen Dörfern als Fest gefeiert. Den **Arbëreshe,** Albanern, die auf der lukanischen Seite seit dem 16. Jh. in Shën Kostadini (San Costantino Albanese) und Shën Pali (San Paolo Albanese) im Sarmento-Tal siedeln, ist es gelungen, ihre Sprache und Bräuche lebendig zu erhalten. Sehens- und erlebenswerte Albanerorte auf der kalabrischen Seite sind Çifti (Cività) und Shën Mitër (San Demetrio Corone).

Information

- **www.viaggiarenelpollino.com,** engagierte Pollino-Website des Nationalparkführers *Giuseppe Cosenza.*
- **ArtePollino,** bietet neue (Kunst-)Perspektiven auf den lukanischen Pollino. Teilnehmende Künstler sind u.a. *Anish Kapoor, Nils Udo* und *Carsten Höller.* Die **Associazione Culturale ArtePollino** hat ihren Sitz in Latronico (siehe dort). www.artepollino.it, www.artepollinobasilicata.it

Rotonda

Aus dem antiken Nerulum, einer Station der römischen Via Popilia, hervorgegangen, behauptet **Rotonda** (620 m, 3400 Ew.) seine strategische Lage an den nördlichen Ausläufern des Pollino-Massivs. Im 5. Jh. suchte die Bevölkerung des Mércure-Tals während der Gotenkriege Zuflucht in dem Ort. Der **mittelalterliche Kern** zieht sich von der Piazza Vittorio Emanuele III. bis zu den Ruinen des Kastells hinauf. Der **Burghügel** ist in wenigen Minuten erklommen und bietet ein Panorama, das einen für gewöhnlich ansonsten erst am Ende einer längeren Bergtour erwartet: Der Blick reicht über das Valle del Mércure und Viggianello hinweg bis zu den Gipfeln des Pollino.

Die Portale der alten Palazzi zeugen von der Kunstfertigkeit der lokalen Steinmetze. Im Ort stößt man immer wieder auch auf die Arbeiten des zeitgenössischen Künstlers *Giuseppe Di Consoli.* Ein ehemaliges Schulgebäude im neuen Ortsteil beherbergt das **Naturhistorische Museum.** Dioramen rekonstruieren die Lebenswelten des mittleren Pleistozäns (780.000 bis 125.000 v.Chr.), als sich im heutigen Talbecken des Mércure noch ein großer See erstreckte. Glanzstücke der Ausstellung sind die fast vollständig erhaltenen Skelette eines pleistozänen Elefanten (*Elephas antiquus*) sowie eines Ur-Nilpferdes (*Hippopotamus antiquus*).

Seit einigen Jahren leben bestens integriert ca. 300 Rumänen in Rotonda, die Männer sind überwiegend als Waldarbeiter beschäftigt.

- **Museo di Storia Naturale del Pollino,** Via Roma 12, Tel. 09 73 66 10 05, www.comune.rotonda.pz.it. Di bis So 9.30–12.30 und 16–19 Uhr. Eintritt 2/1 €.

In Verlängerung des Corso Garibaldi liegt etwas außerhalb des Ortes das **Santuario di S. Maria della Consolazione** aus dem 16. Jh. Die Räume des ehemaligen Pilgerhospizes dienen der Nationalparkverwaltung als Amtssitz.

[>] Rotonda erstreckt sich auf einem aussichtsreichen Höhenzug

Information

■ Ente Parco Nazionale del Pollino
Nützlich sind die präzisen Wanderkarten im Maßstab 1:20.000. Es gibt zwei Schuber mit je vier Karten: „Cuore del Parco" und „Monti dell'Orsomarso", Letzterer deckt das gleichnamige Massiv im Norden Kalabriens ab. Siehe auch Exkurs „Parco del Pollino – ein Nationalpark mit vielen Gesichtern" und Kapitel „Pollino Calabro, Monti di Orsomarso und Costa dei Cedri". Mo bis Fr 9–13 und 14–16.30 Uhr.
Complesso Monumentale
Santa Maria della Consolazione,
Tel. 09 73 66 93 35, www.parcopollino.gov.it

■ Pro Loco & Presidio Turistico
Die Pro Loco hat ihren Sitz im Rathaus.
Via Roma 56, Mobil 33 33 57 94 00, fb

Übernachten

■ Al Vecchio Camino②
Die Gartenvilla von *Francesco Tedesco, Pina Pisana* und ihrer Mutter *Rosa* liegt wenige 100 m vom Zentrum entfernt am östlichen Ortsrand an der Landstraße nach Viaggianello. Die Zimmer sind picobello, der Empfang herzlich, das Frühstück prima. Die Gäste können eine Küche benutzen, in der Dispensa kann man Wein, Öl, frisches Obst und Gemüse erwerben. Der namensgebende große Kamin wird im Winter angezündet. Sicherer Parkplatz. 4 Zi.
GPS: 39.95298, 16.04228
Via V. Emanuele III. 47, Tel. 09 73 66 15 23,
Mobil 34 02 41 81 30, 34 74 47 33 53

■ Da Peppe②
Modern möbliertes B&B nahe des Centro storico, schräg gegenüber vom B&B Al Vecchio Camino (s.o.). Das feine Frühstück wird im Garten serviert. In zweiter Generation betreibt die Familie *De Marco* auch das fußläufig gelegene **Ristorante Da Peppe** (s.u.). 4 Zi. April bis Anfang Jan.
Via Vittorio Emanuele III. 26, Tel. 09 73 66 12 51,
Mobil 34 90 82 65 42 *(Antonella)*

Il Borgo Ospitale②
Der „Gastliche Ort" ist ein *albergo diffuso,* d.h. die „Hotelzimmer" verteilen sich über mehrere äußerst geschmackvoll restaurierte und mit allen Annehmlichkeiten versehene Altstadthäuser. Als Rezeption

Basili19-163 pa

fungiert die Casa Sant'Anna in der oberen Altstadt, in der Casa Mamma Peppina befindet sich auch eine Spa (s.u.). Das Angebot komplettieren die feine **Trattoria A' Rimissa** (s.u.) sowie die Berghütten **Rifugio Fasanelli** (s.u.) und **Rifugio De Gasperi** (siehe nächstes Kapitel zu Viggianello). Gäste und ihr Gepäck werden vom Hotelparkplatz in der Via die Rotondesi in Argentina mit einer Ape Calesse abgeholt. Hier lässt es sich gut bleiben, zumal von den Rifugi aus Wanderungen und im Winter Schneeschuhtouren angeboten werden. 15 Zi.
Via Mordini 1, Tel. 09 73 66 11 70,
Mobil 34 30 70 41 93 *(Milena)*,
www.ilborgoospitale.it

■ **Rifugio Fasanelli**②

MEIN TIPP: Einladendes Berghotel, auf 1340 m Höhe ca. 8 km südöstlich von Rotonda gelegen. Freundliche Zimmer, gute lokale Küche. Die perfekte Basis für Wander- und MTB-Touren! MTB-Verleih, Bergführer und Ausritte können organisiert werden. Im Winter beste Möglichkeiten für Langlauf und Schneeschuh-Wanderungen. 12 Zi. Das **Restaurant** (s.u.) bleibt in der Nebensaison Mo geschl.
GPS: 39.917318, 16.096029
Località Pedaretto del Pollino, Tel. 09 73 66 73 04,
Mobil 33 16 24 69 48 *(Antonio Gallo)*,
www.rifugiofasanelli.it

Essen und Trinken

Da Peppe②

MEIN TIPP: Seit 1980 verwöhnen *Peppe* und *Angela* ihre Gäste in dem gemütlichen Altstadtlokal mit delikat verfeinerten Speisen der traditionellen *cucina lucana* und werden dafür seit Jahren mit der Slow-Food-Schnecke ausgezeichnet! Zu den kulinarischen Protagonisten zählt die rote Aubergine von Rotonda, ein DOP-Produkt. Tochter *Flavia* beweist ihre Fantasie nicht zuletzt bei der Kreation von Desserts und ihre feine Nase beim Einkauf von Käse. In der Küche agiert mit Verve inzwischen auch ihr Lebensgefährte *Jean Claude*. Im Weinkeller lagern die besten Tropfen der Region, alternativ wird ein leichter roter Hauswein serviert. Quellwasser kommt in Karaffen gratis auf den Tisch. Im EG können in ungezwungenem Rahmen lokale Produkte verkostet und erworben werden. Das Restaurant befindet sich im ersten Stock, bei gutem Wetter wird im Freien gedeckt. An Wochenenden ist das Lokal v.a. von Einheimischen gut besucht. In der Nähe ihres Ristorante betreibt die Familie *De Marco* das gleichnamige **B&B** (s.o.). So abends und Mo abends geschl.
Corso Garibaldi 13, Tel. 09 73 66 12 51,
Mobil 34 54 07 04 98

A' Rimissa②

Donato Chiaccos Trattoria liegt nur wenige Schritte von der zentralen Piazza Vittorio Emanuele III., in der Vergangenheit diente der heute sehr einladende Raum als Wagenschuppen und später als Kino. Lokale Küche mit Passion, viele Bio-Produkte und hausgemachte Pasta. Der zentrale Kamin sorgt nicht nur für Gemütlichkeit, auf offener Glut wird auch das zarte Fleisch lokaler Waldrinder gegrillt. Zu trinken gibt es Quellwasser und guten Wein, zum Nachtisch z.B. *crostata alla melanzana*, ein Kuchen belegt mit den lokalen roten Auberginen. In den Regalen steht Pollino-Literatur! Kein Ruhetag.
Via Vittorio Emanuele III. 8,
Tel. 09 73 66 12 02, www.arimissa.it

■ **Rifugio Fasanelli**①-②

Im netten **Berghotel** (s.o.) können sich hungrige Wanderer bestens stärken! In der Nebensaison Mo Ruhetag.

An- und Weiterreise

■ **Auto:** A3 Ausfahrten „Lauria Sud", „Campotenese" bzw. „Laino Borgo". Die panoramareiche SP 4 führt über Viggianello und San Severino Lucano ins Val Sinni (SS 653).

■ **Bus:** S.L.A. (www.slasrl.it) über Lagonegro nach Neapel. S.A.M. (Tel. 09 73 66 38 35) verbindet die weit verstreuten Gemeindeteile von Rotonda und fährt nach Viggianello.

Fest

■ **Festa dell'Abete,** in der Tradition heidnischer Baum- und Fruchtbarkeitskulte wird am 13. Juli anlässlich der **Festa di S. Antonio** ein riesiger Tannenstamm vor dem Rathaus aufgerichtet (siehe Exkurs „Wenn Bäume Hochzeit feiern").

Wandern

Von Rotonda aus lassen sich der **Piano Ruggio** und **Colle dell'Impiso,** Ausgangspunkte schöner Touren, schnell mit dem Auto erreichen (siehe nächstes Kapitel zu Viggianello). Ein absolut zuverlässiger **Bergführer** ist **Giuseppe Cosenza,** der im Winter auch Schneeschuhtouren führt (Mobil 34 72 63 14 62, www.viaggiarenelpollino.it).

Wellness

■ **Eufrasia – Wellness & Spa**
Die einladende Spa mit Hammam und finnischer Sauna gehört zum touristischen Vorzeigeprojekt **Il Borgo Ospitale** (s.o.). Tägl. 8.30–20.30 Uhr. Mo bis Fr 25 €, Sa und So 35 €.
Via Principe Umberto, Tel. 09 73 66 11 70, www.ilborgoospitale.it

☒ Viggianello liegt auf der Sonnenseite

Viggianello

Auf einem Felsgrat nordwestlich der Serra del Prete gelegen, nimmt **Viggianello** (549 m, 3000 Ew.) – so vermuten manche – die Position eines von *Titus Livius* erwähnten römischen Kastells an der Via Popilia ein, das auf alten Karten als Castrum Byanelli verzeichnet ist. Im 10. Jh. zählte das Gebiet zur Eparchie Mercurion, wovon heute noch die Ruinen byzantinischer Lauren (Einsiedeleien) in der Umgebung zeugen. Der Ort entwickelte sich im Verlauf des 11. Jh. zu Füßen einer normannischen Burg, die, im 16. Jh. zur Adelsresidenz erweitert, bis 1806 im Besitz der Fürsten von *Sanseverino-Bisignano* blieb. Das restaurierte **Kastell** beherbergt heute ein Hotel. Altstadt-Palazzi mit schönen Steinportalen zeugen vom einstigen Wohlstand.

Basili19-164 pa

Parco Nazionale del Pollino – ein Nationalpark mit vielen Gesichtern

Über eine Fläche von knapp 2000 km² erstreckt sich der **größte Nationalpark Italiens** zwischen dem Ionischen und dem Tyrrhenischen Meer über die Grenze zweier Regionen hinweg. Mit **fünf Zweitausendern** – Serra di Crispo (2053 m), Serra della Ciavole (2127 m), Serra del Prete (2180 m), Monte Pollino (2248 m) und Serra Dolcedorme (2267 m) – bildet das aus dolomitischen Kalken aufgebaute **Pollino-Massiv** das Herzstück des Parco Nazionale. Mit dem abrupten Steilabbruch über der Piana di Síbari endet der lukanische Apennin im Süden. Jenseits der Hochebene von Campotenese, seit dem Altertum das Tor nach Kalabrien, erstrecken sich bis an die tyrrhenische Küste als Teil des kalabrischen Apennins die **Monti di Orsomarso,** die mit dem Cozzo del Pellgrino (1987 m) die 2000-m-Marke nur knapp verfehlen. In der Basilkata sind auch die 1893 m hohen **Monti Alpi** südlich des Sinni-Tals Teil des Parco del Pollino. Berge mit ausgedehnten Wäldern, Alpenmatten, Felsfluren, abgrundtiefe Talschluchten und liebliche Flusslandschaften bieten eine Vielfalt von Lebensräumen mit einer einzigartigen Tier- und Pflanzenwelt.

Das Symbol des Parco del Pollino ist die **Panzerkiefer** *(Pinus leucodermis),* ein imposanter Nadelbaum und ein Relikt der letzten Eiszeit, vor 100.000 Jahren, als die Apenninen- und die Balkanhalbinsel noch zusammenhingen, nach Süditalien eingewandert. Der deutsche Name bezieht sich auf die Struktur der Rinde, die an die Panzer römischer Legionäre erinnert. Die Panzerkiefern sind in einer Höhe zwischen 900 und 2100 m an wetterausgesetzten Felsgraten anzutreffen. Einen ausgedehnten Wald bilden sie zu Füßen des Monte Palanuda in den Monti di Orsomarso. Die Population der **Wölfe** *(Canis lupus italicus)* wird im Gebiet des Nationalparks auf etwa 40 Exemplare geschätzt. Man wird die scheuen Tiere kaum zu Gesicht bekommen, allenfalls kann man nachts ihr Geheul hören.

Basili19-165 cai

8

Ein Kranz von 56 Ortschaften legt sich um das Gebirge, das der antike Geograf *Strabon* Mons Apollinius nannte. Im Altertum galt **Apollon** als Schutzgott der Hirten und Herden. Seine Aufgabe wurde in christlicher Zeit auf die Madonna übertragen. Die großen **Marienwallfahrtsstätten** in den Bergen sind jedes Jahr das Ziel Zehntausender Pilger. In den Monti di Orsomarso erhebt sich bei San Sosti das Santuario der Madonna del Pettorutto, im Pollino liegen bei Cerchiara das Santuario Madonna delle Armi und oberhalb von San Severino Lucano das Santuario della Madonna del Pollino (siehe Exkurs „Ein Bergfest"). In dem Brauch, in den Orten festlich geschmückte Baumstämme aufzustellen, sind immer noch alte Fruchtbarkeitskulte lebendig (siehe Exkurs „Wenn Bäume Hochzeit feiern").

Die ältesten Menschheitszeichen im Pollino stammen aus der Steinzeit. Im Lao-Tal wurde in der **Grotta del Romito** die 11.000 Jahre alte Felszeichnung eines Auerochsen entdeckt. Bruttier, Enotrer, Griechen, Lukaner und Römer haben hier ihre Spuren hinterlassen. Erst mit dem Verfall des Römischen Reiches entvölkerte sich das Gebirge. Im 9. Jh. zogen **byzantinische Mönche** in die Bergeinsamkeit, und ab dem 11. Jh. machten sich **Kartäuser und Zisterzienser** an die landwirtschaftliche Wiedererschließung des Gebietes. In mehreren Wellen gelangten ab 1470 **Albaner** auf ihrer Flucht vor den Türken über die Adria auch in den Pollino. Knapp 7000 Arbëreshe leben heute in der Basilikata, etwa 40.000 in Kalabrien. Erdbeben, Hungersnöte und die Unterdrückung durch den Adel verschlimmerten Ende des 18. Jh. die Lebensbedingungen der Bergbewohner. Die Unzufriedenheit entlud sich im 19. Jh. in den Aufständen der **Briganten,** die 1811auf grausame Weise von dem französischen General *Manhés* und nach 1860 ebenso blutig von den piemontesischen Truppen des jungen italienischen Einheitsstaates niedergeschlagen wurden (siehe Exkurs „Italien, Räuberland?"). Mit der italienischen Einheit setzte im Pollino auch eine massive **Entwaldung** ein. Ihrer wirtschaftlichen Not suchten viele Menschen Ende des 19. Jh. durch die Auswanderung nach Amerika zu entkommen, eine zweite Welle der **Emigration** erfasste nach Ende des Zweiten Weltkriegs die Orte des Pollino.

Die Pläne für ein großes Wintersportzentrum auf dem Piano del Pollino, einem „Cortina d'Ampezzo" des Südens, lösten – statt bei der verarmten Bevölkerung auf Begeisterung zu stoßen – Bürgerproteste auf breiter Ebene aus. 1968 wurde das erste Mal der Gedanke an den Nationalpark laut. Durch politisches Ränkespiel lange verschleppt, rief die Region Basilikata 1986 einen Naturpark aus, der 1993 in dem **Parco Nazionale del Pollino** aufging und auf Kalabrien ausgedehnt werden konnte. Die Nationalparkverwaltung wurde 1994 in Rotonda eingerichtet. Nach und nach soll jede der Kommunen einen „Punto Parco" als Infostelle erhalten.

In Norditalien hat sich inzwischen herumgesprochen, was nördlich der Alpen noch weitgehend unbekannt ist: Der Pollino ist nicht nur **eines der schönsten Wanderziele Süditaliens,** von Februar bis März ist er auch ein ausgesprochen **interessantes Tourenskigebiet.** Immer beliebter sind Schneeschuh-Wanderungen! Eine Liste der offiziellen Bergführer findet sich auf der Website des Parco del Pollino.

Für Wanderer und Radfahrer sehr nützlich sind die offiziellen **Wanderkarten** im Maßstab 1:20.000, die in zwei Schubern publiziert sind: „Cuore del Parco" und „Monti dell'Orsomarso". Die meisten Wanderwege wurden im Gelände in den Alpenvereinsfarben rot-weiß markiert und folgen in der Nummerierung den offiziellen Karten. Siehe auch das Kapitel „Pollino Calabro".

Ente Parco Nazionale del Pollino
Complesso Monumentale Santa Maria della Consolazione, Tel. 09 73 66 93 35, www.parcopollino.gov.it. Mo bis Fr 9–13 und 14–16.30 Uhr.

Basili19-166 pa

Viggianello ist eine gute Basis für die Erkundung des **Parco del Pollino.** Der hübsche Ort zählt zu den **Borghi più belli d'Italia,** einem touristischen Verband, der die lebenswertesten Kleinstädte Italiens bekannt macht. Auf dem 120 km² großen Gemeindegebiet verteilen sich 36 von Wäldern, Wiesen und Äckern umgebene Weiler. Im Mai überziehen Abertausende Ginsterbüsche die Landschaft mit ihren gelb leuchtenden Blüten. Radfahrer finden auf den verkehrsarmen Verbindungsstraßen viel Auslauf, einige schöne Wanderungen beginnen direkt am Ortsrand. Ein kurzer, lohnender Rad- oder Autoausflug führt zur **Sorgente del Mércure,** einem leuchtend blauen Karstquelltopf, an der SP 4 in Richtung Rotonda gelegen.

Il Ristoro del Carbonaio – ein Drive-In auf lukanische Art

Information

Pro Loco und Info Point Merkurion
Am Rande des modernen Freilufttheaters unterhalb des Centro storico gelegen. Im Sommer tägl. 9–13 und 17–20 Uhr.
Via Gallizzi 15 (ex Scuola Media),
Mobil 34 70 51 94 64,
http://prolocoviggianello.jimdo.com/,
www.viggianellovacanze.it

Infopollino – Centro Escursioni
Siehe „Wandern/Mountainbiking".

Übernachten

Il Castello dei Principi②-③
Das moderne Albergo in den Mauern des Kastells wird von den Brüdern *Antonio* und *Egidio Vanni* geführt. Von hoher Warte bietet sich ein wahrhaft fürstlicher Ausblick auf den Ort und das Mércure-Tal. Die Zimmer sind geräumig und ordentlich aus-

gestattet, wenn auch etwas weniger charmant, als das Äußere vermuten ließe. Ganz besonders schön ist das Einzelzimmer N° 107! Das Restaurant öffnet i.d.R. nur für Veranstaltungen. Zufahrt auf schmaler Straße auf Höhe der Chiesa dell'Assunta, kleiner Parkplatz. 14 Zi., 3 Suiten. März bis Dez. (besser vorher anrufen!).
Via Ponte Castello, Tel. 09 73 66 40 42,
Mobil 34 77 49 28 38, www.castellodelprincipe.it

■ **La Locanda di S. Francesco**②

MEIN TIPP: In der oberen Altstadt verbirgt sich hinter der Fassade eines Palazzo (18. Jh.) ein einladendes Hotel mit geräumigen, ordentlich möblierten Zimmern – im 1. Stock mit herrlichem Blick auf den Pollino. Das Restaurant ist sehr zu empfehlen, das Frühstück wurde dem Appetit wanderfreudiger Mitteleuropäer angepasst. Parkplätze vor dem Haus, Garage für Motorräder. *Vincenzo Romeo* verrät seinen Gästen die besten Wanderungen, ein guter Ausgangspunkt für Bergtouren ist z.B. die von seinem Bruder *Antonio* auf 1400 m Höhe am Piano Visitone geführte **Berghütte La Baita** (April bis Okt., nur mittags geöffnet, Mobil 33 97 33 89 96, 34 76 68 31 16). 19 Zi.
Via S. Francesco 47, Tel. 09 73 66 43 84,
09 73 66 43 85, Mobil 39 39 33 14 10,
www.locandasanfrancesco.com

■ **Le Ginestre**②

In ihrer Frühstückspension in einem modernen Gebäude unterhalb der Altstadt empfangen *Anna Nicoletta Celano* und ihr Sohn *Antonio* die Gäste mit großer Herzlichkeit. Geräumige, beheizbare Zimmer mit ordentlichen Betten und Bädern. Parkplatz. 8 Zi.
Via Carella 18 (SP 4), Tel. 09 73 66 43 66,
Mobil 34 95 63 82 49 *(Antonio),*
www.bbleginestrepollino.it

■ **Residenza delle Rose**②

Die freundliche Pension im Weiler Varco gehört zur Gemeinde Vigianello, lässt sich aber einfacher von San Severino Lucano aus erreichen (siehe dort).

■ **Rifugio De Gasperi**②

Die Berghütte in der Nähe des Belvedere di Malvento, der von hier auf einer kurzen Wanderung zu erreichen ist, gehört inzwischen zum Verbund des *Borgo Ospitale* aus Rotonda (s.o.) und wird 2019 hoffentlich wiedereröffnet.
GPS: 39.913473, 16.124611
Località Piano Ruggio, Tel. 097 36 65 43, fb

Camping

■ **Il Ristoro del Carbonaio**

Wer auf sanitäre Anlagen verzichten kann, darf sein Zelt hinter *Francesco Laurias* Trattoria (s.u.) auf einer Waldlichtung aufschlagen.

Essen und Trinken

■ **Il Ristoro del Carbonaio**①

MEIN TIPP: *Francesco Lauria,* seit Jahrzehnten Gastronom aus Leidenschaft, hat die ehemalige *Casa cantoniera* (Straßenmeisterei) am Km 33 der SP 4 in eine urige Trattoria verwandelt. Die Einheimischen halten hier gerne auf ein Schwätzchen und ein Glas Wein. Ab dem Spätsommer dominieren Pilze die grundehrliche Küche, z.B. in Gestalt delikater Pilz-Carpacci! Eine Sommer-Spezialität ist die *minestra 'mpastata,* eine pürierte Bohnen-Kartoffelsuppe mit frittiertem Knoblauch. Lamm und Würste werden auf Holzkohlen gegrillt, im Ausschank sind Rotweine des Pollino. Auf der gegenüberliegenden Straßenseite stehen ein paar Holztische im Schatten von Erlen. Mittags, abends nur auf Vorbestellung. Mo Ruhetag.
GPS: 40.00603, 16.10545
Località Croce Pantana, Mobil 34 93 51 43 32,
www.carbonaio.wordpress.com, fb

An- und Weiterreise

■ **Auto:** A3 Ausfahrten „Lauria Sud", „Laino Borgo" bzw. „Campotenese". Panoramareich auf der SP 4 aus Rotonda nach Viggianello und weiter über San Severino Lucano ins Sinni-Tal auf die SS 653.

■ **Bus:** S.A.M. (Tel. 09 73 66 38 35) nach Rotonda.

Fest/Veranstaltung

- Am dritten Augustsonntag wird anlässlich der **Festa di S. Francesco di Paola** im Ort der Stamm einer Tanne aufgerichtet (siehe Exkurs „Wenn Bäume Hochzeit feiern"). Als Votivgaben tragen die Frauen des Ortes während der Prozession die *cirii* (Kerzengestecke) auf ihren Köpfen.
- Im August findet das **Radici Festival** statt, ein Öko-Rave mit Ethnomusik.

Wandern/Mountainbiking

In der offiziellen **Wanderkarte** des Parco Nazionale del Pollino „Cuore del Parco, 1:20.000" sind um Viggianello eine Reihe von Wanderwegen und MTB-Routen verzeichnet, die z.T. im Gelände auch markiert sind.

- **Infopollino – Centro Escursioni**

Vier Freunde betreiben seit 2001 dieses hochprofessionelle Outdoor-Sportzentrum, das geführte Wanderungen – im Herbst auch zum Pilze- und Kastaniensammeln –, Acquatrekking, d.h. Flusswanderungen in Anglerhosen, Rivertubing und im Winter Schneeschuhtouren anbietet. Einige der Angebote sind speziell auf Familien mit Kindern zugeschnitten. Die nötige Ausrüstung wird jeweils gestellt.
GPS: 39.962177, 16.072105
Km 18 der SP 4, Mobil 33 82 33 38 88,
32 70 13 95 22 *(Gigi Poerio)*, 34 92 17 63 98,
www.infopollino.com, www.acquatrekking.it,
www.pollinorivertubing.it

[>] Der Fiume Mercure, Tummelplatz von Aquatrekkern, entspringt aus einer Karstquelle

Serra di Mauro (1579 m)

- **Reine Gehzeit:** 5–6 Std.
- **Auf- und Abstieg:** 1050 Höhenmeter.
- **Start/Ende:** Parkplatz unterhalb der Altstadt von Viggianello am Km 20 der SP 4. Am Beginn des Weges durchschreitet man ein Wildgehege *(recinto faunistico)*. Die Wanderung lässt sich bis zu dem an der SP 4 gelegenen **Rifugio Fasanelli** (siehe bei Rotonda) fortsetzen.

Die Serra di Mauro erhebt sich als nördlichster Ausläufer der Pollino-Gruppe über dem Mércure-Tal. Als **„Sentiero N° 910"** bezeichnet, führt von Viggianello aus ein alter Hirtenpfad über den Gebirgskamm auf die Hochweiden am Piano di Mauro. Hier beginnt der eigentliche Aufstieg zum Gipfel. Auf demselben Weg zurück.

Monte Serra (1228 m)

- **Reine Gehzeit:** 4–5 Std.
- **Auf- und Abstieg:** 620 Höhenmeter.
- **Start/Ende:** Chiesa di San Francesco di Paola oberhalb der Altstadt von Vigianello.

Der Monte Serra ist ein lohnender Aussichtsberg. Der Aufstieg führt durch Eichenwald und dann mit herrlichem Weitblick durch offenes Weidegelände. Die Strecke ist als **„Sentiero N° 912"** auf der Karte verzeichnet und markiert. Auf demselben Weg zurück.

Belvedere di Malvento

- **Reine Gehzeit:** 1½ Std.
- **Auf- und Abstieg:** 75 Höhenmeter.
- **Start/Ende:** Wenige 100 m westlich des Rifugio De Gasperi (s.o.).

Diese kinderleichte Wanderung quert die Karstsenke des **Piano Ruggio** und führt durch Buchenwald und über Lichtungen bis zu einem Aussichtspunkt im Sattel südlich des Timpone della Capanna. Hier öffnet sich ein weiter Blick über die Piana di Síbari auf die Monti di Orsomarso (siehe Kapitel „Pollino Calabro, Monti di Orsomarso und Costa dei Cedri"). Der Weg ist als **„Sentiero N° 900"** auf der Karte verzeichnet und markiert.

Monte Pollinello (1820 m) – Monte Pollino (2248 m)

Reine Gehzeit: 4–4½ Std. bzw. 7–8 Std.

Auf- und Abstieg: 250 bzw. 675 Höhenmeter.

Start/Ende: Der Parkplatz am Colle dell'Impiso (Pass des Erhängten, 1554 m) liegt 4,5 km nordöstlich des Rifugio De Gasperi (s.o.) und ist von Viggianello, Rotonda oder Morano Calabro auf der SP 4 mit dem Auto zu erreichen. An dieser Stelle zweigt im spitzen Winkel bergseitig eine Schotterstraße ab; das Auto am Straßenrand parken.

Die abwechslungsreiche Wanderung – **„IPV2"** auf der Karte – zu uralten Panzerkiefern lässt sich im ersten Abschnitt auch mit Kindern unternehmen, erfahrene Bergsteiger können den Aufstieg bei klarer Sicht bis auf den Monte Pollino fortsetzen, von dem sich grandiose Ausblicke bieten.

Wanderung: An der Schranke vorbei folgen wir der Schotterstraße ca. 150 m bergauf und biegen in der Kurve (1573 m), die Gehrichtung beibehaltend, rechts auf den rot markierten Pfad ab, der an der nordöstlichen Flanke der **Serra del Prete** in den hohen Buchenwald führt. Leicht absteigend erreichen wir nach 20 Min. eine Lichtung auf dem **Piano di Vaquaro.** Hier folgen wir der querenden Fahrspur nach rechts. Vor uns erhebt sich der Grat des Monte Pollino.

Basili19-167 pa

Von einem Bach begleitet, steigt die Piste im Wald in Serpentinen an. Nach weiteren 20 Min. queren wir den Bachlauf, und wenig später zweigt eine Fahrspur rechts auf eine Lichtung ab. Am oberen Ende der Lichtung treffen wir auf die **Sorgente di Spezzavumula;** das Wasser der gefassten Quelle ist so kalt, dass es „Krüge spaltet“. Setzen wir den Aufstieg auf der Lichtung fort, treffen wir auf die vorhin verlassene Piste, die mit weiten Schwüngen in wenigen Minuten auf den **Piano Gaudolino** führt. Eine ausgedehnte Weidefläche erstreckt sich zwischen der Serra del Prete und den Felsflanken des Monte Pollino. Wir verlassen die Fahrspur und queren über das offene Gelände nach links und halten dabei auf eine Gruppe frei stehender Buchen zu. Hier beginnt am Waldrand ein Pfad (verwaschene Farbzeichen) nach rechts in südlicher Richtung schräg bergauf zu führen. Hat man den Einstieg gefunden, ist der Weg gut zu erkennen. Vorbei an mächtigen Buchen und über Blockschuttfelder führt der alte Saumpfad wieder aus dem Wald heraus. Auf den Felsen trotzen knorrige Panzerkiefern Wind und Wetter. Im offenen Gelände kann man eine Serie von Karstsenken bis zum **Monte Polinello** queren, einem vorgeschobenen Gipfel des Monte Pollino. Der Blick öffnet sich auf die Piana di Síbari, Morano Cálabro und die Monti di Orsomarso. In nordöstliche Richtung setzt sich der Aufstieg bis auf den Gipfel des **Monte Pollino** fort. Auf demselben Weg zurück.

San Severino Lucano

In lieblicher Bauernlandschaft liegt **San Severino Lucano** (887 m, 1530 Ew.) auf der östlichen Talseite des Fiume Frido, im Süden überragt von der grandiosen Kulisse der Pollino-Bergkette. Seine Entstehung und den Namen verdankt der Ort einer Landschenkung des Feudalherren *Bernardino Sanseverino* Ende des

Samstags wird in San Severino Lucano der Markt abgehalten

15. Jh. an die **Abtei S. Maria del Sagittario.** Das Zisterzienserkloster, dessen bescheidene Ruinen östlich von **Cròpani** zu sehen sind, hatte vom 12. Jh. bis zu seiner Unterdrückung 1807 großen Anteil an der landwirtschaftlichen Erschließung des Pollino. Zum Beispiel ließen die Mönche eine Leitung aus Terrakottarohren verlegen, in der Milch von der Abbazia del Sagittario ins Sinni-Tal geleitet wurde, um im Kloster Ventrile zu Käse verarbeitet zu werden. Jahrhundertelang trieben die Gebirgsbäche Getreidemühlen und Sägewerke an.

In **Mezzana,** einem südlich von San Severino gelegenen Weiler, ist eine Wassermühle aus dem 18. Jh. als **Molino Iannarelli** bekannt – heute ein gepflegtes Hotel mit feinem Restaurant.

Nach 1860 war San Severino Lucano jahrelang ein Zentrum der **Briganten,** bis *Gennaro Iannarelli,* ein piemontesischer Kapitän der Nationalgarde, die Aufstände grausam niederschlug (siehe Exkurs „Italien, Räuberland?"). Zahlreiche Flur- und Ortsnamen halten die Erinnerung an die Brigantenkriege wach, wie auch im Fall der Mühle, die sich in

der zweiten Hälfte des 19. Jh. im Besitz des erwähnten Offiziers befand.

In der **Chiesa Madre** von San Severino, um 1500 von den Zisterziensermönchen errichtet, steht von Mitte September bis Ende Mai die Holzstatue der Madonna del Pollino. Den Sommer verbringt sie im **Santuario Madonna del Pollino,** einer bescheidenen Wallfahrtskirche, die sich weithin sichtbar auf einem steilen Felsgrat über dem Valle Frido erhebt. Hier findet ihr Fest am ersten Juli-Wochenende seinen Höhepunkt und zieht Tausende von Pilgern aus der Basilikata und Kalabrien an. *Norman Douglas* besuchte das Fest 1915; seine Beschreibungen sind immer noch aktuell (siehe Exkurs „Ein Bergfest"), nur dass die Pilger heute nicht mehr auf Eseln und Maultieren, sondern mit Autos, Jeeps und Lastwagen anreisen.

Etwa 3 km südöstlich des Ortes – beschilderter Abzweig auf Höhe des Friedhofes – liegt auf einer Anhöhe mit himmelweitem Blick die Installation **Giostra RB Ride** von *Carsten Höller*, einer der Beiträge des vor Ort oft kritisierten und manchmal missverstandenen internationalen Kunstprojektes **ArtePollino**. Die meisten Monate des Jahres über macht das bonbonbunte, halb demontierte Karussell leider einen traurigen Eindruck. Nur von Mitte Juni bis Ende August nimmt es, gutes Wetter vorausgesetzt, Fahrt auf – im Zeitlupentempo. Ein Bergerlebnis der besonderen Art!

⊡ Die Installation Giostra RB Ride erwacht im Sommer zum Leben

Information

■ Pro Loco del Pollino und Presidio Turistico

Der Fremdenverkehrsverein ist seit 1969 aktiv! Gutes Infomaterial und wertvolle (Wander-)Tipps! Auch Info-Büro des Nationalparks. In der Ortsmitte oberhalb der Kirche und unmittelbar unterhalb der Casa del Capitano G. Iannarelli gelegen. I.d.R. tägl. 10–12.30 und 16–18 Uhr.
Via Nicola Germano 18, Tel. 09 73 57 63 32, www.prolocodelpollino.org

Übernachten

■ A Casa di Mario②

Mario Mitidieri, seine Frau *Emma Iannibelli* und ihr Sohn *Giuseppe* sind aufmerksame Gastgeber. Die Zimmer ihres B&B verteilen sich auf zwei benachbarte Häuser, die mit schönem Blick auf den Bosco Mangano in einem stillen Weiler nicht weit von den Ruinen der Zisterzienserabtei S. Maria del Sagittario liegen. Wenige Kilometer nördlich von San Severino Lucano in Cròpani auf Höhe der auch als Trattoria empfehlenswerten **Bar Il Biancospino** bergseitig abbiegen und in der Località Pomaretti der Ausschilderung folgen. Reichhaltiges Frühstück, gute Tipps für Wanderungen. 6 Zi., 1 Ap.
GPS: 40.04586, E16.13826
Frazione Pomaretti 122, Tel. 09 73 64 09 78, Mobil 34 05 71 01 26, www.acasadimario.it, fb

■ Mulino Iannarelli③

Nach aufwendigem *restauro* und teilweisem Wiederaufbau erlebte die historische, im Jahr 1754 errichtete Wassermühle ihre Neugeburt als edles Hotel. Zimmer mit jeglichem Komfort, feines **Restaurant** (s.u.). 4 Zi., 5 Suiten. Ostern bis Dez.
GPS: 39.97860, 16.17293
Località Mezzana – Salice,
Tel. 09 73 57 02 05,
Mobil 34 07 92 88 21 *(Carmen Bruni),*
www.mulinoiannarelli.com

Paradiso②
Moderner Hotelkomplex im Süden außerhalb des Ortes, schöne Aussicht auf das Frido-Tal und die Pollini-Berge. Ordentliche Zimmer, gutes Restaurant, Pub und Wine-Bar. Großes Sportangebot. 62 Zi.
GPS: 40.01795, 16.14129
Via San Vincenzo, Tel. 09 73 57 65 86,
Mobil 34 93 23 36 83, www.hotelparadiso.info

Residenza delle Rose②
MEIN TIPP: Die von *Enzo De Paola* und *Carmela Genovese* freundlich geführte Pension liegt still und friedlich im Weiler Varco, wenige Kilometer südlich von San Severino am westlichen Ufer des Torrente Frido. Ein gepflegter Rosengarten umgibt die Natursteinhäuser, darin die einladenden Zimmer mit Heizung und einige mit Küche – und N° 7 mit toller Terrasse! Das reichhaltige Frühstück – vorzügliche, von *Enzo* aus Waldfrüchten gekochte Marmeladen – wird im Kaminzimmer serviert. Gegen den kleinen Hunger gibt es auf Wunsch zum Aperitif köstliche Käseteller mit Bio-Honig. Gäste, die Halbpension wünschen, können sich in nahe gelegenen Restaurants verwöhnen lassen – das Hotel-Ristorante Mulino Iannarelli (s.o.) z.B. liegt direkt auf der gegenüberliegenden Talseite. *Enzo* organisiert über seinen Freund, den Nationalparkführer *Leonardo Viceconte* (s.u.), Mountainbikes für Kinder und Erwachsene. Es besteht auch die Möglichkeit zum Reiten. Viele gute Ausflugstipps, wie z.B. zum Besuch von Bio-Käsereien und Imkereien! 11 Zi.
GPS: 39.98138, 16.16979
Contrada Varco 17 – Viggianello,
Tel. 09 73 57 01 64, Mobil 34 73 09 36 84,
34 71 87 09 41, www.residenzadellerose.it

Torre Vecchia①-②
Freundliche Pension in hübschem Steinhaus. Das gleichnamige **Restaurant** (s.u.) pflegt die lokale Küche. 7 Zi.

Basili19-169 pa

Ein Bergfest

von *Norman Douglas,* Reisen in Süditalien

Das einsame Heiligtum ist wie ein Adlernest auf einem Felsvorsprung aufgesetzt, der den Torrente Frida überkragt. Dank dieser besonderen Lage in großer Höhe sind die Ausblicke ins Land hinein wahrhaft großartig, zumal gegen Abend, wenn die harten Farben des Tages abklingen und Höhenzug nach Höhenzug allmählich sichtbar wird, deren Konturen sich in zarten Schattierungen von Malvenblau und Grau voneinander abheben. (...) In unmittelbarer Nähe liegt aber eine grüne Matte am Fuß eines Felssturzes. Sie ist jetzt in Erwartung des morgigen Festes, mit Zeltlagern bedeckt, und das Bacchanal ist schon in vollem Schwung. (...) Das Ganze ist ein riesiges Picknick zu Ehren der Jungfrau. Zweitausend Menschen lagern nahe der Kapelle inmitten einer mächtigen Armee von Eseln und Maultieren, deren Gebrüll sich mischt mit der Hirtenmusik der Rohrflöten und Dudelsäcke (...). Ein ständiges Auf- und Niederwogen von Menschen bannt den Blick; Feuer flackern vor improvisierten Unterkünften, und unmenschliche Mengen an Lebensmitteln werden verzehrt, das gehört zur Tradition solcher Gelegenheiten – „si mangia per la divozione". Auf allen Seiten geben sich malerische Tänzergruppen unter dem Dröhnen der Dudelsäcke dem alten bäuerlichen Rhythmus hin, der „pecorara" – einer gedämpften Art von Tarantella, bei der die Burschen mit faunartigen einladenden Bewegungen herumspringen, während ihre Partnerinnen mit gesenkten Augen den Annäherungen und Fingerklapsen aus dem Wege gehen. Die Kirche füllt sich unterdessen bis zum Rand; Predigten und Liturgien folgen einander ununterbrochen; die Priester haben alle Hände voll zu tun.

Basili19-170 pa

Der felsige Pfad zwischen der Kapelle und der Wiese ist gedrängt voll von Menschen; er ist auf beiden Seiten gesäumt von Buden aus grünen Zweigen, deren Inhaber lautstark die Vorzüge ihrer Waren anpreisen: Tuche, Wollwaren, Schirme, heißen Kaffee, Wein, frisches Fleisch, Obst, Gemüse – zwar geht das Gespenst der Cholera im Lande um, aber niemand denkt hier daran –, dazu goldene Uhren, Ringe und Broschen, deren manche vor dem nächsten Morgen gekauft werden mögen als Erinnerungsstücke an zarte Begegnungen heute Nacht. Die interessantesten Buden sind jene, die Exvotos feilhalten, wächserne Nachbildungen kranker Teile des Körpers, die durch das Eingreifen der Jungfrau auf wunderbare Weise geheilt worden sind: Arme, Beine, Finger, Augen. Auch ganze Kinder aus Wachs sind zu haben.

Essen und Trinken

■ **Mulino Iannarelli**②
Mein Tipp: Die aromastarke Bergküche des Pollino wird in den gemütlichen Räumen der wiederaufgebauten Wassermühle am Zusammenfluss von Salice und Frido elegant, raffiniert und zu fairen Preisen serviert. Bei gutem Wetter sind die Tische im Garten gedeckt. Als leichtes Sommergericht empfehlen sich die mit Ricotta und Brennnesselblättern gefüllten Ravioli. Ostern bis Dez. Mo Ruhetag.
GPS: 39.97860, 16.17293
Località Mezzana – Salice, Tel. 09 73 57 02 05,
Mobil 34 07 92 88 21 *(Carmen Bruni)*,
www.mulinoiannarelli.com

■ **Rifugio Pino Loricato**①-②
Antonio Simonetti bewirtschaftet seit 2017 die auf 1548 m Höhe gelegenen steingemauerten Berghütte zu Füßen des Santuario Madonna di Pollino (siehe Exkurs „Ein Bergfest"). Eine serpentinenreiche Straße, die von der Landstraße San Severino Lucano – Terranova di Pollino abzweigt, führt hinauf. Im Winter ist ein Snow Taxi im Einsatz. Serviert wird eine kräftige Bergküche, eine Spezialität sind *rascatelli con cinghiale e funghi,* hausgemachte Nudeln mit Wildschein und Pilzen. Es stehen auch zwei einfache Schlafräume für Pilger und Bergwanderer zur Verfügung (Strom gibt es keinen). Auf dem als „IPV4" bzw. „Sentiero N° 931" bezeichneten Wanderweg lässt sich in ca. 2.20 Std. die Serra di Crispo erreichen. Eine Beschreibung der Wanderung mit Ausgangspunkt Terranova di Pollino findet sich dort. Von August bis Mitte Sept. tägl., ansonsten nur an Wochenenden.
Località Madonna di Pollino,
Mobil 3491495760, fb

■ **Torre Vecchia**①-②
Bei *Luciano La Ruina* isst man einfach gut. Eine kleine Pension (s.o.) ist angeschlossen. Mo Ruhetag.
GPS: 39.986153, 16.171473
Contrada Mezzana Torre, Tel. 09 73 57 01 74,
Mobil 34 04 84 17 62, fb

Einkaufen

■ Jeden Samstag findet entlang der Hauptstraße ein großer **Wochenmarkt** statt.

An- und Weiterreise

■ **Auto:** Anfahrt über Rotonda und Viggianello bzw. von der SS 653 „Sinnica".
■ **Bus:** SITA (www.sitasudtrasporti.it) nach Lagonegro, Senise und Potenza.

Fest/Veranstaltung

■ Der Kult der Madonna del Pollino ist in die uralten Rhythmen der Hirten eingebunden, die wie seit Jahrtausenden im Sommer aus den Tälern aufbrechen, um mit ihren Herden zu den Hochgebirgsweiden aufzusteigen (siehe Exkurs „Ein Bergfest"). Am ersten Junisonntag begleitet eine Prozession die Statue der Madonna aus San Severino bis in das auf 1537 m Höhe gelegene Santuario della Madonna del Pollino. Hier bleibt sie bis zum zweiten Septembersonntag, um die Herden zu schützen und die Pilger zu empfangen. Tausende kommen hier am ersten Juli-Wochenende zur **Festa della Madonna del Pollino** zusammen. Eine endlose Menschen- und Autokarawane bewegt sich bereits am Freitag auf der Staubstraße zum Santuario hoch, und um die Kirche entsteht ein riesiges Zelt- und Hüttenlager im Wald. Marktstände werden aufgebaut, die Luft füllt sich mit dem Duft von gegrilltem Fleisch. Lämmer werden zum Teil an Ort und Stelle geschlachtet. Aus den Lautsprechern tönen Tarantella und Lobeshymnen auf die Madonna, Händler preisen lautstark ihre Waren an. Nach einer abendlichen Prozession wird die ganze Nacht zu Dudelsack und Schifferklavier getanzt, gegessen und getrunken. Am Samstag findet nach den Gottesdiensten eine zweite Prozession statt, und es folgt eine weitere

Nacht der Tänze und Gesänge. Nach der letzten Sonntagsmesse wird die Zeltstadt abgebrochen, und die Karawane macht sich auf den Weg zurück ins Tal.

Pollino Music Festival
Umsonst & draußen: Seit 1996 findet Ende August (wenn die Finanzen stimmen) dieses tolle Ethno-Musikfestival statt.
https://pollinomusicfestival.it/

Wandern/Mountainbiking

Ein lauschiges Wandergebiet ist der **Bosco Magnano** im Norden des Ortes. Im Süden von San Severino kann man dem alten Pilgerweg bis zum **Santuario Madonna del Pollino** folgen und die Wanderung bis zur **Grande Porta del Pollino** fortsetzen (siehe Abschnitt zu Terranova di Pollino).

Bosco Magnano – Torrente Peschiera

Den **Höhenzug zwischen Frido und Sinni** bedecken 1000 ha Zerreichen- und Buchenwald. Die Forstverwaltung hat eine Reihe markierter Wanderwege angelegt. Von der SP 4 zweigt auf halber Strecke zwischen Sinni-Tal und San Severino Lucano, nördlich der Frido-Brücke bei Cròpani, ein bezeichneter Wanderweg nach Westen ab, der dem klaren Lauf des Torrente Peschiera folgt (als „11 ES“ auf *Giorgio Braschis* Wanderkarte ausgewiesen). Unterwegs kommt man am *lavaturo* vorbei, einem natürlichen Becken im Bachbett, in dem früher die Schafe vor der Schur gewaschen wurden. Anstatt auf demselben Weg zurückzukehren, kann man weiter flussaufwärts der Forststraße folgen, die auf Höhe der Taverna del Brigante wieder auf die SP 4 trifft.

Timpa della Guardia (1157 m)

Oberhalb des *municipio* (Rathaus) von San Severino Lucano zweigt von der Straße Richtung Visciglie der markierte Weg ab, der auf den **schönen Aussichtsberg** führt („12 ES“ auf *Giorgio Braschis* Wanderkarte). Hin- und Rückweg 3 Std., 10 km im Auf- und Abstieg.

Leonardo Viceconte, der offizielle Führer des Parco Nazionale, begleitet zu Fuß und mit dem MTB durch den Nationalpark.
Via Nicola Sole 66, Mobil 34 78 58 75 82,
www.leotrekkingpollino.com

Wald-Kletterpark

ParcoAvventura del Pollino
Auch in der Basilikata schießen die Kletterparks wie die Waldpilze aus dem Boden. Eintritt frei, bezahlt werden die einzelnen, überwiegend kindertauglichen Parcours. April bis Dez. So 10–17.30 Uhr, im Aug. tägl. 10–18 Uhr.
GPS: 40.05153, 16.12879
Località Bosco Magnano, Mobil 34 93 23 37 92,
33 34 95 55 50, www.parcoavventurapollino.it

Francavilla in Sinni

Aus dem Sinni-Tal kommend, kontrolliert(e) **Francavilla in Sinni** (421 m, 4170 Ew.) einen wichtigen Zugang in das Pollino-Gebiet. Der Ort ging im 15. Jh. aus einer im Mittelalter gegründeten Kartause hervor, Kaiser *Friedrich II.* hatte den Mönchen die Konzession erteilt, eine Fähre über den Fluss zu unterhalten. In der Antike noch war der Sinni, so wie die anderen großen Flüsse Lukaniens, die ins Ionische Meer münden, über weite Distanzen schiffbar gewesen, und eine Lebensader des Waren- und Kulturaustausches. Von wirtschaftlicher Bedeutung waren auch die zahlreichen Mühlen entlang von Sinni und Frido. Ein neues Wirtschaftskapitel schreibt vielleicht die junge *Maria Tersa Mileto*, die seit 2017 hier Hopfen anbaut. **Matesa's Hop Farm** wurde durch Crowdfunding gestartet und beliefert inzwischen einige der Craft-Bierbrauereien der Basilikata, so auch die Honey Monkey Brewing Co. aus Francavilla.

Übernachten/Essen und Trinken

Il Crepuscolo ②
Der Agriturismo der Familie *Marziale* liegt von Eichen- und Buchenwäldern umgeben auf einer schönen Lichtung ca. 10 km oberhalb von Francavilla an der SP 107 Richtung San Costantino Albanese. Hervorragende Bergküche, viele Zutaten aus eigener Erzeugung. Hier kehren Einheimische gerne ein! Für Übernachtungsgäste stehen einfache, saubere Zimmer bereit. 3 Zi., 2 Ap. Mo Ruhetag.
GPS: 40.03632, 16.22740
Contrada Piano Rivitale, Tel. 09 73 64 89 00,
Mobil 33 33 14 66 82, www.ilcrepuscolo.com

La Fontana del Tasso ②
Mein Tipp: Der von Slow Food gelobte Agriturismo zieht Feinschmecker von nah und fern an. Ein irdisches Vergnügen ist es, sich durch den Reigen der mit den Jahreszeiten wechselnden Antipasti zu kosten (oft ist man danach schon satt). *Peperoni cruschi* aus dem nahen Senise begleiten viele Gerichte, sei es die hausgemachte Pasta, Käse oder gefülltes Zicklein. Das Gemüse stammt aus dem eigenen Garten, Käse und Fleisch von lokalen Erzeugern. Der Pollino liefert Pilze und Waldfrüchte, Letztere finden zum Kochen köstlicher Marmeladen oder zum Ansetzen leckerer Liköre Verwendung. Auf der Getränkekarte findet sich neben lukanischen Weinen auch das lokale Craft-Bier *Honey Monkey*. *Prospero* und *Maria* halten für ihre Übernachtungsgäste ein paar ordentliche Zimmer bereit. Der Hof liegt auf einer Waldlichtung oberhalb der namensgebenden Quelle. *Marias* Bruder *Vincenzo* führt in unmittelbarer Nachbarschaft den Reiterhof Caramola Ranch. 7 km südlich von Francavilla an der SP 107, die nach San Costantino Albanese führt. 5 Zi. Di Ruhetag.
GPS: 40.046764, 16.211406
Contrada Scaldaferri 40, Tel. 09 73 64 45 66,
Mobil 368 28 82 50, 34 72 53 38 28 *(Maria)*

Latronico

Das **hübsche Bergstädtchen** (888 m, 4615 Ew.) erhebt sich zu Füßen des 1900 m hohen Monte Alpi am Eingang des Sinni-Tals. Ein Labyrinth enger Gassen steigt zum Altstadthügel mit den Hauptkirchen **Chiesa di S. Nicola** und **Chiesa Madre di Sant'Egidio** an. Die Ende August mehrere Tage andauernde **Festa di Sant'Egidio** zieht Aberhunderte Besucher an. Am 1. September schließlich wird die Statue des Patrons, der 1570 den hl. Nikolaus als Beschützer von Latronico ablöste, in einer feierlichen Prozession durch den Ort getragen.

Die spätantike und frühmittelalterliche **Geschichte** Latronicos liegt im Dunkeln, zum ersten Mal erscheint der Ortsname 1063 in einer Urkunde. Im neapolitanischen Revolutionsjahr 1799 wird auch in Latronico ein Freiheitsbaum aufgestellt. 1860, nach dem Anschluss des ehemaligen bourbonischen Königreiches an das unter Piemont vereinte Italien, flammen Aufstände (siehe Exkurs „Italien, Räuberland?“) auf, viele flüchten in der Folge in die Emigration. Zur Zeit des Faschismus erlebt Latronico einen bescheidenen wirtschaftlichen Aufschwung, als private Investoren 1928 eine mondäne **Kuranstalt** eröffnen, die Gäste sogar aus dem damals noch fernen Neapel anzieht. Den modernen **Terme Lucane** (s.u.) gelingt es noch nicht, das einstige Niveau zu erreichen. Ein überraschend interessantes Museum im **Ortsteil Calda** thematisiert in den restaurierten Räumen der alten Kuranstalt dieses Kapitel jüngerer Geschichte.

■ **Museo del Termalismo,** Vico Stabilimento 1, Tel. 09 73 85 94 55, Mobil 34 06 78 68 65 *(Gaetano A. Lofrano)*. Fr bis So 10–13 und 16–19 Uhr. Eintritt frei, mit Führung 15 €.

Das heute noch genutzte **Mineralwasser** stammt von den Höhen des Monte Alpi und hat einen unterirdischen Lauf von fünf bis 15 Jahren hinter sich, bevor es im Tal austritt. Schon früh bildete sich ein Kult um die heilkräftigen Quellen. Die von 8000 bis 1300 v.Chr. durchgehend frequentierten **Grotte di Calda** gelten als eine der bedeutendsten prähistorischen Fundstellen der Basilikata. Das kleine, ebenfalls im Ortsteil Calda gelegene **archäologische Museum** vermittelt ein Bild davon.

■ **Museo Civico Archeologico,** Vico Cremonesi, Tel. 09 73 85 31 11. Mai bis Okt Di bis So 10–12.30 und 17–19.30 Uhr, Nov. bis April 10–12.30 und 15–17.30 Uhr bzw. auf Anfrage. Eintritt 2,50 €.

Jenseits der SS 653 „Sinnica“ ist in dem jederzeit frei zugänglichen Kurpark eine der Kunstinstallationen von **ArtePollino** zu entdecken: das **„Earth Cinema“** von *Anish Kapoor*. Der indisch-britische Künstler, Empfänger des Turner Prize Award und mehrfach auf der Biennale Venedig vertreten, hat hier einen 45 m langen, 7 m tiefen und von beiden Seiten zugänglichen Graben ausheben lassen. Der Betrachter blickt in die Erde, während sich im Hintergrund imposant die Silhouette des Monte Alpi erhebt. Wer auf der Suche nach einem weniger intellektuellen Naturerlebnis ist, muss nicht weit gehen: Im Westen des Kurparks beginnt ein markierter **Wanderweg.** Ein Zufluss des Sinni bildet hier zwei wunderbare Kaskaden aus, Picknicktische laden zur Rast im Schatten – zauberhaft!

Information

■ **Punto Parco**
Im **Museo del Termalismo** (s.o.) erhält man kompetente Infos und Broschüren zum Parco Nazionale del Pollino und zur Initiative **ArtePollino.**
■ **www.comune-latronico.pz.it**

Übernachten

■ **Delle Grotte**①-②
Zwei autonome, gut ausgestattete Apartments in einem restaurierten Haus in der Nähe der Grotte di Calda. *Giuseppe* und *Faten* betreiben in Calda auch einen Obst- und Gemüseladen, in dem man sich bestens versorgen kann. 2 Ap.
Via Cremonesi 34 – Località Calda,
Mobil 33 97 00 57 12, 38 89 78 80 41,
www.bbdellegrotte.it
■ **Villa Giacomina**②
Antonio Giordano und *Giusi Lombardo* empfangen ihre Gäste in einer modernen Gartenvilla unterhalb der Grotte di Calda. Auf Wunsch werden mehrere

Zimmer zu einem Apartment mit Küche für eine Familie oder Gruppe von Freunden verbunden. 4 Zi.
Via Cremonesi 37 – Località Calda,
Mobil 32 09 33 37 29, 32 98 83 15 41,
33 93 89 14 71, www.bbvillagiacomina.it, fb

Essen und Trinken

La Taverna dei Gesuiti②

Mein Tipp: Am Eingang empfängt eine Vitrine mit süditalienischen Spitzenprodukten, viele davon mit Slow-Food-Siegel, die zum Verkauf stehen, vor allem aber in der Küche Verwendung finden. Die exzellente *salsiccia* z.B. stammt vom Metzger *Paolo Iacovino* von der Straßenseite gegenüber. Bevor der junge, ursprünglich aus Neapel stammende Küchenchef und studierte Naturwissenschaftler *Valerio Elefante* 2017 sein eigenes Restaurant eröffnete, hat er in zahlreichen Top-Küchen in die Töpfe geguckt. Seine *cucina lucana* zeigt sich allen Einflüssen Süditaliens gegenüber offen. Es besteht die Wahl zwischen *sapori antichi*, an die Tradition angelehnten Gerichten, und *nuovi orizzonti*, neuen kulinarischen Kreationen, bei denen oft die Niedergarmethode zum Einsatz kommt. *Valerio* ist Sommelier für Wein, Bier, Whiskey und Rum – entsprechend gut ist die Auswahl an Getränken. Mo Ruhetag, Nov. und Febr. geschl. Im Juli und Aug. sowie an Wochenenden auch mittags, sonst nur abends.
Via P. Lacava 6 (Piazza Umberto I.),
Tel. 09 73 85 91 08, Mobil 33 31 97 08 72, fb

Thermen

Terme Lucane

Neben der etwas antiquiert wirkenden Kurabteilung gibt es ein kleines Wellnesscenter mit Sauna und Türkischem Bad. Mo bis Do 9–19 Uhr, Fr und Sa 9–21 Uhr.
Contrada Calda, Tel. 09 73 85 92 38,
www.termelucane.it

☐ Die Piazza Umberto I. bildet den Mittelpunkt des freundlichen Städtchens

Basili19-171 pa

Wandern

Latronico liegt direkt am Fernwanderweg **„Sentiero Italia"**, der über den Monte Alpi führt – ein spektakulär schöner Berg!

San Paolo Albanese/Shën Pali

Auf dem Weg nach Terranova di Pollino lohnt der Abstecher nach **San Paolo Albanese** (800 m, 270 Ew.). Die kleinste Kommune der Basilikata ist **eine der albanischen Sprachinseln** im lukanischen Pollino. Der hübsche Ort wurde ursprünglich unter dem Namen Casalnuovo von Albanern gegründet, die Anfang des 16. Jh. ihre Heimat auf der Flucht vor den Türken verlassen hatten und unter den Aragonesen im Val Sarmento Land zugewiesen bekamen. Weitere Albaner siedelten auf der kalabrischen Seite des Pollino (siehe Exkurs „Vallje – Heldentänze der Albëresh"). Sprache und Brauchtum sind lebendig geblieben, auch wenn die bunten Trachten heute nur noch zu Hochzeiten getragen werden; ständig zu bewundern sind sie im **Volkskundemuseum.** Jeden Sonntag wird in der Kirche die Messe nach griechisch-orthodoxem Ritus gefeiert. Wie lange noch? Alleine in den letzten Jahren ist die Einwohnerzahl um 100 zurückgegangen.

■ **Museo della Cultura Arbëreshe,** Via Regina Margherita, Tel. 097 39 43 67 (c/o Comune San Paolo Albanese). Mo bis Fr 9–13.30 und 15–19 Uhr. Eintritt 1,50 €.

Basili19-172 pa

Volo dell'Aquila

Die Piccolo Dolomiti Lucane haben ihren Engelsflug, der Parco del Pollino seinen „Adlerflug", nur dass man im jenseits des Fiume Sarmento gelegenen Nachbarort von San Paolo Albanese erst in die Höhe gezogen wird, um anschließend **mit 80 km/h an einem Seil ins Tal** zu sausen, getragen von weit gespannten Flügeln.

■ **Info:** Start- und Landeplatz ist auf Höhe des Fußballplatzes. Mitte Juni bis Mitte Sept. bei gutem Wetter tägl., ab April und bis Dez. nur an Wochenenden.
GPS: 40.036534, 16.309779
Località Torretta – San Costantino Albanese,
Mobil 33 83 52 59 28 *(Fabio Limongi),*
33 17 01 42 14, www.volodellaquili.net, fb

◁ Das Ristorante Picchio Nero (s. S. 312) ist einer der guten Gründe, nach Terranova zu reisen

Terranova di Pollino

Es sind vor allem Feinschmecker und Naturfreunde, die dem Sarmento-Tal auf einer aussichtsreichen, gut ausgebauten Landstraße bis hoch nach **Terranova di Pollino** (926 m, 1160 Ew.) folgen. Der Name verrät den jungen Ursprung des Ortes. Ende des 16. Jh. ließ *Fabrizio Pignatelli, Marchese di Cerchiara,* hier einige Bauern auf seinem Grund und Boden ansiedeln. Von einer grandiosen Gebirgslandschaft umgeben, ist das freundliche Bergdorf eine **ideale Ausgangsbasis,** um den Pollino zu Fuß, mit Mountainbikes und im Winter auf Tourenski oder Schneeschuhen zu erkunden. Im Südwesten des Ortes werden auf einer weiten Hochebene Langlaufloipen gespurt.

Information

■ Ufficio Turistico – Servizio Civile
Mo bis Sa 8–14 Uhr, Sa auch 15–18 Uhr, So 9–12 Uhr.
Piazza Covelli (neben dem Parkplatz an der Durchfahrtsstraße), www.comune.terranovadipollino.pz.it

Übernachten

■ Picchio Nero②
MEIN TIPP: Das komplett restaurierte Albergo im Alpenlook wird von der Familie *Golia-Genovese* seit Ende der 1960er Jahre mit größter Gastfreundschaft und Professionalität betrieben. Der gute Ruf des gleichnamigen **Restaurants** (s.u.) ist längst bis über die Grenzen der Basilikata hinausgedrungen. Ordentliche Zimmer mit Holzmöbeln, Apartments auch für Familien mit Kindern. Im Winter steigen hier gerne Langläufer und Tourenskifahrer ab. *Giuseppe Golia,* der englisch spricht, vermittelt seinen Gästen Bergführer und ist um gute Tipps selten verlegen. Interessierte können an einer *cooking class* teilnehmen. Am unteren Ortsrand gelegen, Parkplatz. 25 Zi. Nov. bis Dez. geschl.
Via Mulino 1, Tel. 097 39 31 70, Mobil 34 82 92 02 73, www.hotelpicchionero.com

Agriturismi

Giardini degli Dei②
Vorzügliche, von Slow Food gelobte Bergküche – genau das Richtige, um sich nach einer Wanderung zu stärken! *Maria Cirigliano* und *Giuseppe Guarino* – vereint im Leben und am Herd – können aus dem Vollen schöpfen: Gemüse kommt frisch aus dem eigenen Garten, Fleisch und Käse liefern lokale Produzenten. Als „Bergfisch" wird *baccalà* (Stockfisch) mit *peperoni cruschi* serviert. Gut, dass die beiden für ihre Gäste auch sechs nette Zimmer parat haben, mit Heizung übrigens. Mit tollem Blick auf die Gola della Garavina oberhalb des Agriturismo La Garavina (s.u.) gelegen. Mo Ruhetag.
GPS: 39.97345, 016.25826
Contrada Casa del Conte, Tel. 097 39 30 37, Mobil 34 03 72 66 28, www.giardinideglidei.it

La Garavina②
Der Bio-Hof der *Tufaros,* seit Jahren von Slow Food empfohlen, liegt auf 1100 m Höhe ca. 5 km westlich von Terranova. Angebaut werden Waldfrüchte, Hülsenfrüchte, rote Kartoffeln, Gemüse, alte Getreidesorten und Wein, fleißige Bienen liefern ausgezeichneten Berghonig! Ordentliche Zimmer mit Heizung. Das Restaurant serviert solide Bergküche und öffnet auch für Gäste, die hier nicht übernachten. *Rocco Tufaro* und seine Tochter *Isabella* sind geprüfte Bergführer des Parco del Pollino. An Winterwochenenden führt *Isabella* Schneeschuhtouren. Schneeschuhe und Langlaufski kann man sich aus-

leihen, im Sommer auch MTBs. Der kleine Bauernhof ist ein toller Platz für Familien mit Kindern, die hier lernen können, wie man Nudeln macht. Die Gole della Garavina und andere schöne Wanderziele, wie z.B. die Timpa delle Murge, sind direkt vom Agriturismo aus zu Fuß erreichbar. Seit 2019 besteht auch die Möglichkeit zu campen (s.u.). 5 Zi. Im Winter nur auf Anfrage.
GPS: 39.97226, 16.25689
Contrada Casa del Conte, Tel. 097 39 33 95, Mobil 32 90 66 14 48, www.lagaravina.it

Berghütte

Rifugio Aquila Verde①
Die komfortable Berghütte auf 1320 m Höhe liegt 10 km südwestlich von Terranova. Der Hüttenwirt *Giovanni Basile* ist Bergführer des Parco del Pollino und begleitet seine Gäste im Winter auch mit Lang-

Von der Grande Porta del Pollino öffnet sich der Blick auf weite Hochebenen, im Sommer ein Blütenmeer

lauf-, Tourenski oder Schneeschuhen. Sohn *Vincenzo*, ebenfalls ein Outdoorfreak, der klettert, wandert und Ski fährt, organisiert Raftingtouren im Pollino. Aus dem Weiler Casa del Conte der Ausschilderung in Richtung Süden folgen. Auf Wunsch wird für die Gäste gekocht. 5 Zi. Ostern bis Anfang Nov., im Winter auf Anfrage.
GPS: 39.957131, 16.259690
Località Lavine, Mobil 34 77 11 97 08 *(Giovanni)*, 33 12 48 31 42 *(Vincenzo)*,
http://aquilaverde.wix.com/aquilaverde

Basili19-173 pa

Camping

Agricampeggio La Garavina ①
Rocco Tufaro, der zusammen mit seinen Kindern den gleichnamigen Agriturismo (s.o.) betreibt, hat auf dem Piano delle Mandrie, einer von Harzweizenfeldern umgebenen Hochebene zu Füßen der Serra di Crispo, 2019 diesen gepflegten Naturcampingplatz eröffnet, komplett mit 14 Stellplätzen für Wohnmobile, Zeltplätzen und sanitären Einrichtungen. Die Gäste, die im Agriturismo essen möchten, können auf einen Shuttle-Service zurückgreifen. Von Mai/Juni (nach der Schneeschmelze) bis Dez.
GPS: 39.950194, 16.257571
Località Piano delle Mandrie,
Mobil 33 84 71 94 36, www.lagaravina.it, fb

Essen und Trinken

La Grotta ①-②
Das mitten im Ort gelegene Lokal der Familie *Guarino* lässt sich am besten mit *italian basic* beschreiben: deftige lokale Küche – *Carmine* ist ein fleißiger Pilzsammler –, abends Holzofenpizza. Köstlich ist der hausgemachte Walderdbeerlikör! Mo Ruhetag.
Via Convento 6, Tel. 097 39 31 65

Luna Rossa ②-③
Mein Tipp: Der „Rote Mond" ist weit über die Landesgrenzen hinaus bekannt und wird nicht nur von Slow Food in den Himmel gelobt. Das liegt auch an der wunderbaren Veranda, die den Blick auf die Pollino-Kette freigibt. Für *Federico Valicenti*, der seine Küche gerne als *cucina topica* (nicht *tipica!*) beschreibt und damit die Bedeutung lokaler Produkte hervorhebt, z.B. alte Getreidesorten und Bergkartoffeln, geht die lukanische Geschichte durch den Magen. Zum Thema *cibosofia* – ein von *Federico* geprägter Begriff – hat er etliche Bücher verfasst. So präsentierte er in einer seiner Schriften Jesus als Küchenchef. Überhaupt lädt seine Speisekarte zur kulinarischen Zeitreise ein. Traditionelle Bauerngerichte wie der *ingrattonato*, eine deftige Fleischsuppe, können dabei eine ganze Mahlzeit ersetzen.

Basili19-174 pa

Oder wie wäre es mit einem kaiserlichen *filetto di maiale di Federico II.,* serviert mit Kastanienhonig? Auf die Desserts sollte man nie verzichten! *Federico* wird in der Küche flankiert von *Pino Ricciardulli.* Mi Ruhetag.
Via Marconi 18, Tel. 097 39 32 54,
Mobil 34 78 56 73 85, www.federicovalicenti.it

■ **Picchio Nero**②-③

MEIN TIPP: Gourmets sollten ihren Aufenthalt in Terranova so planen, dass genügend Zeit bleibt, um mindestens einmal im „Roten Mond" (s.o.) und einmal hier im „Schwarz-Specht" zu speisen! *Pino* und *Mina* kochen mit Leib, Seele und Verstand, ihr Restaurant liegt direkt unterhalb ihres gleichnamigen Hotels (s.o.). Obschon die exzellenten Zutaten sämtlich aus der Basilikata stammen und Gemüse frisch aus dem eigenen Garten, wird hier keineswegs klassische Territorialküche serviert. Vielmehr begibt man sich auf eine farbenfrohe, fantasievolle Reise durch die Aromen Lukaniens. Bei Fischgerichten z.B. bekommt man beide Meere der Region zu kosten – ein kulinarisches „Basilicata coast to coast". Die luftgetrockneten Würste sind ebenso hausgemacht wie die Nudeln, die Zubereitungsarten der Pollino-Pilze schier unendlich. Nur abends. Nov. bis Dez. geschl.

Einkaufen

■ *Giuseppe Salamone* fertigt traditionelle Dudelsäcke, wie die kleine *surdulina* oder die größere *zampogna,* und spielt in der Band „Totarella-Zampogne del Pollino", zu hören auf allen wichtigen Festen im Pollino, z.B. Ende August auf dem **Musikfestival Radicazione** im kalabrischen Alessandro del Caretto.
Via Vittorio Emanuele 14, Tel. 097 39 33 50,
Mobil 34 62 15 75 17, www.totarella.it

An- und Weiterreise

■ **Auto:** Am besten von der SS 653 auf einer Provinzstraße durch das landschaftlich schöne Sarmento-Tal. Landschaftlich reizvoll ist auch die Landstraße, die durch ausgedehnte Buchenwälder ins Frido-Tal nach San Severino Lucano führt.

■ **Bus:** SITA (www.sitasudtrasporti.it) nach Senise und Policoro.

Wandern/Mountainbiking/Skitouren

In der offiziellen **Wanderkarte** des Parco Nazionale del Pollino „Cuore del Parco, 1:20.000" ist eine Reihe interessanter Routen in der Umgebung von Terranova verzeichnet und vor allem auch im Gelände markiert (!). Gute Ausgangspunkte für Wanderungen sind der Weiler

⌃ Giuseppe Salamone spielt nicht nur Dudelsack, er baut auch die Instrumente

Casa del Conte, 5 km westlich des Ortes, bzw. der **Lago Duglia,** der von Terranova aus ebenfalls mit dem Auto zu erreichen ist und einige Kilometer südwestlich von Casa del Conte liegt. Direkt aus dem Ort kann man zu längeren Mountainbike-Touren aufbrechen. Auf der kalabrischen Seite des Pollino lässt sich beispielsweise der hübsche Ort S. Lorenzo Bellizzi erreichen.

■ Profi-Bikes und Tourenskiausrüstung verleiht **Pollino Adventure,** c/o *Pasquale Larocca* (Mobil 34 97 56 13 74, www.pollinoadventure.wordpress.com), der auch auf MTB- und Skitouren begleitet.

Grande Porta del Pollino (1947 m) – Serra Dolcedorme (2267 m)

Über den Sattel zwischen **Serra di Crispo** (2053 m) und **Serra della Càvole** (2127 m) führte ein wichtiger Saumpfad, der die Täler von Frido und Raganello miteinander verband. Heute ist er das Ziel von Bergsteigern, die ins Herz des Pollino vordringen möchten. Von der **Grande Porta del Pollino** lässt sich der Aufstieg bis auf die Serra delle Ciàvole bzw. die **Serra di Crispo** fortsetzen. Die Ausblicke sind in beiden Fällen grandios! Majestätische Panzerkiefern trotzen Wind und Wetter auf den ausgesetzten Graten und Steilwänden. Im Süden erheben sich jenseits der Piani del Pollino, einer großen Karstsenke, die höchsten Gipfel der Pollino-Kette: der **Monte Pollino** mit 2248 m und die 2267 m hohe **Serra Dolcedorme.** Bei klarer Sicht können konditionsstarke Bergsteiger auch diese Gipfel erklimmen. In diesem Fall sollte man früh am Tag aufbrechen.

Die **Grande Porta del Pollino** lässt sich auf mehreren Routen erreichen. Der klassische Aufstieg (N° 950 auf der Karte) erfolgt vom **Lago Duglia** (1378 m). Eine andere Aufstiegsvariante nimmt ihren Anfang am **Pianoro di Acqua Tremola** (1420 m), der an der Verbindungsstraße San Severino Lucano – Terranova liegt und von Terranova di Pollino 10 km und von San Severino Lucano 15 km entfernt ist. Eine Schotterpiste führt hier über den Grat in südliche Richtung durch einen prächtigen Weißtannen-Buchenwald bergauf, quert den Piano di San Francesco, taucht ein in den Bosco Jannace und führt auf den Hochweiden des **Piano di Jannace** (1646 m) wieder ins Freie. Hier trifft man auf einen querenden Weg, der von der **Madonna del Pollino** heranführt (IPV4 bzw. N° 924 auf der Karte). Diesem folgt man nach links, vorbei an der **Fontana Pittacurc'** (1870 m, Trinkwasser), bis zur Grande Porta del Pollino.

Serra di Crispo (2053)

Siehe „Routen und Touren" im Vorspann des Reisehandbuches.

Überblick | 316

Aieta | 333
Cerchiara di Calabria | 322
Cívita/Çifti | 317
Laino Borgo und Laino Castello | 326
Morano Cálabro | 323
Papasídero | 328
Práia a Mare | 329
San Nicola Arcella | 329
Tórtora | 334

Basili19-175 pa

9 Pollino Calabro, Monti di Orsomarso und Costa dei Cedri

Ein Ausflug ins nördliche Kalabrien: Wildwasserrafting, Eseltrekking, Albanerküche, rare Zitrusfrüchte, Thermalvergnügen wie zur Antike und Steinzeitkunst – die Gegend steckt voller Überraschungen.

‹ Morano Cálabro – lädt ein zur Entdeckung

Pollino Calabro, Monti di Orsomarso und Costa dei Cedri

ÜBERBLICK

Natur pur bietet der Parco Nazionale del Pollino auch in Kalabrien. In Orten wie Cívita ist albanisches Brauchtum lebendig, bei Cerchiara di Calabria kann man in heißen Schwefelquellen baden, die bereits die Griechen der Antike aus dem nahen Sybaris zu schätzen wussten. Südlich der Costa di Maratea setzt sich die dramatische Felsküste in der Costa dei Cedri fort. Ihren Namen verdankt der Küstenstreifen dem Anbau von Zedratzitronen. Jeden Sommer reisen Rabbiner aus aller Welt an, um die schönsten Früchte für das Laubhüttenfest zu pflücken.

Diese Berggruppe des Pollino, die in einer steil abfallenden Flucht von Terrassen (…) zur Ebene von Sibari hinabsinkt, ist ein eindrucksvolles Finale der Apenninen, die sich ohne Unterbrechung von Genua bis Bologna bis hierher erstrecken. Westlich dieses Punktes gibt es zwar Berge in Hülle und Fülle; aber das sind keine Apenninen mehr, keine Kalksteinstürze. Die Grenze der alten Provinzen Kalabrien und Basilicata verlief über diese Stelle.

Norman Douglas,
Reisen in Süditalien

Im kalabrischen Teil des **Parco Nazionale del Pollino** lassen fast unberührte Flusslandschaften, zerklüftete Berge und sanfte Hochebenen, ausgedehnte Alpenfluren und dichte Wälder mit artenreicher Fauna und Flora die Herzen auch verwöhnter Natur-Urlauber höher schlagen. Die Möglichkeiten zum **Wan-**

dern sind ausgezeichnet, die Markierung der Wege schreitet voran. Der **Fiume Lao** ist eines der interessantesten **Wildwasserreviere** Europas, bei Papasídero ist ein **„Picasso der Steinzeit"** in einer Felsgrotte zu entdecken. In Orten wie Frascineto oder Lungro ist das albanische Brauchtum noch lebendig, am eindrucksvollsten aber in **Cívita** – auch durch seine landschaftliche Lage ist der Ort eines der Highlights des Pollino Calabro.

Auch an der **Costa dei Cedri** könnte die Landschaftskulisse großartiger kaum sein. Umrahmt von steil aufragenden Bergen öffnet sich der Blick nach Norden in Richtung Basilikata und Kampanien. Eindrucksvoll erheben sich im Rücken der Küstenebene die **Monti di Orsomarso,** Ausläufer des nahen Pollino-Gebirges. An einladenden Badeplätzen herrscht kein Mangel, dafür sorgen ausgedehnte Sand- und Kiesstrände und ein glücklicherweise immer noch sauberes Meer. Ein Ferienparadies? Durchaus, aber mit Fehlern. Chaotisch verbaute Küstenabschnitte, im Sommer dem Ansturm neapolitanischer Badegäste ausgesetzt, sind ein Vermächtnis kurzsichtiger (korrupter?) Kommunalpolitiker.

Irreführend mit „Zedernküste" übersetzt, sind die **Zedratzitronen** der Grund für den Namen der Küste. Die heute fast vergessene Zitrusfrucht wurde ursprünglich entlang der gesamten Küste von Tórtora bis Cetraro kultiviert. Ihr Anbauzentrum liegt heute bei **Santa Maria del Cedro.** Zu kleinen Fluchten ins stille Landesinnere locken hübsche Bergorte wie **Aieta** und **Tórtora,** Ausgangspunkte auch für Wanderungen in eine wilde Bergwelt hoch über dem Meer.

Cívita/Çifti

Das im Mittelalter verlassene Castrum Sancti Salvatoris wurde um 1471 von **Albanern** neu besiedelt, die nach dem Tod ihres Anführers *Skanderbeg* vor den Türken nach Kalabrien geflüchtet waren. Der neue Ortsname leitet sich möglicherweise vom albanischen „qift" für Adler ab, bedeutet also Adlernest. **Cívita** (450 m, 915 Ew.) liegt von hohen Bergen umgeben auf einem natürlichen Felsbalkon über der **Raganello-Schlucht,** einer der spektakulärsten Talschluchten Europas, über die sich der berühmte **Ponte del Diavolo** (Teufelsbrücke) spannt.

NICHT VERPASSEN!

- **Cívita/Çifti:** gastfreundliches Albaner-Dorf | 317
- **Grotta delle Ninfe in Cerchiara di Calabri:** ländliches Thermalvergnügen | 323
- **Il Nibbio in Morano Cálabro:** an diesem Naturkundemuseum haben auch Kinder Spaß | 324
- **Grotta del Romito:** Aug' in Aug' mit einem steinzeitlichen Auerochsen | 328
- **Spiaggia di Arco Magno in San Nicola Arcella:** wer möchte hier nicht stranden? | 333

Diese Tipps sind gelb hinterlegt.

Die goldenen Äpfel

Die **Zedratzitrone** (ital. *cedro*) war die erste Zitrusfrucht, mit der Europäer in Berührung kamen. Der wissenschaftliche Name *Citrus medica* verrät ihre Herkunft aus dem altorientalischen Königreich Medien im Westen des heutigen Iran. Der deutsche Name erinnert schlicht an das aus kandierter Fruchtschale gewonnene Zedrat.

Gelehrte, die *Alexander den Großen* 334–324 v.Chr. auf seinem Asienfeldzug begleiteten, beschrieben die Agrumenpflanze als **Baum mit goldenen Früchten.** *Theophrast* bezeichnete die „medischen Äpfel" als ungenießbar, aber wohlriechend und empfahl sie als Mittel gegen Motten und Mundfäule. Da die Früchte im Geruch dem Zedernholz glichen, nannte man sie auch Zedernäpfel (griech. *kedronmelon*). Der Naturhistoriker *Plinius* übersetzte *kedros* mit *citrus* und sorgte endgültig für die sprachliche Verwechslung der Zedratzitronen mit den Zedern.

Basili19-176 pa

Seit über 2000 Jahren ist die Zedratzitrone eng mit der **jüdischen Religion** verbunden. Möglicherweise lernten die Juden sie während ihres babylonischen Exils kennen. Seit dieser Zeit wird der wohlriechende **Etrog** während des Sukkoth- oder Laubhüttenfestes im Herbst als *Peri ets hadar* (Frucht des biblischen Prachtbaums) verehrt. Als besonders wertvoll gilt eine Frucht, wenn sie am unteren Teil eine Einkerbung aufweist, den sogenannten Adamsbiss. Laut Talmud war die Frucht, von der Adam im Paradies verbotenerweise gekostet hatte, ein Etrog, daher auch **Adamsapfel.** Jeden Sommer kommen Rabbiner aus der ganzen Welt, um die makellosesten Früchte für das jüdische Laubhüttenfest auszuwählen.

Mit Ausbreitung der jüdischen Gemeinden in Unteritalien verbreitete sich im Hellenismus auch der Anbau der Zedratzitrone. Römer kultivierten sie als Zierpflanze.

Santa Maria del Cedro (110 m, 4900 Ew.), das 3 km von der Küste am Fuße der Hügel liegt, gehört zu den wenigen Orten weltweit, an denen Zedratzitronen angebaut werden. Die Cedri-Plantagen liegen etwas versteckt im **Tal des Abatemarco.** Die Kultur der kaum mannshohen und mit langen Stacheln bewehrten Bäume ist beschwerlich und vielerorts aufgegeben worden, seitdem die viel billigeren kandierten Kürbisse das Zedrat aus den Bäckereien weitgehend verdrängt haben.

Das **Museo del Cedro** (Via Impresa, Tel. 098 54 25 98, Mobil 33 84 31 18 58, www.cedrodicalabria.it, April bis Okt. Di bis So 9.30–12.30 und 16.30–19.30 Uhr) in einem Kastell unterhalb des Ortes, das in bourbonischer Zeit als Gefängnis diente, ist mehr Verkaufsausstellung als Museum. Zu kosten gibt es die aromastarken Agrumen auch in der prämierten **Pasticceria Aronne** in dem nördlichen gelegenen Ortsteil Marcellina (Via Orsomarso 1, Tel. 098 54 25 77, fb, Mo Ruhetag).

Den Bewohnern ist es gelungen, ihre Sprache, Kultur und Religion lebendig zu erhalten. Es gibt eine Zeitung in albanischer Sprache, die Messen in der **Chiesa S. Maria Assunta** werden nach der Liturgie des hl. Chrysostomos gefeiert, das **Volkskundemuseum** zeigt Gegenstände bäuerlichen Lebens und traditionelle Trachten.

■ **Museo Etnik Arbëresh MAE,** Piazza Municipio, Tel. 098 17 31 50, 098 17 30 43, www.museoetnicoarbresh.org. Tägl. 17–19.45 Uhr bzw. auf Anfrage. Eintritt frei, Spende willkommen.

Neugierig streift man durch die **sauberen Gassen,** den Blick auf die eigentümlichen Kamine der Häuser gerichtet. Brunnen spenden klares Wasser, und von jedem erfährt man hier ein freundliches Wort. „Pret me harè të huajin", den Gast mit Freuden erwarten, sagt man in Cívita. Wie auch das nahe Morano Calabro trägt Cívita stolz das Tourismus-Siegel **„Bandiera Arancione"** des Touring Club Italiano. Damit werden in Italien kleine Gemeinden ausgezeichnet, die sich für nachhaltigen Tourismus einsetzen. Cività zählt als einer von z.Z. dreizehn Orten Kalabriens auch zu den **„Borghi più belli d'Italia"**, kurz: Es ist eine ideale Basis, um von hier zu den höchsten Pollino-Gipfeln vorzustoßen. Wanderwege laden auch zur Entdeckung der unmittelbaren Umgebung ein.

Information

■ **Ecomuseo del Pollino**

Auch wenn das Dokumentationszentrum und Naturkundemuseum „eingeschlafen" sind, erhält man hier immer noch Infomaterial zum Parco del Pollino. Im Sommer i.d.R. tägl. 9.30–12.30 und 16.30–19 Uhr, im Winter eingeschränkt.

Vico di Garibaldi (Palazzo Castellano)

Übernachten

■ **Il Belvedere②**

MEIN TIPP: Gepflegtes B&B am oberen Ortsrand mit Blick in die Raganello-Schlucht; am besten ist die Aussicht aus dem Zimmer „Erica". Stilvolle Einrichtung, gute Betten, komfortable Bäder, das leckere Frühstück und der freundliche mehrsprachige Empfang empfehlen einen längeren Aufenthalt. Mit der Bahn anreisende Gäste werden auf Wunsch in Sibari abgeholt. *Gianluca Colaci* ist ein begeisterter Cineast und hält über 600 DVDs bereit. Viel wichtiger aber sind die guten Tipps, die er seinen Gästen gibt, auch vermittelt er Bergführer für den Parco del Pollino. Seine Mutter *Dina Cerchiara* betreibt nebenan das ebenso einladende **B&B La Ginestra** (hier im Mansardenzimmer den Kopf einziehen!) und hat mit jungen 68 Jahren das tolle Bistro Hami e Pimi (s.u.) eröffnet. Parkplatz direkt vor dem Haus. 4 Zi.

Corso Cavallotti 27, Tel. 098 17 32 32,
Mobil 34 09 99 37 14, 33 34 55 72 75,
www.bebparcodelpollino.it

Essen und Trinken

■ **Agorà②**

Solide kalabresische und albanische Küche, abends auch Pizza. Lamm-, Rinder- und Schweinefleisch liefern vertrauenswürdige Metzger, die Väter der beiden Betreiber. Offener Wein. Am Hauptplatz des Ortes gelegen, Tische im Sommer auf der Piazza. Angeschlossen ist ein B&B. Mo Ruhetag.

Piazza Municipio 30, Tel. 098 17 34 10,
www.agoraristorazione.it

■ **Hami e Pimi①-②**

MEIN TIPP: „Essen und trinken wir", lautet der Name des sympathischen Bistros wenige Schritte von

der Chiesa S. Maria Assunta. Im Ausschank Pollino-Weine, dazu Käse, Würste und leckere Pasta. Oft kommt man hier in den Genuss flotter Folkmusik. März bis Dez. I.d.R. nur abends, im Sommer auch mittags. Mo Ruhetag.
Via Piave 4, Tel. 09 81 44 61 70

■ **L'Oste d'Arberia**③

MEIN TIPP: Die z.Z. sicher interessanteste Adresse vor Ort: Sympathischer Familienbetrieb, ohne falsche Rustikalität. Das 1919 erbaute Haus wurde sorgsam restauriert, das Ambiente ist einladend modern, die Qualität der gefällig präsentierten Speisen und der dazu gereichten Weine hoch. *Marianna Nicoletti* ist Erzieherin, ihr Bruder *Francesco* Sommelier, *Mariannas* Mann Zuckerbäcker und ihre Mutter eine Ausnahmeköchin. Die Pasta wird frisch zubereitet und jeden Tag Brot gebacken, die restlichen Zutaten liefern die Bauern der Umgebung. Mo und Di mittags geschl.
Corso Cavalotti 2, Tel. 09 81 44 63 31,
Mobil 33 97 39 08 08, fb

■ **Kamastra**②

In den historischen Räumen einer Wollspinnerei hält *Enzo Filardi* die Küche der Arbëresh mit traditionellen Pastagerichten, wie z.B. *dromësat,* hoch. Probieren sollte man unbedingt Zicklein und zum Nachtisch *krustulli* – das in Most getunkte Gebäck schmeckt einfach himmlisch! Flaschenweine und offener Rotwein aus Frascineto. Seit 2009 wirkt *Francesco Algieri* am Herd! Mi Ruhetag.
Piazza Municipio 3/6,
Tel. 098 17 33 87, www.kamastra.net

Vallje – Heldentänze der Arbëresh

von *Emanuele Pisarra* und *Peter Amann*

Im Tanz der Vallje halten die **Arbëresh** in Cívita die Erinnerung an eine der denkwürdigen Schlachten ihres Volkshelden **Georg Kastriota Skanderbeg** lebendig. Bis zu seinem Tod im Jahre 1468 hielt er Albanien als christliches Bollwerk gegen den osmanischen Vormarsch in Europa. Nach einem großen Sieg über die Truppen Sultan *Mehmets II.* bei Kruja am Dienstag nach Ostern des Jahres 1467 ordnete der Feldherr Festlichkeiten zum ewigen Angedenken an.

Auch noch im Abstand von über 500 Jahren kommen jedes Jahr am Dienstag nach Ostern die Menschen im Ort zusammen, um zu tanzen. Frauen und Männer in traditionellen Kostümen bilden eine Kette, bewegen sich wiegend über die Piazza und suchen die „Türken", in diesem Fall die zuschauenden Gäste, einzufangen. Rhapsodien besingen die Heldentaten *Skanderbegs.*

An- und Weiterreise

■ **Auto:** A3 Ausfahrt „Frascineto-Castrovíllari" bzw. SS 106 Abfahrt „Villapiano Scalo".

■ **Bus:** SAJ (www.saj.it) aus Castrovíllari, Cosenza und Síbari (Bhf.). Simet (www.simetspa.it) aus Castrovíllari und Síbari (Bhf.).

Fest

■ Am Dienstag nach Ostern werden auf den Plätzen die **Vallje** (siehe Exkurs „Vallje – Heldentänze der Arberësh") getanzt und dazu alte albanische Rhapsodien gesungen, die an die Heldentaten *Skanderbegs* erinnern.

☒ Cívita – albanisches „Adlernest" über der Raganello-Schlucht

Wandern

Acalandros Tour

Emanuele Pisarra, Bergführer und Journalist, organisiert Wanderungen und Jeep-Exkursionen im Parco del Pollino und im Gebiet des Monte Sirino (Basilikata). Gute Bezugsquelle für aktuelle Pollino-Wanderkarten!
Via Gennaro Placco 8, Mobil 33 38 73 28 29, www.acalandrostour.it

Raganello-Schlucht

Einfache Wanderung, die auch mit Kindern unternommen werden kann. Aus der Ortsmitte gelangt man zum Fluss hinab, wo sich der **Ponte del Diavolo** zum anderen Ufer spannt. Ohne den Fluss zu überqueren, steigt man auf einem Stufenweg bis zu dem **Belvedere Mater Chiesa** auf. Von hier lässt sich die Wanderung auf einem gut erkennbaren Pfad parallel zur Schlucht fortsetzen. Auf gleichem Weg zurück.

Im August **2018** geriet die Raganello-Schlucht in die Schlagzeilen, als eine verheerende **Flutwelle** zehn Menschen in den Tod riss. Es hatte zwar eine Wetterwarnung gegeben, von der sich jedoch niemand einschüchtern ließ. Gerade im Sommer steigen die Touristen mit oder ohne fachkundige Begleitung in die Schlucht hinab, um sich im kalten Wasser zu erfrischen – auch unter normalen Umständen kein ungefährliches Unterfangen. Nachdem im lukanischen Quellgebiet des Fiume Raganallo in kurzer Zeit sehr hohe Niederschläge gefallen waren, kam es zur Katastrophe.

Basili19-177 pa

Cerchiara di Calabria

Eine großartige, von tiefen Schluchten durchzogene Landschaft, Grotten, denen Thermalwasser entströmt, ein Heiligtum und Wanderwege in luftiger Höhe – Gründe genug, den mittelalterlichen Bergort am Fuße des Monte Séllaro zu besuchen. Im Ort (650 m, 2360 Ew.) lohnen die **Kirche Sant'Antonio** und das **Monastero di Loreto** einen Besuch. Von den Ruinen des **Kastells** genießt man einen spektakulären Blick in die Schlucht des Caldanella.

Auf dem Weg nach Cerchiara kommt man an der **Grotta delle Ninfe** vorbei. Die warmen Quellen im Tal des Caldanella wurden bereits von den Griechen des antiken Sybaris aufgesucht.

Folgt man der Straße aus dem Ort 12 km bergauf, erreicht man auf 1015 m Höhe das **Santuario S. Maria delle Armi** (griech. *armòn* = Grotte). Ab dem 9. Jh. lebten byzantinische Einsiedlermönche in den Felshöhlen, im 15. Jh. wurde davor die katholische Kirche errichtet. Heute noch besuchen zahlreiche Pilger das in Stein geritzte Bildnis der Muttergottes. Am 25. April findet eine große Prozession statt. Vom Santuario führt ein sehr lohnender Aufstieg bis auf den Gipfel des **Monte Séllaro** (1493 m).

Basili19-178 pa

■ **Santuario S. Maria delle Armi,** Località S. Maria delle Armi, tägl. 8–20 Uhr.

Übernachten/Essen und Trinken

Acampora②
Salvatore Acampora hat diesen einladenden Agriturismo mit seiner Frau *Maria* aufgebaut, inzwischen hat Tochter *Rosa* das Ruder übernommen. Als Pionier der Bio-Landwirtschaft und Agriturismo-Bewegung in Kalabrien baut *Salvatore* bio-dynamisch an und freut sich über Kontakte mit Waldorf-Schulen! Einfache, saubere Zimmer in einem schönen Steinhaus auf der östlichen Talseite des Torrente Caldanelle. Stellplatz für Zelte/Camper. Tipps für Wanderungen – vom Hof genießt man schöne Blicke auf den Monte Cersuta. Von der Straße nach Cerchiara rechts einige Kilometer der Ausschilderung folgen. 5 Zi.
GPS: 39.843525, 16.414553
Contrada Milizia – Piana di Cerchiara,
Tel. 09 81 99 13 20, Mobil 32 86 29 51 01,
www.agriturismoacampora.it

■ **Il Campanile**②
MEIN TIPP: Ebenso sympathischer wie ausgezeichneter Familienbetrieb. In der Ortsmitte unterhalb des Campanile an der Hauptstraße gelegen. Im Sommer Tische im Freien. Außer hausgemachter Pasta gibt es gegrilltes Fleisch und Steinpilze, im Frühsommer Waldbeeren als Dessert. Abends auch Holzofenpizza. Guter offener Wein. Mo Ruhetag.
Via Antonio Caputi 16/18, Tel. 09 81 99 11 82,
Mobil 33 82 66 48 77, 33 98 90 01 82

An- und Weiterreise

■ **Auto:** A3 Ausfahrt „Frascineto-Castrovíllari" bzw. SS 106 Abfahrt „Villapiano Scalo".

■ **Bus:** SAJ (www.saj.it) aus Trebisacce. Von Trebisacce mit der SAJ aus Brindisi, Cosenza und Sìbari (Bahnhof).

Thermen: Grotta delle Ninfe

Badevergnügen in ländlicher Umgebung! Aus einer Grotte entspringt 32°C warmes Schwefelwasser. Becken, Fango, Umkleidekabinen, Toiletten und Bar. Juni bis Ende Sept. tägl. 8–19.30 Uhr, Juli und Aug. bis 22 Uhr. Eintritt 6/3 €.
Località Grotta delle Ninfe,
Tel. 09 81 99 00 09, www.comune.cerchiara.cs.it

Morano Cálabro

Der holländische Grafiker **M. C. Escher** hat Morano in einem seiner berühmten Holzschnitte verewigt. Kein Wunder, das **Städtchen** mit dem Mohren im Stadtwappen **zählt zu den schönsten Süditaliens!** Den besten Blick auf **Morano Cálabro** (694 m, 4480 Ew.) und die Pollino-Gipfel im Hintergrund genießt man vom **Convento dei Capucini.** Die intakte Anlage des mittelalterlichen Ortes, dessen Häuser sich bis auf die Spitze eines kegelförmigen Berges ziehen, lädt zu ausgedehnten Streifzügen ein. Zu Fuß! Das Kunststück, die Altstadtgassen mit einem Fiat Panda oder dreirädrigen Ape zu bezwingen, überlässt man gerne den Einheimischen. Der steilen Treppen wegen beschrieb *Norman Douglas* in „Old Calabria" die hiesigen Maultiere als *animali occupatissimi.*

☒ Cerchiara ist auch für sein gutes Holzofenbrot bekannt

Basili19-179 pa

Von der Piazza Maddalena steigt man durch enge Gassen und über Treppen zu den Ruinen des **Kastells** hoch (es führt aus dem Norden auch eine Panoramastraße bis auf den Berg). Unterwegs kommt man an dem ältesten Mauergürtel und der **Kirche SS. Pietro e Paolo** vorbei. Vier Marmorstatuen im Inneren, darunter die Apostel Petrus und Paulus, sind ein Werk *Pietro Berninis* (1562–1629), Vater des berühmten Bildhauers und Architekten *Gianlorenzo Bernini.*

Vom **Kastell** genießt man einen unvergleichlichen Blick auf den Ort und die umliegenden Berge. Im **Naturhistorischen Museum Il Nibbio** direkt unterhalb des Kastells führen wissenschaftlich akkurat und mit Liebe zum Detail gestaltete Dioramen die Lebenswelten des Pollino vor Augen und Ohren. Das macht auch Kindern Spaß!

Il Nibbio – Centro Studi Naturalistici del Pollino, Vico II. Annunziata 11, Mobil 33 48 80 32 92, www.ilnibbio.it. Juni bis Mitte Sept. tägl. 10–13 und 16–20 Uhr, sonst Di bis So 10–13 und 15–18 Uhr. Eintritt 4/3 €.

Il Nibbio – wie zu Hause in Morano Cálabro

Information

Perla del Pollino
Die Kooperative betreut das **Volkskundemuseum** im Palazzo Salmena, erteilt Auskünfte und organisiert Ausflüge.
Contrada Cutura 2, Mobil 34 07 06 75 34 *(Franca),* 38 96 41 70 21 *(Mariella),* www.infoeturismo.com

Übernachten

Albergo diffuso Il Nibbio②
MEIN TIPP: *Nicola Bloise,* der zusammen mit seinem Bruder das wirklich außergewöhnliche Naturkundemuseum Il Nibbio geschaffen hat, ist unter die Gastwirte gegangen. Auch in diesem Fall verbindet er Profession mit Passion. Sorgfältig restaurierte und bestens ausgestattete Altstadthäuser, alle in der Nähe des Kastells und des Museums Il Nibbio (s.o.), das als Anlaufstelle dient, bieten Einzelreisenden, Paaren, Familien oder einer Gruppe von Freunden stilvolle Unterkunft. Als Architektin konnte *Nicola* seine Frau *Ottavia* gewinnen. Die meisten der Häuser verfügen über eine Küche, alle sind beheizbar. Mit ihren Einrichtungsgegenständen transportieren die Häuser die Erinnerungen ihrer früheren Besitzer, z.B. eines Töpfers, Elektrikers oder Sakristans. Das Frühstück wird in der **Bar Il Giardino del Nibbio** zu Füßen des Kastells serviert. 10 Häuser. Febr. bis Nov.
c/o Il Nibbio – Centro Studi Naturalistici,
Mobil 34 71 98 91 23 *(Ottavia Palamara),*
33 48 80 32 92 *(Nicola Blois),* www.ilnibbio.it

La Panoramica②
Etwa 4 km von der Autobahnausfahrt „Morano Cálabro-Castrovíllari" und 3 km vom Ort liegt mit Blick auf Morano das Haus von *Christa Gretzmeier* und ihres kalabresischen Lebensgefährten *Rocco*. Geräumige, ruhige Zimmer mit guten Betten, alle mit eigenem Bad. Gemeinschaftsküche. Reichhaltiges Frühstück. Ideal für Eltern mit Kindern. Pool im großen Garten. *Christa* hält für ihre Gäste jede Menge nützlicher (Aktiv-)Tipps bereit. Ausgesprochen faire Übernachtungspreise! 7 Zi.
GPS: 39.851300, 16.148607
Contrada Mangioppo, Tel. 098 13 31 65,
Mobil 34 64 21 37 63

Villa San Domenico③
Geschmackvoll und luxuriös ausgestattetes Hotel in einem alten Adelspalast am Fuße der Altstadt. Beliebt für Familienfeiern im kleinen Rahmen. Restaurant. *Pasquale Vacca,* der freundliche Besitzer, kann als ehemaliger Kulturassessor mit einer Menge guter Tipps aufwarten. Gegenüber vermietet er in einem alten Haus ähnlich gut ausgestattete, etwas preiswertere Zimmer. Parkplatz. 12 Zi.
Via Sotto gli Olmi, Tel. 09 81 39 98 81,
www.albergovillasandomenico.it

Berghütte und Camping

Rifugio Biagio Longo①
Die moderne Schutzhütte des CAI Castrovíllari liegt südlich von Morano Cálabro und ist von der Autobahnausfahrt „Campo Tenese" auf 10 km asphaltierter Straße mit dem Auto zu erreichen. Ein idealer Ausgangspunkt für Wanderungen (z.B. auf den 1632 m hohen Monte Palanuda), MTB-Touren oder Rafting-Exkursionen auf dem Lao, im Winter für Langlauf- und Schneeschuhtouren. Gute Tipps gibt es von den Sektionsmitgliedern! 22 Schlafplätze und Küche. Ermäßigung für CAI- und Alpenvereinsmitglieder (Hüttenschlafsack mitnehmen). Es besteht auch die Möglichkeit, ein Zelt aufzuschlagen.
Piano di Campolungo, Mobil 33 41 00 50 54,
www.caicastrovillari.it/wordpress

Essen und Trinken

La Cantina②
Früher Altstadt-Trattoria, jetzt größeres Ausflugslokal westlich außerhalb des Ortes an der SS 19 Richtung Campo Tenese. Die Familie *Minervino* verwöhnt ihre Gäste weiterhin mit lokalen Spezialitäten, hausgemachter Pasta, viel Gemüse und abends auch Pizza; im Winter Stockfisch. Guter Hauswein. Mo Ruhetag.
GPS: 39.846685, 16.125657
Contrada Terrarossa, Tel. 098 13 10 34

Ma.Rù.②
Moderne Trattoria-Pizzeria am unteren Altstadtrand, die Pizza ist ausgezeichnet. Nur abends.
Via Domenico Cappelli 13, Mobil 34 07 06 74 89, fb

An- und Weiterreise

- **Auto:** A3 Ausfahrt „Morano Cálabro-Castrovíllari".
- **Bus:** SAJ (www.saj.it) aus Castrovíllari, Cosenza und Síbari (Bhf.).

Feste

- Am 20. Mai findet das Fest des Stadtpatrons **S. Berardino da Siena** statt. In den vorausgehenden Tagen wird die **Festa della Bandiera** abgehalten. Das im Ursprung mittelalterliche Spektakel, das einen Sieg über die Mauren feierte, wurde wiederbelebt.
- Vom 15. bis 16. Juli wird die **Madonna del Carmine,** Beschützerin der Emigranten, gefeiert.

Neues Leben für Belmonte Calabro

Ein **hübscher Bergort hoch über der Küste,** Arbeits- und Perspektivlosigkeit, Abwanderung – Alltag in Kalabrien. Bis eine Gruppe engagierter Freunde sich zusammentat, die eigenen Häuser nach baubiologischen Kriterien und mit Respekt zu restaurieren, um sie als **komfortable Gästeapartments** zu einem sogenannten *albergo diffuso* zu verbinden. Die *casette* sind nicht nur ein gemütliches Zuhause auf Zeit (einige groß genug für Familien oder eine Gruppe von Freunden), sie erzählen auch die Geschichte ihrer früheren Bewohner und halten so die Erinnerung an vergangene Zeiten wach. Die Übernachtungspreise sind mehr als fair!

- **EcoBelmonte②**
Via Cavour 65 – Belmonte Calabro,
Mobil 34 03 27 90 35,
www.ecovacanzebelmonte.it

Laino Borgo und Laino Castello

Bis Mitte des 20. Jh. bildeten Laino Borgo und Laino Castello eine einzige Gemeinde. Die Ursprünge der Besiedlung reichen weit in die Geschichte zurück. Auf antiken griechischen Münzen fand sich zum ersten Mal die Inschrift *Lainos*. **Laino Borgo** (271 m, 1900 Ew.) liegt am nördlichen Lao-Ufer, gegenüber erhebt sich Laino Castello auf einem Geländesporn. Den Fluss abwärts spannt sich die A3 mit einem imposanten Viadukt 145 m hoch und 1161 m weit über die Lao-Schlucht. Im Vorbeifahren erhascht man nur einen kurzen Blick auf die pittoresken Ortschaften.

Verlässt man die Autobahn an der Ausfahrt „Laino Borgo", findet man sich wenige Kilometer später unversehens im „Heiligen Land" wieder. Direkt an der Straße liegt in einem Wäldchen eines der liebenswürdigsten Heiligtümer Kalabriens. *Domenico Longo,* der 1557 nach einjähriger Pilgerreise aus Jerusalem in seinen Heimatort zurückgekehrt war, errichtete auf seinem Grund die Kirche, umgeben von 15 Miniaturkapellen als Nachbildung der heiligen Stätten. Das **Santuario Maria SS. delle Capelle** ist ein beliebtes Pilgerziel.

Mit den spektakulären **Gole del Lao** ist Laino ein **Mekka für Wildwassersportler!**

Vom westlichen Ortsende des modernen und gesichtslosen **Laino Castello** (400 m, 840 Ew.) ist die Zufahrt zum „centro storico" ausgeschildert. Das alte Laino Castello wurde 1982 nach einem

☐ Übersichtskarte S. 316

Erdbeben evakuiert. Noch immer ist das Schicksal des verlassenen Ortes ungewiss. Wegen Einsturzgefahr heißt es offiziell: **Betreten verboten!** Junge Leute träumen davon, Leben in die verlassenen Mauern zurückzubringen. Leider scheiterte bislang der Versuch von *Daniele Kilgrehn*, den Borgo wiederzubeleben; im Sextantio Albergo Diffuso in Matera (siehe dort „Übernachten“) kann man sich von seinem Ansatz überzeugen. Vom Burgberg, den die Ruinen eines langobardischen Kastells krönen, genießt man ein großartiges Panorama.

Übernachten/Essen und Trinken

■ **Il Vecchio Portale**②
Im Zentrum gelegenes B&B, aus den meisten Zimmern und von den Terrassen genießt man den Blick auf Laino Castello. Im selben Haus betreibt *Tonino Gioia* die vorzügliche **Osteria Lo Sfizio**. 5 Zi.
Via Roma 55 – Laino Borgo,
Tel. 098 18 24 30, Mobil 33 32 98 81 56

An- und Weiterreise

■ **Auto:** A3 Ausfahrt „Laino Borgo“.
■ **Bus:** Ferrovie della Calabria (www.ferroviedellacalabria.it) nach Castrovíllari. Ferrovie Apulo-Lucane (www.ferrovieappulolucane.it) nach Práia a Mare (dort Bhf. mit Anschluss an Fernzüge).

Fest/Veranstaltung

■ Fast die gesamte Bevölkerung von Laino Borgo ist am Karfreitag (alle paar Jahre) an der Aufführung des Passionsspiels **Giudaica** beteiligt.
■ Am dritten Septembersonntag findet das Fest der **Madonna delle Cappelle** statt. Am Abend

Basili19-180 rt

vorher wird die Madonnenfigur in einer Prozession durch Laino Borgo getragen, am Sonntag gelangt sie auf der Schulter von Frauen in ihre Kirche zurück. Das Fest setzt sich nachmittags am Santuario mit Musik, Tanz und einem großen Picknick fröhlich fort.

Rafting

■ **Lao Rafting**
Professioneller und gut organisierter Anbieter: Rafting, Kajak, Mountainbike und Aquatrekking.
Corso Umberto I. 120, Tel. 098 18 56 44,
Mobil 33 86 39 36 36, www.laorafting.com

⌂ Durch die Schluchten des Lao – Rafting mit River Tribe

River Tribe

MEIN TIPP: Das junge, engagierte und hochprofessionelle Outdoor-Team um *Antonio Trani* bietet nicht nur tolle Rafting- und Kajak-Touren auf dem Lao an, sondern auch Touren mit MTB, Yogakurse und Massagen. Es wird Englisch und Deutsch gesprochen. Vom März bis Anfang Nov. Aktivitäten auf dem Fluss, in den Wintermonaten Wanderungen und Schneeschuhtouren.
GPS: 39.970600, 15.988547
Località San Primo 35, Tel. 098 18 28 41, Mobil 33 19 21 06 18, www.rivertribe.it

Papasídero

Der hübsche Ort am südlichen Lao-Ufer ist **byzantinischen Ursprungs.** Im Namen lebt die Erinnerung an den Gründer fort, einen griechischen Abt (griech. *papas*) namens *Isodoros,* der sich hier mit einer Mönchsgemeinschaft niederließ.

In **Papasídero** (208 m, 710 Ew.) ist die **Kirche S. Sofia** mit gut erhaltenen Fresken aus dem 16. Jh. besonders sehenswert. Ein kurzer Weg führt aus dem Ort und über eine Brücke zu der **Wallfahrtskirche S. Maria di Costantinopoli,** errichtet nach der Pest von 1656. Am Dienstag nach Pfingsten wird das Fest der Stadtpatronin mit einer dörflichen Prozession begangen.

Von Papasídero setzt sich die SS 504 talaufwärts Richtung Mormanno fort. In Montagna zweigt eine bezeichnete Stichstraße ab, auf der man nach 4 km die **Grotta del Romito** erreicht. Die Entdeckung eines in den Fels geritzten Auerochsen *(Bos primigenus)* im Jahre 1961 war eine Sensation. Mit seinen vollkommenen Proportionen tritt einem das vor 11.000 Jahren von Menschenhand geschaffene Tier voller Kraft entgegen. Unter den überhängenden Felsen fand man die Skelette zweier rituell bestatteter Menschen, ein junges Paar in liebevoller Umarmung. Im Inneren der Tropfsteinhöhle wurden zwei Männerskelette ausgegraben, im September 2001 die Überreste eines 18-jährigen Mannes. Die Grotte diente offensichtlich als Kultort. Eine Ausstellung im Besucherzentrum veranschaulicht die Bedeutung des Lao-Tals als Handelsstraße in der Steinzeit. Obsidian von den Äolischen Inseln gelangte auf diesem Weg an die ionische Küste. Funde aus der Bronzezeit fehlen hingegen völlig, die wichtigen Handelsströme verliefen damals übers Meer. Viele hundert Jahre später nutzten byzantinische Mönche die Grotte als Einsiedelei (ital. *romitorio*).

Grotta del Romito, Tel. 098 18 30 78 (Comune di Papasídero). Juli bis Sept. tägl. 10–19 Uhr, Okt. bis Mai tägl. 10–16 (18) Uhr. Eintritt 4/3 €.

Information

Pro Loco Papasídero
Piazza Umberto I. 2, www.pro-locopapasidero.org

www.papasidero.info

> Trattoria Grotta del Romito – Antonietta und ihre Familie kochen Tomatensugo ein

Übernachten/Essen und Trinken

Utopyas del Cavernicolo①-②

Nahe ihrer Trattoria Grotta del Romito (s.u.) betreiben *Antonietta Gersosimo* und ihre Schwester *Daniela* dieses nette B&B. Am dazugehörigen Bauernhof mit vier Eseln (!) werden nicht nur Kinder ihre Freude haben. Es gibt die Möglichkeit, Zelte aufzuschlagen und Camper abzustellen. 4 Zi.
Via Romito 44, Tel. 098 18 31 38,
Mobil 34 60 94 38 95 *(Daniela)*,
34 63 13 35 50 *(Antonietta)*,
www.grottadelromito.com

Grotta del Romito①-②

Mein Tipp: In der Trattoria nahe der Grotta del Romito kann man für wenig Geld ausgezeichnet essen. Die Zutaten stammen aus eigener Landwirtschaft. *Antonietta* begleitet ihre Gäste auf Wanderungen und hält Rafting-Tipps bereit. Ganzjährig geöffnet, im Winter empfiehlt es sich, rechtzeitig anzurufen.
Via Romito 44, Tel. Tel. 098 18 31 38,
Mobil 34 63 13 35 50, www.grottadelromito.com

An- und Weiterreise

Auto: SS 504. Die Grotta del Romito ist nur mit eigenem Fahrzeug zu erreichen.
Bus: SASMA (www.sasma.it) auf der SS 504 von Mormanno bzw. Scalea.

Práia a Mare und San Nicola Arcella

Breiten Sandstränden, verschwiegenen Felsbuchten und einem sauberen Meer verdankt **Práia a Mare** (5 m, 6800 Ew.) seinen Aufstieg zu einem vor allem bei Italienern beliebten, leider aber gesichtslosen Badeort. Nur wenige hundert Meter vom Strand entfernt liegt die **Isola di Dino;** die Grotten mit dem Boot zu erkunden macht nicht nur Kindern Spaß,

Basili19-181 pa

auch Schnorchler sind hier in ihrem Element. Hotels, Campingplätze und Discos öffnen meist erst Mitte Juli, dann belebt sich auch der von Geschäften gesäumte Viale della Libertà.

Außer der spektakulären Küste hat Práia wenig zu bieten. Am Strand steht die **Torre di Fiuzzi,** ein Küstenwachtturm des 16. Jh. Vom östlichen Stadtrand führen Stufen hoch zum **Santuario Madonna della Grotta.** Vor den steil aufragenden Felswänden setzt sich die weiße Fassade der Kirche wirkungsvoll ab. An gleichem Ort stand vom 9. bis 15. Jh. ein byzantinisches Höhlenkloster. Die Marienkapelle in der Karstgrotte ist noch heute ein Pilgerziel. Archäologen konnten eine durchgehende menschliche Besiedlung von der Altsteinzeit bis in die römische Antike belegen.

Zehn Monate des Jahres gleicht die Altstadt von **San Nicola Arcella** (110 m, 375 Ew.), auf dem Felssporn hoch über dem Meer thronend, einer Geistersied-

Mamma, li turchi!

Die Kette der alten **Küstenwachttürme** an der Costa dei Cedri und der sich nördlich anschließenden Costa di Maratea hat sich eindrucksvoll erhalten. Noch bis Anfang des 19. Jh. waren sie bemannt, um die Bevölkerung rechtzeitig vor **Piraten** zu warnen.

Die Piraterie im Mittelmeerraum ist so alt wie die Seefahrt. Schon *Homer* wusste ein Lied davon zu singen. Ab dem 8. Jh. nahmen mit Vordringen des Islam die Überfälle auf die süditalienischen Küsten stark zu (Christen gingen ihrerseits im Orient auf Kaperfahrt). Mit schnellen Schiffen gelangen den nordafrikanischen **Sarazenen** blutige Überraschungsangriffe. Während in Tunis und Algier die Sklavenmärkte florierten, wurden die ehemals blühenden Küstenstädte Süditaliens von ihren Bewohnern verlassen, die Schutz suchend in die Berge flohen. Erst im 13. Jh. begannen die Anjous mit Gegenmaßnahmen zum Schutze ihres Königreiches Neapel. An der Küste wurden Wachttürme, sogenannte **Torri Saraceni** (Sarazenentürme), errichtet. Mit Leuchtsignalen ließ sich die Nachricht von drohender Gefahr buchstäblich wie durch ein **Lauffeuer** verbreiten. Im 16. Jh. verbündete sich der französische König *Franz I.* im Krieg gegen die spanischen Habsburger mit *Suleiman dem Prächtigen.* Die Frucht dieser „unheiligen" Allianz war ein **Piratenkrieg** bisher unbekannten Ausmaßes, wobei Kalabrien zu den Hauptleidtragenden gehörte. Gefürchtete Korsaren wie *Chair-ed-Din „Barbarossa"* und *Dragut* operierten dabei im Auftrag des türkischen Sultans. Der Hilferuf *Mamma, li turchi!* („Mama, die Türken!") bleibt bis heute unvergessen. Unter *Pedro de Toledo,* von 1532 bis 1553 Vizekönig Kaiser *Karls V.* in Neapel, wurde der Küstenschutz erheblich verstärkt. Erst mit dem Fall von Algier, das die Franzosen 1830 eroberten, endete die Ära der Piraten im Mittelmeer, und die Wachttürme verloren ihre militärische Funktion.

1877 landete der amerikanische Schriftsteller *Francis Marion Crawford* (u.a. „Southern Italy and Sicily", „Rulers of the South") in der Bucht von San Nicola Arcella. Einige Jahre diente ihm die **Torre di San Nicola** als romantische Schreibstube.

lung. Die neu gepflasterten Gassen wirken gepflegt, doch nur wenige Einheimische wohnen noch hier. Die meisten Häuser im Centro storico werden inzwischen im Sommer als Ferienwohnungen genutzt. Einen tollen Blick auf den Golf von Policastro und die Torre di San Nicola hat man vom „Punto panoramico".

Die herrlichen **Strände** und das unvergleichliche Panorama sind „schuld" an der zunehmenden Zersiedlung. Unterhalb des Städtchens liegt (noch) einsam der barocke **Palazzo dei Principi Lanza.**

Übernachten

Al Vecchio Pioppo②

MEIN TIPP: Bed & Breakfast & Boat: *Gaetano Calabrese,* der englisch spricht, führt mit seiner Frau *Antonella* am baumbestandenen Corso dieses einladende B&B. Im gleichen Haus befindet sich unten ein Lebensmittelladen. Schön möblierte Zimmer mit guten Betten und Bädern, zwei gehen auf die ruhigere Rückseite – im Sommer ist der Corso sowieso verkehrsberuhigt. *Gaetano* nimmt seine Gäste zu Bootsausflügen auf die Isola di Dino mit. 4 Zi.
Via Filippo Turati 77 – Práia a Mare,
Tel. 09 85 77 73 52, Mobil 33 32 86 53 78,
33 84 88 45 58, www.alvecchiopioppo.it

Castello di Praia②

Fürstlicher Meerblick: Feudale und doch völlig entspannte B&B-Bleibe im Normannenkastell, auch als Castello Fiuzzi bekannt, hoch über dem Strand. Der Familie *Cosentini di Aieta* gehörte einst auch der imposante Palazzo in Aieta. Anlass genug, dem hübschen Bergort im Hinterland einen Besuch abzustatten. 8 Zi.
GPS: 39.873378, 15.790964
Via Don Matteo dei Marchesi Cosentino di Aieta – Práia a Mare, Tel. 09 85 77 91 78,
Mobil 39 36 63 34 13, www.castellodipraia.it, fb

Basili19-182 pa

Essen und Trinken

Il Furano②-③

Beliebtes, ganzjährig geöffnetes Fischrestaurant an der Spiaggia di S. Nicola, in der Saison muss vorbestellt werden! Große Veranda im Freien. *Fulvio,* der Padrone, hat seine eigenen Fischkutter, Frau *Franca* kümmert sich um die kulinarische Veredelung des frischen Fangs. Auch *pasta fatta in casa* und Gemüsegerichte. Große Weinauswahl. *Furano* heißt übrigens die glücksbringende Meeresbrise. Von Mai bis Sept. organisiert *Fulvio* Kreuzfahrten im Golfo di Policastro. Di Ruhetag.
Contrada Marinella, Tel. 09 85 30 06 44,
Mobil 33 97 27 57 97, www.ristorantefurano.it

Torre di San Nicola Arcella – Piratenausguck, Poetenklause

An- und Weiterreise

■ **Auto:** SS 18.
■ **Bus:** Preite (www.autoservizipreite.it) auf der SS 18 zwischen Lido di Tórtora und Páola. Rocco (www.roccobus.it) nach Tórtora, Aieta, Scalea, Maratea und Lagonegro.

■ **Bahn:** Zentrumsnahe Stazione-FS Práia a Mare, es halten Lokal- und überregionale Schnellzüge der Linie Milano – Reggio

Nachtleben

■ **Il Clubbino del Cancarieddru**
Abtanzen und coole Drinks an der frischen Luft unter Oliven und mit tollem Golf-Blick. Piano Bar, Live-Bands oder DJs. Juni bis Ende Aug.
Via Gioffa 11/13 – San Nicola Arcella,
Mobil 33 84 65 61 87, www.ilclubbino.it

San Nicola Arcella – Strandparadies mit Blick auf die Isola di Dino

Strände und Baden

■ Vor **Práia** breiten sich lang gezogene Sand- und Kiesstrände aus. An der **Torre di Fiuzzi** locken zwischen Felsen kleine Sandbuchten, eine Pineta bietet Schatten.

■ Nördlich des Centro storico von **San Nicola Arcella** führt eine Serpentinenstraße zu den herrlichen Sand- und Kiesstränden in der **Contrada Marinella** hinab. Hier lockt übrigens auch das Ristorante Il Furano (s.o.). Ein Treppenweg führt zur nördlich benachbarten **Spiaggia di Arco Magno** direkt gegenüber der Isola di Dino – Baden für Strandgourmets! Ein weiterer schöner Kiesstrand liegt an der **Torre di San Nicola.**

Gleitschirmfliegen

■ **Fly Tirreno – AeC Riviera dei Cedri**
Die Costa dei Cedri ist ein Top-Revier für Gleitschirmflieger! *Nicholas Rinaldi* bietet Kurse und Tandemflüge an. Die Startplätze sind auf der Website zu sehen. Treff ist der Camping International.
Mobil 34 75 57 05 95, 33 36 64 33 36,
www.flytirreno.com

Basili19-183 pa

Aieta

Der malerische Ort liegt 530 m hoch an den nördlichen Abhängen des Monte Ciágola, eine knappe halbe Stunde Fahrt von Práia a Mare entfernt – landschaftlich ein Hochgenuss. **Aieta** (820 Ew.) ist stolz darauf, zu den **„Borghi più belli d'Italia"** zu zählen, einem Verbund der schönsten kleinen Orte Italiens. Das hübsche Bergstädtchen geht auf eine byzantinische Gründung des 10. Jh. zurück. Bereits ab dem 8. Jh. lebten hier griechische Mönche als Einsiedler. Aus dem Meer niedriger Häuser ragt die imposante Fassade des **Palazzo Cosentini** heraus. Im 16. Jh. errichtet, galt er zu seiner Zeit als einer der bedeutendsten Fürstenpaläste Kalabriens. Frisch renoviert, bietet er kulturellen Veranstaltungen Raum. Von der Loggia genießt man einen grandiosen Blick auf den Golf von Policastro.

Übernachten/Essen und Trinken

Le Due Lanterne②
Die Zimmer in *Giovanni Cuomos* Altstadtpalazzo sind etwas lieblos möbliert, doch die herrliche Aussicht auf den Pollino und die gute Küche des gleichnamigen **Ristorante** machen vieles wett. Außerhalb des Centro storico parken, *Giovanni* holt seine Gäste gern mit der Ape ab! 12 Zi. April bis Ende Okt.
Via Cantogrande 36,
Tel. 098 57 10 96, Mobil 33 87 65 32 38,
www.leduelanterne.it

Trattoria Da Maria①-②
Die Familie *Laprovitera* bietet ihren Gästen einen herzlichen Empfang in ihrer kleinen Trattoria am Eingang zur Altstadt. Hier wird man mit frischer Pasta, hauseigener Salami oder köstlichem *capretto al forno* verwöhnt. Gute Gemüsegerichte, eigener Wein. Im Winter besser vorher anrufen.
Piazza G. Rea 2, Mobil 32 98 59 16 70

Einkaufen

Tabacchi – Emporio
Der kleine Kramladen von *Giovanni Patta* ist ein liebenswertes Relikt aus alten Zeiten.
Piazza Giugni (unterhalb der Chiesa Madre)

Tórtora

Den modernen Ortsteil **Lido di Tórtora** (5 m, 4400 Ew.), der sich mit gesichtslosen Neubauten und Strandhotels nahtlos bis Práia a Mare zieht, kann man getrost links liegen lassen. Sehenswert ist dagegen das mittelalterliche **Tórtora**

Einen Flagship-Store oder ein Outletcenter sucht man in Aieta vergebens

Basili19-184 pa

(550 Ew.), 300 m hoch in den Bergen gelegen. Die Piazza mit Bar und Trattoria am Ortseingang ist ein beliebter Treffpunkt der (älteren männlichen) Dorfbewohner, die unter den Platanen Schatten finden und über die Balustrade hinweg den Blick aufs Meer genießen. Von der Piazza aus lässt sich die Altstadt zu Fuß erkunden. Die **Cappella Anime del Purgatorio** schmückt ein Steinportal aus dem 12. Jh., verziert mit Löwen und Fabelwesen. Vom barocken Palazzo Lomonaco blickt man über das Tal der Fiumarella auf den Nachbarort Aieta.

Den Ursprüngen Tórtoras kann man in der vorbildlich gestalteten Ausstellung „Frammenti del passato" im **Palazzo Casapesenna** nachspüren. Die ältesten der hier präsentierten Funde gehen auf die Jungsteinzeit zurück. In eindrucksvoller Weise wurde ein lukanisches Grab aus dem 4. Jh. v.Chr. rekonstruiert.

■ **Museo di Blanda,** Corso Garibaldi, Tel. 098 57 66 02 22, www.museodiblanda.it. Tägl. 10–13 Uhr, Mitte Juni bis Ende Sept. auch 15–19 Uhr. Eintritt frei.

Übernachten/Essen und Trinken

■ **Al Camineto**①
In der urigen Dorftrattoria wird lecker aufgetischt. Do Ruhetag.
Piazza Pio XII, Mobil 34 79 69 86 33

La Loggia②-③
Auf einem ehemaligen Dreschplatz in aussichtsreicher Anhöhe erhebt sich dieses Hotel mit großem Restaurant. Die biologisch wirtschaftende Azienda Agricola der Familie *Curia* im Tal liefert die frischen Zutaten der ausgezeichneten Küche, die frei laufenden Hühner z.B. werden mit Milch und Honig gefüttert! Auch Käse und Würste sind hausgemacht, köstlich auch der Ziegenschinken. Die Zimmer sind picobello, die Hälfte mit Blick aufs Meer, die anderen gehen auf die Monti di Orsomarso. Nach enger Ortsdurchfahrt ca. 1,2 km östlich außerhalb. 30 Zi.
GPS: 39.940089, 15.808904
Contrada Sarre, Tel. 098 57 52 79,
www.hotelristorantelaloggia.it

Pernia②
Antonio Mazzillos Agriturismo-Hof liegt mit herrlicher Aussicht auf den Golf von Policastro ca. 1,5 km Maußerhalb des alten Ortskerns in Richtung Berge. Geräumige Apartments mit guten Betten und kleiner Küche in alten Wirtschaftsgebäuden, dazu ein rustikales Lokal. Hier bleibt man gerne! 4 Ap. (max. 5 Pers.).
GPS: 39.943535, 15.810611
Contrada Sarre (Località Pernia),
Tel. 09 85 76 4210, Mobil 34 06 60 92 98,
www.agripernia.it

An- und Weiterreise

■ **Auto:** Der Ort liegt 7 km von der SS 18 entfernt.

Erlebniswandern & Straßentheater

Il Ricetto degli Enotri
Zusammen mit Gleichgesinnten betreibt *Biagio Accardi* den Non-Profit-Kulturverein „Cattivoteatro". Mit interessierten Begleitern und in Begleitung seiner Eselin *Cometa Libera* unternimmt *Biagio* ein- bis sechstätige Wanderungen in der Umgebung von Tórtora und im angrenzenden Parco del Pollino. Als *cantastorie* (Bänkelsänger) tritt *Biagio* unterwegs, aber auch im Vereinssitz auf, der zugleich als Gemeinschafts-Trattoria fungiert. Termine stehe auf der Website.
Via F. Turati 7 – Tórtora Marina,
Mobil 36 68 03 94 39 (Biagio), https://cattivoteatro.jimdo.com/ricetto-degli-enotri/,
ass.culturalecattivoteatro@gmail.com, fb

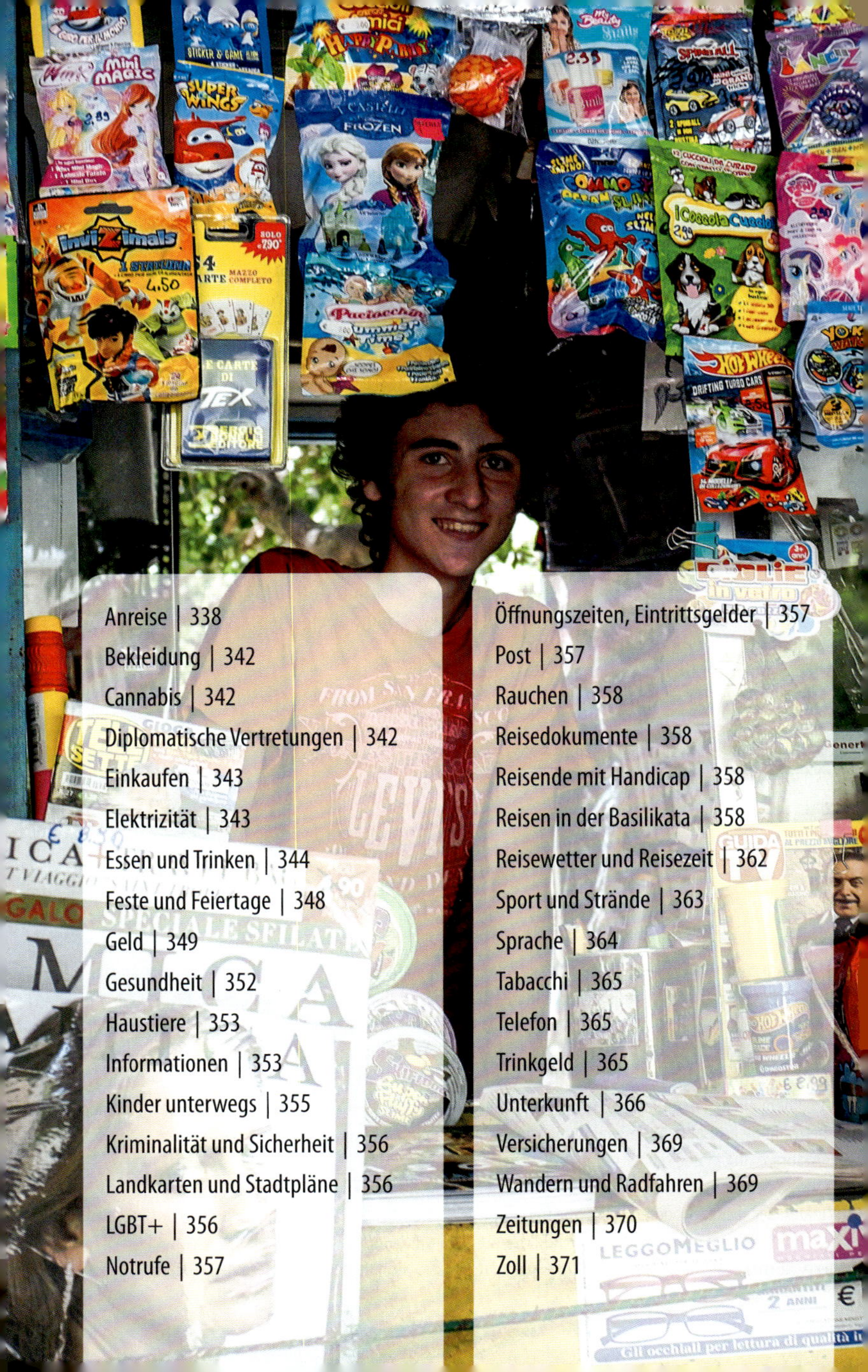

Anreise | 338
Bekleidung | 342
Cannabis | 342
Diplomatische Vertretungen | 342
Einkaufen | 343
Elektrizität | 343
Essen und Trinken | 344
Feste und Feiertage | 348
Geld | 349
Gesundheit | 352
Haustiere | 353
Informationen | 353
Kinder unterwegs | 355
Kriminalität und Sicherheit | 356
Landkarten und Stadtpläne | 356
LGBT+ | 356
Notrufe | 357
Öffnungszeiten, Eintrittsgelder | 357
Post | 357
Rauchen | 358
Reisedokumente | 358
Reisende mit Handicap | 358
Reisen in der Basilikata | 358
Reisewetter und Reisezeit | 362
Sport und Strände | 363
Sprache | 364
Tabacchi | 365
Telefon | 365
Trinkgeld | 365
Unterkunft | 366
Versicherungen | 369
Wandern und Radfahren | 369
Zeitungen | 370
Zoll | 371

Basili19-185 pa

10 Praktische Reisetipps A–Z

Bernalda, Edicola – Zeitungskioske sind eine italienische Institution

Anreise

Auto oder Motorrad

Die Entfernung **München – Matera** z.B. beträgt auf der Brennerroute **1244 km.** In Bologna laufen die Anfahrtsrouten aus Deutschland, Österreich und der Schweiz zusammen; ab hier führt die A1 über Florenz und Rom weiter bis Neapel. Neapel kann auf der A30 im Osten umfahren werden, ab Salerno setzt sich die A2 bis Reggio an die Stiefelspitze fort. Auf Höhe von Sicignano zweigt eine Schnellstraße ins Landesinnere nach Potenza (Basilikata) ab. Die Basilikata lässt sich ab Bologna auch über die A14 erreichen, die parallel zur Adriaküste durch Apulien verläuft.

Autobahngebühren

Für die Autobahnen in **Österreich** und der **Schweiz** ist eine **Vignette** erforderlich. Für die Schweiz gibt es nur Jahresvignetten, für Österreich auch Vignetten für zwei aufeinanderfolgende Kalendermonate oder die 10-Tages-Vignette. In Österreich ist die Brennerstrecke über die Europabrücke zusätzlich mautpflichtig.

Auf **italienischen Autobahnen** wird eine **entfernungsabhängige Maut** erhoben. Bei der Auffahrt auf die Autobahn erhält man ein Ticket, meist über einen Automaten. Die Gebühr wird beim Verlassen der Autobahn gegen Vorlage des Tickets an den Zahlstellen bar oder bargeldlos mit Kreditkarte bzw. VIACARD entrichtet. Es ist wichtig, sich **vor der Zahlstelle in die richtige Spur einzuordnen:** Es gibt solche für TELEPASS-Benutzer mit elektronischer Abbuchung, VIACARD-Besitzer und Barzahler! Steht man doch einmal in der falschen Spur – auf keinen Fall zurückstoßen, das kann teuer werden –, ist per Knopfdruck Hilfe anzufordern!

- **www.autostrade.it**
- **www.oeamtc.at/vignette/**

Fahrzeugpapiere

Führerschein, Fahrzeugschein und Nationalitätenkennzeichen sind Pflicht. Die Grüne Versicherungskarte vereinfacht bei Verkehrskontrollen oder einem Unfall die Abwicklung.

Verkehrsregeln

Verkehrssünder werden in Italien kräftig zur Kasse gebeten!

Es bestehen **Gurt- und Helmpflicht,** die Promillegrenze beträgt 0,5‰, wer mit mehr als 1,5‰ erwischt wird, dessen Fahrzeug wird konfisziert.

Die zulässige **Höchstgeschwindigkeit** liegt in Ortschaften bei 50 km/h, auf Landstraßen bei 90 km/h, auf Schnellstraßen bei 110 km/h und auf Autobahnen gemäß Beschilderung bei 130 bis 150 km/h.

An **Zebrastreifen** muss gehalten werden, das Überfahren einer **roten Ampel** ist verboten, ebenso, den Motor im Stehen laufen zu lassen. Es ist zudem **verboten, Reservekanister mitzuführen.** Wenden, Zurückstoßen und Spurwechsel im Mautstellenbereich, auf Autobahnauffahrten und -abfahrten wird streng geahndet! Alle nach hinten über ein Fahrzeug hinausragenden Dachlasten und Ladungen (Surfbretter, Fahrräder etc.) sind mit einer 50 x 50 cm großen, rot-weiß gestreiften Warntafel zu kennzeichnen (im Kfz-Zubehörhandel und bei Automobilclubs erhältlich).

Außerhalb geschlossener Ortschaften muss **tagsüber** das **Abblendlicht** eingeschaltet sein, Motorradfahrer müssen auf allen Straßen mit Abblendlicht fahren. Motorrad- und Beifahrer, die ohne genormten Schutzhelm mit der Kennzeichnung ECE R 22 fahren, riskieren die Sicherstellung ihres Motorrades. Telefonieren nur mit Freisprecheinrichtung bzw. Kopfhörer.

In Italien (und in Österreich) müssen fluoreszierende **Warnwesten** für Autofahrer und Beifahrer im Fahrgastraum mitgeführt und im Falle einer Panne oder eines Unfalls vor dem Verlassen des Wagens angezogen werden. Westen mit dem Kontrollzeichen EN 471 sind im Kfz-Zubehörhandel, an Tankstellen oder bei Automobilclubs erhältlich. Siehe auch „Reisen in der Basilikata/Parken“.

Pannenhilfe/Notruf

Der **italienische Automobilclub ACI** leistet kostenpflichtig Pannenhilfe rund um die Uhr: Tel. 80 31 16, Mobil 800 80 01 16. Notrufsäulen stehen an den Autobahnen. Ein Europaschutzbrief ist zu empfehlen (siehe „Versicherungen“)!

Notruf in Italien: Tel./Mobil 112 (auch Mobiltelefon ohne SIM-Karte!).

Der deutschsprachige Hilfsdienst des **ADAC** ist in Italien unter Tel. 03 92 10 41 zu erreichen, **ÖAMTC** und **TCS** informieren ihre Mitglieder in Schutzbriefen.

- **www.adac.de**
- **www.oeamtc.at**
- **www.tcs.ch**

Autofahren in Italien

Tipps auf Deutsch auf der Website des Italienischen Automobilclubs *Automobile Club d'Italia ACI:* Auf **www.aci.it** klicken und nach „Autofahren in Italien“ suchen.

Wichtige Verkehrsschilder

- **accendere i fari** – Licht einschalten
- **attenzione uscita veicoli** – Vorsicht Ausfahrt
- **centro** – Zentrum
- **deviazione** – Umleitung
- **divieto di accesso** – Zufahrt verboten
- **lavori in corso** – Bauarbeiten
- **parcheggio** – Parkplatz
- **rallentare** – langsam fahren
- **sbarrato** – gesperrt
- **senso unico** – Einbahnstraße
- **strada senza uscita** – Sackgasse
- **tenere la destra** – rechts fahren
- **traffico limitato** – nur eingeschränkter Verkehr zum Be- und Entladen
- **tutte le direzioni** – alle Richtungen
- **zona disco** – Parken mit Parkscheibe
- **zona di silenzio** – Hupverbot
- **zona pedonale** – Fußgängerzone
- **zona rimorchio** – Abschleppzone
- **zona traffico limitato (ZTL)** – Fahrverbotszone (generell oder eingeschränkt). Diese Schilder betreffen meist historische Altstädte, die auf diese Weise von übermäßigem Verkehr freigehalten werden sollen. Hotels haben für ihre Gäste oft Ausnahmegenehmigungen.

Mitfahrzentralen

Es empfiehlt sich die **Pannen- und Unfallversicherung für Mitfahrer.** Wünsche von Frauen z.B., die nur bei Frauen mitfahren möchten, oder von Nichtrauchern können angemeldet werden.

■ **www.blablacar.de**

Bus

Mit **Eurolines** (www.eurolines.de) und **Flixbus** (www.flixbus.de) geht es preiswert auch nach Süditalien. Eine Fahrt z.B. von München nach Matera dauert ab 19 Stunden. Von Neapel bzw. Salerno bestehen Schnellbusverbindungen über Potenza nach Matera (www.flixbus.it, www.miccolis-spa.it).

Bahn

Schnelle und komfortable **Eurocity-Züge** verbinden Italien mit Deutschland, Österreich und der Schweiz.

Aus der Schweiz, aus Österreich und dem Süden Deutschlands sind Neapel (Kampanien) oder Apulien mit einigen reinen **Tag-Verbindungen** erreichbar. Oft empfiehlt es sich, nach Norditalien zu reisen und dort einen der direkten **Nachtzüge** bis Bari oder Neapel bzw. Salerno zu nehmen. Für die Anreise aus Deutschland bis zu den Startorten der italienischen Nachtzüge bieten sich viele Ermäßigungsmöglichkeiten. Die italienische Strecke fährt sich recht preiswert. Viele der internationalen Züge und praktisch alle italienischen Fern- und Nachtzüge sind **reservierungspflichtig.** Insbesondere in der Hochsaison sollte

Basili19-186 pa

die Planung nicht zu kurzfristig erfolgen. Nichtraucher werden das generelle Rauchverbot in italienischen Eisenbahnen begrüßen. Über die **Mitnahme von Fahrrädern** informiert die gebührenpflichtige Radfahrer-Hotline der Deutschen Bahn, Tel. 018 05 15 14 15.

Die **Hochgeschwindigkeitszüge** der Staatsbahn Trenitalia treten seit 2012 auf der wichtigsten Nord-Süd-Strecke Italiens gegen den burgunderroten **„Italo"** an. Die „Rasenden Kaninchen" sind äußerst komfortabel, oft preiswerter als die Konkurrenz und punkten auch ökologisch durch geringeren Energieverbrauch. Seit 2016 halten die Italo-Züge auch am Mailänder Zentralbahnhof; das erleichtert Umsteigeverbindungen aus dem Ausland. Von Salerno aus fahren Italo-Busse über Potenza nach Matera.

Bahnverbindungen im Internet

- **www.bahn.de**
- **www.italotreno.it**
- **www.oebb.at**
- **www.sbb.ch**
- **www.trenitalia.com**

Buchung

Verkäufer an den Schaltern der Bahnhöfe scheitern oft an der Fülle der Möglichkeiten. Es empfiehlt sich deshalb die **Buchung in einem spezialisierten Bahn-Reisebüro.** Ein eventuell anfallendes Beratungsentgelt wird durch die besseren Tarifkenntnisse dort meist mehr als wettgemacht.

- **Gleisnost,** wer sich nicht selbst durch den Dschungel der Bahntarife und Fahrpläne schlagen und trotzdem Geld sparen will, erhält hier kompetente Beratung – und auf Wunsch die Tickets zugeschickt. Zwei Filialen in Freiburg; www.gleisnost.de.
- **Titanic-Reisen,** auch wenn die Beratung i.d.R. nicht kostenlos ist, sparen Kompetenz und Süditalien-Erfahrung ein Vielfaches davon wieder ein. Titanic-Reisen hilft auch beim Fahrrad-Transport. Drei Filialen in Berlin; www.kopfbahnhof.info.
- **ADFC,** informiert über die Mitnahme von Fahrrädern: www.adfc.de.

Flug

Die Basilikata ist per Flug am schnellsten aus der **Nachbarregion Apulien** über Bari oder Brindisi zu erreichen.

Flughäfen in Apulien

- **Aeroporto di Bari „Karol Wojtyla" (BRI),** 10 km nordwestlich der Regionshauptstadt Bari. Stündlich AMTAB-Busse zum Bahnhof und ab hier Ferrovie Appulo Lucane (www.ferrovieappulolucane.it) nach Matera/Basilikata. Direkt vom Flughafen auch Linienbusse und Shuttlebusse bzw. Taxis nach Matera. www.aeroportidipuglia.it
- **Brindisi – Aeroporto del Salento (BDS),** 5 km nördlich der Provinzhauptstadt. Von Juli bis Mitte Sept. Shuttle-Busse auch in die Basilikata/Matera. www.aeroportidipuglia.it

Flughäfen in Kampanien

- **Aeroporto Internazionale di Napoli (NAP),** Neapel liegt zwar ein wenig abseits für eine Basilikata-Reise, kommt aber wegen der günstigen Flugverbindungen trotzdem in Frage. Busse zum nahen Bahnhof/Busbahnhof im Zentrum. Ab hier auch mit Flixbus nach Potenza. www.aeroportodinapoli.it
- **Aeroporto Salerno Costa d'Amalfi (QSR),** im Süden von Salerno. Im Grunde ideal für eine Basilikata-Reise, nur gibt es bislang kaum Flüge. www.aeroportosalerno.it

◁ Die Costa di Maratea ist auch umweltfreundlich per Bahn zu erreichen

Bekleidung

Sonniger Süden!? Ja, doch kann es im Frühjahr bis in den April hinein noch recht kalt sein. Im Gebirge und am Meer kühlt es abends auch im Sommer ab. Ein Pullover und eine Windjacke gehören daher ins Gepäck. Für die heißen Sommertage empfiehlt sich leichte, luftige Baumwollkleidung. Für den Besuch archäologischer Stätten und natürlich zum Wandern haben sich eingelaufene, knöchelhohe Wanderschuhe bewährt. Italiener tragen bekanntlich gerne schicke Kleidung, formelle Kleidung wird jedoch nur in gehobenen Hotels und Restaurants erwartet.

Cannabis

Cannabisanbau und -handel bleiben illegal, ausschließlich medizinisches Cannabis darf über autorisierte Apotheken und gegen Rezept legal verkauft werden. Eigentlich. Eine Gesetzeslücke hat **Cannabis-Light-Produkte** möglich gemacht – und zu einem Hype geführt. In Aberhunderten Geschäften und Bars in ganz Italien wird THC-armes Marihuana verkauft, allerdings nur zu Zwecken der „Forschung" oder zum „Sammeln"! Der Konsum bleibt verboten. Beim Pro-Kopf-Konsum von Cannabis liegt Italien EU-weit übrigens an zweiter Stelle hinter Dänemark.

Diplomatische Vertretungen

Wird der **Reisepass** oder **Personalausweis** im Ausland gestohlen, muss man dies bei der örtlichen Polizei melden. Darüber hinaus sollte man sich an die nächste diplomatische Auslandsvertretung seines Landes wenden, damit man einen Ersatz-Reiseausweis zur Rückkehr ausgestellt bekommt (ohne kommt man nicht an Bord eines Flugzeuges!). Auch in **dringenden Notfällen,** z.B. medizinischer oder rechtlicher Art, sind die Auslandsvertretungen bemüht, vermittelnd zu helfen.

Botschaften

Deutschland

■ **Ambasciata della Repubblica Federale di Germania,** Via San Martino della Battaglia 4, 00185 Roma, Tel. 06 49 21 31, www.italien.diplo.de

Österreich

■ **Ambasciata d'Austria,** Via Pergolesi 3, 00198 Roma, Tel. 068 44 01 41, Notfall-Nummer mobil 33 57 08 97 49, www.bmeia.gv.at/oeb-rom

Schweiz

■ **Ambasciata di Svizzera,** Via Barnaba Oriani 61, 00197 Roma, Tel. 06 80 95 71, www.eda.admin.ch/roma

[>] Rionero in Vúlture, Cantine del Notaio – für eine gute Flasche Wein ist immer Platz im Gepäck

Einkaufen

Selbstversorger kommen in der Basilikata voll auf ihre Kosten. In städtischen Markthallen, Alimentari, auf Fisch-, Obst- und Gemüsemärkten ist das Angebot überwältigend. Und am Ende des Urlaubs findet sich sicher noch Platz für einen Kanister Olio d'Oliva extra vergine frisch vom Erzeuger (könnte im Flieger allerdings für Schwierigkeiten sorgen!). Wenn noch Platz im Kofferraum bleibt, verlängert eine Kiste Wein den Urlaub zu Hause. Zu **kulinarischen Mitbringseln** zählen außer höhlengereiftem Podolica-Käse und luftgetrockneten Würsten die federleichten, getrockneten *peperoni cruschi*.

In den Provinzhauptstädten lohnt ein Blick auf die **Alta moda.** Wenn im Jan./Febr. und Ende Juli/Aug. *saldi* (Schlussverkauf) anstehen, purzeln die Preise.

In Süditalien besteht ein lebendiges **Kunsthandwerk.** Auf antike Traditionen geht die Goldschmiede-, Web- und Keramikkunst zurück.

Einkaufstipps jeweils am Ende der Ortsbeschreibungen.

Elektrizität

220 V Wechselstrom. Flache Eurostecker passen fast immer – wenn nicht, braucht man eine *spina di addatamento* (Adapter).

Basili19-187 pa

Essen und Trinken

Gastronomie: Preiskategorien in diesem Buch

Durchschnittliche Kosten für eine Mahlzeit bestehend aus **Antipasto, Primo und Secondo** im Restaurant bzw. einer **Pizza,** jeweils ohne Getränke:

① bis 20 €
② 20–35 €
③ 35–60 €
④ ab 60 €

Es ist ein Mythos, dass man im Restaurant immer die ganze Speisekarte vom Antipasto bis zum Dolce bestellen muss. Auf der anderen Seite sollte man sich aber auch nicht wundern, wenn der Wirt manchmal verstimmt ist, wenn Sie in seinem Restaurant nur einen Salat verzehren möchten. Insgesamt sind Italiener fast immer bereit, für gutes Essen auch gutes Geld auszugeben, eine hedonistische „Tugend", die Urlauber nicht immer mitbringen.

SLOW & GRÜN

Mit dem Schmetterling werden Betriebe hervorgehoben, die sich durch die Verwendung lokaler **Bio-Produkte** und die Pflege regionaler Küche auszeichnen oder sich anderweitig für einen ethisch korrekten und **nachhaltigen Tourismus** einsetzen.

Im Süden besteht die **colazione (Frühstück)** in der Regel aus einer kleinen Tasse Kaffee am Bartresen, evtl. auch aus einem Cappuccino mit einem *cornetto* (Hefeteig-Hörnchen). In den Hotels versucht man den Frühstücksgewohnheiten der Gäste aus dem Norden entgegenzukommen, opulenter fällt die *colazione* häufig in den Agriturismi und B&Bs aus.

Im Tagesablauf der Süditaliener nehmen **pranzo (Mittagessen)** und **cena (Abendessen)** einen wichtigen Platz ein, die vollständige Speisenfolge besteht aus *antipasto, primo piatto* und *secondo piatto,* zum dem der *contorno*, die Beilage, gesondert dazu bestellt wird. Zum Nachtisch gibt es *dolce* oder *frutta,* danach einen Digestif. Den *caffè* trinken Italiener heiß in der nächsten Bar.

Aqua minerale gibt es *naturale* oder *frizzante,* mit oder ohne Kohlensäure. In den Bergorten wird in den Lokalen frisches Quellwasser manchmal gratis auf den Tisch gestellt. Besonders gutes Mineralwassser wird am Monte Vúlture abgefüllt.

In bodenständigen Lokalen gibt es den **Wein** auch *sfuso* (offen) in der Karaffe, doch sollte es sich dabei auch wirklich um einen *vino locale* handeln. Ansonsten greift man besser zu einem *vino imbottigliato,* einem Flaschenwein. Die Preise für Wein sind in den Lokalen ausgesprochen fair!

Den **kleinen Hunger** kann man in einer Tavola calda oder Rosticceria stillen. Nudelaufläufe, *focacce* (eine Art Pizza), Grillhähnchen und Backkartoffeln gibt es oft auch zum Mitnehmen. Bei der

Wahl einer **Osteria, Trattoria, Pizzeria** oder einem **Ristorante** sollte man sich vom Ambiente und einer guten Empfehlung leiten lassen. Auf dem *menù* muss der Betrag für *coperto* (Gedeck) und evtl. *servizio* (10–15%) ausgewiesen sein. Die Gäste dürfen nach dem Essen sitzen bleiben, bis sie selbst nach der Rechnung verlangen. Sympathischerweise müssen Rechnungsbeträge in Italien nicht vom Gast aufgerundet werden; er erhält das vollständige Wechselgeld zurück und lässt dann sein **Trinkgeld** auf einem Teller liegen. War man zufrieden, sind 5–10% angebracht. Auch beim Barbesuch legt man übrigens eine Münze für den *barista* au den *scontrino* (Kassenzettel).

Für manche gewöhnungsbedürftig sind die späten Essenszeiten. Am Abend wird die *cena* selten vor 20 Uhr serviert.

■ Ausführlicheres zur **lukanischen Esskultur** im Kapitel „Land und Leute".

■ **Buchtipp:** Wer tiefer in die (sprachlichen) Geheimnisse der italienischen Küche eintauchen will, dem sei ein Kauderwelsch-Sprachführer (Reise Know-How Verlag) als Beilage empfohlen: **Italienisch kulinarisch – Wort für Wort,** Kauderwelsch Bd. 144

⊻ Matera, La Latteria – Cacciocavallo di mucca podolica, der beste Käse der Basilikata

Basili19-188 pa

Kleiner kulinarischer Sprachführer

il menù – Speisekarte

- *antipasti* – Vorspeisen
- *bevande* – Getränke
- *carne* – Fleisch
- *contorni* – Beilagen
- *dolce* – Nachtisch
- *formaggi* – Käse
- *frutta* – Obst
- *menu del giorno* – Tagesgericht
- *minestre* – Suppen
- *pane e coperto* – Brot und Gedeck
- *pesce* – Fisch
- *piatti vegetariani* – vegetarische Gerichte
- *piatto del giorno* – Tagesgericht
- *primo/secondo piatto* – erster/zweiter Gang
- *servizio* – Bedienungsgeld

ordinare – bestellen

- *Vorrei prenotare un tavolo per due persone.* – Ich möchte einen Tisch für zwei Personen bestellen.
- *Avete ancora un tavolo libero?* – Haben Sie noch einen Tisch frei?
- *Ci porta il menù/la lista dei vini per favore?* – Bringen Sie uns bitte die Speisekarte/die Weinliste?
- *Voremmo ordinare.* – Wir würden gerne bestellen.
- *Che cosa ci puo consigliare?* – Was können Sie uns empfehlen?
- *Da bere/da mangiare prendiamo/voremmo …* – Zum Trinken/Essen nehmen wir/möchten wir …
- *Avete anche…?* – Haben Sie auch…?
- *Si puo avere anche una mezza porzione?* – Kann man auch eine halbe Portion haben?

pagare – bezahlen

- *Voremmo pagare. Ci porta il conto, per piacere?* – Wir würden gern zahlen. Bringen Sie uns bitte die Rechnung?
- *Accettate carte di credito?* – Nehmen Sie Kreditkarte?

coperto – Gedeck

- *aceto e olio* – Essig und Öl
- *bicchiere* – Glas
- *coltello* – Messer
- *cucchiaino* – Teelöffel
- *cucchiaio* – Löffel
- *forchetta* – Gabel
- *pane* – Brot
- *piatto* – Teller, Gericht
- *sale e pepe* – Salz und Pfeffer
- *stuzzicadenti* – Zahnstocher

bevande – Getränke

- *aqua minerale frizzante (con gas)/naturale (senza gas)* – Mineralwasser mit/ohne Kohlensäure
- *amaro* – Kräuterlikör
- *birra alla spina* – gezapftes Bier
- *caffè* – kleiner Kaffee, Espresso
- *limoncello* – Zitronenlikör
- *nocino* – Nusslikör
- *spremuta* – frisch gepresster Saft
- *succo* – Saft
- *vino bianco/rosato/rosso* – Weiß-, Rosé-, Rotwein
- *vino sfuso* – offener Wein

antipasti – Vorspeisen

- *alici marinate* – marinierte Sardinen
- *antipasto di mare* – Vorspeise mit Meeresfrüchten
- *antipasto rustico* – Vorspeise mit Wurst und Käse
- *bruschetta* – geröstetes Weißbrot mit Tomaten und Knoblauch
- *frisedde* – doppelt gebackenes Brot, wird eingeweicht z.B. mit Tomaten, Olivenöl und Oregano gegessen
- *insalata caprese* – Mozarella-Tomaten-Salat
- *lampascioni* – Wildzwiebeln der Träubelhyazinthen
- *parmigiana di melanzane* – mit Tomaten, Mozzarella, Basilikum und Parmesan überbackene Auberginen

■ *puccia* – Brot mit Oliven
■ *soppressata* – zum besseren Trocknen gepresste Salami
■ *sott'aceti* – in Essig eingelegtes Gemüse
■ *sott'olii* – in Olivenöl eingelegtes Gemüse oder Pilze
■ *taralli* – hart gebackene Teigkringel

primi – erster Gang
■ *ciceri e ttria* – Bandnudeln mit Kichererbsen
■ *cozze gratinate* – überbackene Miesmuscheln
■ *fave e cicorie* – Saubohnen und Zichorien
■ *maccheroni al ragù* – Röhrennudeln mit Fleischsoße
■ *minestra maritata* – kräftige Fleisch- und Gemüsesuppe mit Pasta
■ *orechiette con cime di rapa* – Öhrchennudeln mit bitterem Stängelkohl
■ *pan cotto* – Brotsuppe
■ *pasta e ceci/faggioli* – Nudeln mit Kichererbsen/Bohnen
■ *purea di fave* – Bohnenpüree, meist zusammen mit Gemüse
■ *risotto alla pescatora* – Risotto mit Fisch und Meeresfrüchten
■ *scialiatielli* – hausgemachte Spaghetti
■ *spaghetti ai frutti di mare* – Spaghetti mit Meeresfrüchten
■ *tiella di riso, cozze e patate* – Reis-Miesmuschel-Kartoffelauflauf
■ *zuppa di cozze* – Miesmuscheln in Tomatensugo
■ *zuppa di grano* – Weizensuppe

secondi di pesce e carne – Fisch- und Fleischgerichte
■ *agnello* – Lamm
■ *arista di maiale* – Schweinebraten
■ *bracciole di cavallo* – Pferdefleischrouladen, meist in Tomatensugo
■ *castrato* – Hammel
■ *dentice* – Zahnbrasse
■ *orata* – Goldbrasse
■ *salsiccia* – Wurst
■ *triglie* – Rotbarben
■ *zuppa di pesce* – Fischeintopf

contorni – Beilagen
■ *cicorie* – Zichorie
■ *fungo cardoncello* – exzellenter Speisepilz der Murgia (*Pleurotus eryngii*)
■ *insalata* – Salat
■ *giambotta* – Gemüseeintopf
■ *verdure* – Gemüse

cotture – Zubereitungsarten
■ *all'acqua pazza* – Fisch wird im leichten Gemüsesud gedünstet
■ *al bianco* – ohne Tomaten
■ *al cartoccio* – in Backpapier oder Alufolie gegart
■ *al forno* – im Ofen
■ *alla boscaiola* – mit Pilzen
■ *alla griglia* – gegrillt
■ *alla pizzaiola* – mit Tomaten-Oregano-Sauce
■ *alla scapece* – frittiert und sauer eingelegt
■ *fritto* – frittiert, ausgebacken

formaggi – Käse
■ *burrino* – Brühkäse mit einem Stück Butter in der Mitte
■ *caciocavallo* – pikant gereifter Kuhmilchkäse
■ *cacioricotta* – gereifte Ricotta, oft aus Ziegenmilch
■ *fior di latte* – Kuhmilchmozzarella
■ *pecorino* – Schafskäse
■ *provolone* – pikanter Käse aus Kuhmilch
■ *ricotta* – Frischkäse aus Molke (*ricotta* bedeutet „noch einmal gekocht")
■ *ricotta affumicata* – die geräucherte Ricotta wird gerieben zur Pasta gegessen

frutta e dolci – Obst und Nachspeisen
■ *agrumi* – Zitrusfrüchte
■ *ficchi* – Feigen
■ *ficchi d'India* – Kaktusfeigen
■ *granita di limone* – Zitronensorbet
■ *struffuli* – in Honig getauchtes Gebäck

Feste und Feiertage

Jeder Ort feiert seinen **Patron** oder die **Schutzheilige** mit großem Pomp. Die Straßen schmücken *luminarie,* filigrane Holzlattengebilde mit Abertausenden elektrischer Lampen. In der Prozession schreitet stets die *banda* (Blaskapelle) voraus, und traditionell endet die *festa* mit einem grandiosen Feuerwerk (siehe Exkurse „Wenn Bäume Hochzeit feiern", „Ein Triumph für die Madonna" und „Ein Bergfest"). Stimmungsvoll Prozessionen erlebt man in der Karwoche. Ein absoluter Höhepunkt im Kirchenjahr, Mariä Himmelfahrt am 15. August, fällt mit der italienischen Haupturlaubszeit zusammen.

An den **gesetzlichen Feiertagen** sind alle öffentlichen Einrichtungen, z.T. auch Museen und archäologische Zonen, geschlossen. Achtung: Fallen die Feiertage auf Wochentage, ist an den Brückentagen zwischen den Wochenenden (ital. *ponte*) mit Verkehrsstaus zu rechnen.

Gesetzliche Feiertage

- **1. Januar:** *Capodanno*/Neujahr
- **6. Januar:** *Epifania*/Hl. drei Könige
- **Ostermontag:** *Pasquetta*
- **25. April:** *La Resistenza*/Tag der Befreiung
- **1. Mai:** *Festa del Lavoro*/Tag der Arbeit
- **2. Juni:** *Festa della Repubblica*/Nationalfeiertag
- **15. August:** *Ferragosto*/Mariä Himmelfahrt
- **1. November:** *Ognissanti*/Allerheiligen
- **8. Dezember:** *L'Immacolata*/ Unbefleckte Empfängnis
- **25. Dezember:** *Natale*/Weihnachten
- **26. Dezember:** *Santo Stefano*/ Fest des Hl. Stefan

Basili19-189 pa

Geld

Ausgesprochen wird der Euro in Italien **„E-uro"**, der Cent heißt „centesimo". Die Rückseite der italienischen 1-Cent-Münze zeigt das Castel del Monte in Apulien!

In Italien sind **Bargeldzahlungen** nur noch bis zu einem Höchstbetrag von 999,99 Euro erlaubt!

Geldautomaten/Kreditkarten

Die unkomplizierteste Art der Geldbeschaffung im Urlaub bleibt die Barabhebung vom **Geldautomaten** unter Angabe der PIN-Nummer mit Girocard oder Kreditkarte.

Innerhalb der EU-Länder sollte die **Barauszahlung per Kreditkarte** nach der EU-Preisverordnung nicht mehr kosten als im Inland, aber je nach ausgebender Bank können das bis zu 5,5% der Abhebungssumme sein (am Schalter in der Regel teurer als am Geldautomaten). Für das **bargeldlose Zahlen per Kreditkarte** innerhalb der EU darf die ausgebende Bank keine Gebühr für den Auslandseinsatz veranschlagen; für die Schweizer wird jedoch ein Entgelt von 1–2% des Umsatzes berechnet.

Bei **Verlust oder Diebstahl** der Geldkarte sofort sperren lassen, auch um die Sorgfaltspflicht nicht zu verletzen! Rufen Sie die von Ihrer Bank oder Sparkasse genannte Sperrnummer an.

☒ Castel del Monte – Stauferschloss für 1 Cent

■ **Tipp:** Nummer der Kreditkarte und Kartensperrnummer vorher notieren! Sie stehen auf der Kreditkarte. In Deutschland ist rund um die Uhr der **Kartensperrnotruf** (0049) **116 116** für Girocard und Kreditkarten sowie Krankenkassen- und Handykarten erreichbar. Es handelt sich allerdings nur um einen Vermittlungsdienst, Servicemitarbeiter leiten die Gespräche weiter.

■ **www.sperr-notruf.de**

Bargeldtransfer

Im **Notfall** kann man z.B. dank des Transfer-Services von **Western Union** schnell wieder zu Bargeld kommen. Zunächst einen Vertriebsstandort von Western Union ausfindig machen (Adressen auf www.westernunion.de), zu Hause anrufen, Kontaktadresse angeben und darum bitten, den gewünschten Betrag bei der Postbank, ReiseBank, teilnehmenden Sparkassen oder Travelex mit Karte oder bar einzuzahlen und unter Angaben der Empfängerdaten nach Italien zu schicken. Für den Einzahler werden etwa 5% der Transfersumme als Gebühr fällig. Aus Deutschland und Österreich sind auch Online-Überweisungen mit VISA- oder MasterCard möglich. Unter Vorlage eines Identitätsnachweises erhält man den vereinbarten Geldbetrag ausbezahlt.

Kassenbeleg

Rechnungen und Quittungen (*ricevuta* bzw. *scontrino fiscale*) müssen eine Weile aufbewahrt und auf Verlangen der Guardia della Finanza (Steuerpolizei) vorgezeigt werden. Dazu müssen sie aber erst einmal ausgestellt werden!

Feste, Events, Musik

Januar/Februar

■ **Carnevale,** in Tricárico beginnt der Karneval am 17. Januar mit einem farbenfrohen Umzug. In der Karnevalszeit finden in Aliano Umzüge mit Tiermasken statt, in Montescaglioso reitet am Faschingsdienstag der dicke „Carnevalone" auf einem Esel durch die Stadt. Der Carnevale di Satriano (siehe Exkurs „131 Rumita, oder ein Wald, der geht") steht im Zeichen der Ökologie. Der 17. Januar, Festtag des S. Antonio, wird in Pignola mit einem wilden Eselrennen und dem Entzünden eines riesigen Scheiterhaufens gefeiert, in Sant'Antonio Abate mit ohrenbetäubendem Glockengeläut.

März/April

■ **Pasqua (Ostern),** eindrucksvolle Prozessionen in der Karwoche, z.B. die Karfreitagsprozession in Montescaglioso. In Barile führen über hundert Menschen in aufwendigen Kostümen die Passion Christi auf. Nur alle paar Jahre beteiligt sich in Laino Borgo (Kalabrien) an Karfreitag fast die gesamte Bevölkerung an der Aufführung der „Giudaica". Am Dienstag nach Ostern treffen sich Albaner in Cívita/Çifti (Kalabrien) um die „Vallje" zu tanzen (siehe Exkurs „Vallje – Heldentänze der Albëresh").

Mai

■ **Madonna nera,** am ersten Maisonntag gelangt die schwarze Madonna von Viggiano auf den Schultern starker Männer auf den Gipfel des Monte Viggiano, wo sie zum Schutze der Hirten bis zum ersten Septembersonntag verbleibt.

■ **San Biágio,** Maratea feiert seinen Patron vom ersten bis zum zweiten Maisonntag.

■ **Sfilata dei Turchi,** Höhepunkt des Kirchweihfestes in Potenza am 29./30. Mai ist der Kostümumzug, der an das rettende Eingreifen des hl. Gerardo während eines Sarazenenüberfalls erinnert.

Juni

■ **Festa del Maggio,** in Accetura wird zur Pfingstzeit in sehr eindrucksvoller Weise ein uralter Baumkult gefeiert (siehe Exkurs „Wenn Bäume Hochzeit feiern").

■ **S. Vito,** Castelmezzano liefert am 15. Juni die eindrucksvolle Kulisse für dieses Heiligenfest.

■ **S. Pietro Apostolo e S. Paolo di Padova,** vom 28. bis 30. Juni feiert Migliónico seine Patrone, Ochsen ziehen den Triumphkarren durch den Ort.

Juli

■ **Madonna della Bruna,** am 2. Juli feiert Matera seine Stadtpatronin, bis die Fetzen fliegen (siehe Exkurs „Ein Triumph für die Madonna").

■ **Whakapapa Film Festival,** 2018 ins Leben gerufen. In Zusammenarbeit mit italienischen Künstlern werden in Irsina Dokumentar- und Kurzfilme gezeigt. Die übergeordneten Themen sind Biodiversität, Rituale, Umwelt, Menschenrechte, nachhaltige Entwicklungsmöglichkeiten und Integration. www.whakapapa-filmfest.com

■ **Madonna del Pollino,** am ersten Juliwochenende strömen Tausende Pilger aus der Basilikata und Kalabrien am 1573 m hoch gelegenen Santuario zusammen (siehe Exkurs „Ein Bergfest").

■ **Festa dell'Abete,** in Rotonda wird am 13. Juli anlässlich der Festa di S. Antonio ein „Maibaum" aufgerichtet (siehe Exkurs „Wenn Bäume Hochzeit feiern").

■ **Vuglia,** am 14. Juli wird in Cancellara die „kleine" Madonna in einer nächtlichen Prozession durch den Ort geführt, ein christliches Echo alter lukanischer Kulte.

■ **Madonna del Carmine,** besonders eindrucksvoll ist am 16. Juli die ländliche Prozession bei Avigliano. Stimmungsvoll sind am gleichen Tag auch die Prozessionen durch die Altstadtgassen von Scalea (Kalabrien) und Morano Calabro (Kalabrien).

■ **La Storia Bandita,** von Mitte Juli bis Ende September wird jedes Wochenende die Brigantensaga als multimediales Freiluftspektakel bei Brindisi Montagna zur Aufführung gebracht (siehe Exkurs „Bühne frei für Briganten").

■ **Parco Murgia Film,** von Mitte Juli bis Ende August Filme, Konzerte und Kulinarisches unter freiem Himmel im Jazzo Gattini auf der Murgia Timone.

August

■ **Sogno di una notte a … Quel Paese!,** den ganzen Monat August hindurch zieht jeden Di und Fr ein Straßentheater durch den Ort, bei dem Liebeszauber, Verwünschungen, Beschwörungen, Heilungen und andere magische Rituale in Szene gesetzt werden.

■ **Radici Festival,** Anfang August steigt der Öko-Rave mit Ethnomusik in Viggianello.

■ **Metaponto Beach Festival,** die coolsten Bands der Basilikata im August vor der imposanten Kulisse des Castello Torre a Mare (Castello Torremare) in Metaponto Lido.

■ **Lucania Film Festival,** Plätze, Treppen und Höfe von Pisticci verwandeln sich Anfang bis Mitte August zu Vorführsälen an der frischen Luft.

■ **La Luna e i Calanchi – Festa della Paesologia,** auf den Straßen und Plätzen von Aliano, auf dem Friedhof, in den Bars und Museen und in den Calanchi wird gelesen, Utopie gedacht, getanzt, gewandert, werden Filme projiziert, Theater und Konzerte aufgeführt, wird zum Mitmachen bei Improvisationstheater und Street Art eingeladen. Zweite Augusthälfte.

■ **S. Rocco,** am 20. August feiert Montescaglioso den Patron mit einem Pferdeumzug.

■ **Gezziamoci,** Jazz- und andere Konzerte in der Sassi-Stadt Matera und in Montescaglioso v.a. Ende August bis Anfang Sept., aber auch im Winterhalbjahr. www.onyxjazzclub.it

■ **Pollino Festival,** seit 1996 schon findet Ende August (wenn die Finanzen stimmen) in San Severino Lucano dieses einladende Ethno-Musikfestival statt.

■ **Radicazioni – Festival delle Culture Tradizionali,** musikalische Traditionen, politisches Engagement und Identitätsfindung im kalabresischen Pollino-Dorf Alessandria del Caretto.

September

■ **Sant'Antonio,** am Sonntag, der dem Patronatsfest am 13. September vorausgeht, wird der Baum für den Maggio gefällt und am 12. Sept. in den Ort gebracht und aufgestellt (siehe Exkurs „Wenn Bäume Hochzeit feiern").

■ **Madonna delle Capelle,** Jerusalem liegt in Kalabrien, wenn am dritten Septembersonntag die Madonna von Laino Borgo (Kalabrien) in einer Prozession zu ihrem Heiligtum begleitet wird.

■ **Madonna d'Anglona,** bei Tursi wird am 8. September die Madonna gefeiert, eine Woche vorher wird am Santuario ein großer Markt abgehalten.

Oktober

■ **Matera Baloon Festival,** Anfang Oktober färbt sich der Himmel über Matera bunt. Von der Murgia Timone steigen Heißluftballons auf.

■ **Sagra della Varola,** am letzten Oktoberwochenende zieht der Duft gebratener Maroni durch die Gassen von Melfi.

■ **Sagra della Castagna,** an den letzten beiden Oktoberwochenenden steht auch in Trécchina die Kastanie im Mittelpunkt.

Termine im Web

■ **www.basilicataturistica.it/calendario-eventi/**

■ **www.eventiesagre.it**

■ **www.enit.de**

Gesundheit

Informationen online zu gesundheitlichen Belangen unter **www.crm.de.**

Notruf

In ganz Italien **Tel. 112.** Standort nennen und um *pronto soccorso* – Unfallhilfe – bitten.

Erste Hilfe

Kostenlose, meist freundliche Erstversorgung im **Pronto Soccorso** (Unfallstation) jeden Krankenhauses und bei der **Guardia Medica Turistica** in Urlaubsgebieten.

Ärztliche Behandlung

Die gesetzlichen Krankenkassen in Deutschland, Österreich und der Schweiz garantieren eine Behandlung im akuten Krankheitsfall in Italien, wenn die medizinische Versorgung nicht bis nach der Rückkehr warten kann. Als Anspruchsnachweis benötigt man die **Europäische Krankenversicherungskarte EHIC,** die man von seiner Krankenkasse erhält. Eine Liste deutschsprachiger Ärzte am Urlaubsort halten Krankenkassen oder Automobilclubs bereit.

Im Krankheitsfall besteht Anspruch auf ambulante oder stationäre Behandlung bei jedem zugelassenen Arzt und in staatlichen Krankenhäusern. Da jedoch die Leistungen nach den gesetzlichen Vorschriften im Ausland abgerechnet werden, kann man auch gebeten werden, zunächst die **Kosten der Behandlung** selbst zu tragen. Obwohl bestimmte Beträge von der Krankenkasse hinterher rückerstattet werden, kann doch ein Teil der Belastung beim Patienten bleiben, also zu Kosten in kaum vorhersagbarem Umfang führen.

Aus diesem Grund wird zusätzlich der **Abschluss einer privaten Auslandskrankenversicherung** dringend empfohlen. Diese sollte zudem eine zuverlässige Reiserückholversicherung enthalten, denn der Krankenrücktransport wird von den gesetzlichen Krankenkassen nicht übernommen.

Schweizer sollten bei ihrer Krankenversicherungsgesellschaft nachfragen, ob die Auslandsdeckung auch für Italien gilt. Ist das nicht der Fall, kann man sich kostenlos bei Soliswiss informieren (www.soliswiss.ch).

Zur **Erstattung der Kosten** benötigt man ausführliche Quittungen (mit Datum, Namen, Bericht über Art und Umfang der Behandlung, Kosten der Behandlung und Medikamente).

Der **Abschluss einer Jahresversicherung** ist in der Regel kostengünstiger als mehrere Einzelversicherungen. Günstiger ist auch die Versicherung als Familie statt als Einzelpersonen. Hier sollte man nur die Definition von „Familie" genau prüfen.

Apotheken (farmacia)

Apotheker sind gut ausgebildet und geben **zahlreiche Medikamente rezeptfrei** ab. In Apotheken erhält man auch alles Wichtige für die Kleinsten, z.B. Windeln *(pannolini)*. Öffnungszeiten in der Regel Mo bis Fr 8.30–12.30 und 16–20 Uhr.

Not- und Wochenenddienste *(farmacia di turno)* sind angeschlagen und stehen in Tageszeitungen.

Haustiere

Zur Einreise von Hunden und Katzen muss ein **EU-Heimtierpass** mitgeführt werden, der eine gültige Tollwutimpfung bescheinigt. Zusätzlich ist eine **Identitätskennung** des Tieres durch Tätowierung oder Mikrochip erforderlich. Auch Maulkorb und Leine sind mitzuführen. Die meisten Agriturismi, aber auch einige Hotels und Pensionen, akzeptieren die kleinen(!) Haustiere ihrer Gäste (evtl. mit Preisaufschlag).

Informationen

Außerhalb Italiens

Außerhalb Italiens informiert das **Staatliche Italienische Fremdenverkehrsamt ENIT** – auch online.

- Hiroshimastr. 1, D-10785 **Berlin,** Tel. +49 (0) 30 24 31 04 13, berlin@enit.it c/o Botschaft der Italienischen Republik
- Barckhausstr. 10, D-60311 **Frankfurt a.M.,** Tel. (069) 23 74 34, frankfurt@enit.it
- Tödistr. 65, CH-8002 **Zürich,** Tel. +41 (0) 445 44 07 97, zurigo@enit.it c/o Italienisches Generalkonsulat
- **www.enit.de, www.italia.it**

In der Basilikata

Azienda di Promozione Turistica Basilicata (APT)

Die Tourismusbehörde der Region Basilikata ist **gut organisiert** und publiziert nützliche Broschüren (in Süditalien keine Selbstverständlichkeit!). Der Internetauftritt ist vorbildlich!

- Piazza B. Vitolo 1, 85046 **Maratea,** Tel. 09 73 03 03 66, maratea@aptbasilicata.it
- Via De Viti De Marco 9, 75100 **Matera,** Tel. 08 35 33 19 83, matera@aptbasilicata.it
- Via del Gallitello 89, 85100 **Potenza,** Tel. 09 71 50 76 11, potenza@aptbasilicata.it
- **www.aptbasilicata.it**
- **www.basilicataturistica.com**

Presidio Turistico – Pro Loco

In der Basilikata treten die **lokalen Touristenbüros,** darunter auch die Fremdenverkehrsvereine **Pro Loco** (www.unplibasilicata.it), unter der Bezeichnung **Presidio Turistico** auf und verteilen das Info-Material der APT (s.o.). Öffnungszeiten i.d.R. Mo bis Sa 9–12 und 16–18 Uhr. Adressen in den Ortskapiteln.

Im Internet

Italien-Links (nicht nur)

- **www.archaeologie-online.de,** umfangreiche Linksammlung.
- **www.archeologia.beniculturali.it, www.beniculturali.it,** ausführliche Seiten der Kulturministerien, Hinweise zu Ausstellungen.
- **www.blinde-kuh.de,** ausführliche und themenreiche Suchmaschine für Kinder.
- **www.borghimagazine.it,** viele Infos auf der Site der Borghi più belli d'Italia, der schönsten Dörfer Italiens.

■ **www.brigantaggio.net,** Briganten und Banditen in Süditalien – gut gegen Vorurteile.

■ **www.europakonsument.at, www.evz.de,** aktuelle (Reise-)Tipps der Verbraucherzentralen.

■ **www.famedisud.it,** engagierter Kultur- und Polit-Blog – Graswurzel-Journalismus.

■ **www.italianculture.net,** Portal mit umfangreichen Informationen.

■ **www.italien-freunde.de,** die Vereinigung deutsch-italienischer Kultur-Gesellschaften gibt Tipps für den Urlaubs- oder Arbeitsaufenthalt in Italien, Link-Liste.

■ **www.lagirandola.it**, Kinderportal mit vielen Links, italienisch.

■ **www.mein-italien.info,** *Bernd Zillich* beweist mit seiner liebevoll gestalteten Site Kennerschaft und Humor.

■ **www.museionline.info,** die meisten Museen und archäologischen Stätten Italiens mit weiterführenden Links.

■ **www.presidislowfood.it,** auf der Suche nach guten Produkten.

■ **www.prodottitipici.com**, Kulinarisches und viele andere touristische Infos.

■ **www.quantomanca.com,** „Wie weit noch?" – die klassische Kinderfrage. Hier ein paar Tipps, um die lange Fahrt in den Süden zu verkürzen.

Basilikata-Links

■ **www.alparcolucano.it,** Online-Journal und Outdoor-Tipps nicht nur für den Parco Nazionale dell'Appennino Lucano.

■ **www.aptbasilicata.it,** offizielle Site des regionalen Fremdenverkehrsamtes – aktuell & nützlich!

■ **www.basilicataturistica.com,** die offizielle Tourismus-Site der Region – praktisch, aktuell und nützlich!

■ **www.cilento-aktiv.info,** Aktivurlaubstipps auch für die Costa di Maratea.

■ **www.discoverbasilicata.com,** umfangreicher Web-Reiseführer, Broschüren der APT Basilicata auch als Download.

■ **www.landofstories.eu,** engagierter Blog: Unter dem Motto „Memoria, Narrazione, Innovazione" (Erinnerung, Erzählung, Erneuerung) erzählen junge Menschen von einem neuen Verhältnis zu Land, Landwirtschaft und Kultur.

■ **www.matera-basilicata2019.it/,** offizielle Website der Initiative „Matera 2019 Kulturhauptstadt Europas".

■ **www.peteramann.zenfolio.com/basilicata,** Bilder aus Lukanien.

■ **www.quotidianodelsud.it,** Online-Version der Tageszeitung.

■ **www.regione.basilicata.it,** offizielle Website der Region Basilikata.

■ **www.southwestbasilicata.it,** eine Gruppe von Freunden möchte einen wenig bekannten Winkel dieser immer noch wenig bekannten Region bekannt machen.

■ **www.terramatera.com,** *Michael Mente,* 1976 als Sohn eines Lukaners in der Schweiz geboren, schreibt diesen wunderbaren, inspirierenden und sehr persönlichen Reisebegleiter fort (siehe „Lesen" im Anhang).

Instagram

■ **#basilicata**
■ **#basilicatabellascoperta**
■ **#basilicatacoasttocoast**
■ **#basilicatadascoprire**
■ **#basilicataturistica**
■ **#fotografando_basilicata**
■ **#lucania**
■ **#sudpuntoebasta**
■ **#yallersbasilicata**

App in den Urlaub

Wie wird das Wetter, wo gibt es das nächste Internetcafé, den besten Strand, ein günstiges und nettes Zimmer und wie fragt man danach auf Italienisch? Die **Antworten** darauf und **auf** unzählige weitere **Reise-Fragen** liefern Apps. Mit *Gaia GPS, Google Maps Offline, Maps 3 D Pro, Trails, Wikiloc* o.Ä. lassen sich Wanderwege, Rad- oder MTB-Touren aufzeichnen und teilen. Einige Basilikata-Apps stehen auf dem deutschen App Store nicht zur Verfügung. Ob die schlauen Apps einen gedruckten Reiseführer völlig ersetzen können?

Kinder unterwegs

In Süditalien genießen **bambini** (Kinder) eine beinahe grenzenlose Narrenfreiheit. In den meisten Hotels und Restaurants wird man mit Kindern auf **hilfsbereites Verständnis** stoßen. Unbeschwerten Familienurlaub versprechen Ferienclubs am Meer, deren Freizeitangebot häufig auch auf Kinder zugeschnitten ist. Als ausgesprochen kinderfreundlich erweisen sich oft Agriturismi. Manchmal gibt es einen Pool oder Spielplatz, fast immer aber ist der direkte Kontakt mit der Natur und Haustieren ein echtes Erlebnis. Auch italienische Familien machen gern Urlaub auf dem Bauernhof, und schnell überwinden gerade Kinder die Sprachbarriere und gewinnen neue Freunde.

Fehlanzeige in vielen Museen und Ausgrabungen. Für italienische Schulkassen gehört deren Besuch zwar zum Pflichtprogramm, doch gerät der Schulausflug oft zur disziplinarischen Maßnahme. Das mag auch an der mangelnden Begeisterung der Lehrer liegen, denn einige der archäologischen Museen präsentieren ihre Sammlungen durchaus nach didaktischen Kriterien. Hier ist die Fantasie der Eltern gefragt und vielleicht der Blick in ein Buch: Die Sagen der Antike und das Alltagsleben gestern und heute sind unerschöpfliche Themen.

Mit etwas Fantasie bietet die Basilikata **tausend Möglichkeiten,** mit Kindern einen spannenden Urlaub zu verleben. Für junge Naturforscher hat die APT Basilicata den Prospekt „Basilicarta“ aufgelegt. Mittelalterliche Kastelle, wie etwa jene von Lagopésole oder Melfi, wollen erobert werden, von Sandburgen am Strand ganz zu schweigen. Auf kleinen Wanderungen lässt sich zusammen mit den Kindern viel entdecken. Im Pollino und den Piccole Dolomiti Lucane haben Wald-Kletterparks aufgemacht. Hängebrücken und Zip-Lines sorgen für Adrenalinschub nicht nur bei den Kleinen. Rafting-Touren, wie auf dem Fiume Lao (siehe Kapitel „Pollino Calabro, Monti di Orsomarso und Costa dei Cedri“), können unter Beachtung aller Sicherheitsvorkehrungen auch mit Kindern ab acht Jahren unternommen werden. Der tyrrhenischen Küste sind am Golfo di Policastro eine Reihe kleiner Inseln vorgelagert, die man bei ruhiger See mit einem Boot leicht erreichen kann. Und wer weiß, vielleicht war Odysseus hier. Die **kinderfreundlichsten Küstenabschnitte** mit breiten Sandstränden liegen am Ionischen Meer.

Spaß für Groß und Klein bieten schließlich die vielen **Volksfeste.** Jede *festa* endet mit einem Feuerwerk, und natürlich dürfen die *bambini* bis zum Schluss aufbleiben.

Kriminalität und Sicherheit

Wie auf jeder Reise empfehlen sich ein paar **Vorsichts-/Verhaltensregeln:** Gepäck und Wertgegenstände nicht sichtbar im Auto liegen lassen (Handschuhfach öffnen und Radio entfernen!) und das Fahrzeug in Großstädten auf einem bewachten Parkplatz abstellen; an touristischen Brennpunkten keine Umhängetasche und in der Gesäßtasche kein Portemonnaie tragen. Nicht Misstrauen, sondern Aufmerksamkeit ist angebracht (manchmal auch beim Bezahlen einer Rechnung im Lokal).

Wurde man bestohlen, sollte man bei der Polizei oder den Carabinieri ein Protokoll zur Vorlage bei der Versicherung aufnehmen lassen. Bei Verlust der Reisedokumente hilft die Botschaft des Heimatlandes weiter (siehe „Diplomatische Vertretungen").

Landkarten und Stadtpläne

Stadtpläne und Landkarten werden z.T. gratis in den **Fremdenverkehrsämtern** vor Ort verteilt. Die Gratis-Karte der APT, eine Lizenzausgabe des Touring Club Italiano im Maßstab 1:250.000, leistet hervorragende Dienste. Siehe auch „Wandern und Radfahren".

- **Marco Polo:** Kampanien – Basilikata, Maßstab 1:200.000.
- **Touring Club Italiano:** Kampanien – Basilikata, Maßstab 1:200.000.
- **Reise Know-How Verlag,** Italien, Maßstab 1:900.000. Reißfest und wasserresistent, beschreibbar wie Papier und mit fünfsprachiger Legende.
- **www.openstreetmap.org,** die freie Weltkarte folgt dem Wiki-Prinzip.

LGBT+

Die Kandidatur von Matera zur Kulturhauptstadt Europas 2019 hat auch die **Gay Communities** in der Basilikata belebt. Die **Associazione RiSvolta** hat das Netzwerk **MateraFriendly** ins Leben gerufen, eine ständig wachsende Liste von Unterkünften, Restaurants, Pubs, Cocktail Bars, Strandlokalen, Geschäften und Kulturinitiativen, die sich für eine offene Gesellschaft und gegen Diskriminierung einsetzen. Ein bunter Veranstaltungskalender auf Facebook nennt aktuelle Termine (siehe Infokasten „Matera ist gay").

- **https://risvoltamatera.wordpress.com/materafriendly/**
- **www.facebook.com/risvoltamatera/**
- **https://wearegaylyplanet.com/category/italia/,** Online-Reiseführer mit vielen aktuellen Tipps.
- **www.gayfriendlyitaly.com/gay-guide/matera,** siehe oben.

Notrufe

- Über die **gebührenfreie Notrufnummer 112** (aus dem Mobil- und Festnetz) sind in Italien Polizei und Unfallrettung zu erreichen.
- Zur **Pannenhilfe** siehe im Kapitel „Anreise“.

Öffnungszeiten, Eintrittsgelder

Sehenswürdigkeiten

Öffnungszeiten sind **nicht einheitlich geregelt,** oft hilft ein Blick in die Tageszeitungen. Museen sind montags meist geschlossen, archäologische Ausgrabungen von 9 Uhr bis 1 Stunde vor Sonnenuntergang geöffnet, Kirchen meist 8.30–12 und 16–19.30 Uhr. Sind die Kirchen geschlossen, findet man in der Nachbarschaft oft einen Kustoden. Freien Eintritt für alle in allen Museen und Ausgrabungsstätten Italiens – und entsprechend großen Publikumsandrang – gibt es während der „Settimana della Cultura“ alljährlich im April. Eine Zeitlang galt freier Eintritt in alle staatlichen Museen an jedem ersten Sonntag im Monat; das wurde 2018 abgeschafft. Nun dürfen Museen und archäologische Zonen selbst entscheiden, ob und wann sie einen freien Eintritt gewähren.

Sonstige

- **Banken:** I.d.R. Mo bis Fr 8.30–13.30 und 15–16 Uhr geöffnet. Personalausweis nicht vergessen!
- **Postämter:** Mo bis Fr 8.30–13.30 Uhr und Sa 8.30–12 Uhr, Hauptpostämter Mo bis Fr 8.30–18 Uhr und Sa 8.30–12 Uhr.
- **Läden/Geschäfte:** Flexible Zeiten, abends meist bis 20 Uhr geöffnet. Lange Mittagspause, im Extremfall 12–17 Uhr.
- **Tankstellen:** An der Autobahn 24 Std., ansonsten Mo bis Fr 7–12.30 und 15–19 Uhr. An Wochenenden und Feiertagen öffnen Tankstellen im Turnus vormittags.

Post

Briefmarken *(francobolli)* erhält man auf Postämtern *(ufficio postale)* und in den berühmten Tabakläden *(tabacchi).* Das Porto für eine Postkarte oder einen Standardbrief innerhalb der EU und in die Schweiz beträgt 1,15 Euro.

Basili19-190 pa

Irsina, Bar Commercio – jede Dorfbar ist zugleich eine Infobörse

Rauchen

Seit 2005 gilt in Italien ein strenges Anti-Rauchergesetz – und fast alle halten sich daran. Das wirft das liebevoll gehegte Bild von den individualistischen, alle staatlichen Vorschriften fröhlich ignorierenden Italienern gründlich über den Haufen. **Verboten** ist das Rauchen in Krankenhäusern, Ämtern und öffentlichen Gebäuden und Zügen. In Bars und Restaurants darf nur geraucht werden, wenn eigens ausgewiesene Raucherzonen mit getrennter Lüftung existieren.

Reisedokumente

EU-Bürgern und Schweizern genügt ein gültiger **Personalausweis.** Auch jedes Kind braucht für Auslandsreisen ein eigenes Reisedokument!

In Deutschland, Österreich oder der Schweiz lebende **Staatsbürger von Nicht-EU-Staaten** müssen ein **Visum** bei der entsprechenden diplomatischen Vertretung Italiens beantragen.

Autofahrer sollten neben dem vorgeschriebenen nationalen Führerschein und Kfz-Schein auch die Grüne Versicherungskarte mitführen. **Mietwagenagenturen** verlangen einen Lichtbildausweis und eine gültige Kreditkarte. Im Verlustfall macht es sich bezahlt, Fotokopien oder digitale Scans der Ausweise zu haben!

Reisende mit Handicap

Symbole in den offiziellen Unterkunftsverzeichnissen weisen auf behindertengerecht ausgebaute Unterkünfte und Gaststätten hin. **Hinweise** auch in den Unterkunftsbeschreibungen in diesem Buch. Die **Sassi von Matera** z.B. lassen sich auch vom Rollstuhl aus erleben, wenn man die Aussichtspunkte auf dem Piano ansteuert und in den Sassi der Via Madonna della Virtù folgt. Mit konkreten Informationen helfen die folgenden Stellen weiter:

- **Nationale Koordinationsstelle Tourismus für Alle e.V.,** www.natko.de.
- **Mobility International Schweiz,** www.mis-ch.ch.
- **www.accessibleitaly.com, www.disabili.com,** Tipps und gute Links.

Reisen in der Basilikata

Ein **eigenes Fahrzeug** bringt klare **Mobilitäts- und Zeitvorteile** und macht unabhängig von Fahrplänen. Besonders Motorrad- und Radfahrer werden an den verkehrsarmen und kurvenreichen Landstraßen im Landesinneren ihre Freude haben (siehe „Wandern und Radfahren“). Zwar lassen sich fast alle Orte auch mit Bus oder Bahn erreichen, doch liegen die schönsten Strände, archäologische Zonen und die interessantesten Wandergebiete im Landesinneren oft fernab des öffentlichen Verkehrsnetzes. Züge halten oft weit außerhalb der Ortszentren.

Informationen

- **Fahrpläne für Bus und Bahn** stehen in Tageszeitungen! Auch Fremdenverkehrsämter halten meist Infos bereit.
- **Fahrplan-Italienisch:** *feriale* = werktags, *festivo* = sonn- und feiertags, *orario estivo* = Sommerfahrplan, *orario invernale* = Winterfahrplan, *scolastico* = während der Schulzeit.

Auto und Motorrad

Straßennetz

Die italienischen Straßen werden mit Buchstabenkürzeln bezeichnet: **A** steht für **Autostrada** (Autobahn), **SS** für **Strada Statale** (Staatsstraße), **SP** für **Strada Provinciale** (Provinzstraße).

In der Basilikata gibt es mit Ausnahme einer kurzen Verbindungsstrecke zwischen der A2 Salerno – Reggio Calabria (www.autostradadelmediterraneo.it) und der Provinzhauptstadt Potenza keine Autobahn. Von Potenza setzt sich die vierspurig ausgebaute SS 407 „Basentana" bis Metaponto ans Ionische Meer fort und trifft hier auf die küstenparallele E90 (ex SS 106) Táranto – Reggio Calabria. Unterwegs zweigt eine gut ausgebaute Schnellstraße zur Provinzhauptstadt **Matera** ab. Matera ist auch von Bari (Apulien) auf gut ausgebauten Staatsstraßen zu erreichen. Von Potenza führt die SS 93 Richtung Melfi ins Vúlture-Gebiet in den Norden der Basilikata und weiter nach Foggia (Apulien). Neben der SS 407 queren zwei weitere gut ausgebaute Staatsstraßen die Basilikata von West nach Ost: Die SS 598 führt durch das Tal des Agri, die SS 653 nördlich des Pollino durch das Tal des Sinni.

Die **Provinzstraßen im gebirgigen Landesinneren** der Basilikata bieten ein kurvenreiches Landschaftserlebnis – schnell kommt man nicht voran. Abseits der Autobahnen sind die **Ausschilderungen oft mangelhaft,** eine gute Straßenkarte oder ein Navi daher Pflicht (siehe „Landkarten und Stadtpläne").

Abgelegene Adressen in diesem Reisehandbuch sind mit **GPS-Koordinaten** versehen!

Tankstellen

Da das Tankstellennetz nicht flächendeckend ausgebaut und das Mitführen eines Reservekanisters verboten ist, **rechtzeitig tanken!** Flüssiggas ist an italienischen Tankstellen als „GPL" ausgewiesen. Kreditkarten werden meistens akzeptiert. An Landstraßen und in Ortschaften bleiben Tankstellen in der Regel 12.30–15.30 und 19.30–7 Uhr geschlossen. Autobahntankstellen sind durchgehend geöffnet. Zum Tanken am Automaten unzerknitterte 5-, 10- und 20-Euro-Scheine bereithalten.

Fahrweise

Auf den Straßen scheint das **Prinzip Chaos** vor zu herrschen, doch nach Abklingen des ersten Schocks, wird man schnell die sich dahinter verbergende Ordnung erkennen. Vor allem im Stadtverkehr drängen sich die Fahrzeuge dicht an dicht, und jede kleinste Lücke im Verkehr wird flink ausgenutzt. Manchmal wird auch rechts überholt, doch spielt sich alles mit größter Gelassenheit ab. Kaum einer der Fahrer wirkt

Basili19-191 pa

nervös oder ungehalten – das laute Hupen hat mit Aggression nichts zu tun, sondern dient der Verständigung – mit den Beifahrern wird gestenreich geplaudert, und wenn keiner zur Hand ist, wird zum Handy gegriffen oder kurz am Straßenrand gehalten. Fußgängern gegenüber ist man aufmerksam, so lange diese beim Überqueren der Straße unaufmerksam erscheinen. Für einen offensichtlich aufmerksamen Fußgänger wird niemand bremsen, kann dieser doch selbst auf sich aufpassen. Mit anderen Worten: **Kommunikation** ist in Süditalien in jeder Lebenslage wichtig, häufig bedient sie sich der Blicke, Zeichen und Gesten. Mit **Geduld** – *pazienza* heißt das Zauberwort auf Italienisch – und Freundlichkeit *(gentilezza)* wird man am Ende jede Verkehrssituation meistern und vielleicht sogar Spaß haben. Spätestens vor den verwinkelten Altstadtzentren sollte man jedoch Halt machen, das Auto parken und den Weg zu Fuß fortsetzen. In vielen Innenstadtbereichen sind darüber hinaus sog. **ZTL** („zona traffico limitato"), Zonen eingeschränkten Verkehrs, eingerichtet worden.

Via Appia – 2000 Jahre Fernverkehr

Parken

Gelbe und schwarz-gelb **markierte Bordsteine** sowie die **Schilder** *passo carrabile* (Zufahrt freihalten), *sosta vietata* (Parkverbot) und *zona rimozione* (Abschleppzone) bezeichnen absolutes Parkverbot. Blau gefärbte Bordsteinkanten kennzeichnen gebührenpflichtige Parkplätze.

Parktickets gibt es am Automaten oder im Tabacchi. Bei den *parcheggi gratta e sosta* („kratze und parke") kauft man Parkscheine, die in der Regel je eine Stunde gelten, und rubbelt die Ankunftszeit frei. Hat man vor, mehrere Stunden zu parken, legt man mehrere dieser Scheine sichtbar ins Auto, die frei gerubbelte Ankunftszeit um jeweils eine Stunde verschoben.

Mietwagen

An Flughäfen, in größeren Städten und Touristenorten sind die bekannten Verleiher vertreten. Die Mietpreise in Italien sind hoch, eine **Vorausbuchung** von zu Hause aus ist fast immer günstiger, evtl. auch, Mietwagen und Flug getrennt zu buchen. Vollkasko- und Diebstahlversicherung sollten im Mietpreis enthalten sein. Bei Buchung erst nach Ankunft in Italien wird man oft an den Haftungsrisiken beteiligt, und zum Mietpreis kommen auch noch 19% IVA (MwSt.).

Voraussetzungen: Mindestalter 21 Jahre, ein Jahr gültiger Führerschein und Kreditkarte. Auch auf Motorrollern besteht Helmpflicht.

Bus

Fast jeder Ort in der Basilikata lässt sich mit einem **Linienbus** erreichen, auch jene, die weitab im Landesinneren liegen. Leider stößt man bei dieser preiswerten Art der Fortbewegung oft auf praktische Probleme: Die **Fahrpläne** der zahlreichen regionalen und privaten Buslinien sind selten aufeinander abgestimmt, das Auskundschaften der Abfahrtszeiten und -orte ist nicht immer einfach. In den Touristenbüros erhält man mit etwas Glück Fahrpläne, oft hängen sie auch in den Tabacchi aus, wo man meist auch Fahrkarten kauft. An Sonn- und Feiertagen ist der Busverkehr stark eingeschränkt! Die privaten Bahnlinien in der Basilikata unterhalten zugleich auch Buslinien. Weitere Hinweise in den Ortskapiteln.

Wichtige Buslinien

- **www.italybus.it** und **www.orariautobus.it,** Portale italienischer Busgesellschaften, die regional und überregional verkehren.
- **Ferrovie Appulo-Lucane,** zwischen Matera und Bari (Apulien), von Matera nach Montescaglioso. www.ferrovieappulolucane.it
- **Moretti,** im Bereich Melfi, Rionero in Vúlture und Laghi di Monticchio. www.autolineemoretti.it
- **SITA,** dichtes Netz in der Basilikata, in Kampanien und Apulien. www.sitasudtrasporti.it

Bahn

Bahnfahren in Italien ist immer noch recht preiswert. Touristische Netzkarten für 8, 15, 21 und 30 Tage können nur außerhalb Italiens in einem entsprechenden Reisebüro gelöst werden (siehe „Anreise/Bahn"). Die Kategorien der italienischen Züge heißen: **locale** (Lokalzug), **diretto** (der Name täuscht, es handelt sich um Bummelzüge die häufig halten), **interregionale** (Schnellzug) und **espresso** (Eilzug). Zuschlags- und reservierungspflichtig sind die schnellen IC und der Eurostar.

Küstenorte und größere Städte in der Basilikata sind größtenteils an das Schienennetz der italienischen **Staatsbahn Ferrovie dello Stato (FS)** angebunden;

die Züge firmieren unter dem Namen **Trenitalia.** Verbindungen ins Landesinnere werden von Privatbahnen aufrechterhalten. Im Inland liegen die Bahnhöfe oft kilometerweit außerhalb der Zentren, man ist dann auf Busse oder Taxis angewiesen.

Bahnkarten erhält man an den Bahnhofsschaltern oder in jedem Reisebüro mit dem FS-Zeichen. Achtung: Tickets vor der Abfahrt in den gelben Automaten am Bahnsteig entwerten!

■ **Fahrplanauskunft:** Tel. 89 20 21 (nur aus Italien, 7–21 Uhr), www.trenitalia.com; Fahrplanauszüge gratis am Bahnschalter.

Basili19-192 pa

Die **Ferrovie Appulo-Lucane** (www.ferrovieappulolucane.it) unterhalten in der Basilikata die Verbindung Bari (Apulien) – Matera (Basilikata) sowie die Strecke Potenza – Altamura (Apulien). Mit den Zügen von Trenitalia reist man schneller, verpasst aber wunderbare Landschaftseindrücke.

Reisewetter und Reisezeit

Von Goethe stammt die Reiseempfehlung **„im Frühjahr zum Staunen, im Herbst zum Genießen".** Dem ist heute nur der Rat hinzuzufügen, wenn möglich die italienische Hauptreisezeit von Ende Juli bis Anfang September zu meiden. Im **August** ist an der Küste alles restlos **überfüllt,** Temperaturen und Preise erreichen – und übersteigen – die Schmerzgrenze. Nach dem Sommer schließen an der Küste viele Hotels, Campingplätze und Lokale. Die Vorstellung von einem nachhaltigen Tourismus auch in der Nebensaison setzt sich nur langsam durch. Im Reiseteil sind in der Beschreibung der Unterkünfte immer auch die Öffnungszeiten mit angegeben, evtl. auch ob die Zimmer eine Heizung haben.

Die Monate **März bis Mai,** wenn das Frühjahr in einer wahren Blütenpracht explodiert, empfehlen sich für Besichtigungstouren und zum Wandern. Im März ist allerdings noch gelegentlich mit heftigen Schauern zu rechnen. Während die Temperaturen tagsüber recht angenehm sind, kühlt es abends ab und man ist für ein Hotel mit funktionierender Heizung dankbar. In höheren Gebirgslagen liegt im Landesinneren bis in den April Schnee. Frühsommer und Herbst zählen im Appennino Lucano und Pollino zu den schönsten (Wander-)Reisezeiten, oder auch der Winter, wenn man mit Schneeschuhen unterwegs sein kann. Zu Ostern erlebt der Ansturm der Gruppenreisenden einen Höhepunkt, reizvoll zu dieser Zeit sind die Osterprozessionen.

Von **Mitte Mai bis Mitte Juli** herrschen überall ideale Reisebedingungen. Die Blüte hält in Küstennähe an und erreicht auch die höheren Berge. Die Temperaturen sind sommerlich, ohne unerträglich heiß zu sein, und die Preise liegen noch auf Nebensaisonniveau. Das Meer erreicht ab Ende Mai Badetemperaturen, und bis Anfang Juli bleiben die Strände meist völlig leer.

Kenner kehren **ab Mitte September** zurück. Die Preise sinken, das Meer ist herrlich warm, das Wetter stabil und sonnig. Der Herbst ist eine ideale Reisezeit nicht nur zum Baden und Besichtigen, sondern auch zum Wandern, wenn die Früchte reifen und sich im Oktober das Laub in den Wäldern färbt.

Die Wintermonate von **November bis Februar** sind in Küstennähe mild, und nach Regen genießt man herrliche Fernsicht. November und Dezember können schöne Monate sein, um die Landschaft, archäologische Ausgrabungen, Museen und Städte entspannt zu genießen.

◁ Lido di Metaponto – ein guter Spot für Windsurfer

- **www.klimadiagramme.de,** Klimadiagramme weltweit.
- **www.meteo.it,** 24-Std.-Wettervorhersage für Italien, interaktive Karten, Webcams.
- **www.tempoitalia.it,** professionelle, ausführliche und detaillierte Wettervorhersage für Italien.
- **www.wetteronline.de,** umfangreicher Wetterservice.

Sport und Strände

Die Basilikata bietet ideale Voraussetzungen für einen **Erholungs- und Aktivurlaub.** Detaillierte Hinweise jeweils am Ende der Ortskapitel (siehe auch „Wandern und Radfahren").

Am Meer

Die Möglichkeiten für Wassersport sind in der Basilikata bei meist guter bis sehr guter Wasserqualität beinahe grenzenlos. 2018 wurden Maratea, Policoro, Nova Siri und Metaponto mit der **Blauen Flagge** ausgezeichnet. Maratea wurde als einzige Destination auch mit den **5 Vele** (Fünf Segeln) des italienischen Umweltverbandes Legambiente prämiert. Trotz der beiden kurzen Küstenlinien – knapp 40 km am Ionischen Meer und 25 km auf der Tyrrhenischen Seite – herrscht an **schönen Stränden** kein Mangel. Die Costa Jonica am Golfo di Taranto prägen kilometerlange, goldgelbe und familienfreundliche Dünenstrände; am schönsten sind die naturgeschützten Abschnitte bei Metaponto und Policoro. An der Costa di Maratea wechseln sich Felsklippen und Kiesstrände ab. Einige der teils verschwiegenen Buchten sind nur zu Fuß oder mit dem Boot zu erreichen. Die reich gegliederte tyrrhenische Küste ist auch ein ideales **Segelrevier.** Über eine gute Marina verfügt Maratea (www.portoturisticomaratea.com), Jachthäfen an der ionischen Küste finden sich bei Marina di Policoro (www.marinadipolicoro.it) und Marina di Pisticci (www.portodegliargonauti.it).

Tauchschulen gibt es an der Costa di Maratea. Es lohnt sich aber, auch „nur" mit Maske und Schnorchel ins Meer zu springen!

- **www.bandierablu.org**
- **www.legambiente.it**

Rafting

In Kanada, aber nicht in Kalabrien würde man einen **Wildfluss** wie den **Fiume Lao** erwarten. Rafting-Touren werden von Scalea, Papasídero und Laino Borgo aus, aber auch aus den Orten des Pollino Lucano organisiert.

Reiten und Golf

Einige **Agriturismi** bieten die Möglichkeit zum Reiten an. Ein paar Runden Golf kann man in der Basilikata bei Metaponto spielen. Ein wachsendes Angebot toller Golfplätze hält die Nachbarregion Apulien bereit!

Sprache

In der Basilikata wird neben lokalen Dialekten **Italienisch** gesprochen. Die im 15. Jh. eingewanderten Albaner haben sich darüber hinaus ihre Muttersprache, das **Arbëresh,** bewahrt. Immer wieder trifft man auf ehemalige Gastarbeiter, die in Deutschland oder der Schweiz gelebt haben und sich oft als hilfsbereit erweisen. Jüngere Leute sprechen Englisch. Der eigene Versuch, sich in der Landessprache verständlich zu machen, wird von den Einheimischen freudig begrüßt. Eine Binsenweisheit, aber wahr: Sprache ist der beste Schlüssel zum Verständnis eines Volkes. Ein kleiner Sprachführer sollte mit ins Gepäck (siehe auch im Anhang).

Sprachführer

- **Italienisch – Wort für Wort**
Kauderwelsch Bd. 22, auch als Audio-CD erhältlich.
- **Italienisch kulinarisch – Wort für Wort**
Kauderwelsch Bd. 144

Beide auf den Alltag ausgerichtet, ohne grammatikalischen und akademischen Ballast, leicht verständlich (Reise Know-How Verlag).

Sprachschulen

Italienisch lernen macht Spaß und ist vielleicht die beste Art, **im Urlaub Land und Leute kennenzulernen.** Italienische Kulturinstitute, die Dante-Alighieri-Gesellschaft und die ENIT sind bei der Suche nach der richtigen Sprach- und Hochschule behilflich. Anzeigen auch im empfehlenswerten Sprach-Magazin ADESSO, www.adesso-online.de.

■ **La Piccola Scuola,** *Elisabetta Caruso* betreibt diese vielseitige Sprachschule in ihrer Heimatstadt. Via del Corso 7, 75100 Matera, www.lapiccolascuola.it.

Tabacchi

Eine italienische Institution: Die **Tabakläden** sind an dem weißen „T" auf dunklem Schild zu erkennen: Hier kann man außer **Zigaretten** auch **Briefmarken, Fahr- und Parkscheine** kaufen. Und manchmal auch noch Salz: Früher waren Salz und Tabak *(sali e tabacchi)* in Italien ein Staatsmonopol.

Telefon

Das **Mobiltelefon** lässt sich in Italien problemlos nutzen, die Netzabdeckung ist ausgezeichnet. Deutsche und Österreicher (für Schweizer gelten diese Regeln einstweilen noch nicht) zahlen seit 2017 auch keine zusätzlichen Roaminggebühren mehr, sondern es gelten die gleichen Tarife wie im eigenen EU-Land, sofern es sich um eine zeitweilige Nutzung der SIM-Karte im Ausland handelt.

Insbesondere bei Internetnutzung fährt man dennoch mit **kostenlosen WLAN-Verbindungen** zum Schreiben von E-Mails (vor allem mit Anhang), (Video-)Telefonieren über Skype bzw. Facetime oder auch zum Teilen von Fotos/Dateien etc. über WhatsApp und andere kostenlose Apps am günstigsten.

Vorwahlen

■ **In Italien:** Auch bei einem Ortsgespräch oder einem Anruf aus dem Ausland immer die frühere Vorwahl mit der Null mitwählen, sie ist längst Bestandteil der Nummer!

■ **Nach Italien:** von Deutschland, Österreich und der Schweiz 0039.

■ **Von Italien** nach Deutschland 0049, nach Österreich 0043, in die Schweiz 0041.

Trinkgeld

Die **mancia** (Trinkgeld) gehört auch in Süditalien zum guten Ton, und Menschen, die in Dientsleistungsberufen arbeiten, sind häufig darauf angewiesen. Auch in der Bar machen Sie mit einem Trinkgeld *bella figura!* Legen Sie eine Münze auf Ihren *scontrino* (Kassenzettel), und erleben Sie, wie flott Sie vom *barista* bedient werden. Siehe auch „Essen und Trinken".

Basili19-212 pa

Übernachten: Preiskategorien in diesem Buch

Durchschnittliche Preise für ein **Doppelzimmer mit Bad/Dusche und Frühstück** (DZ/F). I.d.R. kosten Einzelzimmer (EZ/F) 60–70% des Doppelzimmerpreises:

① bis 50 €
② 50–100 €
③ 100–180 €
④ ab 180 €

Sofern nicht anders angegeben, sind die im Buch beschriebenen Unterkünfte ganzjährig geöffnet. Während der Hauptsaison werden Hotelgäste v.a. am Meer häufig zur Halb- oder Vollpension verpflichtet.

In einigen Städten werden Gästen zusätzliche **Übernachtungssteuern** *(tassa di soggiorno)* abverlangt; sie sind an Ort und Stelle bar zu entrichten. Ihre Höhe richtet sich nach Standort und Hotelkategorie, i.d.R. liegen sie im niedrigen einstelligen Euro-Bereich.

Hotelreservierungsportale bieten manchmal günstigere Preise als die Hotels selbst bei Direktbuchung! Darauf reagieren viele Hotels und werben auf ihren Internetseiten mit „Best Deals".

SLOW & GRÜN

Mit dem Schmetterling werden Betriebe hervorgehoben, die sich durch Anbau und Verwendung lokaler Bio-Produkte und **baubiologische Ausrichtung** auszeichnen oder sich für einen ethisch korrekten und **nachhaltigen Tourismus** einsetzen.

Unterkunft

Ein guter **persönlicher Eindruck,** Sauberkeit, gute Betten, Charme und das freundliche Engagement des Personals bzw. der Besitzer waren die wichtigsten Kriterien bei der Auswahl der in diesem Führer empfohlenen Unterkünfte. Auf Negativbeispiele wurde verzichtet, und natürlich ist eine Unterkunft nicht schon deshalb „weniger empfehlenswert", nur weil sie nicht im Buch steht. Als Ergänzung zu den sorgfältig zusammengetragenen Unterkunftsempfehlungen in diesem Reiseführer können **Buchungsportale** wie Booking, Agoda, Tripadvisor, Hostelworld oder Airbnb dazu genutzt werden, aktuelle Preise und die Bewertungen anderer Reisender einzusehen sowie Unterkünfte direkt zu buchen.

Über **Social-Travelling-Plattformen** wie www.airbnb.de, www.9flats.com oder www.couchsurfing.org findet man nicht nur ein freundliches Bett (manchmal sogar umsonst), sondern meist auch Insider-Anschluss vor Ort.

Hotels

Die bürokratische Einteilung der Hotels in **fünf Kategorien** von 1 bis 5 Sternen sagt wenig aus über Flair, Zustand, Service, Charme oder Atmosphäre. Durch Verzicht auf das ohnehin selten üppige Frühstück lässt sich einiges sparen!

> Matera, Le Grotte della Civitá – einige der Hotels in den Sassi sind echte Rock Stars

Bed & Breakfast (B&B)

Im besten Fall genießt der Gast den Komfort einer Pension oder eines Hotels zum fairen Preis, gepaart mit persönlicher Atmosphäre und Einblick in den Alltag der Gastfamilien. **Groß ist die Auswahl in Matera.**

Agriturismo

Die **italienische Variante von „Ferien auf dem Bauernhof"** bietet häufig ein gutes Preis-Leistungs-Verhältnis. Diese sanfte Form des Tourismus hilft die Abwanderung aus ländlichen Gebieten zu bremsen. Landwirtschaftliche Betriebe schaffen sich ein zweites Standbein, indem sie einige Gästezimmer ausbauen. Es kann sich dabei um **Bauernhöfe, alte Gutshäuser oder Sommervillen des Adels** handeln. Meist liegen sie etwas außerhalb der Orte und sind am besten mit eigenem Fahrzeug zu erreichen. Es empfiehlt sich, vorher anzurufen. Die Atmosphäre ist familiär, Kinder sind willkommen. Häufig gibt es Tiere auf dem Hof, und Gästen stehen manchmal Reitpferde zur Verfügung. Fast immer wird landestypische Küche geboten.

Ferienwohnungen und Privatzimmer

Italienische Familien verbringen die Hochsommermonate traditionell am Meer, meist in Ferienwohnungen, die in nicht immer architektonisch ansprechender Weise die Küsten säumen. In der Nebensaison kann die Miete einer stilvollen (!) Ferienwohnung eine **günstige Alternative zum Hotelaufenthalt** sein, nicht zuletzt wegen einer eigenen

Basili19-193 pa

Küche. Bei der Suche nach Ferienwohnungen helfen das Web, Kleinanzeigen im Reiseteil überregionaler Tageszeitungen oder spezialisierte Reisebüros weiter.

- **Airbnb,** hier gibt es das größte Angebot. www.aibnb.de
- **Cilentano,** der Regensburger Cilento-Spezialist hat auch die Costa di Maratea im Angebot. www.cilento-ferien.de/maratea/

Jugendherbergen/Hostels

Dem italienischen Jugendherbergsverband AIG sind in der Basilikata einige **Ostelli** angeschlossen. Daneben werden in diesem Buch jugendherbergsähnliche, ebenso preisgünstige Unterkünfte empfohlen. Italienische Jugendherbergen kennen keine Altersbeschränkung, und neben Schlafsälen gibt es immer auch Doppelzimmer.

- **www.aighostels.com**
- **www.ostellionline.net**

Rock Stars in Matera

Es gehört sicher zu den unvergesslichen Urlaubserlebnissen in Matera, einmal **in einer Tuffsteinhöhle geschlafen** zu haben – in manchen Fällen kann man sogar in Grotten baden. Diese – zugegebenermaßen nicht immer billigen – Vergnügen bieten z.B. Le Grotte della Civita, Locanda di San Martino – Hotel e Thermae, Sassi Hotel, A Corte San Pietro oder das Sant'Angelo Luxury Resort. Zu den Rock Stars dürfen sich auch die Ristoranti Regia Corte, Baccanti oder die Pizzeria Oi Marì zählen, einige ganz ohne Starallüren.

Ferienclubs

Clubanlagen am Meer sind oft nur wochenweise über Veranstalter zu buchen. Zur **Rundumversorgung** zählen außer üppigen Buffets, häufig deutschsprachiges Personal, Kinderbetreuung, Animation, Sportangebote und organisierte Ausflüge ins Hinterland. Abseits vom Meer, aber mit Shuttle-Service zum Strand, liegt das **Eco Resort dei Sirtidi** bei Nova Siri (www.ecoresortsirtidi.it).

Camping/Wohnmobile

In der Basilikata ist das **Angebot an Campingplätzen nicht sehr groß,** die meisten finden sich am Ionischen Meer. Die Campingplätze, oft auch mit Bungalows ausgestattet, sind meist von Mai bis September geöffnet. Juli und August herrscht Hochbetrieb, die Preise steigen dann. Ein sehr reizvoller privater Zeltplatz liegt bei Terranova del Pollino.

Urlaub im Wohnmobil ist bei Italienern beliebt. Viele Kommunen haben Stellplätze mit sanitären Anlagen eingerichtet. Auf die Schilder „Area attrezzata per camper" achten! Auch einige Agriturismi bieten Stellplätze an. Ein rustikaler Stellplatz in schönster Murgia-Landschaft findet sich an der Masseria Radogna bei Matera.

- **www.campeggievillagi.it,** die Website listet Campingplätze in ganz Italien, geordnet nach Regionen, auf. Links zu Agriturismo-Portalen.
- **www.wohnmobil-stellplaetze.net,** detaillierte Beschreibungen der einzelnen Stellplätze.

Versicherungen

Auf jeden Fall empfehlenswert ist der Abschluss einer **Auslandskrankenversicherung** (siehe „Gesundheit").

Ob sich **sonstige Versicherungen** lohnen, ist individuell abzuklären. Sie enthalten viele Klauseln, sodass sie nicht immer Sinn machen. Eine Reisegepäckversicherung lohnt sich selten, überdies deckt häufig die Hausratversicherung schon Einbruch, Raub und Beschädigung von Eigentum auch im Ausland. Eine Privathaftpflichtversicherung hat man in der Regel schon. Hat man eine Unfallversicherung, sollte man prüfen, ob diese im Falle plötzlicher Arbeitsunfähigkeit aufgrund eines Unfalls im Urlaub zahlt. Auch durch manche **Kreditkarten** oder eine **Automobilclubmitgliedschaft** ist man für bestimmte Fälle schon versichert. Die Versicherung über die Kreditkarte gilt jedoch immer nur für den Karteninhaber.

Als Schadensnachweis ist der Versicherung ggf. ein Polizeiprotokoll vorzulegen. In allen Fällen gilt: **Notfallnummern notieren** und mit der Policenummer gut aufheben. Bei Eintreten eines Notfalles die Versicherungsgesellschaft unverzüglich telefonisch verständigen.

- **www.konsument.at**
- **www.verbraucherzentrale.de**

Europaschutzbrief

Da der Pannenschutz des Automobile Club d'Italia (ACI) in Italien nicht mehr kostenlos ist, empfiehlt sich für **Auto- und Motorradfahrer** der Europaschutzbrief eines Automobilclubs.

Wandern und Radfahren

In diesem Reisehandbuch finden sich zahlreiche **Wanderbeschreibungen,** zudem bieten lokale Initiativen geführte Touren an (siehe „Wandern" am Ende der Ortsbeschreibungen). Eine Auswahl der schönsten Touren ist im Inhaltsverzeichnis aufgeführt. Etliche der empfohlenen Wanderungen können auch mit Kindern unternommen werden.

In den **Nationalparks Pollino** und **Appennino Lucano** wird das Wegenetz laufend ausgebaut, genau so wie im **Parco della Murgia Materana** und im **Parco delle Dolomiti Lucane.** Wanderkarten und den Kontakt zu autorisierten Bergführen erhält man in den Besucherzentren.

Verkehrsarme Straßen in der Basilikata bieten ideale Voraussetzungen zum **Radwandern** (siehe Tour 2 in „Routen und Touren" im Vorspann). Das Fremdenverkehrsamt der Region Basilikata gibt einen vorbildlichen Gratis-Radwanderführer heraus (siehe im Anhang „Lesen"). Im Pollino laden kilometerlange Pisten zu Mountainbike-Touren ein. In Italien können Fahrräder in vielen Regionalzügen im Gepäckwagen befördert werden; dazu muss ein zusätzlicher *supplemento bici* gelöst werden.

Karten

Wirklich zuverlässige **Wanderkarten** hat bislang nur der Parco Nazionale del Pollino veröffentlicht, die Verwaltungen des

Vorsichtsregeln am Berg

Wenn möglich, sollte man **nie alleine wandern** und Nachricht von der geplanten Tour z.B. im Hotel o.Ä. hinterlassen. Kommt unterwegs **schlechtes Wetter** auf, die Wanderung abbrechen. Besonders in Höhenlagen zwischen 1500 und 2000 m muss man sich auf schnelle und gefährliche Wetterwechsel einstellen. Grundsätzlich empfehlen sich eingelaufene **knöchelhohe Schuhe mit guter Profilsohle**, und auch ein **Wind- und Regenschutz** gehört immer in den Rucksack. Ausreichend **Getränke** und ein **Sonnenschutz** dürfen nie fehlen. Gute Kondition und **Bergerfahrung** verlangen einige Touren im Cilento.

- **Alpiner Notruf** *(soccorso alpino)*: **118.**
- **Alpines Notsignal:** Sechs optische oder akustische Signale pro Minute im Intervall mit einer Minute Pause. Die Antwort auf ein alpines Notsignal besteht aus drei optischen oder akustischen Signalen pro Minute im Intervall mit einer Minute Pause.

GPS-Navigation

GPS ist im Outdoor-Bereich längst zum Standard geworden. Alpinisten, Trekker, Biker und Kanufahrer schwören auf das **satellitengestützte Navigationssystem** und finden auch bei Nacht und Nebel den richtigen Weg. Webseiten von Herstellern und Webforen halten ausgezeichnete Infos bereit, u.a. auch topografische Karten gratis als Download. Viele Verlage von Wanderführern bieten GPS-Tracks zum Download an. GPS-Apps können hilfreich sein!

- **www.gpsies.com**
- **https://de.wikiloc.com/**
- **www.wanderreitkarte.de**

Parco Nazionale dell'Appennino Lucano, sowie der anderen Naturparks arbeiten daran. *Pazienza!* Abhilfe schaffen Apps und die dort aufgezeichneten Wandervorschläge.

- **Carta Escursionistica del Pollino Lucano,** die topografische Karte im Maßstab 1:50.000 deckt den lukanischen Teil des Parco Nazionale del Pollino ab. Giorgio Braschi, ein erfahrener Bergführer und Autor zahlreicher Wanderführer, hat Wanderwege und Mountainbike-Routen eingezeichnet. Die im Jahr 2000 aufgelegte Karte wird von der APT Basilicata (siehe „Informationen") gratis verteilt – so lange der Vorrat reicht.
- **Parco Nazionale del Pollino – carte escursionistische**, zwei Schuber mit je vier Kartenblättern im Maßstab 1:20.000. Vor Ort erhältlich. Parco Nazionale del Pollino
- **Pollino**, *Emanuele Pisarra,* ein ausgewiesener Kenner des Pollino, hat die Wanderkarte im Maßstab 1:90.000 mit einem Detailausschnitt 1:35.000 zusammen mit dem CAI Castrovillari herausgebracht. Vor Ort erhältlich. Edizioni Prometeo, Castrovillari 2018

Zeitungen

Ausländische Zeitungen erhält man, wenn auch meist mit etwas Verspätung, in den Provinzhauptstädten und Touristenzentren wie Matera und Maratea.

[>] Ausgeschildeter Wanderweg am Monte Vùlture

Im europäischen Vergleich ist die Zahl der Tageszeitungsleser in Italien gering, andererseits gibt es mehrere Sport-Tageszeitungen! Auch ohne Italienischkenntnisse erweisen sich **italienische Tageszeitungen mit Lokallteil** als nützlich. Oft sind Veranstaltungskalender, Öffnungszeiten, Nachtdienste der Apotheken und Fahrpläne abgedruckt.

Italienische Tageszeitungen online

- **www.corriere.it**
- **www.gazzettadelsud.it**
- **www.quotidianodelsud.it**
- **www.repubblica.it**

Zoll

Im Zuge der EU-Liberalisierung haben **Kontrollen** von ausländischen Urlaubern mittlerweile **Seltenheitswert.** Doch auch innerhalb der EU- und EFTA-Länder bestehen für die steuerfreie Mitnahme von Alkohol, Tabak und Kaffee Grenzen. Bei Überschreiten der Freigrenzen muss nachgewiesen werden, dass keine gewerbliche Verwendung beabsichtigt ist.

Nähere Informationen

- **Deutschland:** www.zoll.de
- **Österreich:** www.bmf.gv.at
- **Schweiz:** www.ezv.admin.ch

Basili19-194 pa

Fauna | 379
Flora | 377
Geografie und Geologie | 374
Geschichte | 385
Klima | 376
Küche und Wein | 403
Kunst und Kultur | 394
Natur- und Umweltschutz | 381
Wirtschaft und Politik | 383

Basili19-207 pa

11 Land und Leute

< Kaiser Friedrich II. hielt sich oft und gern in der Basilikata auf

Geografie und Geologie

Im Norden und Westen grenzt die Region Basilikata an Kampanien, im Nordosten an Apulien. Im Süden verläuft die Grenze zu Kalabrien über die Gipfelkette des Pollino. Mit 25 km spektakulärer Steilküste öffnet sich die **Costa di Maratea** im Südwesten auf den **Golf von Policastro,** und im Südosten locken am **Golf von Tarent** 40 km Sandstrand.

Die Basilikata hat hohen Anteil am südlichen Apennin, 47% der Landesfläche sind gebirgig, 45% hügelig und nur 8% eben. Der überwiegend aus tertiären Kalken aufgebaute **kampanisch-lukanische Apennin** ist in einzelne Massive aufgelöst. Südlich Potenza erheben sich Monte Volturino (1936 m), Monte Alpi (1893 m) und Monte Sirino (2005 m). Mit fünf Zweitausendern kommt der lukanische Apennin im **Pollino-Massiv** zu einem grandiosen Finale, bevor er auf der kalabrischen Seite (siehe Kapitel „Pollino Calabro, Monti di Orsomarso und Costa dei Cedri") mit einem Steilabfall zur Piana di Síbari abbricht.

Östlich des Apennins schließt sich eine breite Flyschzone an. Die weichen Ablagerungsgesteine verwittern meist zu weichen Rücken- und Muldenformen, können aber auch wie im Fall der **Piccole Dolomiti Lucane** südöstlich von Potenza scharfe Grate ausbilden.

Bei Matera beginnt das flache Kalktafelland der **Murge,** das auch weite Teile Apuliens prägt (siehe Exkurs „Grenzüberschreitungen auf den Spuren Friedrichs II.").

Der Òfanto bildet im Nordosten die Grenze zu Apulien. Der Noce, Grenzfluss zu Kalabrien, entwässert ins **Tyrrhenische Meer,** während die Mehrzahl der lukanischen Flüsse ins **Mar Ionio** münden. Ihre Ablagerungen bilden am Golf von Tarent ein breites Schwemmland. Im Hinterland der fruchtbaren Küstenebene erstreckt sich zwischen den Tälern von Brádano, Basento, Cavone, Agri und Sinni eine **bizarre Erosionslandschaft.** Auf den seit Ende des 19. Jh. weitgehend von Vegetation entblößten Hängen hat der stete Wechsel von Sommertrockenheit und Winterregen zur Bildung metertiefer *calanchi* (Runsen) im mergeligen Gestein geführt. Viele der Flüsse wurden zu künstlichen Seen aufgestaut. Im Norden der Basilikata erhebt sich der 1326 m hohe Monte Vúlture. Den Krater des **erloschenen Vulkans** füllen die beiden Laghi di Monticchio. Der Lago Laudemio am Monte Sirino ist der südlichste Gletschersee Europas.

Vulkanismus und Erdbeben

Die Gebirgsbildung des Apennin ist eine Folge des Aufeinanderdriftens von Afrikanischer und Eurasischer Platte. In einer **Bruchzone auf der tyrrhenischen Seite des Apennin** zieht sich vom sizilianischen Ätna über die Äolischen Inseln, Golf von Neapel, Latium, Umbrien bis in die Toskana eine Reihe vulkanischer und erdbebengefährdeter Gebiete. Kalabrien ist die Region Italiens mit höchstem Erdbebenrisiko, gefolgt von den Marken, Sizilien, der Basilikata und den Abruzzen. Zu den verheerendsten Erdbeben in der jüngeren Geschichte Kalabriens gehört jenes von 1783. Reggio di Calabria und

Einige Zahlen zur Basilikata

Die **Region Basilikata** gliedert sich in zwei **Provinzen,** benannt nach den Provinzhauptstädten. Potenza ist zugleich Hauptstadt der Region.

Region Basilikata
- **Fläche:** 10.073 km^2
- **Einwohner:** 566.051 (56 pro km^2)

Provinz Matera (MT)
- **Fläche:** 3479
- **Einwohner:** 199.303 (57 pro km^2)
- **Einwohner Provinzhauptstadt:** 60.400

Provinz Potenza (PZ)
- **Fläche:** 6594
- **Einwohner:** 369.538 (56 pro km^2)
- **Einwohner Provinzhauptstadt:** 67.161

- Mit einer durchschnittlichen **Bevölkerungsdichte** von 201 Ew./km^2 zählt Italien nach den Beneluxländern, Deutschland (227 Ew./km^2) und Großbritannien zu den am dichtesten besiedelten Staaten Europas (Österreich 102 Ew./ km^2; Schweiz 201 Ew./km^2). Nach dem Valle d'Aosta ist die Basilikata die am dünnsten besiedelte Region Italiens, während das benachbarte Kampanien mit 426 Ew./km^2 die höchste Bevölkerungsdichte aller italienischen Regionen aufweist.
- **Stadt, Land, Fluss:** Im Vergleich zum Freistaat Bayern nimmt die Basilikata nur ein Siebtel der **Fläche** ein, die Bevölkerungsdichte beträgt ein Drittel Bayerns. Das Pollino-Massiv erreicht mit der **Serra di Dolcedorme** eine maximale Höhe von 2267 m, die höchste Erhebung sowohl Kalabriens wie auch der Basilikata. Mit einem Lauf von 149 km ist der **Basento** der längste Fluss der Basilikata und einer der längsten Flüsse, die ins Ionische Meer münden. Die Basilikata hat zwei Küstenabschnitte, 35 km am Ionischen Meer und ca. 30 km am Golf von Policastro bei Maratea. Zum Vergleich: Mit einer Gesamtküstenlänge von 715 km besitzt das südlich benachbarte Kalabrien über 10% aller italienischen Küstenkilometer.
- **Geld und Wirtschaft:** Das Bruttoinlandsprodukt (BIP) erreichte 2016 in der Basilikata 20.276 € pro Kopf (in Italien im Schnitt 27.719 €, in Deutschland 38.370 € und in der Schweiz 78.869 €).
- Die **Arbeitslosenquote** in Süditalien blieb auch 2018 mit über 11% dreimal so hoch wie im Norden des Bel Paese, fast 60% der 15- bis 34-Jährigen sind im Süden ohne Arbeit, in der Basilikata sind es „nur" knapp 40%.
- Obwohl die Basilikata über die größten kontinentalen **Erdölvorkommen** in ganz Europa verfügt, bleibt die Region statistisch gesehen eine der ärmsten Italiens.
- Die Zahl der **touristischen Besucher** hat sich in der Basilikata im Lauf der letzten zwanzig Jahre mehr als verdoppelt.

Quellen: http://basilicatadati.regione.basilicata.it, www.istat.it, wikipedia

Basili19-199 pa

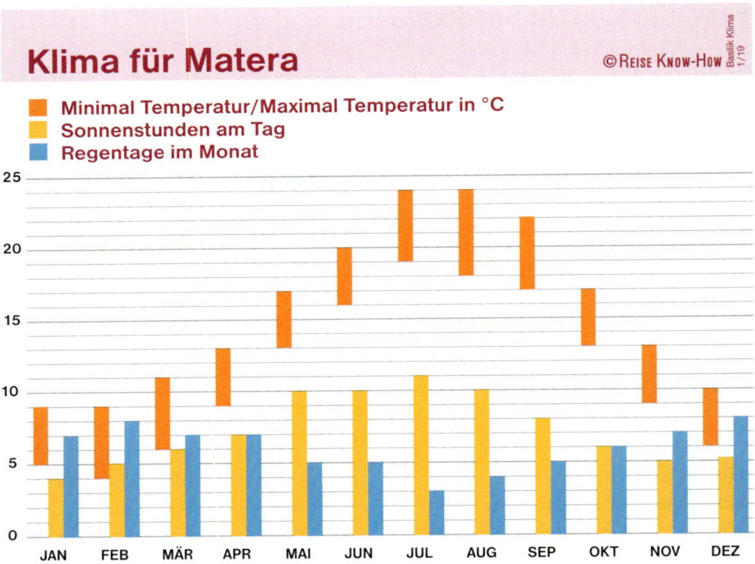

Messina (Sizilien) wurden bei einem Erdbeben am 28. Dezember 1908 dem Erdboden gleichgemacht. Auch im Norden der Basilikata kam es immer wieder zu **Erdbebenkatastrophen.** 1857 wurde das Gebiet des Vúlture erfasst und auch das Beben von 1980 mit Epizentrum in der Irpinia (Kampanien) hinterließ in der Provinz Potenza schwere Schäden.

Der **Monte Vúlture** im Norden der Basilikata ist der einzige **Vulkan** auf der östlichen Seite des Apennins. Seit 500.000 Jahren ist er erloschen. Auf seinen fruchtbaren Hängen wird seit der Antike Wein angebaut.

Von den Gipfeln des **Pollino** und des **Apenninno Lucano** lassen sich an klaren Tagen die Isole Eolie im Tyrrhenischen Meer erkennen, ein faszinierender Archipel vulkanischen Ursprungs.

Klima

Der landschaftlichen Gliederung der Basilikata und Kalabriens entsprechen drei unterschiedliche Klimazonen. Eine entscheidende Rolle spielt dabei der in Nord-Süd-Richtung ziehende Apennin, der sich den Westwinden entgegenstellt und die Basilikata und Kalabrien zu den regenreichsten und damit waldreichsten Regionen Süditaliens macht. An den Küsten herrscht **ganzjährig** ein **mildes mediterranes Klima** mit trockenen Sommern und feuchten Wintern. Die durchschnittlichen Jahresniederschläge auf der **wetterzugewandten tyrrhenischen Seite** betragen in den Küstengebirgen bis 1400 mm, im Norden der Basilikata an den Flanken des Monte Sirino etwa 2000 mm, im Extremfall bis 3000 mm. In den **höheren Gebirgslagen** des Pollino fallen 1800 bis 2000 mm pro Jahr, die im Winter als **Schnee** lange liegen bleiben. Im Landesinneren ist das Klima subkontinental, d.h. die Sommer sind wärmer und die Winter kälter als an der Küste. Die **regenabgewandte ionische Seite** ist sonnig und sehr trocken. Im Hochsommer kann das Thermometer bis über 40°C klettern, die mittleren Jahresniederschläge liegen nur knapp über 500 mm. In der Basilikata fallen im Basento-Tal zum Teil weniger als 250 mm pro Jahr, das Klima ist in manchen Bereichen wüstenhaft. Dank künstlicher Bewässerung hat sich die Gegend in einen fruchtbaren Garten verwandelt, der viel Obst und Gemüse nach Europa exportiert.

Die Monate Mai, Juni, Juli, September und Oktober zählen zu den klimatisch begünstigten **Reisezeiten** (siehe auch „Reisewetter und Reisezeit“ im Kapitel „Praktische Reisetipps A–Z“).

Flora

Die landschaftliche Vielfalt der Region spiegelt sich im **Artenreichtum ihrer Pflanzenwelt** wieder, mit einer deutlichen Asymmetrie zwischen der regenzugewandten tyrrhenischen und der trockeneren ionischen Seite. In den Antike betraf die **Entwaldung** vor allem die küstennahen Gebiete am Ionischen Meer, während eine massive Entwaldung der höheren Gebirgsregionen erst zwischen 1870 und 1950 einsetzte. Die **antike Bezeichnung Lukanien** (Basilikata) leitet sich möglicherweise vom ursprünglichen Waldreichtum der Region (lat. *lucus* für Wald) ab.

Basili19-214 pa

Gebirgslandschaft im Parco del Pollino (bei Terranova del Pollino)

Lukanien oder Basilikata? Und wo liegt Italien?

Das antike **Lukanien** umfasste das Territorium der heutigen **Basilikata** sowie des sich westlich anschließenden **Cilento** in Kampanien. Der Name leitet sich entweder vom ursprünglichen Waldreichtum der Region (lat. *lucus* für Wald) ab, oder bezieht sich auf die im 5. Jh. v.Chr. aus dem Norden eingewanderten, mit Namen aber erst im 4. Jh. v.Chr. belegten Lukaner (siehe Exkurs „Enotrer, Bruttier und Lukaner"). In augustäischer Zeit wurde die italienische Halbinsel in elf Regionen aufgeteilt, benannt nach den ursprünglich dort siedelnden Völkern. Die heutigen **Regionen Basilikata und Kalabrien** waren entsprechend zur **III. Regio Lucania et Bruttii** zusammengefasst. Der Name Basilicata tauchte zum ersten Mal Mitte des 12. Jh. in einem normannischen Dokument auf, bezeichnete aber bereits seit dem 10. Jh. die damals von einem byzantinischen Hofbeamten (griech. *basilikós*) verwaltete Region.

Unter *Mussolini,* dessen Propaganda die Wiedergeburt des römischen Imperiums im faschistischen Italien feierte, erhielt die Region im Jahr 1932 ihren antiken Namen Lucania zurück. Seit 1947 heißt die Region offiziell wieder Basilicata.

Die Adjektive *basilicatese* oder *basilisco* konnten sich gegenüber *lucano* jedoch nie durchsetzen, und auch die Bewohner bezeichnen sich selbst als *lucani*. Dem schließen wir uns an und sprechen in diesem Reiseführer von „Lukanern" und „lukanisch".

Kurioser verhält sich die Sache mit **Kalabrien**. Geografisch betrachtet ist die Region ein Teil Italiens, trotzdem lag **Italien** in Kalabrien. Das Paradox erklärt sich schnell. Die Griechen der Antike nannten das heutige Kalabrien Oinotria (siehe Exkurs „Enotrer, Bruttier und Lukaner") oder in Erinnerung an den mythischen Herrscher Italos *Italia* (Vitalia). In römischer Zeit hieß die Region nach dem Volksstamm der Bruttier Bruttium, während Italia nach und nach die gesamte Apenninenhalbinsel bezeichnete. Im Zuge der byzantinischen Verwaltungsgliederung wurde im 7. Jh. die Bezeichnung Calabria von der salentinischen Halbinsel in Apulien, der sie seit der Antike angehörte, auf die Stiefelspitze übertragen. Ein Blick in einen historischen Atlas zeigt, dass die Regionen Molise und Apulien in augustäischer Zeit zur II. Regio Apulia et Calabria gehörten.

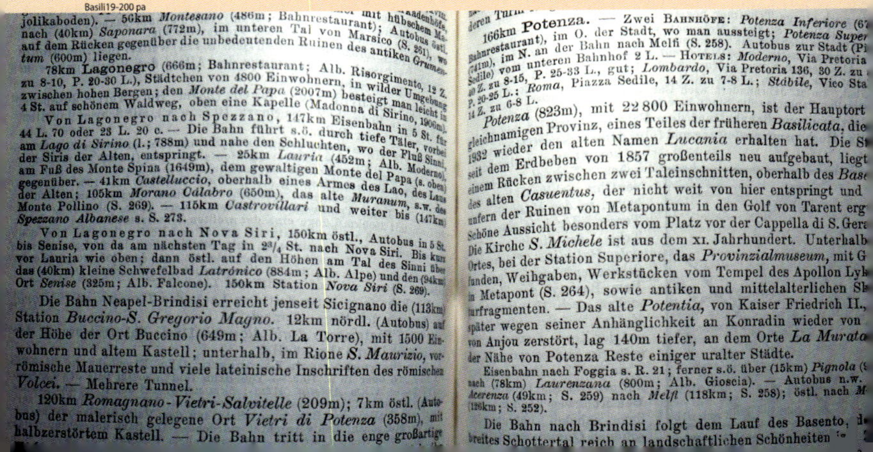
jolikaboden). — 56km *Montesano* (486m; Bahnrestaurant); ... mit hübschem Ma-
nach (40km) *Saponara* (772m), im unteren Tal von Marsico (S. 261), wo
auf dem Rücken gegenüber die unbedeutenden Ruinen des antiken *Grumen-*
tum (600m) liegen.
78km **Lagonegro** (666m; Bahnrestaurant; Alb. Risorgimento, 12 Z.
zu 8-10, P. 20-30 L.), Städtchen von 4800 Einwohnern, in wilder Umgebung
zwischen hohen Bergen; den *Monte del Papa* (2007m) besteigt man leicht in
4 St. auf schönem Waldweg, oben eine Kapelle (Madonna di Sirino, 1906m).
Von Lagonegro nach Spezzano, 147km Eisenbahn in 5 St. für
44 L. 70 oder 23 L. 20 c. — Die Bahn führt s.ö. durch tiefe Täler, vorbei
am *Lago di Sirino* (l.; 788m) und nahe den Schluchten, wo der Fluß Sinni,
der Siris der Alten, entspringt. — 25km *Lauria* (452m; Alb. Moderno),
am Fuß des Monte Spina (1649m), dem gewaltigen Monte del Papa (s. oben)
gegenüber. — 41km *Castelluccio*, oberhalb eines Armes des Lao, des Laus
der Alten; 105km *Morano Calabro* (650m), das alte *Muranum*, s.w. des
Monte Pollino (S. 269). — 115km *Castrovillari* und weiter bis (147km)
Spezzano Albanese s. S. 273.
Von Lagonegro nach Nova Siri, 150km östl., Autobus in 5 St.
bis Senise, von da am nächsten Tag in 2 3/4 St. nach Nova Siri. Bis kurz
vor Lauria wie oben; dann östl. auf den Höhen am Tal des Sinni über
das (40km) kleine Schwefelbad *Latrónico* (884m; Alb. Alpe) und den (94km)
Ort *Senise* (325m; Alb. Falcone). 150km Station *Nova Siri* (S. 269).
Die Bahn Neapel-Brindisi erreicht jenseit Sicignano die (113km)
Station *Buccino-S. Gregorio Magno*. 12km nördl. (Autobus) auf
der Höhe der Ort Buccino (649m; Alb. La Torre), mit 1500 Ein-
wohnern und altem Kastell; unterhalb, im Rione *S. Maurizio*, vor-
römische Mauerreste und viele lateinische Inschriften des römischen
Volcei. — Mehrere Tunnel.
120km *Romagnano-Vietri-Salvitelle* (209m); 7km östl. (Auto-
bus) der malerisch gelegene Ort *Vietri di Potenza* (358m), mit
halbzerstörtem Kastell. — Die Bahn tritt in die enge großartige

deren Turm ...
166km **Potenza**. — Zwei Bahnhöfe: *Potenza Inferiore* (67
Bahnrestaurant), im O. der Stadt, wo man aussteigt; *Potenza Super*
(741m), im N. an der Bahn nach Melfi (S. 258). Autobus zur Stadt (Pi
Sedile) vom unteren Bahnhof 2 L. — Hotels: *Moderno*, Via Pretoria
40 Z. zu 8-15, P. 25-33 L., gut; *Lombardo*, Via Pretoria 136, 30 Z. zu
P. 20-25 L.: *Roma*, Piazza Sedile, 14 Z. zu 7-8 L.; *Stábile*, Vico Sta
14 Z. zu 6-8 L.
Potenza (823m), mit 22800 Einwohnern, ist der Hauptort
gleichnamigen Provinz, eines Teiles der früheren *Basilicata*, die
1932 wieder den alten Namen *Lucania* erhalten hat. Die St
seit dem Erdbeben von 1857 großenteils neu aufgebaut, liegt
einem Rücken zwischen zwei Taleinschnitten, oberhalb des *Bas*
des alten *Casuentus*, der nicht weit von hier entspringt und
unfern der Ruinen von Metapontum in den Golf von Tarent erg
Schöne Aussicht besonders vom Platz vor der Cappella di S. Gera
Die Kirche *S. Michele* ist aus dem XI. Jahrhundert. Unterhalb
Ortes, bei der Station Superiore, das *Provinzialmuseum*, mit G
funden, Weihgaben, Werkstücken vom Tempel des Apollon Lyk
in Metapont (S. 264), sowie antiken und mittelalterlichen Sk
urfragmenten. — Das alte *Potentia*, von Kaiser Friedrich II.,
später wegen seiner Anhänglichkeit an Konradin wieder von
von Anjou zerstört, lag 140m tiefer, an dem Orte *La Murata*
der Nähe von Potenza Reste einiger uralter Städte.
Eisenbahn nach Foggia s. R. 21; ferner s.ö. über (15km) *Pignola* (
nach (78km) *Laurenzana* (800m; Alb. Gioscia). — Autobus n.w.
Acerenza (49km; S. 259) nach *Melfi* (118km; S. 258); östl. nach *M*
(128km; S. 252).
Die Bahn nach Brindisi folgt dem Lauf des Basento, d
breites Schottertal reich an landschaftlichen Schönheiten

Seit einigen Jahren sind die Forstverwaltungen von der Praxis abgerückt, Kiefern und Eukalypten aufzuforsten, und verwenden zunehmend einheimische Baumarten. Der Flächenanteil der Wälder und Forste beträgt in der Basilikata 19,2%, in Kalabrien stolze 31,9%. Reste **mediterraner Küstenwälder** stehen an den Mündungen von Sinni, Basento und Brádano unter Schutz. In küstennahen Bereichen dominieren, sofern sie nicht zersiedelt wurden, **immergrüne Macchia** und niedrige Steineichenwälder bis in Höhen von 500–600 m über dem Meer. An trockeneren Hängen und als Folge wiederholter Abholzung und Weidewirtschaft breiten sich immergrüne Buschlandschaften aus, die im Frühjahr in einem Blütenmeer explodieren. In der Höhe schließen sich Eichenmischwälder an. Auf nährstoffreichen und insbesondere auf den vulkanischen Böden des Monte Vúlture stehen **Kastanienhaine,** die häufig als Nutzwälder Brenn-, Stangen-, Bauholz und Früchte liefern. Ausgedehnte **Tannen- und Buchenwälder** dominieren die höheren Berglagen. Bevor sich im April und Mai das Laub entfaltet, überziehen Frühjahrsblüher den Waldboden. Im Sommer können Pilzsammler reiche Ernte halten. Die natürliche Waldgrenze wird im Pollino bei 2100–2200 m erreicht. Darüber schließen sich **alpine Grasfluren** an. Die eindrucksvollen **Panzerkiefern** *(Pinus leucodermis),* Wahrzeichen des Parco Nazionale del Pollino, sind vereinzelt auch oberhalb der Waldgrenze anzutreffen.

Mal nachschauen, was im Baedeker (von 1936!) steht

Fauna

Großsäuger bekommt man in freier Wildbahn nur selten zu Gesicht. Der letzte **Apenninenbär** (ital. *orso*), in vergangenen Jahrhunderten in der Bergwildnis der Monti di Orsomarso (siehe Kapitel „Pollino Calabro, Monti di Orsomarso und Costa dei Cedri“) noch verbreitet, ist wohl gegen Ende des 19. Jh. einem Jäger vor die Flinte gelaufen. Unter strengem Schutz stehen heute **Wölfe** *(Canis lupus italicus),* die in kleinen Rudeln durch den Apennin streifen. Die Population des scheuen Räubers wird in Süditalien auf wenige hundert Exemplare geschätzt. Jedes Jahr entschädigt die Regierung Bauern für ihr angeblich von Wölfen gerissenes Vieh, dabei trifft die Schuld jedoch meist wild umherstreifende Hunde. Gut versteckt hält sich auch die **Wildkatze** *(Felis silvestris).* Die letzten Apenninenrehe *(Capreolus capreolus)* haben ihr Rückzugsgebiet in den Monti di Orsomarso gefunden. Das **Wildschwein** *(Sus scrofa)* ist heimisch, sein Bestand wurde aber in der Vergangenheit immer wieder zu Jagdzwecken aufgestockt, worauf es sich vielerorts zur Plage entwickelt hat. In klaren Bergflüssen leben die seltenen **Fischotter** *(Lutra lutra).* Der Flusskrebs *(Austropotamobius pallipes)* ist ein weiterer Indikator für die hohe Wasserqualität. Auf Wanderungen findet man manchmal abgeworfene Stacheln der nachtaktiven Stachelschweine *(Hystrix cristata).* Über Steinmauern und Felsen huschen flinke Echsen. Den giftigen **Aspisvipern** *(Vipera aspis)* wird man dabei kaum so nahe kommen, dass man ihren dreieckigen

Basili19-201 pa

Kopf oder gar die senkrecht geschlitzten Pupillen erkennen könnte. Vipern flüchten meist bevor man sie sieht, und beißen nur, wenn man auf sie tritt. Für gesunde Menschen ist ihr Biss keineswegs tödlich, ein Arzt muss trotzdem unverzüglich aufgesucht werden. Von der Mitnahme eines Schlangenserums ist abzuraten. Häufiger queren die ungiftigen **Zornnattern** *(Coluber viridiflavius)* den (Wander-)Weg. Sie können bis zu 2 m lang werden, kommen in Süditalien in einer dunklen Varietät vor und sind viel ungefährlicher, als ihr Aussehen vermuten lässt. In die Enge getrieben, wehren sie sich allerdings durch aggressive Bisse. Schmerzhaft, aber kaum gefährlicher als ein Wespenstich, ist der Biss der **Tarantel** *(Lycosa tarentula)*. Im Volksglauben fest verankert war der Glaube, dass das Gift der schwarzen Spinne nur durch einen ekstatischen Tanz ausgeschieden werden kann, der Tarantella (siehe „Musik und Tanz"). Küsten und Berge bieten dem Vogelfreund ideale Beobachtungsmöglichkeiten. In den letzten Jahren wächst die Sensibilität für den Vogelschutz. Ein Paradies für Wasservögel ist das Naturschutzgebiet **Bosco Pantano di Policoro** an der Sinni-Mündung, aber auch künstlich angelegte Seen haben sich zu wichtigen Vogelrastplätzen gemausert. Raubvögel sind artenreich vertreten. Vom Frühjahr bis zum Herbst ziehen **Rötelfalken** *(Falco naumanni)* ihre flinken Kreise in den Himmel über Matera.

Parco del Pollino – neugierige Füchse bekommt man öfter zu Gesicht

Trotz Überfischung ist das Meer immer noch überraschend artenreich, wovon man sich beim Besuch der Fischmärkte oder beim Schnorcheln und Tauchen überzeugen kann. An den breiten Sandstränden der Ionischen Küste deponieren **Meeresschildkröten** *(Caretta caretta)* ihre Eier, der World Wildlife Fund bemüht sich um den Schutz der Nester.

Natur- und Umweltschutz

Naturschutzgebiete

Neue Gesetze und ein wachsendes Umweltbewusstsein haben in Süditalien zur Schaffung neuer Regional- und Nationalparks geführt. In der **Basilikata** stehen gegenwärtig **30% des Territoriums** unter Schutz. Der **Parco Nazionale del Pollino** erstreckt sich als größter Nationalpark Italiens mit knapp 2000 km² über die Grenze der Regionen Basilikata und Kalabrien hinweg (siehe Exkurs „Parco del Pollino – ein Nationalpark mit vielen Gesichtern"). Im Jahr 2007 wurde der **Parco Nazionale dell'Appennino Lucano** eingerichtet. Die mit der Erdölförderung im Agri-Tal verbundenen wirtschaftlichen Interessen standen seiner Realisierung lange im Weg, was auch das „Fleckenmuster" des Parkgebietes erklärt; Bereiche, in denen Förderanlagen stehen, wurden ausgespart.

Weitere Naturschutzgebiete sind der **Parco Naturale di Gallipoli Cognato e delle Dolomiti Lucane** mit seinen eindrücklichen Felsformationen im Südosten von Potenza, der **Parco della Murgia Materana** bei Matera, das erste Insektenschutzgebiet Italiens am Monte Vúlture und der subtropische **Bosco Pantano di Policoro,** Rest eines mediterranen Küstenwaldes an der Mündung des Sinni. Nicht minder eindrucksvoll ist die Erosionslandschaft der **Calanchi** zwischen Pisticci, Montalabano Jonico, Tursi und Aliano – inzwischen auch z.T. unter Naturschutz.

Umweltschutz

Jeden Sommer untersucht der italienische Umweltschutzverband **Legambiente** die **Küsten und Strände** des Bel Paese und veröffentlicht die Ergebnisse in seinem Report **„Guida Blu"** (www.legambiente.it, www.legambienteturismo.it). Die Höchstauszeichnung von **Cinque Vele** (Fünf Segel) konnten 2018 erneut die **Strände der Costa di Maratea** erringen. Mit je zwei Segeln wurden Bernalda, Policoro und Scanzano Jonico ausgezeichnet.

Als Auszeichnung für hohe Wasserqualität, Sicherheit und gutes Umweltmanagement verleiht die Foundation of Enviromental Education europäischen Stränden nach strenger Prüfung die **Blaue Flagge** (www.bandierablu.org). In der Basilikata wehte sie im Jahr 2018 über Maratea, Lido di Metaponto, Nova Siri und Policoro.

Ein buchstäblich „brennendes" Umweltproblem sind in Süditalien **Waldbrände,** wie sie immer wieder Schlagzeilen machen. **Brandstiftung** ist in fast zwei Drittel der Fälle die Ursache. Gründe sind die Gewinnung neuen Weide-, Acker- oder Baulandes und die Sicherstellung von Arbeitsplätzen. Die Gleichung ist banal: Die Arbeitslosigkeit im Mezzogiorno ist hoch, zur Brandbekämpfung und Wiederaufforstung stellt der Staat Personal ein.

Seit 1981 wird im Basento- und Agri-Tal **Erdöl** gefördert, seit 1996 im **Centro Olio della Val d'Agri** (COVA) bei Viggiano raffiniert und über eine Pipeline in die Raffinerien von Taranto (Apulien) geleitet. Im Untergrund der Basilikata lagern die größten bekannten kontinentalen Erdöl- und Erdgasvorkommen Europas. Der Bevölkerung wurde durch die **Ente Nazionale Idrocarburi** (ENI) eine goldene Zukunft vorausgesagt, tatsächlich sind die Zahlen der Beschäftigten nicht nennenswert gestiegen, im Gegensatz zu den Raten schwerer oder gar **tödlicher Tumorerkrankungen.** Erst auf massiven Druck hin musste die ENI zugeben, dass 2016 aus Tanks, die keine doppelte Wand besaßen, insgesamt 400 Tonnen Rohöl ausgetreten waren. Monatelang blieb die COVA geschlossen, 2017 wurde ein Gerichtsverfahren gegen die Verantwortlichen eingeleitet. Die Ölförderung geht weiter, als sei nichts geschehen. Auch der tägliche Betrieb birgt Gefahren für die Umwelt, die regionale Umweltbehörde ARPA sah lange weg. In nur drei Kilometer Entfernung von der COVA befindet sich einer der größten Stauseen Süditaliens, wichtig auch für die Trinkwasserversorgung Apuliens. Offizielle Untersuchungen des **Lago del Petrusillo** wollten lange Zeit keine Verschmutzung konstatiert haben, denn die Proben wurden an Stellen entnommen, an denen klare Gebirgsbäche in den See münden. Die Realität sieht anders aus. So wurden Kohlenwasserstoffe und Barium in schädlicher Konzentration gefunden. In der Ölindustrie wird Barium zur Erzeugung von Bohrschlamm verwendet, einem Schmiermittel. Der italienische World Wildlife Fund und der Umweltverband Legambiente glauben nicht an die Wohlstandsversprechungen der ENI (siehe Exkurs „Ein Tropfen in den heißen Tank – Texas in Süditalien") und setzen als langfristige Zukunftssicherung der lokalen Wirtschaft auf die Entwicklung des Parco Nazionale dell' Appenino Lucano.

Schenkt man den Statistiken Glauben, gehört auch in Süditalien Mülltrennung zum Alltag. Die Basilikata produziert zwar pro Kopf den wenigsten **Müll** in Italien, liegt jedoch mit einer Quote von ca. 30% weit unter dem Landesdurchschnitt für getrennte Abfallsammlung.

Bürgerproteste verhinderten 2004 die Einrichtung von Atommülldeponien in Apulien und der Basilikata. Die italienische Bevölkerung hatte sich bereits 1987 in einer Volksabstimmung gegen die Nutzung von **Atomkraft** zur Energiegewinnung entschieden.

[>] Rionero in Vúlture –
„Mehr Wein, weniger Erdöl": angesichts der Umweltproblematik eine echte Alternative

Wirtschaft und Politik

Von 1875 bis 1925 **emigrierten** mehr als zehn Millionen Italiener nach Amerika, viele aus dem Süden. Weitere acht Millionen Süditaliener wanderten von der Nachkriegszeit bis in die 1970er Jahre nach Norditalien und Mitteleuropa aus, wo sie dem Wirtschaftsboom, der in ihrer Heimat auf sich warten ließ, als Arbeitskräfte zur Verfügung standen. Weniger als die Hälfte der Auswanderer kehrte wieder zurück. Die Geldüberweisungen der **Gastarbeiter** sorgten für ein kleines „Wirtschaftswunder" auch im Süden.

Lange Zeit blieb die Latifundienwirtschaft ein Hemmschuh für die wirtschaftliche Entwicklung des Mezzogiorno. Immer wieder kam es zu **Revolten landloser Bauern** (siehe Exkurs „Italien, Räuberland?"). Auch die zweite Welle der Emigration wurde durch die Krise der Landwirtschaft ausgelöst. Erst 1950 verabschiedete das Kabinett *De Gasperi* ein Gesetz, nachdem schlecht kultivierter Großgrundbesitz enteignet und in den Besitz der Kleinbauern gelangen sollte. Bis 1962 wurden insgesamt nur 680.000 ha an 113.000 Familien verteilt. Viele sahen sich gezwungen, ihre 6 ha meist wertlosen Landes wieder zu verkaufen, um mit dem Erlös ihre **Auswanderung** zu finanzieren.

1950 wurde die **Cassa per il Mezzogiorno,** eine Behörde zur Wirtschafts-

Basili19-202 pa

förderung Süditaliens gegründet. Zunächst mit positivem Resultat: dringend notwendige Infrastrukturen wie Straßen, Wasserleitungen, Bewässerungsanlagen, Schulen und Krankenhäuser wurden fertig gestellt. Im Laufe der Zeit entwickelte sich die Cassa per il Mezzogiorno zusehends zu einem politischen Instrument, das den korrupten Interessen der regierenden Democrazia Cristiana, staatlich subventionierter Großunternehmen und des organisierten Verbrechens diente. Horrende Geldsummen versickerten im mafiösen Sumpf und es entstanden die berühmten „Kathedralen in der Wüste", Industrieanlagen, die nie in Betrieb gingen. Die Cassa per il Mezzogiorno stellte 1980 ihre Tätigkeit ein und wurde 1996 endgültig aufgelöst.

Die Basilikata ist die einzige Region Italiens, in der mehr Menschen in der Landwirtschaft als in der Industrie oder im Tertiären Sektor beschäftigt sind. Die Küstenebene von Metaponto, vor 60 Jahren noch malariaverseucht, ist heute eines der landwirtschaftlich produktivsten Gebiete der Nation, spezialisiert auf Frühkulturen und Obst. Eines der wenigen Beispiele erfolgreicher Industrialisierung ist das **FIAT-Werk bei Melfi.** Die Produktion im sogenannten **Sofa Valley** zwischen Matera und Altamura mit der ehemals weltweit größten Konzentration an Polstermöbelherstellern wurde weitestgehend nach China verlagert. Im Agri-Tal wird seit den 1980er Jahren **Erdöl** gefördert. Die Reserven im Boden werden auf 10% des nationalen Bedarfs geschätzt (siehe Exkurs „Ein Tropfen in den heißen Tank – Texas in Süditalien"). Der über lange Jahre versprochene wirtschaftliche Aufschwung scheint sich jedoch nicht einzustellen, die Kosten der Umweltbelastung sind unkalkulierbar.

Inzwischen wurde erkannt, dass die Lösung der **wirtschaftlichen Probleme Süditaliens** nicht in der Schwerindustrie, sondern in einer an der Qualität orientierten Landwirtschaft und intelligenten Entwicklung des Fremdenverkehrs liegen kann. Das Bewusstsein und der Markt für ökologisch erzeugte landwirtschaftliche Produkte wachsen, und in den letzten Jahren haben die Weine Süditaliens Qualitätssprünge erlebt, die seine Absatzchancen auch international deutlich verbessern. Die große Hoffnung liegt im **Tourismus.** Wurde in der Vergangenheit einseitig die Entwicklung des sommerlichen Badetourismus gefördert, werden heute die Ressourcen in einer intakten Natur, im lebendigen Kulturdialog, der Gastfreundschaft und landestypischen Küche erkannt. Diesen und höher gesteckten Zielen hat sich auch die Stiftung **„Matera 2019"** verschrieben.

[>] Museo Archeologico di Metaponto – Collage des spanischen Künstlers Felipe C. Risco; Nunzia Armento setzt auch auf zeitgenössische Kunst

Basili19-203 pa

Geschichte

Seit die Griechen im 8. Jh. v.Chr. die Kiele ihrer Schiffe auf die ionischen Strände zogen, um hier zu siedeln, und dabei die einheimischen Enotrer zurückdrängten, spielte der **Gegensatz zwischen offener Küste und schwer zugänglichem Landesinneren** immer wieder eine entscheidende Rolle. In der Spätantike setzte mit dem Verfall der einst mächtigen Küstenstädte, der Ausbreitung der Malaria und der zunehmenden Gefahr von Piratenüberfällen die Flucht der Bevölkerung ins Landesinnere ein. Die meisten mittelalterlichen Orte finden sich in unzugänglichen, leicht zu verteidigenden Berglagen. Erst Ende des 19. Jh. kehrte sich mit dem Bau der Eisenbahn und der Trockenlegung der versumpften Küstenebenen der Prozess wieder um. Als Hauptstadt Süditaliens bestimmte Neapel von der Mitte des 13. bis Mitte des 19. Jh. die Geschichte (siehe *P. Amann,* „Golf von Neapel – Kampanien, Cilento", Reise Know-How Verlag).

Die Geschichte hat in der Basilikata **viele Schauplätze.** In den Ortskapiteln wird sie im jeweiligen Kontext erzählt. Der folgende chronologische Überblick liefert die wichtigsten Eckdaten.

Vorgeschichte

Alt- und Jungsteinzeit: Zahlreiche Funde dokumentieren die frühe und intensive Besiedlung der südlichen Apenninenhalbinsel, wie beispielsweise die Reste eines altsteinzeitlichen Jägercamps bei Venosa, als Wohn- und Kultorte genutzte Karsthöhlen an der tyrrhenischen Küste oder **jungsteinzeitliche Dörfer** auf der Murgia Timone bei Matera.

Enotrer, Bruttier und Lukaner

Unter Berufung auf *Aristoteles* berichtet der antike Historiker *Dionysios von Halikarnassos,* dass 17 Generationen vor dem Ausbruch des Trojanischen Krieges **Arkadier** unter ihrem Anführer *Enotros* von der Peloponnes an die Südspitze der Apenninenhalbinsel auswanderten. Ein Nachfahre des *Enotros,* König *Italos,* soll über den Landstrich zwischen den Golfen von Sant' Eufémia und Squillace geherrscht haben. Archäologen konnten die Einwanderung eines indogermanichen Volksstamms um das 16. Jh. v.Chr. belegen und fanden zahlreiche Hinweise auf einen regen Kulturaustausch mit dem mykenischen Griechenland. Die **Enotrer** kontrollierten lange Zeit den Warenverkehr zwischen Ionischem und Tyrrhenischen Meer. Die griechischen Siedler des 8. Jh. v.Chr. nannten das Gebiet der heutigen Basilikata und Kalabriens **Oinotria,** Weinland, oder Italia. Funde aus enotrischer Zeit sind z.B. im sehenswerten Archäologischen Museum von Policoro zu sehen.

Mitte des 5. Jh. v.Chr. wurden die inzwischen hellenisierten Enotrer von kriegerischen **Lukanern** überrannt. Es ist ungeklärt, ob es sich um die Nachfahren der aus Kleinasien eingewanderten Lyker oder um einen samnitischen Stamm aus Mittelitalien handelte. Grabmalereien in Paestum (Kampanien) verraten viel über das Leben und den Totenkult dieses Volkes. Bei **Serra di Váglio** in der Basilikata sind eine Festungsstadt und ein bedeutendes Heiligtum der Lukaner zu sehen.

Um die Mitte des 4. Jh. v.Chr. trennte sich der Stamm der **Bruttier** von den Lukanern und siedelte im heutigen Kalabrien mit Cosentia (Cosenza) als Hauptstadt. Im Verlauf des 4. und 3. Jh. v.Chr. eroberten Bruttier und Lukaner eine Reihe griechischer Poleis. Im 3. Jh. v.Chr. griff Rom in die Kämpfe ein und sicherte sich die Vorherrschaft in Unteritalien. Nach dem Sieg *Hannibals* 216 v.Chr. bei Cannae schlugen die von Rom unterworfenen Samniten, Lukaner und Bruttier sich auf die Seite der **Punier** und wurden nach dem endgültigen Sieg der Römer dafür hart bestraft. Im 2. Jh. v.Chr. war der Süden Italiens fast vollständig romanisiert.

Den letzten Sieg trugen die friedliebenden Enotrer davon, denn seit der Zeitenwende trägt die Apenninenhalbinsel den Namen ihres Königs Italos.

Basili19-204 pa

3. bis 1. Jt. v.Chr.: Kenntnisse der Metallverarbeitung erreichen Süditalien. In immer neuen Wellen wandern Menschen aus Anatolien und vom Balkan in den Süden der Apenninenhalbinsel ein. Um 1300 v.Chr. siedeln die aus Kleinasien stammenden Lyker, möglicherweise Vorfahren der Lukaner, im Brádano- und Basento-Tal. Seit der Bronzezeit bestehen Handelskontakte zwischen der lokalen Apenninenkultur und dem mykenischen Griechenland. Die großen Flusstäler werden als wichtige Handelsverbindungen zwischen Ionischem und Tyrrhenischem Meer seit dem 9. Jh. v.Chr. von Enotrern kontrolliert (siehe Exkurs „Enotrer, Bruttier und Lukaner"). Homers „Odyssee" hält die Erinnerungen an die **Frühzeit der griechischen Seefahrt** wach. Der Legende nach war *Epeíos,* ein Gefährte des *Odysseus* und Schreiner des trojanischen Pferdes, Gründer der Stadt Lagaria (Valsinni).

Antike

8. Jh. v.Chr.: Beginn der **griechischen Kolonisation** in Sizilien und Unteritalien (siehe Exkurs „Go west!"). Um 744 v.Chr. gründen Ionier Rhegion (Reggio di Calabria), Achäer um 710 v.Chr. Sybaris (Síbari) und um 708 v.Chr. Kroton (Crotone). Um 700 v.Chr. gründen Lokrer die Stadt Lokroi (Locri) und Ionier Siris (Policoro).

7. bis 6. Jh. v.Chr.: Die einheimischen Enotrer treten in **intensiven Kulturaustausch mit Griechen** und Etruskern. In der zweiten Hälfte des 7. Jh. v.Chr. gründen Achäer auf Einladung von Sybaris die Stadt Metapontion (Metaponto). Ende des 7. Jh. v.Chr. dehnen die Griechenstädte ihren Einfluss von der ionischen auf die tyrrhenische Küste aus, Sybaris z.B. gründet Poseidonia (Paestum). Unteritalien und Sizilien erweisen sich für die Griechen als Land der unbegrenzten Möglichkeiten, ihre „Neue Welt" nennen sie *Megale Hellas* (lat. *Magna Graecia*, dt. Großgriechenland). Die griechischen Stadtstaaten erleben ihre wirtschaftliche und kulturelle Blütezeit (siehe Exkurs „Pythagoras, Beruf Philosoph").

5. bis 4. Jh. v.Chr.: Mit der Einwanderung kriegerischer osko-samnitischer Stämme aus dem Norden ändern sich die Machtverhältnisse in Unteritalien. **Lukaner** legen im Basento-Tal befestigte Höhensiedlungen an. Erst als Verbündete, dann als Gegner Roms nehmen sie an den Samnitenkriegen teil. Gegen den zunehmenden Druck der Lukaner und Bruttier (siehe Exkurs „Enotrer, Bruttier und Lukaner") schließen sich die griechischen Stadtstaaten 374 v.Chr. unter der Führung von Taras (Tarent) zum Italiotischen Bund zusammen.

3. Jh. v.Chr.: Von Tarent um militärischen Beistand gebeten, besiegt König *Pyrrhos von Epirus* 280 v.Chr. unter großen eigenen Verlusten ein römisches Heer vor Herakleia (Policoro). Nach den abschließenden Siegen über *Pyrrhos* und *Hannibal* **festigt Rom seine Vormachtstellung** in Süditalien und sichert mit den Kolonien Venusium (Venosa), Grumentum und bilateralen Bündnissen das neu eroberte Territorium. Bruttium und Lukanien werden in das System der römischen Staatsstraßen einbezogen (siehe Exkurs „Via Appia – alle Straßen kommen aus Rom"). Die ehemals selbstständigen griechischen Poleis werden zu römischen Provinzstädten.

91 bis 89 v.Chr.: Nach dem Bundesgenossenkrieg erhalten die Städte Süditaliens römisches Bürgerrecht, müssen aber auch Kriegsveteranen aufnehmen.

73 bis 71 v.Chr.: Der Sklavenaufstand unter **Spartakus** hält Rom in Atem. In Lukanien rekrutiert *Spartakus* im Jahr 73 zahllose Sklaven und Hirten, Metapontum wird geplündert. Zeitweilig verschanzt er sich mit seinem Heer in Bruttium (Kalabrien).

56 n.Chr.: Apostel Paulus in Regium (Reggio di Calabria).

395: Nach der Teilung des Römischen Reiches in West (Rom) und Ost (Byzanz) fällt der Süden Italiens mit Ausnahme von Kampanien an **Byzanz.**

Völkerwanderungszeit und Mittelalter

5. Jh.: Mit der Plünderung von Rom im Jahr 410 besiegeln die **Westgoten** den Niedergang des Weströmischen Reiches. Im gleichen Jahr stirbt in Cosenza ihr König auf dem Weg nach Nordafrika. Mit den eroberten Schätzen soll *Alarich* im Busento begraben liegen.

6. Jh.: Kaiser *Justinian* gliedert Süditalien seinem **oströmischen Reich** ein. 553 besiegt der byzantinische General *Belisar* den letzten Gotenkönig am Vesuv. 568 überqueren die germanischen Langobarden die Alpen, übernehmen Norditalien beinahe kampflos und lassen sich anschließend in Kampanien nieder.

7. bis 11. Jh.: Die **Langobarden** dehnen ihre Herrschaft über Kampanien bis in den Norden der Basilikata aus. Apulien, der Süden der Basilikata und Kalabrien sind Teil des byzantinischen Kaiserreiches. Zahlreiche griechische Mönche wandern aus Vorderasien, Nordafrika und Sizilien ein. Im 9. Jh. erobern **Araber** Sizilien und auch in manchen Küstenstädten Süditaliens herrschen für einige Jahrzehnte arabische Emire. An die sarazenische Epoche erinnern in Trícarico und Tursi die Rabatana genannten Altstadtviertel.

Normannen und Staufer

11./12. Jh.: Normannen gelangen Anfang des 11. Jh. als Söldner der Langobarden ins Land. Innerhalb einer Generation unterwirft das normannische Geschlecht der *Hauteville* Süditalien und Sizilien. Mitte des 11. Jh. ist Melfi Hauptstadt ihres Herzogtums Apulien. Auf der Synode von 1059 in Melfi belehnt Papst *Nikolaus II. Robert Guiscard* als Herzog von Apulien, Kalabrien und Sizilien, Letzteres galt es aber noch von den Muslimen zu „befreien". *Roger II.* vereint die normannischen Herzogtümer 1131 zu einem **Königreich mit der Hauptstadt Palermo.** Es bricht eine Blüteperiode in Süditalien an.

13. Jh.: Der deutsche Kaiser und **Staufer** *Heinrich VI.*, mit *Konstanze*, einer Tochter *Rogers II.* vermählt, erbt das Normannenreich. Deren Sohn **Kaiser Friedrich II.** (1194–1250) gestaltet sein Südreich als zentralistischen Beamtenstaat und verlegt seine Residenz nach Foggia (Apulien). Die Sommer verbringt *Friedrich II.* häufig auf der Jagd im Norden der Basilikata, 1231 lässt er in Melfi die „Constitutiones regni utriusque Siciliae" verabschieden. Lagopésole wird als letztes und größtes Stauferkastell errichtet (siehe Exkurse „Das Falkenbuch

Friedrichs II.", „Grenzüberschreitungen auf Spuren Friedrichs II."). Konflikte mit dem Papsttum nehmen zu. *Innozenz IV.* unterstützt *Karl von Anjou* im Kampf gegen *Friedrichs* Erben. 1266 besiegelt der Tod König *Manfreds* in der verlorenen Schlacht von Benevent das Ende der Stauferherrschaft.

Königreich Anjou

1266 bis 1442: *Karl von Anjou* verlegt seine Hauptstadt von Palermo nach Neapel. Nach der „Sizilianischen Vesper" fällt Sizilien 1282 an das spanische Haus Aragon. **Königin Johanna I. von Neapel,** eine der eindrücklichsten Herrschergestalten des Mittelalters, wird auf Betreiben von Papst *Urban VI.* abgesetzt und findet in Muro Lucano den Tod. Neapel beherrscht als Hauptstadt des **Anjou-Königreiches Neapel** den gesamten Süden der Apenninenhalbinsel. Auf Kosten der Provinz wird Neapel prunkvoll ausgebaut. Die Anjous nutzen Castel Lagopésole zeitweise als Sommerresidenz.

Haus Aragon und die Zeit der spanischen Vizekönige

1442 bis 1503: *Alfons I. von Aragon* verdrängt den letzten Anjou-Herrscher vom Thron und vereinigt die Königreiche Neapel und Sizilien. Unter den **Aragonesen** entwickelt sich Neapel zu einer prachtvollen Renaissancemetropole. Aufstände der Barone gegen *Alfons I.* und seinen Sohn und Nachfolger *Ferdinand (Ferrante) I.* – ein Schauplatz der Verschwörung ist das Kastell von Miglionico – werden mit Unterstützung des albanischen Heerführers *Georg Kastriota Skanderbeg* (1403–1468) blutig unterdrückt. In der zweiten Hälfte des 15. Jh. setzt eine starke Einwanderung von **Albanern** ein, die auf der Flucht vor den Türken auf den lukanischen und kalabrischen Ländereien der Fürstin *Irene von Bisignano,* Gattin des Fürsten von Sanseverino und Tochter *Skanderbegs,* Asyl finden. Die Arbëresh pflegen bis heute ihre Traditionen, Religion und Sprache.

1503 bis 1707: General *Consalvo de Córdoba* ergreift im Namen *Ferdinands des Katholischen* die Macht in Neapel. Damit beginnt die lange **Herrschaft spanischer Vizekönige.** Süditalien und Sizilien werden zu Provinzen des spanisch-habsburgischen Weltreichs. Die Bevölkerung trägt eine hohe Steuerlast, und die wirtschaftliche Not der landlosen Bauern nimmt immer dramatischere Formen an. Hier liegen auch die Wurzeln für den **Brigantismus** (siehe Exkurs „Italien, Räuberland?"). 1541 werden die **Juden,** die bis dahin einen entscheidenden Anteil am Geistes- und Wirtschaftsleben der Städte hatten, aus dem Regno vertrieben. In Kalabrien werden 1561 Massaker an den Waldensern verübt. *Pedro de Toledo,* von 1532–53 Vizekönig Kaiser *Karls V.,* lässt an den Küsten insgesamt 337 Wachttürme errichten, um der Gefahr der **Türkenüberfälle** Herr zu werden (s. Exkurs „Mamma, li turchi!").

Haus Habsburg, Bourbonenherrschaft und Revolution

1707 bis 1734: Nach dem spanischen Erbfolgekrieg fällt Neapel an die österreichischen Habsburger.

1734 bis 1860: Mit der Herrschaft König *Karls III. von Bourbon* (1734–59) beginnt am Golf das Zeitalter der absolutistischen Aufklärung. Neapel ist wieder Hauptstadt eines Königreichs und wird zur bevorzugten Etappe auf der **Grand Tour.** Aus Angst vor Banditen finden jedoch nur wenige Reisende den Weg weiter in den Süden. In den Provinzen gehören Bauernrevolten, Malaria und die Pest zum Alltag der Bevölkerung. Am 21. Januar 1799 rufen aufgeklärte Aristokraten, inspiriert von Idealen der Französischen Revolution, in Neapel die **Parthenopäische Republik** aus. Auch in vielen Kommunen Lukaniens werden **Freiheitsbäume** errichtet. *Ferdinand IV.* flieht an Bord von Admiral *Nelsons* Flaggschiff nach Palermo. Ein halbes Jahr später beenden kalabrische Banditentruppen des reaktionären Kardinals *Ruffo* das politische Experiment in einem Blutbad. 1806 besetzen napoleonische Truppen Neapel. **Joachim Murat,** der Schwager *Napoleons,* wird zum König ernannt. Mit drakonischen Maßnahmen geht General *Manhès* (1777–1854) im Cilento, in Lukanien und Kalabrien gegen die Briganten vor. Sein Generalquartier schlägt der „Vernichter" in Potenza auf. Das Volk lehnt die **Franzosenherrschafft** ab und begünstigt die Restauration der Bourbonen. Nach der Absetzung *Joachim Murats* kehrt *Ferdinand IV.* als **Ferdinand I., König beider Sizilien,** an die Macht zurück. Drei weitere Bourbonenherrscher folgen *Ferdinand I.* auf den Thron. Freiheitliche Ideen werden rigoros unterdrückt. Im Juni 1857 landet **Carlo Pisacane,** ein Anhänger des italienischen Freiheitskämpfers *Giuseppe Mazzini,* in Sapri. *Pisacane* ist überzeugt, dass man die Massen nur mit Gewalt von der Notwendigkeit eines Aufstandes gegen die Bourbonenherrschaft überzeugen kann. Sein Versuch scheiterte tragisch und endete für die meisten seiner Gefährten mit Gefangenschaft oder Tod. Postum wird *Piscane* mit *Che Guevara* verglichen.

kb13-187 pa

Garibaldi und das Königreich Italien

1860: *Garibaldi* zieht siegreich in Neapel ein. Am 21. Oktober stimmt die große Mehrzahl der Bevölkerung für den Anschluss an das **Königreich Italien** (es werden nur Stimmzettel mit „Ja" ausgeteilt, wer mit „Nein" stimmen will, muss sich polizeilich registrieren lassen). Süditalien profitiert keineswegs vom Anschluss, sondern wird wirtschaftlich benachteiligt, und auch das Versprechen *Garibaldis,* den Bauern Land zu geben, wird nicht eingelöst. Blutige Aufstände

◁ Joachim Murat, König von Napoleons Gnaden

brechen aus. Eine **riesige Auswanderungswelle** erfasst Ende des 19. Jh., Anfang des 20. Jh. auch die Basilikata und Kalabrien.

1922 bis 1943: Im **Faschismus** werden die metapontinische Küstenebene entsumpft, wichtige Infrastrukturen errichtet und zahlreiche archäologische Ausgrabungen in Angriff genommen. **Mussolini** verbietet die Emigration, **Regimegegner** werden in die entlegensten Winkel des Staates verbannt, der Maler und Schriftsteller **Carlo Levi** (siehe Exkurs „Christus kam nur bis Eboli, oder die Geburt eines Klischees") nach Lukanien, der Schriftsteller *Cesare Pavese* nach Kalabrien.

Die Republik

1943: Alliierte Truppen landen in Süditalien. Die Landwirtschaft und die schwach entwickelten Infrastrukturen nehmen während der Kämpfe schweren Schaden. Am 21. September erhebt sich Matera als erste Stadt Italiens gegen die deutsche Besatzung.

1950 bis 1970er Jahre: Gründung der **Cassa per il Mezzogiorno** für den wirtschaftlichen Aufbau Süditaliens. Ein Teil der Entwicklungsgelder verschwindet in dunklen Kanälen. In der wirtschaftlichen Aufbruchsstimmung der 1950er Jahre werden die unhygienischen Lebensbedingungen in den **Sassi von Matera** als „nationale Schande" empfunden. 1952 wird ein Sondergesetz erlassen, das die Errichtung neuer Wohnviertel und die Evakuierung der Bevölkerung aus den Sassi vorsieht. Die 1953 halbherzig durchgeführte **Agrarreform** kann die Menschen nicht von der **Emigration** abhalten: Millionen Süditaliener suchen in Norditalien, Belgien, Deutschland, Frankreich und der Schweiz Arbeit. Einige Ort verlieren bis zu 40% ihrer Bevölkerung!

1980er Jahre: Am 23. November 1980 erschüttert ein schweres **Erdbeben** Kampanien und den Norden der Basilikata. Der schleppende Wiederaufbau ist vielerorts von Korruption geprägt.

Die Zweite Republik

1990er Jahre: Im Jahr 1992 verändern die **Mailänder Antikorruptionsprozesse** „Mani pulite" (Saubere Hände) das politische Klima in Italien. In vielen Kommunen Süditaliens setzen sich bei direkten Bürgermeisterwahlen Kandidaten der Linken durch. 1993 wird in Melfi ein neues **FIAT-Werk** eröffnet, heute eine der wichtigsten Produktionsstätten des Autokonzerns. Und seit 1993 gehört **Matera** zum **UNESCO-Weltkulturerbe.**

Seit 2000: In Italien werden die Regionspräsidenten zum ersten Mal direkt gewählt und mit größeren Vollmachten ausgestattet. Während bei den italienischen Parlamentswahlen am 13. Mai **2001** das von **Silvio Berlusconi** geführte Mitte-Rechts-Bündnis deutlich gewinnt, stimmt die Basilikata mehrheitlich für die Linksliberalen. 2004 verhindern Bürgerproteste die Errichtung geplanter Atommülldeponien in der Basilikata und Apulien.

Als Justizminister der Regierung *Prodi* sorgt *Clemente Mastella* **2007** für die Abberufung des auch für ihn unbequem gewordenen Staatsanwaltes **Luigi De Magistris** aus Catanzaro (Kalabrien). Dieser hatte die Veruntreuung von EU-

Italien, Räuberland?

Es gibt keine 'Ndrangheta ohne Respekt /
Es gibt keine Werte ohne Ehre /
Diese große Familie ist die Ehrenwerte Familie /
Wer weiß, dass er würdig ist, bleibt /
Wer nicht würdig ist, geht.
Omertà, onuri e sangu. La Musica della Mafia

Italienreisende des 18. und 19. Jh., für die der Besuch von Neapel den krönenden Abschluss der Grand Tour bildete, mieden aus Furcht vor Briganten die abgelegeneren Provinzen im Süden. Während sich nur wenige Abenteuerlustige auf dem Landweg bis zur Spitze der Apenninenhalbinsel vorwagten, sorgte die Unterhaltungsliteratur für den Nervenkitzel der daheim Gebliebenen. *Christian August Vulpius'* romantische Räubersaga **„Rinaldo Rinaldini"** (1799) avancierte zum Bestseller und verfestigte das Klischee von Italien als „Räuberland".

Unter der Maske des **Briganten** konnte sich vielerlei verbergen: berufsmäßige Verbrecher und Straßenräuber; Deserteure; die mordbrennenden Banden des Kardinals *Fabrizio Ruffo;* die sozialistische Carbonari-Bewegung der 1820er Jahre; Bauern, die sich den Truppen *Garibaldis* im Kampf gegen die Bourbonen anschlossen, und die hungernde Landbevölkerung. Der Räuber-Mythos verdeckte lange Zeit ein **soziales Problem,** dessen Ursache in der jahrhundertealten **Misere der Landwirtschaft** lag. Bis zur Landreform der 1950er Jahre hatte der Mezzogiorno nie einen bodenständigen Bauernstand gekannt. Bereits dem von **Spartakus** 73–71 v.Chr. angeführten Sklavenaufstand hatten sich in Süditalien zahlreiche landlose Bauern angeschlossen. Für die recht- und besitzlose Landbevölkerung änderte sich auch in der Neuzeit wenig, und immer wieder kam es zu blutigen Aufständen. Berauscht von den Versprechen *Garibaldis,* revoltierten die Bauern gegen die Bourbonen, sahen sich aber in ihrer Hoffnung, Land zu erhalten, bald enttäuscht. Als nach 1860 in Süditalien Unruhen bislang unbekannter Heftigkeit ausbrachen, kam es zu einer eigenartigen Allianz zwischen landlosen Tagelöhnern und ihren einstigen Unterdrückern. Der Adel, bürgerliche Großgrundbesitzer und die Kirche verstanden es, die Aufständischen im Kampf gegen den italienischen Einheitsstaat zu instrumentalisieren. **Carmine Donatello „Crocco"** war einer ihrer lukanischen Anführer (siehe Exkurs „Bühne frei für Briganten"). Mit seinen Banden rückte er auf Ripacándida, Venosa, Melfi und Lavello vor, wo er Gefängnisse sprengte, Gemeindekassen plünderte, Archive verbrennen ließ und die weiße Fahne der Bourbonen hisste.

Von der Bevölkerung wurden die Briganten als Helden gefeiert. Der Staat verhängte 1863 in Süditalien das **Kriegsrecht,** die piemontesischen Truppen begegneten den Aufständischen mit beispielloser Grausamkeit. Als die Kämpfe Ende 1865 eingestellt wurden, waren 18.000 Menschen umgekommen. Zwischen Nord- und Süditalien hatte sich ein unüberwindbarer Graben aufgetan. Gesetze, die die sozialen Missstände als Ursache des Brigantenwesens hätten beheben können, ließen auf sich warten, während die Vorurteile gegenüber den als *cafoni* (Kaffern) beschimpften Süditalienern sogar durch die wissenschaftliche Arbeit des norditalienischen Professors **Cesare Lombroso** (1835–1909), Begründer der modernen Kriminologie, bestärkt wurden. Anhand von Fotografien gefangen genommener oder ermordeter Briganten glaubte er, die Grundtypen „geborener Verbrecher" illustrieren zu können.

Geldern untersucht und zahlreiche Korruptionsfälle auch in der Basilikata aufgedeckt (*Luigi De Magistris,* 1967 in Neapel geboren, wurde 2011 mit großer Mehrheit zum Bügermeister von Neapel gewählt und 2015 im Amt bestätigt). *Mastella,* selbst wegen Beihilfe für eine kriminelle Vereinigung, Erpressung und Amtsmissbrauch angeklagt und Anführer einer christdemokratischen Splitterpartei, zieht sich aus dem Regierungsbündnis zurück und bringt *Prodi* zu Fall.

Bei den **Regionalwahlen 2010** wird in der Basilikata der Linksdemokrat *Vito De Filippo* im Amt des Regionspräsidenten bestätigt, muss aber 2013 wegen Amtsmissbrauchs zurücktreten. Sein Nachfolger *Marcello Pittella* vom PD wird 2018 wegen **Korruption** angeklagt.

Für Aufsehen sorgt der erste Besuch von Papst *Franziskus* in Kalabrien im Juni 2014, als er vor laufenden Kameras alle Mafiosi exkommuniziert. Im selben Jahr gewinnt **Matera** die Kandidatur zur „Kulturhauptstadt Europas 2019". Vom Projekt **„Matera 2019"** erhofft sich die gesamte Region Basilikata einen wirtschaftlich-kulturellen Aufschwung.

Briganten und **Organisierte Kriminalität** werden zu Unrecht in einem Atemzug genannt, auch wenn einige Historiker den Ursprung der **kalabrischen 'Ndrangheta** im *brigantaggio* des 19. Jh. sehen wollen. Die 'Ndrangheta selbst pflegt diesen Mythos gerne. Vielleicht haben diejenigen Historiker recht, die in der 'Ndrangheta einen selbstständig gewordenen Ableger der neapolitanischen Camorra und der sizilianischen Mafia sehen. Hochburg der 'Ndrangheta ist bezeichnenderweise die Provinz Reggio di Calabria. Mit Menschenraub, Zigaretten-, Drogenschmuggel, Schutzgeldforderungen und der Beteiligung an staatlich geförderten Megaprojekten, wie etwa dem Bau der Autobahn Salerno – Reggio, schaffte sie in den 1970er Jahre den Sprung in die A-Liga der internationalen Verbrechersyndikate. Die „gute alte" Zeit wird in den *canti di malavita* (Lieder vom Verbrecherleben) hochgehalten (siehe „Musik und Tanz" und „Hören").

Die Basilikata hatte seit 1994 auch eine eigene **Mafia-Organisation,** die **Basilischi,** die jedoch Ender der 90er Jahre zerschlagen wurde. Zunehmend gerät die Basilikata jedoch in den Focus von Camorra, 'Ndrangheta und der apulischen Sacra Corona Unita.

Basili19-205 pa

☒ Tricárico – haben junge Menschen in der Basilikata eine Chance?

Kunst und Kultur

Architektur, Skulptur, Mosaik und Malerei

Frühgeschichte

Die 11.000 Jahre alte Felsritzzeichnung eines **Auerochsen in der Grotta del Romito** (Kalabrien), das Meisterwerk eines steinzeitlichen *Picasso,* ist die älteste figurative Darstellung Süditaliens. Die frei weidenden Podolica-Rinder (siehe Exkurs „Ein Bild von einem Rind") gelten als genetische Nachfahren des Auerochsen und werden zu Rückzüchtung der im 17. Jh. ausgestorbenen Ur-Rinder heran gezogen.

Antike

Nur wenige Bauwerke erinnern in der Basilikata noch an die Zeit der **Magna Graecia.** Sofern sie nicht zahllosen Erdbeben zum Opfer fielen, dienten sie als Steinbruch für den Bau von Kirchen und Palästen. Als „Tavole Palatine" sind die 32 noch aufrecht stehenden dorischen Säulen eines Hera-Tempels bei Metaponto bekannt. Prachtvoll zeigt sich das reiche Erbe der griechischen Antike in den **Archäologischen Museen** von Potenza, Melfi, Matera, Metaponto und Policoro.

Die Hinterlassenschaften der **römischer Epoche** treten einem in Venosa in Gestalt von steinernen Löwen und in den Häusern und Kirchen vermauerten Grabsteinen entgegen. Außerhalb der Stadt liegen freskenverzierte christliche und jüdische Katakomben aus dem 3. und 4. Jh. n.Chr. Die Ausgrabungen von **Grumentum** zeigen eine vollständige römische Stadt mit Theater, Amphitheater, Forum, Thermen und Privathäusern.

Mittelalter

Mehrere Jahrhunderte war der Süden Italiens Teil des oströmischen Reichs. In der Höhlenstadt **Matera** und Umgebung sind Dutzende mit herrlichsten Fresken ausgeschmückte byzantinische Felskirchen zu entdecken. In Tricárico und Tursi kann man durch **sarazenisch geprägte Altstädte** streifen.

Die **Romanik** fällt in Süditalien mit der Normannen- und Stauferherrschaft zusammen und zeichnet sich durch das Aufeinandertreffen nordfranzösischer, römischer, byzantinischer und orientalischer Stilelemente aus. Eindrucksvolle Beispiele mittelalterlicher Kirchenbaukunst sind die Kathedrale von Acerenza und die Abteikirche der SS. Trinità in Venosa. In staufischer Zeit wirkte in der Basilikata der bedeutende Bildhauer und Architekt **Melchior von Montalbano,** dem die Portale der Chiesa di S. Gianuario in Mársico Nuovo, der Kathedrale von Rapolla und der Wallfahrtskirche S. Maria d'Anglona bei Tursi zugeschrieben werden. In ihrem Inneren birgt die Basilika S. Maria d'Anglona einen Freskenzyklus aus dem 12./13. Jh., eines der besten Beispiele byzantinisch beeinflusster Malerei in Süditalien.

Ein herausragendes Beispiel **staufischer Architektur** ist das **Castel Lagopésole** im Norden der Basilikata, das letzte und größte Kastell, das *Friedrich II.* bauen ließ. Über der apulischen Murgia thront das weltberühmte **Castel del Monte,** aus der Basilikata ein Katzensprung (siehe Exkurs „Grenzüberschreitungen auf den Spuren Friedrichs II."). Zahlreiche Festungsbauten in der Basilikata lassen noch ihre byzantinischen, langobardischen, normannischen oder staufischen Ursprünge erkennen. Zu den eindrucksvollen Burgen zählen auch jene von Melfi und Migliónico.

Mit den Anjou hielt Mitte des 13. Jh. die **Gotik** Einzug in Neapel. Zahlreiche Kirchen und Klöster wurden in der Hauptstadt, aber auch in den Provinzen im neuen französischen Stil errichtet. Der Hof von Neapel zog die bedeutendsten Künstler jener Zeit an. Den Einfluss spätgotisch-neapolitanischer Malschulen in der Nachfolge von *Giotto* zeigt in der Basilikata ein prächtig mit Fresken ausgeschmücktes Santuario (siehe Exkurs „San Donato di Ripacàndida – das lukanische Assisi").

Renaissance und Barock

Während die **Renaissance** Mitte des 15. Jh. in Neapel ihren triumphalen Einzug feiert, hält man in der Provinz noch lange an der katalanischen Gotik fest. Die Adeligen investierten lieber in ihre neuen Paläste in der Hauptstadt. Im neuen Stil werden außerhalb von Neapel in erster Linie militärische Bauwerke errichtet. Die kirchlichen Auftraggeber orientieren sich an den großen Kunstströmungen ihrer Zeit und geben Altargemälde bei venezianischen, toskanischen, neapolitanischen oder flämischen

Castel del Monte – Krone Apuliens

Basili19-206 pa

Christus kam nur bis Eboli, oder die Geburt eines Klischees

Das einflussreichste Basilikata-Buch schrieb **Carlo Levi** (1902–75). In Turin geboren, widmete er sich nach Abschluss des Medizinstudiums, ohne den Arztberuf praktiziert zu haben, mit Erfolg der Malerei und stellte 1925 zum ersten Mal auf der Biennale von Venedig aus. 1935 wurde er **unter Mussolini** wegen antifaschistischer Aktivitäten in eine der gottverlassensten Gegenden von Süditalien **verbannt.** 1935/36 lebte *Levi* in Grassano und Aliano (Provinz Matera) im politischen Exil, flüchtete 1939 nach Frankreich, kehrte 1941 nach Italien zurück und kämpfte im Widerstand. 1943 schrieb er sich im Untergrund die Erinnerungen an seinen erzwungenen Aufenthalt in Lukanien von der Seele, in einer Sprache so karg wie die Landschaft und ihre Menschen, zu denen er eine tiefe Sympathie entwickelt hatte. **Christo si è fermato a Eboli** (Christus kam nur bis Eboli) wurde 1945 publiziert und seither in mehr als 40 Sprachen übersetzt. Den Titel des Buches erklärt *Levi* im Vorwort. „Christ bedeutet in ihrer Ausdrucksweise Mensch; und der sprichwörtliche Satz, den ich hundertmal habe wiederholen hören, ist in ihrem Mund wohl nicht anderes als der Ausdruck eines trostlosen Minderwertigkeitskomplexes. (...) Wir sind keine Christen, keine Menschen, wir gelten nicht als Menschen, sondern als Tiere, als Lasttiere und noch geringer als Tiere. (...) Aber der Satz hat noch einen viel tieferen Sinn: wie jede symbolische Ausdrucksweise gilt er auch buchstäblich. Christus ist wirklich nur bis Eboli gekommen, wo Straße und Eisenbahn die Salernitaner Küste und das Meer verlassen und in das öde lukanische Land eindringen."

Viele Norditaliener wurden durch *Levis* Schilderungen erstmalig mit einem **von erschreckender Armut geprägten Süditalien** konfrontiert. Die Bauern von **Aliano** – *Levi* nannte den Ort in seinem Buch Gagliano – wurden zum Sinnbild des geknechteten Südens. „Die Jahreszeiten gleiten über die Mühsal der Bauern dahin, heute wie dreitausend Jahre vor Christi Geburt; keine menschliche oder göttliche Botschaft wurde an diese halsstarrige Armut gerichtet." Die Menschen litten unter Malaria, es fehlte an medizinischer Versorgung. Die kargen Felder lagen Stunden außerhalb der Orte. Viele träumten von Amerika, doch unter *Mussolini* war die Auswanderung nur in die afrikanischen Kolonien erlaubt.

„Die Bauern von Gagliano begeisterten sich nicht für die Eroberung Abessiniens, erinnerten sich nicht an den Weltkrieg und sprachen nicht von ihren Toten; ein Krieg jedoch lag allen am Herzen und lebte, schon zur Legende, zur Fabel, zur epischen Erzählung, zum Mythos abgewandelt, in aller Munde: nämlich die Brigantenkämpfe" (siehe Exkurs „Italien, Räuberland?").

Nach Erscheinen seines Buches setzte sich *Levi* für eine Verbesserung der Lebensbedingungen in Süditalien ein (siehe Exkurs „Carlo Levi und die Sassi von Matera"); von 1963 bis zu seinem Tod 1975 gehörte er dem italienischen Senat an. Wunschgemäß wurde er auf dem ärmlichen Dorffriedhof von Aliano beigesetzt.

1978 entstand unter der Regie von **Francesco Rosi** mit *Gian Maria Volonté* in der Hauptrolle die kongeniale **Verfilmung** von „Christus kam nur bis Eboli". Gedreht wurde in Aliano, Craco und Guárdia Perticara. Der Erfolg von Buch und Film hatte eine paradoxe Folge. Das Bild von einem völlig zurückgebliebenen Lukanien, dass sich festsetzte, versperrt häufig den Blick auf eine neue Realität. Davon kann man sich ein Bild machen, wenn man in die Basilikata reist.

Künstlern in Auftrag, wie z.B. das Altargemälde von Cima da Conegliano in Migliónico.

Neapel entwickelt sich ab dem 16. Jh. zu einem Zentrum der Gegenreformation und damit des **Barock.** Die profane und sakrale Architektur der Basilikata orientiert sich an neapolitanischen und apulischen Vorbildern. Anfang des 17. Jh. begründet *Pietro Antonio Ferro* in Tricárico eine Malschule von überregionaler Bedeutung.

18. bis 20. Jahrhundert

Mit der Thronbesteigung *Karls III. von Bourbon* 1734 beginnt eine neue intensive Bautätigkeit am Golf von Neapel. Die sensationelle Wiederentdeckung von Herkulaneum, Pompeji und Paestum übt einen immensen Einfluss auf die Geistes- und Kunstentwicklung des 18. und 19. Jh. aus. Auch in der Provinz entstehen öffentliche und private Bauten im **klassizistischen Stil.**

Nach der Reichseinigung dominiert in der zweiten Hälfte des 19. Jh. in den Provinzhauptstädten die **gründerzeitliche Architektur.** Die **faschistische Architektur** setzt ihre Akzente in den großen Städten Süditaliens. Der 1935 nach Lukanien verbannte *Carlo Levi* hält die Zeit seines Exils nicht nur in seinem Roman „Christus kam nur bis Eboli" fest, sondern auch in zahlreichen Bildern, die heute zum Teil in Matera oder Aliano ausgestellt sind.

21. Jahrhundert

Mit dem Museum MUSMA entwickelt sich **Matera** zu einer spannenden Bühne für moderne und zeitgenössische Kunst. Eine Tendenz, die seit der erfolgreichen Kandidatur Materas als **Kulturhauptstadt Europas 2019** eine neue Dynamik erhält. Die Kulturinitiative **ArtePollino** bietet neue (Kunst-)Perspektiven auf den lukanischen Pollino.

Literatur

Im Text eingestreute **Exkurse** und die **Literaturhinweise** am Ende des Buches sind eine Einladung zum Weiterlesen, daher an dieser Stelle nur einige ergänzende Skizzen.

Die **„Odyssee" von Homer** ist der beste Reisebegleiter – weil von Neugier und Gastfreundschaft die Rede ist. Einer Legende nach gründete *Epeíos,* der Erbauer des trojanischen Pferdes, die Stadt Lagaria an Stelle des heutigen Valsinni. In Valsinni wiederum lebte und starb im 16. Jh. die Dichterin **Isabella di Morra.**

Der gefeierte lateinische Poet **Horaz** kam 65 v.Chr. in Venosa zur Welt. In seinen Oden besang er die Wälder des Vúlture, in einer Satire eine Reise mit Freunden auf der **Via Appia** von Rom bis nach Brundisium (Brindisi).

Die **Reisebeschreibungen** des 18. und 19. Jh. sind Vorläufer heutiger Reiseführer. Während Berichte vom Golf von Neapel und aus Sizilien ganze Bibliotheken füllen, machten viele Reisende aus Furcht vor Briganten einen weiten Bogen um Lukanien und Kalabrien. *Johann Heinrich Bartels,* Freimaurer und langjähriger Bürgermeister Hamburgs, veröffentlichte 1787 bis 1792 seine „Briefe über Kalabrien und Sizilien", die bis dahin detaillierteste Darstellung Kalabriens in deutscher Sprache. *Goethe* zählte *Bartels* zu den „trefflichen Männern", die vor ihm Italien bereist hatten, ohne dass er ihm jedoch bis an die Stiefelspitze folgte. *Carl Wilhelm Schnars* veröffentlichte 1859 „Eine Reise durch die neapolitanische Provinz Basilicata und angrenzende Gegenden". Mit der ihnen eigenen **Abenteuerlust** machten sich Engländer auf, den wilden Süden zu erkunden: Ende des 18. Jh. *Henry Swinburne,* ihm folgten um die Mitte des 19. Jh. *Keppel Richard Craven* und *Arthur J. Strutt.* Wie *Strutt* bereiste auch **Edward Lear** Lukanien und Kalabrien 1847 zu Fuß. Als Erfinder der „Limericks" ist er bekannt. Fast vergessen sind hingegen seine amüsanten Reiseaufzeichnungen, die er „Journals of a Landscape Painter" nannte. Immer noch erfrischend zu lesen sind die 1915 veröffentlichten süditalienischen Reisebeschreibungen von *Norman Douglas.*

Basilicata Coast to Coast – Roadmovie slow und mit Musik

Nur wenige moderne Autoren aus der Basilikata haben es zu überregionalem Ruhm gebracht. Der Meridionalist **Raffaele Nigro,** 1947 in Melfi geboren, erzählt in dem Brigantenepos „Die Feuer am Basento" eine süditalienische Geschichte von Demütigung und Revolte. Frische, genaue, überraschende und liebevolle Einsichten liefert **Michael Mente,** schweizerischer Sohn eines lukanischen Auswanderers.

Eine (Tourismus-)Initiative der letzten Jahre sind die **Parchi Letterari** (www.parchiletterari.com). Die Literaturparks laden dazu ein, das Werk eines Autors am Entstehungsort zu erleben. Außer *Carlo Levi, Isabella di Morra* und *Norman Douglas* lassen sich die literarischen Spuren von Kaiser *Friedrich II.* und des wiederholt für den Literaturnobelpreis vorgeschlagenen Dialekt-Dichter *Albino Pierro* (1916–1995) aus Tursi verfolgen.

Basili19-208 pa

Musik und Tanz

Wenn die Rede auf Süditalien fällt, ist der **Tarantella** ein Platz im Katalog der Gemeinplätze sicher. Der Tanz und die damit verbundene Musik gelten als Inbegriff mediterraner Fröhlichkeit. Seine Ursprünge liegen wohl in der orphischen Religion der Griechen. Im Volksglauben des Mittelalters galt der wilde Tanz als einziges Mittel gegen den giftigen Biss der Tarantel (einer schwarzen Spinnenart). Für Frauen und Männer bot die Tarantella zugleich die Möglichkeit einer erotischen Annäherung voller Sinneslust, ohne dass es zu körperlicher Berührung kam. Seit dem 14. Jh. ist bezeugt, dass der *tarantismo* Eingang in die christlichen Festkulte fand. Der Anthropologe und Religionswissenschaftler **Ernesto De Martino** studierte in den 1950er Jahren das Phänomen in der Basilikata und im Salento Apuliens. Dabei hatte bereits **Pythagoras** in der Antike die Wirkung der Musik auf die Psyche des Menschen erkannt (siehe Exkurs „Pythagoras, Beruf Philosoph").

Jahrhundertelang zog Neapel die besten Künstler an. Auch Adelige betätigten sich musikalisch, wie **Carlo Gesualdo, Prinz von Venosa** (1561–1613), der sich als Lautenvirtuose, Komponist genialer, manieristisch übersteigerter Madrigale und Doppelmörder einen Namen machte. Der Barock war Neapels goldenes musikalisches Zeitalter, und immer noch besitzt die mediterrane Metropole eine der lebendigsten Musikszenen Italiens.

Seit einigen Jahren lassen die Provinzen im Süden von sich hören. **Ethno-Musik** ist hoch im Kurs, wie etwa auf dem Radici Festival in Viggiano, bei den Radicazioni im kalabrischen Alessandro del Caretto oder dem Metaponto Beach Festival. Gerade unter jungen Menschen in Süditalien **erlebt die Tarantella eine identitätsstiftende Renaissance,** als „World Music" stößt sie auch im Norden auf offene Ohren. Bekannte Vertreter, Bewahrer und Erneuerer dieser frenetischen Musik sind die **Tarantolati di Trícarico** (siehe Exkurs „ Die Tarantolati di Trícarico"). Begleitet wird die Tarantella mit der Gitarre, der *zampogna* (Dudelsack) oder dem *organetto* (Ziehharmonika), die *tammorra* (Tamburin) gibt dabei den Rhythmus an.

In vielen Orten werden noch in alter kunsthandwerklicher Tradition Musikinstrumente hergestellt: **Dudelsäcke** findet man in Terranova di Pollino. Auf den Patronats- und Marienfesten werden sie zum Einsatz gebracht.

In Viggiano im Agri-Tal hängt der Himmel voll **Harfen und Geigen.** Ab dem 17. Jh. verbreiteten Harfenbauer und Wandermusiker den Ruhm des Ortes zunächst im Regno di Napoli und ab Ende des 19. Jh. auch jenseits des Atlantiks. Der aus Gallicchio in der Provinz Potenza stammende **Carlo Curti** (1859–1926) sorgte für die Popularität der **Mandoline** in den USA. Als Leiter des Orquestra Tìpica Mexicana wurde er zu einem Vorreiter der Mariachi-Musik.

Tipps unter „Feste/Veranstaltungen" am Ende der Ortskapitel; siehe auch „Hören" im Anhang.

Film

Abgesehen vom Golf von Neapel stehen die **Sassi von Matera** an erster Stelle der **beliebtesten Filmschauplätze** in Süditalien. In den 1960er Jahren, als die Be-

Die Tarantolati di Tricárico

von *Andreas Pehl*

Rocco Paradiso und **Franco Ferri** sind aus Tricárico. Das liegt an der Via Appia, mitten in der Basilikata, und wäre heute eigentlich ziemlich unbekannt, wenn es eben nicht *Rocco Paradiso* und *Franco Ferri* gäbe.

Andreas: *Rocco* und *Franco,* ihr habt, zusammen mit ein paar Freunden, vor über vierzig Jahren eine Musikgruppe gegründet, die den Namen Tricárico in der Weltmusikszene international berühmt gemacht hat: **„I Tarantolati di Tricárico"**. Wo liegen Eure musikalischen Wurzeln?

Franco: Unsere musikalische DNA kommt aus dem ganzen Mittelmeerraum. Da gehört Afrika dazu, es gibt arabische Einflüsse, und auch der Norden ist dabei, also Italien. Wir haben in unserer Musik arabische Melodien, afro-kubanische Rhythmen, dazu die Taranta, aus der alles entsteht, dieser ständig wiederkehrende Rhythmus, der dich hineinzwingt und nicht mehr loslässt, der dich in Trance bringen kann.

Basili19-209 pa

Andreas: Kein Wunder, denn ihr spielt gegen den Biss der Tarantel auf. Bei euch hat diese Musiktherapie allerdings nicht ganz gewirkt?

Rocco: Wir sind gebissen. Da gibt es kein Gegengift. Das zeigt sich auf der Bühne, bei Konzerten. Wenn wir einen Auftritt haben, dann merkt man auf der Bühne, dass wir von der Tarantel gestochen sind. Dieser Rhythmus begleitet mich ständig.

Andreas: Wie traditionell ist eure Musik?

Franco: Als wir 1975 angefangen haben, unsere Musik zu machen, sind wir zu den Alten gegangen. Die Frauen haben uns alles erzählt, haben uns vorgesungen. Im Kamin brannte ein Holzfeuer, in der Glut stand die Pignatta aus Terrakotta, in der Erbsen, Bohnen und Linsen gegart wurden. Dazu gab es Kartoffeln aus der Glut, ein bisschen Salz, einen Schluck Wein. Und dann haben wir auch Lieder entwickelt aus Kinderreimen und Kinderliedern. Zum Beispiel das Lied vom „Gatto Mammone", von der unheimlichen Märchenkatze.

Rocco: Wir haben die Texte aufgeschrieben, haben dann selbst noch was dazu gedichtet, es sind eigentlich alles Stücke, die aus unserer Tradition stammen.

Franco: Wir sind eine Generation, die auf einem Scheideweg lebt. Wir haben noch das Alte kennengelernt, das Leben voller Entbehrungen, das unsere Eltern, Großeltern hier gelebt haben. Dann haben wir diese große Entwicklung miterlebt, hin zum modernen Leben.

Rocco: Von einem Extrem ins andere.

Andreas: Aber wer die traditionelle Volksmusik der Basilicata sucht, der ist trotz eurer Recherchen bei euch nicht richtig.

I Tarantolati di Tricárico – lukanischer Groove

Rocco: Alle spielen die Taranta. Um uns zu unterscheiden, haben wir sie „verunreinigt". Wir haben recherchiert, wir haben aber auch Musiker eingeladen, die aus anderen Musikstilen kommen, aus dem Blues, aus dem Rap, dem Rock. Wir loten die Möglichkeiten der Taranta aus, ohne völlig aus der Bahn zu gehen.

Andreas: Ihr selbst seid, anders als viele eurer Klassenkameraden, nicht ausgewandert, ihr seid zu Hause geblieben, in der Basilikata, in Tricárico. Ihr habt hier Arbeit gefunden, die euch ernährt, *Franco* in der Verwaltung des Krankenhauses, *Rocco* als Labortechniker. Und von hier aus tragt ihr eure musikalische Botschaft, tragt ihr die Basilikata in die Welt und habt auch die Hymne für Matera komponiert, für die Kulturhauptstadt 2019.

Franco: Wir leben zwischen zwei, sagen wir mal, Monstern: Kampanien und Apulien. Wir leben musikalisch gesehen zwischen der Tammuriata und der Pizzica. Dank uns kennt man auch diese kleine Region und ihre Taranta. Sonst gäbe es nur noch Pizzica und Tammuriata. Die Taranta wäre ausgestorben.

Rocco: Die Basilikata ist ein Land der Gastfreundschaft. Emigration, Armut, Gewalt, man hat uns immer alles weggenommen und nie etwas zurückgegeben. Und das hat uns dazu gebracht, zusammenzuhelfen, gastfreundlich zu sein im Rahmen unserer Möglichkeiten. Wir können Freundschaft schenken, Aufrichtigkeit. Das sind Werte, die du in anderen Regionen so nicht findest.

Franco: Die Basilikata hat eine kulturelle Identität, eine Identität, die aus dem bäuerlichen Leben kommt. Wir haben ihr eine eigene Stimme gegeben.

wohner der Altstadt längst in moderne Neubauviertel umgesiedelt worden waren, dienten sie in einer Reihe von Filmen als **Projektionsfläche,** um den rückständigen Mezzogiorno vorzuführen. Der Regisseur von *Cinema Paradiso* und Oscar-Preisträger *Giuseppe Tornatore* drehte 1995 *L'uomo delle stelle* („Der Mann, der die Sterne machte") in Matera und fand hier sein Sizilien der 1950er Jahre. Es ist die Geschichte von *Joe Morelli,* einem Hochstapler, der mit einer Filmkamera übers Land fährt und den armen Leuten für Probeaufnahmen und das Versprechen, sie zu Filmstars zu machen, das Geld aus der Tasche zieht. *Morelli* erkennt zu spät, welches Geschenk ihm die Menschen machen, die sich vor seiner Kamera öffnen, die nie einen Meter Film belichtet hat. Ihre wahre cineastische Bestimmung fanden die **Sassi** aber **als biblisches Jerusalem.** 1964 drehte *Pier Paolo Pasolini* mit Laiendarstellern in aufwühlenden Schwarz-Weiß-Bildern *Il Vangelo secondo Matteo* („Das erste Evangelium Matthäus"), bis heute der künstlerisch gelungenste Jesus-Film. 1985 entstand unter der Regie von *Bruce Beresford King David* mit *Richard Gere* in der Hauptrolle. Furore machte *The Passion of the Christ* von *Mel Gibson;* in seinem ambitionierten Projekt zeigt der Hollywood-Star die letzten zwölf Stunden im Leben Jesu. Alle Außenszenen wurden im November 2002 in Matera gedreht, nur der Selbstmord des *Judas* filmte man bei Craco. Um ein Maximum an Authentizität bemüht, werden im Film nur Aramäisch (die Muttersprache Jesu) und Lateinisch gesprochen. Obwohl das Werk, von manchen als religiös verbrämter Splatter-Film kritisiert, ohne Untertitel in die Ki-

La Lucanica – Wurst mit langer Tradition

von *Cornelia Schinharl* und *Peter Amann*

„Lucanicam dicunt quod milites a lucanis dicerent" (Lucanica nennen sie jenes in Darm gefüllte Schweinefleisch, von dem unsere Soldaten behaupten, es käme von den Lukanern.)

Marcus Terentius Varrus (116–27 v.Chr.)

Die „Lucanica" ist die älteste Wurst Italiens. Ihr Name verrät, dass sie aus der Basilikata stammt, die damals noch Lukanien hieß. Römische Legionäre schätzten die **im Rauch getrocknete Wurst** wegen ihrer Haltbarkeit. Ihr Lob sang im 1. Jh. n.Chr. auch der römische Schlemmer **Marcus Gavius Apicius,** der in seinem Kochbuch „De coquinaria" ihre Zubereitung überlieferte: Mit dem Messer klein gehacktes Schweinefleisch wurde mit gestoßenem Pfeffer, Kreuzkümmel, Raute, Salz, Lorbeerfrüchten und Garum gewürzt (letztere Zutat stand sicher nicht im lukanischen Originalrezept) und mit Pinienkernen und Fett vermischt in lange Därme gefüllt; diese wurden zum langsamen Trocknen über den Rauch gehängt.

So wird sie auch noch heute in der Basilikata gemacht, hier oder dort vielleicht etwas anders gewürzt. Für die echte **Lucanica** wird das Fleisch – nur vom Schwein und nur das Beste – mit dem Messer klein geschnitten und keinesfalls durch den Wolf gedreht. Dazu kommen etwas Speck als Aromaträger, Samen vom wilden Fenchel, Salz und Peperoncino. Soll die Wurst mild werden, wird Paprikapulver verwendet, für die „piccante" im Mörser zerstoßene Peperonischoten. Die Zutaten werden gut gemischt und in den Naturdarm gefüllt. Konservierungs- und Farbstoffe haben in der Wurst nichts verloren. Bei der Wurstbereitung bleiben natürlich auch eine Menge weniger edle Fleischteile zurück. Und die werden nicht weggeworfen, sondern zur „pezzente", der Wurst der Armen, verarbeitet. Diese wird selten im Ganzen gebraten oder gegrillt, sondern zu einem Ragout verwendet, das man beispielsweise mit Polenta isst. Dass bei einem guten lukanischen Metzger das Fleisch nur von Tieren aus der Umgebung stammt, die auf natürliche Weise aufgezogen wurden, ist fast eine Selbstverständlichkeit.

Werden die Würste nicht frisch verkauft, kommen sie in einen Nebenraum. In den kleineren **Metzgereien** ist er mit Stangen in unterschiedlichen Höhen bestückt. An einer Stelle des Raumes glühen Eichenscheite im Kamin. Die Zeit der Reife beginnt auf den niedrigsten Stangen, die am weitesten vom Feuer entfernt sind. Die Würste werden jetzt mitsamt den Stangen immer wieder umgehängt, erst weiter nach oben und dann immer näher zum Kamin. Das alles geschieht in Handarbeit und unterliegt keinem festen Muster. Der Metzger muss von Fall zu Fall entscheiden, wann eine Wurst so weit ist, dass sie an einen anderen Platz gehört. Insgesamt braucht sie drei Wochen bis zur Reife, sie kann aber natürlich auch in halb getrocknetem Zustand verkauft werden, wenn erwünscht.

Zum Schluss noch ein **Tipp:** Wenn man die Würste mit nach Hause nehmen möchte, lässt man sie sich am besten vakuumverpacken. Damit sie aber zu Hause ihr Aroma wieder voll entfalten, sollte man sie nach dem Öffnen eine Weile an der Luft liegen lassen, bevor man sie aufschneidet.

nos kam, wurde es zu einem der erfolgreichsten Filme aller Zeiten. Im kalten Novemberlicht des Jahres 2016 verfilmte *Garth Davis* das Leben der *Maria Magdalena* mit *Rooney Mara* und *Joaquin Phoenix* als Jesus in den Hauptrolle; seither sind die beiden ein Paar. Es wird nicht die letzte Bibeladaption bleiben, der Matera die Kulisse leiht.

Der Neapolitaner **Francesco Rosi** (1922–2015) widmete viele seiner engagierten Filme dem Thema Mafia. 1972 drehte er *Il caso Mattei,* mit dem er den Grand Prix bei den 25. Filmfestspielen in Cannes gewann. Der Film setzt nach dem – wahrscheinlich durch einen Anschlag herbeigeführten – Flugzeugabsturz ein, bei dem *Enrico Mattei* (1906–1962), Vorstandsvorsitzender der übermächtigen Erdölgesellschaft ENI, am 27. Oktober ums Leben kam. 1979 verfilmte *Rosi Carlo Levis* Buch *Christo si è fermato a Eboli* („Christus kam nur bis Eboli") an den Originalschauplätzen, erneut mit seinem Lieblingsschauspieler *Gian Maria Volontè* in der Hauptrolle.

In **Bernalda,** einem Städtchen in der Provinz Matera, ist man stolz darauf, dass von hier 1904 der Großvater des US-Filmregisseurs **Francis Ford Coppola** nach Amerika auswanderte. *Francis Ford Coppola* hat im Ort einen Palazzo erworben, darin ein luxuriöses Hotel eröffnet und ist hier gern zu Hause.

Die in der Basilikata und im benachbarten Kalabrien festlich begangenen **Baumkulte** (siehe Exkurs „Wenn Bäume Hochzeit feiern") faszinieren den Regisseur **Michelangelo Frammartino.** In meditativ-suggestiven Bildern beschreibt er in seinem Film *Le Quattro Volte* (dt. „Vier Leben") den Kreislauf des Lebens im kalabrischen Bergort Alessandria del Carretto – ganz ohne Worte. Der Zuschauer erlebt die letzten Lebenswochen eines Hirten, das kurze Leben eines Lämmchens, das Fällen einer Weißtanne und ihre Aufstellung als Maggio – alles Teile eines Zyklus. Die Vorstellung, jeder Mensch trage vier Leben in sich, geht auf *Pythagoras* (siehe Exkurs „Pythagoras, Beruf Philosoph") zurück. *Framantinos* künstlerische Auseinandersetzung mit der Efeu-Maske des Carnevale di Satriano (siehe Exkurs „131 Rumita oder ein Wald der geht") haben wiederum diesem Karneval eine völlig neue, ökologische Ausrichtung gegeben.

Küche und Wein

Geschichte geht durch den Magen, und Küche ist der beste Schlüssel zum Verständnis eines Landes und seiner Menschen. In Italien gehören Kochen, gutes Essen und die Gespräche darüber seit jeher zu den **zentralen Daseinsfreuden,** und nichts fördert die Kommunikation mehr als ein gemeinsam eingenommenes Mahl. Das alles trifft natürlich auch auf die Basilikata zu. Wer diese Region wirklich kennenlernen möchte, folgt am besten einigen der **über 200 (!) kulinarischen Empfehlungen** in diesem Reiseführer. Sie zu erkunden, war ein genussvoller Weg, auf dem mich viele Freunde begleitet haben und neue Freundschaften entstanden. Das Thema ist so umfangreich, dass ihm zahllose Bücher gewidmet sind. Ein sehr schönes hat *Cornelia Schinharl* geschrieben, die in einem Exkurs die Geschichte der ältesten Wurst erzählt (siehe linke Seite).

Glaubt man den Wirtschaftsstatistiken, so zählt die Basilikata zu den ärmsten Regionen Italiens, sobald es aber ums Essen geht, kann ihr so schnell keine das Wasser und den Wein reichen. **Hartweizen, Hülsenfrüchte, Olivenöl und Wein** geben seit alters her den Grundton in der Küche an. Ein gastronomischer Grundpfeiler seit der Antike ist das **Schwein.** Die *uccisione del maiale,* das Schlachtfest in den Tagen nach Weihnachten, ist in vielen Bergorten immer noch eines der zentralen Ereignisse im Jahr.

Bereits im Altertum gelangten die ersten **Zitrusfrüchte** an die sogenannte Costa dei Cedri in Kalabrien (siehe Exkurs „Die goldenen Äpfel"), Araber führten im Mittelalter Orangen und Auberginen ein. Nach der Entdeckung der Neuen Welt hielten ab dem 16. Jh. diverse Nachtschattengewächse ihren Einzug in der Küche und seither färben Tomaten den *sugo* rot. Der König aber der lukanischen und kalabrischen Küche ist scharfer **Peperoncino.** Der **Peperone di Senise** hingegen ist eine süße Paprikasorte mit IGP-Siegel. Er wächst auf den lehmigen Böden des Sinni-Tals und wird nach der Ernte im August an der Luft getrocknet. Die trockenen Schoten werden zu einem Pulver zermahlen und wie Safran verwendet, oder man frittiert ganze Schoten nur für wenige Sekunden im siedenden Olivenöl. Eine Gaumen- und Augenfreude!

Als Weinbauregion blickt Süditalien auf eine 2800-jährige Tradition zurück. In der Antike nannten die Griechen das heutige Lukanien und Kalabrien **„Oinotria", Weinland.** Archäologische Forschungen deuten darauf hin, dass die Griechen hier bereits eine florierende Kultur des Weinanbaus vorgefunden, und nicht wie lange Zeit angenommen, die Weinrebe erst eingeführt hatten. Und

Basili19-210 pa

hier lernten die Griechen auch die Erziehung des Rebstocks am Pfahl (altgriech. *oinotron*, „Rebpfahl“) kennen.

Die Basilikata besitzt nur eine einzige DOC-Region, aber was für eine! An den fruchtbaren Hängen eines erloschenen Vulkans gedeiht der rubinrote **Aglianico del Vúlture,** der es ohne Weiteres mit den großen Gewächsen des Piemont aufnehmen kann. Die kraftvollen Weine zeichnen sich durch ungewöhnliche Festigkeit, Tiefe im Geschmack und Langlebigkeit aus. Griechen hatten die Rebsorte eingeführt, und auch die Römer schätzten den „Hellenikon“, aus dessen Trauben sie ihren berühmten *falernum* kelterten. Kaiser *Friedrich II.* ließ „Ellenico“ an seiner Tafel ausschenken, und auch am Hof der Anjous wurde er getrunken, mittlerweile unter seinem heutigen Namen Aglianico (siehe Exkurs „Aglianico mit Brief und Siegel“).

Die Weinbibel **„Vini d'Italia“** bescheinigt den Weinen Süditaliens seit Jahren hohes Potenzial. 2019 ging die begehrte Höchstwertung der drei Gläser viermal in die Basilikata. Die interessantesten Weinproduzenten der Basilikata und einige gut sortierte Önotheken werden in den Ortskapiteln vorgestellt.

Ein neuer Trend auch im Süden Italiens sind **handwerklich gebraute Biere,** die z.B. mit Lakritz oder Peperoncino aromatisiert werden und erstaunlich trinkbar sind!

Ein Magenbitter, der den Namen der Region trägt, ist der **Amaro Lucano.** Seit 1894 wird er nach einem Familienrezept in Pisticci hergestellt.

Birra lucana

Im Weinland (Oinotria!) Lukanien gärt es. Industrielle Bierbrauereien à la Perroni & Co. sind Schaum von gestern. **Kleine Qualitätsbrauer,** die auf handwerkliches Können und Kreativität setzen, schießen zwischen Bozen und Palermo wie „Pilse“ aus dem Boden, mittlerweile über ein Dutzend auch in der Basilikata. Statt Deutschem Reinheitsgebot ist **Experimentierfreude** oberstes Gesetz, und so finden sich auch Lavendel, Maronen, Wildkirschen oder Zitronen als Aromageber in naturtrüben und charakterstarken Bieren. Die Zutaten stammen in der Regel aus biologischem Anbau. Die **Craft-Biere** (ital. *birra artigianale*) erreichen durch Flaschengärung ihre besondere Spritzigkeit. Abgefüllt werden sie häufig in 0,75-Liter-Flaschen, und auch preislich liegen sie auf dem Niveau einer anständigen Flasche Wein. Angesagte Bars, Restaurants und Feinkostgeschäfte führen sie in ihrem Sortiment.

Voll im Trend liegt der **„Birrificio79“.** Vier Freunde teilen einen landwirtschaftlichen Background und die Begeisterung am Bierbrauen. 2014 haben sie in Matera ihr eigenes Lokal eröffnet.

Um nur noch einige weitere **Brauereien** zu nennen: Birrificio del Vúlture aus Rionero in Vúlture, Crazy Hop aus Trícarico oder Jazz Beer aus Bernalda. Sogar Hopfen wird in Lukanien inzwischen angebaut. *Salute!*

- **www.microbirrifici.org**
- **www.facebook.com/Birrificio79/**
- **www.facebook.com/MatesaHops/**

[<] Birrificio79 – in Matera gebraut, politisch korrekt

Ein Bild von einem Rind

von *Andreas Pehl*

Mit grazilen Schritten schreitet sie an der Piana del Lago bei Marsico Nuovo zwischen den großen Buchen heraus und langsam auf mich zu, bleibt kurz vor mir stehen und schaut mich mit ihren dunklen Augen lange an: eine **Podolica-Kuh,** helles, braun-graues, glänzendes Fell, die Augenpartie dunkler, fast wie geschminkt, elegant geschwungene Hörner. Diese schönen Tiere sind für mich **ein Symbol der Basilikata:** immer wieder tauchen sie in der Landschaft auf, sie stehen am Wegesrand oder mitten auf der Straße, begleiten mich bei meinen Wanderungen in den Nationalparks der Lukanischen Berge und bei meinen Entdeckungstouren in der Region. Sie haben die Landschaft und ihre Traditionen geprägt und sind aus dem Leben der Basilikata nicht mehr wegzudenken. Die Rinderrasse ist **seit mindestens 1500 Jahren** hier zu Hause und wurde möglicherweise von den Hunnen in der Volkerwanderungszeit aus der Region Podolien in der heutigen Ukraine nach Süditalien gebracht. Gut möglich, dass sie auch schon viel länger in Süditalien zu Hause ist. Die Tiere haben sich über die Jahrtausende perfekt an ihren Lebensraum angepasst. Der Wandel der Agrarwirtschaft ist an ihnen aufgrund der langsamen Entwicklung Süditaliens weitgehend vorübergegangen.

Anachronismus auf vier Beinen

Die Tiere leben das ganze Jahr hindurch **halbwild in den Wäldern und auf den Bergen** der Basilikata und der umliegenden Regionen und ernähren sich ausschließlich von den Pflanzen, die sie finden. Im Winter ziehen die Herden in tiefere Regionen, immer begleitet von ein oder zwei Hunden, die über die Rinder wachen (und vor denen man sich als Wanderer in Acht nehmen sollte, denn sie verteidigen ihre Herde äußerst entschlossen vor Bedrohungen!). Sie brauchen ihre Freiheit und eine saubere Natur. Und genauso wie die Basilikata in vielen Dingen ihre Ursprünglichkeit bewahrt hat, hat auch die Podolica ihre **Ursprünglichkeit** bewahren können. Sie ist, wie vieles hier, ein liebens- und erhaltenswerter Anachronismus, in diesem Fall ein Anachronismus auf vier Beinen, denn in Zeiten einer hochtechnisierten und intensiven Landwirtschaft führt eine Rinderrasse wie diese ein Schattendasein. Sie ist zur Stallhaltung ungeeignet, gibt maximal 15 Liter Milch pro Tag und das auch nur während weniger Monate im Jahr, hat ein **festes, wertvolles Fleisch,** das kräftig nach Rind schmeckt und als Beilage zu Pommes nur bedingt geeignet ist, und dazu auch noch lange abhängen muss und somit nicht das schnelle Geld verspricht. Das wären alles Gründe, die Zucht der Podolica aufzugeben, doch zum Glück weiß man hier in der Basilikata gerade diese Vorzüge zu schätzen. *Alessandro* etwa, aus der Nähe von Tito bei Potenza, hat sich schon als Kind in die Podolica verliebt, mit zwölf Jahren hatte er sich das Geld für seine erste Kuh zusammengespart. Heute, mit etwas über dreißig, konnte er sich seinen Lebenstraum erfüllen und züchtet „seine" Kühe. Auch wenn das bedeutet, dass er im Frühjahr jeden Morgen ab 4 Uhr früh die Tiere zum Melken zusammentreibt, um anschließend die wenige Milch zu kugeligen Caciocavallo-Käse zu verarbeiten, dem traditionellen Filata-Käse Süditaliens. Der Geschmack der Podolica-Variante ist phänomenal, aromenreich, sehr intensiv und fast scharf. Inzwischen ist der **Caciocavallo podolico della Basilicata** sogar ein

[>] Podolica-Rind – im Wald zu Hause

Slowfood-Presidio geworden, um ihn und die mühsame und wenig lukrative Herstellung weiter zu erhalten. *Alessandro* schwärmt aber auch vom Fleisch: Wenn man weiß, wie man es zubereitet, dann gäbe es nichts Besseres – am besten nur kurz angebraten mit etwas Salz.

Slow Food und uralte Riten

Doch die Podolica ist mehr als ein Eiweißlieferant für die Basilikata. Sie ist auch untrennbar verbunden mit vielen Traditionen der Region. Die lukanische Baumhochzeit, der **Maggio di Accettura,** wäre ohne die Tiere nicht denkbar, denn sie sind es, die seit Jahrhunderten den 30 Meter langen Eichenstamm über viele Kilometer aus dem Wald ins Dorf transportieren. Die Stiere werden heute nur noch für diesen kurzen Einsatz von zwei Tagen im Jahr gezüchtet und sind die letzten Vertreter einer Arbeit, für die diese Rinder ursprünglich dringend benötigt wurden: als **Zugtiere.** Und auch im Karneval dürfen die Tiere nicht fehlen, wenn man etwa in Trícarico mit Kuhmasken den Zug der Podolica-Herden in der Transhumanz durch die Berge der Basilikata nachspielt. Ganz zu schweigen vom Stadtwappen von Matera, in dem stolz ein Podolica-Ochse thront.

Doch von all dem weiß das schöne Tier, das mir hier am See gegenübersteht, nichts. Es lebt ungestört in den Wäldern rund um den See, aus denen das Brüllen seiner Herde widerhallt. Nachdem das Rind mich gründlich gemustert hat, dreht sie sich stolz um und watet ins Wasser zum Trinken.

Basili19-211 pa

Der Autor & Freunde | 432
Glossar | 414
Hören | 422
Lesen | 416
Register | 425
Sprachhilfe Italienisch | 410

Basili19-195 pa

12 Anhang

< Libreria dell'Arco – kultureller Fixpunkt in Matera

Sprachhilfe Italienisch

Ausspracheregeln

- **ie, ai, eu** werden getrennt ausgesprochen, z.B. *chi-esa*.
- **c vor a, o und u** klingt wie k, z.B. *camera* (kamera).
- **c vor e und i** klingt wie tsch, z.B. *cielo* (tschelo).
- **ch wird wie k gesprochen,** z.B. *chiesa* (kjesa);
- **g vor a, o und u wie g,** z.B. *pagare* (pagare);
- **g vor e und i wie dsch,** z.B. *leggero* (led-dschero)
- **gh wie g,** z.B. *laghi* (lagi);
- **gli wie lj,** z.B. *maglia* (mal-lja);
- **gn wie nj,** z.B. *sogno* (ßon-njo);
- **h bleibt stumm,** z.B. *hanno* (an-no);
- **r wird gerollt,** z.B. *rapido* (rrapido);
- **s klingt zwischen Vokalen wie in Rose,** z.B. *rosa* (rrosa);
- **s am Wortanfang klingt wie in Straße,** z.B. *sole* (ßole);
- **sp klingt wie ßp,** z.B. *specchio* (ßpek-kjo);
- **st klingt wie ßt,** z.B. *strano* (ßtrano);
- **v klingt wie w,** z.B. *vado* (wado);
- **z klingt** je nach Zusammenhang **wie tß oder ds,** etwa *zio* (tßio) oder *zero* (dsero).

Zahlen

0	*zero*
1	*uno*
2	*due*
3	*tre*
4	*quattro*
5	*cinque*
6	*sei*
7	*sette*
8	*otto*
9	*nove*
10	*dieci*
11	*undici*
12	*dodici*
13	*tredici*
14	*quattordici*
15	*quindici*
16	*sedici*
17	*diciassette*
18	*diciotto*
19	*diciannove*
20	*venti*
21	*ventuno*
22	*ventidue*
23	*ventitré*
30	*trenta*
40	*quaranta*
50	*cinquanta*
60	*sessanta*
70	*settanta*
80	*ottanta*
90	*novanta*
100	*cento*
200	*duecento*
1000	*mille*
2000	*duemila*
100.000	*centomila*
1.000.000	*un milione*

Wichtige Fragen und Floskeln

ja / *sì*
nein / *no*
bitte (um etwas bitten) / *per favore*
Bitte schön! (etwas anbieten) / *Prego!*
Danke. / *Grazie.*

Guten Tag! / *Buongiorno!*
Guten Abend! / *Buona sera!*
Auf Wiedersehen! / *Arrivederci!*
Hallo! bzw. Tschüß! / *Ciao!*
Herzlich willkommen! / *Benvenuto!*
Einverstanden. / *Va bene.*
Entschuldige. / *Scusa.*
Entschuldigen Sie. / *Scusi.*
Tut mir leid. / *Mi dispiace.*
Ich heiße … / *Mi chiamo …*
Ich komme aus … / *Sono di …*
… Deutschland. / … *Germania.*
… Österreich. / …*Austria.*
… der Schweiz. / …*Svizzera.*
Sprechen Sie Deutsch, Englisch? / *Parla tedesco, inglese?*
Ich habe nicht verstanden. / *Non ho capito!*
Wiederholen Sie bitte. / *Ripeta, per favore?*
Sprechen Sie bitte langsamer. / *Può parlare più lentamente, per favore?*
Haben Sie …? / *Ha …?*
Wann? / *Quando?*
Wo ist …? / *Dove è …?*
Wie? / *Come?*
Wie bitte? / *Prego, come?*
Wieviel kostet …? / *Quanto costa …?*
Ich suche … / *Cerco …*

Wochentage und Zeitangaben

Montag / *lunedì*
Dienstag / *martedì*
Mittwoch / *mercoledì*
Donnerstag / *giovedì*
Freitag / *venerdì*
Samstag / *sabato*
Sonntag / *domencia*
Feiertag / *il giorno festivo*
Minute / *minuto*
Stunde / *ora*
gestern / *ieri*
heute / *oggi*
morgen / *domani*
morgens / *di mattina*
mittags / *a mezzogiorno*
nachmittags / *di pomeriggio*
abends / *di sera*
nachts / *di notte*
jetzt / *adesso*
täglich / *giornalmente*
früher / *più presto*
später / *più tardi*

Unterwegs

Straße / *via*
Kreuzung / *incrocio*
Platz / *piazza*
Fluss / *fiume*
Brücke / *ponte*
Marktplatz / *piazza del mercato*
Altstadt / *città vecchia*
Kathedrale / *cattedrale*
Kirche / *chiesa*
Museum / *museo*
Rathaus / *municipio*
Taxi / *taxi*
Bus / *autobus*
Straßenbahn / *tram*
Haltestelle / *fermata*
Ampel / *semaforo*
nah / *vicino*
weit bzw. fern / *lontano*
geradeaus / *diritto*
gegenüber / *di fronte*
(nach) rechts / *(a) destra*
(nach) links / *(a) sinistra*
nebenan / *accanto*
zurück / *indietro*
Parkplatz / *parcheggio*
(un)bewachter Parkplatz / *parcheggio (in)custodito*

Tankstelle / *stazione di servizio*
Flughafen / *aeroporto*
Bahnhof / *stazione*
Zug / *treno*
Fähre / *traghetto*
Boot / *barca*
Hafen / *porto*
Fahrkarte / *biglietto*
Fahrplan / *orario*
Toilette / *gabinetto*
besetzt / *occupato*

Einkaufen

Lebensmittelgeschäft / *negozio di alimentari*
Kaufhaus / *grande magazzino, emporio*
Bäckerei / *panetteria, panificio*
Konditorei / *pasticceria*
Markt / *mercato*
Supermarkt / *supermercato*
Postamt / *posta, ufficio postale*
Tabakladen / *tabaccaio*
Briefmarke / *francobollo*
Briefkasten / *cassetta delle lettere*
Telefon / *telefono*
Kreditkarte / *carta di credito*
Geldautomat / *bancomat*
offen / *aperto*
geschlossen / *chiuso*
Angebot / *offerta*
zahlen / *pagare*
fester Preis / *prezzo fisso*
Rabatt / *sconto*
zu viel / *troppo*
weniger / *meno*

Essen

Restaurant / *ristorante*
Gaststätte / *trattoria, osteria*
Stehcafé / *bar*
Frühstück / *colazione*
Mittagessen / *pranzo*
Abendessen / *cena*
Suppe / *zuppa, minestra*
Fisch / *pesce*
Thunfisch / *tonno*
Lachs / *salmone*
Garnelen / *gamberi*
Muscheln / *vongole*
Fleisch / *carne*
Lamm / *agnello*
Schwein / *maiale*
Rind / *manzo*
Huhn / *pollo*
Kalb / *vitello*
Gemüse / *verdura*
Karotten / *carote*
Zwiebel / *cipolla*
Pilze / *funghi*
Kartoffeln / *patate*
Tomaten / *pomodori*
Spinat / *spinaci*
Auberginen / *malanzane*
Zucchini / *zucchini*
Obst / *frutta*
Aprikose / *albicocca*
Orangen / *arancia*
Erdbeeren / *fragole*
Himbeeren / *lamponi*
Melone / *melone*
Apfel / *mela*
Pfirsich / *pesca*
Vorspeise / *antipasto*
Erster Gang / *primo (piatto)*
Zweiter Gang / *secondo (piatto)*
Nachtisch / *dessert*
Nudeln / *pasta*
Reis / *riso*
Getränke / *bibita, bevanda*
Saft / *succo, sugo*
Kaffee / *caffè*
Bier / *birra*

Wein / *vino*
Brot / *pane*
Brötchen / *panino*
Käse / *formaggio*
Marmelade / *marmellata*
Schinken / *prosciutto*
roh / *crudo*
gekocht / *cotto*
Salami / *salame*
Eis / *gelato*
stilles Wasser / *acqua naturale*
Mineralwasser / *acqua minerale*
Zucker / *zucchero*
Pfeffer / *pepe*
Salz / *sale*
Knoblauch / *aglio*
Basilikum / *basilico*
Senf / *senape*
vegetarisch / *vegetariano*
heiß / *caldo*
kalt / *freddo*
Speisekarte / *menu, lista*
Die Rechnung bitte! / *Il conto, per favore!*
Guten Appetit! / *Buon appetito!*
Zum Wohl! Prost! / *Salute! Cincin!*
Danke, das reicht. / *Basta, grazie.*

Unterkunft

Hotel / *hotel, albergo*
Pension / *pensione*
Jugendherberge / *ostello della gioventù*
Einzelzimmer / *camera singola*
Doppelzimmer / *camera doppia*
Schlüssel / *chiave*
Bad / *bagno*
Dusche / *doccia*
frei / *libero*
Vollpension / *pensione completa*
zu vermieten / *affittasi*
Zimmervermietung / *affittacamere*

Notfall

Hilfe! / *Aiuto!*
Polizei / *polizia*
Arzt / *medico, dottore*
Zahnarzt / *dentista*
Krankenwagen bzw. Ambulanz / *ambulanza*
Krankenhaus / *ospedale, clinica*
Apotheke / *farmacia*
Schmerzen / *dolori*

Sprachführer

Ausführlichere Informationen und viele praktische Beispiele für den Reisealltag enthält der Kauderwelsch-Sprachführer **„Italienisch – Wort für Wort"** (Bd. 22) aus dem Reise Know-How Verlag. Begleitend ist zu diesem Buch ein AusspracheTrainer auf Audio-CD und zum mp3-Download erhältlich.

Wer tiefer in die Sprache einsteigen möchte, findet weitere Vokabeln in **„Italienisch kulinarisch – Wort für Wort"** (Bd. 144) und **„Italienisch Slang – das andere Italienisch"** (Bd. 97), ebenfalls aus dem Reise Know-How Verlag.

Glossar

Agora (griech. Markt): Markt- und Versammlungsplatz griechischer Städte der Antike, oft von Säulenhallen umgeben; vergleichbar mit dem römischen ↗ Forum.

Akropolis (griech. Hoch-Stadt): der am höchsten gelegene Teil griechischer Städte der Antike mit den wichtigsten Kultbauten.

Altar (lat. *alta ara*, erhöhte Opferstätte): in der Antike befand sich der Altar außerhalb des Tempels. Der christliche Altar steht als Ort der eucharistischen Feier im Inneren der Kirche, seit dem 6. Jh. konnte als Überbau das ↗ Ziborium hinzukommen. Zu unterscheiden ist zwischen dem Hochaltar (Altar des Herren) und Nebenaltären (für die Heiligen).

Ambo: erhöhtes Lesepult an der Chorschranke frühchristlicher und frühmittelalterlicher Kirchen, an der Südseite für die Verlesung der Episteln, an der Nordseite für die Verlesung der Evangelien ↗ Evangelistensymbole an Stützsäulen); ab dem 4. Jh. auch zur Predigt; weicht später der ↗ Kanzel.

Amphitheater (griech. *amphi*, herum): römische Vergnügungsstätte für Gladiatorenkämpfe und Tierhatzen. Die elliptische ↗ Arena umgeben ansteigende Sitzreihen. Mittels Hebebühnen und Kränen konnten Kulissen schnell ausgetauscht werden.

Arena (lat. Sand): ellipsenförmiger Kampfplatz im ↗ Amphitheater.

Apsis (griech. Rundung): halbkreisförmige oder polygonale, mit einer Halbkugel überwölbte Ausbuchtung, die in Kirchen den ↗ Altarraum nach hinten abschließt.

Aquädukt (lat. *acquae ductus*, Wasserleitung): römische Konstruktion für die Zuführung von Wasser über eine große Entfernung bei gleichmäßigem Gefälle. Zur Überquerung von Tälern wurden mehrstöckige Bogenbrücken errichtet.

Basilika (griech. Königshalle): römisch-antiker öffentlicher Bau (Gerichts- oder Markthalle) mit drei oder mehreren durch Säulen oder Pfeiler voneinander getrennten Schiffen, wobei das Mittelschiff höher als die Seitenschiffe ist; endet in der ↗ Apsis. In frühchristlicher Zeit als Bautypus für den Kultraum übernommen.

Borgo (ital. Ortschaft, Dorf): in der Regel befestigte Ansiedlung, meist als Borgo vecchio im Sinn von „altem Ortskern" verwendet.

Campanile (ital. *campana*, Glocke): freistehender Glockenturm, typisch für die Kirchenarchitektur des italienischen Mittelalters.

Cardo: lateinische Bezeichnung der nord-südlichen Hauptstraße in römischen Militärlagern oder Städten. Im Schnittpunkt von *cardo* und ↗ *decumanus* lag das Zentrum.

Centro storico (ital.): historischer Altstadtkern.

Chor: in der Kirche ursprünglich der Raum für den Chorgesang, seit dem 15. Jh. die übliche Bezeichnung für den Altarraum. In Kirchen mit Querschiff der durch die Verlängerung des Mittelschiffs entstehende Raum östlich der ↗ Vierung.

Decumanus: lateinische Bezeichnung der ost-westlichen Hauptstraße in römischen Militärlagern oder Städten. Im Schnittpunkt von *decumanus* und ↗ *cardo* lag das Zentrum.

Deësis: Darstellung des thronenden Christus zwischen den Fürbittern Maria und Johannes.

Dom (lat. *domus*, Haus): Abkürzung von Domus Dei (Haus Gottes), Bischofskirche.

Evangelistensymbole: Darstellung der vier Evangelisten als Löwe *(Markus)*, Stier *(Lukas)*, Adler *(Johannes)* und Mensch oder Engel *(Matthäus)*.

Forum: meist längsrechteckiger Marktplatz der antiken römischen Stadt, der auch politische Bedeutung hatte; vergleichbar mit der griechischen ↗ Agora.

Fresko (ital. *fresco*, frisch): Wandgemälde auf den frischen, noch feuchten Kalkmörtelputz aufgetragen

Ikone (altgriech. *eikón*, Ebenbild): byzantinisches, kirchlich geweihtes Kultbild; verehrt wird der/die darauf abgebildete Heilige.

Ikonostase: mit ↗ Ikonen geschmückte Bilderwand der orthodoxen Kirche, die den Altar- vom Laienbereich trennt.

Kanzel: im 13. Jh. aus ↗ Ambo und ↗ Lettner entstanden; für das Abhalten der Predigt.

Katakombe (griech. *kata kymbas*, in der Höhlung): in den Fels geschlagene Grabkammern; *ad catacumbas* war der römische Flurname für einen Tuff-Steinbruch im Süden Roms.

Kathedra (griech. *kathedra*, Sitz): Bischofsstuhl in der ↗ Kathedrale.

Kathedrale: Bischofskirche, nach der ↗ Kathedra (Bischofssitz) benannt.

Kodex (lat. *codex*, Schreibtafel aus gespaltenem Holz; griech. *byblios*): Vorläufer des Buchs, davor ein Block beweglich verbundener Schreibtafeln.

Konvent (lat. *conventus*, Zusammenkunft): Versammlung von Geistlichen oder Wohnbereich des Klosters. In der Antike Zusammenkunft des römischen Magistrats.

Krater (altgriech. *kráter*, mischen): im antiken Griechenland ein Gefäß aus Ton oder Bronze zum Mischen von Wasser und Wein.

Krypta (griech. *kryptein*, verbergen): meist unter dem ↗ Chor liegender unterirdischer Raum für die Bestattung/Aufbewahrung von Reliquien, Märtyrern und Heiligen.

Lettner (lat. *lectorium*, Lesepult): niedrige Wand zwischen ↗ Chor und Querschiff in ↗ Dom, Kloster- und Stiftskirchen zur Trennung der Räume für Geistliche und Laien, mit Durchgängen und einer Tribüne zur Verlesung der Evangelien.

Loggia: offene Säulenhalle in oder vor einem Gebäude, auch freistehend.

Municipium: in den römischen Staatsverband aufgenommene Stadt, ab 42 v.Chr. besaßen alle Städte Italiens römisches Bürgerrecht.

Nekropole (griech. Totenstadt): groß angelegter antiker oder frühchristlicher Friedhof.

Orchestra: kreisrunde Fläche für kultische Tänze und Gesänge in einem antiken griechischen Theater. In späteren hellenistischen und römischen Theatern halbrund.

Piano nobile: italienische Bezeichnung für das Geschoss mit Repräsentationsräumen.

Plagiat (lat. *plagium*, Menschenraub): bewusste Aneignung fremden Geistesgutes. „Über Plagiate sollte man sich nicht ärgern. Sie sind wahrscheinlich die aufrichtigsten aller Komplimente." *(Theodor Fontane)*

Presbyterium: den Priestern vorbehaltener Raum im ↗ Chor einer frühchristlichen ↗ Basilika.

Polyptychon: mehrteiliger Flügelaltar, s.a. ↗ Triptychon.

Sinopie: meist mit Rötel ausgeführte Vorzeichnung eines ↗ Fresko. Der Begriff geht zurück auf die gleichnamige Stadt in der heutigen Türkei, die wegen ihrer Erdfarben berühmt ist.

Spolie (lat. *spolia*, Beute): bauliches Element eines älteren/antiken Baus (Säulen, Kapitelle, Friese), das in einem späteren Bau wieder verwendet wird.

Stile Liberty: italienische Form des Jugendstils.

Tempel (lat. *templum*): allg. Gebäude, wie sie in vielen Religionen als Heiligtum dienen. Ursprünglich in der etruskischen und römischen Religion ein vom Profanen abgegrenzter Bezirk, in dem die Auguren die Beobachtung und Deutung des Vogelfluges oder meteorologischer Phänomene ausübten.

Triptychon: dreiteiliger Flügelaltar, ein ↗ Polyptychon besitzt mehrere Flügel.

Vierung: Kirchenraum, der durch die Überschneidung von Quer- und Langhaus entsteht.

Ziborium: auf Stützen ruhender, baldachinartiger Überbau des ↗ Altars.

Lesen

Hinweis: Die Textpassagen aus *N. Douglas'* „Reisen in Süditalien", die im Buch eingestreut sind, wurden mit freundlicher Genehmigung des Prestel Verlags (München), die Auszüge aus *C. Levis* „Christus kam nur bis Eboli" mit freundlicher Genehmigung des Europa Verlags (Hamburg) und der Auszug aus *Paolo Rumiz* „Via Appia. Auf der Suche nach einer verlorenen Straße" mit freundlicher Genehmigung des Folio Verlags (Bozen, Wien) abgedruckt.

Reisen

- **Accardi, Biagio:** *Viaggiolento nel Pollino. In cammino con il cantastorie*. In Gesellschaft seiner Eselin Cometa Libera reist Biagio durch den Pollino und sammelt Menschen und Geschichten. Andrea Pacilli Editore, Manfredonia 2016
- **Amann, Peter:** *Apulien – mit Gargano und Salento*. Aus der Basilikata ist es nicht weit zum achteckigen Castel del Monte Kaiser Friedrichs II., und auch die weltberühmten Trulli sind schnell erreicht. Die Region am Stiefelabsatz in einem ausführlichen Reisehandbuch. Reise Know-How Verlag, Bielefeld 2018
- **Amann, Peter:** *Golf von Neapel – Kampanien, Cilento*. Unterwegs im italienischen Süden leistet das ausführliche Reisehandbuch gute Dienste. Die verlockenden Strände und Berge des Cilento sind landschaftlich und historisch betrachtet ein Teil Lukaniens – von der Costa di Maratea ist es nur ein Sprung! 2010 auf der Frankfurter Buchmesse mit dem Premio-ENIT als „Bester Italien-Reiseführer" und 2015 mit dem Premio Salvatore Di Giacomo ausgezeichnet. Reise Know-How Verlag, Bielefeld 2018
- **Arminio, Franco:** *Terracarne: Viaggio nei paesi invisibili e nei paesi giganti del Sud Italia. Esercizi in Paesologia*. Die Paesologie ist für Franco Arminio, der sie erfunden hat und praktiziert, ein Mittelweg zwischen Etnologie und Poesie, eine Disziplin, in der sich Geografie und Dichtung treffen. Es ist die Geografie Süditaliens. Franco Arminio besucht die abgelegenen Orte in den abgelegenen Ecken im Süden des Bel Paese, und er beschreibt ein akkurates Bild Italiens, und er rüttelt auf. Mondadori, 2011
- **Douglas, Norman:** *Reisen in Süditalien*. Vergriffen, aber nicht veraltet: Die deutsche Übersetzung von „Old Calabria" (Hardcover, Tb oder e-book). Die 1915 erstmals veröffentlichten Reisebeschreibungen des in Österreich geborenen Weltbürgers schottischer Abstammung sind das bedeutendste Reisebuch eines Autors, welcher der Ansicht war, das Geheimnis des Glücks sei die Neugier. Eine kluge und lebendige Schilderung Süditaliens, die nichts von ihrer Frische eingebüßt hat. Prestel, München
- **Fernandez, Dominique:** *Süditalienische Reise*. Das französische Original erschien 1965. Nach wie vor erfrischend! Insel (Tb), Frankfurt a. M.
- **Homer:** *Odyssee*. Der beste Reiseführer für Süditalien! Nicht wegen ultimativer Restaurant- und Hoteltipps oder den Top-Ten-Stränden, sondern weil von Neugier und Gastfreundschaft die Rede ist. Keine Angst vor Reimen, der fast 3000 Jahre alte Versroman liest sich spannend wie ein Thriller! Zur Ergänzung seien empfohlen: Inge Merkls „Eine ganz gewöhnliche Ehe" und die überzeugende Rekonstruktion der odysseischen Reiseroute von Armin Wolf (s.u.). Übertragung von Wolfgang Schadewaldt, Roland Hampe oder zuletzt Kurt Steinmann.
- **Lister, Charles:** *Heel to Toe. Encounters in the South of Italy*. Persönliche und eigenwillige Schilderung einer Süditalien-Reise unserer Tage, kräftig gewürzt mit britischem Humor. Seeker & Warburg, London 2002
- **Lister, Charles:** *Between two seas – a walk down the appian way*. 1960 ging Charles Lister von Rom nach Brindisi, 30 Jahre später hat er seine Erinnerungen verfasst. Minerva (Tb)
- **Melpica, Cesare:** *La Basilicata. Impressioni*. Beschreibung einer im Frühjahr 1847 unternommenen Reise durch die Basilikata, mit der der neapoli-

tanische Jurist, Journalist und Dichter seine Kenntnisse von den Provinzen des Regno delle Due Sicilie zu vervollständigen suchte. In San Mauro Forte hält eine Ausstellung im Palazzo Arcieri Bitonti die Erinnerung an Cesare Malpicas Reise wach (www.inviaggioinbasilicata.it). Edizione Osanna, Venosa 1993

■ **Mente, Michael:** *Matera, die Basilicata & ich. Ein persönlicher und literarischer Reisebegleiter ins magische Herz Süditaliens.* Am Anfang war Michael Mentes Blog, „www.terramatera.com", eine Spurensuche im Land seines lukanischen Vaters. Daraus wurde eine persönliche Reise, tief und voller Einblicke, v.a. aber ein Reisebegleiter, wie er in der Reiseliteratur ein selten gewordener Glücksfall ist: Persönlich, klug und mit Erkenntnisgewinn verbunden. Flügelrad – Verlag für Kulturvermittlung, Weinfelden 2019

■ **Montgomery, Michael:** *Lear's Italy: In the Footsteps of Edward Lear.* Vielen als Verfasser von Nonsense-Versen bekannt, hat der Dichter, Maler, Zeichner und Komponist Edward Lear (1812–88) Jahrzehnte seines Lebens in Italien verbracht, das er bis in die südlichsten und entlegensten Winkel erkundete. Dieses amüsante Buch folgt den Spuren des großen Reisenden – auch durch Kalabrien und Lukanien. Cardogan, London 2005

■ **Morese, Maria Carmen:** *Gebrauchsanweisung für Apulien und die Basilikata.* Die Autorin, 1968 in Pompeji geboren, hat in Deutschland Germanistik, Romanistik und Kunstgeschichte studiert, lebte in Berlin und arbeitet seit Jahren als Leiterin des Goethe-Instituts in Neapel. Von Neapel aus bricht sie auf, um Apulien und die Basilikata zu erkunden, alleine oder in Gesellschaft von Freunden. Oft reist sie mit öffentlichen Verkehrsmitteln. Ihre Offenheit für menschliche Begegnungen, ihre Weltgewandtheit, ihr Humor machen ihre wachen Beobachtungen zu einem absoluten Gewinn für jede Reise, ob auf dem Sofa oder live vor Ort. Piper, München 2015

■ **Noakes, Vivien:** *Edward Lear. The Life of a Wanderer.* Der Limerick-Dichter Edward Lear erfährt jetzt auch als großer Reisender späte Anerkennung. Sutton Publishing 2006

■ **Richter, Dieter:** *Briganten am Wege. Deutsche Reisende und das Abenteuer Italien.* Reiseberichte und Räubergeschichten aus dem 18. und 19. Jh. Die Einleitung räumt im Vorfeld mit vielen (immer noch verbreiteten) Vorurteilen auf. Insel (Tb), Frankfurt a. M. 2002

■ **Rumiz, Paolo:** *Via Appia. Auf der Suche nach einer verlorenen Straße.* Aus dem Italienischen von Karin Fleischanderl. Der Triestiner Paolo Rumiz, Italiens bedeutendster Reiseschriftsteller, machte sich 2015 in Gesellschaft einiger Weggenossen auf, die aus der öffentlichen Wahrnehmung fast verschwundene Via Appia wieder zu entdecken – zu Fuß. Die Via Appia zog sich als erste der befestigten römischen Heeres- und Handelsstraßen auf einer Länge von fast 600 km von Rom durch Süditalien bis Brindisi (siehe Exkurs „Via Appia – alle Straßen kommen aus Rom"). Viele Wochen lang war Rumiz unterwegs als wacher Chronist eines menschenwarmen Süditalien jenseits von Klischees und Vorurteilen. Wer in seine Fußstapfen treten möchte, findet alle Karten im Gratis-Download, dazu Interviews und Filme auf der Website des italienischen Verlages (www.feltrinellieditore.it/opera/opera/appia/). Folio, Bozen und Wien 2019

■ **Swaab, Peter (Hrsg.):** *Edward Lear „Over the Land and Over the Sea". Selected Nonsense and Travel Writing.* Zitate und einige Abbildungen auch aus Lears „Illustrated Excursions in Italy". Fyfield Books, Manchester 2005

■ **Yeadon, David:** *Seasons in Basilicata. A Year in a Southern Italian Hill Village.* Der aus Kalifornien stammende Reiseschriftsteller und Buchillustrator hielt sich in Begleitung seiner Frau Anne ein Jahr in Aliano auf, dem Verbannungsort von Carlo Levi. Liebevoll-humorvolle Schilderung, die hinter die Fassaden blickt. Perennial (Tb), 2005

Natur und Wandern

■ **Amann, Peter:** *Cilento aktiv.* Aktiv-Urlaub im ursprünglichen Süditalien – mit Costa di Maratea. 30

Wanderungen, Radtouren und tausend tolle Tipps: Genug gute Gründe für einen Abstecher von der Costa di Maratea in den nahen Cilento. R. Mankau Verlag, Murnau 2019

- **APT Basilicata (Hrsg.):** *Radreisen in der Basilikata.* 18 detaillierte Radtouren mit Karten, Höhenprofilen und GPS-Koordinaten. Gratispublikation der APT Basilicata.
- **Ianelli, E. & E. Pisarra, Emanuele**: *15 Suggerimenti per conoscere il Parco Nazionale del Pollino.* Vom CAI Castrovillari herausgegebenes Wanderbüchlein. Vor Ort erhältlich.
- **Zimmermann, Benno, D. Sänger & M. Gahr:** *Apulien – Basilikata.* Apulien und die Basilikata werden als Wanderziele bislang zu Unrecht kaum wahrgenommen. Umso verdienstvoller ist dieser zuverlässige Begleiter, der alleine in der Basilikata auf 27 reizvollen, präzise beschriebenen Touren eine wunderbare Landschaft entdecken lässt. Zahlreiche Wanderungen sind auch für Familien mit Kindern geeignet. GPS-Daten im Gratis-Download. Bergverlag Rother, München 2018
- **Zimmermann, Benno, D. Sänger & M. Gahr:** *Kalabrien.* Insgesamt beschreiben die Autoren 57 reizvolle Wanderungen, davon einige auch im lukanischen Teil des Parco Nazionale del Pollino. GPS-Daten im Gratis-Download. Bergverlag Rother, München 2018

Essen und Trinken

- **Bianco, Pino, Matarrese, Angela und Donhauser, Rose Marie:** Basilikata. *Eine kulinarische Entdeckungsreise in das geheime Herz Süditaliens.* Unterstützt von der Kochbuchautorin Rose Marie Donhauser schreibt Pino Bianco die Erfolgsgeschichte seines 1991 in Berlin eröffneten Restaurants Trattoria a' Muntagnola fort, 2002 als „Bestes lukanisches Restaurant der Welt" ausgezeichnet. Seele und Herzstück des Restaurants ist Pinos Mutter Angela Matarrese, die auch eine Vielzahl der verführerischen Rezepte des Buches beigesteuert hat. Weitere Rezepte lieferten befreundete Küchenchefs, deren Restaurants in Deutschland und Italien als Botschafter des guten Geschmacks gelten dürfen. Literarisches „Antipasto" des Buches ist eine fröhlich illustrierte Rundreise durch die Basilikata auf den Spuren ihrer besten Küchenprodukte. Umschau, Neustadt an der Weinstraße 2010
- **Cernilli, Daniele:** *Der ultimative Weinführer Italiens 2019.* Daniele Cernilli tritt als Doctor Wine® mit dem hohen Anspruch an, einen leicht verständlichen, maßgeblichen, wesentlichen und vor allem praktischen Weinführer vorzulegen. Als langjähriger Herausgeber des Gambero-Rosso-Slow-Food-Weinführers und Erfinder des Drei-Gläser-Bewertungssystems besitzt er einige Kompetenz. In dem 710 Seiten starken Kompendium findet die Basilikata nur auf sieben Seiten Platz, und es werden auch nur die, zugegebenermaßen, hervorragenden Weine des Vúlture empfohlen. Mehr dazu auf www.doctorwine.it. Bottega del Vino, Bottighofen 2018
- **Gambero Rosso (Hrsg.):** *Weine Italiens.* Das Standardwerk zum italienischen Wein und seinen Produzenten wird jedes Jahr neu recherchiert. Den Weinen der Basilikata und Kalabriens wird auch in der aktuellen Ausgabe hohes Potenzial bescheinigt – und es werden nicht nur die bekannten Kellereien des Vúlture empfohlen. Weingüter mit biologischer Wirtschaftsweise werden hervorgehoben. Gambero Rosso, Roma 2018
- **Fontana, Sigrid u.a.:** *A' Muntagna.* Die Basilikata und ihre Küche. Eine Entdeckungsreise. Liebevolle Annäherung an die Basilikata und Hommage an drei lukanische Familienrestaurants in Berlin. Mit Rezepten zum Schmökern und Nachkochen. Transit, Berlin 2002
- **Schinharl, Cornelia:** *Süditalien. Küche & Kultur.* Ein gelungenes Kochbuch – und mehr! Das die Autorin den Süden Italiens lieben gelernt hat, merkt man jeder ihrer Zeilen an. Gerne begleitet man sie auf ihren kulinarischen Streifzügen durch den Mezzogiorno. Appetitanregende Fotos von Michael Schinharl, Stefan Braun und Peter Amann. Gräfe und Unzer, München 2002

Slow Food (Hrsg.): *Osterie d'Italia – Italiens schönste Gasthäuser.* Alljährlich um neue Einträge ergänzte kulinarische Bibel. Jedem der besprochenen Lokale ist eine liebevoll formulierte Spalte gewidmet, die einem das Wasser im Munde zusammenlaufen lässt. In der neuesten Ausgabe wird die Basilikata mit zahlreichen Einträgen bedacht. Auch wenn einige der Lokale mit Schnecken-Prädikat im vorliegenden Reiseführer beschrieben sind, ist das kein Grund, die „Osterie" zu Hause zu lassen. Der Weg vom Brenner bis in den Süden Italiens ist lang und genussvoll! Hallwag, München und Bern

Slow Food (Hrsg.): *Slow Wine. Storie di vita, vigne e vini in Italia.* Im Sinne der Slow-Food-Philosophie wird den hier porträtierten Winzerpersönlichkeiten und ihrer Arbeit breiter Raum gewidmet. Das auf weit über 1000 Seiten angewachsene, gewichtige Handbuch ist eine engagierte Bestandsaufnahme der sich ständig wandelnden Weinlandschaft Italien – auch in der Basilikata. Dazu werden Lokale und Önotheken empfohlen. Der Titel erscheint jedes Jahr neu. Slow Food Editore, Bra

Valicenti, Federico: *Purcis in fundo. Storia e Ricette del Maiale Lucano.* Voller Anekdoten erzählt der Padrone der „Luna Rossa" – das Restaurant in Terranova del Pollino ist ein Muss! – die lukullische Geschichte des lukanischen Schweins. Basile Bruna Editrice, Matera 2002

Archäologie, Kunst, Geschichte und Gesellschaft

Abulafia, David: *Friedrich II. von Hohenstaufen. Herrscher zwischen den Kulturen.* Die Biografie rückt auch das normannische Erbe des Staufers ins Licht. Siedler bei Goldmann (Tb), München

Castoro, Piero (Hrsg.): *Guida ai paesi dell'Alta Murgia.* Die großartigen Fotografien stammen von Luciano Montemurro. Edizione Torre di Nebbia, Altamura 2019

Coarelli, Filippo (Hrsg.): *Römisches Süditalien und Sizilien.* Prachtvoll ausgestatteter Band mit profunden Texten. Einige Kapitel widmen sich speziell dem römischen Einfluss im antiken Lukanien (Luceria, Venusia, Vaglio Basilicata und Grumentum). Michael Imhof, Petersberg 2007

de Crescenzo, Luciano: *Geschichte der griechischen Philosophie.* In der heiteren Philosophiegeschichte tritt der um 510 v.Chr. in Metapont verstorbene Philosoph Pythagoras als Superstar auf (siehe auch Exkurs „Pythagoras, Beruf Philosoph"). Diogenes, Zürich 2016

de Martino, Ernesto: *Sud e magia.* Anlässlich des 50. Todestages des großen Anthropologen und Religionswissenschaftlers wurde der Klassiker neu herausgegeben und kommentiert. In den 1950er Jahren war de Martino in Begleitung eines Teams von Musikwissenschaftlern, Fotografen und Volkskundlern durch Süditalien gereist, um unterschiedlichste Phänomene der Magie zu studieren. Anders als Carlo Levi, Autor von „Christus kam nur bis Eboli" (s.u.), sah de Martino die magische Praxis nicht als ein Zeichen von Primitivität an, sondern erkannte sie als Teil einer umfassenderen mediterranen Religiosität. Auf YouTube ist der Dokumentarfilm „Magia Lucana" (1958) von Luigi Di Gianni zu sehen, der de Martino bei seinen Recherchen in der Basilikata begleitet hatte. Donzelli Editore, Rom 2015

Fennema, Sven: *Melancholia. Zauber einer vergessenen Welt.* Knapp 4,5 kg bringt der Prachtband des deutschen Fotografen Sven Fennema auf die Waage. Sicher ist es kein Buch, welches man auf eine Reise mitnimmt. Umgekehrt entführt es einen mit grandiosen, oft mit großem körperlichen Aufwand produzierten Bildern in eine vergessene, abgelegene Welt Italiens. Auch in Süditalien wurde Fennema fündig und lichtete verlassene Orte und verfallene Gebäude, Industriebauten und Paläste, Kirchen und Kinos, aufgegebene Irrenanstalten und poetische Friedhöfe in grandioser Landschaft ab. Petra Reski begleitet das Buch mit einfühlsamen Essays. Bewusst verrät Fennema nicht die Lage der Orte, um sie vor Vandalismus zu schützen. Eine Vorfreude bieten die Bilder auf www.sven-fennema.de. Frederking & Thaler, München 2019

Fansa, Mamoun & Karen Ermete (Hrsg.): *Kaiser Friedrich II. (1194–1250). Welt und Kultur des Mittelmeerraums.* Gibt faszinierende Einblicke in die weitgespannten Interessenssphären des großen Staufers. Philipp von Zabern, Mainz 2008

Faure, Paul: *Die griechische Welt der Kolonisation.* Spannende Einblicke in das Alltagsleben der Antike. So werden auch Trümmerlandschaften lebendig. Reclam (Tb), Stuttgart

Hauschild, Thomas: *Macht und Magie in Italien.* Ein Ethnologe spürt Anfang der 1980er Jahre am Beispiel von Ripacàndida in seinem faszinierenden Forschungsbericht einer Art europäischen Schamanismus in der katholischen Kirche süditalienischer Ausprägung nach. Merlin, Gifkendorf 2002

Hausmann, Friederike: *Kleine Geschichte Italiens von 1943 bis Berlusconi.* Dieses kluge Büchlein vermittelt auch Einiges zum Verständnis des Nord-Süd-Konfliktes. Wagenbach (Tb), Berlin

Hölbl, Ingrid: *Die 40 bekanntesten archäologischen und historischen Stätten der Basilikata.* Für historisch interessierte Reisende ein Genuss! Nünnerich-Asmus, Mainz 2019

Norwich, John Julius: *The Normans in Sicily.* Auch Jahrzehnte nach der Erstveröffentlichung immer noch die spannendste Darstellung der Geschichte der Normannen in Süditalien und Sizilien. Penguin (Tb), London

Rader, Olaf B.: *Friedrich II. – Der Sizilianer auf dem Kaiserthron.* Der Prolog mit Görings (nicht durchgeführtem) Befehl von 1943, die Gebeine des Staufers aus Palermo vor dem Ansturm der Alliierten nach Deutschland zu retten, ist ein brillanter Eröffnungszug. Das Tempo zieht sich weiter durch die in „Herrschaften", „Leidenschaften" und „Feindschaften" gegliederte, spannende Biografie. Das Werk ist zugleich ein profundes Sachbuch zum Mittelalter. C. H. Beck, München 2010

Raith, Werner: *Spartacus.* Wie Sklaven und Unfreie den römischen Bürgern das Fürchten beibrachten. Der Sklavenaufstand und seine gesellschaftlichen Hintergründe packend dargestellt. Wagenbach (Tb), Berlin

Rotter, Ekkehart: *Kalabrien – Basilikata. Hauptorte der Magna grecia, byzantinische und normannisch-staufische Architektur, die Höhlenstadt Matera.* Die wichtigsten Kunstdenkmäler der beiden süditalienischen Regionen werden erschöpfend beschrieben. Leider mutet auch der praktische Reiseteil etwas historisch an. DuMont, Ostfildern 2011

Stille, Alexander: *Citizen Berlusconi.* Der US-amerikanische Journalist hat bereits mit „Die Richter. Der Tod, die Mafia und die italienische Republik" bewiesen, dass er einer der besten Kenner der italienischen Politik und Zeitgeschichte ist. In diesem Buch schildert er faktenreich die größte politische Abenteuergeschichte des ausgehenden 20. und beginnenden 21. Jahrhunderts. Die Silvio-Berlusconi-Story gerät ihm zur ungeschönten Bestandsaufnahme unserer politischen Kultur im Zeichen der Wirtschaftsbosse und der Konsumgesellschaft, die nicht nur Italien betrifft. Berlusconi war lediglich der virtuoseste Spieler auf der Klaviatur der Medien, der vierten Macht im Staat. Das Buch behält im Zeitalter der Populisten, die auch in Italien weiter die Regierungen stellen, leider seine Aktualität. C. H. Beck, München 2006

Strauss, Barry: *The Spartacus War.* So spannend und leicht kann Geschichte sein. Der berühmte Sklavenkrieg fand auch in Kalabrien statt. Simon & Schuster, New York 2009

Wolf, Armin: *Homers Reise: Auf den Spuren des Odysseus.* Rekonstruktionen der Reiseroute des Odysseus können abenteuerlicher als die Odyssee selbst sein. Aktualisierte und erweiterte Neuausgabe. Böhlau, Köln 2009

Belletristik, Historische Romane und Krimis

Brooke, Gabriella: *The words of Bernfrieda. A Chronicle of Hauteville.* Der Roman wirft ein wundervolles Licht auf die Lebensumstände der Frauen im 12. Jh. und erzählt von der Entstehung des faszinierenden Sonnenreichs der Normannen in Süditalien, dessen Erbe Kaiser Friedrich II. wird. Bernfrieda, von einem Mönch in die Kunst des Schreibens eingeweiht, verfasst die Chronik ihres Lebens und das ihrer Halbschwester Fresnelda, der Mutter von Robert Guiscard und Roger I. Im italienischen Sellerio-Verlag ist eine hübsche Taschenbuchausgabe mit dem Titel „Le parole di Bernfrieda. Una cronaca degli Altavilla" erschienen. University of Washington Press (Tb), Washington 1999

De Cataldo, Giancarlo: *I Traditori.* Gewaltiger Risorgimento-Roman, der mit einem gescheiterten Aufstand im Kalabrien des Jahres 1844 seinen Anfang nimmt und am 10. März in Pisa mit dem Tod Giuseppe Mazzinis endet. Die Geschichte Italiens wurde in den letzten Jahren vielfach neu geschrieben, selten furioser. Einaudi, Torino 2010

Horaz: *Sermones – Satiren.* Lateinisch/Deutsch. In der Satire 1,5 schildert Horaz launig die Erlebnisse einer Reise im Kreise von Freunden auf der Via Appia von Rom nach Brindisi: „Uns ein Gehöft aufnahm (...) Hier nun, ich törichter Geck! erwart' ich ein trügerisch Mägdlein bis zur Mitte der Nacht; doch endlich bemeistert der Schlaf sich Mein im Harren; ein üppiger Traum umfängt mich gaukelnd (...)". Reclam (Tb), Stuttgart

Levi, Carlo: *Christus kam nur bis Eboli.* Das arme, unterentwickelte Lukanien (Basilikata), das Levi in den 1940er Jahren beschrieb, gibt es so nicht mehr. Es bleibt ein großartiges Zeitdokument. Siehe Exkurse „Christus kam nur bis Eboli, oder die Geburt eines Klischees", „Carlo Levi und die Sassi von Matera". dtv (Tb), München

Ludlow, Jack: *Mercenaries – Warriors – Conquest.* In seiner auf drei Bände angelegten History-Serie schildert Jack Ludlow (ein Pseudonym des schottischen Autors David Donachie) spannend, farbig, mit ein paar dichterischen Freiheiten und einem scharfen Blick für historische Details den schier unglaublichen Aufstieg der normannischen Hautevilles in Süditalien innerhalb zweier Generationen von landlosen Söldnern im Dienste von Byzantinern und Langobarden zu den Herrschern des von ihnen geschaffenen Königreiches Sizilien. Es grenzt an ein Wunder, dass bisher so wenige Autoren sich an diesen spannenden Stoff gemacht haben, sieht man von absolut lesenswerten Geschichtsdarstellungen wie etwa „The Normans in Sicily" von John Julius Norwich (s.o.) ab. Ein Erbe des normannischen Königreiches Sizilien, das den gesamten Süden Italiens und zeitweise die Insel Malta und Teile des heutigen Tunesien umfasste, war Kaiser Friedrich II., Sohn des Staufers Heinrich VI. und der Normannin Konstanze de Hauteville. Allison & Busby (Tb) oder kindle

Ludlow, Jack: *Son of Blood – Soldier of Crusade – Prince of Legend.* Die Crusades-Trilogie schreibt die Geschichte der Normannen weiter und folgt dem kometenhaften Aufstieg von Bohemund von Tarent (1051–1111), dem ältesten Sohn Robert Guiscards, einem der Anführer des 1. Kreuzzuges und Fürsten von Antiochia. Allison & Busby (Tb) oder kindle

Nigro, Raffaele: *I Fuochi del Basento.* Die spannende Saga lukanischer Bauern und Briganten spannt sich über vier Generationen von 1784 bis 1860. Die dt. Ausgabe mit dem Titel „Die Feuer des Basento" ist vergriffen. Giunti (Tb), Firenze

Nigro, Raffaele: *Malvarosa.* Die Geschichte eines *tombarolo* (Grabräuber) aus Metaponto mit feiner Nase. Rizzoli, Mailand 2005

Sammartino, Mimmo: *Vito ballava con le streghe.* Der Journalist und Theaterautor lässt Hexengeschichten seiner aus Castelmezzano in der Basilikata stammenden Großmutter wieder lebendig werden. Weniger geglückt ist die akustische Kunst-Installation des Buches entlang des ehemaligen Maultierweges, der die beiden Bilderbuchorte Pietrapertosa und Castelmezzano in den Dolomiti Lucane verbindet. Sellerio (Tb), Palermo 2004

Steapinski, Helen: *Murder in Matera. A true story of Passion, Family and Forgiveness in Southern Italy.* Die in New Jersey aufgewachsene Autorin spürt der Lebensgeschichte ihrer Mitte des 19. Jh. aus Lukanien ausgewanderten Ur-Urgroßmutter Vita nach, einer Frau, die sie aus den Familienerzählungen als willensstarke Matriarchin und Mörderin kennengelernt hatte. Nach langen Recherchen in Matera, Bernalda und Pisticci schält sich das Porträt einer Frau heraus, die für das Überleben ihrer Kinder alles tat. Dey Street Books (Harper Collins), 2017

■ **Stern, Horst:** *Mann aus Apulien.* Fiktive Autobiografie des Stauferkaisers Friedrich II. als intelligenter Schmöker. Knaur (Tb), München

■ **Venezia, Mariolina:** *Come piante tra i Sassi.* Krimi, der in den Sassi spielt. Die Autorin stammt aus Matera. Protagonistin ist die Staatsanwältin Imma Tataranni, die weitere Auftritte in „Maltempo" und „Rione Serra Venerdì" hat. Einaudi, Turin 2009

■ **Venezia, Mariolina:** *Tausend Jahre, die ich hier bin.* „Mille anni che sto qui" heißt die von starken Frauen getragene lukanische Familiensaga im italienischen Original. Von der Einheit Italiens bis zum Fall der Berliner Mauer. Piper, München 2008

Hören

■ **Gli Amarimai – Associazione Culturale Musicale:** *Maronna nera.* Die Folkgruppe stammt aus Viggiano, wo die schwarze Madonna verehrt wird. In Digital Stores und auf YouTube

■ **De Donno, Giuliana:** *Harp to Harps.* Tarantellen, Barockmusik, Irish Folk und Merengue. Die Harfenistin aus Matera (Basilikata) lässt sich stilistisch nicht so leicht einengen. Twilight Music, Roma 2007

■ **Gesualdo da Venosa:** *Il quarto libro di Madrigali.* Carlo da Gesualdo, Prinz von Venosa (1561–1613), ging als Doppelmörder seiner Frau Maria d'Avalos und ihres Liebhabers sowie als Komponist genialer, ins manieristisch Maßlose übersteigerter Madrigale in die Geschichte ein. La Venexiana. Glossa Music, San Lorenzo de El Escorial 2000

■ **Gesualdo da Venosa:** *Il quinto libro di Madrigali.* Das vom Countertenor Claudio Gavina geleitete Ensemble überzeugt auch auf dieser Aufnahme. Die oft sinnverwirrenden Gesänge des Fürsten aus Venosa sind ein faszinierender Mix aus „Schmerzempfindung und sinnlichem Glücksgefühl" (Ulrich Schreiber). La Venexiana. Glossa Music, San Lorenzo de El Escorial

■ **Krikka Reggae:** *XV Anni di Sound e Cultura.* Das fünfte Album und erste Live-Album der Reggae-Band aus Bernalda. Seit 2018 zählt Reggae übrigens zum immateriellen Kulturerbe der UNESCO – Jah! Der Ragamuffin-Song „Lukania" ist so etwas wie die inoffizielle Hymne der Basilikata. In Digital Stores und auf YouTube

■ **Michel Godard:** *Castel del Monte – D'Ali e d'Oro.* Wie klingt das berühmte Stauferkastell? Zeitlos schön. Der Tuba-Spieler Michel Godard serviert mit sieben Mitspielern – darunter der Jazztrompeter Pino Minafra aus Ruvo d Puglia – und eigenen Kompositionen darauf eine überzeugende Antwort. Aufgenommen im achteckigen Innenhof des Kastells unter freiem Himmel. Enja, München 2000

■ **Michel Godard:** *Castel del Monte II. – Pietre di Luce.* Michel Godard und Linda Bsiri setzen mit dem Ensemble „Calixtinus" die faszinierende musikalische Reise durch das Stauferkastell fort. Orient meets Jazz meets Mittelalter. Enja, München 2002

■ **Tamminga, Liuwe:** *Basilicata. A musical journey in the provinces of the Kingdom of Naples.* Der Niederländer Liuwe Tamminga spielt auf der Renaissance-Orgel von Salandra, einer der ältesten noch funktionsfähigen in Süditalien, und der Barock-Orgel von Miglionico Kompositionen lukanischer Organisten des 16. bis 19. Jh. ACCENT

■ **Tarantolati di Tricarico:** *La Terra che trema.* Die Folk-Gruppe aus Tricárico (Basilikata) gibt es seit 1975. In Süditalien sind sie auf Festivals oft live zu hören oder auf ihrer Website www.tarantolatiditricarico.org. CNI, Roma 2016

■ **Totarella:** *Le Zampogne del Pollino.* Mitreißende Dudelsackmusik! Bei einem Besuch in Terranova del Pollino (Basilikata) kann man die CD direkt bei Giuseppe Salamone kaufen, der die traditionellen Hirteninstrumente noch von Hand fertigt. Diese und weitere Musikaufnahmen von Totarella stehen auf der Website www.pollinolabor.it auch als Gratis-Download zur Verfügung.

#sudpuntoebasta*
www.instagram.com/sud.ebasta
In Bildern unterwegs im Süden Italiens.

Register

A
Abbazia di San Michele 58
Abblendlicht 339
Abendessen 344
Abetina 128
Accettura 132, 134
Acerenza 95
Acquafredda 255, 268
Adamesteanu, Dinu 183
Adamsapfel 318
Aglianico del Vúlture (Wein) 55, 405
Agora 414
Agrarreform 391
Agri 224, 374
Agriturismo 367
Aieta 333
Akropolis 414
Albaner 288, 293, 308, 317, 389
Aliano 209
Altar 414
Ambo 414
Amphitheater 414
Anjou (Königreich) 389
Anreise 338
Antike 387, 394
Apennin 374
Apenninenbär 379
Apicius, Marcus Gavius 258, 402
Apotheken 352
Apps 354
Apsis 414
APT Basilicata 353
Apulien 72, 158
Aquädukt 414
Araber 388
Aragonesen 389
Arbeitslosenquote 375
Arbëresh 288, 293, 320, 364
Archeoparco del Basileus 53
Architektur 394
Arena 414
Arkadier 386
Arminio, Franco 49
ArtePollino 300, 306
Ärztliche Behandlung 352
Aspisviper 379
Atella 33
Atena Lucana 278
Auslands-krankenversicherung 352
Auto 338, 359
Autobahnen 338
Automobilclub 339
Avigliano 47

B
Baden 363
Bahn 340, 361
Bandiera Blu 381
Barile 54
Barock 397
Basento 374
Basilika 414
Basilikata 375, 378
Basilischi 393
Bauern 383
Baumkulte 134
Bed & Breakfast 367
Bekleidung 342
Belmonte Calabro 326
Belvedere di Malvento 296
Belvedere Paschiere 123
Berge 374
Bernalda 190
Bevölkerung 375
Bier 405
Birra lucana 405
Blaue Flagge 381
Borgo 414
Borgo Pianelle 177
Bosco 279
Bosco di Gallípoli 132, 133, 134
Bosco di Montepiano 131, 134
Bosco di Rossano 100
Bosco Magnano 304
Bosco Pantano di Policoro 203, 204
Botschaften 342
Bourbonen 389
Brádano 374
Brandstiftung 381
Bréfaro 255
Briefmarken 357
Brienza 229
Briganten 54, 126, 293, 299, 392
Bruttier 386
Buchungsportale 366
Bus 340, 361

C
Caecus, Appius Claudius 106
Cala Jannita 268
Cala La Secca 270
Calanchi von Aliano 214
Calavecchia 268
Campanile 414
Camping 368
Cancellara 98
Canestrato di Moliterno 246
Cannabis 342
Caporalato 198
Cappella dell'Annunziata 123, 126
Cardo 414
Carnevale di Satriano 227, 228
Carnevale di Tricárico 105
Casa Carlo Levi (Aliano) 210
Casa del Conte 313
Cascate di San Fele 51
Caselle in Pittari 278
Casieri 128
Cassa per il Mezzogiorno 383, 391

Castel del Monte 74
Castello Lagopésole 45
Castelmezzano 120
Castelum medianum
(Castelmezzano) 121
Castrocucco 258
Cavone 374
Centro storico 414
Cerchiara di Calabria 322
Cersuta 255, 268
Chiesa incompiuta (Venosa) 89
Chiesa rupestre di S. Lucia 66
Chiesa rupestre
di S. Margherita 66
Chor 414
Christo La Selva 171
Çifti 317
Cilento 278, 378
Cinque Vele 381
Cívita 317
Colobraro 214
Coppola, Francis Ford 190, 191
Costa Castello 49
Costa dei Cedri 317
Costa di Maratea 250, 268, 374
Costa di San Martino 131
Craco Peschiera 197
Craco Vecchia 197
Craft-Biere 405
Cripta del
Peccato Originale 158
Cristo Redentore 250, 255, 256
Crocco, Carmine
46, 54, 126, 392
Cyop & Kaf 210

D

Decumanus 414
Deësis 414
Diebstahl 356
Diplomatische
Vertretungen 342
Disfida di Barletta 113
Dom 414
Douglas, Norman 300, 302

E

Einkaufen 343
Eintrittsgelder 357
Elektrizität 343
Emigration 383, 391
ENIT 353
Enotrer 386
Erdbeben 374
Erdöl 225, 238, 375, 382
Erste Hilfe 352
Essen 344, 403
Etrusker 387
Euro 349
Eurolines 340
Europaschutzbrief 369
Evangelistensymbole 414
Events 350
Exkurse 8

F

Fahrzeugpapiere 338
Falkenbuch 68
Faschismus 391
Fauna 379
Feiertage 348
Ferdinand I. 390
Ferienclubs 368
Ferienwohnungen 367
Ferrandina 199
Ferrovie Appulo-Lucane 362
Ferrovie dello Stato (FS) 361
Festa della Madonna
del Pollino 303
Festa Madonna del Carmine 47
Festa Maria SS. della Bruna 148
Feste 348, 350
Festivals 350
FIAT 63
Film 399
Fischotter 379
Fiume Lao 317, 328, 364
Fiumicello 256, 268
Flixbus 340
Flora 377
Flug 341
Flughäfen 341
Flüsse 374
Fly Maratea 267
Forenza 93
Forum 414
Fosso Arenazzo 232
Frammartino,
Michelangelo 403
Francavilla in Sinni 304
Fremdenverkehrsamt 353
Fresko 414
Friedrich II. 62, 68, 72, 388
Frühstück 344

G

Garibaldi 390
Garum 258
Gastronomie 344
Geld 349
Geldautomaten 349
Geografie 374
Geologie 374
Geschichte 385
Gesualdo, Carlo 82, 399
Gesundheit 352
Getränke 346
Gioia del Colle 74
Girocard 349
Gladiatorenspiele 244
Gleitschirmfliegen 333
Golf 364
Golf von Policastro
250, 278, 374
Golf von Tarent 374
Gotik 395
GPS-Navigation 370
Grande Porta del Pollino 313
Grassano 107

Gravina di Matera 144, 171
Gravine 139
Griechen 182, 184, 387
Großgrundbesitz 383
Grotta del Romito 293, 328, 394
Grotta delle Meraviglie 257
Grotta delle Ninfe (Thermen) 323
Grotta di Giorgio 268
Grotte di Calda 306
Gróttole 107
Grumento Nova 242
Grumentum 241
Guiscard, Robert 86, 388

H

Habsburger 389
Handicap (Reisende mit) 358
Hauptsaison 362
Haustiere 353
Herakleia 201
Höchstgeschwindigkeit 338
Homer 397
Horaz 82, 397
Hostels 368
Hotels 366

I

Ikone 415
Ikonostase 415
Il Nibbio – Centro Studi Naturalistici del Pollino (Morano Cálabro) 324
Il Ricetto degli Enotri 335
Illicini 268
Informationen 353
Inhaltsverzeichnis 6
Instagram 354
Internet (Informationen) 353
Ionisches Meer 374
Irsina 108
Isola di Dino 329
Isola di S. Ianni 258
Italien 378
Italienisch 364
Itinerario geologico-turistico (Sasso di Castalda) 232

J

Jazzo Gattini 157, 167, 170
Juden 88, 90, 318, 389
Jugendherbergen 368

K

Kalabrien 316, 378
Kanzel 415
Karneval 105, 227, 228, 350
Kartenverzeichnis 9
Käse 246, 347
Katakombe 415
Kathedra 415
Kathedrale 415
Keramikhandwerk 194
Kinder (auf Reise) 355
Kleidung 342
Klima 376
Kodex 415
Königreich Italien 390
Konvent 415
Krankenkassen 352
Krater 415
Kreditkarte 349
Kriminalität 356
Krypta 415
Küche 403
Kultur 394
Kunst 394
Küstenwachttürme 330

L

La Lucanica 402
La Luna e i Calanchi 351
Lagaria 217
Laghi di Monticchio 58
Lago di Pietra del Petrusillo 225
Lago Duglia 313
Lago Laudemio 374
Lagonegro 276
Laino Borgo 326
Laino Castello 326
Landkarten 356
Landwirtschaft 383, 392
Langobarden 388
Lao 317, 328, 364
Latronico 305
Lear, Edward 398
Legambiente 381
Lesben 356
Lettner 415
Levi, Carlo 152, 209, 210, 396
LGBT+ 356
Lido di Metaponto 183, 189
Lido di Policoro 200, 203
Lido di Tórtora 334
Literatur 397, 416
Loggia 415
Lombroso, Cesare 392
Lucera 72
Lukaner 99, 386, 387
Lukanien 119, 278, 378
Luoghi di Isabella di Morra 219

M

Macchia 379
Madonna del Sirino 283
Madonna delle Croci 171
Madonna delle Tre Porte 171
Madonna nera 238, 350
Maecenas 82
Mafia 393
Maggio di Accettura 134, 407
Magna Graecia 181, 184, 387, 394
Malerei 394
Malpica, Cesare 198
Mantegna, Andrea 109
Maratea 251
Marihuana 342
Marina di Maratea 258, 268

Marina di Pisticci 197
Mársico Nuovo 233
Mársicovétere 233
Martino, Ernesto de 214
Massa 255
Massiccio del Pollino 287
Matera 139
An- und Weiterreise 168
Borgo La Martella 144
Casa Grotta 153
Casa Noha 153
Casa Ortega 150
Cívita 147
Complesso Rupestre Madonna della Virtù e San Nicola dei Greci 151
Feste/Festivals 169
Gastronomie 164
Informationen 159
Kathedrale 149
La Raccolta delle Acque 156
Matera Olive Oil Museum (MOOM) 156
MateraFriendly 168, 356
Museo Archeologico Nazionale Domenico Ridola 146
Museo della Scultura Contemporanea Matera (MUSMA) 151
Museo Laboratorio della Civiltà Contadina 150
Museo Nazionale d'Arte Medievale e Moderna 146
Nachtleben 169
Palombaro Lungo 147
Passaporto per Matera 2019 140
Radfahren 171
Rione Piano 145
Sassi 144, 152, 399
Sassi-Führungen 159
Sasso Barisano 149
Sasso Caveoso 153
Übernachten 160
Wandern 170
Matera 2019 140
Maut 338
Meeresschildkröten 203
Melfi 61
Metapontion 183, 185
Metaponto 183
Mietwagen 361
Migliónico 111
Mineralwassser 344
Mitfahrzentralen 340
Mittagessen 344
Mittelalter 388, 394
Moliterno 246
Mona Lisa 276
Mönchsrobbe 203
Montalbano Jonico 199
Monte Arioso 232
Monte Coccovello 269, 271
Monte Cóppolo 217, 219
Monte del Papa 283
Monte La Cróccia 132, 135
Monte Malerba 135
Monte Pollinello 297
Monte Pollino 292, 297, 313
Monte S. Biágio 255
Monte Sant'Enoc 237, 238
Monte Serra 296
Monte Sirino 251, 276
Monte Volturino 225, 234, 236
Monte Vúlture 32, 61, 376
Montescaglioso 171
Monti Alpi 292
Monti della Maddalena 225
Monti di Orsomarso 292, 317
Montsano sulla Marcellana 278
Morano Cálabro 323
Morigerati 278
Morra, Isabella di 218
Mosaik 394
Motorrad 338, 359
MuA – Musei Aliano 210
Müll 382
Municipium 415
Murales 227
Murat, Joachim 390
Murgia Materana 139, 156, 170, 177
Murgia Potentina 79
Murgia Timone 139, 141, 157, 171
Muro Lucano 52
Museo Archeologico Nazionale (Venosa) 83
Museo Archeologico Nazionale del Vúlture e Melfese 66
Museo Archeologico Nazionale dell'Alta Val d'Agri 243
Museo Archeologico Nazionale della Basilicata (Potenza) 39
Museo Archeologico Nazionale della Sirtide e Parco Archeologico di Herakleia 203
Museo Archeologico Nazionale di Metaponto 186
Museo Archeologico Nazionale di Muro Lucano 52
Museo Civico Archeologico (Latronico) 306
Museo del Cedro 318
Museo del Termalismo (Latronico) 306
Museo dell'Emigrazione Lucana 47
Museo della Civiltà Contadina (Colobraro) 215
Museo della Cultura Arbëreshe (Latronico) 308
Museo di Blanda (Tórtora) 335
Museo di Storia Naturale del Pollino (Rotonda) 288
Museo Etnik Arbëresh MAE (Cívita) 319

Museo storico Carlo Levi
(Aliano) 210
Musik 350, 399

N

Naturschutzgebiete 381
'Ndrangheta 393
Nekropole 415
Nigro, Raffaele 398
Noce 251, 374
Normannen 388
Notruf 339, 352, 357, 370
Notsignal (alpines) 370

O

Oasi di S. Giuliano 114
Oasi WWF del
Bosco Pantano 203
Öffnungszeiten 357
Orchestra 415
Organisierte Kriminalität 393
Ortega, José Garcia 150
Ostern 350

P

Padula 278
Paesologie 50
Pagano, Francesco Mario 231
Palazzo 135
Palazzo de Lieto – „Dal mare
a terra" (Maratea) 254
Pannenhilfe 339
Panzerkiefer 292
Papasídero 328
Parchi Letterari 398
ParcoAvventura
del Pollino 304
Parco Archeologico
di Grumentum 244
Parco Archeologico
di Metaponto 187
Parco Archeologico
di Venosa 89
Parco Archeologico Storico
Naturale delle Chiese
Rupestri del Materano 177
Parco della Murgia Materana
139, 157
Parco Naturale di Gallípoli
Cognato e delle Dolomiti
Lucane 119
Parco Nazionale del Cilento
e Vallo di Diano 278
Parco Nazionale del Pollino
287, 292, 316
Parco Nazionale
dell'Appennino Lucano
225, 235, 251
Parco Paleolitico
Notarchirico 78
Parco Sculture La Palomba 157
Parken 360
Parthenopäische Republik 390
Passo delle Crocelle 52
Peperoncino 404
Percorso delle Sette Pietre
124, 131
Personalausweis 358
Petre della Scimmia 60
Pflanzenwelt 377
Piana di Sibarí 287
Piano nobile 415
Piccole Dolomiti Lucane 118
Piero, Albino 206
Pietra del Brigante 237
Pietrapertosa 126
Pietre della Mola 135
Pinacoteca Carlo Levi
(Aliano) 211
Piraterie 330
Pisacane, Carlo 390
Pisticci 193
Plagiat 415
Podolica-Rind 406
Policastro Bussentino 278
Policoro 200
Politik 383
Pollino Lucano 286
Polyptychon 415
Ponte alla Luna 229
Ponte del Diavolo 317, 321
Porto Maratea 256
Post 357
Potenza 34
Práia a Mare 329
Preiskategorien
(im Reiseführer) 13, 344, 366
Presbyterium 415
Presidio Turistico 353
Privatzimmer 367
Pro Loco 353
Punier 386
Punta della Matrella 268
Pyrrhos 202
Pythagoras 183, 186

R

Rabatana (Tursi) 206
Radfahren 369
Radwandern 369
Rafting 327, 364
Raganello-Schlucht 317, 321
Rauchen 358
Regionen (im Überblick) 10
Reisebeschreibungen 397
Reisedokumente 358
Reiserouten 16
Reisewetter 362
Reisezeit 362
Reiten 364
Renaissance 395
Republik 391
Restaurant 345
Rionero in Vúlture 54
Rivello 273
Rivetti di Val Cervo, Stefano 256
Romanik 394
Römer 387
Rosi, Francesco 396, 403

Rötelfalke 380
Rotonda 288
Rotondella 220
Russotto, Paul 210

S
S. Maria d'Anglona 207
S. Maria di Pierno 33
Sammartino, Michelangelo 228
San Donato di Ripacàndida 56
San Fele 49
San Giovanni a Piro 279
San Nicola Arcella 329
San Paolo Albanese 308
San Severino Lucano 298
Santa Maria del Cedro 318
Santuario del Sacro Monte 238
Santuario di San Donato 56
Sapri 278
Sarazenen 72, 330
Sasso di Castalda 229
Satriano di Lucania 226
Scario 279
Scavi di Grumentum 242
Schwule 356
Secca di Castrocucco 258, 270
Segeln 364
Selbstversorger 343
Sentiero Frassati 232
Serra del Prete 292, 297
Serra del Tuono 270
Serra della Ciavole 292, 313
Serra di Crispo 292, 313
Serra di Mauro 296
Serra di Váglio 99, 386
Serra Dolcedorme 292, 313
Serra Pollino 271, 272
Shën Pali 308
Sicherheit 356
Sinni 374
Sinopie 415
Siris 201
Skanderbeg, Georg Kastriota 320, 389
Skulptur 394
Spanien 389
Spartakus 388, 392
Speisekarte 346
Spiaggia d'a Gnola 268
Spiaggia d'i Vranne 268
Spiaggia di Arco Magno 333
Spiaggia di Castrocucco 270
Spiaggia Grotta della Scala 268
Spiaggia Macarro 268
Spiaggia Nera 268
Spiaggia sotto l'Orto 269, 270
Spolie 415
Sport 363
Sprache 364
Sprachführer 346, 410, 413

Basili19-213 pa

Sprachschulen 364
Staatsbahn 361
Stadtpläne 356
Staufer 388
Stile Liberty 415
Strände 363
Straßennetz 359
Strom 343

T

Tabacchi 365
Tageszeitungen 371
Tankstellen 359
Tanz 399
Tarantel 380
Tarantella 399
Tarantolati di Tricárico 400
Tauchen 364
Teggiano 278
Telefon 365
Tempel 415
Terme Lucane 307
Terranova di Pollino 309
Tierwelt 379
Timpa della Guardia 304
Torre Caina 258, 270
Torre di Satriano 226
Torrente Bradanello 49, 51
Torrente Peschiera 304
Torri Saraceni 330
Tórtora 334
Tourismus 384
Touristenbüros 353
Trécchina 271
Trenitalia 362
Tricárico 101
Trinken 344, 403
Trinkgeld 345, 365
Triptychon 415
Tuppo dei Sassi 33
Türken 330
Tursi 204
Tyrrhenisches Meer 374

U

Uggiano 199
Umweltschutz 381
Unterkunft 366

V

Váglio Basilicata 99
Valle del Noce 251
Valle del Sinni 217
Valle dell'Agri 224
Vallje-Tanz 320
Vallo di Diano 278
Valsinni 217
Venosa 80
Verkehrsregeln 338
Verkehrsschilder 339
Versicherungen 369
Via Appia 45, 79, 106
Via Ferrata Marcinosa 131
Via Herculea 45, 241
Vierung 415
Viggianello 291
Viggiano 237
Vignette 338
Villaggio Saraceno 171
Villammare 278
Vizekönige (spanische) 389
Völkerwanderung 388
Volo dell'Angelo 125, 131
Volo dell'Aquila 308
Vorgeschichte 385
Vorspeisen 346
Vorwahlen 365
Vorwort 4
Vulkanismus 374

W

Wanderkarten 369
Wandern 9, 369, 370
Warnwesten 339
Wassersport 363
Wein 54, 55, 344, 403
Westgoten 388
Wetter 362, 376
Wildkatze 379
Wildschwein 379
Wirtschaft 375, 383
Wohnmobile 368
Wölfe 239, 292, 379
Wurst 402

Z

Zedratzitronen 317, 318
Zeitungen 370
Ziborium 415
Zoll 371
Zornnatter 380

Festumzug zur Festa Maria SS. della Bruna in Matera

Der Autor & Freunde

Peter Amann, 1962 in Kronstadt geboren, lebt in München und im Cilento, wo er mit seiner Lebensgefährtin einen Landschaftsgarten pflegt. Jedes Jahr verbringt er mit ungebrochener Neugierde mehrere Monate in Süditalien, seinem „zweitgeborenen Land“ (frei nach *Ingeborg Bachmann*) – gern auch in Gesellschaft seiner Eselin *Mia*. Nach dem Studium der Geografie, Botanik, Archäologie und Kunstgeschichte in München und Rom leitet und organisiert er Studienreisen. Im Sommer 2007 z.B. begleitete er eine Radreise entlang der Via Appia. *Peter Amann* hat zahlreiche Bücher über Sizilien und Süditalien verfasst, darunter bei Reise Know-How die Reiseführer „Apulien – mit Gargano und Salento“ und „Golf von Neapel – Kampanien, Cilento“ (2010 Premio ENIT als „Bester Italien-Reiseführer“). Instagram: @amann.peter, @sud.ebasta

Basili19-197 pa

Andreas Pehl lebt südlich von München in Lengries, als Barocksänger ist er in der Welt unterwegs. Seine Affinität zum Süden zeigt sich auch in seinen gefeierten Radioreisereportagen (www.br.de), in denen er dem italienischen Süden viele menschliche Noten abgewinnt. Für uns zeichnet er in Worten „Ein Bild von einem Rind“ und lässt die Tarantolati di Tricárico erklingen.

Emanuele Pisara, Bergführer und Journalist aus Cívita (Kalabrien), erzählt von den Heldentänzen der Albëresh.

Cornelia Schinharl hat dem Mezzogiorno mit einem kulinarischen Streifzug (siehe „Lesen“) die Liebe erklärt. In unserem Reiseführer lüftet sie das Geheimnis der ältesten Wurst Italiens.

Danksagung des Autors

Viele alte und neue Freunde haben mich über die Jahre begleitet, mir wertvolle Tipps gegeben, mich inspiriert, auf den rechten Weg gebracht und mir ihre Gastfreundschaft gewährt. Stellvertretend möchte ich danken: *Salvatore Acampora, Rosa Amoroso, Gundula Anders, Franco Cacciatore, Leonardo Campanelli, Franco Caputo, Rocco Carlone, Michele* und *Dora Capiello, Teresa Colucci, Marcella Di Feo, Peppe De Marco, Don Pierino Dilenge, Andrea Festa, Antonietta Gersosimo, Gerardo Giuratrabocchetti, Ottomar Kiefer, Siegfried Klausmann, Dino Lacolla, Piero Lasalvia, Michelangelo Levita, Michael Mente, Giuseppe Menzella, Enza Minutiello, Paolo Montagna, Marco Montini, Alessandro Nortano, Hans-Jörg Thaler, Antonietta Santoro, Michele Sperduto, Don Mario Spinello, Auro Tommasini, Susi Travisano* und Prof. Dr. *Armin Wolf. Amici sempre!*

Ein besonderer Dank gilt den Reisenden und Lesern, die mit konstruktiver Kritik und bestätigendem Lob helfen, dieses Reisehandbuch zu verbessern. Und vor allen anderen meinem Lektor *Michael Luck. Grazie sempre!*